刑事检察法律文书系列丛书

陈国庆　总主编

刑事检察重点文书
撰写技巧及范例

张建忠　主编

XINGSHI JIANCHA ZHONGDIAN WENSHU
ZHUANXIE JIQIAO JI FANLI

中国检察出版社

图书在版编目（CIP）数据

刑事检察重点文书撰写技巧及范例／张建忠主编．
北京：中国检察出版社，2024.10. -- ISBN 978-7-5102-3117-9

Ⅰ. D926.13

中国国家版本馆 CIP 数据核字第 2024N08S14 号

刑事检察重点文书撰写技巧及范例

张建忠　主编

责任编辑：王　欢

技术编辑：王英英

封面设计：徐嘉武

出版发行：中国检察出版社

社　　址：北京市石景山区香山南路 109 号（100144）

网　　址：中国检察出版社（www.zgjccbs.com）

编辑电话：（010）86423780

发行电话：（010）86423726　86423727　86423728
（010）86423730　86423732

经　　销：新华书店

印　　刷：北京联兴盛业印刷股份有限公司

开　　本：710 mm × 960 mm　16 开

印　　张：52.75

字　　数：780 千字

版　　次：2024 年 10 月第一版　　2025 年 1 月第二次印刷

书　　号：ISBN 978-7-5102-3117-9

定　　价：176.00 元

“刑事检察法律文书系列丛书”
编辑委员会

《刑事检察重点文书撰写技巧及范例》

主　编： 张建忠

副主编： 肖先华

编委会成员：（按姓氏笔画为序排列）

王　静　肖先华　何　露　张建忠

林　洋　梁小军　管军军

总　序

最高人民检察院二级大检察官
全国政协社会和法制委员会副主任　陈国庆

习近平总书记反复强调，“努力让人民群众在每一个司法案件中感受到公平正义”，要求“所有司法机关都要紧紧围绕这个目标来改进工作”。最高检党组提出，要让“高质效办好每一个案件”成为新时代新征程检察履职办案的基本价值追求，在实体上确保实现公平正义，在程序上让公平正义更好更快实现，在效果上让人民群众可感受、能感受、感受到公平正义，做到检察办案质量、效率、效果有机统一于公平正义。刑事检察是检察机关的基本业务，承担着追诉犯罪、诉讼监督等重要职能，在维护国家安全和社会秩序、保障人民群众安居乐业、维护社会公平正义等方面发挥着重要作用。刑事检察文书作为国家法律规范实践应用的书面载体，是检察机关办理刑事案件和履行法律监督职责的重要方式，更是折射我国司法制度和依法治国理念的法治产品、检察产品。

刑事检察文书既是刑事检察办案履职过程和结果的客观记录，也是向社会公众释法说理、传播法治理念的生动教材，更是学思践悟习近平法治思想、以“三个善于”做实高质效办好每一个案件的重要载体。“高质效办好每一个案件”必然要求高质量的检察文书。检察文书的制作应该依法有据、内容清晰、释法说理扎实，做到在事实阐释部分打牢案件事实基础、建构证据体系，在法律依据部分准确适用实体法和程序法条款，在格式上规范严谨精当，才能达到高质量的标准，才能真正体现检察官对“三个善于”的深刻领悟，体现检察机关为大局服务、为人民司法、为法治担当的履职要求。

为贯彻落实《中共中央关于加强新时代检察机关法律监督工作的意见》中关于“加强法律文书说理和以案释法”的要求，充分发挥法律文书的多元价值和特殊功用，整体提升刑事检察文书制作水平，我们组织最高人民检察院普通犯罪检察厅、重大犯罪检察厅、职务犯罪检察厅和经济犯罪检察厅及地方检察机关的有关同志，并邀请在法律文书写作方面有专门研究和丰富经验的专家学者、法官、律师共同编写了这套刑事检察法律文书系列丛书。

丛书的编写工作坚持以习近平新时代中国特色社会主义思想为指导，深入贯彻习近平法治思想，遵循理论与实践相统一、案件办理与文书制作相结合的思路，努力体现以下特点：一是权威规范。丛书依据最新刑事检察文书格式样本及最高检相关要求撰写，作者绝大多数都是刑事检察文书格式样本的制定者、具体案件的办理者和文书的起草人，选取的优秀文书范例皆为最高检指导性案例文书、具有典型意义的案件文书及在全国范围内评选出的优秀文书，确保内容权威准确、格式规范统一。二是内容全面。丛书全面覆盖刑事检察业务各领域全流程的所有文书。文书样本既包括法律文书，也包括工作文书；填充式文书按照办案流程进行梳理，重在规范准确、不重不漏；叙述式文书着墨于撰写技巧、要点及优秀范例评述，重在写作要义指导。三是实用管用。丛书各分册从不同角度详述如何撰写高质量刑事检察文书，写作重点放在点明制作要点、总结实用技巧、分享办案思路，在公开优秀文书原文的基础上剖析说理方法、说透思维逻辑。整套丛书旨在帮助检察人员掌握文书写作本领，提高文书制作能力，提升文书运用效果。

丛书共有四个分册。《刑事检察文书写作规范与指导》以刑事检察办案流程为纲，以文书制作基本规范为基础，围绕各流程所适用文书的写作要求和方法展开，辅以优秀文书范例，系统、全面介绍刑事检察文书的通用内容，可作为刑事检察文书基础性教材、刑事检察文书格式大全和刑事检察文书写作一本通。《刑事检察重点文书撰写技巧及范例》选取办案中常用、具有释法说理性的十六类叙述式文书，采用专题式写作，透彻分析此类文书的撰写重点难点、注意事项、如何释法说理及办案重点问题等，是资深检察官们有关如何撰写重点文书的经验总结，突出问题导向，具有针对性、实务性、指导性，可作为快速提升刑事检察文书写作能力和水平的教科书。《刑事名案优秀检察法律文书评述》聚焦近年来广受关注的刑事名案要案，选取其中优秀说理性检察文书，邀请知名学者、法官、检察官、律师等从不同角度进行评述。读者在重温这些跌宕起伏的影响性案件的同时，可以感受到法律文书的独特魅力，是集可读性、思想性、应用性于一体的创新之作。《优秀刑事检察法律文书点评》精选自最高人民检察院组织的第一届全国检察机关优秀刑事检察文书评选获奖文书，由承办检察官剖析文书撰写思路，并请司法界、法学界人士进行点评。本书充分展示了刑事检察文书制作的较高水准，从中看到其何以成为优秀以及还存在哪些不足，可以作为刑事检察文书写作的范式。

希望本丛书能够对大家写作检察法律文书、工作文书，加强相关研究工作有所裨益，敬请批评指正。

是以为序。

目 录

专题一

如何撰写案件审查报告

一、基本概念

我国检察机关是国家的法律监督机关，是保障国家法律统一正确实施的司法机关，是保护国家利益和社会公共利益的重要力量，是国家监督体系的重要组成部分。刑事检察、民事检察、行政检察和公益诉讼检察等“四大检察”是新时代检察机关法律监督的主体框架，是检察工作创新发展的“基本盘”，而刑事检察居“四大检察”之首，是检察机关的看家本领，在检察权体系中发挥着“压舱石”的作用。[①] 其集指控犯罪、诉讼监督、保障人权于一身，是检察机关代表国家指控犯罪和开展刑事诉讼监督职能的总称，[②] 是检察机关打击犯罪“刀把子”功能的直接体现，[③] 也是检察机关履行法律监督职能，保障法律正确实施最为重要的方式和途径。[④]

检察机关在履行刑事检察职能时，要强化对案件事实、证据的审查，准确适用法律，切实维护司法公正、权威。“审查报告即是检察机关工作人员在办理刑事案件过程中，依据事实和法律制作的反映案件全部情况的综合性工作文书。”[⑤] 从性质上讲，案件审查报告属于检察机关内部工作文书，较起诉书、量刑建议书等对外法律文书而言，其本身并不公之于众，仅代表检察官个人意见，而非检察机关意见，不具有法律效力，因此并非严格意义上的“法律文书”；从功能上讲，案件审查报告不是简单的证据摘录，而是集案件事实认定、证据摘录分析、法律意见分析、法律诉讼监督、各类问题说明为一体的文书，是检察官作出是否批准逮捕、是否起诉或不起诉以及支持抗诉等意见的重要依据；从类型上看，

---

① 参见检察日报社评：《推动构建以证据为核心的刑事指控体系》，载《检察日报》2023年8月21日，第3版。

② 参见苗生明等：《刑事检察专论》，法律出版社2020年版，第4页。

③ 参见孙谦、陈国庆、万春、张建伟主编：《刑事检察业务总论》，中国检察出版社2022年版，第1页。

④ 参见陈国庆：《新时代刑事检察工作的创新与发展》，载《人民检察》2021年第21－22期。

⑤ 李占州：《捕诉合一案件审查报告如何撰写》，载《人民检察》2021年第2期。

随着司法责任制改革、“捕诉一体”办案机制改革以及认罪认罚从宽制度等改革的深入推进，最高人民检察院将案件审查报告分为捕诉一体案件审查报告、非羁押直诉案件审查报告、适用速裁程序/认罪认罚简易程序案件审查报告、二审案件审查报告、发回重审案件审查报告和再审案件审查报告等六种类型。

案件审查报告在刑事案件办理过程中具有基础性地位，“不仅要对事实认定和定性处理等提出具体承办意见，还要全面、如实反映相关诉讼程序、审查过程和案件事实证据的全貌”[①]，既是检察业务核心中的核心，也是国家公诉人大赛的必考内容。一份优秀的案件审查报告好比一份层次分明、详略得当的案件思维导图，能让一个对案件毫不知情的人，迅速、全面了解案件的事实、证据、分歧焦点和理由，[②] 继而作出准确判断。同时，案件审查报告也是刑事案件“三纲一词”的结合。随着社会发展，各类新型疑难复杂案件层出不穷，检察官出庭指控、诉讼监督等工作难度加大，案件审查报告综合功能作用凸显，不仅是案件定性分析的依据，疑难问题请示汇报的基础，更是法庭精准指控的保障。

案件审查报告不仅是司法办案的重要依托，还是检察官成长成熟的见证者。案件审查报告质量的优劣，可以直接判断出承办检察官功底是否扎实、逻辑是否清晰、分析是否精准、论证是否充分、判断是否明确，重要性不言而喻。司法责任制改革后，检察官自行决定事项越来越多，案件审查报告的审批职能逐渐弱化，一定程度上削弱了检察官对案件审查报告的重视程度，而缺少监督无需审批的案件审查报告不同程度出现论证不透彻、运用不充分等问题。实践中，有的检察官制作案件审查报告存在“复制粘贴”同类案件模板等不规范现象，导致质量参差不齐。为此，有必要对案件审查报告功能进行准确定位，通过提高检察官对案件审查报告的重视程度，规范其写作要求，倒逼检察官逻辑思维、文字表达、事实提炼、证据归纳能力提升，从而高质效办好每一个刑事案件。

---

① 张寒玉、李鸣：《未成年人公诉案件审查报告的制作》，载《人民检察》2022 年第 18 期。

② 参见王勇：《以“解惑”心态答好案件审查“考卷”——公诉案件审查报告制作心得》，载《人民检察》2021 年第 19 期。

二、文书制作依据

（一）法律规定

因刑事案件审查报告属于检察机关内部工作文书，现行《刑事诉讼法》等法律对案件审查报告相关内容没有作出规定。

（二）司法解释及相关文件规定

2019 年 12 月，修订后的《人民检察院刑事诉讼规则》虽然没有明确提到需要制作案件审查报告，但制作案件审查报告一直是检察官办理刑事案件的重要环节，在相关条文中也有相应体现。[①] 如《人民检察院刑事诉讼规则》第 506 条规定，人民检察院对公安机关移送起诉的需要报请最高人民检察院核准的案件，经检察委员会讨论提出提起公诉意见的，应当层报最高人民检察院核准。报送材料包括起诉意见书、案件审查报告、报请核准的报告及案件证据材料；第 609 条第 2 项规定，对死刑复核监督案件的审查可以向下级人民检察院调取案件审查报告、公诉意见书、出庭意见书等，了解案件相关情况。

最高人民检察院历来重视刑事案件审查报告的制作，根据实践需要多次调整案件审查报告撰写需求。如 2002 年印发了《关于试行公诉案件审查报告综合化改革的通知》，并配套《公诉案件审查报告（样本）》和《关于公诉案件审查报告的制作说明》，以规范案件审查报告撰写工作；2005 年印发了《关于进一步加强公诉工作强化法律监督的意见》，明确指出要积极推行案件审查报告综合化改革，强化对定案证据、犯罪构成等问题的分析论证；2006 年印发的《关于依法快速办理轻微刑事案件的意见》明确规定对于适用快速办理机制的轻微刑事案件，应当简化制作审查起诉终结报告，并同步修改制定了《公诉案件（一审）审查报告（普通版样本）》和《公诉案件（一审）审查报告（简化版样本）》，以

① 2012 年《人民检察院刑事诉讼规则（试行）》第 376 条曾规定，办案人员对案件审查后，应当制作案件审查报告。

便检察官制作案件审查报告时可以根据案件具体情况来选择适用；2011年根据实践需要，对《公诉案件审查报告（样本）》进行修改，进一步完善结构、突出重点，增加对事实、证据、法律适用的分析论证分量；2020年印发了《人民检察院工作文书格式样本（2020年版）》，明确了新的案件审查报告类型，并对案件审查报告制作撰写提出了新的要求。

三、文书结构

（一）捕诉一体案件审查报告

捕诉一体案件审查报告的调整，不仅是工作内容的整合，更是一种思维的整合和司法理念的跳跃，省却了捕诉两者重合的工作量，可以发挥事半功倍的效果。具体而言，捕诉一体案件审查报告分为首部、正文、尾部三个部分。

1. 首部。本文书标题描述为“犯罪嫌疑人姓名” + “案审查报告”，犯罪嫌疑人为三名及以上的描述为“犯罪嫌疑人姓名等×人” + “案审查报告”。首部需要根据审查逮捕和审查起诉阶段的收案情况及案件的相关信息进行撰写，结合案件具体情况，对于捕诉期间无变化的案件信息内容撰写一次即可，无须重复撰写。如中间更换承办人，在本报告前期部分基础上继续撰写即可，承办人信息可以相应增加。

2. 正文。正文分为七项内容：（1）“犯罪嫌疑人及诉讼参与人的基本情况”部分按照文书中列明的具体要求，结合案情进行撰写。审查逮捕阶段未填完整的内容可在审查起诉阶段就同一份审查报告继续完成撰写。多名被害人的，可以视情况以后附表格的形式列明被害人姓名及受侵害情况。（2）“发、破案经过”部分结合发、破案报告，到案经过等证实犯罪嫌疑人到案的证据进行综合撰写。审查起诉阶段如果内容有变化，可继续补充完善。（3）“侦查机关（部门）认定的犯罪事实与意见”部分分为审查逮捕阶段与审查起诉阶段两个部分，分别根据提请批准逮捕书（逮捕犯罪嫌疑人意见书）和起诉意见书的内容摘抄即可。（4）“审查逮捕认定的案件事实及证据”“审查起诉认定的案件事实及证据”部分。审查逮捕阶段认定的事实根据文书内列明的具体要求进行撰写，所依据的证据按照一事一证一分析的体例撰写。审查起诉阶段对于证据的撰写旨在列明经过审查批准逮捕后，侦查机关补充的新证据，按照文书内列明的要求对证据进行列举、分析即可。最后，综合全案的证据，综合撰写经审查认定的案件事实。(5)“需要说明的问题及有关情况”部分分为审查逮捕阶段与审查起诉阶段两部分，根据文书列明的事项及要求，结合案情有针对性地叙写，对于没有问题的部分，直接写“无”即可。(6)“相关诉讼参与人的意见”部分。根据文书列明要求，结合案件具体的内容，对被害人及其代理人的意见、辩护人及其他代理人的情况和意见进行撰写。(7)“审查意见”部分分为审查逮捕阶段和审查起诉阶段两部分，需要结合案件具体情况，根据文书列明的事项及要求进行撰写。审查逮捕和审查起诉两个阶段都需要撰写总结性的处理意见，并分别列明承办人及日期。侦查监督包括立案监督和侦查活动监督。

3. 尾部。因案件审查报告系承办检察官或检察官办案组个人意见，审查报告尾部为检察官个人或者检察官办案组署名，而非落款检察机关名称，也无须盖检察机关院印。文书具文日期为审查报告完成日期。

注意事项，案件审查报告文书为附检察内卷文书，无需向其他机关或部门送达。

(二) 非羁押直诉案件审查报告

非羁押直诉案件审查报告为检察机关办理非羁押直诉案件过程中撰写审查报告时使用，由首部、正文、尾部三部分组成。

1. 首部。本文书首部撰写与捕诉一体案件审查报告要求一致。

2. 正文。正文分为七项内容：(1)“犯罪嫌疑人及诉讼参与人的基本情况”部分按照文书中列明的具体要求，结合案情对犯罪嫌疑人、被害人、辩护人、诉讼代理人等诉讼参与人的情况进行撰写。多名被害人的，可以视情况以后附表格的形式列明被害人姓名及受侵害情况。(2)“发、破案经过”部分结合发、破案报告，到案经过等证实犯罪嫌疑人到案的证据进行综合撰写。(3)“侦查机关（部门）认定的犯罪事实与意见”部分根据起诉意见书的内容摘抄即可。(4)“经审查认定的案件事实及证据”部分认定的事实根据文书内列明的具体要求进行撰写，所依据的证据按照一事一证一分析的体例撰写。(5)“相关诉讼参与人的意见”部分根据文书列明要求，结合案件具体的内容，对被害人及其代理人的意见、辩护人及其他代理人的情况和意见进行撰写。(6)“需要说明的问题及有关情况”部分根据文书列明的事项及要求，结合案件有针对性地叙写，对于没有问题的部分，直接写“无”即可。(7)“审查意见”部分需要结合案件具体情况，根据文书列明的事项及要求对六个方面的审查意见进行撰写。最后综合表述结论性的处理意见。

3. 尾部。列明承办人及文书制作日期。要求同捕诉一体审查报告要求。

(三) 适用速裁程序/认罪认罚简易程序案件审查报告

本文书为人民检察院在适用速裁程序或认罪认罚简易程序办理案件的过程中撰写案件审查报告时使用。适用速裁程序案件可以不制作案件审查报告，在检察机关统一业务应用系统内“审查报告”处注明“详见起诉书”即可，也可制作表格化的案件审查报告。案情简单、证据稳定的简易程序案件可以使用该表格化报告，案情复杂的简易程序案件应当使用非表格版案件审查报告，但可以适当予以简化。由首部、正文、尾部三部分组成。

1. 首部。本文书标题为“犯罪嫌疑人姓名”+“案审查报告”，犯罪嫌疑人为三名及以上的描述为“犯罪嫌疑人姓名等×人”+“案审查报告”。

2. 正文。正文以表格形式呈现，分为九项内容：(1)“犯罪嫌疑人基本情况”部分根据表格内容结合案件情况填写表格。(2)“移送机关认定的事实和意见”部分根据案件材料摘录提请逮捕意见书或起诉意见书内容。(3)“经审查认定的事实”分为审查逮捕和审查起诉期间经审查认定的案件事实。如果审查逮捕后因继续侦查，证据发生变化的，需要撰写依据新证据认定的事实。(4)“本案的证据”部分根据文书列明的事项及要求进行填写或省略注明。(5)“分析意见”部分重点就证据合法性、社会危险性、法律适用、羁押必要性（审查起诉阶段）、起诉必要性进行分析。(6)“量刑意见”部分在审查起诉阶段根据表格内容进行填写。(7)“侦查监督及追捕漏犯/追诉漏罪漏犯意见”部分根据案件实际情况进行撰写。(8)“需要说明的问题及有关情况”部分根据案件实际情况进行勾选。如果有该情况，则需要具体说明。(9)“审查意见”部分根据案件事实及证据填写案件的定性、适用的法条，作出批捕或不批捕的意见。移送审查起诉后需要结合案件事实和证据情况作出起诉或不起诉的意见，并述明适用的案件程序。

3. 尾部。承办人落款及结案日期写在表格下方，要求同捕诉一体文书。

（四）二审案件审查报告

本文书为人民检察院在办理二审上诉、抗诉案件过程中撰写审查报告时使用，其功能在于案件承办人向检察长或者检委会汇报案件时作为书面依据，更是承办人对案件证据的审查、判断、法律适用、量刑均衡等提出意见的全面总结。此文书由首部、正文、尾部三部分组成。

1. 首部。本文书标题为“×××人民检察院二审案件审查报告”，首部需要结合案件内容，按照文书内列明的具体要求撰写案件来源及办案简要过程。

2. 正文。正文分为六项内容：(1)“上诉人（或原审被告人）基本情况”部分按照文书中列明的具体要求，结合案情对犯罪嫌疑人、辩护人的情况进行撰写。多名原审被告人的，按上述要求分别列明。(2)“案件侦破及诉讼经过”部分按照文书列明的要求，结合发、破案报告撰写案件侦破过程。根据原审案件起诉意见书、起诉书、判决书等文书撰写完整的诉讼过程。如案件侦破经过要写明案件的发生、揭发或者侦查、破获过程等情况，包括时间、地点、主要涉案人员和确定犯罪嫌疑人、抓获犯罪嫌疑人、破获案件的具体过程、方法等。对于侦破过程特殊，通过技术手段或者特情抓获犯罪嫌疑人、侦破案件，以及关系到犯罪嫌疑人自首、立功认定等情节的，应当写具体、清楚。(3)“一审法院裁判理由和上诉理由（或抗诉理由）”部分根据一审判决书的裁判理由、上诉书或抗诉书内容摘抄即可。(4)“案件事实和证据”部分中“起诉书指控的犯罪事实”摘抄起诉书，“一审判决认定的事实”可以仅叙述判决认定的事实与指控事实不一致之处即可，“审查认定的事实和案件证据情况”为审查报告制作重点，根据案件的具体内容，结合文书内列明的要求，列明案件事实、证据，对案件证据进行综合分析。(5)“需要说明的情况”部分根据文书列明要求，结合案件具体的内容需要，撰写不宜在前几项中表述但可能影响案件处理的客观存在的情况，对于没有问题的部分，直接写“无”即可。(6)“承办人意见”部分结合案件具体情况，根据文书列明的事项及要求对案件提出具体的处理意见。

3. 尾部。列明承办人及文书制作日期，要求同捕诉一体案件审查报告。

（五）发回重审案件审查报告

本文书为报告式文书，在人民检察院审查发回重审案件时使用，分为首部、正文、尾部三大部分。

1. 首部。本文书标题为“×××人民检察院发回重审案件审查报告”，需依次写明收案时间、侦查机关、移送单位、移送案由、犯罪嫌疑人姓名、侦查机关承办人姓名、检察机关承办人姓名、发回重审法院及案号、通知承办人阅卷时间等。

2. 正文。正文分为七项内容：(1)“犯罪嫌疑人及其他诉讼参与人的基本情况”部分。犯罪嫌疑人及其他诉讼参与人的基本情况包括：犯罪嫌疑人基本情况（姓名、性别、出生日期、身份证号、民族、文化程度、职业、户籍所在地、住所地、前科情况及被采取强制措施情况）、辩护人基本情况、被害人基本情况、委托代理人的基本情况、附带民事诉讼原告人情况。(2)“发、破案经过”部分。应阐明如何案发、如何开展侦查工作、采取了哪些侦查措施、如何确定犯罪嫌疑人、如何抓获犯罪嫌疑人等具体环节。被告人有自首、立功情节或被告人及其辩护人提出自首或立功情节的应详细叙述抓捕过程。(3)“侦查机关（部门）认定的犯罪事实与意见”部分。需写明侦查机关对案件事实的认定及对犯罪嫌疑人的处理意见。(4)“相关诉讼参与人的意见”部分。需写明被害人、被害人委托的人和辩护人的意见。(5)“审查认定的事实、证据及分析”部分。需写明经审查认定的事实、本案证据情况及分析。(6)“需要说明的问题及有关情况”部分。写明不宜在前几项中表述，但可能影响案件处理的已客观存在的具体情况。（7）“承办人意见”部分。需写明对全案事实证据情况的意见、对案件定性和法律适用的意见及量刑建议。

3. 尾部。写明承办人姓名，制作文书年、月、日。本文书以案为制作单位，由办理案件的人民检察院制作，文书制作一份，附卷备案审查。

（六）再审案件审查报告

本文书为人民检察院在办理再审案件过程中撰写审查报告时使用，分为首部、正文、尾部三部分。

1. 首部。本文书标题为“×××人民检察院再审案件审查报告”，首部需要结合案件内容，按照文书内列明的具体要求撰写案件来源及办案简要过程。

2. 正文。正文分为六项内容：（1）“原审被告人基本情况”部分结合案件具体信息对原审被告人的情况进行撰写，具体内容可以参照二审审查报告文书中列明的事项内容。（2）“案件侦破及诉讼经过”部分按照文书列明的要求，结合发、破案报告撰写案件侦破过程。根据原审案件起诉意见书、起诉书、判决书等文书撰写完整的诉讼过程。如案件侦破经过要写明案件的发生、揭发或者侦查、破获过程等情况，包括时间、地点、主要涉案人员和确定犯罪嫌疑人、抓获犯罪嫌疑人、破获案件的具体过程、方法等。对于侦破过程特殊，通过技术手段或者特情抓获犯罪嫌疑人、侦破案件，以及关系到犯罪嫌疑人自首、立功认定等情节的，应当写具体、清楚。（3）“生效裁判理由和提请抗诉理由（或法院决定再审理由）”部分根据生效裁判文书的裁判理由、抗诉书、再审决定书内容摘抄即可。（4）“案件事实和证据”部分中“生效裁判认定的犯罪事实”摘抄生效裁判文书认定的内容，“审查认定的事实和案件证据情况”为审查报告制作重点，根据案件的具体内容，结合文书内列明的要求，列明案件事实、证据，对案件证据进行综合分析。（5）“需要说明的问题及有关情况”部分根据文书列明要求，结合案件具体的内容需要，撰写不宜在前几项中表述但可能影响案件处理的客观存在的情况，对于没有问题的部分，直接写“无”即可。（6）“承办人意见”部分结合案件具体情况，根据文书列明的事项及要求对案件提出具体的处理意见。

3. 尾部。列明承办人及文书制作日期。要求同捕诉一体案件审查报告。

四、文书制作要点

（一）总体原则

刑事案件审查报告是检察机关承办检察官在办理案件过程中，依据事实和法律制作的反映案件全部情况的工作文书。案件审查报告是履行检察职能的重要载体，完整体现检察官引导、规范侦查、履行主导责任的全过程；梳理、甄别在案证据，构筑证明体系的全过程；围绕焦点、分析论证，形成案件处理意见的全过程；立足职能，参与社会治理，服务保障大局的全过程。它也是质效管理的重要抓手，将司法办案工作中需要重点审查和开展的工作列为必备要素，引导提示检察官全面履职、防止疏漏；还通常作为案件汇报和交流材料，供职权履行各方提出相同或不同意见；在组织开展案件质量评查、优秀案件评比、司法过错责任追究时，还是据以作出认定结论的重要依据。它更是能力提升的重要途径，体现检察官的核心业务能力，也是制发生效法律文书、依法妥善处理案件，实现良好政治效果、法律效果和社会效果的重要基础。

近年来，随着以审判为中心的诉讼制度改革、司法责任制改革、捕诉一体改革、认罪认罚从宽等制度的全面推开，对检察司法办案和案件审查报告撰写提出新的要求。《人民检察院工作文书格式样本（2020年版）》对刑事案件区分捕诉一体案件、非羁押直诉案件、速裁及认罪认罚简易程序案件三种类型，分别设计了审查报告格式样本，并撰写了制作说明，指引检察人员规范制作各类检察文书。其中，捕诉一体案件审查报告对原来的审查逮捕案件审查报告和审查起诉案件审查报告进行了有机整合，以适应捕诉一体改革后的办案需要。这就要求案件承办检察官在审查逮捕和审查起诉两阶段适用同一个案件审查报告模板。从审查逮捕阶段开始，在同一个模板上制作审查报告，捕后需要对后续取证情况进行连续审查，接续制作审查报告，移送审查起诉之后可以在前期审查报告的基础上继续撰写，适用同一个模板，并不影响在办案系统中对不同阶段办案情况的客观记录，可以显示案件的发展变化情况。此外，根据繁简分流原则，适用速裁程序的案件可以不制作审查报告，在统一业务应用系统内“审查报告”处注明“详见起诉书”即可，也可制作表格化的审查报告，罪名往往集中在危险驾驶罪、交通肇事罪、盗窃罪、故意伤害罪和抢劫罪等常见罪名。事实清楚、证据稳定的简易程序案件原则上使用表格化审查报告，案情稍微复杂的简易程序案件建议使用通用版审查报告。同时，审查报告还应体现“在办案中监督、在监督中办案”等司法理念，体现侦查监督、羁押必要性审查等工作要求。

从调研情况看，当前案件审查报告的撰写还存在不少问题：（1）在案件事实证据表述方面，对卷宗材料照抄有余，归纳提炼不足。发、破案经过内容过于简单、笼统，只是简单复制侦查机关出具的到案经过、破案经过，没有对报案记录、报案人笔录、强制措施手续、初次讯问笔录等材料综合审查的基础上进行总结提炼；案件事实描述过于冗长、重点不明。写侦查机关认定的事实时，直接照抄起诉意见书的事实，内容过于冗长，缺少必要的概括。写经审查后认定的事实时，容易与前者雷同，未能突出不同人员的分工；证据组合过于机械、内容提炼不足。证据排序不够灵活，尤其对犯罪嫌疑人众多、案情比较复杂的案件，机械地按照证据种类进行排序，逻辑性不强。在证据摘录方面，对证据内容总结不足，对有效信息提炼不准，也缺少对单组证据证明对象的说明。（2）在案件分析和法律适用方面，分析论证偏于简单，证据分析论证不足。针对单个证据，重视证据具体内容的摘抄列举，忽视对证据能力的分析说明。针对单组证据或者全案证据，重视对证据的分类罗列，忽视从犯罪构成的角度对全案证据作综合分析，对证据间的关联性论证不足，尤其对于案件关键事实、疑难事实，具体哪些证据在哪些方面相互印证，审查报告中分析论证通常不够充分。法律适用语焉不详，注重法律条文的适用，对司法文件、行政法规、政策文件等规范的名称、条款在引用时不够具体、明确。对不同犯罪嫌疑人各自量刑情节的归纳分析也不够充分。常常缺少各诉讼参与人的意见，或即使写了也没有对相关意见进行分析回应。没有反映法律监督的内容，比如是否存在侦查违法情形、漏罪漏犯、其他同案违法违规人员如何处理等问题没有提及。缺少对诉讼风险的预测与应对，比如对已经或者可能出现的舆情、社会矛盾没有作出一定的评估和回应。我们认为，一份优秀的刑事案件审查报告应在内容和形式上下功夫。内容是核心，是审查报告的灵魂，而形式作为内容的外显，同样不可忽视。

1. 语言规范，信息全面

这是案件审查报告的基本要求。基本的语言规范包括字词句和标点的规范，错别字、生造词、句法问题以及标点符号不当都属于这类问题，影响报告的可读性与可理解性。从报告的严肃性和规范性角度来说，所有的语言不规范问题都应当尽量减少乃至不出现。这里的难点是法言法语表述不准确的问题，如将“被害人近亲属”表述为“被害人家属”，将未成年被害人的“法定代理人”表述为“诉讼代理人”，在同一份审查报告中关于时间、数额等内容出现文字格式、大小写、阿拉伯数字与汉字适用不一致等情况，甚至有的审查报告还出现大量错别字，严重影响文书的质量和观感。此外，从内容上来看，还要求避免遗漏信息。如在共同犯罪中，将各个犯罪嫌疑人之间关系说明白的审查报告肯定会比割裂式介绍各个犯罪嫌疑人的更易理解。

2. 表达清晰，目的明确

这是要求说清楚，说明白，让阅读者知道报告要说的是什么。实践中，案件审查报告经常由于案件复杂，所要驾驭的材料很多，尤其是大案、要案、多人犯罪、一人多罪等，动辄几万字，乃至数十万字，实属不易。如证据摘抄部分，若仅是罗列证据而不对该证据证明的内容予以说明，易主观扩大证明内容。类似地，若不对证据进行甄别、审查判断并引导侦查补证，仅仅是对起诉意见书中案件事实复制摘抄，即无法写出高质量的审查报告。只有在报告撰写初期，就对全案证据予以统筹把握、及时补充完善，才能使报告中的每一步都作为基础和铺垫，使报告中的每一份证据都具有明确的证明目的，具有针对性才能有效为指控犯罪所用。

3. 逻辑缜密，合乎法理

这要求案件审查报告逐字逐句都能体现法律工作的严密性。以外国人犯罪为例，若受通常办理本国人犯罪的思维定势影响，在涉及外国人犯罪的涉案金额表述中，在金额前加上“人民币”是当然要求。若侦查机关按其自报的国籍、身份、住址等认定自然情况，并未完全有效核实，审查报告对此应注明“系根据自述”。又如涉案物品情况，承办检察官应在列举扣押物品清单后，按顺序列举返还被害人物品清单，因这两份文书密切相关，时间和逻辑上具有承接性，也便于阅读者得出侦查机关是否依法扣押、返还涉案物品、侦查行为是否合法等结论，若颠倒顺序甚至间隔多份其他证据后再随意罗列，很难体现出审查报告审查的体系性。类似的情况如鉴定意见，检材的来源至关重要，是否在现场勘验检查笔录中一一对应，并有照片等作证。若径直将无来源、无提取的鉴定意见直接在审查报告中罗列并不能说明情况，当然无法体现审查报告的缜密性。

4. 论证严密，说理透彻

案件审查报告的重点不仅在于写得清楚，更在于讲得有道理。分析论证至关重要。应当采取一事一证一分析的原则，在全案证据摘录后，要对全案所有证据的合法性、客观性和关联性及证据之间是否能相互印证、是否存在矛盾及是否能被排除、各证据的证明力大小、全案证据是否能形成完整的证据链条，并根据证据能得出唯一的排他性结论等问题进行有理有据的分析和说明。

5. 结构清晰，排版美观

这是对案件审查报告在全面审视方面的要求，将要说的内容不仅说得清楚、明白，还要说得漂亮，结构清晰，形式直观，让阅读者更易懂。一方面，要求结构清晰、分明。结构的体现最突出的形式是标题设置与段落划分。各个层级的标题设置合理、逻辑分明，还要段落清晰，尽量将所有内容都加上不同层级的标题，或者加上提示语。而标题和提示语非常重要，起到提炼内容的作用。设置上需多用心，同级标题之间结构一致，逻辑关系清楚，上下级标题之间体现出层次性和逻辑性。同一层级的提示语结构也要一致，否则会影响美观，影响文书的严肃性与严谨性。另一方面，要尽可能凸显重要信息。在关键信息处加粗或加斜线或加下划线等形式凸显出来有助于增强文书的可理解性。但应注意同一份审查报告中表示强调凸显的方法最好一致，或者都加粗，或者都加下划线等。尤其是对证据的分析，即证据证明的内容这部分加黑体字，突出审查证据的结果，还更有利于与证据内容尤其是长篇的言词证据的摘录相区别。摘录言词证据的时候，将其中的关键表述加黑凸显出来，也是非常好的方法。需要特别说明的是，案件审查报告的撰写应灵活运用表格、图例等示证方法。在遇到案件多人、多起、连续犯罪时，证据中又多涉及数额、重量、不同人员参与的情况，在制作报告时可能会难以表达清楚，若仅用文字表述容易混淆、遗忘。这种多人的共同犯罪、集团犯罪，由于各犯罪嫌疑人在犯罪中组织、参与的犯罪事实均不相同，有共同参与的、有独自实行的，每个人的分工、作用和地位也不相同，还有行为、作用交叉，表格、图例示证的优势不言而喻。但使用表格需要注意：表格要有名称；表格里的数字单位要说明；表格里的文字意义要明确；表格里的信息尽量简洁，避免重复。

（二）具体要领

各类案件审查报告中，捕诉一体案件审查报告是日常办案使用最多的一种，要素也最齐全，内容共分为八个部分：首部及简要审查经过、犯罪嫌疑人及其他诉讼参与人基本情况、发破案经过、相关诉讼参与人的意见、侦（调）查机关（部门）认定的犯罪事实与意见、审查逮捕和审查起诉认定的案件事实及证据、需要说明的问题及有关情况、审查意见。

1. 首部及简要审查经过、犯罪嫌疑人及其他诉讼参与人基本情况、发破案经过、相关诉讼参与人的意见

（1）关于首部及简要审查经过。撰写刑事案件审查报告的首部，重点要把握以下几个方面：一是告知权利义务要写清楚，说明是否在法定期限内告知权利；二是将审查报告模板的内容与审查的案件进行对比，不能硬搬照抄，如有的案件没有被害人，就不存在听取被害人意见的问题，此时在审查报告中就不需要叙明对被害人权利义务的告知；三是退回补充侦查的案件，要对退补侦查是否超期予以说明。此部分主要包括

收案、告知权利、案件退补和延长审限等几项内容。设置这部分的意义在于防止案件审查过程中出现程序性错误，这部分内容的撰写质量反映承办检察官的办案责任心。

（2）关于犯罪嫌疑人及其他诉讼参与人基本情况。这部分主要包括犯罪嫌疑人的基本情况、前科、案件侦破过程、犯罪嫌疑人涉嫌罪名、强制措施情况及赃款、赃物及证据移送情况。这部分的意义在于，对案件的程序性问题进行监督，考察承办检察官对程序性法律规定的理解、掌握和运用情况。这里重点要注意的：一是叙明犯罪嫌疑人的身份时，要叙明其案发时的身份以及其身份变化情况。有些身份如职务犯罪案件中犯罪嫌疑人身份对定罪量刑或多或少会产生影响，因此对犯罪嫌疑人的身份应全面叙明，不能只是根据卷宗中的户籍证明进行描述。二是将通过讯问、调查获得的犯罪嫌疑人的身份信息与侦查卷宗中记载的身份信息进行比对，不能照搬侦查卷宗中的身份信息。特别是审查 14 周岁、16 周岁、18 周岁等对定罪量刑可能发生重大影响的临界年龄时要认真核对，同时对存在有影响量刑年龄的，应当在出生日期后面用括号注明，如（作案时未满 18 周岁）。三是对犯罪嫌疑人进行合理排序。侦查机关移送审查起诉时，对于多名犯罪嫌疑人参与的案件会进行排序，承办检察官对案件审查之后，应当对各犯罪嫌疑人所实施的行为、在共同犯罪嫌疑中的地位、作用、影响量刑的情节以及应当承担的责任等要有自己的认识和判断，不能照搬侦查机关的排序。排序的原则一般是：按照主从关系，主犯在前，从犯在后；按照在犯罪中的地位和作用，由重至轻排列；涉及多个罪名时，先重罪名后轻罪名；涉及单位犯罪时，按照先单位犯罪嫌疑人后自然人犯罪嫌疑人的顺序排列。四是对于共同犯罪、关联犯罪或者集团犯罪等，可同时对各同案人之间的关系进行综合阐述或者个别备注，便于掌握全案犯罪嫌疑人的组成状态。五是写明前科情况。这里包括行政处罚和刑事处罚两种。对于行政处罚应注明受到处罚的时间、原因、种类、决定机关、被处罚个人或单位；对定罪量刑有影响的，说明影响。对于刑事处罚，应叙明受处罚的时间、原因、种类和决定机关；构成累犯的，还要叙明刑罚执行完毕或者假释、赦免的时间，并用括号注明系累犯。行政处罚与刑事处罚并存时，应按照先行政后刑事的顺序续写。六是重点审查强制措施是否准确、是否超期。如被采用逮捕措施的犯罪嫌疑人是否有不适合羁押的情形；取保候审的犯罪嫌疑人是否符合取保候审的条件；批准或者决定逮捕后，是否在24小时内向犯罪嫌疑人宣布逮捕；对于逮捕后超过两个月移送审查起诉的案件，是否办理过延期手续等。七是要重视被害人的相关情况。有特殊情形的要注明，如是否幼女，死亡时的年龄、人身损伤情况、与犯罪嫌疑人的关系（如盗窃近亲属财物）等，体现量刑情节，以便准确量刑；对于被害人人数众多的，要直观呈现案件危害后果及案件波及面，以体现案件的社会危害性。

（3）关于发、破案经过。发、破案经过反映了从立案到破案以及犯罪嫌疑人到案等客观情况，也反映了侦查机关发现罪行、获取证据、锁定犯罪嫌疑人的思维演进过程。因此重视审查发、破案经过，不仅有利于查明犯罪嫌疑人是否存在自首、立功、坦白、逃逸等量刑情节，而且有利于宏观把握证据体系的构建脉络，通过对证据形成的时间、地点、先后顺序等细节审查，可以有效地防范证据隐患，提升证据把关能力。应当包括四个层次：一是发案情况，案件何时被发现，有无立案，是被他人发现，还是经嫌疑人供述后发现；二是调查情况，发案后有无调查，调查情况如何，有无查找嫌疑人的线索；三是锁定嫌疑人过程，如何确定嫌疑人，通过何种线索，是仅因形迹可疑，还是有重大嫌疑；四是嫌疑人到案经过，嫌疑人是如何归案的，有无自首情节。以上这四个层次，要一一表述清楚，要条理清晰、层次明确、因果关系清楚、破案经过自然，使人看完之后对于案件的侦破表示可信。实践中可能有些案件，公安机关案件中没有发、破案经过或写得非常简单，而一份客观、翔实的发破案报告，不但可以方便我们审查案件发破经过是否自然，而且有时能起到对全案证据进行补强的作用。需要指出的是，在表述发、破案经过时，不能完全依赖侦查机关出具的证明材料，要综合全案证据材料，如犯罪嫌疑人供述、相关证人证言等，综合判断犯罪嫌疑人到案时间顺序、抓捕线索来源情况、证据信息的逐步揭示过程，综合分析案件侦破经过。

（4）关于相关诉讼参与人的意见。对犯罪嫌疑人、辩护人、被害人的意见要充分描述并高度注意，这一部分内容不应只是体现程序的规定，更应当体现承办检察官客观公正的立场，同时也有利于讨论者、审批者在审阅报告时找准案件的焦点问题。需注意的一点是，对于和审查意见不同的，要在后面的证据分析、法律适用等部分予以一一回应，特别是辩护律师的意见，因为辩护律师对于发现控方证据疑点具有积极的态度和丰富的经验，因此，应当善于借助律师的力量发现证据疑点，最大限度避免错案发生。

2. 侦（调）查机关（部门）认定的犯罪事实与意见、审查逮捕和审查起诉认定的案件事实及证据

（1）关于证据归纳及摘录。审查认定的证据是整个案件证据的缩印版，是审查报告的基础和根基所在。卷宗材料错综复杂，我们须学会将卷宗内容筛选、浓缩、提炼，并合理地归纳到审查报告之中，达到动态回溯案件事实的效果。一是要全面、客观、繁简得当。案件审查报告中证据的摘录应全面、具体、突出关键点，对言词证据可以进行必要的归纳、概括，但不应掺杂主观意见。实践中，审查报告证据部分常会出现两个极端，有的极为简略、有的极为繁复。有的证据摘录一笔带过，不愿多费笔墨，让阅读者看起来一头雾水。案件存在争议的地方、案件的关键之处往往没有摘录下来，甚至犯罪嫌疑人先后几次不同的辩解也没有体现出来。有的把卷宗一字不差地摘抄下来，特别是言词证据把多份相似笔录一一摘录下来，是完全没有必要的。对于案情简单、供述稳定的案件证据摘录可简略归纳，对不一致或矛盾的地方进行列明即可，而对于案情复杂、供述反复的案件证据摘录需详细，可将微信聊天记录中的聊天对话、言词证据中一问一答的内容原文摘录过来，将案件的关键细节直观地呈现出来。二是要以证据分组为原则，逐一罗列为例外。案件审查报告应当具有庭审举证质证的功能，案情复杂、同案犯罪嫌疑人多、证据数量较多的案件，一般采用分组举证为主、逐一举证为辅的方式。从举证的要求上，除了案情特别简单的案件，还是应当采用分组举证的方式，案件审查报告作为举证质证提纲的基础，一般也应当采用证据分组的方式。通过证据分组不仅体现承办检察官的定案思路，搭建出案件的证据合理体系，还为庭审举证时有效展示证据体系、有力表达证

据内容提供基础。特别对于案情复杂、犯罪嫌疑人拒不供述的案件，将证据分成证明某一案件事实的若干小组，分清主次，由浅入深，由表及里，使犯罪嫌疑人的辩解不攻自破，昭示和证明犯罪事实。而至于具体如何分组，还需承办检察官根据自己的办案经验以及案件的具体情况来进行综合布局。如可采取证据种类分组法、犯罪构成要件分组法、犯罪阶段分组法、图表分组法等证据分组方法摘录。对证据分组时，要遵循证据之间的逻辑关系，一般应将证明方向一致或者证明内容相似的证据归为一组，如物证一般要和相应的提取手续包括搜查笔录、扣押笔录、扣押决定书、扣押清单、现场勘验笔录等证据放在一组摘录。分组摘录后对每一组证据应进行证明小结。在具体摘录一份证据时按照摘录、证实、存在的问题顺序进行摘录说明。三是要遵循从客观到主观的排序方式。通过案件审查报告证据顺序的排列，强化以客观性证据为基石构建证据体系，引导承办检察官阅卷先看客观证据后看主观证据，最后看犯罪嫌疑人供述，建立以客观性证据为主线审查案件的思路。

（2）关于证据分析。案件的证据分析是案件审查报告的精华和核心，这一部分的质量如何，反映出承办检察官对于案件证据、法律规定、理论知识等全方位思考、理解、运用的能力。一些案件审查报告对于定性、证据、可能存在争议问题并没有进行实质性分析，只是简单地按照样本套用，格式化的寥寥几句，这样的案件审查报告无法看出承办检察官的思路。我们认为，证据分析就是要把案件里每一个可能有争议的问题说清楚、写透彻。并不需要严格按照犯罪构成要件之类的逐条分析，显而易见不存在争议的问题也没有必要展开篇幅去论述。比如有的案件犯罪嫌疑人提出非法取证的问题，那就需对证据合法性进行论证；有的案件的量刑情节的认定需要着重研究；职务犯罪的主体身份是论述重点；边缘未成年人的法定责任年龄需关注等。具体论证可以按照三个步骤来展开：一是提出问题。在阅卷时应养成边阅卷边摘录边写问题的习惯，一些问题在阅卷完毕也自然解答了，一些问题仍然存在疑惑，可以带着问题再去卷宗里寻找答案，如果还是无法解释，那这个问题就是下一步需要重点解决论证的，往往也是案件的争议焦点。二是研究问题。针对需要解决的问题，定性存在争议，需要对可能构成或不构成的罪名分别进行分析，查找相关理论观点、类似案件判决，在不断的研判过程中形成自己的观点和意见。证据不足的可以跳脱侦查机关的思路框架，重新搭建证据体系，同时将思路反映到补充侦查提纲中提出明确的补侦方向。三是分析问题。在对争议问题进行深刻研究后，需层次清晰地把问题、观点、理由一一列明，对于争议性较大的问题，不能只表述自己认可的观点，而应把几种可能的观点和理由分别阐述出来，同时提出明确的倾向性意见，以提供领导判断决策、检察官会议讨论参考。值得注意的是，对全案证据进行整体分析时，一要对不真实的或者不能采用的证据指出并说明理由，并重点分析论证。二要对证据之间、证据与案件事实之间存在矛盾的，结合证据体系说明矛盾是否能够排除。三要对案件非主要事实及情节不够清晰的，说明该部分事实、情节是否影响案件基本事实及主要情节的认定。四要将经审查查清的事实、证据以及未查清的事实、证据都一一写明。五要采取一事一证一分析原则。尤其对于一人多起多罪、多人多起多罪等复杂案件，将每一起案件事实的证据列明，以确保能清楚、完整地表述所认定案件事实的具体证据情况。

（3）关于事实认定。应达到三个方面要求：一要准确、全面；二要严谨、规范；三要简洁、明确。包括犯罪嫌疑人实施行为的时间、地点、动机、目的、行为过程（具体手段）、犯罪情节、数额、危害后果、犯罪嫌疑人作案后的表现等有关罪与非罪、罪行轻重、从重从轻或者免除处罚的事实，以及其他情节要素、犯罪构成要件。我们认为这部分的撰写，应注意以下几个问题：一是几类特殊事实的认定。对于多起事实的案件，对每起事实的撰写与单节事实案件的要求是一样的，同时可以根据案件不同情况，按照先单位犯罪后自然人犯罪、先共同犯罪后单独犯罪、先重罪后轻罪或犯罪行为发生时间的先后等合理顺序进行表述，做到层次清晰，突出逻辑性；对于供证有矛盾的案件，应对事实和证据部分进行详细摘录，对案件证据进行全面、细致、客观的分析，对案件的定性及定罪应深入论证，提出处理意见；对于涉案人员多、案情复杂且时间长，作案次数多的案件，对事实和证据的摘抄可采用表格式或者统计式，提高工作效率。二是结合证据分析认定事实。案件审查报告中认定的每起事实，同一事实的每个环节都必须有相应的证据予以支持才能成立。应在排除非法证据、采信合法证据、完成证据分析之后，再对案件事实进行全面、综合的分析判断，才能撰写审查后认定的事实。三是叙述结构严谨、逻辑严密。认定的事实应表述清晰、准确完整，用语严谨。在一些复杂案件中，在叙述案件事实时，对于一些重要背景与环节应当进行必要的说明和交代。另外，对案件事实的表述要条理清晰，环环相扣，符合逻辑规律。叙写经审查认定的事实时，一般应当按照事实发生的先后顺序撰写，避免采用倒叙、插叙、夹叙夹议等修辞方式。四是叙写事实要有确定性。经审查后认定的事实是承办检察官通过对全案证据材料进行梳理、甄别、判断后所作出的总结性概括，其所列明的应该是通过证据证实的、客观上存在的事实。但对于一些疑难复杂、定性存有争议的案件，承办检察官对于案件事实往往没有明确的认定，而是将有利于和不利于犯罪嫌疑人的证据均一一罗列出来，实际上没有认定的事实。当然，一些较为复杂的案件，尤其是证据不扎实、存有疑问的案件，很难对事实作出准确认定，对案件性质作出结论。但是，对于认定事实的表述与证据罗列不能混为一谈，对于证据的分析、判断以及是否采信等问题应在审查分析意见部分证据分析一节予以论述，而在审查后认定的事实部分应当采用客观表述的方法来认定事实，将客观存在的事实、结果表明。

3. 需要说明的问题及有关情况、审查意见

（1）关于需要说明的问题及有关情况。这部分主要是围绕法律监督、维护当事人合法权益等问题来展开，包括对侦查机关的监督、引导取证、同案犯处理、当事人之间刑事和解、舆情应对等。重点需要说明的是涉案财物的随案移送情况说明。案件审查报告须把赃证物问题单列出来，不仅反映涉案赃证物、款项的移送、处理对案件有重要影响，也有助于发现赃证物灭失、损毁，甚至被挪用，失去证明价值，同时在审查报告的结构上可以前后呼应，互为提示。

（2）关于审查意见。案件的定性分析、量刑情节分析是案件审查报告的精华和核心，这一部分的质量如何，能反映承办检察官对于案件证据、法律规定、立法精神的理解、掌握和运用的能力与水平。要从以下几点进行把握：一是在定性分析方面，要紧密围绕犯罪构成要件，结合

在案证据材料，从法理和证据两方面，充分论证犯罪嫌疑人是否实施了侵犯法益的客观行为，是否出现了法律规定的犯罪后果，是否有客观阻却违法的事实，主体是否符合要求，主观故意是否明确，进而确定犯罪嫌疑人的行为是否构成犯罪，构成何罪。二是在量刑分析方面，要依照刑法和相关司法解释，全面分析犯罪嫌疑人犯罪的事实、行为的性质、各种法定情节和酌定情节等，提出相应的量刑建议，包括刑种、刑幅、数额等。

撰写审查意见时应注意：一是论述犯罪构成既要全面，又要有所侧重。对案件定性分析时，有的承办检察官对于犯罪构成的论述存在两种不良倾向。一种是面面俱到，不分主次轻重，没有把握重点；另一种是不全面，把主要的笔墨集中在论述犯罪构成个别要件上，对其他要件的论述很少甚至没有。对此，要抓住案件的重点，对犯罪构成要件的论述既要全面，又要有所侧重。例如，对于职务犯罪，要侧重论证主体；对于诈骗类犯罪，要侧重犯罪的故意；对于未成年人犯罪，要注意法定责任年龄等。二是法律规定与分析论述并重。案件审查报告要能准确引用有关条文和规定，更为重要的是要把法律规定运用到所办理的案件中，结合法律法规对案件进行具体的分析和论述，而不是将法律条文规定进行罗列，形成一种法律规定和案件事实、证据两张皮，让阅读者自行判断的印象。三是分析意见要明确、适当。案件分析意见是承办检察官通过对案件的审查，结合证据和法律规定，对犯罪嫌疑人是否构成犯罪、构成何罪、应当如何处罚等作出结论性意见。所谓明确，就是承办检察官对于犯罪嫌疑人是否构成犯罪，构成何种犯罪要在充分的分析后提出明确的意见。对于有争议的案件，要将争议产生的原因，不同观点的法定理由和依据予以说明，并提出个人的倾向性意见。所谓适当，就是案件审查报告中的分析意见应围绕案件中的证据材料和相关法律规定进行，问题要集中、系统，表述要清晰，论述要完整，既不能过于简单，把应当分析的问题忽略了，也不能过于复杂，引经据典，把分析意见做成学术论文。四是分析意见用语要严谨、规范。对案件的分析是一个主观判断的过程，案件审查报告作为司法工作文书应当体现出中立态度，根据证据、法律规定论述案件，不能把承办检察官个人的情绪或者倾向体现在文书中，不能使用煽情语言。五是量刑情节不遗漏。在案件审查报告中不要遗漏量刑情节，包括法定情节和酌定情节。对于酌定情节如赃款已退赔、初犯、被害人是否存在过错，犯罪嫌疑人认罪态度有时候容易在审查报告中被遗漏。

此外，对于案件中引用的法律法规、司法解释等，如果不是十分常见的，应附在报告最后。同样地，完备的案件审查报告应附法律法规、司法解释、案例等，以便参考。尤其是一些存在争议的案件，或者不太常见的经济犯罪等，若涉及一般人不太熟悉的金融专业术语、知识产权领域等，应当将专有名词背景作为附件列举。

五、相关重点问题

随着刑事检察的发展以及司法改革的深化，刑事案件审查报告的功能有一个逐渐变化的过程。在改革前三级审批工作机制以及审查起诉单一审查功能背景下，案件审查报告的功能主要有案件审查、审批、庭审预案、质量复查等；[①] 在司法改革后，检察官需对案件终身负责、应更加高质效地完成审查逮捕、审查起诉工作，传统功能中的审批功能有弱化趋势，其他功能则趋于强化，且种类也更加丰富。《人民检察院工作文书格式样本（2020 年版）》将检察机关办理刑事案件的审查报告分成不同种类，不同类型的审查报告，其功能也有所区分。

（一）捕诉一体案件审查报告的主要功能及写作重点

检察机关内设机构改革前，审查逮捕部门与审查起诉部门相分离，因此两种案件审查报告也相分离。改革后的捕诉一体的办案机制不但对案件审查报告的形式提出了新的要求，而且在内容方面也要求在同一份审查报告中体现审查逮捕、审查起诉两种职能。而且根据改革要求，一般情况下应当由同一名检察官办理同一案件的审查逮捕、审查起诉工作，因此检察官的审查起诉职能势必向前延伸。在审查逮捕时检察官就应充分考虑案件捕后侦查取证的方向，向侦查机关按照起诉、审判的标准列

① 参见郑健荣：《案件审查报告应强化四项功能》，载《检察日报》2008 年 11 月 5 日，第 3 版。

出补充侦查提纲并说明理由。这就要求案件审查报告必须把重心转移到构建证据体系上，以最能证明犯罪事实的顺序列举证据、分析证据、论述在案证据是否达到证明标准、尚需补充何种证据。实现用庭审指控来要求侦查取证之目的，真正实现"捕诉一体"的目标价值。因此捕诉一体案件审查报告的功能及写作重点体现在：

1. 案件审查功能。一般情况下，捕诉一体案件较另两种案件更为复杂，因此更应全面体现承办人对案件的审查过程。一是程序审查。主要包括：根据法律规定关于级别管辖、地域管辖的原则，审查案件是否属本院管辖；案卷材料是否齐备、规范；涉案财产、证据的移送手续是否齐备；犯罪嫌疑人被采取强制措施的相关文书是否完备。二是实体审查。承办人在论述实体审查部分时，应根据案件的特点、复杂程度，从多角度全方位审查事实、证据，构建相应的证据模块。既要论证犯罪嫌疑人构成犯罪且证据确实的一面，也不能忽视案件的疑点，比如有没有无罪、罪轻的证据，证据之间是否存在矛盾是根本性矛盾还是细枝末节的矛盾，在多方比较论证之后才能得出最终结论。应综合采用文字叙述、表格比对、统计式等多种方式。同时，对案件的定性、定罪应深入论证，并列明其他需要说明的问题，并提出处理意见。

2. 发挥捕诉一体优势，体现引导侦查功能。捕诉一体机制以引导侦查为抓手，具有有效提升办案质效的优势。由于案件由同一人办理，除了可以高效审查逮捕、引导侦查之外，还可以便捷、高效跟踪侦查进展、移送审查起诉后侦查机关对补证要求是否落实完成等情况，能够更好地引导侦查。因此在捕诉一体案件审查报告中对引导侦查、跟踪侦查进展、侦查机关落实补证要求的具体情况进行记录分析，并对自行侦查情况及侦查机关是否存在不作为问题进行说明。

3. 出庭预备功能。为适应以审判为中心的诉讼制度改革，有效应对庭审实质化新要求，捕诉一体案件审查报告的制作中，就应牢固树立办案标准向庭审看齐的理念，强化案件质量意识，全面贯彻证据裁判原则，严格证明标准，严把案件事实关、证据关、程序关和法律适用关。因此，案件审查报告中所有证据要按照庭审举证、质证的顺序排列。针对不同案件的实际情况，列举证据可采取不同方式。一是对于犯罪事实简单的案件，可采取“一事一证”方式，在每一宗犯罪事实后面写明认定犯罪事实的主要证据；二是对于多人多罪的案件，应采用与案件相匹配的分类方式，将证据与每宗案件事实或每种罪名相对应地排列组合，对证据一一列举。在列举分析证据时，就应做好与出庭工作的对应，为出庭时清晰、高效地举证，不但应按照犯罪构成或者时间顺序等方式构建证据模块，而且应当在证据模块内按照证据间的联系进行分组、编序号列举证据，做到审查报告中所列举的证据能够为庭审举证直接所用。同时，案件审查报告的分析论证部分应当与公诉意见书、答辩提纲相对接，在分析证据的基础上对庭审焦点作出预测、为公诉意见的发表打好基础。

（二）非羁押直诉案件审查报告的主要功能

非羁押直诉案件审查报告，应重点体现羁押必要性的审查功能。非羁押直诉案件是指司法实践中对犯罪嫌疑人采取监视居住或取保候审的强制措施移送审查起诉后，进行审理裁判的刑事案件。其最大特点在于，在刑事追诉进行的程序中，被追诉者未被逮捕。非羁押直诉案件，从程序上说包含有三种类型：一是经过审查批准逮捕环节，因犯罪嫌疑人涉嫌的罪行较轻，且没有其他重大犯罪嫌疑，具有《人民检察院刑事诉讼规则》第140条规定的七种情形而作出不批准逮捕决定后，移送检察机关审查起诉的。二是犯罪嫌疑人被批准逮捕后，又经过人民检察院羁押必要性审查，对于不需要继续羁押的，变更强制措施后移送检察机关审查起诉的。三是侦查机关没有经过审查批准逮捕环节，直接对犯罪嫌疑人采取监视居住强制措施后，移送检察机关审查起诉的。根据上述几种类型，相较于捕诉一体案件、速裁及认罪认罚简易程序案件，非羁押直诉案件具有的特点是：从实体方面来看，案件关于事实和证据的认定难度介于捕诉一体案件、速裁类案件之间；就程序方面而言，其经历的环节、复杂程度也介于其他两类案件之间；从审查重点而言，非羁押直诉案件应当着重体现对羁押必要性的审查。此类案件由于犯罪嫌疑人处于非羁押状态，在司法实践中，也会出现部分案件进入审查起诉阶段、审判阶段后又翻供翻证的，因此在审查报告中也应体现对关键言词证据的及时巩固、分析。

（三）速裁程序/认罪认罚简易程序案件审查报告的主要功能及写作重点

速裁及认罪认罚简易程序案件审查报告，主要体现繁简分流、简案快办的功能。由于不同的案件，疑难复杂程度差异很大，如果对复杂及简单案件、是否认罪都不作区分制作相同的案件审查报告，无疑会影响工作效率，还间接影响对疑难复杂案件的审查起诉资源投入。《人民检察院工作文书格式样本（2020 年版）》对于速裁及认罪认罚简易程序案件审查报告设置了专门的格式。此种区分顺应了认罪认罚从宽制度要求新格局。因认罪认罚的案件案情大多无争议，一般无需详细摘录证据内容，对事实证据不用进行详细的分析论证，通过繁简分流，进一步简化认罪认罚案件审查报告的制作，提升检察人员适用认罪认罚的积极性，有序实现同普通程序、简易程序、速裁程序等三大程序的精准衔接。针对当前基层检察机关办理的刑事案件多集中于危险驾驶罪、交通肇事罪、盗窃罪等常见罪名的情况，案件文书以及办案流程都应予以简化。对于符合速裁程序办理条件的轻微刑事案件，文书格式样本设置了表格化审查报告，采用填写形式，对证据进行分列摘录，综合分析，有效地提升了审查效率，从而确保案件受理后高效提起公诉。但填写表格化的审查报告，需要注意几个要点：一是要根据常见罪名的特点，准确填写能够证实犯罪事实确系犯罪嫌疑人所为的关键证据。由于表格内容均是文字填空，相较于纯文字复制、粘贴版的摘录不同，表格形式对字数的限制较高，因此必须对内容进行高度、精准的概括，这就要求承办人具有较高的文字概括能力。二是应注意详略得当。针对类案中容易出现问题，比如证据合法性问题，表格中的证据应详细分解出审查点，该细的更细，不该细的予以简化甚至舍弃，确保提高办案效率、保证案件质量。

（四）二审案件审查报告的主要功能

由于二审程序是由于上诉或者抗诉引起，因此在撰写案件审查报告的时候相较于一审刑事案件审查报告，应当突出重点，围绕上诉或者抗诉理由，着重体现纠错防错以及法律监督功能。根据 2021 年最高人民法院《关于适用〈中华人民共和国刑事诉讼法〉的解释》第399条规定，开庭审理上诉、抗诉案件，可以重点围绕对第一审判决、裁定有争议的问题或者有疑问的部分进行。根据案件情况，该条还具体列举了相关审理方式，主要是判决书可以摘要宣读；法庭调查应当重点围绕对第一审判决提出异议的事实、证据以及新的证据等进行；对没有异议的事实、证据和情节，可以直接确认；未上诉的同案人可以不到庭的情形；犯有数罪的案件对其中事实清楚且无异议的犯罪可以不在庭审时审理等。上述规定明确了二审程序与一审程序的职能定位不同，一审是全面审理查明事实，二审则是重点突出解决争议焦点问题。关于二审案件审查报告如何梳理争议焦点，具体应当做到“两看两听”，看上诉状、看一审开庭笔录；听上诉人供述及辩解、听辩护人辩护意见，案件如果存在被害人的，还应当听取被害人或其家属的意见。在全面听取意见的基础上梳理二审争议焦点，并在审查报告中着重分析。

（五）发回重审案件审查报告的主要功能及写作重点

发回重审案件审查报告应体现对争议事实的审查功能。根据《刑事诉讼法》第236条第1款第3项，原判决事实不清楚或者证据不足的，可以在查清事实后改判；也可以裁定撤销原判，发回原审人民法院重新审判。同时，根据《关于适用〈中华人民共和国刑事诉讼法〉的解释》第404条规定，有多名被告人的案件，部分被告人的犯罪事实不清、证据不足或者有新的犯罪事实需要追诉，且有关犯罪与其他同案被告人没有关联的，第二审人民法院根据案件情况，可以对该部分被告人分案处理，将该部分被告人发回原审人民法院重新审判。据此发回重审案件其实有两种原因：一是原判决事实不清或者证据不足；二是有新的犯罪事实需要追诉。上述两种情形的审查重点不同，在发回重审案件审查报告中应体现相关重点问题。关于第一种情形，案件审查报告应重在分析事实与证据，尤其是分析证据是否存在矛盾点，是否能形成完整锁链、排除合理怀疑。关于第二种情形，即有新的犯罪事实需要被追诉而发回重审的案件，案件审查报告应当对新的犯罪事实的事实与证据、定罪、量刑、侦查行为是否合法等各方面进行全面分析论述。

（六）再审案件审查报告的主要功能

由于再审程序是通过对已经生效的裁判文书的重新审理、提出抗诉，达到维护法律统一实施、维护司法公正的目的，因此，再审案件审查报告也应当着重体现其提升司法公信力、维护司法公正功能。再审案件审查报告应当突出重点，针对生效判决、裁定中有争议的犯罪事实、证据或者法律适用等问题，进行深入分析，着重审查原判决是否确有错误、是否应当改判或者抗诉。在审查的时候必须区分原判决、裁定错误的大小、性质是否严重，在纠错的同时兼顾维护生效判决的稳定性，确保再审改判或者提出抗诉后政治效果、社会效果、法律效果的有机统一，最终实现维护法律统一实施，促进司法公信力提升，维护司法公正等作用。

（七）案件审查报告落实捕诉一体机制问题

1. 落实检察官主体责任，强化法律监督功能

检察机关新一轮机构改革之后，实行捕诉一体机制，刑事检察官由之前的审查批准逮捕、审查起诉各管一段，转变为审查批准逮捕和审查起诉职能合一，需要履行立案监督、侦查监督和审判监督等全流程法律监督职责。因此刑事检察官需要找准自己的角色定位，在不同诉讼阶段，既要有所侧重，也要注意全面履职。

（1）案件审查报告应更好体现检察官主体责任。司法责任制对案件审查报告的撰写提出了新要求。在过去的逐级审批办案模式中，疑难复杂案件需要部门领导、主管院领导、检委会逐级审批决定，这一模式下的审查报告侧重于报告功能。司法责任制改革后，检察官履行职责，权责相统一，由此案件审查报告的报告功能弱化，但是案件审查、庭审应对、质量检查等功能强化。这种变化带来的影响是：一方面审查报告无需面面俱到，可以适当减少对证据的摘录；另一方面审查报告要强化检察官及其助理的主体责任，更好地反映办案中开展的各项程序性工作。比如，在审查逮捕阶段，应当着重及早发现问题，引导取证；在审查起诉期间，需要对补证情况与之前的补证要求进行对比，或者退回补充侦

查，或者自行补充侦查，查漏补缺；审查起诉即将终结前的重点在于定性判断，分析案件有罪还是无罪、提出起诉还是不起诉、提出量刑建议等，最终作出判断以及决定。而在案件提起公诉直至法院审理阶段，检察官则主要是履行指控犯罪职责，兼顾法律监督，而且法律监督的方式一般为事后监督。综上，检察官在不同的诉讼阶段，均应明确自己的角色定位，避免机械办案，切实履行好检察官的客观公正义务。

（2）强化案件审查报告的法律监督功能是捕诉一体化改革的必然要求。司法体制改革的深化是随着刑事诉讼制度改革、司法责任制改革、内设机构改革等一系列配套改革共同推进的，刑事案件审查报告也是改革的具体要求之一。案件审查报告不但是庭前刑事案件审查工作的总结，同时也衔接着庭审开庭工作，必须强化其法律监督功能。捕诉一体化改革的推进，不但在于提升检察官的办案效率，更在于整合批捕权与公诉权之后能够更加有效监督侦查行为、引导侦查取证，提高检察机关法律监督的专业化水平，有利于办理质量的提升。为此，检察官在捕诉一体的审查报告中，应当更好发挥刑事指控与诉讼监督双重职能，做到法律监督提前、深化、全流程。

2. 树立正确理念，坚持捕、诉法定证明标准

捕诉一体案件审查报告要求将审查逮捕意见书和公诉案件审查报告整合在同一份工作文书中。但是一体化并不代表同一标准，批准逮捕与提起公诉的证明标准并不完全相同，批捕要力求精准、公诉要力求精细。要将刑事审判的证明标准、相关理念传导至批捕环节，但又要坚决防止以提起公诉的标准要求审查逮捕案件。在审查逮捕环节审查的是“逮捕必要性”相关证据材料，着重审查犯罪嫌疑人是否有犯罪事实、是否可能判处徒刑以上刑罚、是否又实施新的犯罪、毁灭证据等社会危险性。依据在案证据不能认定犯罪嫌疑人符合逮捕社会危险性条件的且没有补充相关证据的，应当作出不批准逮捕的决定。在提前介入或者审查逮捕阶段，应当注重与侦查人员沟通，引导侦查人员强化庭审证据标准，审查证据的合法性，进一步规范侦查行为，围绕着法庭审判的需要提高证据收集、固定标准。而在审查起诉阶段，则应侧重审查犯罪事实是否清楚，证据是否达到确实、充分，排除合理怀疑的标

准，是否应当追究犯罪嫌疑人的刑事责任。因此，虽然是同一份报告，但由于诉讼阶段不同，捕、诉的证据标准不同，办案检察官必须找准定位做好角色转换。

3. 加强捕后引导侦查，发挥捕诉一体优势

捕诉一体的办案机制不但要求案件审查报告在形式上应当将审查逮捕、审查起诉合一，而且在实质上要求检察官办理案件时职能延伸，在审查逮捕时就应当充分考虑案件捕后侦查取证的方向。办案时不能以起诉标准替代批捕标准，但检察官应当把出庭的经验、法庭证明的标准，融入批捕环节，严格把握、引导侦查取证。一方面通过捕诉一体有效改善指控质量；另一方面通过捕诉一体强化检察官对侦查人员从批捕到起诉期间的全流程引导，从而有效降低“两退三延”等程序倒流现象在审查起诉环节发生的频次，最终提升办案效率。办案检察官应当在审查逮捕时就按照起诉、审判的标准提出补充侦查方向，因此案件审查报告必须把重心转移到构建证据体系上。按照犯罪构成、时间顺序等逻辑顺序构建证据模块。零口供案件一般则是按照侦查思维，先论述犯罪后果再论述何人因何动机采取何种手段造成这样的后果。总之按照最能表述证明犯罪事实的顺序组建证据，将办案逻辑和证明体系作为组合、排列证据的原则。在审查逮捕时就应以庭审证明体系来对照审查证据存在的问题、事实需要查清的部分。在审查起诉阶段，审查报告可着重对捕后补充完善或者新增的证据进行摘录和分析，对于与批捕时相同的证据直接粘贴，或者注明相同内容见审查逮捕部分，有效避免审查报告在不同阶段的重复制作。更好地让办案人员通过在审查报告中加强对捕后引导侦查的论证，全面、客观地监督公安机关对捕后侦查意见的落实是否到位，从而真正实现“捕诉一体”的目标价值。

4. 强化讯问及听取辩护意见，构建控、辩良性互动

捕诉一体机制运行之初，有学者认为捕诉一体不利于辩护权的保障，认为由于批捕检察官和公诉人为同一人，如其作出批准逮捕决定，到审查起诉阶段一般还是倾向于维护原有决定。[①] 实际上，由于检察官要对自

① 参见童伟华：《谨慎对待“捕诉合一”》，载《东方法学》2018 年第 6 期。

身办理案件终身负责，无论是从工作要求层面还是实际运行层面，为了确保案件捕后起诉质量，承办检察官更加全面讯问犯罪嫌疑人，不但记录其有罪供述，也更加重视其无罪辩解。同时，由于庭审实质化对公诉人的庭审应对能力提出新要求，为了有效应对庭审，承办检察官在审查起诉阶段也更加重视听取辩护意见，更有利于犯罪嫌疑人和辩护律师行使辩护权。在案件审查报告中也应当对于提审情况、辩护人相关意见进行着重分析。捕诉一体机制对犯罪嫌疑人辩护权的保障具有明显的积极效应，检察官应当重视讯问实质化、全面化，及时听取辩护意见并有针对性地展开分析、补充侦查，通过构建控、辩良性互动关系，进一步提高办案质量。

5. 构建多层次公诉模式，进一步优化诉讼结构

捕诉一体机制还要求构建更合理的公诉模式，促进司法资源合理配置，案件审查报告也要体现诉讼结构的优化以及繁简分流。首先，文书格式样本将审查报告区分为捕诉一体案件审查报告、非羁押直诉案件审查报告、速裁及认罪认罚简易程序案件审查报告等形式。多层次的公诉模式有助于优化诉讼结构。检察机关在认罪认罚从宽制度的框架下，按照速裁程序、简易程序、普通程序对审查模式进行划分，推动诉讼结构的合理化、科学化，以适应现阶段越来越多样化的司法环境。如前所述，根据办理案件类型不同，案件审查报告所承载的功能也有所区别。在同一份审查报告内，以捕诉一体案件审查报告为例，根据案件类型不同、繁简程度不同、证据在捕后是否有重大变化等情况，也需要建立不同的层次。其次，案件审查报告要体现检察官的审前主导责任，优化检察权运行。无论是以证据为核心的引导侦查责任的提升，还是启动认罪认罚制度、诉讼程序的选择，量刑建议的提出，都使得办案人员需要通过构建多层次公诉模式，细化案件审查模式，实现刑事检察权的优化。最后，案件审查报告要体现“繁案精办、简案速办”，通过适用不同的程序，对刑事案件进行繁简划分，并分配不同的诉讼资源，从而将更多、更精的司法资源集中到疑难复杂案件上，实现司法资源的合理配置。

（八）案件审查报告有关出庭预案问题

以审判为中心的刑事诉讼制度改革，要求强化案件审查报告的庭审预案功能。其根本要求是庭审实质化，庭审中控辩双方的对抗性增强、不可预测性更高。这一改革对公诉人提出更高要求，公诉人要具备更高的庭审应变能力。而案件审查报告作为案件审查的载体，在制作中应全面贯彻证据裁判原则，严格证明标准，牢固树立办案标准向庭审看齐的理念，强化案件质量意识。积极转变司法理念、创新司法方式，牢固树立以证据为核心的诉讼理念。公诉人应当拓宽案件审查报告功能，更加重视证据审查和法律分析，将审查起诉阶段的作用延展到庭审活动，为庭审举证质证、法庭辩论提供充足预案。因此案件审查报告应当更有针对性，针对出庭预案的“三纲一书”，做到审查报告中的相应部分均可以直接为出庭预案的“三纲一书”所用。

1. 案件审查报告应当体现讯问内容并为庭审讯问做准备

一是在审查起诉阶段更应当注重讯问实质化、全面化，注意倾听犯罪嫌疑人及其辩护人的辩解，并对辩解中的不合理成分与合理成分予以区分，对于辩解的不合理成分要么直接分析其矛盾之处，要么通过继续补充证据以证伪；对于辩解的合理成分则应当分析是否影响定罪、量刑，做到客观公正。审查起诉阶段公诉人所作的讯问笔录应当在案件审查报告“审查起诉认定的案件事实及证据”中的犯罪嫌疑人的供述与辩解部分予以体现，并应当分析犯罪嫌疑人供述相较侦查阶段有无变化，这也是对庭审阶段被告人是否会翻供作出预测。

二是庭审讯问与审查起诉阶段的讯问应当区分。审查起诉阶段讯问犯罪嫌疑人是以查明事实真相为目标，而庭审讯问虽有查明事实的功能，但另一目的则是“明知故问”，通过有针对性有步骤的讯问，向法庭以及旁听群众揭示被告人的主观故意、犯罪行为、认罪态度等。庭审讯问提纲应当以审查报告记载情况为基础，但是必须作出调整，尤其是在下述特殊情况下，庭审讯问提纲的调整就应更大：第一，犯罪嫌疑人在审查起诉阶段全面翻供，甚至提出非法证据排除申请，面对此种情况，承办检察官在审查起诉阶段的讯问必须足够细致、足够全面，让犯罪嫌疑人自行供述尽可能多的细节，以查明是否存在非法证据、是否需要排除，排除之后其余证据是否能够达到证明标准。如果查清犯罪嫌疑人的翻供并不成立、排非申请并不成立、所谓的被刑讯逼供或被威胁等信息也都是虚假的，那么在庭审讯问阶段公诉人则没有必要像审查起诉阶段讯问时那样任由被告人发挥，因为被告人及其辩护人在庭审中自然会陈述其排非理由，公诉人也没有必要就犯罪事实详细展开讯问，因为被告人已经翻供。在法庭讯问时只需简单向法庭揭示被告人翻供、请法庭注意其认罪态度，关于被告人的翻供理由并不成立可在非法证据调查程序或者庭审质证环节或者答辩环节中予以分析。第二，针对被告人零口供案件，庭审讯问策略也不同于审查报告中的讯问情况的记载方法。庭审前应当根据事先了解的被告人类型制定相应方案，针对主动对抗、反侦查能力强、表达煽动能力强的被告人，应当功夫下在庭前，在审查起诉阶段充分了解被告人的各项辩解。通过调查分析得出被告人的辩解均不成立的结论之后，在庭审的时候再通过讯问逐一展示被告人的辩解理由，这样有利于为庭审举证阶段留下靶子，公诉人在庭审举质证阶段以层层剥笋的方法揭露被告人辩解的不合理之处。如果被告人不善言辞但情绪激动对公诉人的对抗情绪强烈时，尽量不刺激被告人，切忌在细枝末节的问题上对被告人穷追猛打，避免其因情绪不受控制有暴力、自残、闹庭等影响庭审活动行为。

2.“审查后认定事实的证据”应当服务于庭审质证

案件审查报告中“审查后认定事实的证据”基本对应庭审举证质证环节，因此案件审查报告中此部分的写法必须能够服务于庭审，尽量做到直接为庭审所用。要注意两点：

一是构建案件证据体系。检察官需要对认定事实的证据进行整合、归纳、提炼，要因案制宜根据不同的案件情况构建证据模块。比如案情复杂、同案被告人多、证据数量较多的案件，不但要一事一证，而且根据犯罪构成、犯罪的时间顺序等逻辑分组举证。对证据进行分组时，应当遵循证据之间的内在逻辑关系，将证明方向一致的证据归为一组。以犯罪嫌疑人供述为例，如果该份证据既有证明主观故意方面的内容，又有证明地位、作用方面的内容，那么根据具体情况决定是否拆分。如果是对证据各部分体系组成要求比较高的罪名，比如黑社会性质组织罪、经济犯罪等则需要将证据内容拆分后分别归入不同证据组中；如果案情较为简单，则将能够证明多个待证事项的证据单列并对能够证明什么进行分析。

二是为庭审举证质证直接所用。庭审实质化改革对公诉人举证质证能力提出更高要求，主要体现为举证时如何有效展示证据体系、如何合理表达证据内容以及质证时如何有力回应，而这些内容都集中体现在案件审查报告中“审查后认定事实的证据”部分。写好案件审查报告的本部分内容，不但要检察官自己看着清晰，能够形成内心确信，而且要衔接庭审，注意证据模块、分组分析都能够在庭审举证时表达清晰，举证有力，从而构建以证据为中心的刑事指控体系。

3. “全案综合分析说明”与公诉意见书、答辩提纲的对应

案件审查报告中的“全案综合分析说明”部分基本对应庭审的法庭辩论环节，法庭辩论涉及对全案证据综合分析、定罪、量刑、程序是否合法等问题基本应在审查报告中的本部分予以体现。公诉意见书以及后续的答辩提纲，基本上可以根据“全案综合分析说明”形成。有时候证据问题与法律问题很难完全区分开，在分析的时候可以分层次论述，但不用纠结属于证据分析还是法律分析，只要把应分析的都分析到位即可。为此必须明确“全案综合分析说明”的功能与定位。

一是案件分析功能。案件审查报告的前面几个部分主要立足于对证据材料和办案经过的总结提炼，而“全案综合分析说明”部分则是对全案的综合分析，包括对全案事实应当如何认定、定罪量刑以及其他相关问题的分析论证。公诉意见书基本上可以根据本部分稍作调整后形成。因此在撰写案件审查报告时就要注意，不仅要结合证据全面揭露犯罪，还要深入论证犯罪构成，在黑社会性质组织案等大案、要案的出庭过程中，公诉意见对犯罪危害后果的揭示和对案件警示意义的剖析也是重点。为此，在分析论述本部分时应该注意三点：第一，在论证犯罪构成时说理透彻。这个效果的实现，首先，依赖于对证据的全面归纳，在举证时就应打好基础，使举证提纲与公诉意见既分工明确，又浑然一体。其次，要注重论证逻辑的选择，逻辑递进必须符合案件事实和常识常理常情，

究竟是先分析主观故意还是先论述客观行为，需要根据不同的案件具体确定，最终达到层层递进、抽丝剥茧的指控效果。第二，在阐述危害后果时要具体、全面。对于一些影响大的案件，在受理案件或提前介入时就应对危害后果方面的证据注意收集归纳，不仅要揭示具体的危害后果，还应揭示给伦理道德造成的冲击、对普通民众感情造成的伤害、对社会秩序带来的破坏，不仅限于客观层面，也可拓展至思想认识层面。客观并形象地阐述危害后果，可以增强法庭对案件全面综合的认识。第三，在阐明警示意义时站位更高，从矛盾起源、源头治理等方面进行深层次的分析，使旁听群众能更清楚地了解案件发生的深层次社会原因，进而说明在化解此类矛盾过程中，社会各方所做的努力，提出解决问题的建议和期待，最终达到以案释法、预防犯罪、促进社会和谐的法治宣传效果。

二是庭审预案功能。从诉前与庭审无缝对接的角度看，法庭辩论的效果则主要取决于"全案综合分析说明"部分对庭审相关问题的预测、准备程度。因此案件审查报告中对相关问题的综合论证越充分，越有利于应对庭审各种变化。答辩提纲虽不像公诉意见书那么全面，主要侧重于定罪和量刑情节等某个方面，但在论证犯罪某个具体问题时，却比公诉意见书更有针对性、更能有效地反驳辩护观点。为此在写审查报告时就应当围绕答辩提纲做好三方面的准备工作：首先，在锤炼举证提纲时就应当预测到庭审关于证据的答辩要点；其次，与公诉意见分工明确，公诉意见应当是从整体进行论述，对于可能影响定罪、量刑的且具有一定争议性的关键节点放在答辩提纲中深入论辩；最后，注意临场应变，在讯问阶段，辩护人的辩护意图就可能会体现出来。此时就应当适当调整公诉意见和答辩提纲，如果辩护人多次提出某问题或者多个被告人的辩护人提出相同问题，则本来在答辩提纲中准备的某个观点，就应当适时调整顺序将该答辩意见调整到公诉意见书中，做到主动回应、充分回应，既体现了公诉人的自信，也充分地回应和保障了当事人的辩护权。当然，做到胸有成竹，回应有理有据有节，就又回到了开头的主题，必须仰仗于对出庭预案的反复锤炼与精益求精。

六、文书样式及范例

（一）文书样式

1. 捕诉一体案件审查报告样式

×××人民检察院

×××案审查报告

（适用捕诉一体案件）

收案时间（审查逮捕）：××　收案时间（审查起诉）：××
侦查机关（审查逮捕）：××　侦查机关（审查起诉）：××
移送单位（审查逮捕）：××　移送单位（审查起诉）：××
移送案由（审查逮捕）：××　移送案由（审查起诉）：××
犯罪嫌疑人（审查逮捕）：××　犯罪嫌疑人（审查起诉）：××
案件编号（审查逮捕）：××××　案件编号（审查起诉）：××××
侦查机关承办人：×××　联系电话：×××
检察院承办人：×××

（上述侦查机关、移送单位、移送案由、犯罪嫌疑人、案件编号、侦查机关、部门等捕诉期间无变化的，只撰写一次，无须重复）

我院于××××年××月××日接到×××以×××号文书提请审查逮捕犯罪嫌疑人×××涉嫌×××一案的文书及案卷材料、证据，承办人审阅了案卷，讯问了犯罪嫌疑人（无法讯问的说明原因），（犯罪嫌疑人已经委托辩护律师的，可以听取辩护律师的意见。辩护律师提出要求的，应当听取辩护律师的意见），核实了有关证据，已审查完毕。

我院于××××年××月××日受理该案，收到卷宗××册，证物××。我院受理后，依照刑事诉讼法的有关规定，于××××年××月××日告知犯罪嫌疑人（未成年人案件增加“及其法定代理人”）依法享有的诉讼权利；于××××年××月××日告知被害人及法定代理人或者近亲属、附带民事诉讼的当事人及其法定代理人依法享有的诉讼权利；已依法讯问犯罪嫌疑人，询问证人，听取了辩护人或者值班律师、被害人及其诉讼代理人的意见。(未成年人案件包括“进行社会调查、心理测评疏导”）进行补充鉴定、复验复查等。审阅了全部案件材料，核实了案件事实与证据。其间，因×××（写明退补理由：因犯罪事实不清、证据不足或者存在遗漏罪行、遗漏同案犯罪嫌疑人），退回补充侦查×次（自××××年××月××日至××××年××月××日，自××××年××月××日至××××年××月××日）；因×××（写明延长理由：因案情重大、复杂），延长审查起诉期限×次（自××××年××月××日至××××年××月××日，自××××年××月××日至××××年××月××日，自××××年××月××日至××××年××月××日）。现已审查终结。(审查逮捕阶段，此段无须撰写)

报告如下：

一、犯罪嫌疑人及诉讼参与人的基本情况

（一）犯罪嫌疑人基本情况

犯罪嫌疑人×××，(曾用名×××、与案情有关的别名×××、化名×××、绰号“×××”，外国人应先写明中文译名，再括号注明外文姓名的全名)，男/女，××××年××月××日出生（如无法查清出生日期，也可以仅标注自述年龄，未成年人无法查明实际年龄的，应当注明骨龄鉴定所证实的年龄)，公民身份号码×××（犯罪嫌疑人是外国人或者港澳台地区的，应当注明证件类型及号码)，民族、文化程度、职业(有工作单位的“工作单位+职务”，没有工作单位的直接注明职业类型，没有职业的注明“无职业”，如涉及国家工作人员利用职务实施的犯罪应当注明其何时任何职务)，户籍所在地×××（为户籍登记地址，没有户籍登记信息的，应予以注明；如系港澳台地区应注明其所属地区)，住×××（经常居住地的详细信息)。前科情况：因×××，于××××年××月××日被×××（单位）处以……；因犯×××罪，于××××年××月××日被×××（单位）判处……，于××××年××月××日刑满释放。如果刑期未满被假释应当注明假释及假释期满的时间，如果被赦免应当注明被赦免的时间。(刑事处罚与行政处罚并存时，按照先

行政处罚后刑事处罚的顺序叙写）因本案被采取强制措施的情况：因涉嫌×××罪，于××××年××月××日被×××（单位）刑事拘留；因涉嫌×××罪，于××××年××月××日经×××（单位）批准/决定，于××××年××月××日被×××（执行单位）×××（强制措施种类）。（如犯罪嫌疑人为人大代表或政协委员等特殊身份，要注明采取强制措施前是否依法履行了相关程序及罢免情况等情况。）

（单位犯罪）（犯罪单位名称），统一社会信用代码，所在地址（实际经营地址），注册地址，法定代表人姓名。诉讼代表人姓名，性别，年龄，职务（应负刑事责任的“主要负责人”和“直接责任人”，按照上述犯罪嫌疑人表述方式叙写）

（有特殊需求的案件）本人简历：（写明成长、就学、工作经历，注明就学、就业起讫时间、地点，重点叙写对其产生重要影响的经历等。）

辩护人情况（审查逮捕/审查起诉）：×××事务所律师×××/直系亲属×××，在×××工作，与犯罪嫌疑人是×××关系/法律援助律师×××，×××律师事务所，由×××（法律援助机构名称）指派。

未成年犯罪嫌疑人法定代理人情况（抚养、监护情况）：×××。

（二）被害人基本情况

被害人×××，（曾用名×××，与案情有关的别名×××，化名×××，绰号“×××”，外国人应先写明中文译名，再括号注明外文姓名的全名），男/女，××××年××月××日出生（如无法查清出生日期，也可以仅标注自述年龄，未成年人无法查明实际年龄的，应当注明骨龄鉴定所证实的年龄），公民身份号码×××（被害人是外国人或者港澳台地区的，应当注明证件类型及号码），民族，职业（有工作单位的“工作单位+职务”，没有工作单位的直接注明职业类型，没有职业的注明“无职业”，如涉及国家工作人员利用职务实施的犯罪应当注明其何时任何职务），（与本案有关的身份），户籍所在地×××（为户籍登记地址，没有户籍登记信息的，应予以注明；如系港澳台地区应注明其所属地区），住×××（经常居住地的详细信息）。（非法集资或类似案件被害人较多的，可以归纳叙写共有多少名被害人，被害人的主要情况。）

被害人诉讼代理人情况：×××。

被害人法定代理人情况：×××。

未成年被害人法定代理人情况：×××。

二、发、破案经过

（结合破案报告及案件其他证实犯罪嫌疑人归案的证据具体撰写）……

三、侦查机关（部门）认定的犯罪事实与意见

（一）审查逮捕

移送机关认定：（可全文摘抄提请批准逮捕意见书的内容）……

移送机关处理意见：

……

（二）审查起诉

移送机关认定：（可全文摘抄起诉意见书的内容）……

移送机关处理意见：

……

四、审查逮捕认定的案件事实及证据

经审查认定：（结合在案证据，详细叙述案件发生的时间、地点，影响案件事实表述的当事人之间的关系，案件的起因，实施行为的经过、手段、后果，以及社会影响。撰写总体事实。事实描述要清楚、详尽、客观，不能复制粘贴提请批准逮捕书认定的事实，要与起诉书认定的事实写法有所区别）

对于一人多罪或者多人多罪的案件，以罪名为单位，采取“一事一证一分析”的体例撰写。对于多起犯罪事实的案件，可以根据案件情况，采取时间先后或者情节轻重的顺序进行表述。

（一）关于×××涉嫌×××罪的事实

经审查认定的事实：

认定上述事实的证据如下：

1. 物证

证明（单证能够证明的问题）：

存在的问题（单证审查，就证据的合法性、关联性、真实性进行审查）：

2. 书证

（1）×××，摘自证据卷××页。

证明（单证能够证明的问题）：

存在的问题（单证审查，就证据的合法性、关联性、真实性进行审查，如书证是复印件的，是否注明书证的来源、原件存放在何处、复印件与原件是否一致等）：

3. 证人证言

(1) 证人×××，男/女，××岁，（职业或与本案有关联性的身份），××××年××月××日作证，摘自证据卷××页。

辨认笔录，摘自证据卷××页。

辨认人×××，于××××年××月××日，在见证人×××的见证下，经辨认指出×××。

证明（单证能够证明的问题）：

存在的问题（单证审查，就证据的合法性、关联性、真实性进行审查，如未成年证人接受询问时是否有合适成年人在场，询问女性证人是否有女工作人员在场等）：

4. 被害人陈述

(1) 被害人×××，男/女，××岁，共陈述×次，摘自××××年××月××日陈述，摘自证据卷××页。

辨认笔录，摘自证据卷××页。

辨认人×××，于××××年××月××日，在见证人×××的见证下，经辨认指出×××。

证明（单证能够证明的问题）：

存在的问题（单证审查，就证据的合法性、关联性、真实性进行审查，如被害人多次陈述中，是否存在关键情节上前后矛盾的情况，是否与正常逻辑相违背等情况）：

5. 犯罪嫌疑人的供述与辩解

(1) 犯罪嫌疑人×××，共陈述×次，摘自××××年××月××日供述，摘自口供卷××页。辨认笔录，摘自证据卷××页。

辨认人×××，于××××年××月××日，在见证人×××的见证下，经辨认指出×××。

证明（单证能够证明的问题）：

存在的问题（单证审查，就证据的合法性、关联性、真实性进行审查，如嫌疑人供述的稳定性，其辩解是否合理，是否与生活常理相符合等）：

6. 鉴定意见

证明（单证能够证明的问题）：

存在的问题（单证审查，就证据的合法性、关联性、真实性进行审查，如鉴定机构或者鉴定人是否具备相关资质，检材或者样本来源和保管是否规范等）：

7. 勘验、检查、侦查实验等笔录

证明（单证能够证明的问题）：

存在的问题（单证审查，就证据的合法性、关联性、真实性进行审查，如勘验、检查的主体是否合法，程序是否规范等）：

8. 视听资料、电子数据

证明（单证能够证明的问题）：

存在的问题（单证审查，就证据的合法性、关联性、真实性进行审查，如视听资料、电子证据的来源是否合法、提取是否规范、是否为原件等）：

该起事实证据分析：

（二）关于×××涉嫌×××罪的事实

……

五、审查起诉认定的案件事实及证据

本案经审查批准（决定）逮捕（无逮捕必要）后，侦查机关继续侦查，补充了以下新的证据（如公安机关未补充新证据：本案经移送起诉后，证据未发生新的变化。新的证据包括采取逮捕强制措施后所有补充的证据。如有自行补充侦查的证据也应当在该部分进行填录，并标明为自行补充侦查调取）：

对于一人多罪或者多人多罪的案件，以罪名为单位，采取“一事一证一分析”的体例撰写。对于多起犯罪事实的案件，可以根据案件情况，采取时间先后或者情节轻重的顺序进行表述。

（一）关于×××涉嫌×××罪的事实

1. 物证

证明（单证能够证明的问题）：

存在的问题（单证审查，就证据的合法性、关联性、真实性进行审查）：

2. 书证

（1）×××，摘自证据卷××页。

证明（单证能够证明的问题）：

存在的问题（单证审查，就证据的合法性、关联性、真实性进行审查，如书证是复印件的，是否注明书证的来源、原件存放在何处、复印件与原件是否一致等）：

3. 证人证言

（1）证人×××，男/女，××岁，（职业或与本案有关联性的身份），××××年××月××日作证，摘自证据卷××页。

辨认笔录，摘自证据卷××页。

辨认人×××，于××××年××月××日，在见证人×××的见证下，经辨认指出×××。

证明（单证能够证明的问题）：

存在的问题（单证审查，就证据的合法性、关联性、真实性进行审查，如未成年证人接受询问时是否有合适成年人在场，询问女性证人是否有女工作人员在场等）：

4. 被害人陈述

（1）被害人×××，男/女，××岁，共陈述×次，摘自××××年××月××日陈述，摘自证据卷××页。

辨认笔录，摘自证据卷××页。

辨认人×××，于××××年××月××日，在见证人×××的见证下，经辨认指出×××。

证明（单证能够证明的问题）：

存在的问题（单证审查，就证据的合法性、关联性、真实性进行审查，如被害人多次陈述中，是否存在关键情节上前后矛盾的情况，是否与正常逻辑相违背等情况)：

5. 犯罪嫌疑人的供述与辩解

(1) 犯罪嫌疑人×××，共供述×次，摘自××××年××月××日供述，摘自口供卷××页。辨认笔录，摘自证据卷××页。

辨认人×××，于××××年××月××日，在见证人×××的见证下，经辨认指出×××。

证明(单证能够证明的问题)：

存在的问题(单证审查，就证据的合法性、关联性、真实性进行审查，如嫌疑人供述的稳定性，其辩解是否合理，是否与生活常理相符合等)：

6. 鉴定意见

证明(单证能够证明的问题)：

存在的问题(单证审查，就证据的合法性、关联性、真实性进行审查，如鉴定机构或者鉴定人是否具备相关资质，检材或者样本来源和保管是否规范等)：

7. 勘验、检查、侦查实验等笔录

证明(单证能够证明的问题)：

存在的问题(单证审查，就证据的合法性、关联性、真实性进行审查，如勘验、检查的主体是否合法，程序是否规范等)：

8. 视听资料、电子数据

证明(单证能够证明的问题)：

存在的问题(单证审查，就证据的合法性、关联性、真实性进行审查，如视听资料、电子证据的来源是否合法、提取是否规范、是否为原件等)：

经审查上述全部证据，认定以下案件事实：(根据新增加的证据，对全案事实予以认定。结合在案证据，详细叙述案件发生的时间、地点，影响案件事实表述的当事人之间的关系，案件的起因，实施行为的经过、手段、后果，以及社会影响等。事实描述应清楚、详尽、客观，不能复制粘贴起诉意见书认定的事实，要与起诉书认定的事实写法有所区别)

(二) 关于×××涉嫌×××罪的事实

……

六、需要说明的问题及有关情况

（一）审查逮捕

1. 案件背景、有关领导批示情况；

2. 引导公安机关取证事项；

3. 未成年人有效监护及帮教条件；

4. 公安机关落实未成年人特别诉讼程序情况（如社会调查、心理测评、合适成年人等）；

5. 是否属于督办或挂账案件；

6. 承办人认为需要说明的其他问题及情况。

（二）审查起诉

1. 案件背景、有关领导批示情况（捕后新情况）；

2. 引导公安机关取证事项（针对捕后引导取证情况）；

3. 案件管辖问题；

4. 同案犯处理情况（如另案处理等情况）；

5. 刑事和解情况；

6. 敏感案件预警或处置情况；

7. 扣押款物的追缴、保管、移交、处理情况；

8. 结合办案参与综合治理、发出检察建议等相关情况；

9. 公益诉讼线索情况；

10. 未成年人特别程序及帮教落实情况；

（1）法律援助情况（写明通知法律援助的时间与单位、检察机关督促落实法律援助情况等。）；

（2）法定代理人、合适成年人到场情况；

（3）社会调查情况；

（4）心理测评、心理干预情况；

（5）已开展帮教情况（已采取的观护帮教措施及庭前教育情况）；

（6）拟开展附条件不起诉的听取意见、（附条件）不起诉不公开听证等情况；

（7）其他，如亲情会见、通话。

（根据社会调查、心理测评、心理干预、帮教、和解情况等认定的未成年人家庭环境、成长背景、犯罪原因、存在问题、社会关系修复、悔改表现等，为后续作出处理决定提供参考和依据。）

11. 承办人认为需要说明的其他问题及情况。

七、相关诉讼参与人的意见

（一）被害人及其代理人的意见

（简明归纳被害人就本案定罪及量刑的意见和理由。被害人及其代理人的意见可以分别叙明。）

（二）辩护人及其他代理人的意见

×××律师事务所×××律师/×××，与犯罪嫌疑人×××是×××关系，（如是法律援助律师的应注明指派的法律援助机构。）担任本案的辩护人。

（简明归纳辩护人或者其他代理人在审查起诉阶段就案件性质认定、定罪量刑方面提出的意见及理由）

（三）其他

（如无可予以删除）

八、审查意见

（一）审查逮捕

1. 对全案事实证据情况的认定意见

（包括对于事实及证据之间相互印证情况，案件是否有瑕疵证据、违法证据的情况）

2. 对案件法律适用的认定意见

（对于案件定性的分析）

3. 社会危险性分析

4. 犯罪嫌疑人认罪认罚情况

5. 继续侦查意见

（需要继续进行侦查，补强证据的内容）

（1）……

（2）……

6. 侦查监督及追捕漏犯意见

综上，承办人认为：

犯罪嫌疑人×××的行为，已构成×××罪，具有社会危险性/不具有社会危险性，依据《中华人民共和国刑事诉讼法》第×××条（应具体到条款项），决定批准/不批准逮捕。（犯罪嫌疑人×××涉嫌×××罪一案，证据不足/不构成犯罪，决定不批准逮捕）

（二）审查起诉

1. 对全案事实证据情况的认定意见

（包括对于事实及证据之间相互印证情况，案件是否有瑕疵证据、违法证据的情况）

2. 对案件法律适用的认定意见

（对于案件定性的分析）

3. 认罪认罚适用情况

4. 量刑分析

（是否可能判处有期徒刑以上刑罚，移送起诉后可增补上具体量刑建议）

5. 羁押必要性审查意见

6. 侦查监督及追诉漏罪漏犯意见

综上，承办人认为：

犯罪嫌疑人×××的行为，事实清楚，证据确实、充分，其行为触犯《中华人民共和国刑法》第×××条（应具体到条款项），依据《中华人民共和国刑事诉讼法》第×××条（应具体到条款项），应以×××罪提起公诉，适用×××程序。（如不起诉，述明不起诉的法律依据、类型及意见。）

承办人：×××

××××年×月×日

2. 非羁押直诉案件审查报告样式

×××人民检察院

×××案审查报告

（适用非羁押直诉案件）

收案时间：×××
侦查机关：×××
移送单位：×××
移送案由：×××
犯罪嫌疑人：×××
侦查机关承办人：×××联系电话：×××
检察院承办人：×××

××××年××月××日（侦查机关）以（起诉意见书文号）起诉意见书将该案移送审查起诉，我院于××××年××月××日收到卷宗××册，证物××。

我院受理后，依照刑事诉讼法的有关规定，于××××年××月××日告知犯罪嫌疑人（未成年人案件增加"及其法定代理人"）依法享有的诉讼权利；于××××年××月××日告知被害人及法定代理人或者近亲属、附带民事诉讼的当事人及其法定代理人依法享有的诉讼权利；已依法讯问犯罪嫌疑人，询问证人，听取了辩护人或者值班律师、被害人及其诉讼代理人的意见。（未成年人案件包括"进行社会调查、心理测评疏导"）进行补充鉴定、复验复查等。审阅了全部案件材料，核实了案件事实与证据。其间，因×××（写明退补理由：因犯罪事实不清、证据不足或者存在遗漏罪行、遗漏同案犯罪嫌疑人），退回补充侦查×次（自××××年××月××日至××××年××月××日，自××××年××月××日至××××年××月××日）；因×××（写明延长理由：因案情重大、复杂），延长审查起诉期限×次（自××××年××月××日至××××年××月××日，自××××年××月××日至××××年

××月××日，自××××年××月××日至××××年××月××日)。现已审查终结。报告如下：

一、犯罪嫌疑人及诉讼参与人的基本情况

1. 犯罪嫌疑人基本情况

犯罪嫌疑人×××，(曾用名×××、与案情有关的别名×××、化名×××、绰号“×××”，外国人应先写明中文译名，再括号注明外文姓名的全名)，男/女，××××年××月××日出生（如无法查清出生日期，也可以仅标注自述年龄，未成年人无法查明实际年龄的，应当注明属相或者骨龄鉴定所证实的年龄)，公民身份号码×××（犯罪嫌疑人是外国人或者港澳台地区的，应当注明证件类型及号码)，民族、文化程度、职业（有工作单位的“工作单位+职务”，没有工作单位的直接注明职业类型，没有职业的注明“无职业”，如涉及国家工作人员利用职务实施的犯罪应当注明其何时任何职务)，户籍所在地×××（为户籍登记地址，没有户籍登记信息的，应予以注明；如系港澳台地区应注明其所属地区)，住×××（经常居住地的详细信息)。前科情况：因×××，于××××年××月××日被×××（单位）处以……；因犯×××罪，于××××年××月××日被×××（单位）判处……，于××××年××月××日刑满释放。如果刑期未满被假释应当注明假释及假释期满的时间，如果被赦免应当注明被赦免的时间。(刑事处罚与行政处罚并存时，按照先行政处罚后刑事处罚的顺序叙写）因本案被采取强制措施的情况：因涉嫌×××罪，于××××年××月××日被×××（单位）取保候审(监视居住)；因涉嫌×××罪，于××××年××月××日经×××（单位）批准/决定，于××××年××月××日被×××（执行单位）×××（强制措施种类)。(如犯罪嫌疑人为人大代表或政协委员等特殊身份，要注明采取强制措施前是否依法履行了相关程序及罢免情况等情况。)

未成年犯罪嫌疑人法定代理人情况（抚养、监护情况)：

本人简历：写明成长、就学、工作经历，注明就学、就业起讫时间、地点，重点叙写对其产生重要影响的经历等。

辩护人情况（审查逮捕/审查起诉)：××××律师事务所×××律师/×××，与犯罪嫌疑人×××是×××关系。(如是法律援助律师的

应注明指派的法律援助机构。)

2. 被害人基本情况

被害人×××,(曾用名×××,与案情有关的别名×××,化名×××,绰号“×××”,外国人应先写明中文译名,再括号注明外文姓名的全名),男/女,××××年××月××日出生(如无法查清出生日期,也可以仅标注自述年龄,未成年人无法查明实际年龄的,应当注明骨龄鉴定所证实的年龄),公民身份号码×××(被害人是外国人或者港澳台地区的,应当注明证件类型及号码),民族,职业(有工作单位的“工作单位+职务”,没有工作单位的直接注明职业类型,没有职业的注明“无职业”,如涉及国家工作人员利用职务实施的犯罪应当注明其何时任何职务),(与本案有关的身份),户籍所在地×××(为户籍登记地址,没有户籍登记信息的,应予以注明;如系港澳台地区应注明其所属地区),住×××(经常居住地的详细信息)。(非法集资或类似案件被害人较多的,可以归纳叙写共有多少名被害人,被害人的主要情况。)

被害人诉讼代理人或者法定代理人情况。

(未成年被害人法定代理人情况,包括法定代理人姓名,年龄,工作单位,与未成年被害人的关系)。

二、发、破案经过

(结合破案报告及案件其他证实犯罪嫌疑人归案的证据具体撰写)……

三、侦查机关(部门)认定的犯罪事实与意见

移送机关认定:(可全文摘抄起诉意见书的内容)……

移送机关认为:……

四、经审查认定的案件事实及证据

经审查认定:(结合在案证据,详细叙述案件发生的时间、地点,影响案件事实表述的当事人之间的关系,案件的起因,实施行为的经过、手段、后果,以及社会影响。撰写总体事实。事实描述要清楚、详尽、客观,不能复制粘贴起诉意见书认定的事实,要与起诉书认定的事实写法有所区别)

对于一人多罪或者多人多罪的案件,以罪名为单位,采取“一事一证一分析”的体例撰写。对于多起犯罪事实的案件，可以根据案件情况，采取时间先后或者情节轻重的顺序进行表述。

（一）关于×××涉嫌×××罪的事实

经审查认定的事实：

认定上述事实的证据如下：

1. 物证

证明（单证能够证明的问题）：

存在的问题（单证审查，就证据的合法性、关联性、真实性进行审查）：

2. 书证：

（1）×××，摘自证据卷××页。

证明（单证能够证明的问题）：

存在的问题（单证审查，就证据的合法性、关联性、真实性进行审查，如书证是复印件的，是否注明书证的来源、原件存放在何处、复印件与原件是否一致等）：

3. 证人证言：

（1）证人×××，男/女，××岁，（职业或与本案有关联性的身份），××××年××月××日作证，摘自证据卷××页。

辨认笔录，摘自证据卷××页。

辨认人×××，于××××年××月××日，在见证人×××的见证下，经辨认指出×××。

证明（单证能够证明的问题）：

存在的问题（单证审查，就证据的合法性、关联性、真实性进行审查，如未成年证人接受询问时是否有合适成年人在场，询问女性证人是否有女工作人员在场等）：

4. 被害人陈述：

（1）被害人×××，男/女，××岁，共陈述×次，摘自××××年××月××日陈述，摘自证据卷××页。

辨认笔录，摘自证据卷××页。

辨认人×××，于××××年××月××日，在见证人×××的见证下，经辨认指出×××。

证明（单证能够证明的问题）：

存在的问题（单证审查，就证据的合法性、关联性、真实性进行审查，如被害人多次陈述中，是否存在关键情节上前后矛盾的情况，是否与正常逻辑相违背等情况）：

5. 犯罪嫌疑人的供述与辩解：

（1）犯罪嫌疑人×××，共陈述×次，摘自××××年××月××日供述，摘自口供卷××页。辨认笔录，摘自证据卷××页。

辨认人×××，于××××年××月××日，在见证人×××的见证下，经辨认指出×××。

证明（单证能够证明的问题）：

存在的问题（单证审查，就证据的合法性、关联性、真实性进行审查，如嫌疑人供述的稳定性，其辩解是否合理，是否与生活常理相符合等）：

6. 鉴定意见：

证明（单证能够证明的问题）：

存在的问题（单证审查，就证据的合法性、关联性、真实性进行审查，如鉴定机构或者鉴定人是否具备相关资质，检材或者样本来源和保管是否规范等）：

7. 勘验、检查、侦查实验等笔录：

证明（单证能够证明的问题）：

存在的问题（单证审查，就证据的合法性、关联性、真实性进行审查，如勘验、检查的主体是否合法，程序是否规范等）：

8. 视听资料、电子数据：

证明（单证能够证明的问题）：

存在的问题（单证审查，就证据的合法性、关联性、真实性进行审查，如视听资料、电子证据的来源是否合法、提取是否规范、是否为原件等）：

该起事实证据分析：

（二）关于×××涉嫌×××罪的事实

……

五、相关诉讼参与人的意见

（一）被害人及其代理人的意见

（简明归纳被害人就本案定罪及量刑的意见和理由。被害人及其代理人的意见可以分别叙明。）

（二）辩护人及其他代理人的意见

×××律师事务所×××律师/×××，与犯罪嫌疑人×××是×××关系，（如是法律援助律师的应注明指派的法律援助机构。）担任本案的辩护人。（简明归纳辩护人或者其他代理人在审查起诉阶段就案件性质认定、定罪量刑方面提出的意见及理由）

（三）其他

（如无可予以删除）

六、需要说明的问题及有关情况

（一）案件背景、有关领导批示情况；

（二）引导公安机关取证事项；

（三）案件管辖问题；

（四）同案犯处理情况（如另案处理等情况）；

（五）刑事和解情况；

（六）敏感案件预警或处置情况；

（七）扣押款物的追缴、保管、移交、处理情况；

（八）结合办案参与综合治理、发出检察建议等相关情况；

（九）公益诉讼线索情况；

（十）未成年人特别程序及帮教落实情况；

1. 法律援助情况（写明通知法律援助的时间与单位、检察机关督促落实法律援助情况等。）；

2. 法定代理人、合适成年人到场情况；

3. 社会调查情况；

4. 心理测评、心理干预情况；

5. 已开展帮教情况（已采取的观护帮教措施及庭前教育情况）；

6. 拟开展附条件不起诉的听取意见、（附条件）不起诉不公开听证等情况；

7. 其他，如亲情会见、通话。

（根据社会调查、心理测评、心理干预、帮教、和解情况等认定的未成年人家庭环境、成长背景、犯罪原因、存在问题、社会关系修复、悔改表现等，为后续作出处理决定提供参考和依据。）

（十一）承办人认为需要说明的其他问题及情况。

七、审查意见

（一）对全案事实证据情况的认定意见

（包括对于事实及证据之间相互印证情况，案件是否有瑕疵证据、违法证据的情况）

（二）对案件法律适用的认定意见

（对于案件定性的分析）

（三）认罪认罚适用情况

（四）量刑分析

（是否可能判处有期徒刑以上刑罚，移送起诉后可增补上具体量刑建议）

（五）是否需要变更强制措施意见

（六）侦查监督及追诉漏罪漏犯意见

综上，承办人认为：

犯罪嫌疑人×××的行为，事实清楚，证据确实、充分，其行为触犯《中华人民共和国刑法》第×××条（应具体到条款项），依据《中华人民共和国刑事诉讼法》第×××条（应具体到条款项），应以×××罪提起公诉，适用×××程序。（如不起诉，述明不起诉的法律依据、类型及意见。）

承办人：×××

××××年×月×日

3. 适用速裁程序/认罪认罚简易程序案件审查报告样式

××× 人民检察院
××× 案审查报告
（适用速裁程序/认罪认罚简易程序案件）

一、犯罪嫌疑人基本情况

<table>
<tr><td colspan="2">姓名：（包括案件有关的别名、化名、曾用名、绰号）</td><td>性别：</td><td>年龄：</td><td>职业：</td></tr>
<tr><td colspan="2">户籍所在地：</td><td colspan="3">公民身份号码：</td></tr>
<tr><td colspan="5">前科情况：</td></tr>
<tr><td colspan="2">刑事拘留时间：</td><td colspan="3">逮捕/取保候审时间：（提请逮捕期间可先不填写）</td></tr>
<tr><td colspan="5">备注：（关于犯罪嫌疑人身份情况中对定罪量刑有影响的其他问题，如系未成年人犯罪的需要注明案发时年龄、法定代理人、成长经历等根据案件实际情况添加）</td></tr>
</table>

二、移送机关认定的事实和意见

（提请批准逮捕书/批准逮捕意见书/起诉意见书内容）：

三、经审查认定的事实（审查逮捕阶段、审查起诉阶段经审查认定的案件事实。）

（先期写明审查逮捕期间认定的事实，移送审查起诉后，如事实发生变化应写明，“因证据发生变化，认定事实变更为：×××”）

四、本案的证据（**速裁程序可省略此部分**，言词证据主要写明证明的内容，书证、鉴定意见等客观证据主要围绕案件事实写明，同一证明事项的客观证据可分组写明共同证明内容，审查起诉期间新增加的证据直接添加，对于证据不符合法定程序的，应当在证明内容中加以注明）

1. 物证	证明
2. 犯罪嫌疑人供述	证明
(1) 张某甲	
3. 被害人陈述	证明
(1) 张某乙	
4. 证人证言	证明
(1) 张某丙	
5. 书证	证明
(1) 诊断证明	
(2) 转账记录、取款证明	
6. 鉴定意见	证明
(1) 伤情鉴定	
7. 勘验、检查、辨认笔录	证明
(1) 张某乙辨认	(辨认出张某甲是打人的人)
8. 视听资料	证明
(1) 现场监控录像	
备注：公安机关落实未成年人特别诉讼程序情况，如社会调查、心理测评、合适成年人、对未成年人监护帮教条件进行审查及后续帮教计划等内容，及其他特别诉讼程序需要说明的证据及情况。	

五、分析意见

此处重点就证据合法性、社会危险性、法律适用、羁押必要性审查（审查起诉阶段）、起诉必要性进行分析。

六、量刑意见

法定情节	酌定情节	其他情节	具结书签署情况
			（认罪认罚的具体情况）
量刑分析：			

七、侦查监督及追捕漏犯/追诉漏罪漏犯意见

八、需要说明的问题及有关情况

是否有领导干部干预司法活动、插手具体案件处理的情形（是□　否□）。如是，需写明具体情况。
是否有司法机关内部人员过问案件的情形（是□　否□）。如是，需写明具体情况。
是否有司法人员与当事人、律师、特殊关系人、中介组织接触交往不当的情形（是□　否□）。如是，需写明具体情况。

九、审查意见

犯罪嫌疑人×××的行为，触犯《中华人民共和国刑法》第×××条，依据《中华人民共和国刑事诉讼法》第×××条（应具体到条款项），决定批准逮捕/不批准逮捕（述明不批捕类型），（移送起诉后可继续增加："该案移送起诉后，依据《中华人民共和国刑事诉讼法》第×××条（应具体到条款项）决定提起公诉，适用简易/速裁程序。"或"决定不起诉，述明不起诉类型"。）

承办人：×××　　　　　　　　20××年××月××日

4. 二审案件审查报告样式

×××人民检察院

二审案件审查报告

（案件来源与办案简要过程）

【上诉案件写明：上诉人（案件名称）一案，我院于（阅卷通知书收到日期）收到案件材料，经审查卷宗材料、讯问上诉人、核实有关证据（办案简要过程），现已审查完毕。承办人认为……（简要结论），报告如下：】【抗诉案件写明：（提出抗诉检察院）于（提出抗诉日期）就原审被告人（案件名称）一案提出抗诉，经审查卷宗材料、讯问原审被告人、复核有关证据（办案简要过程），现已审查完毕。承办人认为……（简要结论），报告如下：】

一、上诉人（或原审被告人）基本情况

上诉人（或原审被告人）（姓名），（曾用名×××，与案情有关的别名×××，化名×××，绰号×××），（性别），（出生日期）出生，（证件种类）号码（证件号码），（民族），（文化程度），（职业）（工作单位+职务），户籍所在地（户籍所在地），住（住所地详细地址）。曾受到过行政处罚、刑事处罚的时间、原因、种类、决定机关、释放时间等情况。因涉嫌（移送案由+移送其他案由）罪，经（批准/决定机关）批准/决定，于（执行日期）被（执行机关）执行（强制措施名称）……（一人有多个强制措施的，按强制措施序号以上述格式添加）。

辩护人×××，×××律师事务所律师。

多名原审被告人的，按上述要求分别列明。

二、案件侦破及诉讼经过

【说明：案件侦破经过要写明案件的发生、揭发或者侦查、破获过程等情况，包括时间、地点、主要涉案人员和确定犯罪嫌疑人、抓获犯罪嫌疑人、破获案件的具体过程、方法等。对于侦破过程特殊，通过技术手段或者特情抓获犯罪嫌疑人、侦破案件，以及关系到犯罪嫌疑人自首、立功认定等情节的，应当写具体、清楚。】

本案由（侦查机关）侦查终结，以原审被告人（原审被告人1姓名）涉嫌（移送案由+移送其他案由），（原审被告人2姓名）涉嫌（移送案由+移送其他案由）……（多名原审被告人的，按上述格式进行添加），向（原公诉机关）移送审查起诉。（原公诉机关）向（一审法院）提起公诉。经开庭审理，（一审法院）于（原审判决日期）以（一审判决文号）刑事判决书作出一审判决，以（原审罪名+原审其他罪名）判处（原审被告人姓名1）（原审刑罚）（原审刑期），以（原审罪名+原审其他罪名）判处（原审被告人姓名2）（原审刑罚）（原审刑期）……。（多名原审被告人的，按上述格式添加）

三、一审法院裁判理由和上诉理由（或抗诉理由）

……

四、案件事实和证据

（一）起诉书指控的犯罪事实

……

（二）一审判决认定的事实

……（可以仅叙述判决认定的事实与指控事实不一致之处）

（三）审查认定的事实和案件证据情况

【说明：（一）本部分是审查报告制作重点，要根据案件的具体情况叙述清楚，做到主次分明、重点突出、详略得当，叙述事实清楚，罗列证据客观、全面，说理分析恰当、充分、合乎逻辑。（二）经审查认定的事实要写明案件发生的时间、地点，犯罪嫌疑人犯罪动机、目的、手段、实施行为的准备、实行过程，危害结果和案发后的表现等内容，并以犯罪构成要件为重点，同时兼叙影响量刑的各种情形。犯罪嫌疑人有自首、立功等法定情节的，可在叙述完事实后，写明自首、立功等情形。（三）经审查认定的证据，要客观、全面逐一列举，不能遗漏。列举证据的顺序以案件破获，案情发展；先客观性证据，后主观性证据；先被害人陈述、证人证言，后犯罪嫌疑人供述的原则排列。特殊情况，承办人可以灵活掌握。（四）对证据的综合分析可根据案件具体情况进行叙述。对于事实清楚，客观证据扎实的，可简写或不写；对于主要靠言词证据、间接证据定案的，应详写，在确定、分析矛盾点、关联点、空白点的基础上，详细阐述定案证据能否形成完整锁链，得出能够排除合理怀疑的结论。对于犯罪嫌疑人翻供的，对翻供的内容、翻供的原因以及翻供是否合理等进行分析，作出结论；对于提取、固定证据、司法鉴定等方面存在缺陷、瑕疵的证据，在分析论证的基础上得出是否影响证据使用、事实认定的结论。】

五、需要说明的情况

写明不宜在前几项中表述，但可能影响案件处理的已客观存在的具体情况。

六、承办人意见

写明案件在认定事实证据、适用法律和诉讼程序等方面存在争议的焦点问题，并针对焦点问题进行详细的分析，提出承办人对事实、证据、定罪、量刑、诉讼程序和风险评估等方面的审查意见，并根据案件具体情况提出处理意见。

承办人：×××

××××年×月×日

5. 发回重审案件审查报告样式

×××人民检察院

发回重审案件审查报告

收案时间：×××

侦查机关：×××

移送单位：×××

移送案由：×××

犯罪嫌疑人：×××

侦查机关（或部门）承办人：×××

联系电话：×××

第一检察部承办人：×××

承办人意见：

本案系（发回重审法院）以（发回重审裁定书文号）裁定书裁定发回重审的原审被告人×××（姓名）×××（案由）一案，（同级人民法院）

于××××年××月××日通知我院阅卷，承办人审查了卷宗材料，复核了相关证据，现已审查完毕，汇报如下：

一、犯罪嫌疑人及其他诉讼参与人的基本情况

1. 犯罪嫌疑人（姓名），（曾用名×××，与案情有关的别名×××，化名×××，绰号×××），（性别），（出生日期）出生，（证件种类）号码（证件号码），（民族），（文化程度），（职业）（工作单位+职务），户籍所在地（户籍所在地），住（住所地详细地址）。前科情况。因涉嫌（移送案由+移送其他案由）罪，经（批准/决定机关）批准/决定，于（执行日期）被（执行机关）执行（强制措施名称）……

2. 辩护人（辩护与代理卡的申请人姓名），（所在的律师事务所）律师。

3. 被害人基本情况。

4. 委托代理人的基本情况。

5. 附带民事诉讼原告人情况。

二、发、破案经过

三、侦查机关（部门）认定的犯罪事实与意见

四、相关诉讼参与人的意见

（一）被害人意见

（二）被害人委托的人的意见

（三）辩护人意见

五、审查认定的事实、证据及分析

（一）经审查认定的事实

（二）本案证据情况及分析

【说明：（一）本部分要根据案件的具体情况叙述清楚，做到主次分明、重点突出、详略得当，叙述事实清楚，罗列证据客观、全面，说理分析恰当、充分、合乎逻辑。（二）经审查认定的事实要写明案件发生的时间、地点，犯罪嫌疑人犯罪动机、目的、手段、实施行为的准备、实行过程，危害结果和案发后的表现等内容，并以犯罪构成要件为重点，同时兼叙影响量刑的各种情形。犯罪嫌疑人有自首、立功等法定情节的，可在叙述完事实后，写明自首、立功等情形。（三）经审查认定的证据，要客观、全面逐一列举，不能遗漏。列举证据的顺序以案件破获，案情发展；先客观性证据，后主观性证据；先被害人陈述、证人证言，后犯罪嫌疑人供述的原则排列。特殊情况，承办人可以灵活掌握。（四）对证据的综合分析可根据案件具体情况进行叙述。对于事实清楚，客观证据扎实的，可简写或不写；对于主要靠言词证据、间接证据定案的，应详写，在确定、分析矛盾点、关联点、空白点的基础上，详细阐述定案证据能否形成完整锁链，得出能够排除合理怀疑的结论。对于犯罪嫌疑人翻供的，对翻供的内容、翻供的原因以及翻供是否合理等进行分析，作出结论；对于提取、固定证据、司法鉴定等方面存在缺陷、瑕疵的证据，在分析论证的基础上得出是否影响证据使用、事实认定的结论。】

六、需要说明的问题及有关情况

1. 案件管辖问题；

2. 羁押必要性审查；

3. 追诉漏罪、漏犯情况；

4. 共同犯罪案件中未一并移送起诉的同案人的处理问题；

5. 刑事和解情况；

6. 敏感案件预警或处置情况；

7. 侦查活动违法及纠正情况；

8. 扣押款物的追缴、保管、移交、处理情况；

9. 被害人及附带民事诉讼原告人、被告人及其亲属以及人民群众对案件的处理有无涉法、涉诉上访问题及化解矛盾情况；

10. 结合办案参与综合治理、发出检察建议等相关情况；

11. 需要由检察机关提起附带民事诉讼问题；

12. 案件经过沟通、协调情况，领导批示情况；

13. 承办人认为需要解决的其他问题等。

七、承办人意见

（一）对全案事实证据情况的意见

（二）对案件定性和法律适用的意见

（三）量刑建议

综上，承办人认为：

承办人：×××

××××年×月×日

6. 再审案件审查报告样式

×××人民检察院

再审案件审查报告

（案件来源与办案简要过程）

【（提请抗诉检察院）于（提请抗诉日期）就（案件名称）一案提请我院抗诉（或我院于××××年××月××日收到×××法院关于×××案的再审决定书），经审查卷宗材料、提审原审被告人、复核有关证据（办案简要过程），现已审查完毕。承办人认为……（简要结论），报告如下：】

一、原审被告人基本情况

……

二、案件侦破及诉讼经过

（案件侦破经过要写明案件的发生、揭发或者侦查、破获过程等情况，包括时间、地点、主要涉案人员和确定犯罪嫌疑人、抓获犯罪嫌疑人、破获案件的具体过程、方法等。对于侦破过程特殊，通过技术手段或者特情抓获犯罪嫌疑人、侦破案件，以及关系到犯罪嫌疑人自首、立功认定等情节的，应当写具体、清楚。）

（诉讼经过要写明完整的诉讼过程）本案由×××侦查终结，……

三、生效裁判理由和提请抗诉理由（或法院决定再审理由）

……

四、案件事实和证据

（一）生效裁判认定的犯罪事实

……

（二）审查认定的事实和案件证据情况

【说明：（一）本部分是审查报告制作重点，要根据案件的具体情况叙述清楚，做到主次分明、重点突出、详略得当，叙述事实清楚，罗列证据客观、全面，说理分析恰当、充分、合乎逻辑。（二）经审查认定的事实要写明案件发生的时间、地点，犯罪嫌疑人犯罪动机、目的、手段、实施行为的准备、实行过程，危害结果和案发后的表现等内容，并以犯罪构成要件为重点，同时兼叙影响量刑的各种情形。犯罪嫌疑人有自首、立功等法定情节的，可在叙述完事实后，写明自首、立功等情形。（三）经审查认定的证据，要客观、全面逐一列举，不能遗漏。列举证据的顺序以案件破获，案情发展；先客观性证据，后主观性证据；先被害人陈述、证人证言，后犯罪嫌疑人供述的原则排列。特殊情况，承办人可以灵活掌握。（四）对证据的综合分析可根据案件具体情况进行叙述。对于事实清楚，客观证据扎实的，可简写或不写；对于主要靠言词证据、间接证据定案的，应详写，在确定、分析矛盾点、关联点、空白点的基础上，详细阐述定案证据能否形成完整锁链，得出能够排除合理怀疑的结论。对于犯罪嫌疑人翻供的，对翻供的内容、翻供的原因以及翻供是否合理等进行分析，作出结论；对于提取、固定证据、司法鉴定等方面存在缺陷、瑕疵的证据，在分析论证的基础上得出是否影响证据使用、事实认定的结论。】

五、需要说明的问题及有关情况

写明不宜在前几项中表述，但可能影响案件处理的已客观存在的具体情况。

六、承办人意见

写明案件在认定事实证据、适用法律和诉讼程序等方面存在争议的焦点问题，并针对焦点问题进行详细的分析，提出承办人对事实、证据、定罪、量刑、诉讼程序和风险评估等方面的审查意见，并根据案件具体情况提出处理意见。

承办人：×××

××××年×月×日

（二）文书范例

范例一：四川省成都市温江区人民检察院张某某抢劫案审查报告

四川省成都市温江区人民检察院

张某某抢劫案审查报告*

收案时间（审查逮捕）：2021年03月31日
收案时间（审查起诉）：2021年06月07日
侦查机关：成都市公安局××分局
移送单位：成都市公安局××分局
移送案由：抢劫罪
犯罪嫌疑人：张某某
案件编号（审查逮捕）：川成温检刑捕受〔2021〕××号
案件编号（审查起诉）：川成温检刑诉受〔2021〕××号
侦查机关承办人：李×、雷×　联系电话××××
检察院承办人：吴兴莉

我院于2021年03月31日接到成都市公安局××分局以成××提捕字〔2021〕××提请批准逮捕书提请审查逮捕犯罪嫌疑人张某某涉嫌抢劫案的文书及案卷材料、证据，承办人审阅了案卷，听取了犯罪嫌疑人的意见，核实了有关证据，已审查完毕。

2021年6月7日成都市公安局××分局以成××诉字〔2021〕××起诉意见书将该案移送审查起诉，我院于2021年6月7日收到卷宗3册。我院受理后，依照刑事诉讼法的有关规定，已告知犯罪嫌疑人依法享有的诉讼权利；已告知被害人依法享有的诉讼权利；已依法讯问犯罪嫌疑人，听取了辩护人、被害人的意见。审阅了全部案件材料，核实了案件事实与证据。现已审查终结。报告如下：

---

* 此文书为捕诉一体案件审查报告，收入时有删改。

一、犯罪嫌疑人及诉讼参与人的基本情况

（一）犯罪嫌疑人基本情况

犯罪嫌疑人张某某，男，1978 年××月××日出生，公民身份号码××××，四川省简阳市人，汉族，初中文化，无业，户籍所在地四川省成都市简阳市××街道××村××组××号，住简阳市平泉街道××村××组××号。2015 年 11 月 10 日因犯寻衅滋事罪、危险驾驶罪被成都市温江区人民法院判处有期徒刑一年六个月，并处罚金人民币二千元，2016 年 11 月 10 日刑满释放。因涉嫌抢劫罪，于 2021 年 3 月 24 日被成都市公安局××分局刑事拘留，同年 4 月 7 日被本院批准逮捕，现羁押于成都市温江区看守所。

指定辩护人段××：四川××律师事务所律师。

（二）被害人基本情况

被害人叶某某，成都市温江区××珠宝店经营者，经营场所成都市温江区××街××号，类型：个体工商户。

二、发、破案经过

本案由被害人 2021 年 3 月 23 日报案至成都市公安局××分局，同日立案侦查。2021 年 3 月 24 日公安机关将犯罪嫌疑人张某某抓获归案。

三、侦查机关认定的犯罪事实与意见

（一）审查逮捕

移送机关认定：2021 年 3 月 23 日 20 时许，张某某在成都市温江区××街××号××珠宝店，假借看项链为由指引店员杨某某拿出三条黄金项链（重量共计 170 余克，价值人民币 7 万余元）交与自己，而后张某某以语言和亮出腰间刀具恐吓的方式拿走项链并逃离现场。案发后，公安机关在成都市××区××站附近某旅馆将其抓获，同时从其身上查获被抢的三条项链。

移送机关认为：张某某行为已触犯《中华人民共和国刑法》第二百六十三条，涉嫌抢劫罪。因有证据证明张某某的犯罪事实，可能判处有期徒刑以上刑罚，采取取保候审不足以防止社会危险性，符合逮捕条件。

（二）审查起诉

审查起诉认定事实与逮捕阶段一致。另，经成都××珠宝有限公司

鉴定，被抢三条项链的总质量为169.84克，AU含量均为99.99%，纯度均为24K，总市场价值为人民币67255元。

移送机关认为：张某某行为已触犯《中华人民共和国刑法》第二百六十三条，涉嫌抢劫罪。

四、审查逮捕认定的案件事实及证据

经审查认定：2021年3月23日20时许，犯罪嫌疑人张某某在被害人叶某某开设的位于成都市温江区××街××号的“××珠宝店”二楼柜台处，以购买黄金项链为由要求该店员工杨某某将柜台内的一条男士黄金项链（接口处为龙头外观，标牌总质量92.130克）取出交由其查看，张某某拿到该项链后便将其戴在颈上，随后又要求杨某某拿出另一条男士黄金项链（竹节和珠子串联外观，标牌总质量64.356克），张某某拿到该项链后将其放在左手，继续要求杨某某将一条女士黄金项链（麦穗外观，标牌总质量13.558克）取出，在将该项链一同握于左手后，张某某拉开上衣露出其随身携带的刀具，并以言语威胁杨某某，随后张某某逃离现场。

2021年3月24日凌晨4时许，成都市公安局××分局民警在成都市××区××巷××小区×栋×单元×号将犯罪嫌疑人张某某挡获，并在其身上查获上述被抢劫黄金项链。

经成都市公安局××分局刑警大队对案发现场柜台指纹提取并进行比对，确认该指纹认定对象为犯罪嫌疑人张某某。

2021年3月30日经成都市××珠宝有限公司鉴定评估：证书编号HDL20210×××1（竹节和珠子串联外观，总质量64.28克）：黄金项链，市场价值为25454元；证书编号HDL20210×××2（两个接口处均为龙头外观，总质量92.02克）：黄金项链，市场价值为36439元；证书编号HDL20210×××3（麦穗外观，总质量13.54克）：黄金项链，市场价值为5362元；共计价值人民币67255元。

2021年3月30日成都市公安局××分局××派出所将上述黄金项链发还给杨某某。

犯罪嫌疑人张某某到案后拒不如实供述其罪行。

认定上述事实的证据如下：

1. 书证

(1) 立案决定书、受案登记表、到案经过 P2—4、P9—10

证明：本案经被害人于2021年3月23日报案至成都市公安局××分局，同日立案侦查。2021年3月24日凌晨3时许民警通过技侦手段确定嫌疑人最终落脚点为成都市××区××站附近的××巷××小区，后在×栋×单元×号房间挡获张某某。

(2) 嫌疑人基本情况 P1

证明：张某某的身份信息，已达完全刑事责任年龄。

(3) 照片说明：××珠宝店内监控视频截图 P59—80

证明：一身着黑色上衣、黑色长裤、黑色鞋子、戴口罩的男子于2021年3月23日20时8分43秒进入珠宝店监控画面，由店铺左侧玻璃门进入一楼大厅，后又出门在门口逗留片刻后，于20时9分09秒转身经店铺右侧玻璃门再次进入珠宝店，沿楼梯上到二楼，在楼梯口正对的玻璃柜台前驻足停留。20时9分42秒店员杨某某从一楼上到二楼接待男子。其间，男子手指示意杨某某拿出三条项链给自己，并把其中一条项链戴在脖子上。后男子出现明显威胁动作，待店员杨某某蹲下后，男子离开。在一楼店员周某上前准备拉住男子，在追拉至店门外时，男子对周某有掏刀下刺动作，后男子于20时11分05秒逃离画面。

(4) 扣押决定书、清单、发还清单 P101—103

证明：2021年3月30日成都市公安局××分局将上述黄金项链发还给杨某某。

证据分析：杨某某系案涉珠宝店店员而非所有者或者经营者，且无相关授权委托手续，由其领回涉案赃物不当，该情况已要求公安机关在移送审查起诉时予以补正。

(5) 刑事判决书、释放证明 P104—111

证明：2015年11月10日因犯寻衅滋事罪、危险驾驶罪被成都市温江区人民法院判处有期徒刑一年六个月，并处罚金人民币二千元，2016年11月10日刑满释放。

证据分析：犯罪嫌疑人张某某系累犯。

(6) 吸毒人员管控信息 P112

证明：犯罪嫌疑人张某某系吸毒人员。

(7) 指纹系统查破案件通知 P113

证明：案件现场指纹与张某某档案指纹样本认定同一。

证据分析：指纹比对通知应有鉴定意见进行证据补强。已要求公安机关在移送审查起诉时出具指纹鉴定意见书。

2. 证人证言

(1) 证人杨某某（××珠宝店店员）2021 年 3 月 23 日陈述 P27—31

证明：2021 年 3 月 23 日晚上 8 点过，来了一名男子。我上前询问买什么，男子没回答直接上铺子二楼。我跟上楼后男子指着一条龙头黄金项链叫我拿出来给他看。男子将项链戴到脖子上问我多少钱一克，我计算钱时，男子又指另一条竹节状的黄金项链说拿给他看下，我又把第二条项链拿出交给他。男子拿着项链又指向柜台另一条黄金项链，我就把项链拿了出来。那男子接到项链后，突然叫我“蹲下，闭嘴”，并露出插在裤子里面的匕首(长约 15 厘米，刀柄土黄色)。我当时被吓到喊叫。那男子马上往楼下跑，我大喊“抢劫了，抢劫了”，我追到楼梯时，看见同事周某正用手拉着那男子的衣袖，男子拿出匕首朝周某刺，周某退后，男子趁机逃跑了。

证据分析：杨某某能够证实案发经过，但卷内缺少对嫌疑人身份辨认的相关证据，已要求公安机关由杨某某对嫌疑人进行辨认。

(2) 证人周某（××珠宝店员工）2021 年 3 月 23 日作证 P34—37

证明：2021 年 3 月 23 日晚上 20 时许一男子从左侧大门进来，在一楼往周围看了一下，在店右侧门口徘徊了有十多秒径直走向二楼，杨某某跟着他上二楼，过了一分多钟，我听到我同事尖叫了一声，喊：抢劫了，抢劫了。我看到那男子脖子上挂了一根粗项链，快步从二楼跑下来，他跑到门口并从胸前面拿出来一把长约 10cm 的刀（有手柄，刀尖长大概有 10cm，刀长大概 20cm，刀尖是不锈钢，形状三棱），我拉着他左手臂，他用右手拿着刀从斜上方向斜下方朝我刺过来，我后退躲开后他就过马路朝苏宁电器那个方向跑了。他从我店内抢了三根金项链。

证据分析：证人周某能够证实案发经过，但卷内缺少对嫌疑人身份辨认的相关证据，已要求公安机关由周某对嫌疑人进行辨认。

（3）证人王某某（某某民宿温江区柳城某号老板）2021年3月23日作证P40—44

证明：张某某于2021年3月20日上午入住该民宿203房间。22日晚八点二十左右，他第一次从旅馆后门出去，手上提了手提包，我查房看到床头的右手边柜子里有一把匕首（刀把木制，原木色，刀身不锈钢，刀长15cm左右，刀尖三角形）。过了半个小时，看他空手从前门进来上楼，大概过了一分钟，匆忙下来把房卡拿给我，从前门出去了。

证据分析：证人王某某证实张某某携带刀具外观特征与证人周某描述高度一致。卷内缺少对嫌疑人身份辨认的相关证据，已要求公安机关由王某某对嫌疑人进行辨认。

（4）证人郑某某（温江××珠宝金店经理）2021年3月31日作证P48—50

证明：当晚上8点过，店内来了一40多岁的男子，以看珠宝为由让店员杨某某陆续拿了三根黄金项链出来，之后露出匕首威胁杨某某，抢走三根项链。店铺柜台一天要打扫两遍。监控系统不太完善，会自动跳产生三五分钟的时差。

附店铺营业执照复印件摘自P51—53。

证据分析：证人郑某某能够证实货柜清理打扫较频繁，可见公安机关提取指纹的指向性具有唯一性，同时证实现场监控视频时间与北京时间存在误差。

（5）证人李某某（川××××出租车司机）2021年3月23日作证P56—58

证明：今晚上8点15分左右，在五医院后门往云溪路方向不到100米，一男子上了我车并在柳浪湾北二街从杨柳河进去100米左右下车。我扣表的时间是晚上8：20。

证据分析：证人李某某搭乘男子是否为嫌疑人证据尚缺，已要求公安机关提取男子微信支付车费交易记录，并由李某某对嫌疑人进行辨认。

3. 犯罪嫌疑人的供述与辩解

（1）犯罪嫌疑人张某某2021年3月24日供述P14—20

我昨晚捡了三根项链，今天凌晨在××站附近被警察抓了。在哪里捡到的项链记不得了，反正就在温江。当时我本来准备去温江五医院看病的，我在人行道发现前面有个人在跑，掉了个东西下来，我捡起来发现是三条黄色的项链。之后我怕对方返回来找我，就拦了一辆出租车，坐了一小段下了车，准备坐公交车。但我不晓得应该坐到哪，就又拦了一辆出租车喊他把我载到成都××站去。我找了一个宾馆准备睡了，不久之后冲进来一大群人把我抓了，我才晓得是警察。我昨天至今天都穿的黑色上衣，蓝色牛仔裤，黑色皮鞋。口罩我最近也是一直都戴着的。

摘自2021年3月24日供述P21—23

我对刑拘有异议，我没有抢劫，你们搜到的项链是我在路上捡的。我没去过珠宝店，指纹比对是你们搞错了。

证据分析：犯罪嫌疑人张某某到案后拒不如实供述其犯罪事实。

4. 鉴定意见P114—130

鉴定聘请书、鉴定评估报告、鉴定意见通知书：

证明：成都亨得利珠宝有限公司HDL20210×××号鉴定评估报告：第一条竹节和珠子串联外观黄金项链总质量64.28克，市场价值为25454元；第二条两个接口处均为龙头外观项链总质量92.02克，市场价值为36439；第三条麦穗外观项链总质量13.54克，市场价值为5362元；2021年3月23日星期二，黄金价格为每克365.99元，每100元为0.27323克。3件饰品市场价值合计67255元。

5. 勘验、检查、侦查实验等笔录

（1）现场勘验笔录、检查笔录、提取痕迹、物证登记表、照片、现场方位示意图、现场平面示意图P81—98

证明：公安机关对成都市温江区柳城街道××珠宝店进行现场勘验，证明：在该玻璃柜台西侧玻璃上提取手印8枚，在该玻璃柜台西侧玻璃上发现掌纹，在该掌纹上提取可疑斑迹1处，在该玻璃柜台南侧地面发现并提取足迹1枚。在凤溪大道北段××号铺面西侧人行道发现黄色共享电瓶车，在该电瓶车左、右把手上各提取可疑斑迹1处。

（2）对张某某随身物品进行检查的笔录及照片P99—100

证明：从张某某身上查获三条项链均为金黄色，标牌抬头显示的品名均为“足金项链”。1－标牌显示含金量为999.9%，总质量13.558克，麦穗外观；2-标牌显示含金量为999.9%，总质量92.130克，两个接口处均为龙头外观；3-标牌显示含金量为999.9%，总质量64.356克，竹节和珠子串联外观。

证据分析：公安机关挡获犯罪嫌疑人张某某后从其身上查获本案被抢劫赃物。

6. 视听资料、电子数据

光盘1张：××珠宝店及出租车监控视频（见视频截图分析）

五、审查起诉认定的案件事实及证据

本案经审查批准逮捕后，侦查机关继续侦查，补充了以下新的证据：1. 店员陈某某关于案发经过的证人证言；2. 杨某某、周某、李某某、王某某、陈某某等人对张某某的辨认笔录；3. 现场勘验检查中所提取斑迹、指纹的鉴定意见；4. 犯罪嫌疑人张某某因吸食毒品被行政处罚的法律文书；5. 对犯罪嫌疑人张某某手机进行检查的笔录及照片；6. ××珠宝金店营业执照。

审查起诉阶段补充了以下证据：1. 张某某同监室羁押人员的证言；2. 张某某案发时刑事责任能力鉴定意见。

经审查认定：

2021年3月23日20时8分47秒，犯罪嫌疑人张某某进入成都市温江区××街××号的“××珠宝店”一楼，后于20时8分58秒离开该店铺。20时9分14秒犯罪嫌疑人再次进入该店铺，来到店铺二楼柜台处，以购买黄金项链为由要求店铺员工杨某某将柜台内的一条两个接口处为龙头外观的男士黄金项链（证书编号：HDL20210××2）取出查看，张某某拿到该项链后立即将其戴在颈上，又继续要求杨某某拿出一条竹节和珠子串联外观的男士黄金项链（证书编号：HDL20210××1），张某某拿到该项链后将其放在左手，再次继续要求杨某某将一条麦穗外观的女士黄金项链（证书编号：HDL20210××3）取出，张某某将该项链拿到后与竹节和珠子外观男士黄金项链一同握于左手后，拉开上衣露出其插于裤腰上的刀具，威胁杨某某“闭嘴、蹲下”。20时11分许张某某下楼离开该店铺，店铺员工周某见状随即在店铺门前拉住张某某左臂阻止其逃离现场，张某某立即从其腰间抽出随身携带的刀具刺向周某将其逼退后，张某某立即逃离现场。

2021年3月24日凌晨4时许，成都市公安局××分局民警在成都市××区××巷××号小区××栋××单元××号将犯罪嫌疑人张某某挡获，并在其身上查获上述黄金项链。

成都市公安局××分局刑警大队对案发现场玻璃柜台柜面指纹进行提取，经成都市公安局××分局物证鉴定室鉴定：送检的SL手印20210003－04（现场玻璃柜台柜面）、SL手印20210003－07（现场玻璃柜台柜面）、SL手印20210003－08（现场玻璃柜台柜面）与送检张某某的样本指印为同一人所留。

2021年3月30日经成都市××珠宝有限公司鉴定检测评估：送检证书编号为HDL20210×××1、HDL20210×××2、HDL20210×××3项链AU含量均为99.99%，纯度均为24K，以2021年3月23日为基准时间，同日黄金价格为365.99元/克。证书编号HDL20210×××1（竹节和珠子串联外观，总质量64.28克）黄金项链，市场价值为25454元，证书编号HDL20210×××2（两个接口处均为龙头外观，总质量92.02克）黄金项链，市场价值为36439元，证书编号HDL20210×××3（麦穗外观，总质量13.54克）黄金项链，市场价值为5362元，共计价值人民币67255元。

2021年3月30日成都市公安局××分局将上述黄金项链发还给杨某某。

2022年1月13日经四川××法医学鉴定中心鉴定：张某某患有未定型分裂症，但对其2021年3月23日的违法行为评定为有刑事责任能力。

认定上述事实的证据如下（与审查逮捕阶段相同的证据不再重复详细列举）：

1. 书证

(1) ××珠宝店内监控视频截图卷三P115—136

证明：一名身着黑色上衣、黑色长裤、黑色鞋子、戴口罩的男子于20时09分29秒到二楼楼梯口正对的玻璃柜台前驻足停留，20时09分33秒将双手放在玻璃柜台上。店员杨某某于20时09分42秒从一楼上到二楼接待男子。其间，男子曾先后示意杨某某拿出三条项链展示，20时10分09

秒第一条拿出的项链男子戴在脖子上，20时10分29秒男子接过第二条项链，20时10分40秒男子接过第三条项链，20时10分42秒男子将第二、三条项链一起放在手中，20时10分48秒将手放在裤腰处做上拉动作，并后退，20时10分50秒店员杨某某蹲下，男子离开。20时11分00秒店员周某有上前拉男子动作，20时11分01秒店员周某在店门外拉住男子，20时11分02秒男子有掏刀下刺动作，20时11分05秒男子快速离开画面。

（2）东大街与大南街丁字路口天网监控视频截图卷三P137—153

证明：一名身着黑色上衣、黑色长裤、黑色鞋子、戴口罩的男子在2021年3月23日20时07分38秒沿××珠宝店左门进入店内，20时07分39秒从右门进入，20时09分31秒快速至××珠宝店至大门外，20时09分40秒至街对面，20时09分36秒出现在柳河路46号天网监控画面（西大街），20时09分56秒至西大街苏宁电器侧门附近骑上美团助力车，20时10分36秒至西大街与云溪路十字路口，20时10分38秒进入云溪路，20时11分28秒进入凤溪大道，20时14分23秒至凤溪大道五医院侧门路段徒步过马路，20时14分41秒男子搭乘出租车离开。

（3）出租车监控视频截图卷三P154—163

2021年3月23日20时15分00秒男子在凤溪大道五医院侧门路段坐上出租车，20时15分14秒经凤溪大道右转进入云溪路，20时15分26秒至云溪路与云凤路T字路口，20时15分38秒至云溪派出所门前，20时15分51秒经云溪路右转进入柳城大道，20时17分25秒经柳台大桥左转进入杨柳西路中段，20时19分09秒驶入柳浪湾北二街，20时19分28秒至柳浪湾北二街过万盛社区党群服务中心约20米处下车，20时19分52秒离开监控画面。

（4）某某民宿监控视频截图卷三P164—168

2021年3月23日20时27分46秒一男子返回旅馆大厅处，20时27分54秒上楼梯，20时55分12秒下楼梯，20时55分17秒从后面离开旅馆，21时09分39秒返回旅馆，21时09分46秒上楼梯，21时10分47秒下楼梯，21时10分55秒从大厅离开旅馆。

（5）出租车监控视频截图卷三P169—171

2021年3月23日21时12分00秒一男子在柳浪湾街与柳南三路T字

路口路边候车，21 时 12 分 07 秒上车，21 时 12 分 26 秒沿柳浪湾街、两河路西段、两河路东段至两河路东段与文化路 T 字路口，21 时 16 分 50 秒下车。

（6）天网监控视频截图卷三 P172—174

2021 年 3 月 23 日 21 时 17 分 39 秒，一男子沿两河路东段与文化路 T 字路口步行前往旁边公交站，21 时 21 分 42 秒乘坐 763 公交车离开。

视频截图证据分析：通过比犯罪嫌疑人张某某衣着体貌特征，上述监控视频出现的男子即犯罪嫌疑人张某某，张某某实施犯罪过程以及逃跑路线情况与杨某某、周某、李某某等人的证言均能相互印证。

（7）行政处罚决定书卷三 P183

证明：2014 年 6 月 29 日张某某因吸食毒品被成都市公安局锦江区分局行政拘留 14 日。

（8）接受证据清单（××珠宝金店营业执照）卷二 P63—65

证明：温江区××珠宝店经营者叶某某，经营场所成都市温江区××街××号，类型：个体工商户

2. 证人证言

（1）证人杨某某 2021 年 3 月 23 日陈述卷二 P27—31

辨认笔录卷二 P32—35

证明：杨某某 2021 年 4 月 12 日未辨认出嫌疑人。

（2）证人周某 2021 年 3 月 23 日作证，摘自卷二 P38—41

辨认笔录摘自卷二 P42—45

证明：2021 年 4 月 12 日，在见证人黄某的见证下，周某经辨认指出嫌疑人张某某。

（3）证人王某某 2021 年 3 月 23 日作证，摘自卷二 P48—52

辨认笔录，摘自卷二 P53—56 页。

证明：2021 年 6 月 7 日，在见证人黄某的见证下，王某某经辨认指出嫌疑人张某某。

（4）证人李某某 2021 年 3 月 23 日作证，摘自卷二 P68—70

辨认笔录，摘自卷二 P71—74

证明：李某某 2021 年 4 月 14 日未辨认出嫌疑人张某某。

附接收证据清单：出租车司机李某某提供自己的微信账户信息及与

张某某的交易记录截图散页材料

证据分析：证人李某某证实其曾于2021年3月23日晚上在五医院后门往云溪路100米左右的地方搭载一名男子，且该男子使用微信支付车费，李某某所提供的自己微信账户信息及与张某某的交易记录截图，与公安机关对张某某的手机的检查笔录能相互印证。

（5）证人陈某某（××珠宝店员工）2021年4月20日作证，摘自卷二P78—81

证明：2021年3月23日晚上8点过，我在温江××珠宝店二楼接待顾客。我看见杨某某正在接待一名男顾客，我和杨某某都站在柜台内，我们俩是面对面，而那个男顾客则是背对着我的。我看到男顾客的手对着杨某某挥了挥，杨某某显得很害怕，之后我看见杨某某蹲了下去，男顾客随即往楼下走，我看见他脖子上戴着有标签的项链。男子下楼之后我赶紧追了过去，杨某某给我说了对方有刀。我边往楼下追边大喊“抢东西了”，然后我看见那个男的正朝着我同事周某在挥刀，之后就往对面的苏宁电器跑了。

辨认笔录，摘自卷二P82—85

证明：陈某某未辨认出嫌疑人张某某。

（6）证人张某甲（张某某父亲）2021年11月1日作证补充卷P21—22

证明：家中没有家族精神病史，见过张某某带回家精神疾病的药物。

（7）证人周某甲（简阳市平泉街道××村10组队长）2021年11月1日作证补充卷P25—26

证明：没有听见过张某某有精神异常。

（8）证人尹某、宋某某、杨某某（张某某同监室的室友）2021年7月14日作证补充卷P29—38

均证明：张某某对同监室人员说他脑子里有东西，宋某某陈述张某某说他是外星人，杨某某陈述张某某看上去眼神不正常有点焦虑，但同监室人员觉得张某某言行举止比较正常。

3. 犯罪嫌疑人的供述与辩解

（1）犯罪嫌疑人张某某2021年4月7日供述，摘自卷二P17—19

我拒绝签逮捕证，我没有罪。之前你们给我看的商家提供的案发监控，我不认识视频中的人。

（2）审查起诉 2021 年 6 月 10 日供述

我没有犯罪。公安说我抢劫的那个地方我不知道在哪里，我也没有去过。我脑壳里面有很多人说话，感觉有东西在我旁边，看不见，一直在吵。

（3）审查起诉讯问 2022 年 1 月 17 日

我没有罪。我记得事发当天，我走到一个地方，我也不清楚是哪里，我看到旁边有个人跑过掉了东西，我捡起来是三根黄色项链。我坐出租车往成都方向走，在××站方向找了一个地方住下了，后来公安就把我抓了。

4. 鉴定意见

（1）鉴定委托书、鉴定书、鉴定意见通知书摘自卷三 P186—203

证明：成公温物鉴（手印）字（2021）××号：送检的 SL 手印 20210003－04（现场玻璃柜台柜面）、SL 手印 20210003－07（现场玻璃柜台柜面）、SL 手印 20210003－08（现场玻璃柜台柜面）与送检张某某的样本指印为同一人所留。

（2）鉴定聘请书、司法鉴定意见书、鉴定意见通知书摘自补充卷 P1—10

证明：××法医法技精（2021）字第 1074 号：被鉴定人张某某患有未定型分裂症；但对其 2021 年 3 月 23 日的违法行为评定为有刑事责任能力。

5. 勘验、检查、侦查实验等笔录

对张某某手机进行检查的笔录及照片卷三 P104—111

证明：经检查，张某某手机微信昵称“一路发”，微信号“wxhqzhi123”。2021 年 3 月 23 日案发前后，该微信共产生 8 笔账单，其中 19 时 49 分美团骑行支出的 3.5 元，20 时 19 分二维码支出给“挽起袖子加油干”的 8 元，21 时 02 分二维码支出给“浴血涅磐”的 8 元，21 时 17 分二维码支出给 9037 年“（符号）李（符号）”的 9 元，23 时 22 分二维码支出给“老王”的 70 元。

证据分析：其支付记录与其抢劫后的行动轨迹涉及的乘坐车辆、支付房费的情况均能相互印证。

6. 视听资料、电子数据

光盘1张：××珠宝店及出租车监控视频

证据分析：监控视频内容与证人证言、照片说明等均能相互印证。

六、需要说明的问题及有关情况

（一）审查逮捕

公安机关在侦查阶段将杨某某列示为被害人。经审查，杨某某为涉案珠宝店的员工，并非受害人，故承办人在证据列示部分将杨某某的陈述归类为证人证言。

（二）审查起诉

1. 本案移送审查起诉后，承办人阅卷发现犯罪嫌疑人前科判决载明张某某经鉴定患有精神活性物质有害适用。张某某在接受本院讯问中出现不合乎常理的表现，为了查明其是否患有精神病及是否具备完全刑事责任能力，承办人要求公安机关委托鉴定机构对张某某进行精神病鉴定，但是公安机关承办人以疫情、调取证据等理由长时间未对其进行鉴定，导致张某某长期处于羁押未决状态，侵犯了犯罪嫌疑人的合法权益。

承办人认为，侦查机关未及时进行侦查，全面、客观地收集、调取犯罪嫌疑人有罪或者无罪、罪轻或者罪重的证据材料的侦查行为，违反《中华人民共和国刑事诉讼法》第一百四十六条、《公安机关办理刑事案件程序规定》第二百四十八条之规定。根据《刑事诉讼法》第一百一十七条、《人民检察院刑事诉讼规则》第五百五十二条之规定，已向侦查机关发出《纠正违法通知书》。

2. 根据《中华人民共和国刑事诉讼法》第三十五条之规定，为充分保障犯罪嫌疑人的权利义务，本院于2022年1月17日通知成都市温江区法律援助中心指派律师为其提供辩护。

七、相关诉讼参与人的意见

（一）被害人及其代理人的意见

被害人要求对犯罪嫌疑人张某某依法处理。

（二）辩护人及其他代理人的意见

指定辩护人对犯罪嫌疑人张某某的犯罪事实及罪名均无异议，提出张某某患有精神分裂症，且赃物已追回，请求从轻处罚。

八、审查意见

（一）审查逮捕

1. 对全案事实证据情况的认定意见

本案相关证据客观真实，能够形成完整的证据链证实本案的案件事实。犯罪嫌疑人的供述、证人证言、书证、视听资料、勘验检查笔录等相互印证，基本能够证实嫌疑人张某某持凶器抢劫他人财物，且数额巨大的犯罪事实，其行为符合抢劫罪的构成要件，涉嫌抢劫罪，应当批准逮捕。

2. 对案件法律适用的认定意见

犯罪嫌疑人张某某持凶器暴力威胁，抢劫他人财物，数额巨大，其行为已触犯《中华人民共和国刑法》第二百六十三条之规定，应当依法追究其刑事责任。

3. 社会危险性分析

犯罪嫌疑人张某某持刀抢劫他人财物，数额特别巨大，且系累犯，到案后拒不如实供述，有社会危险性。

4. 犯罪嫌疑人认罪认罚情况

犯罪嫌疑人张某某到案后拒不如实供述其犯罪事实，且在本院听取其意见时，其明确表示不认罪。

5. 继续侦查意见

（1）到案经过载明“通过技术侦查手段对嫌疑人逃跑路线进行追踪”，请对相关情况截图予以照片说明，并厘清路线图，固定证据。

（2）证人杨某某陈述中提到当时店铺中还有一名店员陈某某，请对相关情况进行核实，并固定证据。

（3）证人王某某证实其在收拾房间时曾经看见该房间有刀具一把，并将该刀具予以收纳在垃圾袋内，但是未讲明该刀具的去处，且未对在其处登记入住的“张某某”是否为本案挡获的犯罪嫌疑人张某某进行辨认，请予补正。

（4）为保障刑事诉讼的顺利进行，请提取本案中见证人的个人身份信息，并注明联系方式、身份证等证件种类及号码。

（5）为保障刑事诉讼的顺利进行，请及时对现场勘验检查中所提取的斑迹、指纹进行鉴定。

(6) 证人杨某某、周某、李某某均未对犯罪嫌疑人张某某进行辨认，请予补证。

(7) 为核实犯罪嫌疑人张某某因吸食毒品被行政处罚的情况，请对相关行政处罚决定书予以调取。

(8) 随案移送的在证人王某某处调取的监控视频内容为空，请予补正。

(9) 检查笔录、扣押笔录及清单所记载从犯罪嫌疑人张某某身上查获涉案黄金项链三条的标牌总质量与鉴定评估报告不一致，为核查具体情况，请提供聘请鉴定时提供检材的相关依据。

(10) 证人李某某证实乘坐其所驾驶出租车的乘客系微信支付车款，请对相关支付书证予以调取，以确认支付车款人的身份是否为本案犯罪嫌疑人张某某。

(11) 在现场勘验检查时对凤溪大道北段202号铺面西侧人行道的黄色共享电瓶车进行了检查，并提取斑迹，请对该车的使用轨迹及使用人相关证据进行调取，并固定相关证据。

6. 侦查监督及追捕漏犯意见

无。

综上，承办人认为：犯罪嫌疑人张某某持凶器暴力威胁，抢劫他人财物，数额巨大的行为，已构成抢劫罪，且系累犯，具有社会危险性，《中华人民共和国刑事诉讼法》第八十一条之规定，决定批准逮捕。

(二) 审查起诉

1. 对全案事实证据情况的认定意见

据以定案的每一个证据都经过查证，合法、属实且具有关联性，本案有相关书证，有证人杨某某、宋某某、王某某、周某、陈某某等证言，结合现场勘验笔录及监控视频，能够完整还原犯罪嫌疑人张某某实施抢劫行为的全过程，证据间相互印证已形成完整锁链，并排除所有合理性怀疑，足以证明犯罪嫌疑人张某某的犯罪事实。

2. 对案件法律适用的认定意见

在案司法鉴定意见证实，尽管犯罪嫌疑人张某某患有未定型分裂症，但其在作案时具有完全刑事责任能力，且结合整个作案过程来看，显示其对自己行为认知正常，与鉴定意见相符，张某某应当对其犯罪行为负刑事责任。犯罪嫌疑人张某某以非法占有为目的，使用暴力、胁迫的手段，强行当场夺取公私财物，数额巨大，其行为已触犯《中华人民共和国刑法》第二百六十三条之规定，本案犯罪事实清楚，证据确实、充分，应当以抢劫罪追究其刑事责任。

3. 认罪认罚适用情况

犯罪嫌疑人张某某到案后拒不认罪。

4. 量刑分析

（1）根据四川省刑事立案量刑标准的规定：抢劫罪“数额巨大”标准为5万元，本案涉案黄金项链经鉴定价值67255元，系数额巨大，其量刑标准为十年以上有期徒刑、无期徒刑或者死刑，并处罚金或者没收财产。

（2）犯罪嫌疑人张某某有犯罪前科，且被判处有期徒刑以上刑罚之罪，刑罚执行完毕以后，在五年内再犯应当判处有期徒刑以上刑罚之罪，系累犯，适用《中华人民共和国刑法》第六十五条之规定处罚。

（3）犯罪嫌疑人张某某到案后拒不认罪，量刑时应当充分考量。

5. 羁押必要性审查意见

犯罪嫌疑人张某某系累犯，抢劫数额巨大，有社会危险性，有继续羁押的必要。

6. 侦查监督及追诉漏罪漏犯意见

（1）公安机关未及时对犯罪嫌疑人张某某进行精神病鉴定，导致其长期羁押未决，违反《中华人民共和国刑事诉讼法》第一百四十六条、《公安机关办理刑事案件程序规定》第二百四十八条之规定，根据《刑事诉讼法》第一百一十七条、《人民检察院刑事诉讼规则》第五百五十二条之规定，已向侦查机关发出《纠正违法通知书》。

（2）公安机关未将张某某精神病鉴定意见送达犯罪嫌疑人、被害人，违反《公安机关办理刑事案件程序规定》第二百五十二条第二款之规定，根据《中华人民共和国刑事诉讼法》第八条、第一百条的规定已向侦查机关发出《侦查活动监督通知书》。

综上，承办人认为：犯罪嫌疑人张某某的行为，事实清楚，证据确实、充分，其行为触犯《中华人民共和国刑法》第二百六十三条，依据《中华人民共和国刑事诉讼法》第一百七十六条，应以抢劫罪提起公诉。

承办人：吴兴莉
2022 年 1 月 10 日

范例二：北京市门头沟区人民检察院赵某某拒不支付劳动报酬案审查报告

北京市门头沟区人民检察院

赵某某拒不支付劳动报酬案审查报告*

收案时间：2022 年 12 月 21 日
侦查机关：北京市公安局门头沟分局
移送单位：北京市公安局门头沟分局
移送案由：拒不支付劳动报酬罪
犯罪嫌疑人：赵某某
侦查机关承办人：李××　联系电话××××
检察院承办人：李珊珊、阎玉姣

2022 年 12 月 21 日北京市公安局门头沟分局以京公门诉字〔2022〕××起诉意见书将该案移送审查起诉，我院于 2022 年 12 月 21 日收到卷宗 7 册。

我院受理后，依照刑事诉讼法的有关规定，于 2022 年 12 月 22 日告知犯罪嫌疑人依法享有的诉讼权利；已告知被害人依法享有的诉讼权利；已依法讯问犯罪嫌疑人，听取了辩护人或者值班律师、被害人的意见。

* 此文书为非羁押直诉案件审查报告，收入时有删改。

现已审查终结。报告如下：

一、犯罪嫌疑人及诉讼参与人的基本情况

1. 犯罪嫌疑人基本情况

犯罪嫌疑单位××公司北京门头沟分公司，统一社会信用代码××××，住所北京市门头沟区××镇××村××街嘉园××号，法定代表人张某某。

诉讼代表人黄某某，男，1976年××月××日出生，××公司员工。

犯罪嫌疑人赵某某，男性，1964年××月××日出生，公民身份号码××××，汉族，大学文化程度，无业，户籍所在地天津市河东区××道××公寓××号。因涉嫌拒不支付劳动报酬罪，于2022年4月3日被北京市公安局门头沟分局取保候审，于2022年12月22日被本院取保候审。

辩护人情况（审查起诉）：北京××律师事务所冯某某律师，联系电话××××。

2. 被害人基本情况

被害人为周某某等47名涉案公司员工，其他信息见听取被害人意见表。

二、发、破案经过

2020年11月19日，门头沟区人社局向门头沟检察院发出立案监督函，2021年3月29日门头沟检察院向区公安分局发出《要求说明不立案理由通知书》，区公安分局于2021年4月2日立案侦查。2022年4月3日公安机关将赵某某抓获。

三、侦查机关（部门）认定的犯罪事实与意见

移送机关认定：2019年3月至5月间，犯罪嫌疑人赵某某作为××公司北京门头沟分公司主要责任人期间，拖欠50余名员工工资共计30余万元。经门头沟人社局制发《责令限期改正通知书》及《行政处理决定书》后，赵某某采取逃跑、藏匿方式拒绝支付劳动报酬。截至目前，已累计支付53名员工工资222806元。

移送机关认为：赵某某行为已触犯了《中华人民共和国刑法》第二百七十六条，涉嫌拒不支付劳动报酬罪。

四、经审查认定的案件事实及证据

经审查认定：2019年4月4日，被不起诉单位××公司北京门头沟分公司登记设立，主要经营销售乳制品等。2019年2月至5月间，被不起诉人赵某某根据总公司工作安排，直接负责××公司北京门头沟分公司相关事宜，后因经营问题该公司拖欠了被害人李某某等47名员工工资共计人民币34万余元。北京市门头沟区人力资源和社会保障局先后于同年9月3日、10月18日制发《责令（限期）改正通知书》《行政处理决定书》，责令限期支付员工工资，赵某某在向总公司反映上述情况且未得到解决之后，离开公司，后设置陌生号码拒接，××公司北京门头沟分公司亦停业，被拖欠的员工工资于公安机关立案前未支付。

认定上述事实的证据如下：

1. 书证：

（1）受案登记表。

证明：2021年3月29日，门头沟分局治安支队接门头沟人社局移交案件，关于××公司涉嫌拒不支付劳动报酬犯罪嫌疑，后公安机关开展调查取证工作。

（2）××公司北京门头沟分公司——在职人员花名册（证据卷二）

证明：××公司北京门头沟分公司在职人员47名人员信息。

存在的问题：复印件。

（3）××公司北京门头沟分公司设立登记申请书及张某某、崔某某个人信息（证据二P11、P53）

证明：营业场所北京市门头沟区××镇××村××街××号，核算方式为独立核算，经营范围为销售食品，负责人为张某某，财务负责人孙某某，企业联系人崔某某。张某某、崔某某基本信息情况。

（4）劳动合同书（证据二P83）

证明：周某某等8人与××门头沟分公司签订劳动合同，成立劳动关系。(部分为复印件)

（5）北京市门头沟区人力资源和社会保障局出具的门头沟区案件移送初审申请及北京市门头沟区劳动保障监察大队出具的案件情况说明（证据三P7）

证明：2019年12月12日，区人社局向市人社局移送初审申请，说明涉案公司拖欠47名职工2019年4—5月工资345758.8元，责令改正仍不改正，涉嫌拒不支付劳动报酬罪，提请市劳动保障监察总队是否将本案线索移送公安机关追究当事人刑事责任进行指导。区劳动保障监察大队出具关于××公司北京门头沟分公司拒不支付劳动报酬案件情况说明（内容如前）。

（6）北京市门头沟区人力资源和社会保障局行政处罚事先告知书、申辩意见（附员工薪资表）、行政处罚决定书、催告书及送达回证（证据三P19）

证明：北京市门头沟区人力资源和社会保障局于2019年9月10日向涉案公司送达行政处罚事先告知书，赵某某于2019年9月10日15时许签收；2019年9月12日，涉案公司向区人社局提交了申辩意见，对员工工资数额提出异议；区人社局于2019年9月20日针对××公司北京门头沟分公司拖欠47名员工2019年4—5月工资一事对该公司处以2万元罚款的行政处罚。2022年9月20日9时49分，赵某某签收该行政处罚决定书。2019年10月18日，区人社局对涉案公司进行催告，要求缴纳罚款，文书邮寄送达，后被退回。

北京市门头沟区人力资源和社会保障局内部研究材料、行政处理决定书及送达回证（证据三P180）

（具体内容略，编者注）

2. 证人证言：

（1）证人陈某某2022年05月09日作证，摘自证据卷3页。

证实：其系北京××生态农业合作社法人代表，与××公司现在是合作关系，由于拖欠工资的事情，公司命其全权负责处理这件事，解决员工工资问题，现已部分解决，四十五人一共发放了201936元，不在册一共六人发了19470元，共计221406元。每人都有转账记录和收款人的协议和签字，没发工资的两个人，找到他们后把账目交接清楚，没发的就给他们发，绝不拖欠。

（2）证人张某某2021年12月7日作证，摘自证据卷124页。

证实：其2017年3月份到这家公司上班。2018年时，崔某某找其拿身份证要注册公司，后来让其拿手机进行过认证，具体什么公司，公司在哪儿其不清楚，其也没有拿到什么好处费。公司总经理是孙某某，副总是赵某某，现在公司名称叫××乳品有限公司。

（3）证人李某某2021年03月30日作证，摘自证据卷76页。

证实：其从村大队租的底商，门牌号是10230号，产权还是村大队。2018年10月份，××公司租用了其在村商业街的底商，签署5年的合同，盖的公司章。2019年年底，其去要第二年的房租，没有要到。后来听说这个公司拖欠员工工资，其就发律师函，把房子收了回来。

3. 被害人陈述：

（1）被害人唐某某2021年03月30日陈述，摘自证据卷65页。

证实：其于2019年2月12日在涉案公司干活，赵某某是门头沟分公司的负责人，劳动合同都是他组织签的。公司欠其2个月的保底工资共4400元，其共干了三四个月，后2个月都没给其开工资。工人们找过赵某某，赵某某说让晚几天给开支的，但等了一个月还是没给开支，就有2个业务员去劳动监管部门告赵某某，赵某某去给那两个业务员开工资了，他们俩就不干了。其一等人又开始干了1个月，又没给开工资，让工人们等着，等到现在也没给开工资，现在公司共欠其84400元钱。

（2）被害人邢某某2021年03月30日陈述，摘自证据卷71页。

（具体内容略，编者注）

（3）被害人李某某等陈述。

（具体内容略，编者注）

4. 犯罪嫌疑人的供述与辩解：

（1）犯罪嫌疑人赵某某，共陈述5次，摘自2022年04月04日供述，摘自口供卷24页。

证实：公司法人张某某，但只是名义的，实际老板是孙某某，总经理是孔某某（男，59岁左右，北京人），还有一个公司叫××公司。公司还有一个叫崔某某的秘书（丰宁人，40多岁）。其当时是副总，代表总公司对门头沟分公司进行管理。这个公司先后在北京不同的区成立了好几家分公司，2019年二三月份的时候筹划成立了门头沟分公司。这个公司主要是销售乳制品和售卖机。其在公司负责向销售员培训宣传公司乳制品的优势及各种行政事务。门头沟分公司的员工工资以及其他支出，由门头沟分公司经理、副经理提交给其，经其审核签字后再报到总公司。目前，门头沟分公司大概拖欠四十多名员工工资。门头沟分公司是2019年11月份左右解散的，区人力资源保障局对公司作出过罚款，但公司没有缴纳罚款。后来法院走的调解程序，让公司向员工支付工资。其设置了陌生号拒接，所以员工联系不上其。

5. 视听资料

（1）电话询问姚某某（2022.3.25）；

证明：姚某某表示在××公司上过班，签订了劳动合同，担任业务员，2019年4月中旬入职的干到8月，没有开过工资，每月工资4000元。门头沟分公司的大领导是赵某某，是公司二把手，曾去过公司总部参观过牛场。

（2）2022年5月21日，赵某某远程讯问录像。

6. 其他证明材料

（1）户籍材料

证明：赵某某自然人情况。

（2）……

五、相关诉讼参与人的意见

（一）被害人及其代理人的意见

承办人一一联系被害人听取意见，除未联系上的人员以及2名被害人表示不谅解行为外，其余被害人均表示已和解、同意不起诉决定。

（二）辩护人及其他代理人的意见

同意检察机关不起诉决定。

六、需要说明的问题及有关情况

刑事和解情况：

审查起诉阶段，承办人积极开展追赃挽损工作，促成涉案公司、赵某某与李某乙、胡某某达成和解协议（2万元），最终47名+6名超龄劳动者拖欠工资事宜均解决。

七、审查意见

（一）对全案事实证据情况的认定意见

在案书证、证人证言、被害人陈述、犯罪嫌疑人供述具有合法性、真实性，与案件事实具有关联性，可以作为定案证据使用，可以证实涉案公司、赵某某以逃匿方法逃避支付47名劳动者的劳动报酬30余万元，且经门头沟区人社局责令支付仍不支付的犯罪事实。

（二）对案件法律适用的认定意见

1. 关于单位犯罪

拖欠工资的行为首先为单位行为。周某某等47名劳动者为××公司北京门头沟分公司正式聘用的员工，应依法支付劳动者的劳动报酬，后因公司经营问题该公司拖欠47名劳动者30余万元劳动报酬，且经门头沟人社局两次责令支付拖欠工资该公司一直未支付，构成单位犯罪，应以拒不支付劳动报酬罪追究单位刑事责任。

2. 关于单位直接负责的主管人员和其他直接责任人员认定

从工商登记信息来看，张某某为涉案公司法定代表人，但根据在案证据来看，其仅为名义上的法定代表人，并非涉案公司经营管理者。根据被害人陈述、口供等证据来看，赵某某根据总公司工作安排，负责门头沟分公司的日常经营事宜，为涉案公司的主管人员，且根据区人社局提供的证据来看，赵某某因涉案公司拖欠工资一事曾到劳动监察部门接受询问，且签收过行政处罚事先告知书、行政处罚决定书等文书，对于拖欠工资以及责令支付相关情况均知情，但根据劳动监察人员的电话记录，后期赵某某多次电话联系不上，说明其有意逃避支付拖欠工资。因此，赵某某作为直接责任人员，亦构成拒不支付劳动报酬罪。

（三）认罪认罚适用情况

涉案公司及赵某某均认罪认罚。

（四）量刑分析

在提起公诉前，××公司北京门头沟分公司、赵某某已支付劳动者劳动报酬，且双方已签订和解协议，被害人表示不再追究公司任何拖欠工资责任；且赵某某到案后如实供述了自己罪行，自愿认罪认罚，认罪悔罪态度较好，可以依法从宽处理。因此，本案犯罪情节轻微，依照《中华人民共和国刑法》第三十七条的规定，可以免予刑事处罚。依据《中华人民共和国刑事诉讼法》第一百七十七条第二款之规定，决定对××公司北京门头沟分公司、赵某某不起诉。

（五）是否需要变更强制措施意见

无。

（六）侦查监督及追诉漏罪漏犯意见

无。

综上，承办人认为：

犯罪嫌疑单位××公司北京门头沟分公司、犯罪嫌疑人赵某某的行为，事实清楚，证据确实、充分，其行为触犯《中华人民共和国刑法》第二百七十六条之一第一款、第二款，构成拒不支付劳动报酬罪，但犯罪情节轻微，依据《中华人民共和国刑法》第三十七条、《中华人民共和国刑事诉讼法》第一百七十七条第二款，作出不起诉决定。

承办人：李珊珊、阎玉姣

2022 年 12 月 28 日

范例三：内蒙古自治区阿拉善右旗人民检察院惠某某帮助信息网络犯罪活动案审查报告

内蒙古自治区阿拉善右旗人民检察院

惠某某帮助信息网络犯罪活动案审查报告*

一、犯罪嫌疑人基本情况

<table>
<tr><td>姓名：惠某某</td><td>性别：男性</td><td>年龄：25</td><td>职业：企业员工</td></tr>
<tr><td colspan="2">户籍所在地：陕西省延安市黄陵县</td><td colspan="2">公民身份号码××××××××</td></tr>
<tr><td colspan="4">前科情况：无</td></tr>
<tr><td colspan="2">刑事拘留时间：</td><td colspan="2">取保候审时间：
2022 年 9 月 27 日</td></tr>
<tr><td colspan="4">备注：实施犯罪时为在校大学生。</td></tr>
</table>

* 此文书为适用速裁程序/认罪认罚简易程序案件审查报告，收入时有删改。

二、移送机关认定的事实和意见

移送机关认定的事实：我辖区受害人郃某某于2021年5月7日9时41分在中国邮政储蓄银行股份有限公司阿拉善右旗××营业所将2万元人民币现金汇入惠某某名下的中国邮政储蓄银行账户中，惠某某有重大作案嫌疑。2021年10月11日，民警依法传唤犯罪嫌疑人惠某某至阿拉善右旗公安局接受讯问。经讯问，惠某某供述，2021年4月25日左右，其在陕西省西安市××贸易有限责任公司打工期间，同事郭某某对其说微信好友里有一外国人，但郭某某听不懂英语，惠某某遂要求郭某某把外国人微信好友推荐给自己，后外国人给其发了自己的护照及位置，进行视频聊天后提出因为自身是留学生，想要给朋友海外代购商品，但自身账户每天限额只有10000元，需要用其银行账户转账并向其提供微信、支付宝收款二维码及银行账户，后惠某某将自己名下两个银行账户（中国邮政储蓄银行、招商银行）收到的不明来源资金通过微信、支付宝、银行APP转账方式帮外国人转账，转账期间，外国人好友与惠某某约定按照惠某某银行账户转入不明资金的百分之二抽取金额。经调取，惠某某名下中国邮政储蓄银行账户2021年5月2日至5月9日的交易明细，该账户中共转入214907元，转出214907元，惠某某名下招商银行账户2021年5月3日至5月8日的交易明细，该账户中共转入178326元，转出178326元，两张卡共转入393233元，转出393233元，非法获利7618元均用于自身日常生活开销。

移送机关的意见：犯罪嫌疑人惠某某到案后能够自愿如实供述自己的罪行，且承认指控的犯罪事实，愿意接受处罚，犯罪嫌疑人惠某某主动赔偿受害人经济损失20000元，并取得受害人郃某某的谅解并出具了谅解书。根据《中华人民共和国刑事诉讼法》第十五条之规定，可以依法从宽处理。犯罪嫌疑人惠某某对其违法犯罪行为认罪认罚，认罪态度良好。

综上所述，犯罪嫌疑人惠某某明知他人利用信息网络实施犯罪，还为他人提供支付结算等帮助，其行为已经触犯《中华人民共和国刑法》第二百八十七条之二规定，涉嫌帮助信息网络犯罪活动罪。现该案犯罪事实清楚，证据确实、充分，依照《中华人民共和国刑事诉讼法》第一百六十二条之规定，现移送审查起诉。

三、经审查认定的事实

犯罪嫌疑人惠某某为牟利，于2021年5月提供其本人名下中国邮政储蓄银行卡、中国招商银行卡并帮助他人转移资金，上述两张银行卡均被用于信息网络犯罪，过卡流水共计人民币393233元，犯罪嫌疑人惠某某非法获利人民币7618元。另查明，被害人郐某某被网络诈骗人民币80000元，其中20000元被骗资金于2021年5月7日转入犯罪嫌疑人惠某某名下中国邮政储蓄银行卡内。案发后，犯罪嫌疑人惠某某自愿赔偿被害人郐某某经济损失20000元并取得被害人谅解。

四、本案的证据

1. 犯罪嫌疑人供述	证明
（1）惠某某（第一次）	2021年4月底，犯罪嫌疑人惠某某通过同事介绍认识一个外国留学生。5月初，惠某某向该外国留学生提供自己名下的银行卡并帮助该外国留学生转账，惠某某利用其本人名下尾号为6160的邮政储蓄银行卡共帮助该外国留学生转账214900元。
（2）惠某某（第二次）	犯罪嫌疑人惠某某通过微信添加好友的外国留学生谎称做海外代购，且自己的银行卡限额，让惠某某帮助转账，惠某某将转入其本人名下尾号为6160的邮政储蓄银行卡的214900元全部通过微信、支付宝、手机银行转入该外国留学生指定的收款二维码，惠某某不清楚资金的来源。
（3）惠某某（第三次）	犯罪嫌疑人惠某某发现自己的银行卡被冻结后，与外国留学生在微信上发生争执，被该外国留学生拉黑，惠某某也将对方微信删除，故无聊天记录，现在也无法联系。犯罪嫌疑人惠某某知道被害人郐某某转入他名下尾号6160的邮政储蓄银行卡的2万元，惠某某已将2万元退赔给郐某某并取得被害人谅解。

（4）惠某某（第四次）	犯罪嫌疑人惠某某于2021年4月23日至2021年5月8日提供本人名下尾号6160的邮政储蓄银行卡帮助外国留学生转账214907元，从中获利约1200元，用于日常消费。
（5）惠某某（第五次）	犯罪嫌疑人惠某某向外国留学生提供两张其名下银行卡并帮助该外国留学生转账，一张为尾号6160的邮政储蓄银行卡，一张为尾号2838的招商银行卡，招商银行卡因涉嫌诈骗被冻结。犯罪嫌疑人惠某某于2021年4月底至2021年5月初提供本人名下尾号2838的招商银行卡帮助外国留学生转账16万—17万元，从中获利约2000元，用于日常消费。
（6）惠某某（第六次）	经侦查机关调取犯罪嫌疑人惠某某名下中国邮政储蓄银行卡（尾号6160）账户2021年4月1日至2021年5月30日的交易明细发现，2021年5月2日至2021年5月9日该银行账户共流入资金214907元，流出资金214907元。经侦查机关调取犯罪嫌疑人惠某某名下中国招商银行卡（尾号2838）账户2021年3月1日至2021年7月1日的交易明细发现，2021年5月3日至2021年5月8日该银行账户共流入资金178326元，流出资金178326元。上述两张银行卡共转移资金393233元。犯罪嫌疑人惠某某从中获利7618元。

2. 被害人陈述	证明
郃某某	郃某某2020年冬通过手机K歌APP认识一名叫“威廉·大卫”的人并添加微信好友，通过聊天取得信任后，“威廉·大卫”以邮寄礼物但需要付手续费才能拿到东西为由要求郃某某向他提供的邮政客服转账，郃某某先后向余某某名下尾号4656的工商银行卡转账2万元，向尹某某名下尾号5272的农业银行卡转账1万元，向玉某某名下尾号9478的农业银行卡转账1万元。后“威廉·大卫”又以帮其办理退休为由，让郃某某代为支付手续费，郃某某先后向犯罪嫌疑人惠某某名下尾号6160的邮政储蓄银行卡转账2万元，向张某某名下尾号4249的工商银行卡转账2万元。“威廉·大卫”再次要求郃某某给他1万元的机票钱时，郃某某求助她儿子后报警。
3. 证人证言	证明
郭某某	郭某某是犯罪嫌疑人惠某某在西安市××贸易有限公司的同事，犯罪嫌疑人惠某某帮助转账的外国留学生添加了郭某某的微信好友并用英文打招呼后，郭某某因为听不懂询问惠某某，惠某某主动要求加该外国留学生为好友。
4. 书证	证明
（1）报案材料	诈骗案被害人郃某某于2021年3月至5月期间被网络诈骗8万元，其中2万元转入犯罪嫌疑人惠某某名下邮政储蓄银行卡内（尾号为6160）。

(2) 犯罪嫌疑人基本情况	犯罪嫌疑人惠某某已满 18 周岁，达到刑事责任年龄，具有完全刑事责任能力。
(3) 户籍证明存根	犯罪嫌疑人惠某某户籍所在地：陕西省延安市黄陵县××镇××村××号，公民身份号码 6106321997××××××××。
(4) 无违法犯罪记录证明	犯罪嫌疑人惠某某无违法犯罪前科。
(5) 到案经过	犯罪嫌疑人惠某某于 2021 年 10 月 10 日被阿拉善右旗公安局刑事传唤，接受审查，其间，主动投案自首并如实供述自己的犯罪行为。
(6) 惠某某提供的支付宝交易流水证明	犯罪嫌疑人惠某某提供其支付宝账户 2021 年 5 月 2 日至 2021 年 5 月 31 日的交易流水，显示其在帮助他人转账的同时，通过留取部分资金转入其支付宝账户内的方式获利 7618 元。
(7) 惠某某提供的微信支付交易明细证明	犯罪嫌疑人惠某某提供其微信账号 2021 年 5 月 2 日至 2021 年 5 月 31 日的微信支付交易明细证明，其通过微信帮助他人转账 256890 元，并将获利的 2000 元转给其父亲。
(8) 接受证据材料清单、转账凭证、微信聊天截图	诈骗案被害人郎某某通过与陌生人微信聊天，对方取得其信任后以谎称邮寄礼物、帮忙办理退休手续等方式，诈骗被害人郎某某人民币 8 万元。
(9) 扣押决定书、扣押清单、扣押笔录、扣押照片	侦查机关依法扣押犯罪嫌疑人惠某某的作案工具，红色手机一部。

(10) 扣押决定书、扣押清单、扣押笔录、扣押照片	侦查机关依法扣押犯罪嫌疑人惠某某违法所得7618元。
(11) 扣押决定书、扣押清单、扣押笔录、扣押照片	侦查机关依法扣押犯罪嫌疑人惠某某提供并帮助他人转账的尾号2838的工商银行卡一张。
(12) 提取笔录、国家反诈大数据平台主体信息及交易流水	侦查机关依法调取国家反诈大数据平台中惠某某名下尾号2838的工商银行卡主体信息及2021年3月1日至2021年7月1日交易流水，证明2021年5月3日至2021年5月8日该银行账户共流入来源不明资金178326元，流出资金178326元。
(13) 调取证据通知书、汇款凭证	诈骗案被害人郃某某于2021年5月7日向惠某某名下尾号6160的邮政储蓄银行卡转账2万元。
(14) 交易明细	侦查机关调取犯罪嫌疑人惠某某名下尾号6160的中国邮政储蓄银行卡（已销户）2021年4月1日至2021年5月30日的交易明细发现，2021年5月2日至2021年5月9日该银行账户共流入来源不明资金214907元，流出资金214907元。另查明，郃某某于2021年5月7日向惠某某名下尾号6160的邮政储蓄银行卡转账2万元。
(15) 自愿赔偿申请、收条、谅解书	犯罪嫌疑人惠某某自愿赔偿郃某某人民币2万元并取得谅解。

(16) 国家反诈大数据平台信息	侦查机关依法调取犯罪嫌疑人惠某某名下尾号2838的招商银行卡信息，证明犯罪嫌疑人惠某某名下尾号2838的招商银行卡因有涉案嫌疑，被广东省深圳市公安局宝安分局刑警大队依法冻结。
(17) 国家反诈大数据平台信息、情况说明	侦查机关依法调取犯罪嫌疑人惠某某名下尾号6160的邮政储蓄银行卡信息，证明犯罪嫌疑人惠某某名下尾号6160的邮政储蓄银行卡已于2021年6月10日销户，无法冻结。
(18) 惠某某身份证复印件及学籍证明	犯罪嫌疑人惠某某于2021年7月15日毕业，实施提供银行卡并帮助他人转账的行为时，属于在校大学生。
备注：无	

五、分析意见

本案证据来源合法，书证、被害人陈述、犯罪嫌疑人惠某某的供述等证据内容客观真实有效，与案件事实具有关联性，且已查证属实。各证据间具有关联性，能够相互印证，形成证据链条，构成完整的有罪证据体系，足以证实犯罪嫌疑人惠某某明知他人利用信息网络实施犯罪，为其提供支付结算等帮助的行为，情节严重，妨害了社会管理秩序，构成帮助信息网络犯罪活动罪。

六、量刑意见

法定情节	酌定情节	其他情节	具结书签署情况
自首	如实供述； 自愿退赔取得被害人谅解。		在值班律师见证下依法签署认罪认罚具结书。
量刑分析：相对不起诉。			

七、侦查监督及追捕漏犯/追诉漏罪漏犯意见

无。

八、需要说明的问题及有关情况

是否有领导干部干预司法活动、插手具体案件处理的情形（是□　否☑）。如是，需写明具体情况。
是否有司法机关内部人员过问案件的情形（是□　否☑）。如是，需写明具体情况。
是否有司法人员与当事人、律师、特殊关系人、中介组织接触交往不当的情形（是□　否☑）。如是，需写明具体情况。

九、审查意见

犯罪嫌疑人惠某某明知他人实施信息网络犯罪，为他人犯罪提供支付、结算等帮助，情节严重，其行为触犯了《中华人民共和国刑法》第二百八十七条之二第一款，犯罪事实清楚，证据确实、充分，应当以帮助信息网络犯罪活动罪追究其刑事责任。案发后，犯罪嫌疑人惠某某自愿赔偿被害人经济损失并取得被害人谅解，鉴于其能够主动退缴违法所得，具有自首、自愿认罪认罚等从轻处罚情节，且系刚毕业大学生，进入社会时间短，社会经验不足，主观恶性小，根据《中华人民共和国刑法》第三十七条的规定，不需要判处刑罚。根据《中华人民共和国刑事诉讼法》第一百七十七条第二款的规定，建议对惠某某相对不起诉，提请检察长决定。

承办人：魏天红　　　　　　　　　　2022年9月28日

范例四：广西壮族自治区人民检察院徐某某故意杀人等犯罪案二审案件审查报告

广西壮族自治区人民检察院

二审案件审查报告*

上诉人徐某某故意杀人、故意毁坏财物一案，徐某某不服××市中级人民法院（2021）桂××刑初××号刑事判决提出上诉。广西壮族自治区高级人民法院于××年×月×日以（20××）桂刑终××号阅卷通知书通知本院查阅案卷。我院于××年×月×日收到案件材料，审阅了全部案件材料，核实了案件事实与证据，经审查卷宗材料、讯问上诉人、听取辩护人意见、听取被害人近亲属意见、核实有关证据，现已审查完毕。承办人认为本案事实清楚，证据确实、充分，定罪准确，量刑适当，审判程序合法，现报告如下：

一、上诉人基本情况

上诉人徐某某，曾用名徐××，男，××年×月×日出生于××县，公民身份号码××××，壮族，小学文化，农民，户籍所在地及住址××市××县××屯××号。因涉嫌故意杀人罪，于××年×月×日被××县公安局刑事拘留，同年×月×日被××市公安局逮捕。现羁押于××县看守所。

辩护人卢××，×××律师事务所律师。

二、案件侦破及诉讼经过

2021年1月9日9时许，王某1报案称，其到××县××镇××村××屯小学旁其堂哥王某某家赴约吃饭时，发现其堂哥王某某家车库两辆小轿车被烧坏，家里东西被打砸，王某某去向不明，电话处于关机状态，遂发动亲戚寻找，后在王某某家下面的小山沟发现王某某尸体。××县公安局接到报案后，立即组织民警赶赴现场勘察及尸检，并对现场周边走访调查。经查，被害人王某某妹夫徐某某案发后去向不明，

* 此文书为二审案件审查报告，收入时有删改。

具有重大作案嫌疑，侦查机关遂搜捕徐某某。案发当晚，××县公安局民警在××县××镇××安置点的路边将正在外逃的犯罪嫌疑人徐某某抓获归案。经审讯，徐某某对其杀死王某某的犯罪事实供认不讳。

本案由××市公安局侦查终结，以被告人徐某某涉嫌故意杀人罪，于2021年3月15日向××县人民检察院移送审查起诉。2021年4月15日，××县人民检察院将案件移送××市人民检察院审查起诉。2021年5月25日，××市人民检察院以×检检刑诉〔2021〕×号起诉书以被告人徐某某犯故意杀人罪向××市中级人民法院提起公诉。××市中级人民法院依法组成合议庭，于2021年7月27日、2022年1月6日公开开庭进行了审理。2022年3月1日，××市中级人民法院作出一审判决。根据被告人徐某某犯罪的事实、情节、手段、危害后果，判决被告人徐某某犯故意杀人罪，判处死刑，剥夺政治权利终身；犯故意毁坏财物罪，判处有期徒刑四年；决定执行死刑，剥夺政治权利终身。

三、一审法院裁判理由和上诉理由

（一）一审法院裁判理由

××市中级人民法院审理后认为，被告人徐某某因对生活不满而向被害人泄愤，故意非法剥夺他人生命，致一人死亡，其行为已触犯《中华人民共和国刑法》第二百三十二条的规定，构成故意杀人罪。徐某某故意毁坏他人财物，价值134711元，数额巨大，其行为触犯《中华人民共和国刑法》第二百七十五条之规定，构成故意毁坏财物罪。公诉机关指控罪名成立。徐某某一人犯数罪，根据《中华人民共和国刑法》第六十九条第一款的规定，应当数罪并罚。

对于辩护人提出的辩护意见，经查，徐某某到案后有坦白情节，但在庭审中推翻了之前的供述，完全否认其实施了违法犯罪行为，毫无悔罪表现，且醉酒杀人不是可以从轻处罚的情节，在严重暴力犯罪中对初犯不应考虑予以从轻处罚，虽然家属代为赔偿、家庭邻里矛盾引发的情节，但仍不足以对徐某某从轻处罚，因此，辩护人的意见不予采纳。

（二）上诉理由

2022年3月11日宣判后，上诉人徐某某不服，于同月12日向广西壮族自治区高级人民法院提出上诉，理由如下：1. 公诉机关指控的作案过程不符合事实，不排除第三人作案可能；2. 承认与王某某存在肢体冲突，对其身体造成伤害，但不至于死亡，没有打得王某某不能动弹；3. 没有使用过菜刀，对菜刀与石头的辨认，系被迫指证，公安机关诱供，没有杀人动机，没有供认不讳，没有使用石头击打王某某头部；4. 自愿认罪认罚，是初犯，没有犯罪前科，法院量刑过重，希望二审减轻处罚。

四、案件事实和证据

（一）起诉书指控的犯罪事实

徐某某十几年前经他人介绍，与王某2结婚。2020年王某2的哥哥即被害人王某某退休回老家，重新装修位于徐某某旁边的房子。徐某某看到后心理不平衡。2021年1月8日晚18时许，王某某邀徐某某到家中吃饭喝酒，酒后两人发生争吵，随后两人到徐某某家旁边的竹林继续争吵的过程中，徐某某用左脚勾住王某某，王某某站不稳双手抓住徐某某，之后两人抱摔滑倒至斜坡下，徐某某先用拳头殴打王某某，后随手捡起地上的石头，击打王某某头部，致王某某躺在地上不能动弹。徐某某将石头扔到旁边。随后，徐某某回家拿菜刀，返回现场持刀击打王某某头颈部。之后，徐某某又拿来羊角锤，持羊角锤击打王某某头部几下后，将羊角锤丢弃在旁边地上，致使王某某当场死亡。

之后，徐某某来到王某某家停放小车的铁皮棚，用大锤子和锄头打砸王某某停放在铁皮棚的两辆汽车以及水塔。后徐某某又来到王某某被打的地方，拿起地面上的羊角锤，然后进入王某某的家中打砸电磁炉、灶台、冰箱、沙发等物品。随后在点火焚烧王某某家的两辆汽车后，徐某某逃离现场。2021年1月9日，犯罪嫌疑人徐某某在××县××镇××区易地安置点附近路边，被××县公安局民警抓获。

经××县公安局物证鉴定室鉴定，王某某系因外伤造成颈部动静脉损伤、离断致失血性休克死亡。经××县价格认证中心认定，王某某被打砸烧毁的车辆及物品，共价值人民币134711元。

（二）一审判决认定的事实

判决认定的事实与指控事实一致。此外，增加认定徐某某身份事实：被告人徐某某在××省期间所使用的名字为“徐某某”，身份证号码××××，户籍地××省××市××县××屯××号，来××省与王某2结为夫妻后，2009年以“错漏补报移入”补办登记信息为“徐××”，壮族，××年×月×日出生，公民身份号码××××，户籍地和现住址为××市××县××屯××号。

（三）审查认定的事实和案件证据情况

审查认定的事实与判决认定的事实一致。

认定上述事实的证据如下：

第一方面证据，物证

物证照片（摘自卷3P131）

证明：上诉人徐某某作案时使用的工具为木柄锤子一把、铁柄羊角锤两把、石头一个、菜刀一把、打火机一个。

第二方面证据，书证

第一组书证：证明案件来源

1. 受案登记表、立案决定书、立案告知书（广西××县公安局刑事侦查大队、广西××县公安局出具，摘自卷1P1—4）

证明：本案由王某1于2021年1月9日9时7分报案，广西××县公安局同日对王某某被害案立案侦查。

2. 抓获经过（广西××县公安局出具，摘自卷2P1）

证明：2021年1月9日晚上，××县公安局民警在××县××易地安置点的路边将正在外逃的徐某某抓获归案。

第二组书证：证明上诉人的基本情况

3. 户籍信息（××县公安局出具，摘自卷3P159—160）、情况说明（××县公安局出具，摘自卷3P156）、前科调查情况说明（××县公安局出具，摘自卷3P157）、社会调查表（××县村民委员会、××县公安局平班派出所出具，摘自卷2P179）

证明：上诉人徐某某，曾用名徐××，作案时已成年，无犯罪前科。

第三组书证：证明被害人基本情况

4. 户籍证明、死亡注销单（摘自卷3P158—159）

证明：被害人王某某，男，19××年×月×日出生，于20××年×月×日死亡。

第四组书证：证明被损坏物品价值

5. 价格认定结论书（摘自卷1P38）

证明：徐某某打砸烧毁王某某家中五菱宏光面包车一辆、广汽传祺汽车一辆、水塔一个、实木沙发一套、电烤炉一个、微波炉一个、木质电视柜一个、木质饭桌两张、冰箱一台、电视一台、吸油烟机一台、冰柜一台、电炒锅一个、男士摩托车一辆，经评估，价值人民币134711元。

第三方面证据，证人证言

1. 王某1（男，49岁，住××县××村×号）于2021年1月9日11时40分至12时57分在××县××村××（现场）所作证言（摘自卷2P48—52）

证明：2021年1月9日8时许，王某3接到韦某某电话告知王某某家的车在家里面被烧，王某1与王某3前往王某某住处，现场有帮王某某做工的工人，发现车库里的两辆小轿车已经被烧毁、房屋中家具也被打烂，大约9时许，发现王某某全身是血倒在房屋前面的山沟，发现的时候派出所的民警已经在现场了，在附近找寻王某某的时候发现徐某某家一楼大门口门把手上面有血迹。

（具体内容略，编者注）

2. 证人王某4（男，51岁，壮族，住××县××镇××小学旁）于2021年1月9日15时21分至16时20分在××县平××镇××号所作证言（摘自卷2P53—57）

证明：王某4与王某某是兄弟关系，徐某某是2002年至2003年间作为上门女婿与其妹妹结婚。王某某今天被他人杀害了，怀疑是其妹夫徐某某杀害的。徐某某有点极端，也没有跟哪个人关系很好，跟妹妹王某2常年关系不好，时常骂架，但是没有发生肢体上的冲突。

（具体内容略，编者注）

3. 证人黄某某（男，50岁，壮族，住××县××村××号）于2020年1月9日17时15分至18时20分在广西××县××村所作证言（摘自卷2P59—62）、证人黄某1（男，64岁，壮族，住××县××村××号）于2020年1月9日16时07分至17时34分在××县××村××屯所作证言（摘自卷2P81—84）

证明：王某某去世前曾叫黄某某、黄某1到其家做工，黄某某、黄某1发案前一晚和王某某及徐某某一起吃饭。吃饭期间王某某和徐某某没有发生矛盾。

4. 证人韦某某（男，47岁，壮族，住××县××村××屯××号）于2021年1月9日18时30分至19时20分在××县××村××屯所作证言（摘自卷2P64—67）

证明：韦某某因需购买山羊，1月9日前往徐某某家中取货，听说王某某死在徐某某家房子左手边的坡下，王某某家车库的两部小车已经被烧坏，还冒着烟，徐某某房子里面也烧了。

5. 证人黄某某（女，59岁，壮族，住××县××院）于2021年1月9日20时39分至21时39分在××县××村××屯所作证言（摘自卷2P69—73）

证明：黄某某与王某某系夫妻关系，2021年1月9日今天上午9时许，王某某被人发现死在老家房子下面的山沟里，老家房子旁边用铁皮棚搭建的车库里被火烧黑了，停在车库里面的两辆车也被烧毁。徐某某平时因王某某过得比自己好而心生不满。

6. 证人王某2（女，19岁，壮族，住××县××村××屯××号）于2020年1月9日20时00分至22时17分在××县××村××屯所作证言（摘自卷2P75）

证明：王某2与徐某某系夫妻关系，二人夫妻关系不和睦，徐某某平时脾气不好，偶有暴力行为，曾被其用木棒打、掐脖子，王某2害怕就外出打工了，平时都不回家。

7. 张某某（男，87岁，住××省××镇××村××组××号）于2020年3月10日11时30分至12时00分在××省××县××镇××村××组××号所作证言（摘自卷2P85—89）

证明：徐某某是张某某的干儿子，汉族，户籍地是××省××县××镇××村，徐某某的父亲、母亲已去世，徐某某的亲姐姐是徐某1、同母异父的姐姐是熊某某，徐某某在四川老家居住期间没有受过刑事处罚、行政处罚或者劳动教养、收容教育、强制戒毒、收容教养的情况。

8. 证人徐某2（女，79岁，住××省××镇××村××组××号）于2020年3月10日11时30分至11时58分在××省××镇××村××组××号所作证言（摘自卷2P90—93）

证明：徐某某是徐某2侄子，他有个同父同母的姐姐徐某1，家住××镇××村；有个同母异父的姐姐熊某某，家住××县海××镇××村。徐某某在四川老家居住期间没有被公安机关处理过，至今家里只有徐某某一个人。最近一次见到徐某某是在2013年，徐某某从外地回来在徐某2家吃了一顿饭。

9. 证人熊某某（女，58岁，住××省××镇××村××组××号）于2020年3月10日10时34分至11时03分在××省××县××派出所办案区询问室所作证言（摘自卷2P94—98）

证明：熊某某同母异父的弟弟叫徐某某，身份证号码记不清楚，户籍所在地在××县××镇，徐某某一直在××省那边近七八年一直没有任何联系，在老家期间没有被公安机关处罚。

10. 证人张某某（男，56岁，住××省××镇××村××组××号）于2020年3月10日9时28分至9时59分在××省××县××派出所办案区询问室所作证言（摘自卷2P99—103）

证明：张某某与徐某某之间是表兄弟的关系，没有矛盾纠纷。徐某某，年龄48岁，出生年月是1973年腊月初六或者初七，汉族，初中文化，户籍所在地在××县××镇××村××组，他的户籍上只有他一个人，但现在徐某某的户籍是否还在××县××镇××村或者户口上有几人不清楚。最近的一次见到徐某某是在2013年3月份的时候，与徐某某聊了几句，一起吃了顿饭。

第四方面证据，上诉人的供述与辩解

证明：徐某某是王某某的妹夫（上门女婿），徐某某与王某2夫妻关系不和谐，不满王某某生活比其优越，心里有积怨。2021年1月8日晚上8点左右，徐某某、王某某站在徐某某房屋旁的水池旁聊饲养的鸡死亡的事情，徐某某勾住王某某的脚，两个人滚落至竹林下面的小山沟，徐某某用拳头击打王某某头部、双手掐脖子，并使用石头击打王某某头部至头部流血。之后使用锤子、锄头等工具打砸王某某的房屋及物品、车辆，担心王某某没有死亡，又使用羊角锤击打王某某头部，使用过菜刀击打王某某。确认死后，徐某某又拿起铁锤来打两部小车的全部玻璃，想给王某某家造成更大的伤害，把饭桌、灶台、冰箱、抽油烟机，地板，墙壁的瓷砖都打砸，完了之后又进到客厅里面把客厅里面的家具都打砸，除了一两个柜子和箱子没有打，其他的都打砸，并点燃了车辆。整个作案过程只有徐某某一人参与。

（具体内容略，编者注）

第五方面证据，鉴定意见

1. ×公物鉴（理化）字（20××）××号（鉴定时间：2021年1月19日，摘自卷1P15—17）

证明：经对送检的王某某尸体胃组织及内容物、肝组织进行检验，均未检出阿普唑仑、三唑仑、安定、舒乐安定、速可眠、苯巴比妥、巴比妥。

2. ××公物鉴（法物）字（20××）××号（鉴定时间：2021年1月18日，摘自卷1P18—30）

证明：徐某某房间床上的菜刀（编号为03202132－5号，以下简写）、增某家车库地面上的木柄铁锤（9号）、王某某尸体旁的石头（15号）、王某某尸体上的衣服（21号）、王某某尸体头部下的血迹（22号）、王某某尸体脚旁的血迹（23号）、徐某某家水池旁沾血的树叶（25号）、徐某某身上的衣服（26号）、徐某某身上的鞋子（28号）与死者王某某心脏血（1号）似然率为1.48×10^{21}。

送检的徐某某家门板上的血迹（18号）、徐某某家门把手上的血迹（19号）、王某某家堂屋衣架前地面上的血迹（－20号）中检出男性人血，与嫌疑人徐某某血样（2号）在D8S1179等15个基因座基因型相同，其似然率1.48×10^{20}。

送检的徐某某身上的裤子（03202132－27号）中检出混合基因型，包含王某某、徐某某的DNA分型。

送检的车库内的弯刀1（6号）、车库内的弯刀2（7号）、车库内的弯刀3（8号）、王某某家车库里传奇轿车副驾驶位置的大铁锤（10号）、王某某家楼梯下杂物间的弯刀（11号）、徐某某家杂物房水缸上的弯刀

(12号)、垃圾堆里的木棍(03202132－13号)、桂L7A×××号汽车尾箱的锄头(03202132－14号)、徐某某儿子房间床架上的铁锤(03202132－16号)、徐某某家一楼沙发下的铁锤(03202132－17号)、王某某尸体旁草堆上的衣服(03202132－24号)、斜坡草堆上的袖套(03202132－29号)未检出人血。

送检的死者王某某的心脏血(03202132－1号)所属男性个体与王某5(03202132－4号)的DNA分型符合单亲遗传关系，亲权指数为9.28×10^5。

3. ××公物鉴(尸检)字(20××)1号(鉴定时间：2021年1月9日，鉴定地点：王某某家房子下面田边水池旁)

证明：王某某系因外伤造成颈部动静脉损伤、离断致失血性休克死亡。

第六方面证据，勘验、检查、辨认、侦查实验等笔录

1. 现场勘验检查笔录、提取痕迹、物证登记表、现场方位、平面示意图、现场照片(摘自卷3P1—101)

证明：中心现场的位置及提取到的物证痕迹情况。

2. 辨认笔录

(1) 徐某某对人的辨认笔录(摘自卷2P104—107)

证明：徐某某辨认出王某某。

(2) 徐某某对现场的辨认笔录(摘自卷2P108—155)

证明：徐某某辨认出××县××村××屯一栋两层自建房就是王某某的房子；对其打砸王某某家厨房门口、厨房内的冰柜、吸油烟机、木制四角方形饭桌、厨房开进进出客厅墙壁、厨房灶台边、客厅进门左手边的墙角的冰箱、客厅进门左手边的地板、客厅神台左下方电视柜、客厅进门右手边实木沙发、客厅神台右下方微波炉、客厅神台正前方客厅饭桌等位置进行了辨认；辨认了其用锤子打砸并烧毁的传祺牌轿车、副驾驶车门、车盖前、前车窗、轿车副驾驶车门下放松枝的位置；辨认了其用锤子打砸并烧毁的一辆被烧毁五菱宏光面包车、锤子击打过的副驾驶车门、车尾箱；辨认出五菱宏光面包车车尾箱是其用锄头击打王某某汽车后，将锄头丢弃的位置；辨认其用大锤打砸被害人王某某家汽车后锤头丢弃的位置；辨认其用锄头打砸被害人王某某家车库水

塔的位置；辨认出王某某家车库卫生间墙角是其打砸王某某家物品时取锤子的位置；王某某家车库水塔边是烧毁汽车使用的松枝所在的位置。

徐某某辨认出××县××村××屯××号徐某某家二楼客厅地板上的铁锤是其打砸王某某家汽车所使用大锤子锤柄；徐某某家二楼右边的房间是其打砸儿子王某6床铺及放火焚烧房间的位置；徐某某家一楼进门左手边地建房间是徐某某焚烧自己床铺的位置；徐某某家厨房灶台边是拿松枝的位置；徐某某家水池边的竹林下是其和被害人王某某开始发生争执时双方站的位置；徐某某家水池约30米远的草地上，是其和被害人王某某相互厮打后滚落山沟时所在的位置；离徐某某家水池约50米远的小山沟是其杀害王某某时双方所在的位置。

(3) 徐某某对作案工具等物品的辨认及情况说明（摘自卷2P156—178）

证明：徐某某辨认出其作案时用来拍打王某某的菜刀、击打王某某的石头、击打王某某的锤子，其烧毁的个人身份证、银行卡、手机及手机盒子。徐某某对其逃跑时携带的现金、钥匙、一包食盐、两个打火机、卷尺、糖果3颗、皮带进行了辨认，指出绿色打火机是其焚烧王某某家中物品时使用的打火机。

(4) 张某某、熊某某的辨认笔录（摘自卷2P180—187）

证明：张某某、熊某某辨认出徐某某。

五、需要说明的问题

1. 关于徐某某是否被刑讯逼供的分析。徐某某在二审期间辩解称其在侦查阶段没有如实供述，但未提出被刑讯逼供，其辩解属于不想承认既往口供类型。经对同步录音录像进行审查及对辨认现场视频进行审查，徐某某在侦查阶段的供述属于自发性表述，未发现有诱导发问和提示性讯问，且其在侦查阶段的有罪供述与辨认现场时口述的作案过程、工具拿取位置等细节相吻合，徐某某供述的逃跑时乘坐的交通工具及其逃跑时携带的物品有车辆视频监控、人身搜查笔录相印证，如食盐一包，徐某某在乘坐车辆掏钱时从裤子口袋亦一并掏出了食盐一包。虽然徐某某归案时的照片显示其额头有类似红肿伤，但其在侦查机关的供述及辨认现场时均表述是其被抓捕时擦到地面造成，其逃跑时乘坐车辆的监控视频亦证明当时额头无伤。承办人在二审阶段讯问时向上诉人核实了上述细节，徐某某称其额头上的伤系被抓捕时蹭到地面造成，侦查人员未对其进行刑讯逼供。综上，经初查，未发现侦查人员在讯问过程中有刑讯逼供行为。

2. 关于徐某某的身份信息是否影响案件认定的分析。上诉人徐某某登记在册的个人信息中存在重复登记的情形，其在四川的户口尚未注销，姓名为徐某某，因在广西结婚，另行入户登记为徐某某，上述细节有相应的证人证言、辨认笔录及户籍资料予以证明，不存在影响定罪量刑的年龄难以认定的情形，不影响案件的办理。

六、承办人意见

（一）一审判决认定犯罪事实清楚，证据确实、充分

上诉人徐某某因心理失衡，使用暴力杀害王某某、毁坏王某某财物的事实已查清。

1. 徐某某使用暴力杀害王某某，导致王某某死亡的犯罪事实已查清，证据确实、充分。

（1）徐某某无自动投案情节，本案系他人报案案发。受案登记表、立案决定书、抓获经过等书证证明本案系王某1报案、徐某某无自动投案情节。

（2）徐某某作案动机已查清，且有证据印证。徐某某供述其入赘后与妻子关系不和睦、生活状况不佳，妻舅王某某生活条件好，心理失衡，一直想找机会打砸妻舅家房子车子在杀人后一走了之，其关于与妻子关系不佳的供述与王某2、王某1等证人的证言相印证，从现场照片中徐某某、王某某的住房、用车情况比较，确实双方生活有较大差异，徐某某供述的作案动机符合现实情况。

（3）徐某某使用锤子、石头等工具杀害王某某的事实已查清。户籍证明、证人证言、鉴定意见等能够证明徐某某、王某某的身份情况。徐某某在侦查阶段共有七份有罪供述，虽然笔录之间对于作案时先后使用的作案工具和打砸顺序之间有差异，但稳定地供述了作案动机、击打部位被损害会造成的后果的认知及其具体作案过程。徐某某的供述及其辨认现场时口述的作案经过、使用的工具及击打王某某时的语言与其辨认现场时口述作案过程及演示的击打动作、部位相印证，供述的作案位置特点与现场勘查笔录证明的现场环境相符，相应的作案工具拿取或丢弃的位置均与现场勘查笔录相印证，且能在对应位置提取到对应的作案工具及物证痕迹，且徐某某对使用的工具进行了辨认。徐某某供述的击打部位及作案工具亦与尸体鉴定意见证明的致死原因及致死工具相印证。上述证据能够综合证明徐某某使用锤子、石头等工具对王某某要害部位进行加害，造成王某某死亡的事实。

综上，本案证据来源合法，取证程序符合法律规定，据以定案的证据与被证明的案件事实之间具有客观性、关联性，已形成闭合的排他性证据链条，足以证明徐某某故意杀人的犯罪事实，且证据确实、充分。

2. 徐某某故意毁坏王某某财物的犯罪事实已查清，证据确实、充分。

上诉人在侦查阶段的稳定供述证明其在击打被害人王某某后使用锤子、锄头等工具打砸车辆、房屋内的餐桌、电器、墙壁等物品，被砸物品的情况与现场勘查笔录及照片所反映的被砸物品位置、破损程度等细节与徐某某供述的相印证，徐某某供述的打砸车辆后将锤子、锄头丢弃的位置与锤子、锄头被侦查人员提取的位置相一致，与徐某某辨认现场时辨认的位置及物品相印证，徐某某供述其使用打火机、松木枝叶焚烧车辆的事实有现场勘验笔录及照片、辨认现场笔录及视频、辨认打火机笔录等予以印证，价值评估意见证明被损毁物品价值134711元。

综上，上述证据来源合法，取证程序符合法律规定，据以定案的证据与被证明的案件事实之间具有客观性、关联性，已形成闭合的排他性证据链条，足以证明徐某某故意毁坏财物的犯罪事实，且证据确实、充分。

（二）一审判决适用法律正确，定性准确，量刑适当

1. 上诉人徐某某的行为构成故意杀人罪

根据《中华人民共和国刑法》第二百三十二条之规定，故意非法剥夺他人生命的行为构成故意杀人罪。

首先，徐某某作案时已成年，具备刑事责任能力，符合故意杀人罪的主体要件。

其次，徐某某具有杀人的直接故意。徐某某供述头部是一个人最致命的部位，打那个部位容易死人，在这种认知下，其采取拳头击打王某某头部、双手掐脖、石头击打头部的方式对被害人的要害部位进行侵害，在此种情况下，徐某某并未停止侵害行为，而是认为“如果他没有死医治肯定花去很多钱，我也没有钱医，就怕他活过来，反过来打我……”，又相继使用刀子、羊角锤击打被害人头面部，确定打死才停手。对于使用不同工具击打的原因，徐某某供述是为了要打死王某某。由此可见，徐某某主观上能够明确认知到侵害他人要害部位会造成他人死亡的后果，却使用不同工具击打要害部位，其主观上是积极追求他人死亡的直接故意。

最后，徐某某客观上实施了暴力杀人的行为，非法剥夺被害人生命，并导致了一人死亡的结果，侵犯了王某某的生命权。徐某某使用石头、刀具、羊角锤等工具击打王某某要害部位，徐某某击打的位置、使用的刀具特征等与尸体鉴定意见证明的“被害人头部、颈部的伤口多达十余处，左颈部9cm×7cm范围内见多个条状创口，在颈椎骨创处可见颈静脉血管断端及一节离断颈静脉”的伤势分布、致死原因、致死工具等能够相印证，徐某某的加害行为与王某某的死亡之间具备刑法上的因果关联性。

因此，上诉人徐某某在追求他人死亡的犯意支配下使用石头、刀具、锤子等工具对王某某要害部位实施侵害，造成王某某死亡的行为构成故意杀人罪，应当以故意杀人罪定罪处罚。

2. 上诉人徐某某的行为构成故意毁坏财物罪

根据《中华人民共和国刑法》第二百七十五条之规定，故意毁坏他人财物的，数额较大或有其他严重情节的，构成故意毁坏财物罪。

首先，徐某某作案时已成年，具备完全刑事责任能力，符合该罪的主体要件。

其次，徐某某主观上具有毁坏他人财物的直接故意。徐某某供述他对于妻舅家经济条件优越心生不满，想着反正把人打死了，没有机会了，觉得车辆属于不义之财，就使用锤子、锄头等工具打砸车辆，又对王某某房屋内的物品、墙壁、地面等进行打砸，仍不觉得泄愤，使用松枝助燃，将两辆汽车焚毁，可见其主观是积极追求损毁他人财物的直接故意。

最后，徐某某实施的行为损害了他人的财产权益，侵害行为与损害结果之间存在刑法上的因果关联。徐某某供述的打砸过程、工具拿取及丢弃的部位与车辆、房屋物品损毁的现场照片特征等证据材料相符，能够证明是徐某某实施的加害行为导致财物损毁，且价值评估意见证明上述物品价值134711元，已达刑事立案标准。

因此，徐某某在使用暴力击打王某某要害部位后，使用锤子、锄头等工具打砸王某某财物并烧毁汽车的行为，构成故意毁坏财物罪。

3. 上诉人徐某某一人犯数罪，应当数罪并罚

徐某某故意毁坏财物的行为属于另起犯意，不是前一犯罪行为的延续，主观故意内容已超出侵害他人生命的范围，是毁坏财物的犯意，所实施的暴力打砸车辆、厨房用品等行为是在毁坏财物的犯罪支配下所实行，所保护的法益由侵犯人身权利向侵犯财产权益转变，是独立的犯罪行为，应当单独定罪。徐某某一人犯数罪，依据《中华人民共和国刑法》第六十九条之规定，应当数罪并罚。

4. 一审法院量刑适当

根据《中华人民共和国刑法》第二百三十二条之规定，故意杀人的，处死刑、无期徒刑或者十年以上有期徒刑，徐某某故意杀害王某某并致其死亡，依法应处死刑。

根据《中华人民共和国刑法》第二百七十五条之规定，故意毁坏公私财物数额巨大或者有其他特别严重情节的，处三年以上七年以下有期徒刑。本案中，徐某某毁坏的财物价值134711元，数额巨大，应处三年以上七年以下有期徒刑。

徐某某作案时逃离案发现场，无主动投案情节，其归案后在侦查阶段如实供述其犯罪事实，依据《中华人民共和国刑法》第六十七条之规定，属于坦白，依法可以从轻处罚。徐某某与被害人王某某系姻亲关系，二人居住地邻近，从徐某某的自书材料（法院诉讼卷）及讯问笔录可以证明二人并无较大积怨，且徐某某自述王某某待其较好，但是不满意二

人生活条件的差异，产生杀人意图的作案动机卑劣，作案时未因二人之间是姻亲、邻里关系而向善处理扭曲的心理，反而变换作案工具积极追求死亡结果，手段残忍，在杀害王某某后仍肆意泄愤，使用工具打砸房屋、屋内物品、汽车，更甚于纵火烧毁车辆，基于上述情节，承办人认为不宜对其从轻处罚。因此，一审法院综合其犯罪情节、认罪悔罪态度，对其判处死刑，剥夺政治权利终身的量刑意见适当。

（三）一审审判程序合法

承办人经查阅并审查一审全部庭审卷宗，一审审判活动均依照法律规定程序进行，审判程序合法。

（四）上诉人的上诉理由不能成立

第一，上诉人提出公安机关说其杀害王某某、供认不讳不属实，其没有使用石头击打王某某。经对徐某某归案后的笔录及其同步录音录像、辨认现场同步录音录像等证据材料进行审查，侦查人员在讯问前告知了其在侦查阶段享有的权利与义务、明确告知讯问过程进行录音录像，向其了解能否听清、理解侦查人员问话的内容，亦出示了工作证件。整个讯问过程中徐某某为自发性回答，应答切题，神情自然，未发现侦查人员有刑讯逼供行为，对于徐某某额头的伤，第一次讯问笔录及其徐某某辨认现场的录音录像均表示是其在被抓捕时，个人不小心蹭到地面造成。同时，徐某某在辨认现场时，自发性地对作案动机、心理状态变化及整个作案过程进行了描述，侦查人员无诱导行为，徐某某对相关地点和拿作案工具的地点也均是按照作案过程的先后进行辨认，在对杀害王某某的地点进行辨认时，指认了拿石头、锤子的地点，并演示了使用石头、锤子击打王某某的动作及其语言。因此，徐某某在侦查阶段供述了作案过程，其在二审阶段否认使用石头击打、在侦查阶段未供述犯罪事实与事实不符，无证据支撑，也未能作出合理解释，应当继续采信其在侦查阶段所作的供述。

第二，上诉人提出其虽然与王某某发生了肢体冲突，但不至于死亡，其在作案过程中未使用刀具，不排除第三人作案的可能性。根据徐某某的供述及其在案其他证据（证据部分已论证）能够证明徐某某使用石头、锤子、刀具击打王某某头部的事实，虽然徐某某供述中只承认使用刀具拍头部，未供述使用刀具对颈部实施加害的行为，但是在案证据能够排除第三人作案的可能性。鉴定意见证明在徐某某衣服、鞋子、徐某某房间床上菜刀血迹检测到被害人王某某的DNA，在徐某某裤子提取到徐某某、王某某二人混合基因，由此印证徐某某供述及其辨认现场时演示的作案工具时其姿势、击打部位及其肢体接触部位的真实性，符合点滴状血迹着物特征，且在徐某某房屋大门门板、门把手检测到的擦状血迹能够印证其供述的加害王某某后返回房屋取工具和打砸的时间轴特点，也印证了其供述的真实性。因此，徐某某现阶段的辩解并无事实、证据支撑，也不能作出翻供的合理解释，应当采信其在侦查阶段的有罪供述。

第三，上诉人提出原审量刑过重的上诉理由不成立。该部分已在量刑部分进行论证，不再赘述。需要说明的是辩护人提出徐某某女儿尚未成年，希望二审法院能够从轻处罚的依据并不充分。经向徐某某及其妻子王某2核实，二人共同孕育的子女日常主要由王某2照顾，徐某某与女儿相处时间少，聚少离多，抚养费用主要由王某2支出，且徐某某在一审庭审阶段至今认罪悔罪态度不佳，因此，不能仅以此作为从轻处罚的理由。

（五）处理意见

综上所述，承办人认为，一审判决认定上诉人徐某某犯故意杀人罪、故意毁坏财物罪的犯罪事实清楚，证据确实、充分，适用法律正确，定性准确，量刑适当，审判程序合法，上诉人的上诉理由不成立。根据《中华人民共和国刑事诉讼法》第二百三十六条第一款第（一）项的规定，建议二审法院裁定驳回上诉人的上诉，维持原判。

检　察　官：郑俊婷
检察官助理：林　洋
2022年5月13日

范例五：辽宁省辽阳市宏伟区人民检察院张某某虚假诉讼案发回重审案件审查报告

辽宁省辽阳市宏伟区人民检察院

发回重审案件审查报告*

收案时间：2023年9月20日

侦查机关：××市××公安局

移送单位：××市××公安局

移送案由：虚假诉讼罪

犯罪嫌疑人：张某某

侦查机关承办人：张×、詹×、宋大× 联系电话××××

第一检察部承办人：王洋、姚婷婷

承办人意见：张某某的行为构成虚假诉讼罪，依法出席法庭支持公诉。

本案系××市中级人民法院以（2023）辽××刑终××号刑事裁定书裁定发回重审的原审被告人张某某虚假诉讼罪一案，××区人民法院于2023年9月20日通知我院阅卷，承办人审查了卷宗材料，复核了相关证据，现已审查完毕，汇报如下：

一、犯罪嫌疑人及其他诉讼参与人的基本情况

1. 犯罪嫌疑人张某某，男，1960年××月××日出生，公民身份号码××××，汉族，小学文化，无固定职业，户籍所在地××省××市××区，捕前住××省××市××区××路××号，因涉嫌虚假诉讼罪，于2021年10月25日被××公安局刑事拘留，经××人民检察院批准，于2021年11月5日被××公安局执行逮捕。现羁押于××市看守所。

2. 辩护人张××，辽宁××律师事务所律师，联系电话××××。

3. 被害人刘某1，男，现住址××市××××镇，身份证号码××××，

---

* 此文书为发回重审案件审查报告，收入时有删改。

联系方式××××。

被害人刘某，女，现住××市××区××小区，身份证号码××××，联系方式××××。

二、发、破案经过

2020年11月9日，被害人刘某1到××公安局报案。2021年9月30日，××人民检察院向××公安局发出《通知立案书》，2021年9月27日，××公安局出具不立案理由情况说明。2021年9月30日，××人民检察院向××公安局发出《通知立案书》。2021年9月30日，××公安局立案。2021年10月25日，张某某被传唤到案。

三、侦查机关认定的犯罪事实与意见

移送机关认定：2017年4月17日，犯罪嫌疑人张某某使用捏造的两张《借条》及一张《承诺书》，以与刘某2（已死亡）存在民间借贷纠纷作为虚假诉讼请求，将刘某2的子女被害人刘某1、刘某起诉到××人民法院，所谋金额550万元，造成报案人刘某1司法拘留15日，失去人身自由，且个人财产被法院查封已进入评估阶段，严重妨害司法秩序，侵害刘某1合法权益。

移送机关处理意见：张某某行为已触犯《中华人民共和国刑法》第三百零七条之规定，涉嫌虚假诉讼罪。

四、相关当事人、诉讼参与人的意见

（一）被害人意见：2023年11月9日，电话分别听取被害人刘某1、刘某的意见，要求依法追究张某某的刑事责任。

（二）辩护人意见：2023年11月9日，电话听取辩护人意见，因犯罪嫌疑人不认罪，对鉴定意见有异议，其尊重犯罪嫌疑人意见。

五、审查认定的事实、证据及分析

（一）经审查认定的事实

1994年至1995年，刘某2为××钢铁有限公司施工建设厂房，双方商议用该公司在××镇购买的土地抵顶刘某2工程款，后刘某2以该公司名义办理该土地手续。2007年，××政府对该地进行规划、动迁。2008年6月3日，刘某2与××拆迁服务中心就拆迁××度假村一事进行协商。2011年六七月份，犯罪嫌疑人张某某通过朋友认识何某某。

2012年三四月份，张某某通过何某某、秦某某认识刘某2。其间，张某某得知刘某2尚有动迁款未得到补偿，主动表明认识相关人员可以帮其要动迁款，并声称直接向××政府为刘某2索要动迁款没有借口，需要假称刘某2欠其钱，便于向××政府索要动迁款。秦某某替刘某2给张某某写了两张假《借条》，一张假《承诺书》，并签了刘某2名字。后刘某2三次给张某某共计25万元，作为索要动迁款活动经费，但动迁款一直未支付。××市××区××镇人民政府于2016年10月11日召开信访联席会议，确定给予刘某2及××钢铁有限公司补偿款××元。刘某2于2015年10月17日因病死亡，后动迁款支付到刘某2子女被害人刘某1、刘某名下。2016年12月，张某某得知动迁款拨付后，伙同何某某找刘某1索要好处费。2017年1月，刘某1支付给张某某5万元。

2017年4月17日，张某某以两张《借条》及一张《承诺书》，以与刘某2存在民间借贷纠纷作为虚假诉讼请求，将刘某2的子女被害人刘某1、刘某起诉到××人民法院。并找到何某某、唐某某、顾某等人作伪证，承诺给以上人员好处。2020年1月17日，××人民法院一审判决［（××）辽××民初××号］刘某1、刘某于本判决生效后10日内偿还原告张某某借款550万元及利息。刘某1、刘某上诉。2020年11月19日，××市中级人民法院二审判决［（××）辽××民终××号］撤销××市××人民法院（××）辽××民初××号民事判决；刘某1、刘某在继承刘某2遗产范围内偿还张某某借款本金445万元及利息。2021年2月，刘某1、刘某二人申请××省高法对该案再审。××法院于2017年6月23日民事裁定对沈某某、刘某1所有的房屋、车辆予以查封；对沈某某、刘某1的银行存款予以冻结。刘某1于2021年4月28日因拒不履行法院民事生效判决被××法院拘留十五日。2021年10月8日，××省高法以（××）辽民申××号民事裁定书裁定“本案由本院提审，再审期间，中止原判决执行”。2021年6月11日，××市公安司法鉴定中心出具两份鉴定意见：两张《借条》、一张《承诺书》中的“刘某2”疑似签名字迹不是刘某2本人书写，是秦某某本人书写。

针对犯罪嫌疑人在二审阶段提交的两张《借条》、一张《承诺书》原件，发回重审期间，××市公安司法鉴定中心出具两份鉴定意见：三张检材（两张《借条》、一张《承诺书》）上落款处“刘某2”疑似签名字迹不是刘某2本人书写，三张检材（两张《借条》、一张《承诺书》）上所有字迹是秦某某本人书写。

（二）本案证据情况及分析

1. 书证

第一组书证：证明案件来源

(1) 受案登记表、通知立案书、立案决定书、案件来源、归案经过（摘自证据卷二1页、7—8页、13—14页）

证明：本案系刘某1于2020年11月9日报案。2021年9月24日，××检察院向××公安局发送要求说明不立案理由通知书。2021年9月27日，××公安局出具不立案理由情况说明。2021年9月30日，××检察院向××公安局发送《通知立案书》。2021年9月30日，××公安局立案侦查。2021年10月25日，张某某被传唤到案。

（具体内容略，编者注）

(2) 报案材料（摘自证据卷二123页）

证明：刘某1、刘某于2020年11月9日向公安机关报案要求追究被举报人张某某刑事责任。

（具体内容略，编者注）

(3) 关于张某某诉刘某1、刘某民间借贷案涉嫌虚假诉讼通报函、复函（摘自证据卷二118—121页）

证明：××公安局于2021年6月28日、6月29日分别向××人民法院、××市中级人民法院、××省高级人民法院发送《关于张某某诉刘某1、刘某民间借贷案涉嫌虚假诉讼通报函》：张某某诉刘某1、刘某民间借贷一案，现已发生法律效力。经过对张某某向法院提交的刘某2签字的两张借条和一张承诺书笔迹文检鉴定，刘某2签字的两张借条和一张承诺书不是刘某2本人书写，是秦某某书写。

（具体内容略，编者注）

××市中级人民法院于2021年7月5日复函：张某某诉刘某1、刘某民事借贷纠纷一案，现尚在再审审查程序中。待上级院作出裁判结果后，再行开展下一步工作。

（具体内容略，编者注）

第二组书证：证明犯罪嫌疑人的基本情况

（4）个人档案（摘自证据卷二15页）

证明：犯罪嫌疑人张某某的身份信息，身份证号××××，符合本罪主体构成要件。

（5）证明（摘自证据卷二92页）

证明：××市公安局××分局××派出所2021年12月22日出具证明，犯罪嫌疑人张某某2021年之前无犯罪记录。

（6）××市××区人民民事判决书（摘自证据卷二239—255页，263页）

证明：张某某没有出借钱款的能力。其作为犯罪嫌疑人与其他人有多起债务纠纷。××市××建筑工程公司法定代表人系孙某某，不是张某某。

（具体内容略，编者注）

第三组书证：证明民事诉讼基本情况

（7）接受证据材料清单（摘自证据卷二122、146页）

证明：刘某1于2020年11月9日向××公安局提供证据材料：报案材料一份，何某某证明材料一份，秦某某证明材料一份，借条二份，承诺书一份，民事判决书一份，刘某2本人签名材料三份，光盘二张（何某某及秦某某宣读证明材料视频），××市中级人民法院判决书复印件一份。

（8）张某某起诉刘某1一审、二审卷宗、××人民法院民事判决书、××市中级人民法院民事判决书、××省高级人民法院民事裁定书（摘自证据卷二131—135页、147—153页、证据卷二154页、证据卷三、卷四）

证明：××人民法院民事判决：刘某1、刘某于本判决生效后10日内偿还原告张某某借款550万元及利息。刘某1、刘某互负连带清偿责任。驳回原告张某某的其他诉讼请求。

××市中级人民法院民事判决：撤销××市××人民法院（××）辽××民初××号民事判决；刘某1、刘某在继承刘某2遗产范围内偿还张某某借款本金445万元及利息；驳回张某某的其他诉讼请求。

2021年10月8日××省高级人民法院民事裁定：刘某1、刘某的再审申请符合《中华人民共和国民事诉讼法》第二百条第二项、第六项规定的情形。裁定本案由本院提审，再审期间，中止原判决的执行。

（具体内容略，编者注）

第四组书证：证明虚假诉讼情况

（9）证实材料2份、声明（摘自证据卷二124—130页）

证明：何某某、秦某某均证实刘某2是通过何某某和秦某某2012年、2013年左右认识的张某某，之前不认识，欠条是为了张某某帮助要动迁补偿款找理由，并没有欠张某某钱。唐某某是在张某某的授意、诱惑、胁迫下写的证明，为了吓唬刘某1，唐某某不认识刘某2，不知道他俩有借贷关系。

（具体内容略，编者注）

（10）借条复印件两份，承诺书复印件一份（摘自证据卷二136—138页）

证明：张某某为帮助刘某2索要动迁款，假称张某某与刘某2存在借贷关系，由秦某某书写的“借款人”为刘某2的两份借条、一份承诺书。

（具体内容略，编者注）

（11）调取证据通知书，协议书复印件、意向书复印件、连建协议书复印件、委托书复印件、××土地转让材料、转账凭证、汇票委托书、付款凭证、批款单（摘自证据卷二139—145页、230—238页、补侦卷58—63页、64—78页）

证明：1995年3月20日，甲方××海滨浴场将××海滨浴场坐落于××沙滩转让乙方××钢铁有限公司，转让价格18万元。2008年6月3日，××度假村房主刘某2和××拆迁服务中心就拆迁××××度假村一事进行了协商。

（具体内容略，编者注）

（12）××征地补偿相关材料（摘自证据卷五2—74页）

证明：××市××区××镇人民政府对××钢铁有限公司、刘某2所有的房屋建筑物及地上附着物进行评估价值为人民币××××元。刘某2于2015年10月17日因糖尿病综合征死亡。

（具体内容略，编者注）

(13) ××宾馆工商档案、××钢铁有限公司工商档案(摘自证据卷五75—228页)

证明:××宾馆申请开业登记日期为1995年9月12日,张某某称1993年在××宾馆签订借条为虚构。××钢铁有限公司登记注册、变更登记等情况。

(具体内容略,编者注)

(14) 情况说明(摘自补侦卷45—49页、51—52页)

证明:××公安局出具,张某某与秦某某在2012年1月1日至2017年12月31日期间的通话记录无法调取。张某某持有的1992年2月6日借条,该借条下标注“53614-94-10”是否代表该纸张1994年生产,针对该问题,走访印刷厂老职工,称九几年对印刷品管理严格,要求印刷品要标注编码及生产年月,“53614”是印刷厂的编码;“94-10”是生产的年月。当时印刷品由文体局负责管理,到××文体局调取九十年代政府或国家对印刷品印刷的相关规定,但时间太长,未保存相关文件规定。张某2于2022年8月1日出具,关于其弟弟张某某与刘某2的两张借条、一张保证书未在其家找到。

(具体内容略,编者注)

(15) 关于张某某涉嫌虚假诉讼一案提供法庭所需证据材料通知书的工作报告,(发回重审阶段新调取,摘自证据卷P1)

证明:××公安局2023年11月2日提供,对两张借条一张承诺书原件进行鉴定,已鉴定完毕,详见鉴定意见两份。经与××市公安司法鉴定中心咨询,无法对纸张年份进行鉴定。

(16) 调取证据通知书,(发回重审阶段新调取,摘自证据卷P2-7)

证明:××公安局分别向××区人民法院(两张借条一张承诺书原件)、中国农业银行新世纪支行(刘某2开户取款凭证)、盖州市自然资源局(盖州市自然资源局与××钢铁有限公司签订的国有土地转让合同)、辽沈银行辽阳分行(刘某2开户信息及取款凭证)、刘某(盖州市土地管理局与刘某2签订的国有土地使用权出让合同原件)、××公证处(××公证处2014年度××证经字436号原卷宗)调取鉴定样本及检材。

第五组书证：证明虚假诉讼达到情节严重

(17) ××人民法院对刘某1司法拘留手续（摘自证据卷二256—262页）

证明：虚假诉讼的民事案件已经进入执行程序，刘某1于2021年4月28日因拒不履行法院［（××）辽××民终××号］民事生效判决被××法院拘留十五日。××法院2017年6月23日民事裁定，对沈某某、刘某1所有的房屋予以查封；轿车予以查封；银行存款予以冻结。

(具体内容略，编者注)

(18) 情况说明、邮件交寄单、××信访局的短信、信访案件登记查询、××市中级人民法院信访事件实体性受理告知书、刘某1、刘某2021年8月9日的控告信等相关上访材料（摘自补侦卷二2—11页）

证明：刘某1、刘某因民事审判上访的相关证据以及上访流程。

(具体内容略，编者注)

2. 证人证言

(1) 证人秦某某，（男，62岁，住××省××市××区××小区）共4份证言（摘自证据卷二28—40页、补侦卷18—21页）

证明：2012年三四月，张某某通过秦某某认识的刘某2。4月份的一天，在××宾馆，在场的有秦某某、刘某2及其工友和张某某及其妻子、还有何某某，当天谈完钢结构工程活后，刘某2称他在××有一片地被动迁，动迁款一直都没给，张某某说他认识相关人员，张某某说他需要找个理由帮助要钱，让刘某2打欠条，出承诺书，假称二人之间有借贷关系，刘某2当时有病手抖，秦某某帮写欠条和承诺书。刘某2没有向张某某借过钱，而且刘某2还给张某某拿钱，至少有25万元多。在张某某起诉刘某2儿子刘某1期间，张某某打电话找秦某某作假证，秦某某没有去。

(具体内容略，编者注)

(2) 证人何某某，（男，62岁，××省××市××区××路）共3份证言（摘自证据卷二46—57页）

证明：2012年三四月份，张某某通过何某某、秦某某认识刘某2。其间，张某某得知刘某2尚有动迁款未得到补偿，称自己认识相关人员可以帮其要动迁款，并说直接向××政府为刘某2索要动迁款没有借口，需要假称刘某2欠其钱，便于向××政府索要动迁款。秦某某替刘某2给张某某写了两张假《借条》，一张假《承诺书》，并签了刘某2名字。后刘某2因为得病去世了，他儿子刘某1接手跑动迁手续，2016年年末，××政府把拖欠的欠款都结清了，张某某知道后找到刘某1说当初刘某2答应钱要回来给些好处，刘某1也给了他5万元帮忙费，张某某认为给这5万元不够，就拿当时张某某和刘某2签的假欠条到××人民法院起诉刘某1。张某某让何某某、唐某某、顾某作假证实。

(具体内容略，编者注)

(3) 证人唐某某，(男，1963出生，住××省××市××区××路) 于2021年10月16日10时52分至2021年10月16日12时55分在××省××市××区唐某某办公室所作证言（摘自证据卷二61—64页)

证明：2017年二三月份，唐某某通过战友王某某认识张某某的，张某某说他在××有个工程项目，给唐某某20多个亿的工程，又和唐某某签订了合同，当时张某某让唐某某给他5万元好处费。2017年夏天，张某某多次找唐某某给他出个证，说别人欠他钱，内容是张某某告诉怎么写就怎么写的，实际是假的。

(具体内容略，编者注)

(4) 证人顾某，(女，57岁，住××省××县××镇××小区) 于2021年10月20日09时58分至2021年10月20日11时25分在××省××市××公安局办案区询问室所作证言（摘自证据卷二68—70页)

证明：2016年，顾某在××洗浴大厅认识的张某某。2019年，××法院开庭之前，张某某和何某某一起找到顾某，让顾某出庭作证，说1993年刘某2向张某某借40万元，开庭时按照张某某教的话，在法庭给作的证，后来这个官司又打到××市中院，何某某给顾某打电话说，想翻供不给张某某作证。后来张某某给顾某打了很多次电话，让其去中院作证，顾某父亲住院，就没有去。顾某给张某某出庭作伪证是因为张某某说自己是干工程的，能弄到工程，挣到钱答应给她。

(具体内容略，编者注)

(5) 证人叶某某，(男，71岁，住××省××县××镇××社区××家属楼) 共2份证言，(摘自证据卷二74—76页，补侦卷34—36页)

证明：叶某某系××钢铁有限公司原法定代表人。××钢铁有限公司成立变更经过，1993年公司成立厂房是刘某2建设的，1994年公司在××××征了一块土地，钱款由××钢铁有限公司支付，共18万元，后期因公司欠刘某2工程款，把这块土地项目给刘某2，把合同都给刘某2了。

（具体内容略，编者注）

（6）证人孙某某，（男，84岁，住××市××区××街道）于2021年12月22日12时50分至2021年12月22日13时55分在××市××区××街道孙某某家中所作证言（摘自证据卷79—81页）

证明：曾任××公司法人，1993年之后公司基本上处于停产停业，张某某不是公司员工，公司没有在××承揽工程。

（具体内容略，编者注）

（7）证人王某某，（男，58岁，住××市××县××镇××号楼）于2020年12月16日8时59分至2020年12月16日10时30分在××省××市××公安局办案中心询问室所作证言（摘自证据卷二83—86页）

证明：其2000年开始给刘某2开车。2012年的时候，王某某和刘某2通过秦某某认识的张某某，王某某开车和刘某2一起去的××宾馆谈工程，当时在房间有四五个人，有张某某还有一个叫秦某某，刘某2和张某某之间没有经济往来。

（具体内容略，编者注）

（8）证人张某，（男，33岁，住××省××市××区××街××号××单元××室）共2份证言（摘自证据卷二89—90页，补侦卷25—27页）

证明：张某某民事案件代理人，欠条原件交给张某某儿子张某了。唐某某的证明是张某某本人提供给张某以前的代理律师戴某某、郭某的，由律师送交法庭的。关于张某某称“260万元借条中，有60万元转账支票”，一审没提供，二审只是提供了两个空白的转账支票。

（具体内容略，编者注）

（9）证人张某，（男，33岁，住××省××市××区××号）于2022年07月29日16时04分至2022年07月29日16时35分在××省××市××公安局交通管理大队询问室所作证言（摘自补侦卷31—33页）

证明：张某某持有的两份“借条”、一份“承诺书”的原件，在

××省高院开完庭后，交给张某，后丢失，现在已经找不到了。唐某某的证明没有交给张某，不是张某交给法庭和律师的。

（具体内容略，编者注）

（10）证人刘某，（男，57 岁，住××省××市××县××镇××小区××号楼××单元××室）于 2022 年 8 月 9 日 14 时 08 分至 2022 年 8 月 9 日 15 时 08 分在××省××市××公安局交通管理大队询问室所作证言（摘自补侦卷 42—43 页）

证明：2012 年三四月份，陪秦某某去过一次××，听说别人有个钢结构工程项目，让秦某某帮着找人干，其中是有一个男的带了一个女的，女的比男的小 10 多岁，有一个姓何的，还有一个男的，时间太长记不住了。

（具体内容略，编者注）

3. 被害人陈述

（1）被害人刘某 1，（男，34 岁，住××省××市××县××小区××楼××单元）共 3 份陈述（摘自证据卷二 17—22 页，补侦卷 22—24 页）

证明：2017 年 4 月 17 日张某某将刘某 1、刘某 1 姐姐刘某以及刘某 1 母亲沈某某（于 2019 年 9 月 1 日去世）起诉到××人民法院，张某某称刘某 1 父亲刘某 2（于 2015 年 10 月 17 日死亡）生前向其借 550 万元用于搞工程，并向××人民法院提供了三份父亲刘某 2 生前写给他的借条，现在张某某要求刘某 1 和我姐姐刘某来承担我父亲生前的债务。刘某 1 认为张某某纯属虚假诉讼，第一，刘某 1 父亲跟张某某相识的时间与张某某拿出其父亲给他写的借条时间不符。第二，张某某拿出的 1992 年借条纸张的年代与签写时间不符。第三，刘某 2 购得××海滨浴场土地及土地上基础建设的时间与张某某欠款时间不符。2017 年 1 月，张某某带人到刘某 1 家威胁，说××土地征地款下来了，他当时帮刘某 2 找人要征地款出了不少路费，还垫了好处费，刘某 1 到××镇××宾馆给张某某拿了 5 万元现金。

（具体内容略，编者注）

（2）刘某，（女，41 岁，住××省××市××区××小区××号楼××单元），两份陈述，（摘自证据卷二 25—26 页，补侦卷 37—39 页）

证明：刘某2和张某某之间没有借贷关系。2012年5月份，刘某替刘某2给张某某转的10万元，是刘某2让张某某帮着要动迁款，给张某某的活动经费。

（具体内容略，编者注）

4. 犯罪嫌疑人张某某的供述与辩解，共7份讯问（摘自证据卷二98—117页，补侦卷6—11页，补侦卷12—17页）

证明：张某某不认罪，认为自己不构成犯罪。坚持认为自己借给刘某2人民币550万元。对公安机关提供的两份“借条”、一份“承诺书”的鉴定意见不认可。

说明：发回重审阶段检察机关办案人针对新的鉴定意见对张某某讯问，其对新的鉴定意见有异议，只相信法院委托的鉴定，不认可公安机关委托的鉴定，如果认罪认罚能判缓刑其会认罪认罚，其对起诉书认定犯罪事实仍不予认可。

（具体内容略，编者注）

5. 鉴定意见（摘自证据卷二156—229页）

（1）鉴定意见［2021年6月11日，××市公安司法鉴定中心出具（辽）公（刑技）鉴（文检）字〔××〕××号鉴定书］

证明：借条、承诺书的签字疑似签名字迹不是刘某2本人书写。

（2）鉴定意见［2021年6月15日，××市公安司法鉴定中心出具（辽）公（刑技）鉴（文检）字〔××〕××号鉴定书］

证明：借条、承诺书的“刘某2”疑似签名字迹是秦某某本人书写。

（3）鉴定意见及鉴定资质、鉴定意见通知书，（发回重审阶段新调取，摘自证据卷10—52页）

证明：2023年10月31日，××市公安司法鉴定中心（辽）公（刑技）鉴（文检）字〔××〕××号鉴定意见：三张检材（两张《借条》、一张《承诺书》）上落款处“刘某2”疑似签名字迹不是刘某2本人书写。

2023年10月31日，××市公安司法鉴定中心对（辽）公（刑技）鉴（文检）字〔××〕××号鉴定意见：三张检材（两张《借条》、一张《承诺书》）上所有字迹是秦某某本人书写。

××市公安司法鉴定中心，具备鉴定机构资格证书，独立的法人机构，法定代表人喻某，鉴定项目包括法医类鉴定、DNA鉴定、痕迹鉴定、理化鉴定、文件证件鉴定、声像资料鉴定、电子数据鉴定。

鉴定人何某某、梁某某，均经××省公安厅根据《公安机关鉴定人登记管理办法》之规定，授予鉴定人资格，鉴定项目文件证件鉴定。

以上两份鉴定意见，××公安局于2023年11月2日通知被害人刘某1、刘某及犯罪嫌疑人张某某，张某某拒绝签字。

6. 辨认笔录（摘自证据卷二41—44页）

证明：2021年12月13日，经秦某某依法辨认，指出张某某。

7. 视听资料：光盘三张

证明：何某某、秦某某宣读证明材料的情况。

六、需要说明的问题

1. 案件管辖问题

××公安局于2021年12月28日以××公（刑）诉字〔××〕××号起诉意见书将该案向××人民检察院移送审查起诉，××人民检察院将该案起诉至××人民法院，××人民法院提出回避后，经××市中级人民法院指定××区人民法院审理此案，××人民检察院于2022年6月22日将该案移送我院审查起诉。

2. 羁押必要性审查

张某某自侦查阶段到一审宣判，始终否认犯罪事实，且其有指使证人作假证的前例，容易干扰证人作证，因此需继续羁押。

3. 追诉漏罪、漏犯情况

本案在审查中，关于民事诉讼中的诉讼代理人、鉴定人及证人何某某、顾某、唐某某、秦某某等人是否存在与张某某通谋，共同实施虚假诉讼行为，要求侦查机关进一步侦查取证，侦查机关认为何某某等人的行为只是在民事诉讼中出伪证，目前关于双方通谋的证据尚达不到直接追诉标准。本案现处于发回重审阶段，待法院认定张某某有罪判决生效后，可基于判决认定情况再继续研判同案人构罪问题。

4. 依法函告相关法院

根据“两高两部”《关于进一步加强虚假诉讼犯罪惩治工作的意见》

的相关规定，本院向××法院、××市中级法院、××省高级法院分别函告本案受理情况，建议法院依照民事诉讼法的规定，对故意制造、参与虚假诉讼的民事诉讼当事人和其他诉讼参与人采取相应措施。

七、承办人意见

（一）对全案事实证据情况的意见

本案是经过一审审理后，犯罪嫌疑人上诉，因在二审阶段犯罪嫌疑人提供“借条”“承诺书”原件后，属于出现新证据，二审法院发回重审的案件。本案的书证、证人证言、被害人陈述、鉴定意见等证据，尤其是针对新证据，侦查机关根据犯罪嫌疑人提供“借条”“承诺书”原件重新委托进行鉴定，以上证据收集程序合法，内容客观真实，足以认定指控的犯罪事实。

首先，××钢铁公司用地申请、协议书、汇款凭证等书证，证实系××钢铁公司购买的土地，并且是××公司直接转款，而且协议书中的购置款数额18万元，侧面印证了在1995年并非如犯罪嫌疑人所称借款200万元去购置土地。同时，证人叶某某的证言佐证了刘某2与××钢铁公司的关系，进一步明确了刘某2没有购置土地，没有借款事由。其次，证人何某某、唐某某、顾某的证言直接证实了，在民事诉讼中，张某某以承诺给以上人员好处为诱惑，指使以上人员作伪证，三人在民事诉讼中出具了刘某2向张某某借款的虚假证言。再次，何某某、秦某某的证言更直接证实了借条、承诺书的形成过程，刘某2与张某某之间根本不存在民事借贷关系，该借条、承诺书上的签字均非刘某2所写，而是秦某某所为。同时，鉴定意见作为客观证据，进一步印证了秦某某、何某某证言的真实性，直接证实了借条、承诺书上的签字均非刘某2所写，而是秦某某所为。最后，关于张某某所称的借款时间、数额，民事起诉状、民事庭审记录（原民事中何某某的证言与民事起诉状已存在出入）、民事判决认定、张某某在侦查阶段供述、张某某在一审庭审供述均不一致，相互矛盾。（矛盾之处详见表格，此处略）

综上所述，张某某以“两张假借条、一张假承诺书”捏造与刘某2存在借贷关系的虚假事实，以民间借贷纠纷作为虚假诉讼请求，将刘某2的子女被害人刘某1、刘某起诉到××人民法院，为了胜诉，张某某找到何某某、唐某某、顾某等人作伪证，使法院作出错误的判决。本案历经一审、二审、再审，从2017年4月起诉，到2021年10月决定再审，长达四年，其间，××法院对刘某1实施财产保全，庭审中开展调查取证，判决生效后，进入到执行阶段，致使刘某1被司法拘留十五日，并引发当事人上访，对司法公信力造成严重损害，应认定为情节严重，严重侵害他人合法权益。以上证据充分证明犯罪嫌疑人的犯罪事实清楚，证据确实、充分，证据与证据之间能够相互认证，形成完整的证据链条，认定犯罪嫌疑人张某某虚假诉讼的犯罪事实。

（二）对案件定性和法律适用的意见

1. 关于本案定性，虚假诉讼还是诈骗

根据最高人民法院、最高人民检察院《关于办理虚假诉讼刑事案件适用法律若干问题的解释》第四条，实施刑法第三百零七条之一第一款行为，非法占有他人财产或者逃避合法债务，又构成诈骗罪，职务侵占罪，拒不执行判决、裁定罪，贪污罪等犯罪的，依照处罚较重的规定定罪从重处罚。2002年最高人民检察院研究室《关于通过伪造证据骗取法院民事裁判占有他人财物的行为如何适用法律问题的答复》（〔2002〕高检研发第18号）规定："以非法占有为目的，通过伪造证据骗取法院民事裁判占有他人财物的行为所侵害的主要是人民法院正常的审判活动，可以由人民法院依照民事诉讼法的有关规定作出处理，不宜以诈骗罪追究行为人的刑事责任。如果行为人伪造证据时，实施了伪造公司、企业、事业单位、人民团体印章的行为，构成犯罪的，应当依照刑法第280条第2款的规定，以伪造公司、企业、事业单位、人民团体印章罪追究刑事责任；如果行为人有指使他人作伪证行为，构成犯罪的应当依照刑法第307条第1款的规定，以妨害作证罪追究刑事责任。"此后，2006年最高人民法院研究室《关于伪造证据通过诉讼获取他人财物的行为如何适用法律问题的批复》（法研〔2006〕73号）中明确，审理此类案件时可参酌适用最高人民检察院〔2002〕高检研发第18号的规定。参照最高人民法院发布的整治虚假诉讼典型案例，故意捏造债权债务关系和以物抵债协议，向人民法院提起民事诉讼，致使人民法院开庭审理，干扰正常司法活动的，构成虚假诉讼罪。

本案中，虚假诉讼罪的立案源于检察机关的立案监督，民事审理中并未移送涉嫌虚假诉讼犯罪线索，现仍属再审审理阶段，因此民事诉讼法官是基于被骗而作出的判决，还是明知虚假而与行为人共同实施有待进一步查证，现有证据不足以直接认定诈骗。根据现有证据，张某某以捏造证据，指使他人作伪证的手段，通过法院审判来达到非法目的，本案经过一审、二审，现处于再审，张某某的行为严重妨害司法秩序及严重侵害他人合法权益，损害司法权威，情节严重，更符合虚假诉讼罪的构成要件。

2. 本案是否达到情节严重

根据最高人民法院、最高人民检察院《关于办理虚假诉讼刑事案件适用法律若干问题的解释》第三条，以捏造的事实提起民事诉讼，有下列情形之一的，应当认定为刑法第三百零七条之一第一款规定的"情节严重"："（一）有本解释第二条第一项情形，造成他人经济损失一百万元以上的；（二）有本解释第二条第二项至第四项情形之一，严重干扰正常司法活动或者严重损害司法公信力的；（三）致使义务人自动履行生效裁判文书确定的财产给付义务或者人民法院强制执行财产权益，数额达到一百万元以上的；（四）致使他人债权无法实现，数额达到一百万元以上的；（五）非法占有他人财产，数额达到十万元以上的；（六）致使他人因为不执行人民法院基于捏造的事实作出的判决、裁定，被采取刑事拘留、逮捕措施或者受到刑事追究的；（七）其他情节严重的情形。"参照《人民司法》2019 年第 4 期周峰、汪斌、李加玺（最高人民法院）撰写的《〈关于办理虚假诉讼刑事案件适用法律若干问题的解释〉的理解与适用》，准确理解"情节严重"的认定标准，从体系解释的角度出发，与虚假诉讼罪的定罪标准相对应，作为法定刑升格标准的"情节严重"，也应体现在妨害司法秩序和侵害他人合法权益两个方面。因此，行为人以捏造的事实提起民事诉讼，严重妨害司法秩序，或者给他人合法权益造成特别严重侵害的，才能适用第二档法定刑，判处 3 年至 7 年有期徒刑。根据该司法解释第 3 条的规定，严重妨害司法秩序，实践中主要表现为：致使人民法院开庭审理，同时还开展了调查取证等其他方面工作，对人民法院的正常司法活动造成严重干扰；人民法院基于捏造的事实作出的裁判文书虽未生效，也未进入执行程序，但引发当事人上访、闹访或者新闻舆论负面炒作，对司法公信力造成严重损害；行为人在较短时间内频繁以捏造的事实提起民事诉讼，严重干扰正常司法活动；等等。

本案中，张某某以捏造的事实提起民事诉讼，使法院作出错误的判决，本案历经一审、二审、再审，从2017年4月起诉，到决定再审2021年10月，长达四年，其间，法院对刘某1实施财产保全，庭审中开展调查取证，判决生效后，进入到执行阶段，致使刘某1被司法拘留十五日，并引发当事人上访对司法公信力造成严重损害，应认定为情节严重，严重侵害他人合法权益。

3. 若发回重审阶段，犯罪嫌疑人自称认罪认罚，是否从轻或减轻处罚

犯罪嫌疑人张某某构成虚假诉讼罪的情节严重，法定刑三年以上七年以下有期徒刑，并处罚金。根据2010年最高人民法院《关于处理自首和立功若干具体问题的意见》关于"如实供述自己的罪行"规定，犯罪嫌疑人自动投案时虽然没有交代自己的主要犯罪事实，但在司法机关掌握其主要犯罪事实之前主动交代的，认定为如实供述自己的罪行。根据1998年最高人民法院《关于处理自首和立功具体应用法律若干问题的解释》第四条，被采取强制措施的犯罪嫌疑人、被告人和已宣判的罪犯，如实供述司法机关尚未掌握的罪行，与司法机关已掌握的或者判决确定的罪行属同种罪行的，可以酌情从轻；如实供述的同种罪行较重的，一般应当从轻处罚。

本案中，张某某到案后对犯罪事实始终予以否认，一审阶段以各种理由未提供借条和承诺书原件，一审判决其构成犯罪后，上诉到中院，二审阶段又提供原件，现发回重审阶段侦查机关基于张某某提供的原件又重新依法鉴定，在大量充分的客观证据面前，认定张某某构成虚假诉讼罪事实清楚、证据充分。此时，即便张某某声称认罪认罚，但其对于犯罪事实并没有完全认可，不属于实质的认罪悔罪，为了保证定罪量刑的严肃性和规范性，不应对其从轻或减轻处罚。

（三）量刑建议

根据《刑法》第三百零七条之一规定，犯罪嫌疑人张某某以捏造的

事实提起民事诉讼，严重妨害司法秩序，严重侵害他人合法权益，情节严重，处三年以上七年以下有期徒刑，并处罚金。

综上，承办人认为：犯罪嫌疑人张某某以捏造的事实提起民事诉讼，严重妨害司法秩序，严重侵害他人合法权益，情节严重，事实清楚，证据确实、充分，其行为触犯《中华人民共和国刑法》第三百零七条之一之规定，构成虚假诉讼罪。

承办人：王洋、姚婷婷

2023 年 11 月 14 日

范例六：陕西省西安市人民检察院景某等人运输毒品案再审案件审查报告

陕西省西安市人民检察院

再审案件审查报告*

原审被告人景某、杜某某、杨某运输毒品一案，2021 年 11 月 30 日经本院检委会研究决定按照审判监督程序提请陕西省人民检察院抗诉，2021 年 12 月 17 日我院向陕西省人民检察院提请抗诉。陕西省人民检察院支持抗诉，并于 2022 年 3 月 3 日向陕西省高级人民法院提起抗诉。2022 年 4 月 29 日，陕西省高级人民法院作出（2022）陕刑抗××号《再审决定书》，认为××市中级人民法院（2021）陕××刑终××号刑事裁定书认定事实不清，适用法律错误，决定：1. 指令××市中级人民法院另行组成合议庭对本案进行再审；2. 再审期间不停止原判决的执行。2022 年 6 月 8 日，我院收到××市中级人民法院的移送案卷函。经审查卷宗材料、复核有关证据，现已审查完毕。报告如下：

一、原审被告人基本情况

原审被告人景某，男，1991 年×月×日出生，居民身份证号码××××，汉族，初中文化，户籍地陕西省西安市未央区广安路××号。

---

* 此文书为再审案件审查报告，收入时有删改。

××酒吧员工。2019年7月28日因涉嫌贩卖毒品罪被××市公安局××分局刑事拘留，同年8月20日经西安市××区人民检察院批准逮捕，8月22日由××市公安局××分局执行。

原审被告人杜某某，男，1997年×月×日出生，居民身份证号码××××，汉族，小学文化，无业，户籍地河南省南阳市邓州市××。2019年7月18日因涉嫌贩卖毒品罪被××市公安局××分局刑事拘留，同年8月20日经××市××区人民检察院批准逮捕，8月22日由××市公安局××分局执行。

原审被告人杨某，男，2001年×月×日出生，居民身份证号码××××，汉族，初中文化，无业，户籍地陕西省西安市灞桥区××××××。2019年7月19日因涉嫌贩卖毒品罪被××市公安局××分局刑事拘留，同年8月20日经××市××区人民检察院批准逮捕，8月22日由××市公安局××分局执行。

二、案件侦破及诉讼经过

本案由××市公安局××分局侦查终结，以原审被告人景某、杜某某、杨某涉嫌运输毒品罪移送××市××区人民检察院审查起诉。该院经两次退回公安机关补充侦查后，于2020年4月24日向××市××区人民法院提起公诉。××市××区人民法院开庭审理后于2021年4月22日作出一审判决，以运输毒品罪分别判处景某有期徒刑十四年、并处罚金十万元，判处杜某某有期徒刑十三年、并处罚金十万元，判处杨某有期徒刑十一年、并处罚金七万元。判决后，原审被告人景某、杨某不服提起上诉，××市中级人民法院决定开庭审理并通知我院查阅案卷，经开庭审理，××市中级人民法院于2021年10月28日以（2021）陕××刑终××号刑事裁定书裁定，驳回上诉，维持原判。因原判适用法律错误，对景某、杜某某量刑畸轻，2021年11月30日经本院检委会研究决定按照审判监督程序提请陕西省人民检察院抗诉，2021年12月17日我院向陕西省人民检察院提请抗诉。陕西省人民检察院支持抗诉，并于2022年3月3日向陕西省高级人民法院提起抗诉。2022年4月29日陕西省高级人民法院作出（2022）陕刑抗××号“再审决定书”，认为××市中级人民法院（2021）陕××刑终××号刑事裁定书认定事实不清，适用法律错误，决定：1. 指令××市中级人民法院另行组成合议庭对本案进行再审；2. 再审期间不停止原判决的执行。2022年6月8日，我院收到××市中级人民法院的移送案卷函，案卷分配至第二检察部刘晶晶办理。

三、生效裁判理由和提请抗诉理由

（一）法院判决情况及裁判理由

1. 一审判决情况及理由

××市××区人民法院（2020）陕××刑初××号刑事判决书认为××市××区人民检察院指控三被告人的部分犯罪事实和罪名成立，部分事实和犯罪数量有误，应予变更。起诉书指控2019年6月26日杜某某伙同杨某携带由景某出资5万元到缅甸小勐拉购买毒品氯胺酮600克邮寄回西安的事实。庭审中，被告人均予以否认，公诉机关未能提供查获毒品的证据，以及对毒品称重、鉴定等主要证据材料，该起事实缺乏罪证，不予认定。关于2019年7月13日景某、罗某出资，杜某某、杨某前往缅甸小勐拉购买毒品邮寄回西安的事实，证据确实、充分，予以认定。认定景某、杜某某、杨某运输毒品氯胺酮962.45克，行为已触犯《中华人民共和国刑法》第三百四十七条第一款、第三款之规定，构成运输毒品，杜某某构成坦白，杨某系从犯，以运输毒品罪判处景某有期徒刑十四年、并处罚金十万元，判处杜某某有期徒刑十三年、并处罚金十万元，判处杨某有期徒刑十一年、并处罚金七万元。

2. 二审裁定情况及理由

××市中级人民法院（2021）陕××刑终××号刑事裁定书认为，景某和杜某某共同预谋、出资购买毒品氯胺酮，由杜某某和杨某乘飞机到云南购得毒品，通过邮寄包裹的方式将该毒品运输至陕西，三人的行为均已构成运输毒品罪。原审判决认定事实清楚，证据确实、充分，定罪准确，审判程序合法。但适用法律错误，对景某、杜某某量刑畸轻，鉴于上诉不加刑原则，待判决生效后再依照审判监督程序予以纠正。故裁定驳回上诉，维持原判。

（二）检察院提请抗诉理由

本院经审查认为，该案生效裁判认定事实和适用法律确有错误。

1. 生效裁判未认定2019年6月27日至7月3日，景某、杜某某、杨某运输毒品氯胺酮600克，系事实认定错误。

（1）经审查认定该笔事实的客观证据有：景某给杜某某的转账记录，杜某某、杨某乘飞机往返的记录、入住酒店的视频截图，将毒品混入水果邮寄的物流记录，杜某某、杨某回到西安后取包裹的视频截图。言词证据有杜某某稳定一致的供述，杨某的有罪供述，细节部分与罗某、雷某某等人的证言一致，与客观证据证明方向一致。故在案的证据能够证明景某和杜某某共同预谋、景某出资购买毒品氯胺酮，由杜某某和杨某乘飞机到云南购得毒品，通过邮寄包裹的方式将该毒品运输至西安，第一次运输毒品氯胺酮600克，三人的行为均已构成运输毒品罪。

（2）一审法院因没有查获现货和原审被告人杜某某翻供而不采纳依法收集并经庭审质证为合法、有效的其他证据，改变事实认定的，系采信证据存在错误，进而导致认定事实错误。

（3）二审开庭时，原审被告人杜某某当庭承认其和景某预谋，景某出资，杜某某和杨某两次前往缅甸购买毒品的事实。

2. 生效裁判认定2019年7月13日至7月17日，景某、杜某某、杨某运输毒品氯胺酮962.45克事实清楚，证据确实、充分，定罪准确，但法律适用错误。

（1）在案的证据确实、充分，能够证明景某、杜某某、杨某运输毒品氯胺酮962.45克的事实。景某关于其给杜某某的转账是用于开泡馍馆的借款，与杜某某及其妻子的言词证据不符，又无合作协议、借条等书证，明显不符合常理和一般的商业交易习惯，其上诉理由不成立。杨某关于其事前不知是毒品的上诉理由与其有罪供述、微信记录等证据矛盾，其上诉理由不成立。

（2）运输毒品氯胺酮962.45克，应当适用《中华人民共和国刑法》第三百四十七条第二款第一项之规定，生效裁判适用《中华人民共和国刑法》第三百四十七条第三款之规定，系法律适用错误。

根据2016年《最高人民法院〈关于审理毒品犯罪案件适用法律若干问题的解释〉》第一条第一款第七项之规定，走私、贩卖、运输、制造、非法持有氯胺酮500克以上，应当认定为刑法第三百四十七条第二款第一项、第三百四十八条所规定的“其他毒品数量大”，法定刑为十五年有期徒刑、无期徒刑或者死刑，并处没收财产。故生效判决对该笔事实的认定准确，但在被告人景某、杜某某没有法定减轻情节的情况下，低于法定最低刑十五年有期徒刑对二人判处刑罚，法律适用错误，量刑畸轻，应当予以纠正。

（三）陕西省高院指令再审情况

2022年4月29日陕西省高级人民法院作出（2022）陕刑抗××号“再审决定书”，认为××市中级人民法院（2021）陕××刑终××号刑事裁定书认定事实不清，适用法律错误，决定：1. 指令××市中级人民法院另行组成合议庭对本案进行再审；2. 再审期间不停止原判决的执行。

四、案件事实和证据

（一）生效裁判认定的犯罪事实

2019年6月27日，被告人杜某某同被告人杨某乘飞机从西安咸阳至云南西双版纳嘎洒，7月1日二人乘机返回西安。被告人景某于7月6日通过支付宝账户给杜某某妻子李某某支付宝账户转款35000元。2019年7月13日，杜某某、杨某再次乘机前往西双版纳嘎洒，携带着景某出资的5万元和罗某（另案处理）出资的25000元，偷渡到缅甸小勐拉购买毒品氯胺酮（俗称K粉），杜某某、杨某购买毒品后与购买的水果混同包装采取邮寄方式寄回本市，二人于7月15日返回西安。7月17日中午12时许，杜某某在西安市灞桥区某快递部收取装有毒品的包裹时被民警当场抓获。经鉴定，毒品为氯胺酮，净重962.45克。

（二）审查认定的事实和案件证据情况

审查认定的事实：

1. 2019年6月27日，原审被告人景某出资5万元，由原审被告人杜某某、杨某乘飞机从西安咸阳前往云南西双版纳嘎洒，偷渡到缅甸小勐拉购买毒品氯胺酮（俗称K粉）600克，杜某某、杨某购买毒品后与购买的水果混同包装采取邮寄方式寄回本市，二人于7月1日乘飞机返回西安。7月3日，杜某某、杨某在××住宅楼代收点取回装有毒品的包裹，后又将部分毒品交给景某。7月6日景某通过支付宝账户给杜某某妻子李某某转款35000元。

2. 2019 年 7 月 13 日，杜某某、杨某再次乘飞机前往西双版纳嘎洒，携带着景某出资的 5 万元和罗某（另案处理）出资的 25000 元，偷渡到缅甸小勐拉购买毒品氯胺酮（俗称 K 粉），杜某某、杨某购买毒品后与购买的水果混同包装采取邮寄方式寄回本市，二人于 7 月 15 日乘飞机返回西安。7 月 17 日中午 12 时许，杜某某在西安市灞桥区某快递部收取装有毒品的包裹时被民警当场抓获。经鉴定，毒品为氯胺酮，净重 962. 45 克。

本案证据情况及分析

第一组：案件来源、指定管辖、抓获经过、破案报告等（文书卷一 P1—35、侦查卷一 P54、P136、P173—175、P178、P180，侦查卷二 P11—14、P20）

证明：1. 杜某某等三人涉嫌运输毒品一案，2019 年 7 月 17 日由昆明市公安局直属分局移送 × × 市公安局 × × 分局管辖，同日 × × 市公安局指定 × × 市公安局 × × 分局管辖本案，× × 分局于当日立案侦查。

2. 2019 年 7 月 17 日上午 9 时许，× × 分局 × × 派出所民警接到线索在西安市灞桥区 × × × × 号 × × 快递布控，现场将前来取包裹（包裹内藏有疑似毒品）的杜某某当场抓获，并现场拆分快递包裹，从中查获大量粉末状晶体疑似毒品。2019 年 7 月 19 日凌晨 2 时许，× × 派出所民警在西安市灞桥区 × × × 号杨某家里将其抓获。2019 年 7 月 25 日，西藏自治区 × × 县公安局将在逃的景某抓获。2019 年 7 月 27 日云南省西双版纳傣族自治州 × × 县公安局将在逃嫌疑人雷某某抓获。

第二组：毒品查获、提取、称量、指认笔录及毒品司法鉴定意见书

1. 毒品提取笔录、承重笔录、扣押笔录、毒品收据（侦查卷一 P39—43、P55—71，侦查卷四 P43—44，侦查卷三 P26）

证明：2019 年 7 月 17 日 12 时 30 分至 15 时 34 分，侦查人员在西安市灞桥区 × × × 号 × × 快递 × × 分部内抓获杜某某，现场从包裹中搜出疑似毒品的粉末状晶体 7 瓶（用足浴盐瓶子包装），现场对疑似毒品的粉末状晶体进行初步测重，并按照 1—7 号顺序编号，随后办案人员对 1—7 瓶内疑似毒品晶体进行初步检测（胶体金法三合一），4、5、6、7 号瓶中粉末状晶体毒检结果呈阳性。4 号疑似毒品晶体重 224. 44g，5 号疑似毒品晶体重 220. 03g，6 号疑似毒品晶体重 230. 54g，7 号疑似毒品晶体重

225.62g，合计净重900.63克。

见证人李某，附查获毒品现场指认照片、现场初步检测照片、现场拆分称重照片、现场封存照片，有杜某某的指认确认，同时整个过程有录音录像。查获的毒品已交给西安市禁毒委员会。

2. 现场检测报告（侦查卷一P44—45、P139—142、P181—182，侦查卷二P17—18）

证明：2019年7月18日对杜某某进行现场检测，经（胶体金体三合一）检测，呈阴性。2019年7月19日对杨某进行现场检测，经（胶体金体三合一）检测，呈阳性。2019年7月28日对景某进行现场检测，经（胶体金体三合一）检测，呈阴性。2019年8月1日对雷某某进行现场检测，经（胶体金体三合一）检测，呈阴性。

3. 情况说明（法院卷P115—117）

2021年4月2日西关派出所出具：2019年7月17日现场称量时，4—7号瓶晶体毛重分别为270.52克、277.68克、285.36克、262.62克，合计毛重1096.18克，因现场无精密仪器无法将瓶内内壁晶体彻底倒出称量。4—7号瓶重33.14克、33.25克、33.27克、32.98克。毛重减去四个瓶重合计为963.54克。

4. 毒品司法鉴定意见书（侦查卷二P22—35）

证明：2019年7月25日陕西××法医司法鉴定所出具法医毒物司法鉴定意见书"陕××司法〔2019〕毒鉴字第××号"，对××市××分局××派出所送检的"杜某某涉嫌贩卖毒品案"中提取的疑似毒品物7包，经检验，检验结果：1—3号检材未检出氯胺酮、甲基苯丙胺、海洛因成分；4—7号检材均检出氯胺酮成分，氯胺酮含量分别为76.2%、75.4%、75.8%，4—7号净重合计962.45。

第三组：转账记录、机票、物流信息等书证材料

1. 2019年6月26日至7月3日运输毒品

（1）支付宝、微信转账记录（侦查卷一P72—76、P93—94，侦查卷四P14—15、P35—37）

证明：2019年6月27日，李某某支付宝账户收到景某转账50000元；7月6日收到转账35000元。2019年7月6日，杜某某给杨某微信转

账3000元。

（2）乘机记录、离港数据（侦查卷一 P77—80、P97—98）

证明：杜某某和杨某2019年6月27日22：45从西安咸阳飞往西双版纳嘎洒，7月1日18：55从西双版纳嘎洒飞回西安咸阳。有杜某某的指认。

（3）酒店监控视频截图指认、情况说明（侦查卷三 P26—30、P38）光盘一张

证明：杜某某指认其与杨某2019年7月1日7：39分购买K粉后入住酒店的视频截图，指认截图中杨某所背的双肩包内装有600克K粉。杨某指认是杜某某让其背包。

2019年12月10日西关派出所民警××、××出具情况说明：2019年7月30日调取了杜某某、杨某2019年7月1日7：35入住、2019年7月15日8：54入住的云南西双版纳自治州景洪市××酒店的酒店监控视频，但因酒店入住软件系统换新，无法调取入住酒店信息。

（4）物流信息、取件监控截图、说明（侦查卷一 P81—84，侦查卷四 P34、P39、P41—42，侦查卷一 P71、P92、P99—102）

证明：杜、杨二人购买毒品的物流信息为××快递××号快递2019年7月1日17：31西双版纳傣族自治州收件，寄件人××，收件人马××。7月3日9：50在××国际住宅楼点代收。

杨某指认自己和杜某某在灞桥区×××××店取快递的照片，杜某某指认该店是其2019年7月3日取毒品的地方。

2. 2019年7月13日至7月17日运输毒品

（1）支付宝、微信转账记录（侦查卷一 P72—76、P93—94，侦查卷四 P14—15、P35—37）

证明：2019年7月12日李某某支付宝账户收到景某转账50000元。2019年7月5日，罗某给杜某某微信转账20000元用于购买K粉。2019年7月14日罗某给杜某某微信转账5000元。有罗某指认其向杜某某转账毒资的转账记录截图。

（2）乘机记录、离港数据（侦查卷一 P77—80、P97—98）

证明：杜某某和杨某7月13日22：45从西安咸阳飞往西双版纳嘎洒，7月15日18：55从西双版纳嘎洒飞回西安咸阳。有杜某某的指认。

(3) 酒店监控视频截图指认、情况说明（侦查卷三 P26—30、P38）光盘一张

证明：杜某某指认其与杨某2019年7月15日8：53购买K粉后入住酒店的视频截图，指认截图中杨某所背的双肩包内装有960克K粉。杨某指认是杜某某让其背包。

(4) 物流信息、取件监控截图、说明（侦查卷一 P81—84，侦查卷四 P34、P39、P41—42，侦查卷一 P71、P92、P99—102）

证明：××快递××号快递2019年7月15日16：40西双版纳傣族自治州收件，寄件人肖××，7月17日9：01到达西安纺织城站，收件人马××。王某指认7月17日与其联系取快递的人的电话为××××，及通话记录。

杜某某指认自己从西双版纳向西安邮寄毒品的快递信息（××快递，单号××）及自己取快递的快递点（灞桥区××快递）。

第四组：通话、微信记录等书证（侦查卷一 P81—84、P95—96，侦查卷四 P14—17，侦查卷四 P40，法院卷 P111—114）

证明：1. 杜某某指认××××是雷某某的电话，指认××是雷某某的微信号，指认××××是毒品卖方的电话，指认××是毒品卖方的微信号；指认杨某的电话××××、微信昵称星××；指认景某的微信“泾×”、电话××××。指认罗某的微信号luo××，电话××××。罗某指认自己的微信号（luo××）和杜某某的微信号（dU××）。

2. 查获的杜某某、雷某某、杨某的三部涉案手机已于2019年11月8日交××分局网安部门进行电子数据恢复。杨某设备：iphone6微信号ASF××。

3. 数据恢复后的部分内容：(1) 2019-07-17杨某发给微信昵称景某：慌得很。2019-07-09微信昵称STRANGER××发给杨某：我也要去缅甸；危险不；背枪不；一趟挣美了；下次把我引哈（带上）；一趟挣多少；我也要去等信息。2019-07-14发给杨某：下一趟一块；上一趟有我两万没给呢；4.2公斤让抓了；偷渡让逮住了；我们是过来联系好东西让别人带，自己不带……2019-07-02杨某与微信昵称拓拓的聊天：杨某“哪儿的货”，拓拓“一包3个，2400一包，柬埔寨”……

（2）2019－07－22 雷某某与微信昵称 a××的聊天记录：雷某某“凉了，都凉了”，a××“还不知道啊，没被外省提走，成都不管，外省才是主要审问的，都是由外省来定罪，苏某今天啥情况，提回来了吗”，雷某某“确定贩了”a××“贩了?”雷某某“去成都看守所问了，……警察还在找证据应该，其他人吧”，a××“那就是找他把东西卖给谁了”，雷某某“还有东东上线，都要找的”，a××“东东下线就是苏某”……雷某某“给你个电话你试试看，能打通不，杨某……”

第五组：辨认笔录（侦查卷一 P23—38、P119—134、P157—172、P195—200，侦查卷二 P1—10，侦查卷三 P20—22，侦查卷四 P6—13）

证明：1. 杜某某辨认出 3 号是和他一起前往缅甸小勐拉购买毒品，并和自己一起给雷某某、泾某送毒品的杨某；辨认出 9 号是 2019 年 7 月 3 日中午到西安市灞桥区××小区找其拿毒品的雷某某；辨认出 11 号是为其出资让其去缅甸购买毒品的嫌疑人景某；辨认出 2 号是从四川过来找其拿毒品的罗某（苏某）；辨认出 5 号是为其提供购买毒品路线的王某某。

2. 杨某辨认出 6 号是和他一起前往缅甸小勐拉购买毒品的杜某某；辨认出 2 号是其给送毒品的收货人雷某某；辨认出 3 号是其给送毒品的收货人景某；辨认出 3 号是从杜某某手中拿了一个足浴盐瓶子（装有白色粉末晶体）的“苏某”（罗某）。

3. 景某辨认出 3 号是长期找其借钱的杜某某，辨认出 7 号是和杜某某一起找其借钱的杨某，未辨认出雷某某、罗某。

4. 雷某某辨认出 3 号是向其出售毒品（K 粉）的杜某某；辨认出 11 号是在西安市灞桥区××牛排吃饭时提了一个袋子（袋子里装有水瓶，瓶内装有白色块状晶体）并且和自己一起吸食 K 粉的杨某；辨认出 10 号是从杨某手中拿走装有白色晶体饮料瓶的罗某；未辨认出景某。

5. 罗某辨认出 11 号是给其购买 K 粉的雷某某，辨认出 6 号是给其出售 K 粉的杜某某。

第六组：证人证言

1. 证人王某的证言（侦查卷一 P46—49）

系××快递派递员，共一份笔录。

证明：2019 年 7 月 17 日早上接到一个快递单，收货地是西安市灞桥区××号楼，收货人叫马××，收货电话为××××，快递单号为××××，寄件人叫“肖××”，寄件号码为××××，寄件地址为云南省西双版纳傣族自治州××市××路。向收货人马××拨打收货电话，显示停机。中午，××××的号码打电话问他的快递，核对了快递单号后，告诉他快递点在灞桥区×××内仓库，对方说他马上过来取快递。中午12点20分左右，对方坐出租车来到站点，王某在门口接到他，领他进仓库，让他在快递单上签字，对方对快递进行确认后准备搬快递离开时被几名公安机关人员抓获，查获他的快递。这个取快递的人是个男子，在快递面单上签的名字是马××，20多岁，短发，身高1.7米左右，身材偏瘦，胳膊上有文身，陕西口音。他取的快递是一个长50公分，宽40公分，高40公分的一个箱子，箱子外面用塑料编织袋包裹，编织袋上面有水果生鲜品，××快递航空件标签，还有××快递面单。

2. 证人李某某的证言（侦查卷一P50—52，侦查卷三P10—12）

系杜某某的妻子，共计两份笔录。

证明：不知道杜某某贩卖、运输毒品的事情。2019年6月27日我收到5万元；7月6日我收到35000元；7月12日我收到5万元，这三笔钱都是一个支付宝叫“×锋”的人给我转的，杜某某说这三笔钱是“×锋”交给他，让他去批发酒的，他们具体去做什么我不知道。我认识杨某，他和我老公杜某某认识，之前我很久没见到这人了，最近突然见到这人跟我老公杜某某在一起，杨某的手机号是××××。

3. 证人莫某的证言（侦查卷三P7—9）

共一份笔录，证明：莫某和罗某是男女朋友关系，罗某被抓以后才知道他贩卖毒品的事，罗某以前吸食K粉，认识雷某某，也是他被抓后才知道他贩卖毒品，不清楚罗某贩毒的钱谁给的，其没有参与贩卖毒品，没有帮别人交易过毒品。

4. 证人王某某的证言（侦查卷三P23—25）

共一份笔录，证明：2019年7月27日我和雷某某去云南省勐海县旅游，9月26日晚10时左右到达西双版纳机场，9月27日凌晨2时许车经过检查站时，雷某某被当地公安机关扣了。其和雷某某从小玩到大，见过杜某某，但不熟悉。杜某某以前在村里租过房子，是给泡馍馆送馍的，不知道杜某某贩毒，自己不贩毒。

第七组：同案犯的供述

1. 雷某某的供述与辩解（侦查卷一 P184—194，侦查卷三 P4、P4—6，侦查卷四 P26—29）

共六份笔录，供述从杜某某处购买毒品 K 粉，但供述的购买的次数、金额等前后不一。

2019 年 12 月 11 日笔录，摘录：2019 年 6 月中旬，我在灞桥区 ×× 社区吃串串，遇到了王某某和杜某某，杜某某拿了东西让我吸食，我感觉吸食那包东西后劲比酒劲还大，过了两天我在东大街一个叫“××”酒吧联系王某某，他让我联系杜某某，我问他那天吸食的是什么，他说是 K 粉，杜某某说是不上瘾。6 月具体时间我记不清了，杜某某以“埋雷”的方式给了我 K 粉，我以微信转账的方式给杜某某付了 500 元，凌晨 3 时许，我又给杜某某打电话再要了一克，他让一个男的给我送了一个，我给了 1000 元现金。……过两天左右，我在南大街 ×× 酒吧联系杜某某要两个 K 粉，但一直没有给钱，杜某某“埋雷”给了我两个 K 粉，我取了后在 ×× 酒吧和两名女性一起吸食了。……2019 年 6 月 20 日 23 时左右我在南大街 ×× 酒吧联系杜某某要了两个 K 粉，还是“埋雷”方式取得，在酒吧里吸食了，24 时左右杜某某来了酒吧，我找他再要了一个 K 粉，杜某某联系了一名男性送来。我不清楚杜某某毒品的来源，我一共欠了杜某某 5000 元。2019 年 6 月 27 日我送杜某某去机场的路上以微信转账的方式给杜某某转了买 K 粉的 5000 元。

2019 年 8 月 1 日笔录，摘录：我从杜某某那里购买了 K 粉，我在他那里一共买了三四次 K 粉。2019 年 6 月份我从杜某某手里拿了一克多，价值两千元，其他几次记不清楚，只记得是 6 月份，一共拿了一万两千元左右的 K 粉。付款方式微信转账和现金都有，微信转账不超过一万元，现金能给两千元左右，我买的 K 粉没有出售过，平时约朋友在酒吧一起吸食。我从 2019 年 5 月份开始吸食 K 粉。杨某和我一起玩（吸食毒品）过三次，还有 ×× 街酒吧、迈 ×× 酒吧、×× 酒吧的男孩女孩。杜某某是否吸食毒品和他的毒品从哪里来的我都不知道，我不认识景某。2019 年 7 月 3 日上午杜某某在他家楼下给了我两克毒品，之后我和杨某到

××牛排吃饭，然后杜某某和“哲×”来了，杨某就出去了，杜某某买完单我们出去，杨某提了一个袋子里面装了一个饮料瓶，里面有点水，还装有一些白色块状东西，杨某把瓶子给“哲哲”，“哲×”就走了。7月27日被抓获时，我去勐海是卖茶叶，王某某说他去看人妖。

2019年8月3日笔录：我的K粉是从杜某某那里买的，是一个叫王某某的男子带我认识的杜某某，我从杜某某手里买过三四次毒品，共买了八九克，花了八九千元，我第一次笔录说买毒品花了12000元左右还算了我和杜某某一起吃饭的钱。2019年7月17日杨某告诉我杜某某贩卖毒品被抓了，我没有参与出资贩卖毒品的事，我知道杨某贩卖毒品，不知道王某某是否贩卖毒品。

2019年8月27日笔录，摘录：我知道杨某和杜某某去西双版纳，是我送他们去的机场，我不知道他们去干什么，罗某是我2019年6月份在高新××城打牌认识的，当时在场的还有罗某的女朋友“文×”，还有个我不认识的男的。

2. 同案罗某的供述（侦查卷四P2—5）

共一份笔录，2019年11月29日笔录，摘录：我2019年7月18日因贩卖毒品被福建省厦门市公安局思明分局刑事拘留，8月16日被取保候审。……我认识杜某某，从他手里买过两次毒品（K粉），2019年6月底7月初，我通过微信给雷某某微信转账13500元购买K粉，之后雷某某告诉我他将13500元给了杜某某，让杜某某购买K粉。第一次是2019年7月3日左右我乘坐高铁前往西安找杜某某取K粉，在一个牛排店内，一个小孩拿了一个足浴盐的瓶子给了我，里面装着K粉，当时杜某某和雷某某也在场，之后杜某某就把我送走了，我自己坐高铁回成都，我从杜某某手里拿了大概37克K粉。第二次是2019年7月10日左右我通过微信给杜某某转账15000元用于购买毒品，14日通过支付宝给杜某某支付宝转账5000元用于购买毒品，7月17日左右我知道杜某某被抓了，就没有拿到K粉。我买毒品自己吸食。我不知道雷某某有没有参与出钱购买毒品，我不认识杨某和景某。我第一次知道雷某某手里可以买到毒品是从一个微信群里加的，现在退群了，记不清了，通过雷某某知道杜某某可以买到毒品。雷某某告诉我13500元可以购买50克毒品，我取完毒品回到成都发现只有37克，联系杜某某他说下次给我补回来。

第八组：原审被告人的供述与辩解

（1）杜某某的供述与辩解（侦查卷一P1—22，侦查卷三P2、P15—17，侦查卷四P30—33）

共计十份笔录，供述基本稳定一致。

2019年7月17日笔录，摘录：2019年7月12日晚上，“泾×”景某给我媳妇支付宝转款5万元，意思是让我去缅甸取K粉的时候帮他入一股，之前几天，雷某某给我2万现金，意思也是让我去缅甸取K粉的时候帮他入一股。7月13日我通过微信用自己的身份证订西安去西双版纳的机票，13日22：45出发，14日凌晨1点多到西双版纳，我给何叔电话（××）联系，之后有人开车接我到小勐拉，这时大概是凌晨4点，之后我住酒店休息到13时许，然后我微信联系卖家“正义”，16时许，他到我住的“××酒店”3058房间，前后四五分钟，我把6万元现金交给对方。7月15日凌晨1时许，“正义”将四个装有K粉的足浴盐瓶子交给我，大概900克。之后我就通过微信联系何叔，找人帮我偷渡，同时订好7月15日18：40回西安的机票。15日凌晨3时许，有人来接我偷渡直接到西双版纳机场，早上9时许，我到达西双版纳机场，后我在机场旁的沃尔玛超市买了三瓶足浴盐，11时许我在机场旁找了一家水果批发市场买了些水果，将四瓶装有K粉的足浴盐瓶子和我买的三瓶足浴盐、水果一起装箱发中通快递，18点多飞机，我回到西安。“泾×”电话××××，微信号：P×××，30岁左右，西安周边人。何叔是干偷渡的，电话××××。收件人马××，电话××××，收件人是乱写的，电话是黑卡。我取货时用的电话是××××。我预留的手机号用不了了，我在快递信息反馈上看到自己的快递投送不成功，所以就联系××快递××部，想取走自己的包裹。……途中我和雷某某通话，他问我东西到了没有，我说到了，他说我不去取他就准备去取。之后我到××物流部就被公安机关抓获。

2019年7月18日笔录，摘录：何叔的微信名叫“奔腾”，这次去缅甸买毒品杨某和我同行。……2019年6月27日，我和雷某某、景某三人一拍即合，准备去缅甸买毒品，当天下午景某害怕出事，将5万元支付宝转账给我媳妇，随后我和杨某订好机票去西双版纳，雷某某在送我和杨某往机场的路上给我现金23500元。到达西双版纳大概是凌晨1点，何叔安排我俩入住酒店。28日早上6时许，我和杨某被安排出境到小勐拉，中午我联系“正义”，晚上9时许我将6万元现金给“正义”，7月1日凌晨对方将毒品交给我，总共600克左右，用三个足浴盐瓶子装的。之后我联系何叔偷渡，到西双版纳大概是1日早上9时许，我就和这次一样买了三四瓶足浴盐，到水果市场买好水果将毒品藏在里面，发中通快递到西安。晚上19时许我和杨某坐飞机回西安。7月3号9点快递送到我家楼下××小店，我和杨某一起取的藏有毒品的快递，之后我和杨某打开快递包裹，取出三瓶装有毒品的足浴盐瓶子。11点左右，我和杨某一起去景某家，将装有毒品的两瓶足浴盐交给他。之后我们回家，雷某某在楼下等我，我就上楼将另一瓶毒品给了他。之后，雷某某带我和杨某到他家分装毒品，其间杨某和雷某某还吸食了毒品。这次买的是K粉。这次买毒品我没有入钱。景某承诺他卖完毒品后分给我3.5万元，通过支付宝转账给我媳妇支付宝账户了。我给媳妇解释是我和老板在做酒生意。收件人留的姓名是马××，电话××××。“正义”的电话××××。

2019年7月18日笔录：2019年7月13日我和杨某去缅甸购买毒品时带了6万元现金，我自己微信上还有2万元，其中有景某5万元，雷某某2万元，我1万元。6万元买毒品，2万元是我和杨某作为路上的花费。景某说这次买毒品卖完后给我分四成，但也看人家心情。

2019年7月19日笔录：景某是××酒吧店长，雷某某是自由职业。……我和杨某一起去过两次西双版纳，买毒品带回国内的事情，杨某知情，是他本人自愿和我一起去的。今年六月中旬，杨某和我一起吃饭的时候，他说愿意和我一起干，他知道和我一起运毒。第一次购买毒品的时候，我借给他四千元，1000元是现金，3000元是微信转账。他生活困难、经济能力不行。我和杨某到云南的所有路费都是我支付的。第一次买毒景某给我妻子支付宝账户转了5万元，雷某某给我2万3千5百元（其中有苏某给雷某某的2万元），第二次景某给我妻子支付宝账户转了5万元，“苏某”给了我2万5千元（5000元支付宝转账，2万元微信转账），第一次我出资了不到5千元，第二次我一分钱没出。我第一次买了4.5万元的（K粉），500克左右，第二次买了6万元的

K粉，这两次买毒品剩下的钱我都花了。这两次从境外运毒第一次我获利3.5万元，是景某通过支付宝给我媳妇的，第二次还没收到好处费。杨某没有获利，只有第一次我们一起出去，借给他4000元。

第一次卖方将毒品放在我们入住的酒店，然后我在当地××超市买的足浴盐，第一次买了三瓶，我和杨某在酒店一起将足浴盐倒掉，把毒品装进瓶子里，第二次分装也是这样的，杨某帮我一起分装，然后我和杨某一起去寄快递发回西安。杨某全程都知道是毒品K粉。

2019年7月29日笔录：告知毒品鉴定意见。

2019年9月30日笔录，摘录：我和杨某是朋友关系，四五年前就认识了，2019年6月份我给杨某说我要去缅甸，杨某说他也要去，因为杨某和雷某某经常一起吸食K粉，雷某某告诉杨某我去缅甸取毒品的事。和景某是朋友聚会认识的，每次见面都看到他吸食K粉。因为景某吸食K粉，而且去缅甸购买K粉的路子我也听说过，刚好景某准备让人去缅甸购买毒品，所以我们一拍即合。我去缅甸购买毒品的路子是王某某给我说的，王某某和我从小耍到大，他住灞桥区，王某某与景某不认识。我和雷某某是从小玩到大的朋友。

2019年10月3日笔录，摘录：杨某吸食K粉，开始吸食的是雷某某给的，后来杨某吸食的K粉就是我们从缅甸取回来的。雷某某吸食K粉，开始是王某某给的，后来是我和杨某给他的。罗某吸食的K粉是我和杨某从缅甸取回给罗某的。

2019年12月17日笔录，摘录：去缅甸购买毒品的来源渠道好像是王某某说的，具体我记不清楚了，怎么认识“何叔”的我也记不清了，大概2019年6月份的时候我在西大街××酒吧玩的时候一名年龄27岁左右的男性告诉我一个手机号，这就是“何叔”的手机号。6月份是景某找到我，知道我可以联系到出售毒品的“何叔”，之后在××酒吧景某的办公室里，景某说一人出一半钱，并让我一个人去缅甸小勐拉购买毒品，我觉得买毒是犯罪行为，风险太大，我不愿意去，之后景某说他出资，我去购买毒品，回来给我好处费，我答应了。……罗某是雷某某介绍给我认识的，2019年6月底，雷某某通过微信推送，将罗某的微信个人名片发给我，我们添加了好友，在我和杨某第一次购买毒品的过程中，罗某将2万多元转给雷某某，然后雷某某分三四次将钱给我。

(2) 景某的供述与辩解（侦查卷三 P1、P13—14，侦查卷四 P20—22）

共计八份笔录，否认出资运输毒品。

2019年7月25日笔录，摘录：不知道为什么被列为网上在逃人员，我是昨天看到拘留证才知道我涉嫌贩卖毒品罪。我是做酒吧管理的，在西安市南大街××酒吧工作。我不认识杜某某和杨某。2019年7月23日快到那曲时手机丢了，号码××××。我是2019年7月16日23时许从西安出发前往西藏拉萨的。

2019年7月28日笔录，摘录：2019年6月27日、7月6日、7月12日我向李某某支付宝账户共转账十三万五千元是杜某某向我借的开泡馍馆的钱，我不认识李某某。杜某某说李某某是他媳妇。杜某某说他经常和人喝酒，花钱比较大手大脚，我就把钱转给了他媳妇。没有欠条或是借款协议。我见过杨某，但我不知道他叫什么名字，他和杜某某一起来找过我。2019年7月3日杜某某和杨某来过我家找我借钱，随身没有带东西，给没给他们钱我记不清了。他们在我家待了半小时左右，离开后干什么去了我不知道。我不认识雷某某和苏某，杜某某和杨某是否吸毒我不知道，也不知道他们贩卖、运输毒品的事情。

2019年8月28日笔录，摘录：2019年5月份，南大街××酒吧开业，我是××酒吧的经理，当时招呼人的时候认识的杜某某，我不认识杨某，是杜某某带着杨某和我见过一面，我和杜某某接触过十几次，大多数是他找我借钱，还有就是他在酒吧消费。

2019年12月10日笔录，摘录：2019年7月我给杜某某转的85000元和6月份转的5万元没有还款记录是因为我知道他的家庭情况，我借给他钱让他开饭馆后期我以股东身份参与分红，我和杜某某没有制定什么还款计划。因为杜某某说他以前干过泡馍馆，我认为他开泡馍馆有前途，所以我投资他，而且我可以赚到钱。我不吸毒，杜某某借钱没有打借条，我一直给人借钱不打条子，我对杜某某的家庭情况很了解，再者对我自己而言十几万元也不多。

(3) 杨某的供述与辩解（侦查卷一 P104—118，侦查卷三 P3、P18—19，侦查卷四 P23—25）

共计七份笔录，第一份笔录认罪供述的细节与杜某某基本一致，后逐渐翻供。

2019年7月19日笔录，摘录：我2016年因抢劫被刑拘。……我知道杜某某从缅甸买的毒品，因为我和杜某某一起去缅甸取的毒品。我和杜某某一起去缅甸买过两次毒品，我吸毒。我不知道杜某某买毒品出资情况，我和杜某某将毒品分别送到景某和雷某某家中，感觉他俩有出资。……2019年6月26日，杜某某联系我和他去西双版纳玩，回来还给我了二万块。下午4时，杜某某给雷某某打电话叫过来，雷某某开车送我和杜某某去机场，路上雷某某给杜某某不到一万元现金。路上一个叫苏某的打电话联系杜某某，杜某某说回来不会亏待你。……我和杜某某大概凌晨5点到西双版纳，之后被人安排上车中午到达缅甸。晚上9时我和杜某某还有一个男的（毒品卖方）吃饭后就回酒店睡觉。……30日晚上，杜某某回酒店告诉我今晚可以回，之后杜某某给“何叔”打电话，后毒品卖方就来了，拿了一个鞋盒。7月1日凌晨3点多我和杜某某从缅甸出发，早上8点多到西双版纳，之后我和杜某某去××超市买了至少5瓶足浴盐和特产，我在酒店厕所内看到他倒了几瓶足浴盐，然后我们去水果市场发快递，装箱的时候杜某某让我去买烟，回来的时候快递箱子已经包好了。发完快递我和杜某某回酒店睡觉了。晚上10时许，我和杜某某坐飞机回到西安，7月3日上午10时我和杜某某在他家楼下××小店取了快递拉回他家，我帮他拿了个电子秤，后来杜某某自己在房间，我和他妻子在客厅坐着，不到半个小时，杜某某提了一个袋子让我和他去找景某，将一袋东西交给景某，景某给了我1000元现金，给了杜某某1000元现金。下午4时许我和雷某某到杜某某家楼下，杜某某给了我一个袋子，里面装了个足浴盐的瓶子（白色粉末晶体），我把袋子下楼交给雷某某，雷某某把袋子拿回家后又来找我，我、雷某某、“苏某”（罗某）、杜某某见了面，“苏某”给雷某某看了杜某某给他的足浴盐瓶子。我和雷某某到他家将足浴盐瓶子里的白色粉末晶体往长宽1.5cm的袋子里倒了几个袋子，就到××市街附近的酒吧里开了个卡座，大概六七个人，都吸毒了……

第二次买毒，2019年7月13日，我和杜某某飞到西双版纳，“何叔”

接了我们14日凌晨5时许到达缅甸，住在龙城酒店3058房间，中午毒品卖方来，杜某某给了其6万元现金，晚上毒品卖方提了个塑料袋给杜某某，我和杜某某、何叔开车到一个偏黑的地方，将塑料袋放在另一辆车的后备箱中。15日早上9时许何叔送我和杜某某到西双版纳机场，然后和第一次一样，去超市买足浴盐，到水果市场，杜某某让我买冰块没买到，回来的时候快递都包好了。晚上10时许我和杜某某就回到西安了。……我听说“苏某”在成都卖毒品。7月3日“苏某”从成都过来在杜某某那拿了一瓶毒品，我在场，之后“苏某”又坐高铁返回成都。何叔是帮我们偷渡的人。……第一次和杜某某到缅甸购买毒品，杜某某给我四千元，三千元是微信转账，景某给我一千元现金。第二次没给。景某是××酒吧店长。我知道第一次杜某某带了三四万元的现金，第二次杜某某带了六万现金，钱每次都在书包里，我俩换着背书包。我感觉第二次“苏某”出钱了，因为“苏某”不停给杜某某打电话。16号雷某某给我打电话，说我和杜某某没有给他带货，还把他的人“苏某”挖走了，他要强吃毒品，如果不给就举报杜某某。我没有出资参与购买毒品。

2019年7月20日笔录，摘录：第一次去云南，杜某某买的毒品，当时我并不知情。……我不知道运的是什么，杜某某当时答应给我2万元，后来只给了我3000元。

2019年8月6日笔录，摘录：我和杜某某两次去缅甸小勐拉是去玩、旅游、打鱼（赌博），这两次杜某某带我去缅甸购买毒品我不知情，我是被公安机关抓获后才知道的。7月3日我去杜某某家里时，杜某某已经把塑料袋里的东西装好了，我们一起去了景某家里，杜某某问景某要了2000元，给了我1000元。我不知道袋子里是否装有毒品。

2019年10月3日笔录，摘录：我和杜某某是2019年5月份朋友聚餐中认识的，2019年6月份吃饭认识的雷某某，当时杜某某也在场，2019年7月3日在灞桥区××牛排和罗某（就是“苏某”）只见过一次面，当时杜某某、雷某某都在现场。

2019年12月10日笔录，摘录：6月27日那次，当时杜某某说带我去西双版纳玩，有没有购买毒品我不清楚。30日晚上杜某某联系了一个四十岁左右的人，对方给杜某某拿了一个鞋盒，之后杜某某就说可以回西安了。“何叔”送我们到西双版纳机场，我们开了一间房，去××超市买了特产、足浴盐，然后杜某某让我水果市场寄快递，寄快递的时候没有烟了，我去买烟了。之后就回酒店，晚上就乘飞机回西安了。……7月3日杜某某让我和他去他家楼下的××小店取快递，之后我和他媳妇在客厅，他把快递拿进卧室，一会儿他让我去买电子秤，我没买到，借了一个电子秤给杜某某，他没有让我进卧室，十几分钟后，他从卧室出来提了一个蓝色袋子，让我陪他出去。我们坐出租车到了景某家，杜某某把蓝色布袋子放在景某家鞋柜旁边，他俩在沙发上说话，我在阳台抽烟，没听到他俩说什么，几分钟后景某从皮包内拿出2000元给杜某某，我俩就下楼了，电梯里我向杜某某借钱，杜某某就给了我1000元现金。

第九组：其他证明材料

1. 户籍证明（侦查卷一P103、P143、P183，侦查卷二P21）

证实：原审被告人具有完全刑事责任能力。

2. 情况说明（侦查卷四1）

证明：2019年8月6日××分局××派出所办案民警出具，罗某已于2019年7月19日因涉嫌贩卖毒品罪被福建省厦门市公安局××分局上网追逃，后刑事拘留。

3. 扣押清单、发还记录（侦查卷一P57、P128、P177，侦查卷二P15，侦查卷四P19）

证实：2019年7月17日，扣押杜某某现金2000元（减去吃饭100元，余1900元）、黄白相间戒指一个、手表一块、黄色手链一个、身份证一张、黑色苹果手机二部。次日李某某领回。2019年7月19日扣押杨某银白色苹果手机一个。未扣押景某、雷某某、罗某任何物品。

综合分析：

本案的焦点问题有两个。一是第一笔犯罪事实能否认定的问题，二是运输毒品氯胺酮962.45克应当适用《中华人民共和国刑法》第三百四十七条第二款第一项之规定，还是第三百四十七条第三款之规定的问题。

1. 2019年6月27日至7月3日，景某、杜某某、杨某运输毒品氯胺酮600克，系事实认定错误。

在案的证据能够证明景某和杜某某共同预谋、景某出资购买毒品氯胺酮，由杜某某和杨某乘飞机到云南购得毒品，通过邮寄包裹的方式将该毒品运输至西安，第一次运输毒品氯胺酮600克，三人的行为均已构成运输毒品罪。经审查认定该笔事实的客观证据有：景某给杜某某的转账记录，杜某某、杨某乘飞机往返的记录、入住酒店的视频截图，将毒品混入水果邮寄的物流记录，杜某某、杨某回到西安后取包裹的视频截图。言词证据有杜某某稳定一致的供述，杨某的有罪供述，细节部分与罗某、雷某某等人的证言一致（如，杨某供述到景某家中送毒品的细节，与杜某某供述一致，景某亦承认杜某某、杨某二人到其家中，只是否认送毒品；如，杨某供述在××牛排店给罗某毒品，与杜某某、雷某某的供述一致），与客观证据证明方向一致。且在景某给杜某某妻子转账当日，杜某某、杨某乘飞机前往云南，二人回来给景某送毒品后，景某又给杜某某妻子支付宝转账，均能证明景某出资与杜某某等人共同运输毒品的事实。

2. 运输毒品氯胺酮962.45克应当适用《中华人民共和国刑法》第三百四十七条第二款第一项之规定。根据2016年4月6日《最高人民法院〈关于审理毒品犯罪案件适用法律若干问题的解释〉》第一条第一款第七项之规定，走私、贩卖、运输、制造、非法持有氯胺酮500克以上，应当认定为刑法第三百四十七条第二款第一项、第三百四十八条所规定的“其他毒品数量大”，法定刑为十五年有期徒刑、无期徒刑或者死刑，并处没收财产。故生效判决对该笔事实的认定准确，但在被告人景某、杜某某没有法定减轻情节的情况下，低于法定最低刑十五年有期徒刑对二人判处刑罚，法律适用错误，量刑畸轻，应当予以纠正。

五、需要说明的情况

1. 2021年11月26日，承办人就本案生效裁判适用法律错误的问题向陕西省人民检察院第二检察部进行了汇报，省院第二检察部召开检察官联席会议听取了汇报，同意承办人关于本案二审裁定适用法律错误，按照审判监督程序提请省院抗诉的意见。同时部分员额检察官认为生效裁判还存在认定事实错误的问题，第一笔事实有景某出资转账、杜某某与杨某乘机往返西安与西双版纳和物流信息等客观证据，有杜某某、杨某曾作出的有罪供述，细节部分与雷某某、罗某的供述，与景某关于杜某某、杨某曾到其家中的供述一致，不能因为没有查获现货和被告人翻供而不采信证据、认定事实，建议可以一并提请抗诉。

2. 2021年11月29日第二检察部召开检察官联席会议，认为本案的生效裁判认定事实和适用法律错误，同意承办人按照审判监督程序提请陕西省人民检察院抗诉的意见。

3. 2021年11月30日，经本院检委会研究决定提请陕西省人民检察院按照审判监督程序提出抗诉。

4. 2021年12月17日，我院向陕西省人民检察院提请抗诉。陕西省人民检察院支持抗诉，并于2022年3月3日向陕西省高级人民法院提起抗诉。2022年4月29日陕西省高级人民法院作出（2022）陕刑抗××号"再审决定书"，认为××市中级人民法院（2021）陕××刑终××号刑事裁定书认定事实不清，适用法律错误，决定：1. 指令××市中级人民法院另行组成合议庭对本案进行再审；2. 再审期间不停止原判决的执行。

六、承办人意见

本案的生效裁判没有认定第一笔运输毒品的犯罪事实系事实认定错误；在没有法定减轻情节的情形下，对景某、杜某某低于法定最低刑判处刑罚系法律适用错误。

承办人：刘晶晶

2022年7月5日

专题二

如何撰写起诉书

一、基本概念

公诉权，是指国家对犯罪进行追诉与否的权力。在我国，检察机关是唯一行使公诉权的国家机关，公诉权是检察机关标志性职权。[①] 公诉包含审查起诉、起诉（提起公诉）、不起诉、出庭支持公诉以及变更、补充、追加起诉等五项职能。审查起诉，是指检察机关对侦查机关侦查终结、监察机关调查终结，移送起诉的刑事案件进行全面审查，依法决定对犯罪嫌疑人提起公诉、不起诉的诉讼活动。[②] 提起公诉，是指在刑事诉讼中，检察机关对犯罪嫌疑人涉嫌犯罪的事实进行审查后，对符合起诉条件的犯罪嫌疑人提起公诉进入审判程序的诉讼行为。[③] 审查起诉作为连接侦查与审判之间的纽带，是刑事诉讼中承前启后的一个环节，也是检察机关提起公诉或者作出不起诉处理不可或缺的前置程序，具有对案件审查和"过滤"重要作用。[④]

检察官在审查起诉阶段处于侦、辩、检三角结构的顶端，[⑤] 主要任务包括审查案件事实和法律适用，斟酌影响案件定罪量刑情节，以便对案件作出正确的起诉和不起诉决定；对侦查过程和结果进行审查，对收集和运用证据等方面是否合法进行审查，纠正侦查活动中的违法行为，对侦查中的遗漏罪行进行补救；掌握案件的全面情况，决定起诉的案件，为出庭支持公诉做好准备。[⑥] 起诉书是检察机关根据事实说明，追究被告

---

① 参见史卫忠、张晓津主编：《国家公诉人出庭指南》（修订版），法律出版社 2023 年版，第 1 页。

② 参见孙谦、陈国庆、万春、张建伟主编：《刑事检察业务总论》，中国检察出版社 2022 年版，第 166 页。

③ 参见童建明：《论不起诉权的合理适用》，载《中国刑事法杂志》2019 年第 4 期。

④ 参见郜占川：《审查起诉权司法化的可能空间及合理限度》，载《社会科学》2020 年第 8 期。

⑤ 参见孙谦、陈国庆、万春、张建伟主编：《刑事检察业务总论》，中国检察出版社 2022 年版，第 166 页。

⑥ 参见郭立新：《新时代检察机关法律监督的任务》，载《中国检察官》2018 年第 23 期。

人刑事责任的理由和根据的一种结论性请求文书,[①] 是检察机关代表国家向人民法院提起公诉、指控犯罪并要求追究被告人刑事责任的重要法律文书，具有程序启动、指控犯罪、保障人权、价值引领四大功能。其一，程序启动功能。对审判机关而言，检察机关对侦查终结的案件，经审查认为符合起诉条件的，依法需要追究被告人刑事责任的，决定将其提请法院进行审判的，需制作起诉书，起诉书一经送达法院，即标志着审查起诉环节的终结和法律规定的审判程序的开启。其二，指控犯罪功能。对检察机关而言，起诉书是检察机关出庭支持公诉，发表公诉意见，参加法庭调查和辩论的基础。起诉书作为具有法律效力和法律意义的文书，起诉书中“记载的案件事实即为指控的犯罪事实，记载的法律适用就是指控犯罪的根据和理由”[②]。其三，保障人权功能。对被告人而言，起诉书指控内容确定了审判活动客体和对象，保护被告人免受肆意和不公正审判。[③] 即法院通过法庭审判，只能回答起诉书的指控是否成立，也就是起诉书指控的被告人是否实施了起诉书所载犯罪事实，并且是否构成了起诉书所载罪名。[④] 法院不得审理起诉书指控范围以外的事实，其中折射出的不告不理原则，符合现代人权保障的精神要求。其四，价值引领功能。对社会公众而言，起诉书作为检察机关追诉犯罪的正式法律文书，意义重大。通过起诉书公开，将案件涉及的相关事实适用法律情况公之于众，自觉接受社会监督和舆论评价，使检察权运行于阳光下，不仅让案件当事人对如何定罪量刑有最直观的认识，让人民群众切身感受到检察工作的公平正义，同时也间接倡导了主流行为规范，实现行为规范选择之回归。

最高人民检察院反复强调，检察机关是政治性很强的业务机关，也是业务性很强的政治机关。检察机关办理的每一起案件，处理的每一件事情，归根到底都是在落实以人民为中心，都是在践行全心全意为人民服务的宗旨，都是在厚植党执政的政治基础。起诉书作为检察机关最具

① 参见龙宗智、杨建广主编:《刑事诉讼法》，高等教育出版社 2003 年版，第 303 页。

② 李勇:《刑事起诉书制作的原理和方法》，载《人民检察》2021 年第 3 期。

③ 参见陈卫东:《程序正义之路》第二卷，法律出版社 2005 年版，第 133 页。

④ 参见陈瑞华:《问题与主义之间——刑事诉讼基本问题研究》，中国人民大学出版社 2003 年版，第 290 页。

代表性的对外法律文书，是社会公众认知检察工作的重要载体，客观准确与否直接关系办案质效和司法公信力，影响检察机关对外形象。刑事检察部门必须紧紧围绕“高质效办好每一个案件”的基本价值追求，准确理解、充分把握起诉书的功能原理，坚持全面规范，以如履薄冰的审慎态度撰写起诉书，凸显起诉书的权威性和严肃性。[①]

二、文书制作依据

（一）法律规定

《人民检察院组织法》第 2 条对检察机关性质和任务进行了明确规定，人民检察院是国家的法律监督机关。人民检察院通过行使检察权，追诉犯罪，维护国家和社会秩序，维护个人和组织的合法权益，维护国家利益和社会公共利益，保障法律正确实施，维护社会公平正义，维护国家法制统一、尊严和权威，保障中国特色社会主义建设的顺利进行。《刑法》规定，犯罪嫌疑人有刑事责任能力，且不存在《刑事诉讼法》第 16 条规定的情形的，应当对犯罪嫌疑人追究刑事责任。

《刑事诉讼法》第 176 条规定，人民检察院认为犯罪嫌疑人的犯罪事实已经查清，证据确实、充分，依法应当追究刑事责任的，应当作出起诉决定，按照审判管辖的规定，向人民法院提起公诉，并将案卷材料、证据移送人民法院，同时向人民法院提出庭审程序建议、量刑建议等。

（二）司法解释及相关文件规定

《人民检察院刑事诉讼规则》对起诉条件、内容、方式作了详细规定。如第 355 条第 1 款规定，人民检察院认为犯罪嫌疑人的犯罪事实已经查清，证据确实、充分，依法应当追究刑事责任的，应当作出起诉决定。第 358 条前两款规定，人民检察院决定起诉的，应当制作起诉书。起诉书主要内容包括被告人的基本情况、案由和案件来源、案件事实、起诉的根据和理由以及被告人认罪认罚情况等。第 359 条前两款规定，人民

① 参见王勇：《法律文书是法律人的名片》，载《检察日报》2023 年 6 月 9 日，第 3 版。

检察院提起公诉的案件，应当向人民法院移送起诉书、案卷材料、证据和认罪认罚具结书等材料。起诉书应当一式八份，每增加一名被告人增加起诉书五份。

2005 年，最高人民检察院印发的《关于进一步加强公诉工作强化法律监督的意见》指出，审查起诉是准确指控犯罪的前提和基础，要依法认真、细致、全面地审查案件，坚持客观公正的原则，既要查明有罪、罪重的证据，也要查明无罪、罪轻的证据。对于犯罪事实已经查清、证据确实充分、依法应当追究刑事责任的，应当依法作出起诉决定。2012 年，最高人民法院、最高人民检察院、公安部、国家安全部、司法部、全国人大常委会法制工作委员会《关于实施刑事诉讼法若干问题的规定》中提出，对于人民检察院提起公诉的案件，人民法院都应当受理。人民法院对提起公诉的案件进行审查后，对于起诉书中有明确的指控犯罪事实并且附有案卷材料、证据的，应当决定开庭审判，不得以上述材料不充足为由而不开庭审判。如果人民检察院移送的材料中缺少上述材料的，人民法院可以通知人民检察院补充材料，人民检察院应当自收到通知之日 3 日内补送。

最高人民法院《关于适用〈中华人民共和国刑事诉讼法〉的解释》对检察机关移送起诉书也有相应规定。如第 218 条规定，对提起公诉的案件，人民法院应当在收到起诉书（一式八份，每增加一名被告人，增加起诉书五份）和案卷、证据后，审查以下内容：是否属于本院管辖；起诉书是否写明被告人的身份，是否受过或者正在接受刑事处罚、行政处罚、处分，被采取留置措施的情况，被采取强制措施的时间、种类、羁押地点，犯罪的时间、地点、手段、后果以及其他可能影响定罪量刑的情节；有多起犯罪事实的，是否在起诉书中将事实分别列明……

三、文书结构

起诉书具有严谨的规范格式体例，集中体现了检察机关对案件证据事实的判断认识，并在此基础上依法提出明确的指控意见，是检察机关对刑事案件开展审查起诉工作成果的集中体现。虽然 2020 年 1 月最高人民检察院印发的《人民检察院刑事诉讼法律文书格式样本（2020 版）》

将起诉书分为自然人犯罪普通程序案件起诉书、自然人犯罪认罪认罚案件起诉书、单位犯罪普通程序案件起诉书、单位犯罪认罪认罚案件起诉书、刑事附带民事起诉书，但其文书制作内容和要求基本一致。上述五类文书格式均由首部、被告人（被告单位）的基本情况、案由和案件的审查过程、案件事实、证据、起诉要求和根据、尾部七部分组成，在此予以统一说明，不作细分。

1. 首部。首部由人民检察院名称和文号组成。人民检察院的名称方面，除最高人民检察院外，各地方人民检察院的名称前应写明省（自治区、直辖市）的名称；对涉外案件提起公诉时，各级人民检察院的名称前均应注明“中华人民共和国”的字样。文号由制作起诉书的人民检察院的简称、案件性质（即“刑诉”）、起诉年度、案件顺序号组成。其中，年度须用四位数字表述。文号为××检××刑诉〔20××〕×号，写在该行的最右端，上下各空一行。

2. 被告人（被告单位）的基本情况。被告人、被告单位的基本情况应当按照格式中所列要素的顺序叙写，应注意以下事项。其一，被告人如有与案情有关的曾用名、别名、化名或者绰号的，应当在其姓名后面用括号注明；被告人是外国人的，应当在其中文译名后面用括号注明外文姓名。其二，被告人的出生日期一般应以公历为准。除未成年人外，如果确实查不清出生日期的，也可以注明年龄。对尚未办理身份证的，应当注明。其三，被告人的住址应写被告人的经常居住地。被告人是外国人时，应注明国籍、护照号码、国外居所。其四，对被告人曾受到过行政处罚、刑事处罚的，应当在起诉书中写明，其中，行政处罚限于与定罪有关的情况。一般应先写受到行政处罚的情况，再写受到刑事处罚的情况。叙写行政处罚时，应注明处罚的时间、种类、处罚单位；叙写刑事处罚时，应当注明处罚的时间、原因、种类、决定机关、释放时间。其五，对采取强制措施情况的叙写，必须注明原因、种类，批准或者决定的机关和时间、执行的机关和时间。被采取过多种强制措施的，应按照执行时间的先后分别叙写。其六，同案被告人有二人以上的，按照主从关系的顺序叙写。其七，当自然人犯罪、单位犯罪并存时，在叙写被告单位、被告人情况时，应先叙述被告单位、法定代表人及有关属于责任人员的被告人的情况，再叙述一般的自然人被告人情况。

3. 案由和案件的审查过程。根据案件的不同情况，分别依照格式的要求叙写。叙写退回补充侦查、延长审查起诉期限时，应注明日期、原由。

4. 案件事实。案件事实部分，是起诉书的重点。叙写案件事实，应当注意以下几点：一是对起诉书所指控的所有犯罪事实，无论是一人一罪、多人一罪，还是一人多罪、多人多罪，都必须逐一列举。二是叙述案件事实要按照合理的顺序进行。一般可按照时间先后顺序；一人多罪的，应当按照各种犯罪的轻重顺序叙述，把重罪放在前面，把次罪、轻罪放在后面；多人多罪的，应当按照主犯、从犯或者重罪、轻罪的顺序叙述，突出主犯、重罪。三是叙写案件事实时，可以根据案件事实的不同情况，采取相应的表述方式，具体应当把握以下两个原则：对重大案件、具有较大影响的案件、检察机关直接受理立案侦查的案件，都必须详细写明具体犯罪事实的时间、地点，实施行为的经过、手段、目的、动机、危害后果和被告人案发后的表现及认罪态度等内容，特别要将属于犯罪构成要件或者与定罪量刑有关的事实要素列为重点。既要避免发生遗漏，也要避免将没有证据证明或者证据不足，以及与定罪量刑无关的事项写入起诉书，做到层次清楚、重点突出；对一般刑事案件，通常也应当详细写明案件事实，但对其中作案多起但犯罪手段、危害后果等方面相同的案件事实，可以先对相同的情节进行概括叙述，然后再逐一列举出每起事实的具体时间、结果等情况，而不必详细叙述每一起犯罪事实的过程。四是对共同犯罪案件中有同案犯在逃的，应在其后写明“另案处理”字样。

5. 证据。应当在起诉书中指明证据的名称、种类，但不必对证据与事实、证据与证据之间的关系进行具体的分析、论证。叙写证据时，一般应当采取“一事一证”的方式，即在每一起案件事实后，写明据以认定的主要证据。对于作案多起的一般刑事案件，如果案件事实是概括叙述的，证据的叙写也可以采取“一罪一证”的方式，即在该种犯罪后概括写明主要证据的种类，而不再指出认定每一起案件事实的证据。

6. 起诉的要求和根据。首先，对行为性质、危害程度、情节轻重，要结合犯罪的各构成要件进行概括性地表述，突出本罪的特征，语言要精炼、准确。其次，对法律条文的引用，要准确、完整、具体，写明条、款、项。再次，关于量刑情节的认定。对于具备轻重不同的法定量刑情节，一般应当在起诉书中作出认定。但对于适用普通程序的案件，涉及自首、立功等可能因特定因素发生变化的情节，也可以在案件事实之后仅对有关事实作客观表述；对于酌定量刑情节，可以根据案件的具体情况，从有利于出庭支持公诉的角度出发，决定是否在起诉书中作出认定。最后，按照先单位犯罪、后自然人犯罪的顺序叙写。

7. 尾部。起诉书应当署具体承办案件检察官和检察官助理的姓名。起诉书的年月日，为签发起诉书的日期。同时加盖检察机关院印。

注意事项，本文书有正副本之分，正本送人民法院，副本存检察内卷；正本上不写“本件与原本核对无异”，应将其制成专用印章，加盖在正本末页的年月日的左下方、附项的上方。

四、文书制作要点

（一）总体原则

起诉书是检察机关最具代表性、标志性的法律文书之一，是检察机关进行法律文书公开数量最多的文书，也是社会公众认识检察机关的重要文本载体。由于起诉书等法律文书通过互联网平台公开，面向社会公众，必然要接受社会公众和法律同仁的检阅评论。起诉书公开，需经得起公开带来的检验，进而倒逼质量提升。总体而言，起诉书是形式与内容的统一，不仅具有严谨规范的格式体例，还集中体现检察机关对案件证据事实的判断认识，并在此基础上依法提出明确的指控意见。故起诉书的制作应当符合规范性、准确性的要求，即形式规范、内容准确。此外，由于起诉书担负着法律评价、请求定罪等功能，随着以审判为中心诉讼制度改革的深入展开，庭审实质化程度不断加强，起诉书和判决书向审判这个中心共同前进，故而起诉书的功能需为增强庭审实质化服务，叙述性是当然的价值追求，把案件事实阐述清晰。同时，要根据 2017 年最高人民检察院《关于加强检察法律文书说理工作的意见》的相关要求，在制作起诉书时论证严密，说理充分。

1. 规范性要求

《人民检察院刑事诉讼法律文书格式样本（2020版）》共提供了五种起诉书的格式样本，包括自然人犯罪与单位犯罪各两种，普通程序与认罪认罚程序各两种，以及刑事附带民事起诉书。

（1）关于形式规范。起诉书由首部、被告人（被告单位）的基本情况、案由和案件的审查过程、案件事实、证据、起诉的理由和根据、尾部及附注七个部分组成。根据最高人民检察院法律文书格式样本，每个部分都有明确的撰写规范要求，这也是起诉书的基本要求。务必要做到准确无误，确保公诉人、庭审法官及其他诉讼参与人阅读起诉书不产生歧义、不受误导、不感困惑，准确理解公诉人所要表达和传递的意思。如数字规范使用方面。在引用的法律条款、部分结构层次顺序和在词、词组、惯用语、缩略语、具有修辞色彩语句中作为词素的数字时应当使用汉字，其他情况下应当尽量使用阿拉伯数字；在表达金额价值时，应表述为人民币+阿拉伯数字+人民币单位（元、角等）；刑期、行政处罚期限应当统一使用汉字小写数字，与刑法条文的表述方式一致，如三年六个月，避免汉字大写数字（如壹贰叁）与汉字小写数字混用的情况，如叁年六个月；而日期则一律使用阿拉伯数字，如2023年8月28日。又如标点符号规范使用方面。如逗号，是语意表述不完整时用以表示句内一般停顿的标点符号，一般不用于表示并列词语之间的停顿，句子内部的并列成分（词、短语及作为句子成分而失去独立性的句子）之间的微小停顿应使用顿号；复句内各分句之间的停顿使用逗号，但如果分句内有逗号表示停顿，分句之间的停顿则应使用分号，以划分层次；可以置于较长的主语、较长的谓语、句首状语后，也可以置于较长的宾语前表示一般性停顿。又如句号，用以表示句子的陈述语气或语意的完整表述，用于句子末尾，表示语段前后的较大停顿；起诉书的特殊文体决定，一个语意表述完毕，需用句号表示语意结束，不能使用逗号；可使用划分句子主干的方法判断一句话语意表述是否完整，通过句子主语也可以辅助判断表述是否完整，当句子主语发生变化时，一般前句的表述已经完整。

（2）关于语体色彩规范。起诉书应使用客观、理性、中立、平和的词语，表述应准确、简洁，采用类似“白描”的叙述方法——不修饰、不用或少用形容词渲染，全面、客观、真实描述犯罪事实。尽量围绕犯罪构成，把复杂的问题用简单的方法来处理，突出被告人行为的危害特征，便于受众最短时间接受。事实表述应当建立在查清案件事实、证据的基础上，对影响定罪量刑情节进行完整归纳，不应照抄起诉意见书。同时需要注意的是，完整归纳案件事实不是事无巨细地表述，要注意文字的简洁，突出重点。避免使用带有强烈感情色彩和道德评价的词语，如带有贬义色彩的动词“窜至”“嚣张”，表示惊讶的副词“居然”“竟”，带有人格侮辱性的语言，如“小三”“丧心病狂”，不当推测被告人主观动机的短语“以满足个人淫乐为目的”，过于口语化的语言“老公”“老婆”等。同时应避免使用带有社会评价的词语，如“目无国法”“法律意识淡薄”，还要避免表述案件事实直接进行法律评价，如“受贿”“抢劫”“强奸”等，可使用“收受财物”“劫得财物”“强行发生性关系”等事实表述。

2. 准确性要求

实践中承办检察官在撰写起诉书时，存在缺乏事实支撑而直接套用立法、司法解释等法律用语的现象，主要表现是为了达到指控目的，在缺乏相应案件事实描述的前提下，直接套用立法相关规定，而并未进行相应的案件事实论证，导致起诉书中的法律适用缺少案件事实根基。如在起诉书中案件事实部分表述被告人“利用职务之便，为他人谋取利益”，但是综观整个起诉书，被告人所利用的职务内容及利用方式，以及被告人为他人谋取了何种利益或者该利益的大小，却完全没有涉及。而无论是“利用职务之便”，还是“为他人谋取利益”，本身都具有一定的规范性质，是由我国刑法条文所规定的，构成受贿罪必不可少的条件。是否存在与该规范要素相对应的案件事实对于犯罪的成立意义重大。起诉书中，检察机关的指控应当是针对具体的案件事实，从而适用相关的法律条文，唯此才能保证法律适用的准确、规范。但是，在上述情形中，检察机关在缺少相应案件事实描述的情形下直接套用“利用职务之便”“为他人谋取利益”等规范用语，从而使该用语在此处承担着案件事实的功能，这本身就存在以规范论证规范的嫌疑，违背了法律适用的基本要求。又如，起诉书写到被告人“无视国家法律，任意损毁他人财物，情节严重”，作为寻衅滋事罪法定化的构成要件。被告人在主观及客观方面是否属于“任意损毁”的范围，对于该罪成立极为重要，同时也是将该罪与其他相关犯罪予以区分的关键。但是，若在起诉书的案件事实部分并不存在论证“任意损毁”这一规范要素的案件事实，则起诉书的法律适用与案件事实描述之间存在一定程度的脱节。此时，若有相同事实描写的起诉书，检察机关未直接套用“任意损毁”这一规范用语，最终却以故意毁坏财物罪对被告人提起公诉。通过类似的对比可以发现，在未阐明相关案件事实的前提下，检察机关仅因“任意损毁”这一规范要素的存在，而导致其最终指控罪名的不同，这无疑会使起诉书的公信力和准确性受到质疑。事实上，起诉书撰写的简洁性，并不意味着起诉书中的法律适用可以缺少相应的案件事实描述，从而违背刑法适用的基本要求。而且，这种直接套用相关刑法规范用语的现象不符合罪刑法定原则。更为重要的是，若放任这种倾向，会导致检察机关在指控时往往依据直觉、经验或者简单的逻辑推理对被告人的行为性质作出认定，而忽视相关案件事实的调查、分析，从而导致错误指控的现象。

3. 叙述性要求

多年来，司法界和学界一直主张加强判决书的说理性，成为判决书追求的核心目标，并支撑它不断完善。但是起诉书略有不同，起诉书在兼顾说理性的同时，要突出叙述性，即把“事”说清楚、说明白，不能语焉不详，不能一带而过，不能笼而统之，要把案件事实一五一十说清楚。看不明白的起诉书不能说是好的起诉书，有着巨大解释空间的起诉书也不是好的起诉书，这就是叙述性的基本要义。核心就是把案件事实以及相关证据作一个全面的展现，重点在于描写和叙述。强调起诉书的叙述性，主要是指案件事实部分的表述须明确、具体，即犯罪主体、犯罪时间、犯罪场所、对象与客体、犯罪手段、实施行为及后果等犯罪基本要素，应当叙述清楚，最低限度是能够清楚记载关于犯罪要件的根据，并根据认定犯罪和适用刑罚的需要，把握主次轻重，注意详略区分、繁简得当。

（1）关于表述明确。完整的案件事实应紧紧围绕“七何”（何时、何人、何地、何行为、何手段、何工具、何后果）要素展开，但并非所有案件都必须明确这七个要素。关键是案件事实要明确，而不致引起误解，即审判对象的标准是特定的、明确的，不存在其他可能性。用于审判对象的案件事实中，事实要素可被分为构成要件要素及非构成要件要素。前者是追究刑事责任的依据，后者是将审判对象特定化、明确化而需要借助的事实。从“七何”要素角度考虑，“何人”与“何行为（何事）”属于构成要件要素，其他要素究竟属于构成要件要素还是非构成要件要素则需根据具体涉嫌的罪名而定。对于刑事诉讼法规定的“明确的指控犯罪事实”而言，构成要件要素缺一不可，而非构成要件要素则可以视个案中审判对象特定化的具体要求而定，不一定全部明确。对于单一罪行的案件，查清的事实足以定罪量刑或者与定罪量刑有关的事实已经查清，不影响定罪量刑的事实无法查清的；无法查清作案工具、赃物去向，但有其他证据足以对被告人定罪量刑的，均可提起公诉。因此，起诉书并非需将所有要素均予以明确。

（2）关于事实表述与证据印证。指控的犯罪事实每一细节都要能与案件证据对应。案件事实中影响定罪量刑的情节应做到“能查尽查”，对于确实无法查清的事实在起诉书中应慎重表述。案件事实中部分量刑情节确有疑问的，按照证据存疑有利于被告人处理。

值得注意的是，起诉书中的事实要素是指控犯罪的基础，事实的描述不是单纯地“讲故事”，而是要表明被告人的行为构成何种犯罪。因此，犯罪构成要件（犯罪成立条件）是事实要素的主线。写好起诉书的事实要素，须始终抓住犯罪构成要件这条主线。一是把握犯罪构成的客观面和主观面，坚持客观面为主、优先的原则。犯罪构成的客观面反映出行为的基本特征和犯罪的基本构造，而主观面反映行为人是故意还是过失。之所以强调客观面为主、优先，一方面因为分则罪名的特征主要是通过客观行为表征出来的，另一方面行为人的主观故意很大程度上是通过客观行为表现出来的，以引导司法人员树立从客观到主观认定犯罪的思路和理念。二是与犯罪构成无关或关系不大的事实，在起诉书事实要素中不必详细描述甚至可以省略。三是要善于以犯罪构成为指导对事实进行概括和提炼，特别是言词证据中关于犯罪事实的表述，要进行概括和提炼。

（二）具体要领

1. 首部、被告人（被告单位）的基本情况、案由和案件的审查过程

（1）关于首部。刑事案件起诉书的首部由检察机关名称、文书名称和文号三部分组成。其中，检察机关名称应当包含“××省”，对涉外案件提起公诉时，各级人民检察院的名称前均应注明“中华人民共和国”的字样。文书名称即“起诉书”。文号则由统一业务应用系统自动生成，是由制作起诉书的人民检察院的简称、案件性质、起诉年度、案件顺序号组成。其中，年度用四位数字表述。文号写在该行的最右端，上下各空一行。

（2）关于被告人（被告单位）的基本情况。这部分精细化程度较高，格式化特点较强，准确性、规范化要求高。目的主要是为核实被告人身份，如身份是否一致，是否符合某些罪名的特殊身份要求，是否为需要提请的人大代表、政协委员，是否构成累犯，是否可能因曾受过的行政处罚而符合某罪名的特殊定罪量刑要求，强制措施是否适当、合法等。根据最高人民检察院印发的文书格式样本，起诉书中被告人的基本情况包括：姓名、性别、出生年月日、身份证号码、民族、文化程度、职业或者工作单位及职务、出生地和户籍地、住址、曾受到刑事处罚以及与定罪和法定量刑情节有关的行政处罚情况、因本案采取强制措施的情况等，应当按照所列要素的顺序叙写。涉及单位犯罪的，单位和诉讼代表人的情况应当分别列明。被告单位基本情况应当写明单位名称、组织机构代码、住所地、法定代表人姓名、职务等，诉讼代表人应当写明姓名、性别、年龄、工作单位、职务。单位犯罪中直接负责的主管人员、其他直接责任人员作为被告人的，其基本情况参照表述。

一是被告人姓名。表述格式为“被告人×××”，被告人如果有与案件有关的曾用名、别名、化名或者绰号的，应当在其姓名后用括号注明。这里需注意的是区分曾用名、别名、化名、绰号。曾用名是指被告人在读书或工作期间曾经使用过的名字，案发前已不再使用；别名一般是被告人除本名之外的姓名，包括昵称、小名等；化名通常为了隐藏原本身份而临时使用的名字。上述名称一般为被告人本人或家庭成员所起。绰号又称外号、诨号，在部分地区也称为花名，一般为家庭成员以外的人

员所起。被告人与案件有关的名字是指该曾用名、别名、化名、绰号与证明案件事实的证据材料有联系。如在共同犯罪案件中，某被告人的曾用名、别名、绰号只是其家庭成员或亲友知晓，其他同案犯并不了解，或者虽然知晓但并不称呼，并且案件的相关材料也与该曾用名、别名、绰号没有联系，则无须在起诉书中写明；如果虽然在共同犯罪中没有使用该曾用名、别名、绰号，但其他案件材料（如证人证言、书证）提及，则表明与案件有关，应当在被告人姓名后括号注明。若被告人是外国人的，应当在其中文译名的全名后用括号注明外文姓名的全名，并与护照记载的信息保持一致。被告人是又聋又哑的人或者盲人，应当在其姓名后具体注明。此外，根据刑事诉讼法的规定，若被告人不讲真实姓名、身份不明的，人民检察院可以按照被告人自报的姓名向人民法院起诉，起诉书中应当注明。例：被告人刘××（自报姓名）。被告人自报的姓名可能造成损害他人名誉、败坏道德风俗等不良影响的，可以对被告人编号。例：被告人3号，同时在起诉书中附被告人照片。

二是出生日期。以公历为准，年月日应当用阿拉伯数字叙写。出生日期无法查清，不影响定罪量刑的，可以注明年龄；与定罪量刑有关的，应当通过骨龄测定等生物技术手段确定年龄。除未成年人外，如果确实无法查清出生日期，也可以仅标注年龄，用括号标注“自述”。

三是身份证号码。居民身份证上记载的号码应表述为“公民身份号码”，用阿拉伯数字，且不能移行，“号码”二字后不加冒号。对尚未办理居民身份证的，应当注明。

四是民族。表述应写明民族的全称，表述格式为“××族”。

五是文化程度。一般以户口登记为准，但有证据证实有更高学历的，应当以实际取得的学历为准。文化程度包括以下层次：博士、硕士、大学、大专、中专（中技）、高中、初中、小学，被告人系文盲的直接注明。需要注意的是，起诉书中的学历实质上是指控事实的有机组成部分，主要体现被告人对笔录阅读、理解无误，对认罪认罚从宽等制度的理解符合社会一般人的认知，不会出现重大误解等等。因此，如果户籍学历与自报学历不一致的，可以按照自报学历加以认定，对于自报如初二肄业的可模糊表述为初中文化。

六是职业或者工作单位及职务。对农村户口进城务工人员，犯罪行为与所在单位没有任何关系的，其职业表述为“务工人员”；犯罪行为与所在单位存在关联，如犯罪地为所在企业车间的，其职业表述为“××企业员工”。对个体经营人员表述为“个体工商户”，对无业人员直接表述为“无业”。如果被告人有具体的工作单位，则写明其工作单位和职务，这里只表述案发时的单位，起诉时已被单位除名的表述为“原系”，未除名的表述为“系”。职务犯罪案件只表述与犯罪有关的职务，同样表述为“原系”或“系”。被告人的工作单位或职务有变动，并且这种变动与起诉书指控犯罪有关的应当注明变动情况，与起诉书指控犯罪无关的变动则无须写明。

七是住址。有固定居住地，表述为“住”，有暂时居住地，表述为“暂住”。当居住地、暂住地与户籍所在地不一致时，应当括号注明其户籍所在地。对居无定所的，原则上直接表述户籍地。

八是曾受到行政处罚、刑事处罚的情况。对被告人曾经受到与定罪量刑有关的行政处罚、刑事处罚，如曾因逃税被行政处罚，又犯涉税犯罪的，应当在起诉书中写明。在表述前期受到行政处罚与刑事处罚的情况时，应当先写被告人受到行政处罚的情况，再写被告人受到刑事处罚的情况。行政处罚应当注明处罚的时间、原因、种类、处罚主体。对有可能构成累犯的，要查明释放时间。

九是因本案采取强制措施的情况。写明采取强制措施的原因、种类、批准或者决定的机关和时间、执行机关和时间。被采取过多种强制措施的，应当按时间顺序写明前后变动情况。拘留、逮捕等相邻日期的表述，可以使用“同年、同月、同日、次日”等词汇叙述。执行逮捕机关与拘留机关是同一个公安机关，可以简写为“由该局执行逮捕”。如果执行逮捕机关与拘留机关不是同一公安机关的，则应当写明执行逮捕公安机关的全称。此外，当同案被告人有二人以上的，应按照主从关系或罪行由重到轻的顺序叙写，包括强制措施的原因、种类、批准或者决定的机关及时间、执行机关及时间。当单位犯罪、自然人犯罪并存时，应按照先单位后自然人的顺序叙写。有多名被告人且拘留时间、执行逮捕时间、机关相同的，可以在各被告人基本情况叙写完毕后，另起一自然段，合并叙述。而被告人若是单位的，名称应当是工商营业执照上的全称。如果被告单位的名称较长，可以在起诉书首次出现该单位名称时用括号注明其简称，在起诉书之后的叙述中引用其简称。简称要能代表公司的经营属性并考虑社会公众的接受习惯。单位犯罪后，单位发生分立、合并或者其他资产重组情况的，只要承受该单位权利义务的单位存在，就应当追究单位犯罪的刑事责任。如果原单位名称发生更改的，仍以原单位（名称）作为被告单位。

（3）关于案由和案件的审查过程。起诉书中的案由应按照侦查机关移送审查起诉时认定的罪名叙写，在叙写案件的移送及审查过程时，应当写明案件移送审查起诉、退回补充侦查、改变管辖、变更起诉等诉讼活动的时间、原由；同时，还应载明是否已依法告知被告人、被害人诉讼权利及听取其本人、辩护人、诉讼代理人意见的情况，真实反映审查起诉过程的全貌。一是侦查机关、案由和移送审查起诉的时间。例："本案由××公安局侦查终结，以被告人××涉嫌××罪，于××年××月××日向本院移送审查起诉"。对于有管辖变更情况的，表述为"本案由××公安局侦查终结，以被告人××涉嫌××罪，于××年××月××日向××人民检察院移送审查起诉。××人民检察院于××年××月××日转至本院审查起诉"。二是依法告知的情况。表述为"本院受理后于××年××月××日已告知被告人××有权委托辩护人和认罪认罚可能导致的法律后果，××年××月××日已告知被害人及其法定代理人（近亲属）、附带民事诉讼当事人及其法定代理人有权委托诉讼代理人"。三是审查起诉工作的简要情况。表述为"依法讯问了被告人××，听取了被告人及其辩护人（值班律师）、被害人××及其委托的诉讼代理人××的意见，审查了全部案件材料"。如果没有被害人或被害人没有诉讼代理人的，不予表述。被告人认罪认罚的案件，其同意适用的审理程序应当予以表述。四是诉讼进程情况。包括延长审查起诉的法定事由及期限、退回补充侦查的法定事由、退查的时间及检察机关重新收案的时间等情况。如"因案情重大、复杂，本院于××年××月××日决定延长审查起诉期限十五日"；"因事实不清、证据不足，本院于××年××月××日决定将本案退回××公安局补充侦查，××年××月××日××公安局经补充侦查完毕，再次将本案移送本院审查起诉"。

2. 案件事实、证据

（1）关于案件事实。这部分是起诉书的核心，更是审判的对象。案件事实经起诉指控后，随之成为法院审判的范围、未经法定程序禁止再诉（一事不再理原则）的范围，以及辩方在审判过程中防御的范围。根据刑事诉讼法和相关司法解释规定，明确的指控犯罪事实，就是要体现全部“影响定罪量刑的事实要素（情节）”。如果起诉书载明的案件事实过于笼统，不仅法院审判的范围不明确，且未经法定程序禁止再诉（一事不再理原则）的范围以及辩方在审判过程中防御的范围更不明确，指控对审判范围的限定作用无从谈起。因此，在以审判为中心的诉讼制度改革中，应进一步规范、明确起诉指控的犯罪事实，让定罪量刑情节都能在法庭上呈现，确保庭审焦点突出。总而言之，案件事实表述应当全面、客观、真实，既要包括直接影响案件定罪量刑的核心事实，也要包括其他影响定罪量刑的边际事实，包括与案件有关的社会背景、前因后果、传统文化、民情风俗等。从内容上一般应具体写明以下诸项事实要素：无论是一人一罪、多人一罪，还是一人多罪、多人多罪，犯罪事实都要分行逐一叙写。叙述案件事实要按照合理的顺序进行，一般可按照先单位犯罪后自然人犯罪、先共同犯罪后单独犯罪，表述上按照时间先后顺序。一人多罪的，也可按照重罪在前，轻罪在后的顺序；多人多罪的，应按主犯、从犯或重罪、轻罪的顺序叙述，突出主犯、重罪。一般而言，事实表述中的常规做法是按照时间顺序一罪一表述；先总后分；主犯、重罪在前，从犯、轻罪在后。但在个案中，根据案件特点也可采用其他较为灵活的表述方式，如一人犯多罪，罪名之间关系密切难以区分的，可以统一表述为一段犯罪事实。对于作案次数多、性质相同的案件，应在案件事实的开头，就作案次数、犯罪金额、犯罪后果等进行概括，然后再逐一叙述每一笔犯罪事实。对于查清的案件起因应当在案件事实中详细描述，具体细化犯罪事实由何而起，避免出现“因琐事”“因故”“因情感纠葛”等概而论之的表述方式。事实上所谓“琐事”，大多其实是重要量刑情节，反映被害人是否有过错，是否有正当防卫等情节，这一方面是重要的事实，需精细化归纳；另一方面能清楚表述每个涉案当事人的是非对错，体现检察机关的公正立场。

在具体撰写时，可以准确把握“七何”要素，即何人于何时在何地以何种方法对何人或何物做了何种行为导致何种后果。一是何人。在描述事实时，被告人、被害人第一次出现时，表述为被告人××，被害人××。同一段落再次出现时，可把被告人、被害人省去，直接表述××。共同犯罪案件中在逃或者已经处理的同案犯，首次出现应当在其姓名后用括号注明“另案处理”字样，同一宗事实再次出现时，均直接表述为××。案件涉及多个罪名，涉及被告人的犯罪事实较多、被告人人数较多时，为清晰阅读，被告人、被害人在新的事实中第一次出现时，应当表明身份。被害人有伤亡的，死亡的表述为“被害人××（性别，殁年××周岁）”。被害人系未成年人、老年人、孕妇、残疾人等特殊人群的，该情节可能影响定罪或者量刑，应在括号中予以注明。二是何时。在证据确实、充分的情况下，尽可能精准表述犯罪时间，对案件事实发展过程中的重要时间节点要有所体现。部分事实中涉及重大节假日或者其他对事实有影响的特殊日期，应一并注明。三是何地。在表述案件经过时，如果地点发生转移，不同地点之间的变化要有所体现。犯罪场所名称不能仅依靠言词证据，应当有客观证据加以证实。四是何手段。这部分往往直接体现罪与非罪、此罪与彼罪，在表述时宜更加精准、详实。对犯罪手段要结合客观证据进行描述，准确反映打击部位、力度大小、次数多少、程度轻重等。对采用新型犯罪方式实施的行为，在表述犯罪方法、手段时应尽可能详尽、全面，突出危害性。在多笔犯罪事实采用同一犯罪方法的情况下，应在第一次详细表述犯罪方法，后则以“采用上述犯罪方法（手段）”简洁表述。五是何对象。重点突出犯罪行为所针对的人或物。应围绕侵犯的法益客观表述。当对象为多重时，应分清主次、先后。六是何行为。这也是犯罪构成的核心要素。对于犯罪行为，在多人犯罪案件中，要具体表述不同被告人的分工、行为和作用，相互之间的勾连和预谋等情形；对连续性的犯罪行为，应当采用递进的方式表述事件发生的各个节点，以体现犯罪后果发生的必然性。被告人有中止、未遂、正当防卫、防卫过当等情节，应当在叙述被告人犯罪行为过程中一并表述。涉及非法所得，也应在犯罪事实后简单叙写，写明非法所得的时间、数额、与案件的关联性等要素，情况复杂的，可根据需要在起诉书附件中列表说明。

七是何后果。在表述时为全面体现犯罪的危害性和刑罚的必要性，尽量避免一句话后果的表述方式，而应结合证据表述为一个逻辑自洽的结论认定体系，以准确契合案件的定罪量刑。一些看似与定罪量刑无直接联系的结果，但能反映行为的社会影响程度、公众关切程度等其他危害性的，也应表述，以全面反映被告人的主观恶性和行为后果。除此之外，还要尤其注意量刑情节和涉案财物处理的撰写，客观、详尽表述。

（2）关于证据。一是证据罗列。案件事实和证据列举应有机结合。被告人犯一罪的，列举证据采取“一事一证”还是“一罪一证”的方式，可视具体情况而定。对有数个犯罪事实的，可在每叙述一个犯罪事实后，列举出相关的主要证据。对于被告人犯数罪的案件，一般应当采取“一罪一证”的叙述方式，即第一种罪名的犯罪事实叙述完毕后，接着写证据部分，然后再叙述第二种罪名的犯罪事实，叙述完毕后再写证据部分，以此类推。证据的种类应当按照刑事诉讼法中证据种类的顺序排列，物证和书证要分列，列举证据时要写明主要证据的种类和内容。罗列证据时先用阿拉伯数字书写序号，下方为圆点；后具体罗列证据内容与证据种类；不同的证据种类之间用分号分段隔开，最后一项证据结尾为句号。对于同种类证据超过 3 个以上的，或者其他非主要证据原则上可以用“等”字样概括叙述。对证据比较繁琐的，可以归纳列举。二是证据归类。证据归类应当尽量做到统一。证据属性有交叉的，以最有利于证明案件事实的原则归类。以物证为例，名称表述要规范。一般应当提交物证原件，如果确实不便移送的物品才能用照片。如果实物是以照片的方式作为物证使用的，需在括号中标明照片。

3. 起诉的理由和根据、尾部及附注

（1）关于起诉的理由和根据。一是罪状描述。根据最高人民检察院印发的文书格式样本，罪状描述的基本内容是行为的性质、危害程度、情节轻重。基本要求是突出指控罪名的特征，语言精练、准确。无需就该罪名的构成要件进行全面、充分展开，这是由起诉书的功能不同于判决书所决定的。基本方法是结合指控罪名的构成要件进行概括性表述，就是紧扣刑法分则罪名的条文进行描述。不要随意添加构成要件要素（以盗窃罪的秘密窃取、强制侮辱罪以追求性刺激为动机）。如抢劫罪可以直接按照《刑法》第263条的规定，表述为“被告人×××以暴力、胁迫或者其他方法抢劫公私财物……”二是引用法条。基本要求是：准确、完整、具体；具体到条、款、项；条款的数字用汉字书写。如指控罪名只有一条一款的，则只需要引用到条即可。如指控罪名有两款以上的，则必须具体到款。如刑法分则中的某条、款中又引述了其他条、款的罪刑要素的，则两个条、款均需引用。如该罪名的刑法条文不仅有条、款，还有项的，则需要具体引用到项。需要说明的是，起诉书的法律适用部分，只引用法律，而不引用司法解释。这一点，与判决书不同，其原因也在于起诉书与判决书的功能不同，判决书中的说理部分可以引用司法解释，检察机关只能在庭审中发表公诉意见、辩论中引用司法解释。三是法定情节。起诉书对量刑情节予以评价，方式包括性质评价和处罚评价，如立功问题，既要表述系立功（性质评价），又要表述从轻或减轻处罚（处罚评价）。至于自首和坦白，在法律要素部分是否表述，需要结合个案来决定，防止因翻供等变化而导致自首、坦白不能认定。需要强调的是，对于适用认罪认罚从宽制度的案件，应当引用《刑事诉讼法》相关规定，表述为：“被告人××认罪认罚，依据《中华人民共和国刑事诉讼法》第十五条的规定，可以从宽处理。”至于量刑建议，根据案件情况，既可以写在法律要素部分，也可以单独附量刑建议书。

（2）关于尾部及附注。起诉书落款时间应是起诉书的签发日期，年月日使用阿拉伯数字。根据修改后的《检察官法》和《人民检察院组织法》，与员额制改革相配套，起诉书落款的承办人表述为“检察官×××”，如果是检察长、副检察长办理的案件，则表述为“检察长×××”“副检察长×××”。如果检察官助理参与该案件的办理，则另起一行叙明“检察官助理×××”。另外，文书格式样本中将附注明确为“附件:”。附件后面的列项，第一项不另起一行。

五、相关重点问题

（一）公诉的程序

1. 审查起诉。检察机关在受理侦查机关移送起诉的案件后，检察机关应当及时审查起诉。一是需要对案件进行形式审查，主要包括是否符合地域管辖以及级别管辖原则、是否超过追诉时效、嫌疑人是否在案以及具有应诉能力等。

二是对案件的实质审查。主要审查犯罪的主体身份、犯罪事实、证据能力与证明力、证据标准。对法律适用的审查包括对犯罪性质、罪名的审查、新旧法处刑的轻重比较、对量刑的法律适用等，应坚持全面审查、审慎审查原则。还包括对有无遗漏罪行和其他应当追究刑事责任的人的审查，对是否属于不应追究刑事责任情形的审查，对有无附带民事诉讼的审查，对强制措施的审查以及羁押必要性审查与决定是否需要变更强制措施，对侦查合法性的审查，对涉案财物的审查等。应注意涉案财物的手续是否完备，审查涉案财产性质，审查涉案财产强制措施是否适当等。

三是审查起诉的期限。检察机关的审查起诉期限，需要区分犯罪嫌疑人是否被羁押。根据《刑事诉讼法》第 172 条的规定，人民检察院对于监察机关、公安机关移送起诉的案件，应当在 1 个月以内作出决定，重大、复杂的案件，可以延长 15 日；犯罪嫌疑人认罪认罚，符合速裁程序适用条件的，应当在 10 日以内作出决定，对可能判处的有期徒刑超过 1 年的，可以延长至 15 日。人民检察院审查起诉的案件，改变管辖的，从改变后的人民检察院收到案件之日起计算审查起诉期限。对于重大、复杂案件的办理可以经历两次退回补充侦查、三次延长 15 日，因此一般而言，在犯罪嫌疑人被羁押的情形下，审查起诉的最长期限为 6 个半月。但是需要注意的是，根据《人民检察院刑事诉讼规则》等相关规定，精神病鉴定期间不计入羁押期限和办案期限。关于犯罪嫌疑人未被羁押的案件，不受上述期限限制，但一般应当在强制措施期限内审结。

2. 提起公诉。一是提起公诉的条件。首先，要求关于犯罪嫌疑人的犯罪事实已经查清。犯罪事实是指犯罪的主要事实，个别细节无法查清或没有必要查清，不影响定罪量刑的，视为犯罪事实已经查清。《人民检察院刑事诉讼规则》第 355 条第 2、3 款规定，具有下列情形之一的，可以认为犯罪事实已经查清：第一，属于单一罪行的案件，查清的事实足以定罪量刑或者与定罪量刑有关的事实已经查清，不影响定罪量刑的事实无法查清的；第二，属于数个罪行的案件，部分罪行已经查清并符合起诉条件，其他罪行无法查清的；第三，无法查清作案工具、赃物去向，但有其他证据足以对被告人定罪量刑的；第四，证人证言、犯罪嫌疑人供述和辩解、被害人陈述的内容主要情节一致，个别情节不一致，但不影响定罪的。对于符合前款第二项情形的，应当以已经查清的罪行起诉。其次，要求证据确实、充分，《刑事诉讼法》第55条第2款规定了证明标准是证据确实、充分，所要求的条件：第一，定罪量刑的事实都有证据证明；第二，据以定案的证据均经法定程序查证属实；第三，综合全案证据，对所认定事实已排除合理怀疑。最后，依法应当追究刑事责任，犯罪嫌疑人应当有刑事责任能力且不存在《刑事诉讼法》第16条规定的依法不追诉的情形。

二是制作起诉书、向法院移送材料。根据《人民检察院刑事诉讼规则》第358条前两款的规定，人民检察院决定起诉的，应当制作起诉书。起诉书的主要内容包括：（1）被告人的基本情况；（2）案由和案件来源；（3）案件事实，包括犯罪的时间、地点、经过、手段、动机、目的、危害后果等与定罪量刑有关的事实要素；（4）起诉的根据和理由；（5）被告人认罪认罚情况，包括认罪认罚的内容、具结书签署情况等。起诉书等文书制作之后，即向法院移送材料、提起公诉。起诉时移送的材料包括起诉书、认罪认罚具结书、量刑建议书、案卷材料及证据。需要注意的是，实物证据应当随案移送，不宜移送的，应当移送其清单、照片或者其他证明文件。关于同步录音录像资料，在被告人及其辩护人申请排除非法证据并提供相应线索的情况下，人民检察院可以移送法院。

三是提出适用审判程序的建议。检察机关在提起公诉时，可以通过提出庭审程序建议，实现审判案件分流的功能。对认罪案件与不认罪案件作出区分，认罪案件又可以根据案件具体情况建议适用速裁程序、简易程序或是普通程序；不认罪案件则适用普通程序，而且庭审焦点也与认罪案件的普通程序不完全相同。根据《刑事诉讼法》第214条第2款的规定，人民检察院在提起公诉的时候，可以建议人民法院适用简易程序。第214条第1款还规定了适用简易程序的条件：第一，案件事实清楚、证据充分的；第二，被告人承认自己所犯罪行，对指控的犯罪事实没有异议的；第三，被告人对适用简易程序没有异议的。《刑事诉讼法》

还规定了不适用简易程序的情形。根据《刑事诉讼法》第222条和《人民检察院刑事诉讼规则》第437条的规定，人民检察院可以建议人民法院适用速裁程序，具体条件是：第一，可能判处3年有期徒刑以下刑罚；第二，案件事实清楚，证据确实、充分；第三，被告人认罪认罚、同意适用速裁程序。

3. 出席法庭。一是参与庭前会议。庭前会议是指庭审之前审判人员召集公诉人、当事人及辩护人、诉讼代理人等，就回避、出庭证人名单、非法证据排除等与审判相关问题以会议形式了解情况、听取各方意见的诉讼制度。为了促进集中审理的实现，2012年《刑事诉讼法》修改时增设了关于庭前会议的内容。制度设置目的是整理争议焦点，缓解后续庭审压力。分析相关条文可以看出，庭前会议主要处理与审判相关的程序性争议，具有六项功能：证据开示、非法证据排除、争点整理、沟通说服、程序分流和调解和解。程序设置既为集中审理做准备，又间接过滤不当起诉，以保障人权。庭前会议程序的有效运用，应当坚持程序法定原则，既保障以审判为中心、保持庭前会议与庭审的平衡，又充分释放庭前会议的功能和侧重解决的问题，实现效率的最大化。

二是出庭公诉。出庭公诉是公诉人代表国家依法指控犯罪、维护诉讼参与人合法权利、履行刑事审判监督职责的重要活动，是展示公诉人公正司法形象、开展法治宣传教育的重要阵地，也是检察机关接受社会监督、联系群众的重要窗口。提升公诉人出庭指控证实犯罪水平，确保出庭公诉质量，事关检察机关依法惩治犯罪、保障人权、维护稳定、促进公正的履职效果。加强出庭公诉工作，是适应全面深化改革和全面依法治国新形势，顺应深化诉讼制度改革，全面贯彻证据裁判规则，有效应对庭审实质化的必然要求；是贯彻落实修改后刑事诉讼法，充分发挥庭审功能作用，推进司法公开化、民主化，积极回应人民群众新期待的必然要求。出庭公诉既是展现公诉人乃至检察机关司法形象的重要窗口，更是检验检察产品质量、确保案件公正、高效审判的关键所在。

三是参与庭审活动。内容包括宣读起诉书、参与法庭讯问询问以及举证质证等调查程序、参与法庭辩论等。首先，公诉人应当以规范、准确、客观为标准，精心制作起诉书。宣读起诉书应庄重严肃、姿势挺拔、声音洪亮、节奏分明。其次，参与法庭调查，公诉人的法庭讯问、询问要讲究章法，合理选择运用发文方式，做到重点突出、层次分明。公诉人出示证据应根据案件的种类、特点以及庭审实际情况，围绕犯罪构成要件和争议焦点，合理构建证据模块、安排示证顺序；并围绕证据“三性”做好质证工作。尤其是应注重证据合法性的证明。最后，发表公诉意见和庭审辩论工作。应围绕分歧焦点，运用事实证据、法律规定和刑事政策，客观公正地发表公诉意见。有针对性地答辩，对于已阐明过的观点以及与案件无关的细枝末节，无需正面答辩。

（二）公诉不同阶段的工作重点

1. 审查起诉阶段的工作重点

（1）审查侦查结果。《刑事诉讼法》第169至173条等条文中规定了检察机关对侦查结果的审查。首先，侦查机关侦查终结后，在认为已符合“犯罪事实清楚，证据确实、充分，需要追究刑事责任”条件时，将卷宗材料以及起诉意见书一并移送检察机关。检察机关则围绕起诉意见书所认定的犯罪事实，主要通过审阅卷宗，讯问犯罪嫌疑人、询问关键证人等方式，对犯罪的事实是否清楚，证据是否确实、充分，定罪是否准确等案件相关情况予以审查，最终确定侦查机关提交的意见是否准确，是否需要补正。

（2）对证据的补正。《刑事诉讼法》第175条等条文规定了如何开展补充侦查工作。侦查工作在刑事诉讼理论中被视为公诉准备，应当服务于提起公诉。如果案件事实尚有待查清之处、证据尚有需要完善的地方，可以退回补充侦查。对于侦查机关侦查终结的案件，检察机关如认为其未达到起诉的标准，基于发现真实的需要，也基于与侦查机关分工负责、互相配合、互相制约的关系，一般不会根据现有证据直接作出相应决定；因此需要退回补充侦查，必要的时候也可以自行侦查。对侦查工作的补正，既可以是对现有证据的补充完善，也可以针对新发现的犯罪嫌疑人或犯罪事实展开侦查。退回补充侦查以两次为限，每次可长达1个月。

（3）对侦查过程的监督。主要体现在《刑事诉讼法》第87条、第177至179条。检察机关作为法律监督机关，对侦查机关的活动进行监督是其法定职责。此种监督，既可以是事中监督，也可以是事后监督。首先，《刑事诉讼法》第87条规定，公安机关要求逮捕犯罪嫌疑人的时候，应当写出提请批准逮捕书，连同案卷材料、证据，一并移送同级人民检察院审查批准。必要的时候，人民检察院可以派人参加公安机关对于重大案件的讨论。对重大、疑难、复杂案件，检察机关应当坚持介入范围适当、介入时机适时、介入程度适度原则，通过出席现场勘查和案件讨论等方式，按照提起公诉的标准，对收集证据、适用法律提出意见，监督侦查活动是否合法，引导侦查机关（部门）完善证据链条和证明体系。其次，事后监督。检察机关在审查起诉过程中，应当对侦查活动的合法性进行审查，如认为可能存在非法取证情形的，应要求侦查机关对这种活动的合法性进行说明。对非法证据应当予以排除；对有瑕疵的证据应当要求解释或者补正，无法补正的，应当予以排除。

2. 提起公诉时的工作重点

（1）加强庭前审查。全面审查证据材料的客观性、关联性、合法性，全面审查涉及定罪量刑的各种证据，对据以定罪的关键证据必须严格审查，对犯罪嫌疑人、被告人的无罪辩解必须高度重视，对定罪疑难且单一的言词证据必须认真复核，对矛盾证据必须严格甄别。对没有直接证据证实犯罪的，要综合审查判断间接证据是否形成完整证据链条。高度重视对物证、书证等客观性证据的审查和运用，掌握司法会计、法医、精神病、痕迹检验等鉴定意见以及电子证据相关的专业性知识和审查判断方法。突出对证据合法性的审查，坚决排除非法证据，及时补正瑕疵证据。正确适用法律和司法解释，全面贯彻宽严相济刑事政策，准确认定行为性质，确保不枉不纵。

（2）有效运用庭前会议解决争议。庭前会议的目的及功能是将部分程序性问题在开庭前予以解决。庭前会议由法院视必要性决定是否召开，人民检察院也有建议权。公诉人应当做到：一是通过参加庭前会议，了解案件情况，了解需要召开庭前会议提请解决的案件管辖、回避、庭审方案和出庭证人、鉴定人、有专门知识的人、侦查人员的名单等与审判相关的问题，为参加法庭审理做好准备。注意了解辩护人收集证据的情况，明确诉辩焦点，有针对性地交换意见和向法庭阐明观点。二是辩方提出排除非法证据申请，且人民法院认为可能存在非法证据的，人民检察院应当对证据收集的合法性进行说明。需要调查核实的应在开庭审理前进行。公诉人应当重视辩护人提出的非法证据排除意见，正确区分非法证据与瑕疵证据，能够在庭前会议环节解决的非法证据问题力争解决。三是庭前会议结束后公诉人应注意查漏补缺，充分利用会议中获取的事实、证据信息和辩护意见，做好证据补强、程序安排和庭审预案的调整完善等工作。对辩护律师提出的执业权利受侵犯的情况，要积极查证并监督纠正。

（3）加强庭前预测和应对准备。一是充分听取辩护人意见，全面了解和分析辩护意见和辩护策略，及时掌握庭前案件动态。加强庭前预测，针对争议焦点做好庭审预案和重大复杂敏感案件临庭处置预案，对案件可能存在的信访风险做好应对准备，确保庭前准备与庭上应对紧密衔接。二是根据《人民检察院刑事诉讼规则》第 392 条规定，人民法院决定开庭审判的，公诉人应当做好以下准备工作：第一，进一步熟悉案情，掌握证据情况；第二，深入研究与本案有关的法律政策问题；第三，充实审判中可能涉及的专业知识；第四，拟定讯问被告人、询问证人、鉴定人、有专门知识的人和宣读、出示、播放证据的计划并制定质证方案；第五，对可能出现证据合法性争议的，拟定证明证据合法性的提纲并准备相关材料；第六，拟定公诉意见，准备辩论提纲；第七，需要对出庭证人等的保护向人民法院提出建议或者配合工作的，做好相关准备。对申请关键证人、被害人、鉴定人、侦查人员出庭作证的，庭前充分沟通，介绍庭审程序、法庭纪律和有关法律知识，并进行必要的心理疏导，确保出庭作证顺利和良好庭审效果。

3. 出席法庭时的工作重点

（1）强化当庭讯问与询问。法庭讯问要讲究章法，合理选择运用解释性讯问、追问等方式，做到层次分明、重点突出、有的放矢。讯问被告人应把握主动，从容应对，确保当庭指控犯罪全面、准确、有力。对被告人的合理辩解认真予以对待，对被告人当庭不实供述予以揭露，对庭前的有罪供述予以固定。询问出庭作证的证人，可以要求证人连贯陈述，也可以直接发问。发问应简洁清楚，重点围绕与定罪量刑紧密相关的事实以及证言中有遗漏、矛盾、模糊不清和有争议的内容进行。可以向法庭申请再次对证人发问。发现辩护人对证人有提示性、诱导性发问的，公诉人要及时提请合议庭予以制止。

（2）强化当庭示证与质证。一是公诉人出示证据应以证明公诉主张为目的，善于根据案件的不同种类、特点和庭审实际情况，围绕犯罪构成要件和争议焦点，合理安排和调整示证顺序，做到详略得当，要点突出。根据案件的具体情况和证据状况，结合被告人的认罪态度，示证可以采用分组示证或逐一示证的方式。二是质证要目的明确、逻辑清晰，紧紧围绕案件事实和证据的客观性、关联性、合法性进行。熟练掌握各类证据的质证方法和质证策略，熟悉言词证据和实物证据的特点差异，善于从不同角度区别质证，保证质证效果。善于根据庭审变化动向，掌握质证主动性，提高质证的针对性和有效性。三是重视证据合法性的证明。公诉人可以根据讯问笔录、羁押记录、出入看守所的健康检查记录、看守管教人员的谈话记录以及侦查机关对讯问过程合法性的说明等，对庭前讯问被告人的合法性进行证明。必要时，可以要求法庭播放讯问录音、录像，申请法庭通知侦查人员或者其他人员出庭说明情况。

（3）强化发表公诉意见和庭审辩论工作。一是要善于围绕分歧焦点，运用事实证据、法律规定和刑事政策，客观公正地发表公诉意见。善于把控辩论方向，围绕辩护意见有针对性地答辩。针对不同案情和被告人的认罪态度，合理选择辩论策略。善于根据庭审实际情况灵活应变，及时针对被告人辩解、辩护人辩护观点提出答辩意见。二是要结合案件事实和庭审情况开展法治宣传教育，善于运用语言技巧，注意运用群众语言，加强释法说理，普及法律常识，剖析犯罪原因，阐述警示意义，促使被告人认罪悔罪，激发法庭和旁听人员共鸣，提升庭审综合效果。三是强化庭审突发情况应对处置。对当事人或辩护人在庭审中的妨害诉讼等不当行为，及时建议法庭予以处理。对于庭审中翻供、翻证、证据突袭、当庭查明的事实与起诉书认定事实不一致或量刑建议需要调整等突发情况，应当根据庭审预案及时应对，必要时建议法庭延期审理并区别不同情况依照规定及时处理。

（三）公诉与侦查、审判的关系

1. 公诉与侦查互相制约

侦查程序与公诉程序密不可分。刑事犯罪需要经过专门的侦查侦破，需要收集充分的证据。没有必要的侦查活动，就不能提起公诉。刑事诉讼法学理论认为侦查是公诉的准备，是公诉的前提，是公诉的组成部分，案件移送审查起诉后提起公诉或不起诉是案件侦查终结的法律处理。在国外的刑事诉讼制度中，许多国家规定侦检一体化，在侦查终结时直接由检察官作出起诉或不起诉的决定。我国刑事诉讼法规定侦查、起诉均为独立的诉讼阶段，《刑事诉讼法》第 7 条明确了侦查与公诉的关系，检察机关与公安机关分工负责、互相配合、互相制约。上述原则有三层内涵：

一是侦查、起诉是相对独立的阶段，侦查机关、检察机关各司其职。公安机关负责刑事犯罪案件的侦查，且公安机关的侦查相对独立。检察机关虽然可以介入侦查，但范围比较小，一般限于重大、复杂案件，介入手段也区别于侦检一体的国家。刑事诉讼法规定审查起诉为独立的诉讼环节，是我国刑事诉讼制度的一个特点。

二是在诉讼职能方面，侦查是公诉的准备，提起公诉是侦查的延续，二者作为共同的控方，诉讼方向和追求目标一致。侦查质量直接决定公诉案件的质量，起诉是对公安机关侦查工作的检验。《刑事诉讼法》关于公安机关与检察机关如何加强配合规定得较为笼统，主要有三条：《刑事诉讼法》第 87 条规定，公安机关提请逮捕犯罪嫌疑人的时候，必要的时候，人民检察院可以派人参加公安机关对于重大案件的讨论。第 134 条规定，人民检察院审查案件的时候，对公安机关的勘验、检查认为需要复验、复查时可以要求公安机关复验、复查，并且可以派检察人员参加。第 175 条第 1 款规定，人民检察院审查案件，可以要求公安机关提供法庭审判所必需的证据材料；认为可能存在以非法方法收集证据情形的，可以要求其对证据收集的合法性作出说明。第 2 款规定，人民检察院审查案件，对于需要补充侦查的，可以退回公安机关补充侦查，也可以自行侦查。综上，公诉介入侦查有三种形式：参与侦查，表现为参与案件的讨论、提出取证方向与法律适用等意见；指导侦查，要求公安机关收集新的证据、补正原有证据的瑕疵；自行侦查，公诉人可以自行补充侦查以夯实证据体系。

三是在诉讼关系上，起诉与侦查是互相制约的关系。检察机关对公安机关侦查终结的案件进行审查，认为不符合起诉要求的，可以退回公安机关补充侦查，对于二次补充侦查的案件，人民检察院仍然认为证据不足，不符合起诉条件的，应当作出不起诉的决定。公安机关对于检察机关的不起诉决定，根据其侦查的情况认为有错误的，可以要求检察机关复议、复核。

2. 公诉环节的侦查监督

一是侦查监督的依据。根据我国的宪法以及刑事诉讼法等法律，检察机关不仅是公诉机关，更是法律监督机关。公诉人不仅承担公诉职能，同时也应肩负法律监督的重任，公诉的过程也是法律监督的过程。只有对这两个角色、两种职能的关系有正确认识，才能完成法律赋予检察机关的职责。《宪法》第 134 条规定，人民检察院是国家的法律监督机关。这种法律监督权是代表国家、针对法律的遵守和执行而创设的，其设置基础便在于监督和制衡。《人民检察院组织法》第 20 条规定人民检察院对诉讼活动实行法律监督职权。一般而言，制约也具有监督的作用，尤其是检察机关对公安机关、审判机关的制约。但不能反过来说公安机关、审判机关对检察机关的制约是监督。制约与监督的区别体现在制约必然是双向的，是互相制约。通俗地讲，“就是在某些情况下你制约我，我在某些情况下制约你。因而，制约权具有相对性、双向性”。[①] 而监督则是单向的，体现的是监督者与被监督者之间的单向关系。检察机关除可以通过公诉行为制约公安机关，还可以根据法定职权监督公安机关的侦查活动，对公安机关的立案、侦查活动实行法律监督。公安机关决定立案、展开侦查，应接受检察机关的监督与检验。

二是侦查监督的范围。根据《人民检察院刑事诉讼规则》第 330 条的规定，检察机关对公安机关刑事侦查活动的监督主要有以下几个方面：犯罪事实、证据、罪名的认定等方面是否准确、全面；证据的合法性问题，审查证据是否依法收集，有无应当排除非法证据的情形；采取侦查措施包括技术侦查措施的法律手续和诉讼文书是否完备；有无遗漏罪行和其他应当追究刑事责任的人；是否属于不应当追究刑事责任的；羁押必要性审查，包括采取的强制措施是否适当，对于已经逮捕的犯罪嫌疑

① 姜伟：《论公诉的程序意义》，载《人民检察》2002 年第 2 期。

人，有无继续羁押的必要；侦查活动是否合法；涉案财物是否查封、扣押、冻结并妥善保管，清单是否齐备；对被害人合法财产的返还和对违禁品或者不宜长期保存的物品的处理是否妥当，移送的证明文件是否完备。由此可见，检察机关对公安机关侦查活动的监督贯穿于侦查活动的全过程，包括公安机关实施各种侦查措施、收集证据的方法与程序，采取强制措施、技术侦查措施的合法性等。

三是侦查监督的手段。主要包括：立案情况监督，检察机关发现公安机关有应该立案而不立案、不应立案而立案情形的，应当向公安机关及时发出《要求说明不立案理由通知书》。对公安机关不予说明理由或理由不充分的，制发《通知立案书》通知公安机关立案。对侦查违法的监督，检察机关在提前介入以及案件移送审查起诉的环节，发现侦查活动违法问题应当及时提出纠正意见，通过发出《纠正违法通知书》对违法行为予以监督，公安机关应当将纠正情况及时报告检察机关。制发检察建议，对不适合采用前述监督手段的，可向侦查机关发出检察建议。检察建议既可以针对公安机关普遍存在的某类履职不当或违法行为，检察机关以检察建议的形式要求公安机关在将来的工作中改进；也可以通过办理案件，发现公安机关在社会治理中存在的问题，以检察建议的形式要求公安机关引起重视、杜绝漏洞、提高治理水平。

3. 公诉与审判互相制约

刑事诉讼制度适用控审分离原则，由控、辩、审三方共同组成刑事诉讼的基本格局，缺一不可。公诉具有承前启后的作用，是审判的前提，没有起诉不会引起审判。《刑事诉讼法》规定公、检、法三机关分工负责、互相配合、互相制约，因此检察机关的起诉只是司法请求权，而审判机关对案件具有最终的裁判权。检察机关的公诉目的能否实现取决于法院裁判结果。即公诉活动要经历审判活动的检验，公诉权要接受审判权的制约。但同时，公诉对审判也具有明显的制约作用。

一是不告不理原则，未经起诉的刑事案件，法院不得审判，该原则是调整起诉与审判的最重要的原则。没有起诉或控告，便没有刑事诉讼。公诉案件，未经检察机关指控，审判机关不得径行审判，这是保障公民人身权利的必要措施。

二是审判受起诉范围的限制。不告不理原则还蕴含着告什么审什么，要求诉审同一，即起诉的对象、事实与审判的对象、事实具有同一性。审判机关不得超出公诉指控的人与犯罪事实进行审理、判决，起诉以其具体的内容严格限制审判范围，法院的审理范围不得超出起诉的范围。这是防止法院滥用审判权、保障被告人权益的必然要求。由于起诉是国家行使刑罚权的专门活动，根据起诉不可分原则，起诉的效力及于单一事实的全部，即由一个犯罪构成可以评价的事实是一个不可分的事实单元。

三是起诉具有强制审判的作用。《关于适用〈中华人民共和国刑事诉讼法〉的解释》第297条规定人民法院发现新的事实，可能影响定罪量刑的，或者需要补查补证的，应当通知人民检察院，由其决定是否补充、变更、追加起诉或者补充侦查。人民检察院不同意或者在指定时间内未回复书面意见的，人民法院应当就起诉指控的事实，作出判决、裁定。检察机关的起诉必然导致法院的审判。法院不能要求检察机关撤回起诉，或者要求退回补充侦查，更不能驳回检察机关的起诉。这是我国公诉制度的一个重要特点。

四是检察机关的起诉可以撤销、变更或追加。基于公诉权由检察机关行使的原则，案件起诉到法院以后，在裁判作出之前，检察机关可以根据新出现的情况变更起诉意见，如撤回起诉、补充起诉、追加起诉等。在现代刑事诉讼中，公诉变更被视为公诉权的有机组成部分，是检察官的当然权力，法官不宜干涉。

五是检察机关可以对法院的判决、裁定抗诉，启动第二审程序或再审程序。抗诉权是公诉权能之一，也是检察机关法律监督的手段。我国刑事诉讼法的规定，人民检察院认为法院的一审判决或二审判决确有错误时，应当提出抗诉；对人民检察院抗诉的案件，接受抗诉的人民法院应当开庭审理。抗诉不仅会引发第二审程序的开庭审理，还会引发审判监督程序的开庭审理。

4. 公诉环节的审判监督

一是审判监督的依据。我国检察机关是国家的法律监督机关，检察机关对刑事诉讼活动实行法律监督，在审判活动中，检察机关不但对审判机关具有上述制约关系，而且还应当履行审判监督职能。检察机关在提起公诉和支持公诉行使诉权的同时，发现人民法院审理案件违反法律规定的诉讼程序，有权提出纠正意见。检察机关的审判监督权，是程序性的监督纠错权，审判机关仍掌握实体性的处置决定权。公诉权能中的抗诉权具有法律监督属性，公诉权制约侦查权与审判权，公诉权的追诉功能与审判监督功能既不对立也不可分割。① 检察机关的法律监督功能与刑事诉讼中的控辩平等原则并不矛盾。控辩平等与法律监督都是为了实现司法公正，但指向不同，控辩平等指的是在具体诉讼活动中控辩双方地位平等，而检察机关履行监督职责是事后监督、是程序性权利，不存在非此即彼的根本对立，也不存在“控方的诉讼地位远远高于辩方”的制度定位问题。② 在我国，公诉和审判监督是既有区别又密切联系的统一体。检察机关行使公诉权、追诉犯罪的过程又是实施法律监督的过程。

二是审判监督的范围。检察机关对人民法院的刑事审判活动的监督主要有以下几个方面：法院对刑事案件的受理是否符合管辖的规定，人民法院审理案件是否符合法定审理和送达期限，合议庭组成人员是否符合法律规定，法庭具体审理案件的活动是否符合法定程序，是否侵犯当事人和其他诉讼参与人的诉讼权利，法庭对有关程序问题所作的决定是否违反法律规定，作出的判决、裁定是否确实存在错误需要抗诉。

三是监督的方式。检察机关既可以监督审判机关的审判活动的具体过程，也可以以诉讼文书的形式对诉讼结果是否公正进行监督。《刑事诉讼法》第 209 条规定，人民检察院发现人民法院审理案件违反法律规定的诉讼程序，有权向人民法院提出纠正意见。此种监督是单向的，刑事诉讼法并未赋予人民法院监督公诉过程的类似的权力。监督的方式，特别是纠正诉讼违法行为，可以采取诉讼的方式，也可以采取非诉讼的方式。检察机关在诉讼活动中实行法律监督，对发现的司法工作人员利用职权实施的损害司法公正的犯罪，可以立案侦查，属于诉讼方式。提出检察建议、发出纠正违法通知书，属于非诉讼的方式。在审判程序中，公诉人发现人民法院存在违法情况时，公诉人应在庭后向本院检察长报告。《人民检察院刑事诉讼规则》第 572 条规定，人民检察院对违反程序的庭审活动提出纠正意见，应当由人民检察院在庭审后提出。庭审后提出而不是当庭提出纠正意见，是为了维护法庭在审理活动中的权威，保

① 参见万春、高景峰：《论法律监督与控、辩、审关系》，载《法学家》2007 年第 5 期。

② 参见张智辉、黄维智：《控辩平等与法律监督》，载《人民检察》2006 年第 11 期。

证庭审顺利进行。在诉讼实践中，公诉人如果发现审判违反法定程序，不宜当庭纠正，但应当建议审判长休庭，不能让违反程序的审判活动继续进行下去。人民检察院有权审查法院的刑事裁判，认为法院的一审判决或二审判决确有错误时，应当提出抗诉。

六、文书样式及范例

（一）文书样式

1. 自然人犯罪普通程序案件起诉书样式

××××人民检察院

起诉书

××检××刑诉〔20××〕×号

被告人……（写明姓名、性别、出生年月日、公民身份号码、民族、文化程度、职业或者工作单位及职务、是否系人大代表或政协委员、户籍地、住址、曾受到刑事处罚以及与本案定罪量刑相关的行政处罚的情况和因本案采取强制措施的情况等）

本案由（监察/侦查机关）调查/侦查终结，以被告人×××涉嫌×××罪，于（受理日期）向本院移送起诉。本院受理后，于××××年××月××日已告知被告人有权委托辩护人，××××年××月××日已告知被害人及其法定代理人（近亲属）、附带民事诉讼的当事人及其法定代理人有权委托诉讼代理人，依法讯问了被告人，听取了辩护人、被害人及其诉讼代理人的意见，审查了全部案件材料。本院于（一次退查日期、二次退查日期）退回侦查机关补充侦查，侦查机关于（一次重报日期、二次重报日期）补充侦查完毕移送起诉。本院于（一次延长日期、二次延长日期、三次延长日期）延长审查起诉期限15日。

经依法审查查明：

……（写明经检察机关审查认定的犯罪事实包括犯罪时间、地点、经过、手段、目的、动机、危害后果等与定罪、量刑有关的事实要素。

应当根据具体案件情况，围绕刑法规定的该罪的构成要件叙写。）

认定上述事实的证据如下：

1. 物证：……；2. 书证：……；3. 证人证言：证人×××的证言；4. 被害人陈述：被害人×××的陈述；5. 被告人供述和辩解：被告人×××的供述和辩解；6. 鉴定意见：……；7. 勘验、检查、辨认、侦查实验等笔录：……；8. 视听资料、电子数据：……。

本院认为，被告人……（概述被告人行为的性质、危害程度、情节轻重），其行为触犯了《中华人民共和国刑法》第××条（引用罪状、法定刑条款），犯罪事实清楚，证据确实、充分，应当以××罪追究其刑事责任。根据《中华人民共和国刑事诉讼法》第一百七十六条的规定，提起公诉，请依法判处。

此致

×××人民法院

检　察　官×××

检察官助理×××

20××年×月×日

（院印）

附件：1. 被告人现在处所：具体包括在押被告人的羁押场所或监视居住、取保候审的处所；

2. 案卷材料和证据××册；

3. 证人、鉴定人、需要出庭的专门知识的人的名单，需要保护的被害人、证人、鉴定人的名单；

4. 有关涉案款物情况；

5. 被害人（单位）附带民事诉讼情况；

6. 其他需要附注的事项。

2. 自然人犯罪认罪认罚案件起诉书样式

××××人民检察院

起诉书

××检××刑诉〔20××〕×号

被告人……（写明姓名、性别、出生年月日、公民身份号码、民族、文化程度、职业或者工作单位及职务、户籍地、住址、曾受到刑事处罚以及与本案定罪量刑相关的行政处罚的情况和因本案采取强制措施的情况等）

本案由×××（监察/侦查机关）调查/侦查终结，以被告人×××涉嫌××罪，于××××年××月××日向本院移送起诉。本院受理后，于××××年××月××日已告知被告人有权委托辩护人和认罪认罚可能导致的法律后果，××××年××月××日已告知被害人及其法定代理人（近亲属）、附带民事诉讼的当事人及其法定代理人有权委托诉讼代理人，依法讯问了被告人，听取了被告人及其辩护人（值班律师）、被害人及其诉讼代理人的意见，审查了全部案件材料……（写明退回补充调查/侦查、延长审查起诉期限等情况）。被告人同意本案适用速裁/简易/普通程序审理。

经依法审查查明：

……（写明经检察机关审查认定的犯罪事实包括犯罪时间、地点、经过、手段、目的、动机、危害后果，以及被告人到案后自愿如实供述自己的罪行，与被害人达成和解协议或者赔偿被害人损失，取得被害人谅解等与定罪、量刑有关的事实要素。应当根据具体案件情况，围绕刑法规定的该罪的构成要件叙写。）

（对于只有一个犯罪嫌疑人的案件，犯罪嫌疑人实施多次犯罪的，犯罪事实应逐一列举；同时触犯数个罪名的犯罪嫌疑人的犯罪事实应该按照主次顺序分类列举。对于共同犯罪的案件，写明犯罪嫌疑人的共同犯罪事实及各自在共同犯罪中的地位和作用后，按照犯罪嫌疑人的主次顺序，分别叙明各个犯罪嫌疑人的单独犯罪事实。）

认定上述事实的证据如下：

……（针对上述犯罪事实，列举证据，包括犯罪事实证据和量刑情节证据）

上述证据收集程序合法，内容客观真实，足以认定指控事实。被告人×××对指控的犯罪事实和证据没有异议，并自愿认罪认罚。

本院认为，……（概述被告人行为的性质、危害程度、情节轻重），其行为触犯了《中华人民共和国刑法》第××条（引用罪状、法定刑条款），犯罪事实清楚，证据确实、充分，应当以××罪追究其刑事责任。被告人××认罪认罚，依据《中华人民共和国刑事诉讼法》第十五条的规定，可以从宽处理。……（阐述认定的法定、酌定量刑情节，并引用相关法律条款），建议判处被告人×××……（阐述具体量刑建议，包括主刑、附加刑的刑种、刑期，以及刑罚执行方式；建议判处财产刑的，写明确定的数额。也可以单独附量刑建议书，量刑建议不在起诉书中表述）根据《中华人民共和国刑事诉讼法》第一百七十六条的规定，提起公诉，请依法判处。

此致

×××人民法院

检　察　官×××

检察官助理×××

20××年×月×日

（院印）

附件：1. 被告人现在处所：具体包括在押被告人的羁押场所或监视居住、取保候审的处所；

2. 案卷材料和证据××册；

3. 《认罪认罚具结书》一份；

4. 《量刑建议书》一份（单独制作量刑建议书时移送）；

5. 有关涉案款物情况；

6. 被害人（单位）附带民事诉讼情况；

7. 其他需要附注的事项。

3. 单位犯罪普通程序案件起诉书样式

××××人民检察院

起诉书

××检××刑诉〔20××〕×号

被告单位……（写明单位名称、组织机构代码、住所地、法定代表人姓名、职务等）

诉讼代表人……（写明姓名、性别、出生日期、工作单位、职务）

被告人……（写明直接负责的主管人员、其他直接责任人员的姓名、性别、出生年月日、公民身份号码、民族、文化程度、职业或者工作单位及职务、户籍地、住址、曾受到刑事处罚以及与本案定罪量刑相关的行政处罚的情况和因本案采取强制措施的情况等）

本案由××××调查/侦查终结，以被告单位×××涉嫌××罪、被告人×××涉嫌××罪，于××××年××月××日向本院移送起诉。本院受理后，于××××年××月××日已告知被告单位和被告人有权委托辩护人，××××年××月××日已告知被害人及其法定代理人（近亲属）（被害单位及其诉讼代表人）、附带民事诉讼的当事人及其法定代理人有权委托诉讼代理人，依法讯问了被告人，听取了被告单位的辩护人、被告人的辩护人、被害人及其诉讼代理人的意见，审查了全部案件材料。……（写明退回补充侦查、延长审查起诉期限等情况）。

经依法审查查明：

……（写明经检察机关审查认定的犯罪事实包括犯罪时间、地点、经过、手段、目的、动机、危害后果等与定罪、量刑有关的事实要素。应当根据具体案件情况，围绕刑法规定的该罪的构成要件叙写。）

认定上述事实的证据如下：

1. 物证：……；2. 书证：……；3. 证人证言：证人×××、×××的证言；4. 被害人陈述：被害人×××的陈述；5. 被告人供述和辩解：被告人×××（被告人姓名、如多个被告人，则分别提取各被告人的姓名自动生成）的供述与辩解；6. 鉴定意见：……；7. 勘验、检查、辨认、侦查实验等笔录：现场勘验笔录，×××的辨认笔录等；8. 视听资料、电子数据：……。

本院认为，……（分别概述被告单位、被告人行为的性质、危害程度、情节轻重），其行为触犯了《中华人民共和国刑法》第××条，犯罪事实清楚，证据确实、充分，应当以××罪追究其刑事责任。根据《中华人民共和国刑事诉讼法》第一百七十六条的规定，提起公诉，请依法判处。

此致

×××人民法院

检　察　官×××
检察官助理×××
20××年×月×日
（院印）

附件：1. 被告人现在处所：具体包括在押被告人的羁押场所或监视居住、取保候审的处所；
2. 案卷材料和证据；
3. 证人、鉴定人、需要出庭的专门知识的人的名单，需要保护的被害人、证人、鉴定人的名单；
4. 有关涉案款物情况；
5. 被害人（单位）附带民事诉讼情况；
6. 其他需要附注的事项。

4. 单位犯罪认罪认罚案件起诉书样式

××××人民检察院

起诉书

××检××刑诉〔20××〕×号

被告单位……（写明单位名称、组织机构代码、住所地、法定代表人姓名、职务等）

诉讼代表人……（写明姓名、性别、出生日期、工作单位、职务）

被告人……（写明直接负责的主管人员、其他直接责任人员的姓名、性别、出生年月日、公民身份号码、民族、文化程度、职业或者工作单位及职务、户籍地、住址、曾受到刑事处罚以及与本案定罪量刑相关的行政处罚的情况和因本案采取强制措施的情况等）

本案由×××（监察/侦查机关）调查/侦查终结，以被告单位×××涉嫌××罪，被告人×××涉嫌××罪，于××××年××月××日向本院移送起诉。本院受理后，于××××年××月××日已告知被告单位、被告人有权委托辩护人和认罪认罚可能导致的法律后果，××××年××月××日已告知被害人及其法定代理人（近亲属）（被害单位及其诉讼代表人）、附带民事诉讼的当事人及其法定代理人有权委托诉讼代理人，依法讯问了被告人，听取了被告单位的辩护人（值班律师）、被告人的辩护人（值班律师）、被害人及其诉讼代理人的意见，审查了全部案件材料。……（写明退回补充调查/侦查、延长审查起诉期限等情况）。被告单位、被告人同意本案适用速裁/简易/普通程序审理。

经依法审查查明：……（写明经检察机关审查认定的犯罪事实包括犯罪时间、地点、经过、手段、目的、动机、危害后果，以及被告人到案后自愿如实供述自己的罪行，与被害人达成和解协议或者赔偿被害人损失，取得被害人谅解等与定罪、量刑有关的事实要素。应当根据具体案件情况，围绕刑法规定的该罪的构成要件叙写。）

认定上述事实的证据如下：

……（针对上述犯罪事实，分别列举证据，包括犯罪事实证据和量刑情节证据）

上述证据收集程序合法，内容客观真实，足以认定指控事实。被告人×××对指控的犯罪事实和证据没有异议，并自愿认罪认罚。

本院认为，……（分别概述被告单位、被告人行为的性质、危害程度、情节轻重），其行为触犯了《中华人民共和国刑法》第××条（引用罪状、法定刑条款），犯罪事实清楚，证据确实、充分，应当以××罪追究其刑事责任。被告单位×××、被告人×××认罪认罚，依据《中华人民共和国刑事诉讼法》第十五条的规定，可以从宽处理。……（阐述认定的法定、酌定量刑情节，并引用相关法律条款），建议判处被告单位、被告人……（阐述具体量刑建议）。根据《中华人民共和国刑事诉讼法》第一百七十六条的规定，提起公诉，请依法判处。

此致

×××人民法院

检　察　官×××
检察官助理×××
20××年×月×日
（院印）

附件：1. 被告人现在处所：具体包括在押被告人的羁押场所或监视居住、取保候审的处所；
2. 案卷材料和证据××册××页；
3. 有关涉案款物情况；
4. 被害人（单位）附带民事诉讼情况；
5.《认罪认罚具结书》一份；
6. 其他需要附注的事项。

5. 刑事附带民事诉讼案件起诉书样式

××××人民检察院

刑事附带民事起诉书

××检××刑附民诉〔20××〕×号

被告人……（写明姓名、性别、出生日期、民族、文化程度、职业、工作单位及职务、户籍地、住址、是否刑事案件被告人等）

（对于被告单位，写明单位名称、住所地、是否刑事案件被告单位、法定代表人姓名、职务等）

被害单位……（写明单位名称、所有制性质、住所地、法定代表人姓名、职务等）

诉讼请求：

……（写明具体的诉讼请求）

事实证据和理由：

……（写明检察机关审查认定的导致国家、集体财产损失的犯罪事实及有关证据）

本院认为，……（概述被告人应承担民事责任的理由），根据……（引用被告人应承担民事责任的法律条款）的规定，应承担赔偿责任。因被告人×××的上述行为构成××罪，依法应当追究刑事责任，本院已于×年×月×日以××号起诉书向你院提起公诉。现根据《中华人民共和国刑事诉讼法》第一百零一条第二款的规定，提起附带民事诉讼，请依法裁判。

此致

×××人民法院

检　察　官×××

检察官助理×××

20××年×月×日

（院印）

附件：1. 刑事附带民事起诉书副本一式×份；

2. 其他需要附注的事项。

（二）文书范例

范例一：湖南省怀化市人民检察院杜某某等人故意杀人等犯罪案起诉书

湖南省怀化市人民检察院

起诉书*

湘怀检刑诉〔2019〕××号

被告人杜某某（绰号“少爷”），男，1962年××月××日出生，公民身份号码××××，汉族，中专文化，无职业，湖南省新晃侗族自治县（以下简称新晃县）人，户籍地新晃县××镇××路××号，住新晃县××镇××小区××栋××单元××室。因涉嫌非法拘禁罪，2019年4月9日被新晃县公安局刑事拘留，因涉嫌非法拘禁罪、聚众斗殴罪，同年5月13日经新晃县人民检察院批准，同日由新晃县公安局执行逮捕。

被告人罗某某（曾用名罗××），男，1962年××月××日出生，公民身份号码××××，侗族，初中文化，务农，湖南省新晃县人，户籍及居住地新晃县××镇××村××组。因涉嫌故意杀人罪，2019年5月31日被新晃县公安局刑事拘留，同年7月5日经新晃县人民检察院批准，次日由新晃县公安局执行逮捕。

被告人姚某1（绰号“草上飞”），男，1975年××月××日出生，公民身份号码××××，侗族，初中文化，无职业，湖南省新晃县人，户籍及居住地新晃县××镇××村××路××号。因犯敲诈勒索罪，1998年12月21日被贵州省玉屏侗族自治县人民法院判处有期徒刑一年，缓刑二年；因犯敲诈勒索罪，2002年7月15日被新晃县人民法院判处有期徒刑一年六个月，2003年6月27日刑满释放。因涉嫌非法拘禁罪，2019年4月9日被新晃县公安局刑事拘留，同年5月13日被新晃县公安局取保候审；因涉嫌强迫交易罪，同年6月29日被新晃县公安局刑事拘

* 此文书为自然人犯罪普通程序案件起诉书，收入时有删改。

留，因涉嫌寻衅滋事罪，同年7月9日经新晃县人民检察院批准，同日由新晃县公安局执行逮捕。

被告人杨某1（曾用名杨××），男，1988年××月××日出生，公民身份号码××××，侗族，初中文化，经商，湖南省新晃县人，户籍地新晃县××镇××村××组，住新晃县××镇××村××宿舍。因犯盗窃罪，2013年7月15日被新晃县人民法院判处有期徒刑六个月，同年7月21日刑满释放。因涉嫌非法拘禁罪，2019年6月28日被新晃县公安局刑事拘留，因涉嫌寻衅滋事罪，同年8月4日经新晃县人民检察院批准，同日由新晃县公安局执行逮捕。

被告人杨某2，男，1989年××月××日出生，公民身份号码××××，侗族，初中文化，无职业，贵州省玉屏侗族自治县人，户籍及居住地玉屏侗族自治县××镇××村××组。因犯盗窃罪，2013年7月15日被新晃县人民法院判处有期徒刑一年，2014年1月21日刑满释放。因涉嫌非法拘禁罪，2019年4月8日被新晃县公安局刑事拘留，同年5月13日被新晃县公安局监视居住；因涉嫌寻衅滋事罪，同年7月9日经新晃县人民检察院批准，同日由新晃县公安局执行逮捕。

被告人江某1，男，1972年××月××日出生，公民身份号码××××，侗族，高中文化，经商，湖南省新晃县人，户籍地新晃县××镇××街××号，住新晃县××镇街上自建房。因涉嫌聚众斗殴罪，2019年4月9日被新晃县公安局刑事拘留，同年5月13日经新晃县人民检察院批准，同日由新晃县公安局执行逮捕。

被告人王某1，男，1968年××月××日出生，公民身份号码××××，汉族，初中文化，无职业，贵州省岑巩县人，户籍地新晃县××镇××居委会××路××号，住新晃县××镇××路××号。因犯贩卖毒品罪，2007年3月1日被新晃县人民法院判处有期徒刑三年，2009年1月20日减刑释放。因涉嫌聚众斗殴罪，2019年9月4日被新晃县公安局刑事拘留，因涉嫌寻衅滋事罪，同年10月1日经新晃县人民检察院批准，同日由新晃县公安局执行逮捕。

被告人杨某，男，1980年××月××日出生，公民身份号码××××，侗族，大学专科文化，经商，湖南省新晃县人，户籍及居住地新晃县

××镇××村××路××号。因涉嫌非法拘禁罪，2019 年 4 月 9 日被新晃县公安局刑事拘留，同年 5 月 13 日被新晃县公安局监视居住；因涉嫌寻衅滋事罪，同年 7 月 9 日经新晃县人民检察院批准，同日由新晃县公安局执行逮捕。

被告人宋某某（曾用名宋××，绰号“毛猪”），男，1974 年××月××日出生，公民身份号码××××，汉族，初中文化，无职业，湖南省新晃县人，户籍及居住地新晃县××镇××居委会××路××号。因犯盗窃罪，1994 年 11 月 18 日被新晃县人民法院判处有期徒刑四年；因犯故意伤害罪、抢劫罪，2006 年 12 月 14 日被福建省漳州市芗城区人民法院判处有期徒刑十二年六个月，2014 年 11 月 15 日减刑释放；因犯容留他人吸毒罪，2018 年 8 月 28 日被新晃县人民法院判处有期徒刑七个月，2019 年 4 月 14 日刑满释放。因涉嫌聚众斗殴罪，2019 年 4 月 14 日被新晃县公安局刑事拘留，同年 5 月 13 日经新晃县人民检察院批准，同日由新晃县公安局执行逮捕。

被告人成某（绰号“胖子”），男，1993 年××月××日出生，公民身份号码××××，侗族，初中文化，无职业，湖南省新晃县人，户籍地新晃县××镇××村××组，住新晃县××镇××街××栋××单元××室。因涉嫌聚众斗殴罪，2019 年 4 月 21 日被新晃县公安局刑事拘留，同年 5 月 13 日经新晃县人民检察院批准，同日由新晃县公安局执行逮捕。

被告人王某，男，1986 年××月××日出生，公民身份号码××××，侗族，高中文化，无职业，湖南省新晃县人，户籍及居住地新晃县××镇××居委会××路××号。因犯贩卖毒品罪，2007 年 7 月 19 日被新晃县人民法院判处有期徒刑一年六个月，2008 年 9 月 13 日刑满释放；因犯贩卖毒品罪，2010 年 11 月 19 日被新晃县人民法院判处有期徒刑一年，2011 年 9 月 20 日刑满释放；因犯贩卖毒品罪，2012 年 8 月 3 日被新晃县人民法院判处拘役五个月，同年 10 月 20 日刑满释放；因犯贩卖毒品罪，2014 年 6 月 25 日被新晃县人民法院判处有期徒刑七个月，同年 11 月 27 日刑满释放；因犯盗窃罪，2016 年 8 月 17 日被新晃县人民法院判处拘役四个月，同年 11 月 3 日刑满释放；因犯盗窃罪，2018 年 3 月 16 日被新晃县人民法院判处有期徒刑六个月，同年7月11日刑满释放。因涉嫌非法拘禁罪，2019年4月26日被新晃县公安局刑事拘留，同年5月13日经新晃县人民检察院批准，同日由新晃县公安局执行逮捕。

被告人杨某3（别名杨××），男，1987年××月××日出生，公民身份号码××××，侗族，初中文化，无职业，湖南省新晃县人，户籍及居住地新晃县××镇××村××组。因涉嫌非法拘禁罪，2019年6月28日被新晃县公安局刑事拘留，因涉嫌寻衅滋事罪，同年8月4日经新晃县人民检察院批准，同日由新晃县公安局执行逮捕。

被告人杨某4，男，1999年××月××日出生，公民身份号码××××，侗族，初中文化，无职业，湖南省新晃县人，户籍及居住地新晃县××镇××村××组。因涉嫌聚众斗殴罪，2019年8月2日被新晃县公安局刑事拘留，同年9月7日经新晃县人民检察院批准，次日由新晃县公安局执行逮捕。

被告人张某1（绰号“小冰棒”），男，2001年××月××日出生，公民身份号码××××，汉族，初中文化，无职业，湖南省新晃县人，户籍及居住地新晃县××镇××村××组。因涉嫌聚众斗殴罪，2019年8月2日被新晃县公安局刑事拘留，同年9月7日经新晃县人民检察院批准，次日由新晃县公安局执行逮捕。

本案由新晃县公安局侦查终结，以被告人杜某某涉嫌故意杀人罪、故意伤害罪、寻衅滋事罪、非法拘禁罪、聚众斗殴罪、强迫交易罪，被告人罗某某涉嫌故意杀人罪，被告人姚某1、杨某1、杨某2涉嫌寻衅滋事罪、非法拘禁罪，被告人江某1、王某1、成某、杨某4涉嫌寻衅滋事罪、聚众斗殴罪，被告人杨某涉嫌寻衅滋事罪，被告人宋某某涉嫌聚众斗殴罪，被告人王某、杨某3涉嫌非法拘禁罪，被告人张某1涉嫌聚众斗殴罪，于2019年10月8日移送新晃县人民检察院审查起诉。该院于同年10月9日将本案报送本院审查起诉，本院受理后，于次日已告知各被告人有权委托辩护人，被害人、被害人近亲属有权委托诉讼代理人，依法讯问了被告人，听取了被害人、被害人近亲属、诉讼代理人、辩护人的意见，审阅了全部案件材料。其间，延长审查起诉期限一次，自2019年11月9日至11月23日。

经依法审查查明：

一、故意杀人罪

2001年12月31日，被告人杜某某承揽了新晃县××中学（以下简称新晃×中）400米田径场开挖工程，并请被告人罗某某等人参与工程管理。新晃×中将女生宿舍楼三楼的一套房间作为工程项目部办公场地，并指派总务处工作人员姚某2（已故）、被害人邓某某代表校方监督工程质量和安全。杜某某在施工过程中与邓某某产生矛盾，遂多次向罗某某等人提出要想办法“搞”邓某某，并安排罗某某寻找“迷药”害邓某某及对邓某某“下蛊”，均未果。

2003年1月中旬，杜某某准备了数片三唑仑。同月21日，杜某某告知罗某某已找到迷药，二人商量决定次日杀死邓某某，要罗某某到时借机先支走姚某2。

2003年1月22日12时许，杜某某见项目部办公室只剩下邓某某和姚某2，将事先准备的三唑仑粉末倒入一瓶饮料递给邓某某饮用。邓某某喝下部分饮料后，杜某某即电话通知罗某某，罗某某按照事先约定将姚某2骗出项目部办公室，随后二人又一道阻止姚某2返回项目部。待姚某2离开后，杜某某返回项目部，发现邓某某昏睡在长凳上发出鼾声，遂用胶带粘贴邓某某口鼻处，并在嘴部缠绕数圈。午饭后，杜某某与罗某某回到项目部，二人用塑料袋套住邓某某的头部并用胶带反复缠绕，又用胶带捆住邓某某的双脚、双手，杜某某持一把橡胶锤击打邓某某头部右侧，致邓某某当场死亡，二人又将邓某某的尸体移至厨房藏匿。当晚，杜某某、罗某某待新晃×中的学生宿舍熄灯后，将邓某某的尸体抬至新晃×中400米田径场工地事先挖好的土坑内用石头和泥土掩盖，将作案工具和邓某某的随身物品带离项目部丢弃。次日早上，杜某某、罗某某指挥施工机械用石头和泥土将埋尸的土坑填平。同年2月中旬的一天，杜某某在其舅舅黄某某的追问下告诉黄其杀害了邓某某并埋尸操场。

被告人杜某某、罗某某被抓获归案后，先后对埋尸地点进行了指认。2019年6月19日在新晃×中田径场西南面挖掘出一具人体尸骸。经DNA鉴定，该尸骸系被害人邓某某；经尸体检验鉴定，该尸骸头骨的右颞骨有一不规则孔洞性骨折缺损，碎骨片凹陷入颅内，经碎骨片复原后，查见有一5.0cm×4.5cm类圆形骨折区及5.0cm×4.0cm类圆形孔状缺损区，符合钝器（如锤类）打击头部，导致重度颅脑损伤死亡；经毒化鉴定，从挖掘出的人体肋骨、人体胸椎骨、无袖毛线衣、长袖T恤、衣服和尸骸上身躯干部位泥土等中检验出三唑仑。

认定上述事实的证据如下：

1. 现场提取的塑料袋、胶带、衣物等物证；2. 施工协议书、会议记录、调解协议等书证；3. 尸体检验鉴定书、检验报告等鉴定意见；4. 现场指认、现场勘验、提取、辨认等笔录；5. 指认视频、挖掘视频等视听资料；6. 证人姚某2、田某等的证言；7. 被告人杜某某、罗某某的供述和辩解。

二、故意伤害罪

2005年4月，被告人杜某某因本人经营的新晃县××甲KTV大堂经理、被害人曹某跳槽××乙KTV影响其生意，遂怀恨在心，经与××甲KTV员工宋某某（因本案已判刑）商议后决定对曹某泼硫酸予以报复。同年4月17日，宋某某准备了一瓶硫酸，纠集贵州籍男子安某某、涂某某、周某某、潘某1等人（均另案处理）到××乙KTV附近进行蹲守。当晚23时许，经宋某某指认，由安某某在旁望风，涂某某、周某某使用硫酸泼中曹某的左侧颈面部，潘某1驾驶摩托车接应二人离开现场。经鉴定，曹某的损伤为轻伤。案发后，杜某某、宋某某于2006年3月共赔偿曹某医疗费人民币1.6万元。

认定上述事实的证据如下：

1. 现场提取手机的物证照片；2. 病历资料、手机短信、调解协议、收条、刑事判决书等书证；3. 法医临床学鉴定书、毒物鉴定书等鉴定意见；4. 现场勘验、辨认等笔录；5. 证人吴某1、吴某2等的证言；6. 被害人曹某的陈述；7. 被告人杜某某及同案人宋某某的供述和辩解。

三、杜某某恶势力犯罪集团实施的犯罪

2008年以来，以被告人杜某某为首要分子，重要成员被告人姚某1、杨某1、杨某2、江某1及刘某某（已死亡）等较为固定，经常纠集在一起，非法高利放贷，暴力讨债，插手民间纠纷，为非作恶，欺压百姓，共同故意实施了寻衅滋事、非法拘禁、聚众斗殴、强迫交易等犯罪活动，形成恶势力犯罪集团。具体事实如下：

（一）寻衅滋事罪

1. 2007 年下半年，被告人杜某某根据江某 1 的请求协助处理姚某 3 猥亵其干女儿杜某一事，在姚某 3 已赔偿江某 1 并被人民法院依法判处刑罚后，杜某某又向姚某 3 索要人民币 1200 元，遭拒绝。2008 年 2 月 26 日，杜某某纠集数人到新晃县扶××街上被害人姚某 3 经营的药店再次索钱未果，将姚某 3 打伤，后被姚某 3 持斧头赶出药店。杜某某于当晚再次纠集被告人姚某 1 与刘某某等人，持钢管、刀具在姚某 3 药店门前叫骂、威胁、打砸药店卷闸门。经诊断，姚某 3 的伤情为左眼球、多处软组织挫伤。

认定上述事实的证据如下：

（1）欠条、协议、病历资料等书证；（2）现场勘验、辨认、提取等笔录；（3）证人田某某、廖某某、彭某某等的证言；（4）被害人姚某 3 的陈述；（5）被告人杜某某、姚某 1 的供述和辩解。

2. 2008 年上半年，被告人杜某某得知被害人杨某 5 在追求其女友杨某后，纠集戴某某（另案处理）等人打了杨某 5 一耳光。同年 5 月 15 日，杜某某又纠集刘某某、戴某某、张某（另案处理）等人驾车赶至新晃县某单位，指使刘某某、戴某某等人冲进某单位宿舍，持事先准备的一把汽车方向盘锁殴打杨某 5，致杨某 5 头部、手臂多处受伤。其间杜某某还与被告人姚某 1 商议，由姚某 1 采取威胁、恐吓手段向杨某 5 索要了人民币 1 万元转给了杜某某。经鉴定，杨某 5 的损伤为轻微伤。

认定上述事实的证据如下：

（1）物证汽车方向盘锁照片；（2）病历资料、行政处罚决定书等书证；（3）法医学人体损伤程度鉴定书；（4）现场勘验、提取、辨认等笔录；（5）证人顿某某、唐某某等的证言；（6）被害人杨某 5 的陈述；（7）被告人杜某某、姚某 1 等的供述和辩解。

3. 2009 年 3 月 3 日，新晃县××镇村民江某 2 的父亲江某 3 在新晃县××镇卫生院住院治疗时死亡，经协商××镇卫生院愿意赔偿人民币 1.8 万元。为索要更高赔偿，江某 2 联系其小叔被告人江某 1 找人帮忙。

随后，江某1联系被告人杜某某，杜某某与江某2约定增加的赔偿款由二人平分。同日18时许，杜某某纠集被告人姚某1等，与江某1对院方代表威胁、辱骂、恐吓，在卫生院内哄闹、聚众造势，索要数十万元高额赔偿，卫生院被迫同意赔偿江某2人民币3.6万元，杜某某分得赃款人民币9000元。

认定上述事实的证据如下：

（1）调解协议书、领据、病历资料等书证；（2）现场勘验、辨认等笔录；（3）证人江某2、江某4等的证言；（4）被告人杜某某、姚某1、江某1等的供述和辩解。

4. 2012年下半年，被告人杜某某单独或纠集被告人杨某1、杨某2等人，先后5次在新晃县××饭店、××厂附近的高速公路高架桥下、其驾驶的汽车内、新晃县××镇班车乘车点、新晃县××镇××村，分别采取辱骂、殴打、持刀捅刺、拦截、恐吓等手段向被害人吴某3索要高利贷欠款。2012年11月前后的一天，吴某3被迫将自己位于××村工地上的木架子低价变卖，还款给杜某某人民币3万元。

认定上述事实的证据如下：

（1）银行流水账单、报警记录等书证；（2）现场勘验、辨认、检查等笔录；（3）证人胡某某等的证言；（4）被害人吴某3的陈述；（5）被告人杜某某、杨某1、杨某2等的供述和辩解。

5. 2012年11月的一天晚上，被告人杜某某因为与女朋友姚某4的感情问题而怪罪于蒲某某，打了与姚某4一起宵夜的蒲某某一耳光，在现场的蒲某某之兄蒲某（本案被害人）与杜某某发生扭打。杜某某被打后，纠集被告人姚某1、杨某1、杨某2、王某1、杨某等人实施报复，并准备多根木棒。经杜某某安排，杨某1、杨某2蹲守、跟踪，于同年12月1日前后发现蒲某夫妇从新晃县××乡乘坐中巴车前往新晃县城，杜某某与王某1、姚某1、杨某等人驾车在新晃县××村晃凉公路段一弯道处将该中巴车截停。杨某1、杨某2等人强行将蒲某夫妇拉下车，数人围住蒲某威胁、辱骂，将蒲某带至××山庄。其间，杜某某等人对蒲某威胁、恐吓并索要赔偿，后经朋友说情、协调，蒲某被迫向杜某某赔礼道歉并赔偿人民币1000余元才得以离开。

认定上述事实的证据如下：

（1）手机开户资料、病历资料等书证；（2）现场勘验、辨认等笔录；（3）证人蒲某某、向某某、秦某某等的证言；（4）被害人蒲某的陈述；（5）被告人杜某某、姚某1、杨某1、杨某2、王某1、杨某的供述和辩解。

6. 2014年上半年，被告人杜某某得知欠其高利贷的张某2在新晃县××水厂有股金，便要求水厂老板杨某6（本案被害人）将股金退给自己。同年4月的一天，杜某某纠集被告人姚某1等人分别驾驶车将张某2、潘某2夫妇带至××水厂。杜某某、姚某1带张某2夫妇找到杨某6，得知杨某6已将股金退还给潘某2，杜某某便当众辱骂张某2，并向杨某6索要加油、吃饭等费用，杨某6被迫付给杜某某人民币3000元。

认定上述事实的证据如下：

（1）收条、病历资料等书证；（2）现场勘验、辨认等笔录；（3）证人张某2、潘某2等的证言；（4）被害人杨某6的陈述；（5）被告人杜某某、姚某1等的供述和辩解。

7. 2018年11月，因被害人石某欠被告人江某1共计21.7262万元的建材款未及时支付，江某1便请被告人杜某某帮忙催收。2019年1月，江某1在新晃县××镇经营的钢材店内伙同杜某某向石某索要货款，以提高建材单价的方式迫使石某重新出具了货款人民币23.1589万元的欠条。此后，因江某1、杜某某多次辱骂、威胁，石某于2019年1月31日向江某1微信转款人民币2万元，但江某1并未从总货款中扣除该2万元。同年2月初的一天晚上，杜某某、江某1纠集被告人杨某、成某、杨某4等人，在新晃县××茶楼内对石某辱骂、威胁、恐吓，逼迫还钱。同年2月4日，江某1在自己的钢材店内采取提高总货款20%的方式，迫使石某再次重新出具了欠货款人民币27.7212万元的欠条。

认定上述事实的证据如下：

（1）欠条、转账记录、销售货单等书证；（2）现场勘验笔录；（3）证人吴某5等的证言；（4）被害人石某的陈述；（5）被告人杜某某、江某1、杨某、成某、杨某4的供述和辩解。

（二）非法拘禁罪

1.2008年10月，被告人杜某某为催收高利贷欠款，纠集被告人姚某1与刘某某等人将被害人吴某3控制在新晃县××大酒店洗浴中心房间内五六个小时，后经人担保，杜某某才准许吴某3离开。数日后的一天中午，杜某某、姚某1、刘某某等人再次将吴某3带至该洗浴中心房间内，对吴某3威胁、殴打。次日下午18时许，吴某3的父亲吴某4向杜某某承诺偿还部分欠款，杜某某等人才准许吴某3离开。

认定上述事实的证据如下：

（1）借条、还款协议、授权委托书等书证；（2）现场勘验、辨认等笔录；（3）证人吴某4等的证言；（4）被害人吴某3的陈述；（5）被告人杜某某、姚某1的供述和辩解。

2.2012年10月前后，被告人杜某某为催收高利贷欠款，纠集被告人杨某1、杨某2将被害人吴某3先后带至新晃县××大酒店、××宾馆房间内拘禁，逼迫还款。其间，杜某某与杨某2两次逼迫吴某3洗冷水澡。之后几天，杨某1、杨某2于白天胁迫吴某3外出借款，晚上带回房间由杨某2继续看守。直至第五日，吴某3向杜某某偿还了数万元高利贷，杜某某才准许吴某3离开。

认定上述事实的证据如下：

（1）现场勘验、辨认等笔录；（2）证人尹某某等的证言；（3）被害人吴某3的陈述；（4）被告人杜某某、杨某1、杨某2的供述和辩解。

3.2014年4月的一天中午，被告人杜某某为向被害人张某2催收高利贷欠款，纠集被告人姚某1将张某2、潘某2夫妇从新晃县××医院带上湘N9××轿车，又纠集被告人王某、杨某3、张某3（另案处理）先后前往××水厂、新晃县××村河边，采取辱骂、威胁、殴打、强迫洗冷水澡等手段逼迫张某2还款。次日凌晨，张某2夫妇才得以离开。

认定上述事实的证据如下：

（1）收条、病历资料等书证；（2）现场勘验、辨认等笔录；（3）证人潘某2、杨某6等的证言；（4）被害人张某2的陈述；（5）被告人杜某某、姚某1、王某、杨某3等的供述和辩解。

4.2012年下半年，被害人吴某4因需治疗费用先后数次向被告人杜某某借高利贷共计人民币8500元，吴某4偿还了人民币1万余元高额利息后便无力再支付。2014年3月至6月，杜某某为索取高利贷欠款，纠集多人先后数次将吴某4拘禁在新晃县××甲KTV房间内逼迫还款，每次长达数小时。其中6月的一天，被告人杨某1在房间内对吴某4威胁、殴打。吴某4被迫通过他人调解向杜某某一次性偿还高利贷本息共人民币3万元。

认定上述事实的证据如下：

(1) 病历资料、记账本等书证；(2) 现场勘验、辨认等笔录；(3) 证人张某4等的证言；(4) 被害人吴某4的陈述；(5) 被告人杜某某、杨某1的供述和辩解。

（三）聚众斗殴罪

2017年8月17日上午，被告人江某1在新晃县××镇因纠纷被杨某7女婿周某打了两耳光，便联系被告人杜某某帮忙报复。杜某某纠集被告人王某1、宋某某、成某、杨某4、张某1等人，携带木棒、砍刀乘坐湘N9××轿车等车辆先后赶至××镇。杜某某安排成某、杨某4、张某1将木棒取出，由江某1带领宋某某、成某、杨某4、张某1等人前往杨某7经营的××门业店面寻找周某，宋某某与杨某7发生口角，继而打斗，宋某某持砍刀捅向杨某7并扭打在一起，成某持花盆砸中杨某7头部。公安人员接警到达时，宋某某、成某等人逃离现场。经鉴定，杨某7的损伤为轻微伤。2017年9月29日，江某1赔偿杨某7人民币1.2万元。

认定上述事实的证据如下：

(1) 手机通话详单、病历资料等书证；(2) 法医学人体损伤程度鉴定书；(3) 现场勘验、辨认等笔录；(4) 证人周某等的证言；(5) 被害人杨某7的陈述；(6) 被告人杜某某、江某1、王某1、宋某某、成某、杨某4、张某1的供述和辩解。

（四）强迫交易罪

2014年4月，被告人杜某某因被害人张某2无力偿还高利贷欠款，逼迫张某2用新晃××汽车客运公司的股份抵扣张某2所欠杜某某和姚某5的债务。因其他债权人起诉张某2，××县人民法院于2013年9月冻结了该股份，杜某某、姚某5各出资人民币6万元替张某2偿还他人债务，该股份得以解除冻结。为避免股份再次被冻结，杜某某出资人民币2万元、姚某5出资人民币3万元又替张某2偿还了他人债务。通过威胁、恐吓等手段，杜某某迫使张某2于2014年4月25日签订了转让该公司12.25%的股权给杜某某的协议。2016年上半年，杜某某将持有的该股份转让，从中非法获利人民币16.5万元。

认定上述事实的证据如下：

(1) 股权转让协议、车辆登记信息等书证；(2) 辨认笔录；(3) 证人姚某5、陈某某等的证言；(4) 被害人张某2的陈述；(5) 被告人杜某某等的供述和辩解。

2019年4月8日，被告人姚某1主动向公安机关投案，被告人杨某4、张某1分别于同年4月22日、8月2日经公安机关电话通知归案，其余各被告人于同年4月至9月先后被抓获归案。在案扣押被告人杜某某涉案财物现金人民币1万元、湘N9××轿车1辆、湘NE××商务车1辆等，冻结杜某某银行存款人民币5003.69元及位于怀化市××路××国际商城的门面1套、怀化市××某房产1套、新晃县××镇××路××街房产1套。

本院认为，被告人杜某某伙同罗某某故意杀害他人，致一人死亡；采取泼硫酸的方式故意伤害他人身体，致一人轻伤；组织、领导恶势力犯罪集团，实施寻衅滋事7起，非法拘禁4起，聚众斗殴1起，强迫交易1起，其行为严重侵犯他人人身权利，破坏社会经济秩序，分别触犯《中华人民共和国刑法》第二百三十二条、第二百三十四条第一款、第二百九十三条第一款第（一）、（二）、（三）项、第二款、第二百三十八条第一款、第三款、第二百九十二条第一款第（四）项、第二百二十六条第（四）项，犯罪事实清楚，证据确实、充分，应当以故意杀人罪、故意伤害罪、寻衅滋事罪、非法拘禁罪、聚众斗殴罪、强迫交易罪追究其刑事责任。在故意杀人、故意伤害共同犯罪中，被告人杜某某均起主要作用，系主犯，适用《中华人民共和国刑法》第二十五条第一款、第二十六条第一款、第四款。被告人杜某某系恶势力犯罪集团的首要分子，应当按照集团所犯的全部罪行处罚，适用《中华人民共和国刑法》第二十五条第一款、第二十六条第一款、第二款、第三款。

被告人罗某某伙同杜某某故意杀害他人，致一人死亡，其行为已触犯《中华人民共和国刑法》第二百三十二条，犯罪事实清楚，证据确实、充分，应当以故意杀人罪追究其刑事责任。在共同犯罪中起主要作用，系主犯，适用《中华人民共和国刑法》第二十五条第一款、第二十六条第一款、第四款。

被告人姚某1伙同他人实施寻衅滋事5起；非法拘禁2起，其行为分别触犯《中华人民共和国刑法》第二百九十三条第一款第（二）、（三）项、第二百三十八条第一款、第三款，犯罪事实清楚，证据确实、充分，应当以寻衅滋事罪、非法拘禁罪追究其刑事责任。被告人姚某1系恶势力犯罪集团重要成员，在第2起寻衅滋事、第3起非法拘禁共同犯罪中均起主要作用，系主犯，适用《中华人民共和国刑法》第二十五条第一款、第二十六条第一款、第二款、第四款；在第1起、第3起、第5起、第6起寻衅滋事和第1起非法拘禁共同犯罪中均起次要作用，系从犯，适用《中华人民共和国刑法》第二十五条第一款、第二十六条第二款、第二十七条。

被告人杨某1伙同他人实施寻衅滋事2起；非法拘禁2起，其行为分别触犯《中华人民共和国刑法》第二百九十三条第一款第（二）、（三）项、第二百三十八条第一款、第三款，犯罪事实清楚，证据确实、充分，应当以寻衅滋事罪、非法拘禁罪追究其刑事责任。被告人杨某1系恶势力犯罪集团重要成员，在第5起寻衅滋事、第4起非法拘禁共同犯罪中均起主要作用，系主犯，适用《中华人民共和国刑法》第二十五条第一款、第二十六条第一款、第二款、第四款；在第4起寻衅滋事、第2起非法拘禁共同犯罪中均起次要作用，系从犯，适用《中华人民共和国刑法》第二十五条第一款、第二十六条第二款、第二十七条。

被告人杨某2伙同他人实施寻衅滋事2起；非法拘禁1起，其行为分别触犯《中华人民共和国刑法》第二百九十三条第一款第（二）、（三）项、第二百三十八条第一款、第三款，犯罪事实清楚，证据确实、充分，应当以寻衅滋事罪、非法拘禁罪追究其刑事责任。被告人杨某2系恶势力犯罪集团重要成员，在第5起寻衅滋事、第2起非法拘禁共同犯罪中均起主要作用，系主犯，适用《中华人民共和国刑法》第二十五条第一款、第二十六条第一款、第二款、第四款；在第4起寻衅滋事共同犯罪中起次要作用，系从犯，适用《中华人民共和国刑法》第二十五条第一款、第二十六条第二款、第二十七条。

被告人江某1伙同他人实施寻衅滋事2起；纠集他人持械聚众斗殴1起且系首要分子，其行为分别触犯《中华人民共和国刑法》第二百九十三条第一款第（三）项、第二百九十二条第一款第（四）项，犯罪事实清楚，证据确实、充分，应当以寻衅滋事罪、聚众斗殴罪追究其刑事责任。被告人江某1系恶势力犯罪集团重要成员，在寻衅滋事共同犯罪中均起主要作用，系主犯，适用《中华人民共和国刑法》第二十五条第一款、第二十六条第一款、第二款、第四款。

被告人王某1伙同他人实施寻衅滋事1起；持械聚众斗殴1起且系积极参加者，其行为分别触犯《中华人民共和国刑法》第二百九十三条第一款第（二）、（三）项、第二百九十二条第一款第（四）项，犯罪事实清楚，证据确实、充分，应当以寻衅滋事罪、聚众斗殴罪追究其刑事责任。被告人王某1系恶势力犯罪集团成员，在寻衅滋事共同犯罪中起次要作用，系从犯，适用《中华人民共和国刑法》第二十五条第一款、第二十六条第二款、第二十七条。

被告人杨某伙同他人实施寻衅滋事2起，其行为已触犯《中华人民共和国刑法》第二百九十三条第一款第（二）、（三）项，犯罪事实清楚，证据确实、充分，应当以寻衅滋事罪追究其刑事责任。被告人杨某系恶势力犯罪集团成员，在共同犯罪中均起次要作用，系从犯，适用《中华人民共和国刑法》第二十五条第一款、第二十六条第二款、第二十七条。

被告人宋某某纠集他人持械聚众斗殴且系首要分子，其行为已触犯《中华人民共和国刑法》第二百九十二条第一款第（四）项，犯罪事实清楚，证据确实、充分，应当以聚众斗殴罪追究其刑事责任。被告人宋某某系恶势力犯罪集团成员，适用《中华人民共和国刑法》第二十五条第一款、第二十六条第二款。

被告人成某伙同他人实施寻衅滋事1起；持械聚众斗殴1起且系积极参加者，其行为分别触犯《中华人民共和国刑法》第二百九十三条第一款第（三）项、第二百九十二条第一款第（四）项，犯罪事实清楚，证据确实、充分，应当以寻衅滋事罪、聚众斗殴罪追究其刑事责任。被告人成某系恶势力犯罪集团成员，在寻衅滋事共同犯罪中起次要作用，系从犯，适用《中华人民共和国刑法》第二十五条第一款、第二十六条第二款、第二十七条。

被告人王某伙同他人实施非法拘禁1起，其行为已触犯《中华人民共和国刑法》第二百三十八条第一款、第三款，犯罪事实清楚，证据确实、充分，应当以非法拘禁罪追究其刑事责任。被告人王某系恶势力犯罪集团成员，在共同犯罪中起主要作用，系主犯，适用《中华人民共和国刑法》第二十五条第一款、第二十六条第一款、第二款、第四款。

被告人杨某3伙同他人实施非法拘禁1起，其行为已触犯《中华人民共和国刑法》第二百三十八条第一款、第三款，犯罪事实清楚，证据确实、充分，应当以非法拘禁罪追究其刑事责任。被告人杨某3系恶势力犯罪集团成员，在共同犯罪中起主要作用，系主犯，适用《中华人民共和国刑法》第二十五条第一款、第二十六条第一款、第二款、第四款。

被告人杨某4伙同他人实施寻衅滋事1起；持械聚众斗殴1起且系积极参加者，其行为分别触犯《中华人民共和国刑法》第二百九十三条第一款第（三）项、第二百九十二条第一款第（四）项，犯罪事实清楚，证据确实、充分，应当以寻衅滋事罪、聚众斗殴罪追究其刑事责任。被告人杨某4系恶势力犯罪集团成员，在寻衅滋事共同犯罪中起次要作用，系从犯，适用《中华人民共和国刑法》第二十五条第一款、第二十六条第二款、第二十七条。

被告人张某1伙同他人持械聚众斗殴且系积极参加者，其行为已触犯《中华人民共和国刑法》第二百九十二条第一款第（四）项，犯罪事实清楚，证据确实、充分，应当以聚众斗殴罪追究其刑事责任。被告人张某1系恶势力犯罪集团成员，适用《中华人民共和国刑法》第二十五条第一款、第二十六条第二款；作案时系已满十六周岁未满十八周岁的未成年人，适用《中华人民共和国刑法》第十七条第一款、第三款。

被告人姚某1、杨某1、王某1、宋某某、王某系累犯，适用《中华人民共和国刑法》第六十五条第一款。被告人杜某某、姚某1、杨某1、杨某2、江某1、王某1、成某、杨某4犯有数罪，适用《中华人民共和国刑法》第六十九条。

依据《中华人民共和国刑事诉讼法》第一百七十六条第一款之规定，提起公诉，请依法判处。

此致

湖南省怀化市中级人民法院

副检察长　曹斌

检 察 员　刘勇

2019年11月22日

（院印）

附件：1. 被告人杜某某、罗某某、杨某2、杨某现羁押于××看守所；被告人江某1、姚某1、成某现羁押于××看守所；被告人宋某某、王某1、王某现羁押于××看守所；被告人杨某1、杨某3现羁押于××看守所；被告人杨某4、张某1现羁押于××看守所；

2. 案卷材料和证据67册，涉案账本2册；

3. 光碟50张、移动硬盘2个；

4. 证人、鉴定人名单1份；

5. 移送物品清单1份；

6. 刑事附带民事诉状3份。

范例二：云南省曲靖市麒麟区人民检察院杨某某等人盗窃案起诉书

云南省曲靖市麒麟区人民检察院

起诉书*

麒检一部刑诉〔2020〕××号

被告人杨某某，男性，1995年××月××日出生，居民身份证号码××××，彝族，小学文化，户籍所在地云南省曲靖市麒麟区，住××街道××村委会××13号。曾因犯抢夺罪，于2015年3月12日被曲靖市麒麟区人民法院判处有期徒刑三年零六个月；又因犯抢夺罪，于2019年5月30日被麒麟区人民法院判处有期徒刑十个月，2020年1月7日刑满释放。现因涉嫌盗窃罪，于2020年6月19日被云南省曲靖市公安局麒麟分局刑事拘留，同年7月23日经本院批准，同日被云南省曲靖市公安局麒麟分局逮捕。

被告人崔某某，男性，2000年××月××日出生，居民身份证号码××××，汉族，初中文化，户籍所在地云南省曲靖市麒麟区，住曲靖市麒麟区××街道××村委会××48号。因涉嫌盗窃罪，于2020年6月19日被云南省曲靖市公安局麒麟分局刑事拘留，同年7月23日经本院批准，同日被云南省曲靖市公安局麒麟分局逮捕。

本案由云南省曲靖市公安局麒麟分局侦查终结，以被告人杨某某、崔某某涉嫌盗窃罪，于2020年9月22日向本院移送审查起诉。本院受理后，于2020年9月22日已告知被告人有权委托辩护人和认罪认罚可能导致的法律后果，依法讯问了被告人，听取了被告人及其辩护人、被害人的意见，审查了全部案件材料。被告人同意本案适用简易程序审理。

---

* 此文书为自然人犯罪认罪认罚案件起诉书，收入时有删改。

经依法审查查明：

1. 2020年6月7日下午，被告人杨某某伙同被告人崔某某、杨某林（另案处理）爬墙进入被害人李某某位于曲靖市麒麟区××街道××村委会××号的住房内，窃取被害人现金3260元、软云香烟4包。经物价认定，香烟价值人民币92元。

2. 2020年6月16日下午，被告人杨某某伙同被告人崔某某、杨某林（另案处理）撬门锁进入被害人赵某某位于曲靖市麒麟区××街道××村委会××号的住房内，窃取被害人现金110元、头灯一部。经物价认定，头灯价值人民币25元。

3. 2020年6月16日下午，被告人杨某某伙同被告人崔某某、杨某林（另案处理）撬门锁进入被害人刘某某位于曲靖市麒麟区××街道××村委会××号的住房内，在房内到处翻找值钱的东西未果后离开。

4. 2020年6月16日下午，被告人杨某某伙同被告人崔某某、杨某林（另案处理）撬门锁进入被害人徐某某位于曲靖市麒麟区××街道××村委会××号的住房内，窃取被害人现金100元。

5. 2020年6月16日下午，被告人杨某某伙同被告人崔某某、杨某林（另案处理）撬门锁进入被害人赵某某位于曲靖市麒麟区××街道××村委会××号的住房内，窃取被害人现金人民币212元。

认定上述事实的证据如下：

1. 书证；2. 证人证言；3. 被害人李某某、赵某某等人的陈述；4. 被告人杨某某、崔某某的供述与辩解；5. 物价认定意见等证据。

上述证据收集程序合法，内容客观真实，足以认定指控事实。被告人杨某某、崔某某对指控的犯罪事实和证据没有异议，并自愿认罪认罚。

本院认为，被告人杨某某、崔某某以非法占有为目的，多次入户窃取他人财物数额较大，其行为触犯了《中华人民共和国刑法》第二百六十四条之规定，犯罪事实清楚，证据确实、充分，应当以盗窃罪追究其刑事责任。被告人杨某某、崔某某认罪认罚，依据《中华人民共和国刑事诉讼法》第十五条的规定，可以从宽处理。同时，被告人杨某某、崔某某的犯罪行为符合《中华人民共和国刑法》第二十五条、第二十六条第一款、第四款之规定，属共同犯罪，罪责相当。此外，被告人杨某某的犯罪行为还符合《中华人民共和国刑法》第六十五条第一款之规定，属累犯。根据《中华人民共和国刑事诉讼法》第一百七十六条的规定，提起公诉，请依法判处。

此致

曲靖市麒麟区人民法院

检察官　杨雯

2020 年 10 月 15 日

（院印）

附件：1. 被告人现羁押于××看守所；

2. 案卷材料和证据三册；

3. 《认罪认罚具结书》两份；

4. 量刑建议两份。

范例三：上海铁路运输检察院上海某环保有限公司污染环境案起诉书

上海铁路运输检察院

起诉书*

沪铁检三部刑诉〔2020〕××号

被告单位上海××环保有限公司（以下简称××公司），组织机构代码××××，住所地上海市嘉定区××镇××路××号，法定代表人朱某，××公司总经理。

诉讼代表人王某某，女，1978 年××月××日生，××公司副总经理。

被告人崔某某，男，1938 年××月××日生，公民身份号码××××，

* 此文书为单位犯罪普通程序案件起诉书，收入时有删改。

汉族，初中文化，曾任××公司总经理、顾问，住上海市嘉定区××镇××路××弄××号××室。2020年5月9日因涉嫌污染环境罪，由上海市公安局嘉定分局取保候审。

被告人钱某某，女，1959年××月××日生，公民身份号码××××，汉族，大专文化，曾任××公司法定代表人、总经理，户籍在上海市嘉定区××镇××路××弄××号××室，暂住江苏省昆山市××镇××路××号××栋××室。2020年5月9日因涉嫌污染环境罪，由上海市公安局嘉定分局刑事拘留，5月11日延长刑事拘留期限至三十天，6月15日由上海市公安局嘉定分局取保候审。

被告人孙某，女，1976年××月××日生，公民身份号码××××，汉族，本科文化，曾任××公司法定代表人，户籍在上海市嘉定区××镇街道××村××号××室，暂住上海市嘉定区××新区××路××弄××号。2020年5月9日因涉嫌污染环境罪，由上海市公安局嘉定分局刑事拘留，5月11日延长刑事拘留期限至三十天，6月15日经本院批准，同日由上海市公安局嘉定分局执行逮捕。同年8月6日，经上海市人民检察院第三分院批准，由上海市公安局嘉定分局延长侦查羁押期限一个月。9月15日，经上海市人民检察院批准，由上海市公安局嘉定分局延长侦查羁押期限二个月。

被告人朱某，女，1968年××月××日生，公民身份号码××××，汉族，大专文化，××公司法定代表人及总经理，户籍在上海市嘉定区××镇××村××号，暂住上海市嘉定区××镇××路××弄××号。2020年5月9日因涉嫌污染环境罪，由上海市公安局嘉定分局刑事拘留，5月11日延长刑事拘留期限至三十天，6月15日由上海市公安局嘉定分局取保候审。

被告人朱某某（曾用名：朱××），男，1950年××月××日生，公民身份号码××××，汉族，文盲，曾任××公司生产科长，住上海市嘉定区××镇××路××弄××号。2020年5月9日因涉嫌污染环境罪，由上海市公安局嘉定分局取保候审。

被告人刘某某，男，1969年××月××日生，公民身份号码××××，汉族，大专文化，××公司生产科长，住上海市嘉定区××镇××路

××弄××号××室。2020年5月9日因涉嫌污染环境罪，由上海市公安局嘉定分局刑事拘留，5月11日延长刑事拘留期限至三十天，6月15日经本院批准，同日由上海市公安局嘉定分局执行逮捕。同年8月6日，经上海市人民检察院第三分院批准，由上海市公安局嘉定分局延长侦查羁押期限一个月。9月15日，经上海市人民检察院批准，由上海市公安局嘉定分局延长侦查羁押期限二个月。

本案由上海市公安局嘉定分局侦查终结，以被告单位上海××环保有限公司、被告人崔某某、钱某某、孙某、朱某、朱某某、刘某某涉嫌污染环境罪，于2020年11月10日向本院移送起诉。本院受理后，于同月11日至13日已分别告知被告单位、被告人有权委托辩护人，依法讯问了各被告人，听取了被告人的辩护人的意见，审查了全部案件材料。被告单位、被告人同意本案适用简易程序审理。

经依法审查查明：

被告单位××公司于1999年取得上海市危险废物经营许可证，核准收集、贮存、焚烧处置危险废物。2008年之前，许可证核准经营规模为1500吨/年。2009年至2017年核准经营规模为7500吨/年，其中2012年为6000吨/年。

2006年至2009年期间，因××公司危废处置能力难以满足客户快速增长的危废处置需求，时任公司总经理的被告人崔某某与时任××镇环保办主任兼公司法定代表人的被告人钱某某共同决定，委托何某某（另案处理）在嘉定区某试车场区域（以下简称试车场）坑内底部和侧面浇筑钢筋混凝土，后违反国家危废处置等相关规定安排员工将公司收集的危险废物等固体废物非法倾倒、填埋至上述坑内，并且在填埋物表面进行覆土，但未采用防渗膜。2020年10月19日，上海市环境科学研究院出具《环境污染状况调查说明》，结论为坑内4个填埋物样本浸出毒性超出了GB 5085.3—2007限值要求，主要超标污染物为甲苯、乙苯、二甲苯和苯酚；2个填埋物样本累计毒性超出了GB 5085.6—2007的限值要求，检出的主要污染物为重金属、氰化物和石油溶剂。小坑内填埋层上覆素填土层及填埋层底部土层土壤样品所有检测指标均未超过GB 36600—2018第二类用地风险筛选值；坑周边非填埋区域4个土壤监测点所采集20个土壤样品中有1个表层土壤样品存在超标情况，超标污染物为氯仿；坑周边非填埋区域地下水所有检测指标均未超过GB/T 14848—2017IV类标准限值情况。该地块目前尚未开展修复，公私财产损失尚未确定。

2009年1月，基于上述同样原因，崔某某与钱某某共同决定，由崔某某代表××公司向本市嘉定区××镇××村村民委员会租赁位于嘉定区××的废弃鱼塘（以下简称废弃鱼塘）。签约后，××公司同样委托何某某用水泥加固基底及四壁，并于2009年下半年起倾倒、填埋危险废物等固体废物，过程中同样进行了覆土，但也未采用防渗膜。2020年10月，经上海市环境科学研究院鉴定评估，环境损害确认结论：非法固废填埋行为对本地块周边土壤及水泥构筑层侧壁和底部下方表层土壤未造成环境损害，根据现有土壤检测结果，本案所填固体废物中的特征污染物对填埋体水泥构筑层下的土壤环境已造成一定影响。环境损害量化结论：2020年1月至8月，××公司委托具备相关资质的企业开展了现场填埋固废清理挖掘工作，被告单位及六名被告人的行为已造成公私财产损失人民币（以下币种均为人民币）241852541元。

2009年9月，被告人孙某接任××公司法定代表人，崔某某改任公司顾问，钱某某改任公司总经理，三人共同负责经营管理××公司。孙某从崔某某、钱某某二人处获知公司租赁废弃鱼塘用于倾倒、填埋危险废物等固体废物后，放任、默许该违法行为继续实施。2014年3月，崔某某、钱某某二人退休。2014年4月，曾任公司办公室主任的被告人朱某接任公司法定代表人及总经理，与孙某共同经营管理公司，但仍以孙某管理为主，公司继续实施非法倾倒、填埋行为。2016年上半年，孙某因故不再参与××公司事务，由朱某直接管理公司，××公司非法倾倒、填埋持续至2016年末。

2010年至2016年期间，公司安排先后两任生产科长被告人朱某某、被告人刘某某具体负责运输、倾倒危险废物等固体废物，班组长曹某某（另案处理）协助，将污染物交由公司多名驾驶员运输至上述废弃鱼塘。

经上海××会计师事务所有限公司司法审计，2006年至2016年，××公司对外销售发票载明的危险废物处置量分别为13723.73吨、18850.52吨、19741.21吨、12855.25吨、22047.48吨、24399.19吨、18521.89吨、

14556.89 吨、16567.12 吨、12505.58 吨、9627.28 吨，均超过当年公司被核准经营收集、贮存、焚烧处置危险废物的吨数。

2018 年，朱某主动向××镇政府汇报上述情况，镇政府遂向嘉定区生态环境局通报。2020 年 3 月，××公司与上海××环境资源有限公司（以下简称××甲公司）、上海××环境保护有限公司（以下简称××乙公司）等签订合同，开展应急清理及处置，开挖现场及附近有强烈刺鼻异味，水泥构筑层有明显接缝，填埋坑底部存在破损。同年 5 月，崔某某、钱某某、孙某、朱某、朱某某、刘某某主动至公安机关投案自首，到案后均如实供述了自己的罪行。

认定上述事实的证据如下：

1. 书证：涉嫌犯罪案件移送书、调查情况说明等生态环境部门移送材料、到案经过，证实本案的案发经过及六名被告人的到案经过。

2. 书证：租地协议、记账凭证，证实××公司向嘉定区××镇××村民委员会租赁场地用于填埋危险废物等固体废物的事实。

3. 证人证言：证人曹××、陈××、何某某、驾驶员孙××、叶××等人的证言，证实 2010 至 2016 年期间，××公司陆续向废弃鱼塘非法倾倒危险废物等固体废物，崔某某、钱某某、孙某、朱某系直接负责的主管人员，朱某某、刘某某系其他直接责任人员的事实。

4. 现场检查笔录、勘验笔录；书证：检测报告、测试报告、情况说明、采样说明、调查说明、现场照片等，证实涉案废弃鱼塘及试车场地块的部分指标超过限值。

5. 书证：上海市固体废物管理中心出具的危险废物鉴别意见、××公司出具的危险特性鉴别报告，证实开挖的固体废物属于危险废物。

6. 书证：上海市环境科学研究院出具的环境损害鉴定评估、会计鉴定意见书及补充意见书，证实被告单位及几名被告人的行为造成公私财产损失共计 241852541 元。

7. 书证：固废应急清理处置商务合同、合同条款、××镇固废应急清理处置工程的废水装运记录、称重单、汇总表、物料交接单、情况说明等，证实××公司与××甲公司、××乙公司等签订应急处置合同，积极处置涉案固废、废液等。

8. 书证：营业执照、上海市危险废物经营许可证、工商登记材料、嘉定区生态环境局、上海市固体废物管理中心出具的书面材料等，证实××公司的相关注册信息、获得危险废物经营许可证、历年监管等情况。

9. 书证：不动产权证书、上海××环保有限公司固体废物无害化处理处置建设项目环境影响评价公示、上海××环保有限公司固体废物无害化处理处置迁建项目环境影响报告书、关于上海××环保有限公司停止迁建项目的说明，证实2017年××公司购得位于××镇××路××号土地拟用于建造新焚烧炉，计划新焚烧炉建成后将已填埋危险废物等固体废物开挖并焚烧，但因故而未能建成。

10. 书证：××公司出具的员工培训记录、培训证书、会议记录等，证实被告人朱某、钱某某等人均分别参加过上海市危险废物经营单位环境管理培训。

11. 书证：××公司出具的转移接收量汇总、相关补充材料、2012年主要客户收入汇总表等，证实××公司的业务情况及主要负责人员信息。

12. 书证：行政处罚决定书，证实××公司曾受过行政处罚的事实。

13. 书证：常住人口居民身份证申领登记表，分别证实被告人崔某某、钱某某、孙某、朱某、朱某某、刘某某的主体身份情况。

14. 被告人供述：被告人崔某某、钱某某、孙某、朱某、朱某某、刘某某的供述，分别证实其犯罪动机、目的、过程及认罪态度。

上述证据收集程序合法，内容客观真实，足以认定指控事实。被告单位××公司、被告人崔某某、钱某某、孙某、朱某、朱某某、刘某某对基本犯罪事实无异议。

本院认为，被告单位上海××环保有限公司及其直接负责的主管人员被告人崔某某、钱某某、孙某、朱某，其他直接责任人员被告人朱某某、刘某某违反国家规定，非法倾倒、填埋危险废物等固体废物，致使公私财产损失100万元以上，后果特别严重，其行为均触犯了《中华人民共和国刑法》第二十五条第一款、第三十条、第三十一条、第三百三十八条、第三百四十六条，犯罪事实清楚，证据确实、充分，应以污染环境罪追究其刑事责任。在单位犯罪中，被告人崔某某、钱某某、孙某起主要作用，根据《中华人民共和国刑法》第二十六条第一款、第四款的规定，均系主犯，按照其所组织的全部犯罪处罚；被告人朱某、朱某某、刘某某起次要作用，根据《中华人民共和国刑法》第二十七条的规定，均系从犯，应当从轻或者减轻处罚。被告人崔某某已满七十五周岁，根据《中华人民共和国刑法》第十七条之一的规定，可以从轻或者减轻处罚。被告单位上海××环保有限公司、被告人崔某某、钱某某、孙某、朱某、朱某某、刘某某犯罪以后自动投案，如实供述自己的罪行，根据《中华人民共和国刑法》第六十七条第一款的规定，系自首，可以从轻或者减轻处罚。根据《中华人民共和国刑事诉讼法》第一百七十六条第一款的规定，提起公诉，请依法审判。

此致

上海铁路运输法院

检　察　官　李怡文

检察官助理　毛颖洁

2020 年 11 月 30 日

（院印）

附件：1. 被告人孙某、刘某某现羁押于××看守所；被告人崔某某现取保候审于上海市嘉定区××镇××路××弄××号××室，联系方式××××；被告人钱某某现取保候审于江苏省昆山市××镇××路××号××栋××室，联系方式××××；被告人朱某现取保候审于上海市嘉定区××镇××路××弄××号，联系方式××××；被告人朱某某现取保候审于上海市嘉定区××镇××路××弄××号，联系方式××××；辩护人信息：××××；

2. 案卷材料和证据十七册、光盘二张；

3.《量刑建议书》二十一份；

4.《适用简易程序建议书》一份；

5. 相关法律条文。

范例四：青海省德令哈市人民检察院青海某城市环境服务有限公司单位行贿案起诉书

青海省德令哈市人民检察院

起诉书*

德检刑诉〔2023〕××号

被告单位青海某城市环境服务有限公司，统一社会信用代码号码××××，住所地西宁市××工业园区××号，法定代表人汪某某。

诉讼代表人汪某，男，1996年××月××日出生，青海某城市环境服务有限公司副总经理。

被告人汪某某，男，1971年××月××日出生，公民身份号码××××，汉族，大学文化，青海某城市环境服务有限公司法定代表人，户籍所在地青海省西宁市城中区，现住××小区××号楼××单元××室。因涉嫌单位行贿罪，2023年2月2日经××监察委员会决定采取留置措施，2023年6月12日被德令哈市人民检察院决定刑事拘留，次日由德令哈市公安局执行拘留；2023年6月19日经德令哈市人民检察院决定批准逮捕，同日由德令哈市公安局执行逮捕。

本案由××监察委员会调查终结，以被告单位青海某城市环境服务有限公司、被告人汪某某涉嫌单位行贿罪，于2023年6月13日向本院移送起诉。本院受理后，于2023年6月14日已告知被告单位、被告人有权委托辩护人和认罪认罚可能导致的法律后果，依法讯问了被告人，听取了被告单位的值班律师、被告人的辩护人的意见，审查了全部案件材料。被告人同意本案适用普通程序审理。

经依法审查查明：2012年至2014年，被告单位青海某城市环境服务有限公司法定代表人汪某某利用孔某某（另案处理）担任××工业园区管委会主任的职务之便，承揽到××工业园区环卫市场化外包项目、工业园区人行道隔离桩安装等19个项目（合同标的1010.48万元）。为表示感谢和今后继续得到孔某某的关照，2019年至2022年，被告人汪某某

* 此文书为单位犯罪认罪认罚案件起诉书，收入时有删改。

先后多次送给孔某某现金人民币共计380万元。

认定上述事实的证据如下：

1. 书证：立案决定书、归案经过、户籍证明、会议纪要、营业执照、民航离港信息记录、项目合同书、银行交易记录等证据；

2. 证人证言：证人孔某某、许某某、田某等人的证言；

3. 被告人的供述与辩解：被告人汪某某的供述与辩解。

上述证据收集程序合法，内容客观真实，足以认定指控事实。被告人汪某某对指控的犯罪事实和证据没有异议，并自愿认罪认罚。

本院认为，被告单位青海某城市环境服务有限公司及其直接负责的主管人员汪某某为谋取不正当利益，向国家工作人员行贿数额380万元，情节严重。其行为已触犯《中华人民共和国刑法》第三百九十三条之规定，涉嫌单位行贿罪。被告单位青海某城市环境服务有限公司及其直接负责的主管人员汪某某犯罪事实清楚，证据确实、充分，应当以单位行贿罪追究其刑事责任。被告人汪某某到案后如实供述自己犯罪事实，根据《中华人民共和国刑法》第六十七条第三款之规定，可以从轻处罚。被告单位青海某城市环境服务有限公司、被告人汪某某自愿认罪认罚，依据《中华人民共和国刑事诉讼法》第十五条之规定，可以从宽处理。根据《中华人民共和国刑事诉讼法》第一百七十六条的规定，提起公诉，请依法判处。

此致

德令哈市人民法院

检　察　官　熊欣

检察官助理　张瑜

2023年7月17日

（院印）

附件：1. 被告人汪某某现羁押于××看守所；

2. 案卷材料和证据10册，光盘1张；

3. 起诉书十三份；

4. 《认罪认罚具结书》两份；

5. 《量刑建议书》两份。

专题三

如何撰写公诉意见书 出庭意见书

一、基本概念

（一）公诉意见书

出庭支持公诉，是指检察机关对被告人提起公诉后，指派人员出席法庭审判，参加法庭调查、法庭辩论等活动，以证明指控主张的诉讼活动。[①] 检察官在出庭中发表的公诉意见书，又称“公诉词”，是出席一审法庭的公诉人在法庭辩论阶段对案件证据和案件情况集中发表意见时使用的法律文书。公诉意见书是检察官在起诉书基础上的进一步论证。检察官发表公诉意见主要是根据起诉书指控内容对被告人的犯罪行为、犯罪事实和犯罪性质后果等进行详细的法律阐述，从而进一步在事实上、证据上、法律上揭露被告人的犯罪行为以及概述法庭质证、论证应适用的法律条款并提出量刑建议等。

公诉人出庭是一项复杂的系统工作，涉及事实认定、证据采信、法律适用、量刑建议等诸多实体和程序内容。[②] 作为“一锤定音”的公诉意见书所记载的内容最为丰富、承载的功能最为全面，[③] 在程序和实体上有着不同的功能价值。程序上，公诉人宣读公诉意见书标志着法庭调查阶段的结束，法庭辩论阶段的开始，也是控辩双方正式交锋的开始；实体上，公诉意见书具有指控犯罪、提出量刑建议、引领社会价值观念的作用。通过对犯罪构成要件的论证、证据链的衔接、事实全貌的表达、法律依据的阐述证明被告人的犯罪事实清楚，证据确实、充分；通过对被告人自首、坦白、立功、主从犯等法定、酌定量刑情节的客观评价，提出幅度量刑建议或者精准量刑建议；通过将刑事政策、法律规定、社会关切和案情有机融合，深入剖析被告人犯罪行为的严重危害以及犯罪根源，在充分融合法、理、情的基础上，做到既有力揭示犯罪，又最大程度释放人文关怀，从而起到引正纠偏的效果。

---

① 参见徐军：《检察监督与公诉职能关系论》，中国人民公安大学出版社 2010 年版，第 10 页。

② 参见史卫忠、张晓津主编：《国家公诉人出庭指南》（修订版），法律出版社 2023 年版，第 156 页。

③ 参见刘英旭、石瑞敏：《公诉意见书的制作要点》，载《人民检察》2021 年第 6 期。

当前，检察机关出庭公诉的形势任务、舆论环境和具体要求发生深刻变化，刑事案件出庭活动逐渐深入“深水区”。特别是庭审直播，将带有“神秘色彩”的刑事案件庭审带到公众面前，无疑给公诉人出庭带来了更新、更大的挑战。[①] 因此，一份优秀的公诉意见书不仅是国家公诉人理论造诣、实践经验、法律智慧的评价载体，更是“提高刑事指控能力和构建刑事指控体系的重要方面”[②]。如果说检察机关是一家“百年老店”，那么，出庭支持公诉可以说是其中的“镇店之宝”和“招牌菜”，直接影响着检察机关的口碑和评价，[③] 需格外引起重视。

（二）抗诉（上诉）案件出庭意见书

抗诉（上诉）案件出庭意见书是指出庭检察人员在对抗诉案件或者上诉案件集中发表检察意见时使用的法律文书。出庭意见书应当论证本案犯罪事实清楚，证据确实、充分，或者一审法院认定事实、证据疏漏、有误之处；案件诉讼程序是否合法；揭露被告人犯罪行为性质、严重程度，评析抗诉（上诉）理由；论证原审判决书适用法律、定罪量刑是否正确，有误的，应提出改判的建议。

司法实践中，和一审公诉意见书“三书一纲”黄金阵容不同，出庭意见书是二审阶段检察官出庭履职的主要文书，略显“孤单”，但其功能和价值也更为集中，归纳为一点，即检察官应当“严格坚持罪刑法定原则，尊重和保障人权，既要追诉犯罪，又要保障无罪的人不受刑事追究”，不偏不倚、不枉不纵，做法治进步的引领者。因此，“出庭意见书既可以发表维持原判的意见，也可以发表发回重审和改判的意见，甚至可以发表无罪意见”[④]。另外，和其他法律文书不同的是，出庭意见书并无规定详细的制作说明，只有提纲挈领，实质上更加注重和考验出庭检察官的随机应变能力。需要注意的是，尽管检察官出庭意见受二审全面

---

① 参见史卫忠、张晓津主编：《国家公诉人出庭指南》（修订版），法律出版社 2023 年版，第 17 页。

② 李勇：《围绕事实证据与法律适用，把握公诉意见书撰写要点》，载《检察日报》2023 年 7 月 26 日，第 3 版。

③ 参见史卫忠、张晓津主编：《国家公诉人出庭指南》（修订版），法律出版社 2023 年版，第 1 页。

④ 刘哲：《如何撰写抗诉（上诉）案件出庭意见书》，载《人民检察》2021 年第 10 期。

审查原则的影响，不局限于上诉或抗诉的范围，但这并不意味着出庭意见书不受约束，可以天马行空地任意发挥，其本质仍然依附于刑事抗诉书，不能僭越和脱离刑事案件本身，要充分考虑与抗诉书的配合与协调，回归其主责主业。如，针对上诉人的上诉状，出庭意见书主要任务就是驳斥上诉人无理的上诉理由。如果针对法院一审确有错误判决，出庭意见书就是"有错必纠"的檄文。

（三）再审案件出庭检察员意见书

出席再审法庭是指人民检察院派员出席人民法院按照审判监督程序开庭审理刑事案件的诉讼活动，包括人民法院自行决定再审和检察机关按照审判监督程序提出抗诉再审两种情形。出席再审法庭是法律赋予人民检察院的职责，也是刑事检察工作的一项重要内容。对于再审案件，人民检察院应当派员出席法庭，出席刑事再审法庭的检察人员身份具有唯一性，即依法维护法律统一正确实施的法律监督者，在法庭上应当以检察员自称。"其出席法庭任务是宣读抗诉书，支持抗诉，纠正原审判决、裁定错误，或者发表检察意见，维护认为正确的原审判决、裁定或者支持纠正认为错误的原审判决、裁定，监督法庭审判活动是否合法，维护诉讼参与人合法权利，履行的法律监督职责。"[①] 检察人员出席再审法庭，应当坚持客观义务、不抗不主张和法律监督原则，做到既尊重法律事实，又维护法律尊严。

二、文书制作依据

（一）法律规定

1. 关于公诉意见书

《刑事诉讼法》第198条第2款规定，经审判长许可，公诉人、当事人和辩护人、诉讼代理人可以对证据和案件情况发表意见并且可以互相辩论；第209条规定，人民检察院发现人民法院审理案件违反法律规定的诉讼程序，有权向人民法院提出纠正意见。由此可见，依法对刑事诉

① 程相鹏：《检察人员出席刑事再审法庭若干问题探讨》，载《中国检察官》2015年第7期。

讼实行法律监督，也是发表公诉意见的重要内容。

2. 关于出庭意见书

《刑事诉讼法》第235条规定，人民检察院提出抗诉的案件或者第二审人民法院开庭审理的公诉案件，同级人民检察院都应当派员出席法庭。第256条第2款规定，人民法院开庭审理的再审案件，同级人民检察院应当派员出席法庭。此举确保了开庭审理的实质化。

（二）司法解释及相关文件规定

1. 关于公诉意见书

《人民检察院刑事诉讼规则》第398条第5项规定，对证据采信、法律适用和案件情况发表意见，提出量刑建议及理由，针对被告人、辩护人的辩护意见进行答辩，全面阐述公诉意见；第417条第1款规定，在法庭审理过程中，经审判长许可，公诉人可以逐一对正在调查的证据和案件情况发表意见，并同被告人、辩护人进行辩论。证据调查结束时，公诉人应当发表总结性意见。

2015年6月，最高人民检察院《关于加强出庭公诉工作的意见》指出，公诉人要善于围绕控辩双方在事实、证据、法律适用方面和量刑方面的分歧焦点，运用事实证据、法律规定和刑事政策，客观公正地发表公诉意见。

2. 关于出庭意见书

《人民检察院刑事诉讼规则》第446条规定了检察官出席第二审法庭的任务：支持抗诉或者听取上诉意见，对原审人民法院作出的错误判决或者裁定提出纠正意见；维护原审人民法院正确的判决或者裁定，建议法庭维持原判；维护诉讼参与人的合法权利；对法庭审理案件有无违反法律规定诉讼程序的情况记明笔录；依法从事其他诉讼活动。《人民检察院刑事诉讼规则》第454条至第456条规定了检察机关出席再审法庭的任务和方式。要求对原判决、裁定认定的事实、证据、适用法律进行全面审查，重点审查有争议的案件事实、证据和法律适用问题，并需派员出席法庭。如第454条规定，人民法院开庭审理再审案件，同级人民检察院应当派员出席法庭；第455条规定，人民检察院对于人民法院按照审判监督程序重新审判的案件，应当对原判决、裁定认定的事实、证据、适用法律进行全面审查，重点审查有争议的案件事实、证据和法律适用问题；第456条规定，人民检察院派员出席再审法庭，如果再审案件按照第一审程序审理，参照规则第十一章第一节有关规定执行；如果再审案件按照第二审程序审理，参照规则第十一章第四节有关规定执行。

最高人民法院2001年发布的《关于刑事再审案件开庭审理程序的具体规定（试行）》第22条规定，进入辩论阶段，原审被告人（原审上诉人）及其法定代理人、近亲属提出申诉的，先由原审被告人（原审上诉人）及其辩护人发表辩护意见，然后由公诉人发言，被害人及其代理人发言。被害人及其法定代理人、近亲属提出申诉的，先由被害人及其代理人发言，公诉人发言，然后由原审被告人（原审上诉人）及其辩护人发表辩护意见。人民检察院提出抗诉的，先由公诉人发言，被害人及其代理人发言，然后由原审被告人（原审上诉人）及其辩护人发表辩护意见。既有申诉又有抗诉的，先由公诉人发言，后由申诉方当事人及其代理人或者辩护人发言或者发表辩护意见，然后由对方当事人及其代理人或辩护人发言或者发表辩护意见。公诉人、当事人和辩护人、诉讼代理人经审判长许可，可以互相辩论。

三、文书结构

（一）公诉意见书

根据《人民检察院刑事诉讼法律文书格式样本（2020版）》要求，公诉意见书分为首部、正文、尾部三个部分。

1. 首部。首部应居中写明文书的名称，为“××××人民检察院公诉意见书”，然后依次填写被告人姓名（被告人为单位的写其名称）、案由（即起诉书认定的涉嫌罪名），最后写起诉书的编号。

2. 正文。正文包括抬头呼告语、出庭任务和法律依据、具体意见以及结束语四部分。首先，抬头部分根据合议庭组成人员情况书写，或写为“审判长、审判员”，或写为“审判长、人民陪审员”，或写为“审判长、审判员、人民陪审员”。其次，出庭任务和法律依据部分根据新格式规定，此段文字表述为：“根据《中华人民共和国刑事诉讼法》第一百八十九条、第一百九十八条和第二百零九条等规定，我（们）受××××人民检察院的指派，代表本院，以国家公诉人的身份，出席法庭支持公诉，并依法对刑事诉讼实行法律监督。现对本案证据和案件情况发表如下意见，请法庭注意。”具体意见部分根据新格式规定，从以下三方面进行分析论证：一是根据法庭调查的情况，概述法庭质证的情况、各证据的证明作用，并运用各证据之间的逻辑关系证明被告人的犯罪事实清楚，证据确实、充分；二是根据被告人的犯罪事实，论证应适用的法律条款并提出定罪及从重、从轻、减轻处罚等意见；三是根据庭审情况，在揭露被告人犯罪行为的社会危害性的基础上，作必要的法制宣传和教育工作。关于法制宣传和教育的内容是否需要，要视具体情况而定。最后，为结束语。其文字表述为：“综上所述，起诉书认定本案被告人×××的犯罪事实清楚，证据确实、充分，依法应当认定被告人有罪，并建议____（根据是否认罪认罚等情况提出量刑建议或从重、从轻、减轻处罚等意见）。”

3. 尾部。公诉人署名，并注明年月日，当庭发表。特别注意，此处不署检察机关院名、不加盖院印。

（二）抗诉（上诉）案件出庭意见书

《人民检察院刑事诉讼法律文书格式样本（2020 版）》将原《抗诉（上诉）案件出庭检察员意见书》修改为《抗诉（上诉）案件出庭意见书》，抗诉案件和上诉案件出庭意见书格式统一，分为首部、正文、尾部三个部分。

1. 首部。标题为“××××人民检察院抗诉（上诉）案件出庭意见书”，然后依次填写提起公诉机关、起诉书号、一审法院名称、判决书号、提起抗诉机关、抗诉文号以及上诉人及原审被告人姓名，有多人的分别列明。

2. 正文。正文同样包括抬头呼告语、出庭任务和法律依据、具体意见以及结束语四部分。首先，抬头部分固定为“审判长、审判员”，根据《刑事诉讼法》第 183 条第 4 项规定，人民法院审判上诉和抗诉案件，由审判员 3 人或者 5 人组成合议庭进行。因此，此处与一审公诉意见书呼告语具有较大区别。其次，出庭任务和法律依据部分根据新格式规定，此段文字表述为：“根据《中华人民共和国刑事诉讼法》第二百三十五条的规定，我（们）受×××人民检察院指派，代表本院，出席本法庭，依法执行职务。现对本案事实、证据、程序和原审人民法院判决（裁定）发表如下意见，请法庭注意。”具体意见部分根据新格式规定，从以下三方面进行分析论证：一是论证本案犯罪事实清楚，证据确实、充分，或者一审法院认定事实、证据疏漏、有误之处；二是案件诉讼程序是否合法；三是揭露被告人犯罪行为性质、严重程度，评析抗诉（上诉）理由。最后，为结束语，论证原审判决书适用法律、定罪量刑是否正确，有误的，应提出改判的建议。

3. 尾部。检察官署名，并注明年月日，当庭发表。特别注意，此处不署检察机关院名、不加盖院印。

（三）再审案件出庭检察员意见书

根据《人民检察院工作文书格式样本（2020年版）》，本文书为人民检察院在办理再审刑事案件派员出庭发表意见时使用，分为首部、正文、尾部三部分。

1. 首部。文书标题为“×××人民检察院出庭检察员意见书”，一是写明再审案件情形，如果是检察机关按照审判监督程序提出抗诉再审，写明提出抗诉机关名称和抗诉书文号。如果是人民法院自行决定再审，写明决定再审机关和再审决定书文号。二是依次写明终审法院和原审被告人的情况，有多人的分别列明。

2. 正文。正文同样包括抬头呼告语、出庭任务和法律依据、具体意见以及结束语四部分。首先，抬头呼告语部分需要根据案件审理程序实际情况撰写。如根据《刑事诉讼法》第256条规定，人民法院按照审判监督程序重新审判的案件，由原审人民法院审理的，应当另行组成合议庭进行。如果原来是第一审案件，应当依照第一审程序进行审判，所作的判决、裁定，可以上诉、抗诉；如果原来是第二审案件，或者是上级人民法院提审的案件，应当依照第二审程序进行审判，所作的判决、裁定，是终审的判决、裁定。同时对于法庭违反《刑事诉讼法》的，检察机关可以提出纠正意见。其次，出庭任务和法律依据部分根据新格式规定，此段文字表述为：“根据《中华人民共和国刑事诉讼法》第二百五十六条的规定，我（们）受×××人民检察院指派，代表本院，出席本法庭，依法履行职务。现对本案证据、案件情况和原审人民法院判决（裁定）发表如下意见，请法庭注意。”最后，出庭意见书在庭审辩论环节发表，在发表过程中说明对原判决、裁定认定的事实、证据、适用法律全面审查后的意见、理由、证据及法律依据。

3. 尾部。检察官署名，并注明年月日，当庭发表。特别注意，此处不署检察机关院名、不加盖院印。

四、文书制作要点

（一）总体原则

公诉意见书是出席一审法庭的公诉人在法庭辩论阶段的第一轮演说词；是总结法庭调查、开启法庭辩论的重要环节。主旨在于综合法庭调查情况，对起诉书的指控主张作进一步的分析论证，阐明检察机关的量刑意见，结合案情开展法治宣传及教育，从而实现惩治犯罪、预防犯罪的目的。与之相对的，抗诉（上诉）案件出庭意见书作为二审、再审阶段检察官出庭履职的主要文书，与一审阶段的公诉意见书作用、格式类似，同样都是出庭发表意见的核心文书。根据最高人民检察院印发的文书格式样本，公诉意见书主要由三部分组成：根据法庭调查的情况，概述法庭质证的情况、各证据的证明作用，并运用各证据之间的逻辑关系证明被告人的犯罪事实清楚，证据确实、充分；根据被告人的犯罪事实，论证应适用的法律条款并提出定罪及从重、从轻、减轻处罚等意见；根据庭审情况，在揭露被告人犯罪行为的社会危害性的基础上，做必要的法治宣传和教育工作。而出庭意见书则有四个部分：论证本案犯罪事实清楚，证据确实、充分，或者一审法院认定事实、证据疏漏、有误之处；案件诉讼程序是否合法；揭露被告人犯罪行为性质、严重程度，评析抗诉（上诉）理由；论证原审判决书适用法律、定罪量刑是否正确，有误的应提出改判的建议。由此可见，这两类文书都属于“空白”格式文书，除了头部和尾部的一些格式要求之外，在正文上的格式要求很少。文书格式样本中所注明的要求，其实只起到一个大致的提示作用，如何具体表述，并无定法。即使庭前已经审定，庭上公诉人/检察官发表意见时也会根据现场变化做出调整。即公诉意见书、出庭意见书是高度个性化的文书，必须依附于公诉人/检察官个体的创造力，是无法完全规约和程式化的，这是庭审的不确定性和庭审实质化的体现。此外，这两类文书都是无需加盖公章的文书，只需出庭公诉人/检察官具名即可。正因此，公诉意见书、出庭意见书内容才能够在法庭上进行调整变动，以应对庭审的灵活性。所以，公诉意见书、出庭意见书很多时候呈现出一种“法无定法”的状态，很难建立起像起诉书那样的规则体系。但是，这绝非意味着这两类文书不需被重视，恰恰相反，公诉意见书、出庭意见书虽与起诉书制作要求的内容准确、形式规范不同，但要求严谨规范且通俗易懂、内涵紧缩且外延宽广、逻辑严密且细致入微、理性智慧且动情入理。除此之外，公诉意见书、出庭意见书内容的广泛性及功能的多样性决定了公诉人/检察官在制作文书时，须对案件定罪量刑及之外事实做全面的解读和分析，并时常转换思维方式和写作方法。

这两类文书要求公诉人/检察官对案件做细致深入的解读。如果说写好一份起诉书的基础是公诉人必须参透案件的事实认定和法律适用，那么写好一份公诉意见书或出庭意见书除事实认定和法律适用外，还要求从指控犯罪、释法说理、社会问题剖析、量刑建议、庭审效果等诸多方面对案件做更细腻、更全面、更深刻的剖析和解读。公诉人/检察官需要对全案的证据进行认真细致的梳理，根据庭审情况以及审查起诉的思路，将关键证据、争议证据提炼出来，依据证据规则以及社会经验，结合其他关联事实，对证据的充分性程度进行综合分析，进而得出事实清楚，证据确实、充分的结论。从法律认定的角度，这两类文书并不仅仅停留在准确引用法律条文上，更在于通过法律逻辑分析，将指控罪名进行构成要件方面的拆解，将相关事实置于各个要件中去加以评判，从而推导出被告人所实施的行为符合起诉书所指控罪名的构成要件，应当以刑法的某项条文定罪处罚的结论。从释法说理的角度，公诉人/检察官首先需要对被告人、上诉人或原审被告人的行为做社会价值层面的判断，对案件中呈现出的方方面面事实和信息进行过滤，从而确定对于开展法治宣传教育有价值的证据和信息。从实践经验看，要做好这方面工作，公诉人/检察官需要立足于更高站位，跳出案件本身对被告人、上诉人或原审被告人的行为进行审视。同时，为了使这方面的内容更具有说服力和感染力，公诉人/检察官的关注点不应仅限于案件事实和证据，还需要围绕法治教育的主题对案件各种信息进行分析，提炼有价值的信息作为法治教育的佐证材料或者主要依据。从源头治理的角度，需要公诉人/检察官拓展视野，综合分析被告人的犯罪原因及客观条件性因素，找出社会管理方面存在的不足与缺失，有针对性地提出完善社会管理方面的建议。基于对公诉意见书、出庭意见书内容的广泛性以及所承载功能的丰富性，公诉人/检察官在制作文书时需要对案件各方面的综合因素进行全面考量，从案件定罪角度，需要考量案件的事实、证据、法律规定、法学理论；从庭审辩论角度，则需要考虑辩论技巧、逻辑；从法治宣传和教育的角度，需要关注社会情感、朴素正义观念、社会价值等各方面。

具体而言，在制作公诉意见书、出庭意见书时，需要遵循以下几方面要求。

1. 认真细致梳理证据

以审判为中心，其核心是证据。庭审前，公诉人/检察官务必再次认真细致审查作为定案根据的证据是否存在非法和瑕疵情况，证据之间是否存在无法排除的矛盾，如讯（询）问地点是否适当、过程是否合法，取证主体是否适格，笔录记载时间与提押证是否吻合，录音录像是否全程，讯问笔录内容与录音录像是否一致，勘查时间与笔录记载时间是否矛盾，笔录记载与照片是否相符，物证来源是否清晰、保管是否规范，是否通过辨认和鉴定确定物证与案件的关联性，鉴定人是否具备资质，鉴定方法是否科学，鉴定程序是否合法，鉴定意见是否客观，等等。只有在确保证据具有证据能力和证明力的前提下，才能作为定案的根据，避免因辩方对证据提出质疑而引起被动，牢牢掌握庭审主动权。

2. 准确全面预测辩方观点

公诉人/检察官只有全面准确预测辩方观点，才能围绕争议焦点在事实和法律上予以正确回应。实践中，公诉人/检察官可以从全案事实、证据中的矛盾点进行预测（辩护人往往会以矛盾点为突破口试图动摇全案证据体系），从庭前被告人、上诉人或原审被告人辩解和辩护人提出的或者向有关部门反映的意见进行预测（公诉人/检察官应全面充分听取被告人、上诉人或原审被告人及辩护人的意见，分析其辩解和辩护的合理性和可能性），从侦查机关与检察机关的认识分歧进行预测（既然有分歧，说明案件的事实、证据和法律适用等方面存在争议），从法律争议问题进行预测（做好相应的理论、政策知识储备），通过“换位思考”站在辩护人的角度进行全面分析，做到有的放矢。

3. 注意繁简得当

公诉意见书、出庭意见书在制作过程中，繁简得当是一条重要原则。公诉人/检察官在制作这两类意见书时，应当做到无争议的部分简化，有争议的内容尽量强化。对于事实清楚，证据确实、充分，被告人认罪认罚的案件，对案情和证据的分析可以适当缩减；如案件事实清楚，但法律适用有争议的，则应当在论证是否构成犯罪以及构成何罪上多花工夫，结合当前刑法理论和相关法律规定，指出其中可能存在的法律适用争议，再从认定犯罪角度阐述控方的理由，并尽可能详实，相应地可以缩减其他方面的内容；针对涉众型、社会影响较大或媒体关注度较高的案件，建议对第三部分即法治宣传和教育工作部分加强阐述，充分发挥公诉意见书、出庭意见书的教育感化作用；对于二审、再审案件，则应重点关注与上诉理由、抗诉意见紧密关联的事实、证据，控辩双方意见一致没有必要重复罗列。同时，注意与答辩意见等法律文书合理分工，各有侧重，从最有利于辩论的角度整理写作思路并合理安排内容。

4. 注重法理情相融合

司法实践中，有的案件虽然被告人被定罪判刑了，但是案件审理的旁听效果乃至社会效果未必就好，究其原因主要是公诉意见书、出庭意见书未做到法理情的有机融合。如有的公诉人在发表公诉意见时只说被告人手段残忍，主观恶性大，给社会造成了严重危害，但对如何残忍，为什么主观恶性大，具体造成了什么危害，则不加论述，从而削弱了公诉意见书的教育、警示功能。实践中，可以通过摘要宣读尸检报告中部分关键内容论证犯罪手段的残忍程度，通过案发前因、行为人的作案动机、作案后的表现论证其主观恶性，通过案件后果、被害人亲属的感受、舆情民意等论证行为人犯罪行为的社会危害性，等等。总之，公诉人/检察官应善于围绕控辩双方在事实、证据、法律适用和量刑方面的分歧焦点，通过证据将客观事实提炼为法律事实，进而阐明对行为人犯罪行为进行法律评判的理由与依据，将指控理由进一步深化。同时，善于挖掘案件的情感点，与旁听者形成情感上的交流互动，引发大家的情感共鸣，达到强化公诉意见感染力的目的。

5. 用语兼顾严谨与生动

公诉人/检察官在制作公诉意见书、出庭意见书时，应遵循严谨、平和、理性的原则，无论是遣词造句还是发表观点都应认真推敲、仔细琢磨，确保严谨无漏洞，体现国家公诉人/出庭检察官应有的气度与风范。同时，注意感情融入，这不仅能反映出公诉人/检察官代表检察机关对被害方的一种人文关怀，同时也能感染群众、说服法官，促使被告人、上诉人或原审被告人及辩护人心服口服，争取审判人员采纳出庭意见。在发表公诉意见、出庭意见时须逻辑缜密，用语严谨，不能给对方留空子，更不能因语言上的疏漏而影响庭审的实际效果。语言要生动形象，不仅让人听懂听清，还要入情入理地阐释，使人心悦诚服。因此，适当使用具有文学色彩的语言进行通俗化的法理解析与情理阐释是十分必要的。但也需注意，不能因过于追求辞藻华丽而越位，擅自更改检察机关的出庭意见，也不能只追求形式而忽略内容，因为公诉人/检察官代表着公正和威严，始终应做到理性客观。

6. 文书发表应与庭审紧密结合

这两类文书一般是庭前写好的，以对案件的实质审查和判断为基础。但实际到庭审过程中提前预判的有关情况都可能发生变化，如被告人原来认罪，但庭上翻供，或者原来不认罪，而当庭悔悟。辩护人的辩护立场和理由也可能会作出调整。如果有证人出庭，则现场的变数更多。对于上述情况，公诉人/检察官应提前做好预判，公诉意见书、出庭意见书也是预判的产物。但随着庭审实质化的不断强化，上述意外情况出现的概率也不断增加，庭审的不确定性在增强，对抗性也在强化。在这种背景下，公诉意见书、出庭意见书须与庭审变化环环相扣，随时调整，应与发言提纲相类似，应与庭审相契合，根据庭审变化进行调整表达。所以公诉意见书、出庭意见书是弹性的、框架性的，要与庭审紧密结合起来。需要说明的是，与庭审的变化结合应该是一种主动结合，而不是被动结合，即公诉人/检察官应主动把握庭审走向。如在法庭讯问和举证质证以及对辩护意见回应的过程中，要提前考虑意见的发表，在心中为意见书打“腹稿”，敏锐捕捉哪些方面是原意见书中没有考虑到的，那么就应将这部分内容加进来或者作相应调整。公诉人/检察官应将庭前准备好的意见书与自己在法庭上刚刚形成的意见思路结合起来发表，即通过即席表达的方式将书面语言串联起来，此时就考验公诉人/检察官的临场应变能力，其基础是案件的实质化审查程度和庭审的准备程度。

（二）具体要领

1. 首部、公诉人/检察官出庭的法律依据和职责

（1）关于首部。公诉意见书和出庭意见书有所不同。公诉意见书应写明发文单位、被告人姓名、案由、起诉书号以及称谓。抗诉（上诉）案件出庭意见书除发文单位、起诉书号、称谓之外，还要列明提起公诉机关、一审法院、判决书号、提起抗诉机关、抗诉书号和上诉人及原审被告人。其中原审被告人为多人的，要分别注明。需要说明的是，出庭

意见书不需要列明案由。此外，除最高人民检察院外，各地方检察机关的名称前均应写明省（自治区、直辖市）的名称。而关于称谓，对于一审公诉案件而言，对于由法官独任审判的案件，应表述为“审判长”；对于全部由法官组成的合议庭，应表述为“审判长、审判员”；对于有人民陪审员参加的合议庭，应表述为“人民陪审员”。在再审、二审程序案件中，则称谓只有审判长、审判员，即人民陪审员不会参加再审、二审程序案件的庭审。

（2）关于公诉人/检察官出庭的法律依据和职责。一是出席法庭的法律依据。公诉意见书我们引用的法律依据是《刑事诉讼法》第 189 条、第 198 条和第 209 条，出庭意见书的法律依据是《刑事诉讼法》第 235 条，这是由出席法庭的公诉人/检察官履行不同法定职责所决定的。二是出庭履职的授权来源。这两类文书都已经明确授权主体是 × × 人民检察院，而非如检察长在内的个人。三是当庭开展法律监督工作的宣示。与出庭意见书不同的是，公诉意见书在此部分需专门说明“依法对刑事诉讼活动实行法律监督”。除文书格式样本规定的这三部分之外，我们认为还可视情增加对此前庭审活动的回顾与评价，这也是对法庭调查环节简单总结并开启法庭辩论的应有之义，如公诉意见书可以表述为“今天的法庭调查，通过对被告人某某依法进行讯问，向法庭宣读并出示的证人证言、书证等大量证据材料，已经证明本院起诉书指控被告人某某犯有某某罪的事实清楚，证据确实、充分。现发表如下公诉意见，供合议庭参考”。

2. 正文部分，包括对犯罪事实清楚，证据确实、充分的论述；对法律适用的阐释；法治宣传、教育

公诉意见书、出庭意见书的正文部分，撰写出彩的一个重要因素是要体现个案特点。即使是相同罪名的案件，可能证据状况不同、影响定罪的关键点不同，不同案件的犯罪动机、目的、手段、对象、后果，都会对公诉意见书、出庭意见书的制作提供个性化的素材。根据个案情况的不同，重点也不同，有的着重于证据分析，有的着重于法理论证，有的着重于法庭教育。对于辩护人和被告人从法律适用方面开展无罪或者罪轻辩护的，公诉意见书、出庭意见书应着重于法理并引用相关法条和司法解释，结合案件事实阐述被告人、上诉人或原审被告人构成犯罪的理由；对于辩方从证据不足的角度开展无罪辩护的，重点应放在证据的

有效性以及证据与证据之间关联性的角度进行认真分析，进而得出案件事实清楚，证据确实、充分的结论；对于辩方对量刑情节有争议做罪轻辩护的，应重点围绕被告人、上诉人或原审被告人的量刑情节结合法律进行论证，得出是否采信辩方主张的意见。

（1）关于对犯罪事实清楚，证据确实、充分的论述。首先是开篇，尤其是对于公诉意见书而言开篇至关重要。若平铺直叙，按照格式要求永远作一成不变的表述难免缺乏亮点。事实上，个案与个案案情不同，个案与个案特点各异，每个案件的公诉意见书都可以写出不同的开头，起到引人入胜、突出亮点的效果，关键是要善于对每个案件进行定位，把握每个案件特有的细节，这样就能给每个案件贴上独一无二的“标签”，从而打开写作的思路。

其次是证据分析和事实认定。目前实践中存在的主要问题有：不对法庭调查情况进行归纳总结，从而削弱证据体系的证明力；证据分析流于形式，只是对在案证据进行简单的堆积罗列，不对证据进行分析论证，直接下结论，缺乏说服力。一份高质量的公诉意见书、出庭意见书应当做到：一是对法庭调查的内容作高度归纳。公诉人/检察官应秉持客观公正立场，并做到正面回应辩方对证据的质疑，对于不能成立的质证意见，有理有据进行驳斥，并高度总结指控证据的合法性、客观性和关联性。在有些案件中，证据认定分歧较大，法律定性也没有形成理论通说，这时往往控辩双方各执一词，公诉人/检察官在公诉意见书、出庭意见书中表述“证据确实、充分”往往是自说自话，辩方并不认可。这时公诉人/检察官应体现客观公正的态度，而不是一味强词夺理、牵强附会，客观指出案件证据存在的瑕疵，并分析该瑕疵不影响案件证据确实充分的认定标准。采纳辩方正确观点，对于辩方提出的合法、合理的辩护观点，公诉人/检察官要敢于采纳，并向法庭提出公正的处理意见。有力驳斥辩方不可采信的证据，进一步完善案件证据体系。二是注重证据的综合运用。信息的不同组合形态会大大影响认识评价结果。实践中，部分公诉人/检察官因不注重有效组合证据、不注重证据与证据之间的逻辑分析而导致结论缺乏说服力。对此，公诉人/检察官应做到：第一，注重以庭审焦点为单位组合证据。法庭审理的重点是与定罪量刑有关的关键问题或者是有争议的部分，公诉人/检察官应以庭审焦点为单位对证据进行组合。第二，注重证明体系的构建。公诉人/检察官应对案件证据进行梳理比对、归纳组合，通过证据之间的相互印证，运用逻辑、经验法则进行推理、判断，将零散的证据整合成完整的证明体系，实现从查明事实到证明事实的转变。第三，注重证明结论的唯一性。由于定罪要排除所有合理怀疑，因此要保证推理过程周延，结论唯一，不能违反排中律、矛盾律和同一律等基本逻辑规律。三是事实回应应全面。对被告人、上诉人或原审被告人否认的与定罪量刑有关的每一个事实或情节，都要运用具体的证据分别证实，而不能笼统地说明某一事实或某一情节已经被证人证言、鉴定意见、勘验笔录等所证实，却没有指出究竟是由哪些证据具体如何证明的，从而影响庭审效果。另外，需要特别注意的是，与一审公诉意见书需面面俱到分析不同，抗诉（上诉）案件出庭意见书在此部分还要尤其注意对一审法院认定事实、证据疏漏、有误之处进行剖析，更注重争议证据、争议事实的认定，以更有针对性。如果上诉人在大量有力的证据面前仍然抵赖，检察官可以当众揭开其虚伪面纱和戳穿谎言；如果上诉人避重就轻，检察官可以用带有画面感的语言还原犯罪的真实面貌，让上诉人无从辩解。当然，对于事实不清的案件，检察官理应全面分析呈现有罪和无罪证据，以审慎态度表明现有证据不足以定案的意见，体现客观公正的态度。

（2）关于对法律适用的阐释。目前实践中存在的主要问题有：法律论证缺乏深度，未得到旁听者的认同，说服力不够；未认定对被告人有利的情节，从而影响检察机关的公正性。我们认为，公诉意见书、出庭意见书的法律适用阐释应做到：一是解释法律要符合一般社会公众的认知。解释法律的目的在于明确对被告人定罪量刑的法律依据，为此，公诉人/检察官应注意：首先，要将法律概念解释清楚。公诉人/检察官发表意见对双方争议涉及的法律概念一定要解释清楚，以便在之后的辩论中占据先机。其次，论证要有针对性。一起案件可能涉及的法律规定有很多，但公诉意见书、出庭意见书在阐述案件法律适用时，不可能面面俱到，应重点围绕案件争议点进行有针对性的论证。若案件在实体定性方面存在争议，要分析当前刑法理论和相关法律规定，指出其中可能存在的争议，再从认定犯罪的角度阐述控方的具体理由，并尽可能做到详尽。再次，应注意布局规划。公诉人/检察官应当根据自己对辩护人辩护观点的预测，通过“换位思考”从辩护人的角度对公诉意见、出庭意见进行合理、有针对性地规划布局，先说什么，后说什么，与后面的法庭辩论对应起来。尤其是对于上诉案件，由上诉人、辩护人先行发表上诉意见、辩护意见后检察官才发表出庭意见，此时的意见需更有针对性，切不可与上诉意见毫不相干、各说各话。最后，立足于社会一般道德观念和情感，对司法结论的公众认可度进行考量。以法律人和社会人的双重身份对案件处理是否能够得到社会公众认同进行考量，选取一种既符合法律规则，又能被社会观念所接受的结果。尤其是对于一般人直觉认为构成甲罪，但依法应认定为乙罪的情形，应善于对指控罪名的理由作细致、通俗的阐述，使一般社会公众接受指控观点，并引导公众形成这样的观念，即法律有其自身的认定标准，以直觉定案并不符合法律规范。

二是全面客观分析被告人、上诉人或原审被告人的定罪量刑情节。在法庭上，公诉人/检察官不仅要履行好指控和证明犯罪的职责，还肩负着保障诉讼参与人合法权益的任务。一方面，公诉意见书、出庭意见书应对被告人、上诉人或原审被告人的犯罪情节，从主观恶性、造成的危害后果、是否存在自首立功以及认罪态度等多个方面进行阐述。不仅要全面阐述对被告人、上诉人或原审被告人从重处罚的情节，更应客观公正地认定对其有利的事实和情节。另一方面，注重从社会一般观念出发评判被告人、上诉人或原审被告人行为的社会危害性，必要时还需要把案件证据体系之外的事实以及犯罪构成要件以外的后果纳入社会危害性中做一体化考量，在此基础上提出较为确定的量刑建议。公诉人/检察官在归纳被告人、上诉人或原审被告人的社会危害性时，不仅需要考虑所指控罪名的构成要件中所包含的危害后果，还要从社会一般观念评判其行为的社会危害性，必要时还需要把案件证据体系之外的事实以及犯罪构成要件以外的后果纳入到社会危险性中做一体考量。

此外，需要注意的是，出庭意见书对法律适用的阐释无需与一审公诉意见书一致。这也是由二审、再审程序中检察机关的定位不同决定的。《人民检察院刑事诉讼规则》第 446 条规定检察官出席第二审法庭的任务包括：第一，支持抗诉或者听取上诉意见，对原审法院作出的错误判决或者裁定提出纠正意见；第二，维护原审法院正确的判决或者裁定，建议法庭维持原判；第三，维护诉讼参与人的合法权利；第四，对法庭审理案件有无违反法律规定诉讼程序的情况记明笔录；第五，依法从事其他诉讼活动。这五个任务归结为一点，即为检察官法所规定的检察官的客观公正立场，既要追诉犯罪，也要保障无罪的人不受刑事追究。具体来说，就是有错纠错，无错维护司法权威。所以，出庭意见书既可以发表维持原判的意见，也可以发表发回重审和改判的意见，甚至可以发表无罪意见。对于抗诉案件，还可以提出撤回抗诉的意见。由此可见，出庭意见书的灵活性较强，检察官发表意见的方向是可以选择的，判断依据在于其对证据事实和法律适用的把握判断。且由于适用全面审查原则，不受上诉或者抗诉范围的限制。因此，检察官的出庭意见并不仅仅是公诉立场和抗诉立场的强化，检察官出庭也不仅仅是一审出庭的补充和附庸，而允许有独立的立场，也应该有独立的立场。但这并不意味着出庭意见不受任何限制。首先，要受到指控范围的限制，不能增加指控内容，比如增加罪名和犯罪构成要件事实。但是对于一些细节性事实在一审认定事实不明确的情况下，可以进行补充完善，如死者和伤者的具体位置，行为人击打人员的数量等，都可以进一步明确。这属于一审法院认定事实、证据有疏漏。但如果疏漏的事实涉及更为严重的情节，影响定罪量刑，检察机关没有对轻判提出抗诉的，则不能提出加重量刑的出庭意见。这就要涉及第二个限制，即上诉不加刑原则。根据立法解释，对于重判提出抗诉的案件，与上诉立场相同，也要受上诉不加刑原则的约束，此种情况下检察机关也不应提出加重刑罚的意见。此时，如果认为抗诉意见不正确，可以撤回抗诉；如果认为抗诉方向不正确，可以在判决生效后在审判监督程序提出抗诉另行纠正。但上诉不加刑原则并不影响纠正一审判决适用的错误，如事实认定、罪名适用存在错误的，应依法纠正。比如，一审判决不应认定自首而错误认定自首的，可以在出庭意见书中建议予以纠正，只是不能提出加重刑罚的意见。此外还需注意的是，出庭意见书在法律阐释部分较之于一审公诉意见书，还有两项需说明的内容，一方面论证案件诉讼程序是否合法。重点是履行法律监督，对法院审理程序进行监督。另一方面揭露被告人犯罪行为性质、严重程度，评析抗诉（上诉）理由。需结合案件实际情况展开分析，对抗诉（上诉）理由应一一对应予以回应分析。如，对于一些罪大恶极的上诉人，虽然之前有过避重就轻的辩解，但二审庭审中主动坦白，配合司法机关，对犯罪事实完全供认不讳的，检察官在发表出庭意见时再强调上诉人犯罪行为的严重程度就显得多余，而且与法庭氛围不合，而是应转为肯定上诉人认罪悔罪态度的转变。

（3）关于法治宣传、教育。最高人民检察院印发的文书格式样本，对一审公诉意见书要求进行法治宣传、教育。公诉意见书中的法治教育应包括：其一，危害行为认知教育。社会危害性教育是法治教育的基础。实践中，很多犯罪行为人以自我为中心，容易忽视他人的感受和利益。到庭审环节，往往否认犯罪行为的违法性，认为自己是不良社会环境和制度的牺牲品；否认犯罪行为的后果，认为其行为遵循的是非主流的社会规范和准则；否认犯罪行为有被害人，认为被其伤害的人是罪有应得。针对上述情况，应对被告人进行危害行为认知教育，引导被告人换位思考，促其自我反省。其二，人生观、价值观矫正。走上犯罪道路的被告人往往没有树立正确的人生观和价值观，一旦受到不良因素的引诱，容易出现心理异变和行为反常。所以，法治教育要有针对性地对其人生观、价值观进行矫正。其三，法律阐释。法庭审判的专业性与被告人法律认知水平之间存在矛盾，特别是未成年被告人的法律知识和理解能力尤为欠缺。法治教育释明的内容，有助于消除这种认知差距，使被告人充分理解被指控的罪行及相关法律规定等。同时，也能帮助旁听群众将抽象的法律规定具体化和案例化，使其真正理解法律的内涵。具体在制作公诉意见书时，我们发现实践中存在的主要问题有：对被告人犯罪原因及社会危害性的分析浮于表面，起不到教育感化被告人的作用；不善于深挖案件情感点，难以与公众形成共鸣。

好的公诉意见书应当做到：一是教育被告人悔过自新，促使他人引以为戒。公诉意见书中的法治宣传和教育内容旨在实现刑法的特殊预防和一般预防功能，促使被告人认罪悔罪的同时，教育公众以此为戒，合理合法调整自身的行为，并形成示范效应。为此，公诉人应当在分析被告人犯罪原因时，从众多诱发因素中找准关键点，不可不分主次面面俱到，也不可脱离实际夸大其词，应当触及被告人的心灵深处，触动其不愿触碰或尚未意识到的认识和情感，促使被告人对自己的行为有更为全面的认识，在其真诚悔悟的前提下，减少对社会的对抗情绪。通过对被告人行为的价值评判，对个案的惩处，借助社会舆论和媒体作用，对社会公众内心有所触动，使他人引以为戒。

二是提高司法公信力和公众对法治的信仰。应通过对案情进行分析，揭示案件事实真相，详细阐述法律适用理由，揭露被告人犯罪行为的社会危害性，有效回应媒体和社会公众关切，让人民群众在每一个司法案件中都感受到公平正义。引导媒体和公众以理性平和的视角来观察真相，作更深层次的理性分析，帮助他们对案件形成法律和道德层面上的双重认识，继而形成认识上的趋同和情感上的共鸣，不轻信和传播谣言，对恶意炒作行为坚决说不，帮助社会公众树立法治观念和对法律权威的信仰。在制作公诉意见书的法治宣传、教育部分时应注意：其一，要结合案情。法治宣传、教育须与个案背景、被告人的犯罪动机等结合，将法律关怀具体化到被害人及被告人个体。针对不同被告人的家庭背景、文化程度等情况，做到有的放矢。同时，还应注意根据不同教育对象调整不同的教育内容，对认罪、悔罪态度欠缺的被告人应偏重于法治教育，对初犯、偶犯应偏重于人生观、世界观教育，对因家庭问题而滑入犯罪泥潭的被告人应着重于亲情教育等。其二，要坚持客观公正。法治教育的内容要坚持“以事实为依据，以法律为准绳”，对犯罪原因的评析应客观真实地反映案件发生的过程和证据之间的内在联系。对有争议的案件，不能因急于让听众接纳公诉意见而使用过激言词，无论是叙述被告人的犯罪事实，还是指明其犯罪根源及后果，都要以客观公正的态度加以叙述，体现对罪犯理性的否定评价，而非情绪化的评价。其三，要协调好情与法的关系。在法治教育中，公诉人应从旁听群众的心理需求出发，以适当方式进行教育宣传。实践中很多案件存在情与法的冲突。有的案件辩护人会将被告人值得同情的一面过分夸大，而有意淡化其社会危害性，想借此博取群众同情，从而影响法庭量刑。在这种情况下，公诉人应从大众理性的层次来挖掘案件的社会价值，进行法与情的辩证论述。其四，要有情感的激发性。法治教育工作实际上是对听众进行心理干预的过程。公诉意见书中的犯罪原因剖析及法治宣传部分，发挥着教育被告人、启发旁听人的功能。所以，法治教育不仅要措辞得当，分析严谨，更要有情感的激发性。公诉意见书的情感激发，关键在于让公诉人与听众建立起情感互动，达到心理上的沟通和理解，这要求公诉人除了掌握必备的法律知识与司法技能外，还应该具备教育学、心理学方面的专业知识。其五，要具有现实普遍性。法治教育具有现实普遍性，才能发挥预防功效。公诉意见书不仅是揭露犯罪的檄文，也是法治宣传的解说词和教育群众的演说词。公诉工作不能仅满足对案件的依法处理，更要延伸公诉职能，在对个案进行即时监督的同时，加强对同类问题的归纳总结，从案件中找准影响社会稳定的症结，并采取必要措施，促进源头性、根本性问题的解决。公诉意见书应在深入细致调查的基础上剖析犯罪原因，在法治教育中可引用被告人原话，并宣读被告人的忏悔。同时，表述方式要尽量大众化、简明化和通俗化，在保证语言准确、平实的前提下，增强警示教育作用，强化教育宣传效果。

需要注意的是，虽然文书格式样本中，抗诉（上诉）案件出庭意见书未涉及法治宣传、教育的内容，但在必要时仍需要开展法治宣传、教育。特别是一些重大复杂案件，出庭检察官应当有针对性地发表有关法治宣传、教育的意见，通过阐释法理情理体现朴素的正义观念，通过关怀人性实现司法的终局价值，体现检察机关的公信力。

3. 定罪意见和量刑建议、尾部

（1）关于定罪意见和量刑建议。关于这部分内容的制作，公诉意见书需要写明“综上所述，起诉书认定本案被告人×××的犯罪事实清楚，证据确实、充分，依法应当认定被告人有罪，并建议____（根据是否认罪认罚等情况提出量刑建议或从重、从轻、减轻处罚等意见）”。即通过正文部分对案件事实认定、证据分析、法律阐释，再写明最终意见。而出庭意见书则无需泛泛而谈，重点应针对原审判决情况论证原审判决书适用法律、定罪量刑是否正确，有误的，应提出改判的建议。

（2）关于尾部。一是关于署名落款。公诉意见书和出庭意见书同样略有不同，前者写明“公诉人：×××”，只写姓名，不再表明具体身份，且不署检察官助理及书记员的姓名。后者应写明“检察官×××”，需要表明具体身份的同时，在姓名前无需标注“：”。二是关于时间。这两类文书相同，落款时间均为发表公诉、出庭意见的当日，且年月日使用阿拉伯数字，日期后写明“当庭发表”。

五、相关重点问题

（一）公诉意见书、出庭意见书的适用条件

1. 公诉意见书、出庭意见书的功能

出席法庭发表公诉意见，是公诉人对起诉书指控被告人罪行和适用法律等重要问题的进一步阐述和论证，也是法庭听取公诉人总体性意见的重要形式。它对法庭正确审理案件，准确定罪量刑有重要意义。需要

指出的是，公诉意见书与公诉意见不同，公诉意见书是公诉意见的重要载体但并不是唯一载体，在不需要公诉意见书的场合，公诉人也可以通过量刑建议书等文书以及口头方式发表公诉意见。公诉意见书作为法律文书的基本功能如下：

（1）对起诉书的补充论证功能。就诉讼过程而言，公诉机关在整个刑事诉讼中起着指控和证明犯罪的重要作用。公诉人代表国家出庭支持公诉，通过向法庭揭露犯罪、证实犯罪来进行对犯罪的进一步指控，是公诉权行使的核心内容。无论是检察机关对侦查活动的监督、提前介入，还是对侦查机关移送证据的审查判断，以至于作出提起公诉的决定，都是为了在庭审活动中使法庭确信被告人实施了起诉书指控的犯罪、需要追究其刑事责任。因此，检察机关行使上述公诉权能的各项活动，都是围绕着指控犯罪这一目的。起诉书因体例所限，对事实、证据及法律适用的描述较为原则和理性，对证据体系的构建、事实全貌的认定、法律依据的阐释、社会危害性的揭示等，都需要公诉意见书来完成。公诉人在庭审过程中必须充分地发挥主动性和积极性去证实所指控的犯罪事实成立，通过举证、质证、发表公诉意见、参加法庭辩论等一系列活动来证实犯罪。上述活动均必须通过论证，即“论证者为自己的主张（结论）提出理由企图说服目标听众接受该主张的过程和结果”①。公诉人出庭的目的就是论证检察机关指控的成立，因此公诉意见书的论证效果直接决定了法庭对犯罪指控的认可程度，同时通过对犯罪的充分论证也更容易说服被告人认罪服法。综上，公诉意见书的首要功能即论证功能，通过论证追求实现对犯罪的指控。

（2）归纳、记录法庭调查内容的功能。法庭调查阶段，控辩双方出示证据并相互对证据提出质疑。但在法庭审理过程中，并未设置专门的环节对法庭调查的情况进行归纳，法官也很少对法庭调查进行总结。实践中，这一工作往往由公诉人通过发表公诉意见来完成。公诉人通过对法庭调查阶段证据的总结提炼，进一步完善证据体系，为法庭辩论夯实基础。公诉意见书还具有把公诉人庭审的动态活动以法律文书的形式记录、固定化的功能，法律文书具有记录和固定的作用，它记录了司法机

① 熊明辉：《诉讼论证：诉讼博弈的逻辑分析》，中国政法大学出版社2010年版，第29页。

关的活动过程，是法律实施的重要工具，是履行职责、规范权利义务的凭证。公诉意见书是公诉人出庭支持公诉活动的真实记录。另外，检察机关还有刑事审判监督职能，公诉意见书作为一种法律文书存在，能够为上级检察机关和上诉法院衡量一审法院的判决结果提供对比，使得检察机关的指控和审判监督有理有据。因此必须扭转公诉意见书仅仅是公诉人的发言提纲的观念，充分发挥公诉意见书在刑事诉讼中的记录功能。

需要指出的是，公诉、出庭意见书还具有法庭教育功能。由于关于在公诉、出庭意见书中是否应当出现法庭教育部分，在实践中存在较大争议。因此，关于法庭教育功能，将在下文专门讨论，此处不展开论述。另外，除公诉意见书，还有二审案件出庭意见书、再审案件出庭检察员意见书，虽然由于程序不同，论述内容各有侧重，但上述文书均具备论证、归纳记录两项基本功能。

2. 公诉意见书的适用条件

由于公诉意见书、出庭意见书所适用程序不同，导致文书功能不同，从而适用条件也不同。如上述分析，公诉意见书适用于一审程序，是起诉书的补充，其功能有总结庭审焦点、进一步阐明犯罪事实、法庭教育等，是法庭辩论的开端。因此，在不需要庭审辩论的情况下，则不用制作公诉意见书。根据法律规定以及实践运行，我国刑事诉讼已初步形成了“普通程序—简易程序—刑事案件速裁程序”的三级“递简”模式，简易程序、刑事案件速裁程序的适用均以被告人认罪为前提，庭审指控难度相对较小，因此在庭审的时候一般不制作公诉意见书。而不认罪案件相对于认罪案件庭审指控难度更大，出庭策略和技巧要求更高，因此需要制作公诉意见书。

（1）应当制作的情况。根据《关于适用〈中华人民共和国刑事诉讼法〉的解释》第 280 条规定，合议庭认为案件事实已经调查清楚的，应当由审判长宣布法庭调查结束，开始就定罪、量刑、涉案财物处理的事实、证据、适用法律等问题进行法庭辩论。第 281 条规定，“法庭辩论应当在审判长的主持下，按照下列顺序进行：（一）公诉人发言……”因此在适用普通程序审理的一审案件中，尤其是被告人不认罪案件，公诉人需要详细举证、质证，并从法律、法理等方面进行综合答辩。公诉意见书等相关法律文书必须按照要求认真规范制作，不能简化省略。针对适用普通程序但被告人认罪的案件，《人民检察院刑事诉讼规则》第 419 条规定，适用普通程序审理的认罪认罚案件，公诉人可以建议适当简化法庭调查、辩论程序。公诉意见书可以适当简化，但是也需适用。

（2）无需制作的情况。一审公诉案件除普通程序外，还有简易程序以及速裁程序，适用后两种程序的一审公诉案件，一般无需制作公诉意见书。《刑事诉讼法》第219条规定，适用简易程序审理案件，不受刑事诉讼法第二章第一节关于送达期限、讯问被告人、询问证人、鉴定人、出示证据、法庭辩论程序规定的限制。但在判决宣告前应当听取被告人的最后陈述意见。第224条第1款规定，适用速裁程序审理案件，不受刑事诉讼法第二章第一节规定的送达期限的限制，一般不进行法庭调查、法庭辩论，但在判决宣告前应当听取辩护人的意见和被告人的最后陈述意见。综上，从法律规定来看，"三纲一书"对于适用简易程序审理的认罪案件并非必备，对于适用速裁程序审理的认罪案件基本不需要；从基层检察机关的实践来看，适用速裁程序的案件均不制作公诉意见书，适用简易程序的案件也基本上不用制作公诉意见书。对于后两种案件，取消制作"三纲一书"的强制要求，也符合提升工作效率、繁简分流的改革目标。

3. 出庭意见书的适用条件

（1）二审案件出庭意见书。《人民检察院刑事诉讼法律文书格式样本(2020版)》中的"抗诉（上诉）案件出庭意见书"将抗诉案件、上诉案件放在一起规定，适用同一种格式。但两种文书在法庭发言的时机、作用、写作重点均存在较大区别。首先，在二审上诉案件中，在法庭辩论阶段，先由上诉人陈述上诉理由、辩护人发表意见，然后由检察员发表出庭意见，因此上诉意见的针对性更强，必须针对上诉意见、辩护意见作出具体回应。其次，在二审抗诉案件中，由于在法庭调查阶段首先宣读下级院的抗诉书、然后宣读二审检察机关的《支持刑事抗诉意见书》。在法庭辩论阶段检察员还要首先发表二审案件出庭意见书。因此在抗诉案件中要宣读三份检察机关的相关文书，三种文书必须分开层次，一般而言支抗意见书较为概括，要么是对《抗诉书》的认可要么提出不同的抗诉理由，而二审抗诉案件出庭意见书则需要对庭审调查阶段予以归纳总结，相当于一审中公诉意见书的作用。

（2）再审案件出庭检察员意见书。再审案件出庭检察员意见书与公诉意见书、二审案件出庭意见书的不同之处是，再审案件出庭检察员意见书属于工作文书，在《人民检察院工作文书格式样本（2020 年版）》中予以明确，而公诉意见书以及抗诉（上诉）案件出庭意见书则属于法律文书，在《人民检察院刑事诉讼法律文书格式样本（2020 版）》中予以明确，且文书格式样本没有对再审出庭意见具体内容予以规定。之所以有所不同，在于再审案件情形更为复杂，需要参照原来的程序。《刑事诉讼法》第 256 条规定，人民法院按照审判监督程序重新审判的案件，由原审人民法院审理的，应当另行组成合议庭进行。如果原来是第一审案件，应当依照第一审程序进行审判，所作的判决、裁定，可以上诉、抗诉；如果原来是第二审案件，或者是上级人民法院提审的案件，应当依照第二审程序进行审判，所作的判决、裁定，是终审的判决、裁定。人民法院开庭审理的再审案件，同级人民检察院应当派员出席法庭。因此，人民检察院派员出席再审案件法庭，也应当参照《刑事诉讼法》和《人民检察院刑事诉讼规则》中关于第一审、第二审程序的规定进行。在出席再审案件法庭时，应当根据再审案件的特点和具体情况，灵活处理庭审中的有关问题。如果规定过于具体，就不利于检察员根据实际情况作出调整。

（二）公诉意见书、出庭意见书的调整变更

1. 公诉意见书、出庭意见书调整变更的原因

在出庭支持公诉或者检察员出席法庭的时候，有时候需要对公诉意见书、出庭意见书作出适当的调整变更，其原因即在于公诉意见书的预制性与庭审活动不确定性之间的矛盾，也是庭审实质化的必然要求。

（1）由于公诉、出庭意见书均系事先制作，而法庭调查情况经常会发生变化，这使得在庭前准备时已经制成的公诉、出庭意见书不适应庭审情况的情形时有发生，这时必须对公诉、出庭意见书作出相应的调整。同时，公诉人的指控活动代表的是检察机关乃至国家，公诉意见书的国家意志性要求公诉人只能在明确、合法的授权下发表，公诉人越权或者发表的与起诉书内容矛盾的公诉意见是无效的，因此公诉人必须把握好对公诉意见书调整变更的范围、程度。

（2）庭审实质化要求证据必须在法庭上展示接受质证，控、辩双方对争议问题的意见应当在法庭上发表。公诉意见书由于是一审辩论的开端，基于法庭调查阶段的变化也会调整，但由于还有后续辩论，因此公

诉人可以掌握是在公诉意见书中调整还是在后续答辩环节回应。而二审上诉案件出庭意见书，则由于在辩论环节是上诉人和辩护人先发表意见，上诉理由、辩护意见很可能与检察员庭前通过讯问、听取掌握的情况出现较大的变化。比如，上诉人原来认罪，但庭上翻供，或者原来不认罪，而当庭认罪。辩护人的辩护立场和理由也可能会作出与一审阶段不同的调整。如果有证人出庭，则现场的变数更多。那么二审出庭意见由于本身功能之一就是对上诉意见的回应，则必须及时调整变更，以更好地解决法庭争议焦点。因此出庭意见书是高度个性化的文书，必须依附于检察官个体的创造力，无法完全规约和程式化。公诉、出庭意见书都是无需加盖公章的文书，只需出庭检察官签名即可，也因此公诉、出庭意见书内容才能够在法庭上进行调整变动，以应对庭审的灵活性。

2. 公诉意见书、出庭意见书调整变更的范围

（1）公诉意见书调整变更的限制与范围。首先，由于公诉意见书的功能之一是对起诉书的补充论证功能，因此公诉意见书不能用来修正起诉书，更不能补充检察机关的诉讼请求。凡是法律、司法解释明确规定应当追加、补充、变更、撤回起诉的事项，则应当另行制发追加、补充变更起诉决定书等法律文书，而不是由公诉意见书来完成。根据《人民检察院刑事诉讼规则》第 423 条的规定，变更起诉事项包括：一是被告人的真实身份或者犯罪事实与起诉书中叙述的身份或者指控犯罪事实不符的，二是事实、证据没有变化，但罪名、适用法律与起诉书不一致的，可以变更起诉。补充起诉事项主要是：发现遗漏同案犯罪嫌疑人或者罪行的情形。根据《人民检察院刑事诉讼规则》第 424 条第 1 款规定撤回起诉的情形主要有，人民法院宣告判决前，人民检察院发现具有下列情形之一的，经检察长批准，可以撤回起诉：第一，不存在犯罪事实的；第二，犯罪事实并非被告人所为的；第三，情节显著轻微、危害不大，不认为是犯罪的；第四，证据不足或证据发生变化，不符合起诉条件的；第五，被告人因未达到刑事责任年龄，不负刑事责任的；第六，法律、司法解释发生变化导致不应当追究被告人刑事责任的；第七，其他不应当追究被告人刑事责任的。对于上述情形，不能以调整变更公诉意见书的形式予以应对。

其次，公诉意见书可以调整、变更的事项。一是调整变更对法庭调查的归纳总结，由于法庭调查环节关于事实与证据争议焦点与事先准备的公诉意见书不一致，那么公诉意见书就应当对于达成一致的不再分析，

对于不一致部分重点分析。由于庭审控辩活动处于不断变化之中，随着庭审进行，经常会出现当庭出示的用来证实犯罪事实、犯罪情节以及被告人的认罪、悔罪态度的证据出现一定变化，比如被告人在侦查、检察阶段认罪态度好，而在庭审中当庭翻供或者认罪态度不好，也可能辩护人在庭审中突然出示公诉人从未掌握的证据等。除需要进一步调查核实而需要建议延期审理的外，公诉人在发表公诉意见时必然要对发生的变化作出及时反应，但这种改变仅限于起诉书认定的非本质问题，而不能超出或者改变起诉书的认定。二是对于没有在起诉书、量刑建议书中表述的量刑情节的调整变更。根据《人民检察院刑事诉讼规则》第 274 条的规定，认罪认罚案件，人民检察院向人民法院提起公诉的，应当提出量刑建议，在起诉书中写明被告人认罪认罚情况，并移送认罪认罚具结书等材料。量刑建议可以另行制作文书，也可以在起诉书中写明。因此在认罪认罚案件中，由于应当提出量刑建议，要么在起诉书中写明，要么单独制作量刑建议书，因此不宜在公诉意见书中调整量刑建议。同时，相关法规已经对认罪认罚案件量刑建议的调整作出专门规定。而对于没有认罪认罚的公诉案件，《人民检察院刑事诉讼规则》第 364 条规定，人民检察院提起公诉的案件，可以向人民法院提出量刑建议。提出量刑建议的，可以制作量刑建议书，与起诉书一并移送人民法院。因此在非认罪认罚案件中且公诉人没有单独制作量刑建议书的情形下，公诉人是以公诉意见书中对量刑发表意见，那么如果被告人原来认罪的不认罪了、原来不认罪的认罪了、原来自首的现在反悔不自首了，则公诉意见书应当根据上述变化调整变更，发表新的意见。但是需要注意的是，由于实际发表的公诉意见与公诉意见书一致，公诉人在庭后应当重新制作调整后的公诉意见书并提交法庭。

（2）出庭意见书调整变更的限制与范围。鉴于再审案件出庭检察员意见书需要参照一审或者二审的程序，因此这里只讨论二审案件出庭意见书。首先，应当对二审出庭意见书区分是上诉案件，还是抗诉案件。关于抗诉案件，出庭意见书内容受支抗意见书的限制。关于上诉案件，由于二审出庭意见书是检察员出席二审法庭发表意见时唯一的法律文书，因此文书内容受限于检察官的职能与权限，出庭意见书的调整变更也受限于检察官的职能与权限。根据检察官的权限，对于二审上诉案件发表维持原判意见时，检察官一般拥有权限，可以自行制发相关文书。但是如果对二审上诉案件发表发回重审、改判意见时，一般需要部门领导审批，重大案件甚至需要院领导审批，那么经过审批制发的发回重审、改判的出庭意见书，则不能在二审庭审过程中临时改变调整为驳回上诉、维持原判的意见。综上所述，出庭意见书调整变更的限制是检察官的职能与权限。如果事实与证据发生重大变化，可能影响到定罪量刑，那么二审检察官则不能在庭审中突破原总体意见，而应当建议延期审理，待查清相关事实且履行审批程序后，重新制作出庭意见书。

其次，出庭意见书可以调整、变更的事项。二审检察官在发表意见总体结论不变的前提下，应当根据庭审情况的变化适时调整变更出庭意见书。出庭意见书一般是庭前写好的，以对案件的实质审查和判断为基础，包括：对事实和证据全面审查，通过提讯了解到上诉人、原审被告人的态度，一审庭审笔录记载的控辩双方的争议焦点，以及庭前听取的辩护意见等。但二审阶段上述情况可能发生变化，如上诉人认罪态度的变化，辩护人的辩护立场和理由也可能会作出与一审阶段不同的调整。检察官应提前做好预判，出庭意见书须与庭审变化环环相扣，随时调整。出庭意见书应当具有弹性，与庭审变化紧密结合起来，这种结合应该是一种主动结合，而不是被动结合。二审检察官应主动把握庭审走向，在法庭讯问和举证质证环节，就应当预测是否出现新的辩护意见，原有的辩护意见哪些控辩双方已经达成一致不再需要回应，哪些是在答辩提纲中准备的但是由于多名辩护人均提出而成为共性问题，因此应当对这些共性问题提前在出庭意见书中予以回应。

（三）公诉意见书、出庭意见书的法庭教育功能

1. 公诉、出庭意见书法庭教育功能的合理性

关于公诉、出庭意见书是否具备法庭教育功能、文书中是否应当有法庭教育部分，存在一定争论。主流观点认为，通过公诉、出庭意见书的形式开展法庭教育意义重大。公诉意见书将法庭教育与指控犯罪融合在一起确有必要，虽然犯罪原因分析及法庭教育不是公诉意见书的重点内容，但却是最能体现司法人文关怀，最能展现检察机关承担社会责任的部分，如果运用得当，将成为庭审亮点。公诉意见书对法治教育这部分内容应予以充分重视。做法治教育工作的目的是帮助被告人提高对犯罪的认识，增强其回归社会的信心。特别在未成年人犯罪庭审现场，法

治教育不仅是教育、感化、挽救未成年人的必要途径，也是加深旁听群众对法律知识理解的有效途径。[①] 而反对观点则认为，将“法庭教育”放在公诉意见书中，违背了公诉意见书的功能，应当予以去除。公诉意见书在属性上系法庭辩论的辩词，辩论应当讲究对抗性和说理性，应当在总结法庭调查阶段内容的基础上进行说理论证，集中“火力”对辩方观点进行说理和反驳，开展法庭教育容易弱化了庭审效果，在法庭辩论阶段将被告人作为一个“罪犯”来进行教育也有违无罪推定原则之嫌。[②]

我们认为，公诉、出庭意见书的法庭教育功能具有其理论与实践合理性。首先，刑法具有特殊预防和一般预防的功能，公诉意见中的法治宣传和教育内容可以实现刑法的预防功能。在促使被告人认罪悔罪的同时，教育公众以此为戒，合理合法调整自身的行为，并形成示范效应。其次，法治教育宣传功能可以提升司法公信力以及社会公众对法治的信仰。公诉人通过对案情进行分析，揭示案件事实真相，详细释法说理，揭露犯罪的社会危害性，有效回应媒体和社会公众关切，让人民群众在每一个司法案件中都感受到公平正义。可以引导媒体和公众以理性平和的视角来观察真相，使媒体和公众从法律和道德层面加深对案件的认识，进而帮助社会公众树立法治观念和对法律权威的信仰。最后，公诉、出庭意见书的法庭教育功能并不违反无罪推定原则，公诉人及二审检察员虽然有客观、公正义务，但是同样具有指控犯罪的职能与立场，并非中立立场。虽然在作出生效判决前，被告人尚不能被称作罪犯，但公诉机关已经通过对事实与证据的审查认为其有罪从而代表国家指控被告人，因此公诉人代表国家揭示被告人犯罪的原因、教育旁听群众正是指控犯罪的延续以及应有之义。另外，需要指出的是公诉意见具有法庭教育功能并不等同于公诉意见书是否要阐明法庭教育部分，关于文书中是否体现法庭教育的内容，应当视情况而定。

2. 法庭教育的适用情形

（1）不适宜法庭教育的情形：一是没有必要的情形。由于法庭教育的

---

① 参见车明珠：《公诉意见书应蕴含法治教育》，载《检察日报》2014 年 7 月 18 日，第 3 版。

② 参见李勇：《公诉意见书宜去除“法庭教育”》，载《检察日报》2013 年 12 月 15 日，第 3 版。

受众是被告人以及旁听群众，而有的案件相对简单，被告人认罪，犯罪原因也众所周知。那么公诉、出庭意见书中再增加法庭教育部分，则没有必要。二是不适宜的情形。有的案件起因复杂，既有被告人的原因，被害人也存在过错，甚至还有深层次的社会原因。如果在公诉意见书中分析案件发生的深层原因，要么很难说清楚，如果长篇大论则容易冲淡指控犯罪这一根本职能；要么容易刺激被告人或者被害人，致使庭审无法顺利进行。

（2）应当法庭教育的情形：一是案发原因清晰且具有警示教育意义的情形，针对的主要对象是法庭旁听者。实践中很多案件存在情与法的冲突，有的案件辩护人会将被告人值得同情的一面过分夸大，而有意淡化其社会危害性，借此博取旁听群众同情，从而影响法庭量刑。在这种情况下，公诉人应情、理、法相结合，以社会大众能够理解的语言进行辩论。法治教育工作实际上是对听众进行心理干预的过程。公诉意见书中的犯罪原因分析及法治宣传部分，发挥着教育被告人、启发旁听人的功能。因此法治教育不仅要措辞得当，分析严谨，更要有情感的激发与共鸣，在于让公诉人与听众建立起情感互动，达到心理上的沟通和理解。同时加强对同类问题的归纳总结，从案件中找准影响社会稳定的症结，促进源头性、根本性问题的解决。二是犯罪情节恶劣、社会危害性大，但被告人（或上诉人）认罪态度不好的案件，此种情形下法庭教育针对的主要对象是被告人（上诉人）。以一起故意杀人的陈年命案为例，被告人仅因求爱不成并嫉恨被害人与其他男性关系更亲密，遂砍死男被害人、砍伤女被害人，案发后逃避侦查多年。在被抓获后，被告人虽承认其砍击两名被害人，但对作案过程及后果避重就轻并与其辩护人均提出无法证明男被害人的身份、本案事实不清的意见。导致被害人在死后被埋葬多年的情形下，又被开棺验尸，其尸骨被多次送检做 DNA 鉴定。二审检察员看到卷宗材料中被害人被开棺、被迫尸骨散落四处的照片，以及被害人家属表达悲愤要求严惩被告人的意见书，感到有必要对上诉人进行法庭教育、揭示其不悔罪给被害人家属带来的二次伤害。在法庭教育部分写到“本案系熟人作案、连续作案，吴妃某在砍完被害人吴德某之后又去砍击被害人吴某尾，且有目击证人亲眼看到其丢弃作案工具、逃离现场的过程，因此即使没有 DNA 鉴定，也可以认定吴妃某杀害吴德某这一犯罪事实。但由于吴妃某拒不认罪，否认其砍死的就是吴德某，导致侦查机关开棺验尸、多次鉴定，既浪费了司法资源，又严重地伤害了被害人家属以及社会公众的感情。上诉人吴妃某的故意杀人行为原本就破坏了一个家庭的幸福安宁，给被害人吴德某家属带来终身伤害；在归案后由于其抗拒侦查、不合常理的辩解，还致使被害人吴德某逝后其尸骨被再次挖掘，严重践踏了我国的传统伦理道德以及法律的底线，不判处死刑立即执行不足以彰显法律的正义与尊严”。二审检察员发表出庭意见后，起到了很好的法庭教育效果，上诉人及其辩护人不再对被害人身份持异议，被害人家属心理也得到了安抚，庭审结束后专门向检察员表达谢意。综上，公诉、出庭意见书的法庭教育部分不但有法治宣传的功能，而且可以教育被告人，促使其真诚认罪悔罪。

3. 法庭教育的方式

（1）法庭教育的时机。法庭教育一般应当作为公诉、出庭意见书的最后一部分，在对案件的犯罪事实、证据、量刑等焦点问题均论述完毕之后再作法庭教育。但是教育时机并不绝对，如果明确有两轮以上的辩论环节，也可以虽然作为书面意见整体体现在公诉、出庭意见书中，但口头发表时拆分到第二轮辩论时再发表。什么时候教育，主要取决于控、辩双方对事实与证据的争议是否已得到充分辩论，如果前述问题尚未有效论证，则不适宜马上进行法庭教育。在法庭辩论终结前，根据案件具体情况，公诉人再适当进行法庭教育。此时经过前期的辩论，被告人的态度可能已经转变，予以承认犯罪事实，旁听群众也更加了解案情，此时开展普法宣传比一般预防的效果更好。

（2）法庭教育的程度。法庭教育必须把握好措辞的分寸、说理的程度，做到“四个关照”。一是关照被告人及其家属，在教育被告人的同时，不能对其使用侮辱、贬低的词语，不激化被告人的情绪。二是关照辩护人，作为法律职业共同体，控、辩、审三方的终极目标一致：在保障人权的前提下维护司法公正。因此出庭公诉人、检察员应当将辩护人作为平等主体赋予其应有的尊重，认真倾听辩护意见，并对辩护意见进行全面、实质化的回应。三是关照被害人及其家属，避免对被害人及其家属造成二次伤害。四是关照旁听群众，在法庭教育的过程中，要以社会大众能够听懂的语言、能够接受的道理释法说理、揭示案件背后的原因。表述方式要尽量大众化、简明化和通俗化，在保证语言准确、平实的前提下，增强警示教育作用，强化教育宣传效果。

六、文书样式及范例

（一）文书样式

1. 公诉意见书样式

××××人民检察院
公诉意见书

被告人：×××
案由：×××
起诉书号：×××

审判长、审判员（人民陪审员）：

根据《中华人民共和国刑事诉讼法》第一百八十九条、第一百九十八条和第二百零九条等规定，我（们）受××××人民检察院的指派，代表本院，以国家公诉人的身份，出席法庭支持公诉，并依法对刑事诉讼实行法律监督。现对本案证据和案件情况发表如下意见，请法庭注意。

……（结合案情重点阐述以下问题：

一、根据法庭调查的情况，概述法庭质证的情况、各证据的证明作用，并运用各证据之间的逻辑关系证明被告人的犯罪事实清楚，证据确实充分。

二、根据被告人的犯罪事实，论证应适用的法律条款并提出定罪及从重、从轻、减轻处罚等意见。

三、根据庭审情况，在揭露被告人犯罪行为的社会危害性的基础上，作必要的法制宣传和教育工作。）

综上所述，起诉书认定本案被告人×××的犯罪事实清楚，证据确实充分，依法应当认定被告人有罪，并建议____（根据是否认罪认罚等情况提出量刑建议或从重、从轻、减轻处罚等意见）。

公诉人：
20××年×月×日当庭发表

2. 抗诉（上诉）案件出庭意见书样式

××××人民检察院

抗诉（上诉）案件出庭意见书

提起公诉机关：×××

起诉书号：×××

一审法院：×××

判决书号：×××

提起抗诉机关：×××

抗诉书号：×××

上诉人及原审被告人：(原审被告人姓名，多人的分别列明)

审判长、审判员：

根据《中华人民共和国刑事诉讼法》第二百三十五条的规定，我（们）受×××人民检察院指派，代表本院，出席本法庭，依法执行职务。现对本案事实、证据、程序和原审人民法院判决（裁定）发表如下意见，请法庭注意。

一、论证本案犯罪事实清楚，证据确实充分，或者一审法院认定事实、证据疏漏、有误之处；

二、案件诉讼程序是否合法；

三、揭露被告人犯罪行为性质、严重程度，评析抗诉（上诉）理由；

四、论证原审判决书适用法律、定罪量刑是否正确，有误的，应提出改判的建议。

检察官×××

20××年×月×日当庭发表

3. 再审案件出庭检察员意见书样式

××× 人民检察院
出庭检察员意见书

（提出抗诉机关：______________ 抗诉书文号：________________）
决定再审机关：______________ 再审决定书文号：________________
终审法院：____
原审被告人：____

审判长、审判员：

根据《中华人民共和国刑事诉讼法》第二百五十六条的规定，我（们）受×××人民检察院指派，代表本院，出席本法庭，依法履行职务。现对本案证据、案件情况和原审人民法院判决（裁定）发表如下意见，请法庭注意。

检察员：
××××年××月××日当庭发表

（二）文书范例

范例一：湖南省长沙市人民检察院向某故意杀人案公诉意见书

湖南省长沙市人民检察院
公诉意见书*

被告人：向某
案由：故意杀人
起诉书号：长检二部刑诉〔2021〕××号

* 此文书为公诉意见书，收入时有删改。

审判长、审判员：

根据《中华人民共和国刑事诉讼法》第一百八十九条、第一百九十八条和第二百零九条等规定，我们受长沙市人民检察院的指派，代表本院，以国家公诉人的身份，出席法庭支持公诉，并依法对刑事诉讼实行法律监督。现对本案证据和案件情况发表如下意见，请法庭注意。

一、起诉书指控被告人向某的犯罪事实清楚，证据确实、充分

在刚刚的法庭调查中，公诉人根据起诉书指控的犯罪事实，先后出示了证实犯罪动机、犯罪预备、犯罪实施、犯罪结果以及与本案有关的其他证据。以上证据具有合法性、客观性、关联性，且被告人向某及辩护人对以上证据没有提出异议，依法可以作为本案定案的证据，证实起诉书指控的犯罪事实。具体分析如下：

××公司解除劳动合同的通知、长沙市岳麓区人民法院等省市区三级司法机关作出的判决、裁定、决定，承办法官石某某、陈某某、蒋某某等人的证言均能够证实向某因被××公司解除劳动合同一事多次提起司法诉讼，在办案过程中没有任何人向承办法官打过招呼的事实。证人邓某某、孙某某的证言、从向某本人手机中恢复的微信记录等证据证实了被害人周某某拒绝向承办法官打招呼，并退还向某所送钱物的事实。被告人向某本人的供述、其与周某某的微信聊天记录也直接、客观地反映了向某因周某某拒绝为其打招呼并退还其所送财物后对周某某产生不满并打算报复周某某的事实。

××小区物业公司与被告人向某签订的劳务协议、物业公司证人宋某某、易某某等人的证言结合向某本人的供述，证实了向某为接近周某某谎称自己为初中毕业的农村妇女，主动到××小区应聘为保洁员并居住在小区车库杂物间的事实。

120出诊资料、现场勘验检查笔录证实本案被害人周某某在××小区地下车库内当场死亡；长沙市公安局物证鉴定所出具的尸检报告证实周某某系因他人持单刃刺器致右侧颈静脉破裂大失血死亡；本案目击证人赵某某的证言证实其看到向某骑在周某某背上，并从向某手中夺下单刃水果刀；长沙市公安局物证鉴定所出具的DNA报告证实向某持有的刀具刀刃上有周某某的血迹，向某所穿衣物上沾有周某某的血迹。以上证据可以证实周某某的死亡系因向某持刀捅刺所致。

因此，尽管今天被告人向某在法庭调查时，对自己的罪行三缄其口，但是前述证据已经形成了完整的证据锁链，充分证实了本案从预谋到实施再到发生危害后果的完整过程，足以证实起诉书指控的被告人向某的犯罪事实清楚，证据确实、充分。

二、被告人向某的行为构成故意杀人罪

首先，被告人向某符合故意杀人罪的主体要件：本案中，向某在实施犯罪行为时的年龄为43周岁，符合故意杀人罪对刑事责任年龄的要求。同时，向某具有辨认和控制自己行为的能力，理由如下：第一，向某取得过国家法律职业资格C证，在劳动纠纷诉讼案中，均独立应诉，足见其具有一定的法律专业知识；第二，向某为报复被害人特意到其居住小区做保洁员，为了应聘成功故意谎报学历，表明其具有正常的行为逻辑；第三，案发后向某针对其犯罪行为及犯罪动机的供述清晰且逻辑自洽，对其犯罪行为造成的后果有正确的认识。以上三点，足以说明向某具有辨认和控制自己行为的能力。综上，被告人向某具有完全刑事责任能力，符合故意杀人罪的主体要件。

其次，被告人向某的行为符合故意杀人的客观要件及客体要件：被告人向某实施了持刀捅刺被害人周某某颜面部、右颈部、后项部这一严重侵害他人生命权的行为，且其行为直接造成周某某当场死亡，侵犯了周某某的生命权。

最后，被告人向某的行为符合故意杀人罪的主观要件，理由如下：第一，被告人向某持刀捅刺被害人周某某的身体部位系颜面部、右颈部、后项部，前述部位系人体极度要害部位，持刀朝前述部位捅刺，致人死亡的概率极大；第二，向某作为心智正常的成年人，完全能够认识到持刀捅刺前述要害部位极有可能导致他人死亡这一危害结果的发生，但是仍然积极实施了前述行为；第三，被害人周某某的尸体解剖检验可见，其后项部刺创深达脊椎、右颈部两处刺创深达颈部深肌群，其颈静脉破裂损伤严重，可见向某捅刺周某某颈项部十分用力，且系反复捅刺。这也从客观上反映了向某在行为时积极追求周某某死亡结果的发生，系直接故意，符合故意杀人罪的主观要件。

综上，被告人向某在作案时，反复捅刺被害人周某某的致命部位，且捅刺力度大，其行为完全符合故意杀人罪的犯罪构成，构成故意杀人罪。

三、综合全案事实及证据，提请合议庭注意以下几个问题

（一）被告人向某犯罪动机卑劣。向某因其劳动争议纠纷诉讼，而寻求被害人周某某的帮助。向某希望周某某利用手中的权力为其“打招呼”，这等于是要求周某某放弃作为法官的职业底线，这自然遭到了周某某的拒绝。在被拒绝后，向某不仅不反思其本人行为的错误，反倒认为这是因其没有送礼；而在其趁周某某不备而送出的财物被周某某退还以后，其非但不感激周某某惦记同学情义，想尽办法将财物退还给其本人而不是为撇清关系简单地一交了之，反倒对周某某越发怨恨，并由此产生报复周某某的念头。周某某坚守原则和纪律并且设身处地为向某考虑的一腔正气、一番苦心、一片情谊，换来的却是向某满腹的怨恨，足见向某的犯罪动机卑劣。

（二）本案系有预谋的故意犯罪。被告人向某在前述卑劣犯罪动机的驱使下，为便于实施报复，特意到被害人周某某居住的小区应聘保洁员。为了成功应聘保洁员，向某还特意谎报自身学历及工作经历。不仅如此，向某为了有更多的机会接近周某某，其宁愿委屈自己居住在物业公司提供的没有窗户的杂物间内，而不居住在其条件较好的自有住房里。被告人向某的这些行为，令人不寒而栗，也足以反映向某处心积虑地预谋犯罪。

（三）本案中被害人周某某没有任何过错。本案中，周某某对向某做到了一个朋友所能够做到的全部：周某某关心向某生活上的困难，在纪律和原则之内，她对向某慷慨相助；周某某坚守原则和纪律，拒绝“打招呼”干预办案，向某因此而对她出言挑衅、嘲讽、威胁，但她没有丝毫怨恨，仍然对向某说“最初的朋友最是难得”，“你是我最好的朋友，你现在有困难我也很担心”，“你现在处境有一定的困难，作为朋友我更不应该收下你的厚礼，而应该资助你”；甚至在向某用财物将周某某推入困境时，周某某也还考虑到向某经济上的困难，而想方设法将向某所送财物退还给其本人，而不是简单的上交撇清关系。可见，作为朋友，周某某对向某真正做到了仁至义尽；作为一名法官，周某某做到了严守职业道德。从始至终，被害人周某某都没有任何过错。

四、本案带给我们的思考和启示

本案被社会所关注，是因为被害人周某某是一名高级法官。但是我们今天在这里开庭审理本案，不是因为被害人的这一身份，而是因为在中华人民共和国的土地上，每一个人的生命都至高无上，都受到《中华人民共和国刑法》的保护，任何人都不得侵犯。

被害人周某某是一名法官，同时她也是一个鲜活且独特的生命，一个有情有义的人。周某某心中有情，所以关心向某的处境，所以一片诚心替向某考虑，所以想方设法避免向某的经济损失；周某某心中有义，所以她坚决拒收财物，所以她坚决遵守“三个规定”，所以她恪守法官职业道德。只是没有人想到，因为向某的偏执和狭隘，周某某坚守的这份情义，让她付出了年轻而宝贵的生命。

被告人向某将周某某的种种关心和善意都看成是欺骗和虚伪，将败诉的原因都归结于周某某拒绝帮忙。究其实质，是因为向某认为——事实可以被权力任意篡改，法律可以被权力肆意践踏；是因为向某对司法权威和尊崇缺乏基本的尊重和信仰。

今天，无论被告人向某再如何悔不当初，再如何痛哭流涕，也不能改变她残忍地结束了周某某宝贵的生命这一血淋淋的事实。正是因为被告人向某残忍的罪行，周某某再也无法拥抱她亲密的爱人，再也无法亲吻她年幼的儿女，再也无法侍奉她年迈的双亲，再也无法从事她热爱的职业。但通过庭审，我们至少要让被告人向某为其犯下的严重罪行承担法律责任，要为周某某逝去的生命讨一个公道，要为被向某辜负的情义找到继续坚守的理由。

我们也要通过本案的公开审理，告诉像被告人向某一样妄图挑战法治的人——正义定将震慑暴力，法必将粉碎不法；告诉那些对司法的权威和尊崇尚存疑问的人——司法的权威和尊崇来自每一个像周某某一样坚守司法信仰、恪守司法职责的司法人员；告诉每一个对法治中国满怀憧憬的普通人——不要让你身边这样的司法人员陷入情义的两难，请相信决定诉讼胜败的，永远不会是关系硬不硬、权力大不大，而是每一个司法人员心中不容侵犯的良知与法律！

公诉意见发表完毕。

公诉人：黄婷

2021 年 4 月 9 日当庭发表

范例二：山东省菏泽市人民检察院袁某等人非法采矿案抗诉案件出庭意见书

山东省菏泽市人民检察院
抗诉案件出庭意见书*

提起公诉机关：东明县人民检察院
起诉书号：东检一部刑诉〔2020〕××号
一审法院：东明县人民法院
判决书号：（2020）鲁1728刑初××号
提起抗诉机关：东明县人民检察院
抗诉书号：东检一部诉刑抗〔2020〕××号
原审被告人：袁某、宋某某、申某某、吴某某

审判长、审判员：

根据《中华人民共和国刑事诉讼法》第二百三十五条的规定，我们受菏泽市人民检察院指派，代表本院，出席本法庭，依法执行职务。现对本案事实、证据、程序和原审人民法院判决发表如下意见，请法庭注意。

一、本案犯罪事实清楚，证据确实、充分

东明县人民法院一审判决认定，原审被告人袁某、宋某某、申某某、吴某某未取得河道采砂许可证，在河道管理范围内采砂，情节严重。上述事实有证人证言、电子数据微信交易记录和现场勘验、辨认笔录等证据予以证实。

二、东明县人民法院（2020）鲁1728刑初××号判决适用法律错误，导致量刑明显不当

《中华人民共和国刑法》第六十四条规定：犯罪分子违法所得的一切财物，应当予以追缴。最高人民法院、最高人民检察院《关于办理非法采矿、破坏性采矿刑事案件适用法律若干问题的解释》第十二条第一款规定：对非法采矿、破坏性采矿犯罪的违法所得及其收益，应当依法追缴或者责令退赔。最高人民法院《关于适用刑法第六十四条有关问题的

---

* 此文书为抗诉案件出庭意见书，收入时有删改。

批复》指出：追缴或者责令退赔的具体内容应当在判决主文中写明。本案中，原审被告人袁某涉嫌非法采矿采砂量4160.9立方米，经鉴定价值共计203884.1元；宋某某涉嫌非法采矿采砂量2265.7立方米，经鉴定价值共计111019.3元；申某某、吴某某涉嫌非法采矿采砂量2043.1立方米，经鉴定价值共计100111.9元。该判决中并未对四被告人的违法所得予以追缴，也未责令退赔，且量刑时亦未考虑被告人未退缴违法所得这一量刑情节，显属适用法律错误，导致量刑明显不当。

三、该判决应当依法采纳东明县人民检察院提出的量刑建议而未采纳，违反法定诉讼程序，影响公正裁判

东明县人民检察院提出的量刑建议适当。本案事实清楚，各被告人均自愿认罪认罚，东明县人民检察院在提起公诉时，依据最高人民法院、最高人民检察院《关于办理非法采矿、破坏性采矿刑事案件适用法律若干问题的解释》，提出了适当的量刑建议，各被告人及值班律师对于本院提出的量刑建议均予认可，并签有认罪认罚具结书。东明县人民检察院提出量刑建议的程序合法，依据合法，量刑建议适当。

该判决应依法采纳东明县人民检察院提出的量刑建议而未采纳，违反法定诉讼程序，影响公正裁判。本案事实清楚，证据确实、充分，各被告人均自愿认罪认罚，依法适用认罪认罚程序审理。《中华人民共和国刑事诉讼法》第二百零一条规定："对于认罪认罚案件，人民法院依法作出判决时，一般应当采纳人民检察院指控的罪名和量刑建议，但有下列情形的除外：（一）被告人的行为不构成犯罪或者不应当追究刑事责任的；（二）被告人违背意愿认罪认罚的；（三）被告人否认指控的犯罪事实的；（四）起诉指控的罪名与审理认定的罪名不一致的；（五）其他可能影响公正审判的情形。人民法院经审理认为量刑建议明显不当，或者被告人、辩护人对量刑建议提出异议的，人民检察院可以调整量刑建议。人民检察院不调整量刑建议或者调整量刑建议后仍然明显不当的，人民法院应当依法作出判决。"最高人民法院、最高人民检察院、公安部、国家安全部、司法部《关于适用认罪认罚从宽制度的指导意见》第40条也作出了相应的规定，并明确规定：人民法院不采纳人民检察院量刑建议的，应当说明理由和依据。本案中，东明县人民检察院提出的量刑建议不存在上述法定的五种例外情形，被告人、辩护人均未提出异议，且判决前东明县人民法院也未认为不当，未提出让东明县人民检察院调整量刑建议的意见，未说明不采纳人民检察院量刑建议的理由和依据。东明县人民法院不采纳东明县人民检察院的量刑建议，程序严重违法，影响公正裁判。

综上所述，东明县人民法院（2020）鲁1728刑初××号刑事判决书确有错误，为维护司法公正，准确惩治犯罪，依照《中华人民共和国刑事诉讼法》第二百三十六条之规定，请你院依法纠正。

检察官　燕玉杰

2020年9月24日当庭发表

范例三：浙江省人民检察院许某某故意杀人案上诉案件出庭意见书

浙江省人民检察院
上诉案件出庭意见书*

提起公诉机关：杭州市人民检察院

起诉书号：杭检二部刑诉〔2021〕××号

一审法院：杭州市中级人民法院

判决书号：（2021）浙01刑初××号

上诉人：许某某

审判长、审判员：

根据《中华人民共和国刑事诉讼法》第二百三十五条的规定，我们受浙江省人民检察院指派，代表本院，出席法庭，依法执行职务。开庭前，检察员详细审阅了本案的所有卷宗材料，依法提讯了上诉人，调取了相关证据，听取了辩护人及被害人亲属的意见，今天又参加了法庭调查，更加充分地了解了诉讼各方观点，现对本案事实、证据、定罪量刑及上诉人的上诉理由发表如下出庭意见，请法庭考虑：

* 本文书为上诉案件出庭意见书，收入时有删改。

一、一审判决认定上诉人许某某故意杀人犯罪事实清楚，证据确实、充分

1. 现有证据足以证明案发后来某某一直处于失踪失联状态。首先，在案的失踪人员信息登记表，余某、许某1、来某1等证人证言证实，被害人在2020年7月4日晚身着吊带睡衣睡下，在未带手机及随身物品的状态下突然失踪，此后未联系过任何亲友。其次，来某某上班门禁卡打卡记录，证人余某、来某1、计某某等证人证言证实，被害人2020年7月3日（周五）正常下班，从不无故迟到早退，但7月6日早上7：30应当到岗时间却未正常上班，突然缺勤，此后再未出现在工作岗位。再次，××小区一楼门口监控、电梯内监控和地下车库1单元范围监控等现场监控及亲属证言等证实，来某某自7月4日傍晚17：04与女儿许某1坐电梯回家后再未离开过该单元楼。公安机关动用大量警力和资源对××4幢所有住户、监控视频中出现的案发时段携带大件行李物品人员、××4幢的电梯井、水箱、储物柜、烟道、通风管道、地下室及窨井等公共部位开展了地毯式搜索、排查，均未发现来某某踪迹。最后，来某某手机及微信通话记录、支付宝和银行账户交易记录、医疗就诊记录、杭州市人脸抓拍结果及医生隋某某的证言等证实，案发后再未发现来某某任何通信、消费、出行或就医记录等生活痕迹。综上，在案证据足以证实被害人来某某于7月4日后失踪。

2. 诸多客观性证据证实来某某已经死亡。第一，现场勘查笔录、杭公司鉴（DNA）字（2020）××号、××号鉴定书等证实，被害人来某某家中卫生间洗手台下沿和厨房绞肉机桶壁内层均检见来某某血迹、厨房国风牌剪刀中点位置提取到来某某人体组织、刀刃和刀柄上检见来某某DNA信息，卫生间地漏水管中发现来某某皮肤等组织两块，在被害人家连通的化粪池内提取到来某某的人体组织38块（34块系皮肤组织、4块器官位置不明）。第二，现场勘查笔录、沪公物鉴（检）生字[2020]××号鉴定书、上海市公安局闵行分局物证鉴定所检测报告以及本院文证审查意见等证实，淋浴房地漏水管内提取的牙齿一颗与许某1具有同一母系遗传关系，在被害人家连通的化粪池内提取到胃、肝、舌和肌肉等器官组织块五块与许某1具有同一母系遗传关系。根据证人来某1、来某2、黄某、余某等人证实有关母系家庭成员去向、现状的证言以及来某某母亲的注销户口证明、常住人口基本信息、登记表等证据证实的情况，除来某某外，与许某1具有同一母系关系的其他亲属中，不存在牙、胃、肝、舌、肌肉组织块缺损并出现在来某某家卫生间地漏水管和连通的化粪池中的可能，因此，本案牙齿、胃、肝、舌和肌肉组织块系来源于来某某。第三，现场勘验笔录等证实在案已发现来某某血迹若干、缺损皮肤组织块600cm^{2}以上，结合其无相关救治记录，案发后失踪失联、不存在任何生活迹象等情况，足以认定来某某死亡的事实。

3. 上诉人许某某杀害了被害人来某某

（1）许某某具有作案条件且行为表现异常。现场勘查情况及许某1证言、许某某供述证实，7月4日被害人来某某下班回家后至深夜入睡再未离开家中，整晚与许某某二人“共处一室”，可排除第三人闯入等异常情况，许某某具有充分的作案时空条件。××小区监控，浙江××中心监控以及许某1、余某、来某1等证人证言证实，许某某行为表现异常，其是第一个知道妻子来某某“失踪”的人，却连续多天正常进出、上班生活，没有表现出亲属突然无故失踪正常应有的意外、疑惑和担忧，甚至对小女儿联系姐姐和姨妈寻找母亲的行为表示反对，对外暗示是有人把来某某接走了，后来报警也是在被害人大女儿余某主导下才陪同前往，行为异常，不合常理。

（2）客观性证据证实许某某杀害了妻子。经勘查，公安机关在上诉人许某某与被害人来某某共同居住的家中卫生间洗手台上、地漏水管内、厨房绞肉机桶壁内层、厨房剪刀等多处检见被害人来某某的血迹和人体组织，在卫生间地漏中发现来某某牙齿，在其家连接的化粪池中提取到舌头、胃、肝等器官组织块和大量来某某皮肤组织块。许某1证言及其手机照片证实，来某某失踪后许某1在家中卫生间墙壁的瓷砖缝隙中发现血迹、墙面瓷砖上出现划痕、地面瓷砖上多了两个洞，上述诸多痕迹、物证均证实来某某系在家中遇害，且案发时段仅许某某与来某某“共处一室”，也就是说并无任何第三人进入现场，同时，许某1还证实，许某某叮嘱其不要将卫生间看到血迹、墙壁发现划痕、地砖有破损的情况告诉别人，其还看到许某某手上有伤，得到许某某人身检查笔录一定程度印证。故在案的客观性证据证实是上诉人许某某在自己家中将妻子杀害。

（3）许某某多次（包括一审庭审）供认杀人，上诉人的有罪供述得到在案诸多证据特别是客观性证据的充分印证，且其有罪供述细节极具内知性、亲历性。

第一，许某某有作案动机。上诉人许某某供述的因经济问题、女儿教育、夫妻性格等长期尖锐的家庭矛盾而对来某某积怨已久，恨意日深，最后泄愤杀人等作案动机，得到证人许某1、余某、来某1、黄某等人证言的印证，尤其是许某某的好友刘某某证实，许某某在外有情人的事情被来某某发现后，许、来二人发生冲突，听来某某讲许某某差点将其掐死，刘某某就此向许某某求证属实，许称也不知道是怎么回事，火气上来的时候真是差点把老婆掐死，并称其本来打算离婚的，因为××村马上又可以分房了，离婚没房子分太可惜了才继续维持与来某某的婚姻；许某某的情人周某某证实，许某某心眼较小，比较记仇，自2019年开始对其抱怨来某某看不起他、打他、装修不肯出钱等，许某某每次提到来某某眼神就特别凶，说一些"她怎么癌症也不生"之类的话，表现出很希望他老婆去死的想法；现场勘查提取到的信纸内容以及许、来手机微信聊天记录、许某某发给周某某的微信图片等证据进一步印证了许、来二人在家庭开支、各自经济状况、对婚前各自子女的关心程度、对婚后小女儿的教育方式、许某某户口迁入来某某户头产生的不悦及房屋装修分歧等家庭矛盾各个方面自觉委屈、相互指责、相互埋怨的情况。故本案案发起因清楚，许某某故意杀人动机明确。

第二，虽被害人已被碎尸，但许某某杀害妻子的基本作案手段有客观性证据印证。①具体杀人手段。上诉人许某某供述，作案前先在来某某饮用的牛奶中投入之前托周某某购买的安眠药（注意：此系9月26日许在自书材料中第一次主动提及）使来某某昏睡，再用胶带封堵、枕头捂压口鼻方式致来某某死亡并于事后发现来某某尿失禁。尽管因被害人尸体被分割、绞碎，无法从尸检方面判断伤情和死因，但证人周某某、何某某的证言及医院开药记录、药费支付凭证、微信聊天记录等证实，周某某曾于2019年12月应许某某要求帮其购买安眠药，当面交给许，公安机关在来某某睡前饮用牛奶的杯子中检出安眠药艾司唑仑成分，在来某某床上席子尿斑位置多处检出艾司唑仑成分，在来某某所睡位置席子和垫被尿斑处均检出尿素成分，在厨房冰箱上方提取到经许某某确认用于作案的数卷胶带。现场勘查亦未发现任何挣扎、打斗痕迹，与许某某供述的先投安眠药，再用胶带、枕头按压口鼻致来某某死亡的作案手段和事后发现来某某尿失禁的细节完全吻合，现场相应位置均留下了作案细节特征，点、位一一印证对应，且尿失禁是窒息导致死亡中常见的伴随现象，杯中投放安眠药是许某某在自书材料中主动供及，供述的内知性、亲历性强。②分尸灭迹经过。上诉人许某某供述，其杀死来某某后，为逃避侦查，将被害人尸体搬进浴室，使用美工刀、剪刀、钢锯、电动切割机、电动绞肉机等工具分尸、碎尸后，部分通过马桶冲走，肢解的人骨分散丢弃于小区及单位垃圾桶内。上述所供分尸灭迹过程与本案现场勘查、DNA鉴定证实在现场卫生间洗手台下沿、厨房绞肉机内壁、国风剪刀中点和刀刃刀柄部位、卫生间地漏水管中以及现场房屋连通的化粪池中提取到被害人来某某的血迹、牙齿、舌头、人体皮肤、肌肉和内脏器官组织，许某1证言及手机照片所示现场淋浴房血迹、瓷砖划痕、墙面破损等大量客观性证据，在痕迹、物证的所处位置、血迹和人体组织的具体形态、空间分布、数量大小等各个方面都高度吻合，其所供作案后将人骨和作案工具分散丢弃并购买洗洁精清理现场的事实，与现场监控录像所示案发后许某某或持垃圾袋或背双肩包数次外出、地铁集团便利店监控录像和员工侯某某证言所证许某某购买创可贴和洗洁精等情况相互印证。分尸灭迹事实、过程清楚，足以认定。③丢弃作案工具。作案后许某某将美工刀、切割机、钢锯等丢弃在小区及单位垃圾桶等处，绞肉机、剪刀等工具仍存放家中，与视频监控反映的许某某丢弃垃圾的时间、次数及现场勘查在许某某家中提取到绞肉机、剪刀等工具相印证。特别提请法庭注意的是，公安机关根据许某某的供述和指认，在其丢弃切割机扳手的地点提取到了相应物证，并经许某某庭审辨认系其作案工具，属于先供后证、亲历性、内知性和证明力极强的细节证据，现许某某辩称该扳手并非作案工具，却不能作出合理解释，亦与查明事实相悖。

综上，在案证据来源、形式合法，内容客观、真实，与本案具有关联并经庭审质证，足以证实上诉人许某某因婚姻、家庭矛盾将来某某杀害并分尸、碎尸、抛弃的犯罪事实，故一审判决认定许某某犯故意杀人罪事实清楚，证据确实、充分。

二、一审判决以故意杀人罪判处上诉人许某某死刑量刑正确

1. 上诉人许某某故意杀人犯罪主观恶性极大。本案虽系婚姻家庭矛盾引发，但上诉人许某某精心筹划、预谋杀害妻子来某某，其在2020年初即产生了杀害妻子来某某并分尸的想法，为此陆续准备了美工刀、切割机、安眠药等作案工具，将自己对妻子的积怨、矛盾付诸于杀人报复，杀人动机卑劣，主观恶性极大。上诉人许某某归案后推诿卸责，毫无悔意，一审当庭认罪甚至表示绝不上诉也只是为了保全自己演出的戏码，自始至终心存侥幸，对妻子生命的逝去表现极度的冷漠，人性是如此的泯灭。

2. 犯罪手段极其残忍，情节特别恶劣。上诉人许某某采用投放安眠药、用胶带封堵、枕头捂压口鼻等方式将被害人杀害，其后使用美工刀、剪刀、钢锯、电动切割机、电动绞肉机等工具丧心病狂地将妻子分尸、碎尸，部分通过马桶冲走，肢解的人骨分散丢弃于小区及单位垃圾桶内，毁尸灭迹，犯罪手段极其残忍，情节特别恶劣。

3. 犯罪后果特别严重。上诉人许某某在深夜趁女儿熟睡之际，在自己家中将妻子残忍杀害，造成一人死亡的严重后果，使女儿失去妈妈，兄姐失去妹妹。其作案后还谎报失踪，误导侦查视线，意图逃避罪责，引发巨大社会舆情，并造成司法资源的巨大浪费。

审判长、审判员，上诉人许某某故意杀人犯罪罪行极其严重，一审判决依据《中华人民共和国刑法》第48条、第232条之规定，依法以故意杀人罪判处上诉人许某某死刑立即执行，罚当其罪，符合我国刑法罪责刑相适应原则。

三、许某某的上诉理由均不能成立

1. 许某某关于被害人尚未死亡，其不存在杀人行为的上诉理由不能成立

对此，刚才检察员已作了充分阐述论证，在案证据足以证明被害人来某某已经死亡，且系被许某某杀害。许某某上诉称不排除来某某避开监控出走，这与现场勘查、监控视频证实的现场单元楼人员出入情况，特别是在案发现场有诸多来某某的血迹、人体组织、内脏器官等客观性证据不符，在案客观性证据等均指向许某某作案。因此，许某某有关此方面的上诉理由与在案证据不符，不能成立。

2. 许某某关于没有杀人预谋，系为赢得悔罪态度而杜撰等上诉理由不能成立

①作案前购买了美工刀等作案工具。上诉人许某某归案后多次供认本案系预谋杀人，其在年初就有杀人分尸的想法了，为此陆续准备了美工刀、切割机等分尸工具，并于作案后丢弃。证人奚某某的证言及付款码、支付宝交易记录证实，许某某在2020年4月份在其五金店内购买了

4把美工刀，与许某某供述的预谋情况相印证。②为杀人而购买安眠药。许某某辩解其让周某某购买安眠药是因本人睡眠问题需要吃药，而证人周某某证言及二人的微信聊天记录证实，2019年12月份周某某按许某某要求代买安眠药后，曾在微信聊天中提醒许某某注意用药安全，许戏称没关系，反正是给"动物"吃的，与许某某辩解购药自服情况不符。周某某自2019年10月份就感觉到许某某言谈中尽是对来某某的恨，表现出很希望他老婆死掉的味道，甚至在许某某称安眠药是给动物吃时隐约判断这个动物指的就是来某某。事实也正是如此，许某某将安眠药投入来某某的牛奶中用于作案，证据证实安眠药是许某某预先准备的作案工具之一。③从上诉人作案过程及作案后的行为表现看，足以证明上诉人系预谋杀人。在案证据证实，上诉人在作案过程中使用了安眠药、剃头刀、美工刀、剪刀、菜刀、绞肉机、切割机等诸多工具杀害被害人、碎弃尸块、清理现场、分批丢弃作案工具，整个作案过程内容庞杂却紧凑有序，作案后谎报失踪，为毁尸灭迹争取时间，面对亲友、邻居和媒体的询问表现异常冷静又极其冷漠，足见其经过周密策划而预谋杀人，现许某某上诉称没有预谋作案的供述甚至辩解从未杀人，与在案事实、证据不符，相关辩解及上诉理由不能成立。

3. 许某某关于其有罪供述系非法获取的上诉理由不能成立。根据《中华人民共和国刑事诉讼法》第56条规定以及"两高三部"《关于办理刑事案件严格排除非法证据若干问题的规定》第一条、第二条、第三条之规定，本案不存在刑讯逼供（殴打、违法使用戒具等暴力方法或变相肉刑）和以威胁、引诱、欺骗以及其他非法方法收集证据的情形。

首先，从案件的整个诉讼过程看，在本案的侦查、审查逮捕、审查起诉、一审审判等各个诉讼环节，面对不同的办案执法司法主体，许某某均未就取证合法性问题提出异议；一审庭前会议上，许某某亦明确表示没有非法证据排除申请，对其有罪供述的真实、合法性予以确认，对杀人抛尸行为表示认罪；在一审法庭上，许某某多次向法庭确认其对侦查阶段的有罪供述没有异议，认罪悔罪，并在最后陈述时特别提到"对公安人员、检察官、法官表示感谢，因为他们是依法办案，保障我的人格"。

其次，讯问同步录音录像等证据证实，上诉人许某某的有罪供述不存在刑讯逼供等违法取得的情况。①本案自始不存在殴打及变相肉刑情况，也不存在疲劳审讯的情形。讯问同步录音录像显示，上诉人7月23

日自到案后第一次讯问1：40始，至10：28承认杀人犯罪事实，在总计不到10个小时的时间里，侦查机关依法保障了上诉人许某某上厕所、二次就餐、持续饮水添水、多次闭目休息（一个小时以上）等正常的饮食和必要的休息权利，尤其需要指出的是，在第二次讯问时，民警专门强调，如果需要休息的话就及时提出来，语气文明、态度克制，全程未发现侦查机关存在故意利用疲劳状态进行审讯等情况，许某某对该份共11页的认罪笔录从核对内容到捺印完毕用时约11分钟，其所称疲劳审讯之下获取口供缺乏事实和法律依据，要求对相关供述进行排除的上诉理由不能成立。②上诉人许某某也未受到侦查人员诱骗、恐吓而致其违背真实意愿作出后续有罪供述。上诉人许某某以受到侦查人员启动“零口供程序”的诱骗和威胁为由，要求对其后的所有供述予以排除。对此，检察员认为，上诉人的上诉理由与前述法律规定的非法证据排除情形不符，而且有罪供述的同步录音录像显示讯问人员仪表仪态正常，问话用词规范、语气平和。需要说明的是，侦查机关因侦破其他案件需要曾将许某某羁押于余杭区看守所，相关谈话的内容指向“坦白从宽，抗拒从严”等法律政策的传达和宣讲，有关侦查行为值得进一步规范，但未谈及案情，未制作笔录，亦未见足以胁迫、影响上诉人后续数次供述意志自由的情形。此后的有罪供述仅在侦查环节面对不同的办案人员、不同的讯问场所（看守所）就有五次，在后续的检察机关审查逮捕、审查起诉乃至一审庭前、庭审环节，许某某在办案人员充分、明确告知诉讼权利和法律后果的情况下均作出了前后稳定、内容一致的有罪供述，根据“两高三部”《关于办理刑事案件严格排除非法证据若干问题的规定》第五条规定，上诉人在审查逮捕、起诉、审判阶段的有罪供述应当采信，况且上诉人并未对讯问合法性提出异议，更为重要的是，上诉人的有罪供述得到在案证据充分印证，现许某某翻供称系被诱骗、胁迫之下作出虚假供述，要求排除非法证据的上诉理由不能成立。

最后，在案第4、5、6、7次讯问笔录的合法性应予以确认。上诉人许某某以受到疲劳审讯为由对第2次讯问的合法性提出异议，其虽在第3次讯问中翻供，但在其后的第4、5、6、7次讯问中均作了连续、详细、稳定的有罪供述，对作案中心现场、丢弃被害人遗骨及作案工具的诸多地点进行了辨认，与第2次有罪供述内容一致，更与在案证据相互印证，且第6次供述中主动补充了有关切割机扳手和切割片丢弃地点等作案细节，公安机关在其供述地点提取到相应物证。同时，上诉人亦对自己在第3次讯问中的翻供行为表示抱歉，称系心存侥幸，上述四次有罪供述的侦查人员批次不同，讯问地点分别在××派出所和××市看守所，讯问时间间隔较久，既不存在疲劳审讯的情况，又不存在所谓诱骗、威胁等违法取证的抗辩，合法性应予确认。综上，检察员认为，本案证据均由司法工作人员依法取得，许某某有关在案有罪供述均系违法取得的上诉理由不能成立。

4. 检举揭发线索不构成立功。(1) 就许某某检举同监室人员高某某在贵州另有故意杀人犯罪的线索，经公安机关向高某某讯问，向高某某妻子询问，并远赴贵州向矿场承包人、当地村民小组组长等十余人取证，未查实相关检举情况；(2) 就许某某反映高某某等人倒签自书材料落款日期可能存在假立功等问题，高某某已因抢劫等犯罪行为一审被判死刑，不存在许某某所称假立功情形，相关检举不构成立功；(3) 就许某某检举陈某某虚开发票行为，经司法机关审查后相关事实成立，但因犯罪情节较轻已对相关人员依法作出不起诉处理，许某某本人也涉案其中，不构成立功。对其虚开发票行为，经杭州市人民检察院审查认为没有追诉必要，本院审查支持。

四、本案带来的思考和警示

审判长、审判员，庭审持续到现在，本案有许多问题值得我们深思。检察员注意到上诉人出于求生本能而改变供词、否认事实的努力，也尊重辩护人尽心履职希望法庭改变一审死刑判决的争取。但是，检察员必须指出的是，许某某有预谋地杀害妻子来某某，并残忍分尸、碎尸的事实清楚，证据确凿，而且不存在任何法定或酌定的从轻、减轻情节。保留死刑，严格控制、慎用死刑是我国的一项刑事司法政策，除了严格控制和慎用死刑，对符合我国刑法第48条规定的罪行极其严重的犯罪分子应当适用死刑。上诉人许某某一直被婚姻家庭矛盾困扰，其没有想过自我检视，没有尝试充分沟通，最后采用极端残忍的杀人手段泄愤，至今没有真诚的认罪悔罪表现，甚至在今天的二审法庭上，还在为了逃避应得的惩罚而罔顾事实、公然狡辩。依据刑法规定，应当对这样一起罪行极其严重的故意杀人罪行适用死刑，否则，天理国法人情难容！

本案值得我们深思的，还有家庭观、生命健康观的树立。许某某经常讲，担心来某某的教育方式对女儿不好，以后女儿会像她一样，但许某某自己选择这样极端暴力的方式处理家庭矛盾、解决婚姻问题，对孩子就是正面引导吗？许某某不仅杀了妻子，毁了自己，也毁了几个家庭，严重影响孩子们的一生，可以说是不能正确处理婚姻关系的极度反面典型。珍爱生命，既要珍爱自己的生命，更要珍爱他人的生命！每个人都必须为自己的行为承担责任，许某某也必将为自己的罪行付出法律上的代价。

需要指出的是，本案的发生不仅是对个人、对家庭的伤害，更是引发了整个社会的震惊和恐慌。那些昔日里听说许某某妻子走失，曾想尽办法、竭力伸出援手的人们，当初有多热情，此刻就有多寒心；那些背负着“办案不力”骂名的公安干警们，先是争分夺秒、连续加班为许某某寻找妻子，后又不得不冒着酷暑，在臭气熏天的化粪池、垃圾山里寻找被害人尸骨。案发以来，人民群众汲汲渴望着事实真相的查明，更热切期盼着公平正义的来临。许某某故意杀人案，将是我国社会主义法治进程中又一个剪影，充分见证社会正气的弘扬、公平正义的实现和对个人生命的珍视！

审判长、审判员，检察员认为，一审判决认定上诉人许某某故意杀害被害人来某某并分尸、碎尸、抛弃的犯罪事实清楚，证据确实、充分，定性准确，量刑适当，许某某的上诉理由及其辩护人的相关辩护意见均不能成立，建议法庭驳回上诉，维持原判。

检察官：沈雪中、王宪峰、刘文霞

2022年1月25日当庭发表

范例四：广东省人民检察院肖某某诈骗案再审案件出庭检察员意见书

广东省人民检察院
出庭检察员意见书*

决定再审机关：××

再审决定书文号：××

终审法院：××

* 此文书为再审案件出庭检察员意见书，收入时有删改。

原审被告人：肖某某

审判长、审判员：

根据《中华人民共和国刑事诉讼法》第二百五十六条的规定，我受广东省人民检察院指派，代表本院，出席本法庭，依法履行职务。现对本案发表如下意见，请法庭注意。

检察员认为根据现有证据证明原审被告人肖某某构成诈骗罪事实不清、证据不足。理由为：

一、从事实和证据层面而言，原案证据事实不清、证据不足

本案虽然有一定证据证明被害人有被诈骗的事实发生，但目前证明系肖某某实施诈骗的证据主要为被害人罗某某陈述、证人袁某的证言、二人的辨认笔录以及无法看清面貌的监控视频。虽然被害人罗某某与实施诈骗的行为人相处时间长达数小时，但案发时间为2011年3月16日，而被害人于2011年12月28日跟踪肖某某指认肖某某即为骗取其钱财的行为人，其间时间相隔较久，且罗某某在报案当天称其知道骗其的“陈姓男子穿着白色上衣，170cm左右，40岁左右，其他没多大印象”，表明其对肖某某没有清楚的印象，而且如果肖某某系本案诈骗的行为人的话，被害人与肖某某相处较长时间，并且一起吃饭都未发现肖某某左手大拇指多一个手指的特征，故不排除因被告人肖某某与诈骗行为人外貌身材相似导致被害人认错人。而另一名证人袁某作为银行大堂经理，在案发当天虽然见过涉案陈姓白衣男子，但其在公安机关第一次辨认的时间为2012年3月22日，至案发已隔1年多，虽然其在后续两次辨认中再次辨认出肖某某系白衣男子，而且后续两次辨认因受第一次的影响，其证明力较弱，且袁某对案发当天的事实陈述反复，故袁某指证肖某某即为本案实施诈骗行为的“白衣男子”的证言及辨认笔录的证明力相对较弱，不排除有认错人的可能。而本案除了被害人罗某某与证人袁某指证被告人肖某某系实施诈骗的白衣男子外，公安机关提取的监控视频因人像模糊，无法直接认定监控视频中的白衣男子即为肖某某。而公安机关并未发现肖某某银行账户在案发前后有大笔资金出入，也未发现肖某某与同案另外两名男子的交往痕迹，在用于实施诈骗的道具“电子元件”上也未能提取到肖某某的指纹，而且该“电子元件”系在案发后两年多的时间才提取到，提取的“电子元件”是否就是被害人罗某某所称的用来诈骗的电子元件无法确定。综上，证明肖某某是本案实施诈骗的行为人的证据证明力不强，且相关证据无法相互印证，肖某某是否系本案实施诈骗的行为人事实不清、证据不足。

二、从行为逻辑以及常情常理分析，认定原审被告人肖某某系本案实施诈骗的行为人难以排除合理怀疑

一是肖某某有无作案时间不能排除合理怀疑。肖某某辩解称其由于身体原因，每天都要睡到中午12点左右才起床，承办人前往梅州肖某某居住的小区向肖某某邻居取证时，其邻居丘某某也称其经常去肖某某家喝茶，肖某某身体不好，一般睡到很晚才起床。而案发当天，被害人系在上午10时许遇到实施诈骗的白衣男子，与肖某某的日常作息存在矛盾。二是本案实施诈骗的地点之一文化广场就在肖某某居住小区的附近，而本案白衣男子诈骗的手法熟练，从常理分析，行为人在自己常住的居所附近实施诈骗的情形不多，且被抓获的风险较大，故肖某某在其家附近实施诈骗不符合一般行骗人的心理。三是肖某某称自己有三个小孩，家庭经济收入稳定，其无诈骗的动机，公安机关并未对相关情况予以核实，不排除肖某某辩解的合理性。四是肖某某称其不会讲粤语，且其讲普通话也有一定难度，而被害人称行骗的男子和其交流为普通话和粤语，检察员与肖某某交流时发现其讲普通话有一定困难，且兴宁本地口音很重，而被害人也为本地人，如果肖某某与其交流不用兴宁本地话，而用一听就能听出兴宁口音的普通话与被害人交流不符合常理。

三、从逆向思维层面而言，本案出现否定肖某某系本案实施诈骗的行为人关键证据，应当作出有利于被告人的决定

经省高法委托，北京××医学研究院组织视频资料鉴定、法医学（面向识别）鉴定、模拟画像、足迹识别等领域专家，对本案的关键证据即案发当时行为人陪同被害人在银行取款的监控视频进行比对分析，通过从身高、体态、步态、姿态、相貌等方面比对视频中的嫌疑人与肖某某的特征，综合分析认为肖某某与案发时监控录像中的白衣男子行走动作的各项特征具有本质不同，参与比对的专家一致认为二者不是同一人。虽然该份意见仅仅是专家意见，但是程序合法，是9位全国资深专家依据专业知识依据法定程序利用专业原理共同作出的判断，具有一定权威性，对于认定本案肖某某是否本案诈骗行为人具有重要的参考作用。

综上，不管从在案的证据和事实，还是从出现的否定肖某某系本案行为人的相反证据分析，并结合行为逻辑和常情常理，认定肖某某系本案诈骗的行为人事实不清、证据不足，难以排除合理怀疑，根据《刑事诉讼法》第二百条规定，建议合议庭依法作出判决。

检察员：孙寒梅

2021年1月27日当庭发表

专题四

如何撰写量刑建议书

一、基本概念

我国刑罚权包括刑罚创制权、刑罚请求权、刑罚裁量权、刑罚执行权。量刑建议本质上属于刑罚请求权，是检察机关公诉权的一项重要内容，是指检察机关对提起公诉的被告人应该适用何种刑罚种类、幅度以及执行方式等向人民法院提出的建议。量刑建议具有明确适用范围和主体，其行权场域是刑事诉讼，行权主体为检察机关，行权对象系人民法院，行权内容是所起诉的被告人应当判处的刑罚。量刑建议书作为量刑建议权的载体，是检察机关起诉时随起诉书附卷一并移送人民法院的法律文书。

“长期以来，我国刑事诉讼制度曾将定罪和量刑问题置于同一庭审程序中解决，形成了重定罪、轻量刑的传统，量刑公正被有意无意地忽视”①，检察机关量刑建议权曾一度处于“沉睡”之中。随着人民群众对司法公正需求的不断提高，作为提出量刑建议的刑事诉讼主体，检察机关从20世纪末开始对推动量刑建议制度建立与完善方面进行了探索，量刑建议制度不断完善，量刑建议工作取得明显成效。无论是量刑建议提出数量，还是量刑建议的采纳率以及适用范围都得到稳步提升和扩大。2018年《刑事诉讼法》在修订过程中充分吸纳了刑事案件速裁程序和认罪认罚从宽制度试点的内容，从立法层面明确了检察机关量刑建议的地位和作用。量刑建议制度的不断完善，改善了量刑程序不透明的问题，有助于实现量刑程序的公开公正；推动了量刑辩论，有助于法官充分听取控辩双方量刑意见，居中裁判；在认罪认罚从宽制度中更是凝聚共识、化解矛盾、提升效率、促进公正的有效制度载体。

从检察建议发展历程来看，我国检察机关提出量刑建议的模式主要有三种：一是概括刑量刑建议，即只提出对刑种的量刑建议或者提出法定刑幅度内量刑的建议，此种方式是检察机关在量刑建议探索初期较为粗放式的量刑建议模式。二是幅度刑量刑建议，即指检察机关提出确定的刑种和带有一定幅度的刑期的相对具体的量刑建议。适用对象为未认

① 陈国庆：《量刑建议的若干问题》，载《中国刑事法杂志》2019年第5期。

罪认罚的普通刑事案件、新类型、不常见犯罪案件以及量刑情节复杂的重罪案件。三是确定刑量刑建议，即在法定刑幅度内提出确定刑种和明确刑期的量刑建议。落实认罪认罚从宽制度过程中，确定刑量刑建议“一端连接着犯罪嫌疑人的认罪认罚具结书，另一端则关系着人民法院的判决”①，其稳定性、可预见性是认罪认罚从宽制度的适用基础，进一步保障了认罪认罚的自愿性、明知性、明智性，是检察机关提出量刑建议的主要形式。

二、文书制作依据

（一）法律规定

《刑事诉讼法》第 174 条第 1 款规定，犯罪嫌疑人自愿认罪，同意量刑建议和程序适用的，应当在辩护人或者值班律师在场的情况下签署认罪认罚具结书。该条款“正式奠定了量刑建议作为认罪认罚从宽制度核心内容的法律地位”②。第 176 条第 2 款对量刑建议内容进行明确，规定犯罪嫌疑人认罪认罚的，人民检察院应当就主刑、附加刑、是否适用缓刑等提出量刑建议，并随案移送认罪认罚具结书等材料。第 201 条对量刑建议的效力予以明确，规定对于认罪认罚案件，人民法院依法作出判决时，一般应当采纳人民检察院指控的罪名和量刑建议。上述三个条款从立法上为检察机关提出量刑建议提供了明确的法律依据，也对量刑建议工作提出了更高的要求。

（二）司法解释及相关文件规定

《人民检察院刑事诉讼规则》对量刑建议作了明确规定。如第 274 条规定，认罪认罚案件，人民检察院向人民法院提起公诉的，应当提出量刑建议，在起诉书中写明被告人认罪认罚情况，并移送认罪认罚具结书

---

① 吴宏耀：《凝聚控辩审共识 优化量刑建议质量》，载《检察日报》2019 年 6 月 10 日，第 3 版。

② 王瑞君：《量刑建议的文本解读及规范适用研究》，载《北京科技大学学报（社会科学版）》2021 年第 2 期。

等材料。量刑建议可以另行制作文书，也可以在起诉书中写明。第 275 条规定，犯罪嫌疑人认罪认罚的，人民检察院应当就主刑、附加刑、是否适用缓刑等提出量刑建议，量刑建议一般应当为确定刑。对新类型、不常见犯罪案件，量刑情节复杂的重罪案件等，也可以提出幅度刑量刑建议。第 364 条第 2 款规定，提出量刑建议的，可以制作量刑建议书，与起诉书一并移送人民法院。第 418 条规定，人民检察院向人民法院提出量刑建议的，公诉人应当在发表公诉意见时提出。第 434 条规定，公诉人出席简易程序法庭时，应当主要围绕量刑以及其他有争议的问题进行法庭调查和法庭辩论。上述条款分别对量刑建议表现载体、建议内容、提出方式、送达方式作了明确规定。

最高人民检察院高度重视量刑建议工作，自 2005 年以来先后单独或联合其他部门出台了多份司法解释及相关文件，推动量刑建议工作不断向纵深发展。概括而言，可以分为萌芽、发展、跨越式发展三个阶段。其中萌芽阶段主要有《人民检察院量刑建议试点工作实施意见》（2005 年）；发展阶段主要有《人民检察院开展量刑建议工作的指导意见（试行）》（2010 年）、《关于规范量刑程序若干问题的意见（试行）》（2010）、《关于积极推进量刑规范化改革全面开展量刑建议工作的通知》（2010 年）、《关于在部分地区开展刑事案件速裁程序试点工作的办法》（2014 年）等；跨越式发展阶段主要有《关于在部分地区开展刑事案件认罪认罚从宽制度试点工作的办法》（2016 年）、《关于适用认罪认罚从宽制度的指导意见》（2019 年）、《人民检察院办理认罪认罚案件监督管理办法》（2020 年）、《关于常见犯罪的量刑指导意见（试行）》（2021 年）、《人民检察院办理认罪认罚案件开展量刑建议工作的指导意见》（2021 年）等。在上述司法解释及相关文件的推动下，检察机关提出量刑建议的能力、水平不断提升，量刑建议工作成效显著。

三、文书结构

根据《人民检察院刑事诉讼法律文书格式样本（2020 版）》的规定，量刑建议书分为通行标准格式量刑建议书和认罪认罚案件量刑建议书两种。

（一）普通案件量刑建议书

通行标准格式的量刑建议书，即普通案件量刑建议书内容分为首部、正文、尾部三部分。

1. 首部。标题为“××××人民检察院量刑建议书”，文号为××检××量建〔20××〕×号，由制发文书具体业务部门按顺序编号。

2. 正文。正文是量刑建议文书的重点，主要包括被告人所犯罪行的法定刑、量刑情节、建议法院对被告人判处刑罚的种类、刑罚幅度、可以适用的刑罚执行方式以及提出量刑建议的依据和理由等内容。第一部分以检察机关的公诉职能为视角，对被告人所涉嫌的罪名予以明确，并对该罪名在刑法中的法定刑内容予以提示。第二部分则罗列检察机关认定的具体量刑情节，主要有四种，包括法定从重、从轻、减轻或者免除处罚情节和酌定从重、从轻处罚情节。如果有其他量刑情节的，可以一并列出。第三部分是检察机关依据上述量刑情节，在法定刑范围内对被告人的刑罚情况予以一定幅度的刑罚建议，包括法律依据、刑罚执行方式，刑罚执行方式部分包括刑法、相关立法和司法解释等以及建议法院对被告人判处的刑罚种类、幅度以及可适用执行方式等。被告人犯有数罪的，应当分别指出其触犯的法律、涉嫌罪名、法定刑、量刑情节，对指控的各罪分别提出量刑建议后，可以根据案件具体情况决定是否提出总的量刑建议。最后正文部分以“此致，×××人民法院”结尾。

3. 尾部。署具体承办案件检察官姓名，量刑建议书的年月日，为审批量刑建议书的日期，加盖检察机关院印。

注意事项，一案中有多名被告人的，可以分别制作量刑建议书，也可以在同一份量刑建议书中集中表述。本文书一式二份，一份附卷，一份送达人民法院。

（二）认罪认罚案件量刑建议书

认罪认罚案件量刑建议书同样分为首部、正文、尾部三部分，但内容结构较普通案件量刑建议书而言相对简单。

1. 首部。标题为“××××人民检察院量刑建议书”，文书名称下方有“认罪认罚案件适用”字样，区别于通常量刑建议书。文号为××检××量建〔20××〕×号，由制发文书具体业务部门按顺序编号。

2. 正文。正文分为被告人触犯罪名及量刑两部分内容。第一部分以检察机关的公诉职能为视角，填写起诉书文号、被告人姓名、触犯刑法条款及罪名；因认罪认罚案件犯罪嫌疑人同步需要签署认罪认罚具结书，认罪认罚具结书已详细记载量刑相关情况，故第二部分可直接表述为“被告人×××自愿如实供述涉嫌的犯罪事实，对指控的犯罪没有异议，接受刑事处罚，建议判处被告人……”，无需赘述量刑依据及理由，有多名被告人的，一般由重到轻依次罗列。被告人犯数罪的，分别确定各自精准刑，建议数罪并罚。最后正文部分以“此致，×××人民法院”结尾。同时，根据《人民检察院办理认罪认罚案件开展量刑建议工作的指导意见》第4条规定，办理认罪认罚案件，人民检察院一般应当提出确定刑量刑建议。对新类型、不常见犯罪案件，量刑情节复杂的重罪案件等，也可以提出幅度刑量刑建议，但应当严格控制所提量刑建议的幅度。

3. 尾部。署具体承办案件检察官姓名，量刑建议书的年月日，为审批量刑建议书的日期，加盖检察机关院印。

注意事项，本文书一式二份，一份附卷，一份送达人民法院。

四、文书制作要点

（一）总体原则

随着2018年刑事诉讼法确立了认罪认罚从宽制度，正式奠定了量刑建议作为认罪认罚从宽制度核心内容的法律地位。在此之后，随着《关于适用认罪认罚从宽制度的指导意见》《人民检察院刑事诉讼规则》以及《人民检察院办理认罪认罚案件监督管理办法》的出台，尤其是2021年《关于常见犯罪的量刑指导意见（试行）》下发施行，量刑建议呈现出提出流程化、内容精准化及法院应当采纳原则化等特征。但我们发现，首先，司法实践中量刑建议书的制作存在诸多不规范之处，如有的未按照最高人民检察院印发的文书格式样本制作，内容不周延，除了法定、酌定的从重、从轻四种情节外，还有法定加重和减轻情节需要罗列；其次，内容不全面，就现有的四种情节来看，每种情节内罗列的内容也不尽全面，一般只罗列了最显著的情节，且酌定情节一般都是空白，且对诸多司法解释中的相关内容常有忽略；再次，内容不平衡，据统计表明，量刑建议书中对被告人有利的情节明显少于对被告人不利的情节；最后，内容欠规范，由于所列情节是检察机关根据自己查明的情况所做的总结，内容欠缺质证程序，其客观性和合法性均受限。

我们认为，量刑建议书的制作应遵循以下原则：一是客观公正。检察机关属法律监督机关，具有维护法律真实和法律公正的职能。量刑建议书不但要收集指控被告人的证据，也要收集有利于被告人的证据。量刑建议书制作并不必要如起诉书或公诉意见书那样侧重于控诉职能，也不能因为自己是指控一方而对被告人的从轻、减轻情节有所忽视，应保持中立的态度。二是事实全面。罪名的确定与起诉书一致，需“以事实为依据，以法律为准绳”，制作同样需要有证据证明量刑事实，但量刑事实不仅包括法律规定的反映罪行程度的法律事实，也应包括大量反映被告人人身危险性、可融入社会改造程度的事实，即包括已然事实和未然事实，量刑基准事实、法定量刑情节事实、酌定量刑情节事实。三是理由充分。量刑建议应当根据查清的事实和充分确切的证据说明充分的理由。量刑理由充分包括依据充分和解释充分。依据充分是指量刑建议书不仅仅应阐明法律依据，还可以运用法学理论依据、刑事政策依据、社会伦理道德依据等等。毕竟刑罚的确定是在良心、法律、现实与多种处置方案之间不断反复推敲，最终得以在法律所容许范围内择定最佳方案。解释充分既包括对量刑适用事实的解释，即为何此种事实可以作为量刑事实而其他不能、何以某种事实对量刑影响大等等；也包括对量刑适用依据的解释，即同样的依据为什么量刑层次不一。比如，同样是盗窃罪，为什么量刑基准不一样；同样是自首，为什么有的是减轻处罚，有的是从轻处罚。四是量刑方法统一化与个别化辩证统一。实践中，量刑不公大部分显示为“同性不同罚”，但这也并不意味着“同性同罚”就实现了量刑公正，毕竟法律规定的只是抽象个罪，司法实践中面临的却都是具体个罪。量刑建议书所得出的量刑结果是量刑统一化与个别化的辩证统一。量刑统一化，即在不考虑量刑情节的情况下，同样的案件应当有同样的量刑基准，即所谓的“同案同判”“同罪同罚”。而量刑个别化，即每个具体案件有其个体性的量刑结果，表现为量刑结果与反映犯罪的社会危害性、犯罪人的人身危险性和其他方面的事实相适应。只有做到二者的辩证统一，才能使量刑建议书真正发挥其效力。此外，从量刑建议书的改革路径与发展方向来看，一份好的量刑建议书应具备规范化和精准化两方面特质。

1. 规范化要求

一是结构严谨、内容完整。根据文书格式样本的规定，不论是普通案件还是认罪认罚案件量刑建议书，均包括首部、正文和尾部三个部分。首部包括制作文书的检察院、文书名称和文书编号。尾部包括制作文书的检察官署名、文书具文日期及院印。正文部分是文书的重点，主要内容包括被告人所犯罪行的法定刑、量刑情节、建议法院对被告人判处刑罚的种类、刑罚幅度、可以适用的刑罚执行方式以及提出量刑建议的依据和理由等。法定刑为依法应适用的具体刑罚档次。量刑情节包括法定从重、从轻、减轻或者免除处罚情节和酌定从重、从轻处罚情节，如果有其他量刑情节的，可以列出。法律依据包括刑法、相关立法和司法解释等。被告人犯有数罪的，应当分别指出其触犯的法律、涉嫌罪名、法定刑、量刑情节，对指控的各罪分别提出量刑建议后，根据案件具体情况决定是否提出总的量刑建议。一案中有多名被告人的，可以分别制作量刑建议书。量刑建议书应当署具体承办案件检察官姓名，量刑建议书的年月日，是审批量刑建议书的日期。二是语言客观、说理具有针对性。量刑建议书的语言须准确、精炼、朴实、庄重，忌用渲染性、描绘性以及夸饰、比喻类语言，力求平实、恰当、确切，既不能一味地求简，把应该写明的内容漏掉，也不能重复叙述，过于拉杂。用恳切明了的言语阐明量刑情节，用明确具体的文字说明量刑的处理意见。文书的说理是对提出量刑建议依据的论证和说明，应加强说理的针对性，不迂曲，不隐晦，阐释理由详略得当，论证精要，一语破的，这样有利于提高量刑建议的准确性、可接受性。三是需要注意的问题。首先，审查认定的罪名阐述方式要规范。不能将“涉嫌”“经本院审查认为”等语词省去或简化，这种表述虽然不影响意思表达，但未突出检察权的性质与地位。

其次，法定刑引用要具体。引用的是建议适用的具体刑罚档次，而非法定刑中规定的全部刑罚档次。有些罪名的法定刑包含几种不同的量刑档次，量刑建议书在引用某种量刑幅度时，应当指明被告人属于哪种档次。再次，量刑情节表述要全面、完整。应全面考虑案件中所有可能影响量刑的因素，包括从重、从轻、减轻或者免除处罚等法定情节和被告人的认罪态度等酌定情节。一案中存在多个法定、酌定量刑情节时，每个量刑情节均应得到实际评价。最后，写明量刑建议的法律依据。量刑建议的法律依据包括刑法、相关立法和司法解释，应写明具体依据的条款。

2. 精准化要求

根据规定，对于认罪认罚案件，量刑建议一般应当为确定刑。对新类型、不常见犯罪案件，量刑情节复杂的重罪案件等，也可以提出幅度刑量刑建议。也就是说，确定刑量刑建议为原则，尤其是认罪认罚案件。《关于适用认罪认罚从宽制度的指导意见》在重申上述原则的同时，还规定提出量刑建议，应当说明理由和依据。而要让量刑建议力求准确，需严格按照相应步骤和方法实现规范化量刑，根据基本犯罪构成事实在相应的法定刑幅度内确定量刑起点；根据其他影响犯罪构成的犯罪事实，在起点刑的基础上增加刑罚量确定基准刑；再根据各种法定和酌定量刑情节调节基准刑，拟定宣告刑。事实上，精准化量刑隐含着说理要求。最高人民检察院就十三届全国人大常委会对检察机关适用认罪认罚从宽制度情况报告的审议意见提出的28条贯彻落实意见中提出，要加强量刑建议说理，根据不同案件情况，在起诉书、具结书、量刑建议书等文书中加强量刑建议说理，体现认定的犯罪事实、罪名，量刑的依据、理由，主要的量刑情节及其对应从宽幅度等内容。要考虑全部量刑情节，综合判断法定、酌定和可能影响量刑的其他事实情节。另行制定“量刑说理书”等量刑说理材料的，一并移送法院。我们认为，认罪认罚案件中的量刑建议是控辩双方合意的结果。通常的顺序是：检察官提出量刑建议，征求犯罪嫌疑人及辩护人意见，检察官调整量刑建议，再征求犯罪嫌疑人及辩护人意见，合意签署具结书。在此过程中，如果检察官只给出量刑建议的结论，对量刑建议的过程即如何得出量刑建议的，却不加以说明，双方就无法进行实质性沟通，无法围绕量刑建议的每个环节真正达成一致意见。同样地，只有量刑建议的过程说明清楚，法院才能更有针对性地对该建议是否明显不当进行实质性审查，在不采纳量刑建议的时候，才能在判决书中更有针对性地予以回应。需要说明的是，量刑建议书的精准化制作，需要加强沟通交流：一是与犯罪嫌疑人充分沟通。在认罪认罚从宽案件中，犯罪嫌疑人是否同意量刑建议，是认罪认罚从宽程序能否进行下去的前提条件之一。检察机关有义务与犯罪嫌疑人通过充分沟通，让其切实参与到量刑建议的提出过程，从而有助于增强犯罪嫌疑人的接受程度，防止其在庭审过程中反悔，不认罪不认罚，乃至于在法院判决后继续上诉。而在非认罪认罚从宽案件中，与犯罪嫌疑人进行有效的沟通，对量刑建议的提出进行详细的说理，也有利于减少控辩双方在庭审时的不必要对抗，有助于犯罪嫌疑人真正接受判决结果。二是与辩护人、值班律师充分沟通。在认罪认罚案件中，确保犯罪嫌疑人获得律师的有效帮助，是保证被告人自愿认罪的基本制度保障。只有让辩护人、值班律师充分参与到量刑建议的提出过程中，才能真正保护犯罪嫌疑人的知情权、选择权和提出意见权。三是与审判机关交流。量刑建议从本质上来说是一种建议权，最终能否被采纳取决于法院。检察机关主动与人民法院交流，学习审判机关在量刑方面的丰富经验，弥补自身的量刑经验不足，让审判机关更好地接受量刑建议，使量刑建议获得各方面认可。

（二）具体要领

1. 首部、法定刑情况、量刑情节

（1）关于首部。量刑建议书的首部由检察机关名称、文书名称和文号三部分组成。其中，检察机关的名称应为全称，和起诉书保持一致，即要注明所在省（自治区、直辖市）名称，不能只写地区级市、县、区院名；如果是涉外案件，要冠以“中华人民共和国”字样。文号由统一业务应用系统自动生成，为××检××量建〔20××〕×号。文号写在最右端，上下各空一行。

（2）关于法定刑情况。这部分内容需列明被告人涉嫌罪名、行为触犯刑法的具体规定、应认定罪名及刑法规定的法定刑。这部分内容多为格式化，需按照刑法规定规范制作。值得注意的是，法定刑情况需列明主刑、附加刑，严格按照刑法条文规定如实逐项写清。

（3）关于量刑情节。根据文书格式样本要求，这部分共有五种类型：法定从重处罚情节；法定从轻、减轻或者免除处罚情节；酌定从重处罚情节；酌定从轻处罚情节；其他。前两项不难理解，第一种如累犯、毒品再犯等，第二种如自首、立功、从犯、犯罪未遂等，都是刑法明确规定的可以从重、从轻、减轻或免除刑事处罚的情节。与前两种情节相比，后面三种情节没有具体规定，实践中做法不一。我们认为，根据2020年最高人民法院、最高人民检察院、公安部、国家安全部、司法部《关于规范量刑程序若干问题的意见》，2021年最高人民法院、最高人民检察院《关于常见犯罪的量刑指导意见（试行）》相关规定，酌定情节通常主要是指：退赃退赔；积极赔偿被害人经济损失并取得谅解；达成刑事和解协议；被告人在羁押期间表现好；有成年故意犯罪前科；犯罪对象为未成年人、老年人、残疾人、孕妇等弱势人员；在重大自然灾害、预防、控制突发传染病疫情等灾害期间故意犯罪的；等等。需要说明的是，认罪认罚应列在法定从轻、减轻或免除处罚情节中，但要综合考虑犯罪的性质、罪行的轻重、认罪认罚的阶段、程度、价值、悔罪表现等情况，对认罪认罚与自首、坦白、当庭自愿认罪、退赃退赔、赔偿谅解、刑事和解、羁押期间表现好等量刑情节不作重复评价。

2. 量刑建议结论、量刑建议计算过程

（1）关于量刑建议结论。根据文书格式样本，结论部分需要列明法律依据、主刑种类及幅度或单处附加刑或者免予刑事处罚，执行方式以及附加刑。即需要指明适用的刑法具体条文，确定刑或幅度刑主刑建议，是否适用缓刑及并处何种附加刑。

（2）关于量刑建议计算过程。这部分内容虽然在文书格式样本中没有作规定，但是如前文所述，如果只有结论的量刑建议一方面具有随意性，另一方面也不具有较高的公信力和可接受度。我们认为，在列明具体的量刑建议结论后，必要时可以附加一段具体的计算过程，方式可以列表格，也可以用文字表述，但不论何种方式，都需要检察官熟练掌握计算量刑建议的方式方法。

一是选择起点刑。其一，关于选择的依据。根据基本犯罪构成事实在相应的法定刑幅度内确定量刑起点。基本犯罪构成事实即符合特定犯罪构成特征并达到在相应的法定刑幅度内量刑的必备事实。《关于常见犯罪的量刑指导意见（试行）》之所以把起点刑多规定为一个幅度，是因为犯罪行为形形色色，入罪或跳档的条件也有很多，如果没有幅度，会导致无法做到罪责刑相适应。如在故意伤害案件中，轻伤一人即构成故意伤害罪，应在第一档所规定的 3 年以下有期徒刑、拘役或者管制中量刑。然而在实践中，轻伤一人的情况各不相同，同样是轻伤，造成轻伤一级和轻伤二级的危害性也不同，因此需要选择不同的起点刑。其二，关于考量的因素。在法定刑幅度内选择具体、合适的量刑起点，需综合考量案件的社会危害性和被告人的人身危险性。前者体现犯罪行为造成的后果和危险，后者反映行为人的恶性。案件社会危害性大的和被告人人身危险性高的，起点刑就高一点，反之就低一点。如故意伤害罪，《关于常见犯罪的量刑指导意见（试行）》仅规定故意伤害一人轻伤的，在 2 年以下有期徒刑、拘役幅度内确定量刑起点，那么对造成轻伤一级的，可以选择有期徒刑 1 年 6 个月作为量刑起点，对造成轻伤二级的，可以选择有期徒刑 1 年作为量刑起点，因为前者的社会危害性更大。同样是造成轻伤二级的，对于一拳头打成的鼻骨骨折，可以选择有期徒刑 8 个月作为量刑起点，而对于拳打脚踢造成多处骨折的，可以选择有期徒刑 1 年作为量刑起点，因为后者的人身危险性更大。其三，需要注意的问题。在选择起点刑时需要注意：一方面，应以犯罪既遂状态来选择起点刑。即使案件系犯罪未遂或犯罪中止，在选择起点刑时也应按照假定已经既遂时所处的法定刑幅度来选择。另一方面，选择起点刑时应尽量排除后续调整基准刑的情节或因素，否则将导致重复评价。如上述的故意伤害罪，如果持刀伤人是一个酌定从重处罚的情节，激情伤人是一个酌情从轻处罚的情节，在选择起点刑时就不应当考虑这两个量刑情节，不能因为具有持刀伤人情节就把起点刑提高，同样地，也不能因为激情伤人就把起点刑降低。此外，对《关于常见犯罪的量刑指导意见（试行）》之内罪名的起点刑范围可以按照规定的范围内确定具体的起点刑，对规定之外的罪名，如果基本犯罪构成事实对应的法定刑幅度包括有期徒刑和拘役，一般可以将六个月作为基点，综合基本犯罪构成事实的危害性后加或减3个月以内作为起点刑。如果基本犯罪构成事实对应的法定刑幅度不包括拘役的，一般以法定刑幅度内的最低法定刑为基点，综合基本犯罪构成事实的危害性在6个月以内增加后作为起点刑。

二是计算基准刑。其一，关于计算的依据。根据其他影响犯罪构成的犯罪事实，在起点刑的基础上增加刑罚量确定基准刑。其他影响犯罪构成的犯罪事实指具体犯罪行为超过基本犯罪构成的加重结果事实，是增加刑期的核心要素。不同的罪名，衡量其社会危害性的核心要素不同，如侵犯财产类犯罪，主要以财产金额为核心评价要素；侵犯人身权类犯罪，主要以人身伤亡情况作为核心评价要素。其二，关于幅度标准的确定。对于《关于常见犯罪的量刑指导意见（试行）》中的罪名，刑罚增加量标准按照该指导意见来确定。如非法拘禁罪，根据《关于常见犯罪的量刑指导意见（试行）》，所对应的刑罚增加量标准为，具有殴打、侮辱情节的，国家机关工作人员利用职权非法扣押、拘禁他人的，增加基准刑10%—20%的刑期。对于《关于常见犯罪的量刑指导意见（试行）》未涉及的罪名，增加刑罚幅度标准需根据相关司法解释或执法意见的规定自行计算，具体可以根据法定量刑幅度中最高刑和最低刑分别对应的条件，按照均衡的原则计算出刑罚增加量的标准，该条件一般在相关司法解释中有数量体现。如利用互联网贩卖淫秽电子信息，构成贩卖淫秽物品牟利罪，共有三个量刑档次，根据司法解释规定，淫秽视频文件20个至100个，判处3年以下有期徒刑、拘役或者管制；淫秽视频文件100个至500个，判处3年以上10年以下有期徒刑；淫秽视频文件500个以上，判处10年以上有期徒刑或者无期徒刑。由此可知，对于第一档，100个视频对应3年，20个视频对应6个月，故对应刑罚增加量标准=（100个－20个）/（3年－0.5年）×12个月≈3个/月，即在该量刑档次中，贩卖淫秽视频数量每增加3个，就增加一个月刑期。对于第二档，500个视频对应10年，100个视频对应3年，对应刑罚增加量标准=（500个－100个）/（10个－3个）×12个月≈5个/月，即在该量刑档次中，贩卖淫秽视频数量每增加5个，就增加一个月刑期。对于第三档，500个视频对应10年，但无期徒刑没有明确的数量标准，要计算出该量刑档次中的刑罚增加量标准，必须先确定无期徒刑的数量标准，对于该标准最佳的获得方式就是检索案例。

因此，根据上述标准，行为人的基准刑 = 38 个月 + （200 个 - 100 个）/5 个每月 = 58 个月。其三，需要注意的问题。同一个罪名中不同量刑档次对应的刑罚增加量标准不同。如贩卖、传播淫秽物品牟利罪，3 年以下有期徒刑一档的刑罚增加量标准与 3 年至 10 年有期徒刑一档的刑罚增加量标准就不一样，随着刑期的增加，刑罚增加量的幅度会减小。在设置刑罚增加量标准时，对于某些罪名有多个维度的，应比较后适用处罚重的。如非法经营罪，司法解释中规定非法经营数额或者违法所得数额均作为刑罚增加量标准，设置的维度既可以是非法经营金额，也可以是违法所得数额，两者比较后，在对被告人量刑时应选择适用违法所得标准计算基准刑。而当没有法律规定的数量标准时需要进行案例检索。即当某罪名只有一个量刑档次，如帮助信息网络犯罪活动罪，或当需要在某罪名的最高一档量刑，都会面临该量刑档次内法定最高刑没有对应数量标准的情况，此时的有效做法是案例检索，通过案例找到一个最高刑的数量标准，然后按照先快后慢原则设置一个增加幅度标准。

三是拟定宣告刑。其一，关于量刑的原则。一个是完全评价原则，即对影响量刑的各种因素全部进行考虑（按照时间包括罪前、罪中及罪后的各种情节，按照法定刑包括法定情节和酌定情节），在量刑时全面评价分析。另一个是禁止重复评价原则，即某个影响量刑的因素如果已经使用过，就不能再重复使用。如盗窃罪中的前科，如果该前科已经是入罪的必要条件，那么量刑时就不能再次使用；如果该前科已经让被告人成为累犯，那么在使用累犯量刑情节时，就不能再将其作为前科情节；如果有多次前科，对其中未作为累犯或入罪情节使用的，仍应作为前科量刑情节使用。需注意的是，在确定起点刑时考虑过的情节一般不能作为量刑情节再次使用。其二，关于计算的方式。根据各种法定和酌定量刑情节调节基准刑，拟定宣告刑。优先适用的量刑情节数量是有限的，基本都是减少基准刑的情节，包括未成年人犯罪、老年人犯罪、限制行为能力的精神病人犯罪、又聋又哑的人或者盲人犯罪、防卫过当、避险过当、犯罪预备、犯罪未遂、犯罪中止、从犯、胁从犯和教唆犯等。其他量刑情节既有减少基准刑的情节又有增加基准刑的情节，包括坦白、自首、认罪认罚、立功、累犯、前科劣迹等。其他常见的主要量刑情节包括作用较轻的主犯、被害人有过错或对矛盾激化负有责任、退赃退赔、积极赔偿被害人经济损失、达成和解、取得谅解、对弱势人员犯罪、在灾害和突发事件期间犯罪、犯罪手段残忍、犯罪动机卑劣及各具体罪名中的其他情节。对于计算公式，需要说明的是，应先适用情节之间不是加减的关系，而是需要进行连乘，其他量刑情节之间是连加连减，如果没有先适用情节，计算时不考虑即可。其三，需要注意的问题。第一个问题是减轻处罚的不同适用情况。减轻处罚和免予刑事处罚本质不同，前者要求处罚，必须给予一定的刑罚，而后者是不处罚，不能判处刑罚。因此，对减轻处罚应当在法定量刑幅度的下一个量刑幅度内判处刑罚，不能减至免予刑事处罚。当具体罪行对应的法定量刑幅度中的最低法定刑已是最低刑种时，不能依据减轻处罚情节而免予刑事处罚。当然，这种情况下如果确实情节较轻的，可以依据《刑法》第 37 条的规定免予刑事处罚。此外，具有两个以上减轻处罚或免予刑事处罚情节可以减两档处罚。关于这个问题，《刑法修正案（八）》对减轻处罚的适用做了修正，增加了本法规定有数个量刑幅度的，应当在法定量刑幅度的下一个量刑幅度内判处刑罚的规定。对于只有一个减轻处罚情节的，当然不能跨两档减刑。但是对于具有两个以上减轻处罚或免予刑事处罚情节的，是否可以跨两档减刑存在争议。一般认为，如果存在两个以上减轻处罚情节或具有免予刑事处罚情节的，可以不受《刑法》第 63 条第 1 款的限制，因为是否同时并列规定免予刑事处罚可以表明立法机关的不同倾向。没有并列规定免予刑事处罚的，表明立法机关认为行为的社会危害性或人身危险性只是在一定程度上减少，因而只能在有限范围内给予从宽处理；与之相反，并列规定免予处罚的，则表明立法机关认为，行为的社会危害性或者行为人的人身危险性显著减少，因而可以在更大范围内从宽，甚至免予刑事处罚也是正当的。第二个问题是 18 岁前后实施同种罪行是否可以适用未成年人犯罪情节。我们认为，如果不计 18 岁之前的行为，将导致无法入罪或者跳档次的，应当适用未成年人犯罪规定，对被告人减轻处罚，如果不影响的则不应适用。这是因为如果不计 18 岁之前的行为，将导致无法入罪或者跳档次时，说明评价被告人人身危险性和罪行轻重的因素离不开未成年时的行为，此时应当可以依据未成年人犯罪的规定处罚。反之，说明评价被告人人身危险性和罪行轻重的因素主要是成年时的行为，不应当再依据未成年人犯罪的规定处罚，如果可以适用而减轻处罚，将导致仅仅18岁之后的行为就单独构成犯罪或跳档次且无法减轻处罚，反而再累加了18岁之前的行为后却可以减轻处罚的矛盾。第三个问题是仅根据认罪认罚是否可以减轻处罚。刑事诉讼法规定认罪认罚的可以从宽处理，刑事和解的可以从宽处罚，虽然都是从宽，但两者是有区别的，刑事和解是一种量刑情节，且适用范围有限，而认罪认罚是一种制度，适用于所有刑事案件。如果允许因被告人认罪认罚而对其减轻或免除处罚，将导致刑法设置的从轻、减轻或免除处罚体系被虚置。最高人民法院、最高人民检察院、公安部、国家安全部、司法部《关于适用认罪认罚从宽制度的指导意见》明确指出，认罪认罚案件，对于减轻、免除处罚，应当于法有据，不具备减轻处罚情节的，应当在法定刑幅度内提出从轻处罚的量刑建议。

四是适用缓刑。其一，关于适用缓刑的条件。需要符合刑法所规定的缓刑适用条件，主要是指刑期在3年以下有期徒刑或者拘役，且不得具有不认罪、累犯等禁止性情节。考虑受损法益得以恢复，侵犯财产类犯罪主要侵犯了个人的财产权，一般需要赔偿被害人经济损失；侵犯人身权类犯罪主要侵犯了个人的人身健康权，一般需要赔偿被害人因人身遭受损害而导致的经济损失及精神损失。但特殊情况下，因被害人漫天要价等原因致使受损法益无法恢复的，也可以考虑在提存相关赔偿款后对被告人适用缓刑。应准确适用刑事政策。不满18周岁的人、怀孕的妇女和已满75周岁的人实施犯罪，情节较轻的，一般应当判处缓刑。对于因恋爱、婚姻、家庭、邻里纠纷等民间矛盾激化引发的犯罪，因劳动纠纷、管理失当等原因引发、犯罪动机不属恶劣的犯罪，因被害方过错或者基于义愤引发的或者具有防卫因素的突发性犯罪，一般可以判处缓刑。对于要求依法严惩的犯罪，一般不适用缓刑。但对于共同犯罪的案件，应进一步区分各被告人的作用，准确确定各被告人的罪责，做到区别对待，确实情节较轻的，也可以适用缓刑。其二，关于主观恶性及人身危险性考量。对于主观恶性及人身危险性不大的行为人，可以考虑适用缓刑。如刚跨出校门的大学生，缺乏社会经验，应聘到公司工作，起初不明知公司安排的工作实为诈骗，等工作一段时间后发现有问题又基于合同、经济等问题未离职的。又如近年来随着互联网经济的发展，不少平台为了扩大市场向新用户派发优惠券，引发行为人骗取首单优惠。此类案件中被告人多是首次犯罪，主观恶性不大，如果犯罪金额不高，又积极退赔的，一般可以考虑适用缓刑。与之相对的，若主观恶性及人身危险性较大的，一般不考虑适用缓刑。如具有多次前科劣迹的行为人及犯罪团伙的主要成员等。其三，关于具体罪名特点及类案的协调。各罪名根据自身特点，都有酌定从轻或从重处罚的情节，有需要特别酌定从重处罚情节的，一般不适用缓刑，如具有酒后驾驶情节的交通肇事罪、具有无证驾驶情节的危险驾驶罪、具有利用未成年人实施盗窃情节的盗窃罪等。有酌定从轻处罚情节的可以考虑适用缓刑，如因琐事纠纷而故意伤害且情节较轻的。同案同判是司法公正的必然要求，相同犯罪情节的案件在是否适用缓刑上应当采用同样的标准。其四，关于特殊案件情况。主要是裁量时需要考虑一些社会问题和内心的评判。前者如夫妻双方都被羁押，但有小孩需要抚养或老人需要赡养的，在上述缓刑适用条件上就会对其中一方适当放宽。后者如一些案件中，一般人都能认识到被告人的实际犯罪金额远不止指控的金额，但因证据收集问题无法认定的，通常会通过从严掌握从宽量刑幅度并不予适用缓刑予以体现。

五是罚金刑的适用。其一，依据法律规定的限额。部分罪名关于罚金的数额法律或司法解释有规定，如信用卡诈骗罪，数额较大的，刑法规定处 2 万元至 20 万元罚金。又如盗窃罪，司法解释规定应当在 1000 元以上盗窃数额的 2 倍以下判处罚金。其二，以违法所得为基础。即应主要根据被告人的违法所得数量考虑拟判罚金数额。其三，综合考虑被告人缴纳罚金的能力。对于罚金由于遭遇不能抗拒的灾祸等原因缴纳确有困难的，经法院裁定可以延期缴纳、酌情减少或者免除，但是在实践中如此操作的非常少。因此如果在判决时不考虑被告人的实际缴纳能力，很可能导致一些高额的超出被告人实际承受能力的罚金沦为空文，反而损害量刑建议的公信力。但这里需注意严格把握，需有明确的证据予以证明实际缴纳能力差才可以酌情减少。其四，与主刑保持一致。即罚金刑要按照主刑对应法定刑幅度所规定的数额判处，不同的法定刑档次对应不同的罚金刑。

3. 尾部

与起诉书一致，量刑建议书的落款时间应是量刑建议书的签发日期，年月日使用阿拉伯数字。署名落款则与员额制改革相配套，起诉书落款的承办人表述为“检察官×××”，如果是检察长、副检察长办理的案件，则表述为“检察长×××”“副检察长×××”。

五、相关重点问题

（一）量刑起点和基准刑

1. 量刑起点

（1）概念与特点。《关于常见犯罪的量刑指导意见（试行）》第2条规定，根据基本犯罪构成事实在相应的法定刑幅度内确定量刑起点。据此，量刑起点是指针对具体的犯罪，在不考虑各种法定和酌定量刑情节的前提下，根据基本犯罪事实的既遂状态所应判处的刑罚。量刑起点具有以下特点：一是必须结合具体的犯罪事实确定相应的法定刑幅度；二是量刑起点是一个点，而不是幅度。

（2）确定方法。《关于常见犯罪的量刑指导意见（试行）》对于量刑起点的选取范围与法条规定的法定刑幅度并不一致。同时，司法者在具体办案时需要结合个案将《关于常见犯罪的量刑指导意见（试行）》中规定为幅度刑的量刑起点确定为一个点。确定办法也存在争议，主要存在以下几种方法：[①] 方法一为中线法。即严格按照法定刑幅度进行均分，量刑起点为法定刑的中线处。方法二为分格法。即根据实践中对应法定刑的案情，划分为若干等级，并将法定刑幅度也划分为若干格，根据案情的严重程度寻找法定刑幅度内对应的格子。方法三为形势论。即根据治安形势以确定量刑起点，治安形势好的时候，量刑起点确定为法定刑幅度内较低处或者与法定刑下限重合，治安形势较差的时候，量刑起点为法定刑幅度内较高处或者与法定刑上限相重合。方法四为主要因素论。

---

① 参见王恩海：《论量刑基准的确定》，载《法学》2006年第11期。

该观点主张以调查统计的方法确定对社会危害性大小的主要因素。与之相近的方法还有重心论，也赞同寻找确定社会危害性大小的因素，但重心论的不同之处在于认为其主要作用的因素只有一个。方法五为危害行为论。该观点与方法四的主要因素论以及重心论的本质近似，即都是在寻找衡量犯罪社会危害性的量化标准，但行为论认为应当围绕犯罪中的危害行为本身来确定量刑起点。方法六为分类确定法。该观点参照实践中一些地区采取的标准，将常见犯罪分为非数额犯、数额犯、绝对确定法定刑三类，数额犯按照犯罪数额确定量刑起点，绝对确定法定刑按照法定刑确定量刑起点，其他的非数额犯则一般取中间刑种、中间刑期确定起点。我们认为绝对的适用某一种方法显然有其不足，应当根据不同罪名的特点综合运用上述方法，因此分类确定法相对科学。

2. 基准刑

(1) 概念与功能。《关于常见犯罪的量刑指导意见（试行)》第2条规定，根据其他影响犯罪构成的犯罪数额、犯罪次数、犯罪后果等犯罪事实，在量刑起点的基础上增加刑罚量确定基准刑。据此，基准刑是指在量刑起点的基础上，根据其他影响犯罪构成的犯罪事实所增加的刑罚量所得到的结果。基准刑包括量刑起点和增加的刑罚量两个部分，是两个部分的总和。基准刑具有三项功能：一是建构功能，作为法定刑与宣告刑之间的连接点，是量刑步骤中的重要一环，它能架构起一套更加完整和便捷的量刑步骤，并有助于个罪的量刑结果更加合理。二是对自由裁量权的限制功能，有助于防止司法者对自由裁量权的滥用。三是调节功能，基准刑根据个案事实，在法定刑到宣告刑之间“安装一个调节器”，从而平衡法定刑到宣告刑的过渡。

(2) 确定方法。《关于常见犯罪的量刑指导意见（试行)》针对常见犯罪的具体特点，将犯罪起因、手段、数额、次数、后果以及“入户”等相关事实作为增加刑罚量的犯罪构成事实。具体包括：一是犯罪手段、犯罪情节事实的认定。作为基准刑的确定依据应当是具体犯罪构成中的独立要素。关于犯罪手段，如暴力犯罪或者通常带有暴力成分的犯罪，如故意伤害罪规定了以手段残忍程度等影响犯罪构成的犯罪事实增加刑罚量；在抢劫罪、聚众斗殴罪等罪名中也规定了犯罪手段。有的罪名如抢夺罪虽然未将犯罪手段明确列举为增加刑罚量的犯罪事实，但将手段规定为确定罚金刑以及是否适用缓刑的因素。关于犯罪情节，如强奸罪调节刑罚量的考量因素有情节恶劣程度，有类似规定的还有敲诈勒索罪、妨害公务罪等。

二是犯罪数额事实的认定。在盗窃罪等数额犯中，犯罪数额是最主要的构成要件事实。基本的犯罪数额是确定量刑起点的依据，而超过起点数额的金额则是增加刑罚量的考量事实。以某地犯罪嫌疑人某某多次盗窃数额共计人民币 5 万元为例，根据《关于常见犯罪的量刑指导意见（试行）》以及盗窃罪的司法解释，3 万元已达“数额巨大”标准，因此在 3 年至 4 年有期徒刑幅度内确定量刑起点，结合多次盗窃的情节，确定量刑起点为 3 年 3 个月。根据超出数额确定增加的刑罚量，犯罪嫌疑人超出“数额巨大”起点 2 万元。根据当地量刑规则，犯罪数额每增加 4 千元，就增加一个月刑期，据此增加 2 万元就增加 5 个月刑期。

三是犯罪次数及犯罪对象人数等事实的认定。关于犯罪次数，根据《关于常见犯罪的量刑指导意见（试行）》，盗窃罪、抢夺罪、敲诈勒索罪等罪中，犯罪次数均是增加刑罚量的考量因素，在上述犯罪中，犯罪次数通常作为犯罪构成要素事实存在，因此被规定为基准刑的确定依据。需要注意的是，应避免相关事实、情节的重复评价，如果相关的犯罪构成要素已经在确定量刑起点时予以评价，那么不应作为增加刑罚量的因素用以调节基准刑。关于犯罪对象的人数，以非法拘禁罪为例，《关于常见犯罪的量刑指导意见（试行）》规定在量刑起点的基础上，根据非法拘禁人数……等其他影响犯罪构成的犯罪事实增加刑罚量，确定基准刑。在交通肇事罪、聚众斗殴罪等罪名中也有类似规定。

四是犯罪危害后果事实的认定。作为增加刑罚量的考量因素的犯罪后果不是基本犯罪构成要件中的结果，而是指超出基本犯罪构成事实的后果，既包括造成的伤害死亡后果也包括造成财产损失的后果等。关于人身伤亡的后果，以交通肇事罪为例，《关于常见犯罪的量刑指导意见（试行）》规定在量刑起点的基础上，根据……致人重伤、死亡的人数……等其他影响犯罪构成的犯罪事实增加刑罚量，确定基准刑。将伤亡后果作为考量因素的罪名还有故意伤害罪、非法拘禁罪、强奸罪、抢劫罪等罪名。关于造成财产损失的后果，也以交通肇事罪为例，《关于常见犯罪的量刑指导意见（试行）》规定在量刑起点的基础上，根据事故责任……或者财产损失的数额以及逃逸等其他影响犯罪构成的犯罪事实增加刑罚量，确定基准刑。类似情形还有非法吸收公众存款罪、合同诈骗罪将给被害人造成的经济损失数额作为缴纳罚金刑的评价因素。除上述考量事实之外，其他犯罪构成事实还包括犯罪方法或者行为方式，当一种犯罪由多种方法实施时，其中之一的行为方式作为确定量刑起点的依据，其他的犯罪方法或行为方式则可以作为增加刑罚量的依据。

（二）认罪认罚案件的量刑建议

1. 量刑建议的提出

（1）量刑建议的内容与提出方式。根据《关于适用认罪认罚从宽制度的指导意见》的规定，犯罪嫌疑人认罪认罚的，人民检察院应当就主刑、附加刑、是否适用缓刑等提出量刑建议。量刑建议包括三个方面内容：一是主刑。主刑是对行为人进行惩罚的主要刑种，包括管制、拘役、有期徒刑、无期徒刑、死刑等。二是附加刑。附加刑中的财产刑，作为“认罚”的重要组成部分，直接体现着犯罪嫌疑人的悔罪态度并影响从宽的后果。三是是否适用缓刑。缓刑作为刑罚的具体执行方式，系行为人、辩护人、法庭量刑时的关注点之一。

根据《关于适用认罪认罚从宽制度的指导意见》第 33 条第 2 款的规定，办理认罪认罚案件，人民检察院一般应当提出确定刑量刑建议。对新类型、不常见犯罪案件，量刑情节复杂的重罪案件等，也可以提出幅度刑量刑建议。提出量刑建议，应当说明理由和依据。因此，在办理认罪认罚案件中应当以提出确定刑为原则，以幅度刑为例外。这是推进认罪认罚从宽制度的必然要求，是实现认罪认罚从宽制度预设目标的重要制度安排。量刑建议越具体，被追诉人对处罚结果的预期越清晰，被追诉人与检察机关沟通的动力也就越大，因此在具结活动中，检察机关应当提出精准的量刑建议，才能真正节约司法资源、提高诉讼效率。[①]

① 参见陈国庆：《刑事诉讼法修改与刑事检察工作的新发展》，载《国家检察官学院学报》2019 年第 1 期。

（2）量刑沟通。检察机关提出量刑建议，应从之前的单方决断向听取辩方意见、控辩充分沟通的模式转变。相较于其他案件，法律对于认罪认罚案件规定了不同的听取意见方式。《刑事诉讼法》第173条第1款关于普通公诉案件仅规定了应当听取辩护人等相关人员的意见，而第2款规定犯罪嫌疑人认罪认罚的案件，检察机关应当专门听取的事项主要包括：犯罪嫌疑人对有关事实、罪名、适用法律规定、从宽处罚以及适用何种审判程序等事项的意见。法律通过赋予被追诉人以认罪认罚为前提条件，获得程序适用选择权和与控方沟通权，促使被追诉人积极主动地参与到对自己处罚的决定过程中来，并对处罚结果发表意见，从而改变了过去被追诉人只能被动参与诉讼程序和消极接受处罚结果的境遇。刑事诉讼法将认罪认罚从宽确立为法律制度，增添了刑事诉讼活动的当事人主义色彩，可以视为我国诉讼理念和诉讼模式的重大创新。[①] 为此需要做到：一是高度重视辩护律师、值班律师的意见。检察机关办理认罪认罚案件，不但要听取辩护律师、值班律师的意见，而且遇有对量刑建议提出不同意见的应当审查相关意见，应当采纳合理的意见并相应调整量刑建议，对于不合理的意见也应结合法律规定、案件情况、同类判决等作出解释说明，争取达成一致。二是注意提升沟通的能力。沟通时应注意方式方法，力求做到案结事了、矛盾化解。检察官在与辩方沟通时要做好充分准备，加强释法说理。同时探索控辩沟通的同步录音录像工作，切实提高认罪认罚的透明度和公信力。

2. 量刑建议的采纳

（1）量刑建议效力具有相对刚性。《刑事诉讼法》第201条规定，对于认罪认罚案件，人民法院依法作出判决时，一般应当采纳人民检察院指控的罪名和量刑建议，但有下列情形的除外：第一，被告人的行为不构成犯罪或者不应当追究其刑事责任的；第二，被告人违背意愿认罪认罚的；第三，被告人否认指控的犯罪事实的；第四，起诉指控的罪名与审理认定的罪名不一致的；第五，其他可能影响公正审判的情形。人民

① 参见胡云腾：《正确把握认罪认罚从宽，保证严格公正高效司法》，载《人民法院报》2019年10月24日，第5版。

法院经审理认为量刑建议明显不当，或者被告人、辩护人对量刑建议提出异议的，人民检察院可以调整量刑建议。人民检察院不调整量刑建议或者调整量刑建议后仍然明显不当的，人民法院应当依法作出判决。“一般应当”就意味着以采纳为原则，不采纳为例外，检察机关的量刑建议具有相对的刚性。在认罪认罚从宽制度之下的量刑建议，是检察机关代表国家作出的一种承诺，应当具有司法公信力，法律作出上述规定就表明一般情况下审判权应当尊重与认可检察机关的量刑建议权，只有在法定的例外情形下才可以改变量刑建议。如果不属于法定的例外情形，被告人、辩护人也没有对量刑建议提出异议，法官则必须说明量刑为何“明显不当”，只要不是明显不当的，就应当采纳检察机关的量刑建议。

（2）量刑建议书应当加强说理。同时，检察官也应当提升确定刑的精准度，提升量刑建议的能力水平，并加强量刑建议的说理工作。说理事项具体包括对于被告人适用怎样的基准刑以及理由和依据；被告人具有哪些从重、从轻的量刑情节；沟通情况以及量刑建议的形成过程；对于刑法、刑事政策、被害人意见、社情民意的考量情况。不但要对上述因素综合考量、分析全面，而且要说理充分，才能确保量刑建议的效力与效果。

3. 认罪认罚案件的二审适用

虽然刑事诉讼法及《关于适用认罪认罚从宽制度的指导意见》并未对认罪认罚从宽制度的适用阶段作出限制，但是实践中关于重罪案件以及二审程序适用认罪认罚制度的均比较少见，关于认罪认罚的二审适用条件、必要性、从宽幅度等争议均比较大。

我们认为二审案件适用认罪认罚从宽制度具有必要性。一是节约诉讼资源，降低证明难度。被告人一审不认罪认罚但在二审阶段愿意认罪认罚的案件，认罪与不认罪相比，认罪案件在举证、质证方面可以缩短法庭辩论时间，起到了节约诉讼资源的作用；同时，被告人的有罪供述在证明被告人的主观明知等方面起着重要作用，可以使得二审认定证据时证据数量更充分、证明难度降低。二是有利于修复社会关系，使被害人得到及时补偿。虽然《关于适用认罪认罚从宽制度的指导意见》第18条明确规定，被害人及其诉讼代理人不同意对认罪认罚的犯罪嫌疑人、被告人从宽处理的，不影响认罪认罚从宽制度的适用。犯罪嫌疑人、被告人认罪认罚，但没有退赃退赔、赔偿损失，未能与被害方达成调解或者和解协议的，从宽时应当予以酌减……但是在二审适用认罪认罚从宽制度的时候，必须将行为人是否对被害人赔礼道歉、进行赔偿或经济补偿作为审查是否可以适用认罪认罚从宽制度的一个重要条件。刑罚具有功利性目的，二审阶段上诉人在认罪认罚的同时积极赔偿被害人（或其家属）损失的，由于其在一定程度上修复了被破坏的社会关系，获得了被害人（或其家属）的谅解，可以对其从宽处罚。三是刑罚并合主义的新体现。刑罚并合主义认为，刑罚正当化根据既包括报应亦包括预防，其中预防又包括特殊预防与一般预防。被追诉人认罪认罚在一定程度上表征其人身危险性降低，在责任刑的基础上，认罪认罚从宽制度体现了犯罪特殊预防的目的，契合了并合主义刑罚观的理念。

当然，有的二审案件不宜适用认罪认罚从宽制度。一是适用后无法达到刑罚目的的案件。主要是一些恶性案件，上诉人犯罪手段极其残忍，主观恶性以及人身危险性极大，对其从宽处罚则无法实现刑罚目的，不宜适用认罪认罚从宽制度。二是被追诉人企图利用认罪认罚从宽制度，恶意规避刑罚制裁的，也不应适用认罪认罚从宽制度，检察机关也不宜适用。

（三）量刑建议的调整变更

1. 认罪认罚案件量刑建议的调整变更

《刑事诉讼法》第 201 条第 2 款规定，人民法院经审理认为量刑建议明显不当，或者被告人、辩护人对量刑建议提出异议的，人民检察院可以调整量刑建议。人民检察院不调整量刑建议或者调整量刑建议后仍然明显不当的，人民法院应当依法作出判决。上述规定对认罪认罚案件量刑建议的调整作出了规定。具体可以从以下四个方面来把握：

（1）调整的情形。量刑建议调整主要有两种情形，即人民法院经审理认为量刑建议明显不当和被告人、辩护人对量刑建议提出异议。需要注意的是，实践中，关于何为量刑建议明显不当，部分地方检、法之间存在分歧，需要加强沟通，尽量消除分歧、统一执法尺度。量刑“明显不当”是指刑罚的主刑选择错误，刑罚的档次、量刑幅度畸重或者畸轻，适用附加刑错误，适用缓刑错误等。[①] “明显” 描述的是不当的程度，应当从一般人的正常认知角度进行判断。具体可以从以下几个方面把握：一是违反罪责刑相适应原则的，不论是畸轻还是畸重；二是明显与同类案件处理不一致的；三是违背一般司法认知的。关于被告人、辩护人对量刑建议提出异议，是行使辩护权的体现，异议包括对确定刑的法律依据、量刑幅度、附加刑、是否适用缓刑等存在不同意见。遇有上述两种情形，法院可以建议检察机关调整量刑建议，检察机关也可以主动调整量刑建议。

（2）告知和调整程序。对量刑建议明显不当或者辩护人、被告人对量刑建议提出异议的，人民法院应当告知人民检察院。虽然有观点认为调整量刑建议不是必经程序，认为根据《刑事诉讼法》第 201 条第 2 款的规定，检察机关不调整量刑建议或者调整量刑建议后仍然明显不当，人民法院有权直接依法作出判决，但是在判决前应当就量刑充分听取控辩双方的意见。我们认为法律已经明确人民法院直接依法作出判决的前提是检察机关不调整量刑建议或者调整后明显不当，因此在遇有需要调整的情形时，认罪认罚案件的量刑调整是检察机关的权力与义务所在，人民法院应当履行先行告知程序。人民检察院可以与被告人及其辩护人沟通后，调整量刑建议。被告人、辩护人提出异议理由不充分的，人民检察院可以直接驳回。

（3）调整时机。由于适用认罪认罚从宽制度的案件，可能以普通程序、简易程序、速裁程序三种方式审理，关于量刑建议调整的时机以及是否需要转换程序并不完全相同。适用速裁程序审理的案件，人民检察院调整量刑建议应当于庭前或者当庭提出，调整量刑建议后，被告人同意继续适用速裁程序的，不需要转换程序处理。如果有不适宜速裁程序情形的，但适合简易程序审理，则应当转为简易程序审理；但如果被告人否认犯罪事实的，则应撤销原量刑建议，同时转为普通程序审理。有不宜适用简易程序审理情形的，应当转为普通程序审理。如果是普通程序但适用认罪认罚的案件需要调整量刑建议的，则视情况是当庭作出，

① 参见王爱立主编：《〈中华人民共和国刑事诉讼法〉释义》，法律出版社 2018 年版，第 432 页。

还是休庭之后调整量刑建议再另行开庭。总之，量刑建议的调整程序应当简便易行、避免繁琐。因为定罪量刑权是法院的法定职责，认罪认罚案件的量刑建议本质上仍是建议。量刑建议调整程序如果繁琐，势必会造成“速裁不速”“简易不简”，严重影响审判程序的有序进行，也背离深化诉讼制度改革，轻重分离、繁简分流的目标要求。

（4）调整后的采纳。人民检察院调整量刑建议后，人民法院应当予以采纳；人民检察院不调整量刑建议或者调整后仍然明显不当的，人民法院应当依法作出判决。

2. 普通案件量刑建议的调整变更

除认罪认罚案件外，检察机关也可以针对普通案件提出量刑建议。《人民检察院刑事诉讼规则》第 364 条规定，人民检察院提起公诉的案件，可以向人民法院提出量刑建议。除有减轻处罚或者免除处罚情节外，量刑建议应当在法定量刑幅度内提出。建议判处有期徒刑、管制、拘役的，可以具有一定的幅度，也可以提出具体确定的建议。提出量刑建议的，可以制作量刑建议书，与起诉书一并移送人民法院……因此在普通案件中检察机关也可以调整提出量刑建议。普通程序的案件量刑建议的调整变更与认罪认罚案件并不完全相同。

（1）调整变更情形。一是普通案件量刑建议的调整情形为量刑建议不当。《关于规范量刑程序若干问题的意见》第 23 条第 2 款中规定，人民法院经审理认为，人民检察院的量刑建议不当的，可以告知人民检察院。相较于认罪认罚案件，普通案件量刑建议的调整情形少了被告人、辩护人提出异议的情形；但是因量刑不当而调整量刑建议的范围，普通案件为人民法院认为量刑不当，而认罪认罚案件为人民法院认为量刑明显不当，普通案件的调整范围更大。之所以对认罪认罚案件与普通程序案件的量刑建议调整范围作出区分，在于检察机关作为国家司法机关，在与被告人达成量刑合意时，已经充分考虑了尊重案件事实真相、正确适用法律、听取被告人及辩护人意见等方面要求，审慎地行使了自由裁量权。对认罪认罚的被告人给出的量刑减让，也是在法律允许的幅度范围内作出的量刑优惠，目的在于激励更多的嫌疑人、被告人尽早、尽快认罪认罚，使案件进入认罪认罚的快速程序通道。因此，无论是认罪认罚具结书，还是建立在具结书基础上的量刑建议，一般情形下对于法院的量刑裁决都应具有法律约束力。①

二是普通程序案件量刑建议的变更情形。由于量刑建议系事先制定，其依据是审查起诉阶段的调查取证情况，而法庭调查情况经常会发生变化，比如被告人认罪态度发生变化，原来认罪的在开庭时不认罪或者原来不认罪的在开庭时又认罪，又如被告人自首情节的变化，以及被告人及辩护人提出新的证据证实被告人构成立功，或者出现新的事实与证据影响酌定量刑情节的认定。在出现量刑情节变化的情况下，公诉人需要视情况决定是否对量刑的刑罚量作出调整变更，同时也要变更所依据的量刑情节。

（2）调整变更的时机。《关于规范量刑程序若干问题的意见》第 23 条第 2 款中规定，人民检察院调整量刑建议的，应当在法庭审理结束前提出。因此普通程序案件量刑建议的调整变更时机也应当在法庭审理结束前作出。在法庭审理中，审判人员对量刑证据有疑问的，可以宣布休庭，对证据进行调查核实，必要时也可以要求人民检察院补充调查核实。对于控辩双方补充的证据，应当经过庭审质证才能作为定案的根据。但是，对于有利于被告人的量刑证据，经庭外征求意见，控辩双方没有异议的除外。在法庭辩论中，出现新的量刑事实，需要进一步调查的，应当恢复法庭调查，待事实查清后继续法庭辩论。检察机关调整量刑建议，属于广义上的变更公诉。量刑建议权属于公诉权的一部分，应当允许变更，但为了提高诉讼效率、保证庭审顺利进行，量刑建议的调整变更应当在法庭审理结束前提出，如果没有提出的人民法院也可以直接判决。

（3）调整变更的效力。《关于规范量刑程序若干问题的意见》第 23 条第 2 款中规定，人民法院认为人民检察院调整后的量刑建议适当的，应当予以采纳；人民检察院不调整量刑建议或者调整量刑建议后仍不当的，人民法院应当依法作出判决。普通案件量刑建议调整变更后，人民法院应当依法审查，判断量刑建议是否适当，适当的应予采纳，不适当的，人民法院依法作出判决。

---

① 参见陈国庆：《量刑建议的若干问题》，载《中国刑事法杂志》2019 年第 5 期。

六、文书样式及范例

(一) 文书样式

1. 普通案件量刑建议书样式

××××人民检察院

量刑建议书

××检××量建〔20××〕×号

被告人__________涉嫌__________犯罪一案，经本院审查认为，被告人__________的行为已触犯《中华人民共和国刑法》第____条第____款第____项之规定，犯罪事实清楚，证据确实、充分，应当以________罪追究其刑事责任，其法定刑为________。

因其具有以下量刑情节：

1. 法定从重处罚情节：____________________
2. 法定从轻、减轻或者免除处罚情节：________________
3. 酌定从重处罚情节：____________________
4. 酌定从轻处罚情节：____________________
5. 其他__________

故根据________（法律依据）的规定，建议判处被告人__________（主刑种类及幅度或单处附加刑或者免予刑事处罚），__________（执行方式），并处__________（附加刑）。

此致

________人民法院

检察官×××

20××年×月×日

（院印）

2. 认罪认罚案件量刑建议书样式

××××人民检察院

量刑建议书

（认罪认罚案件适用）

××检××量建〔20××〕×号

本院以＿＿＿＿＿＿号起诉书提起公诉的＿＿＿＿＿＿一案，经审查认为，被告人＿＿＿＿＿＿的行为已触犯《中华人民共和国刑法》＿＿＿＿＿＿之规定，犯罪事实清楚，证据确实、充分，应当以＿＿＿＿＿＿罪追究其刑事责任。

1. 被告人＿＿＿＿＿＿自愿如实供述涉嫌的犯罪事实，对指控的犯罪没有异议，接受刑事处罚，建议判处被告人＿＿＿＿＿＿。

2. 被告人＿＿＿＿＿＿自愿如实供述涉嫌的犯罪事实，对指控的犯罪没有异议，接受刑事处罚，建议判处被告人＿＿＿＿＿＿。

……

此致

＿＿＿＿人民法院

检察官×××

20××年×月×日

（院印）

（二）文书范例

范例一：四川省成都市龙泉驿区人民检察院唐某抢劫案量刑建议书

四川省成都市龙泉驿区人民检察院

量刑建议书*

川成龙检量建〔2022〕××号

被告人唐某抢劫案一案，经本院审查认为，被告人唐某的行为已触犯《中华人民共和国刑法》第二百六十三条之规定，犯罪事实清楚，证据确实、充分，应当以唐某涉嫌抢劫罪追究其刑事责任，其法定刑为十年以上有期徒刑、无期徒刑或者死刑，并处罚金或者没收财产。

因其具有以下量刑情节：

1. 法定从重处罚情节：无。
2. 法定从轻、减轻或者免除处罚情节：犯罪未遂。
3. 酌定从重处罚情节：无。
4. 酌定从轻处罚情节：初犯。

故根据《中华人民共和国刑法》第二百六十三条、《人民检察院刑事诉讼规则》第三百六十四条的规定，建议判处被告人唐某有期徒刑六年六个月，并处罚金。

此致

四川省成都市龙泉驿区人民法院

检察官　胡兴

2022 年 4 月 28 日

（院印）

* 此文书为普通案件（非认罪认罚案件）量刑建议书，收入时有删改。

范例二：贵州省铜仁市碧江区人民检察院黄某等人贩卖毒品案量刑建议书

贵州省铜仁市碧江区人民检察院

量刑建议书*

铜碧检公诉量建〔2020〕××号

被告人黄某、李某某涉嫌贩卖毒品罪一案，经本院审查认为，被告人黄某、李某某的行为分别触犯《中华人民共和国刑法》第三百四十七条第二款第（一）项、第四款之规定，犯罪事实清楚，证据确实、充分，应当以贩卖毒品罪追究其刑事责任，其法定刑分别为有期徒刑十五年、无期徒刑、死刑，并处没收财产；三年以下有期徒刑、拘役或者管制，并处罚金。

因其具有以下量刑情节：

1. 法定从轻处罚情节：被告人李某某到案后如实供述自己的犯罪行为，是坦白，依法可以从轻处罚；

2. 法定从宽处理情节：被告人李某某自愿认罪认罚，依法可以从宽处理。

3. 酌定从重处罚情节：被告人黄某曾因犯罪被判过刑，酌定从重处罚。

故根据《中华人民共和国刑法》第三百四十七条第二款第（一）项、第四款、第六十七条第三款及《中华人民共和国刑事诉讼法》第十五条的规定，建议判处被告人黄某有期徒刑十五年，并处没收财产；建议判处被告人李某某有期徒刑六个月，并处罚金人民币一千元。

此致

贵州省铜仁市碧江区人民法院

检察官　杨昌学

2020年3月16日

（院印）

* 此文书为认罪认罚案件量刑建议书，收入时有删改。

专题五

如何撰写追加起诉决定书
补充起诉决定书
变更起诉决定书

一、基本概念

在刑事诉讼中，追加起诉是指检察机关向人民法院提起公诉后，发现遗漏的同案犯罪嫌疑人可以一并起诉审理，予以追加起诉的诉讼活动。补充起诉是指检察机关向人民法院提起公诉后，发现遗漏的罪行时，对原起诉予以补充的诉讼活动。变更起诉是指检察机关向法院提起公诉后，在人民法院宣告判决前，发现被告人的真实身份或者犯罪事实与起诉书中叙述的身份或者指控犯罪事实不符的，或者事实、证据没有变化，但罪名、适用法律与起诉书不一致的，予以变更起诉的诉讼活动。同理，检察机关发现遗漏同案犯罪嫌疑人，使用《追加起诉决定书》，并载明被追加的被告人及其犯罪事实，连同相应案件材料、证据一并移送法院。发现遗漏罪行、遗漏犯罪事实的，使用《补充起诉决定书》，并载明补充认定的被告人犯罪事实，连同相应的案件材料、证据一并移送人民法院。检察机关发现存在需要变更的情形，应当使用《变更起诉决定书》。

检察机关提起公诉后变更、追加、补充起诉，是现代刑事诉讼制度控审分离、不告不理原则的体现和要求，[①] 在司法实践中具有不同功能价值定位。追加起诉目的在于对遗漏同案犯并案审理，从而实现节约司法资源，及时打击犯罪双重功能。补充起诉的目的在于对被告人遗漏的罪行予以补充，主要体现了检察机关主动纠错性，不仅保证了公诉内容的准确性、及时性、全面性，也在一定程度上为提高刑事案件诉讼效率及取得案件实体正义提供了保障。变更起诉有助于及时修补检察机关起诉指控中的疏漏或者错误，降低实现国家刑罚权的诉讼成本，避免因频繁再诉而损害被告人的程序安定利益。[②]

① 参见孙谦、陈国庆、万春、张建伟主编：《刑事检察业务总论》，中国检察出版社2022年版，第240页。

② 参见周长军：《刑事诉讼中变更公诉的限度》，载《法学研究》2017年第2期。

二、文书制作依据

（一）法律规定

《刑事诉讼法》没有关于追加、补充、变更起诉的规定，只是在相关条款中有所涉及。如第237条第1款规定，第二审人民法院审理被告人或者他的法定代理人、辩护人、近亲属上诉的案件，不得加重被告人的刑罚。第二审人民法院发回原审人民法院重新审判的案件，除有新的犯罪事实，人民检察院补充起诉的以外，原审人民法院也不得加重被告人的刑罚。

（二）司法解释及相关文件规定

《人民检察院刑事诉讼规则》对追加、补充、变更起诉作了明确规定，第420条规定，庭审过程中，公诉人认为需要补充起诉的，可以建议法庭延期审理。第423条规定，人民法院宣告判决前，人民检察院发现被告人的真实身份或者犯罪事实与起诉书中叙述的身份或者指控犯罪事实不符的，或者事实、证据没有变化，但罪名、适用法律与起诉书不一致的，可以变更起诉。发现遗漏同案犯罪嫌疑人或者罪行的，应当要求公安机关补充移送起诉或者补充侦查；对于犯罪事实清楚，证据确实、充分的，可以直接追加、补充起诉。第425条规定，在法庭审理过程中，人民法院建议人民检察院补充侦查、补充起诉、追加起诉或者变更起诉的，人民检察院应当审查有关理由，并作出是否补充侦查、补充起诉、追加起诉或者变更起诉的决定。人民检察院不同意的，可以要求人民法院就起诉指控的犯罪事实依法作出裁判。

最高人民法院《关于适用〈中华人民共和国刑事诉讼法〉的解释》对变更、追加、补充或者撤回起诉也作了明确规定。如第289条规定，公诉人当庭发表与起诉书不同的意见，属于变更、追加、补充或者撤回起诉的，人民法院应当要求人民检察院在指定时间内以书面方式提出；必要时，可以宣布休庭。人民检察院在指定时间内未提出的，人民法院应当根据法庭审理情况，就起诉书指控的犯罪事实依法作出判决、裁定。人民检察院变更、追加、补充起诉的，人民法院应当给予被告人及其辩护人必要的准备时间。第297条第1款规定，审判期间，人民法院发现新的事实，可能影响定罪量刑的，或者需要补查补证的，应当通知人民检察院，由其决定是否补充、变更、追加起诉或者补充侦查。第403条第1款规定，被告人或者其法定代理人、辩护人、近亲属提出上诉，人民检察院未提出抗诉的案件，第二审人民法院发回重新审判后，除有新的犯罪事实且人民检察院补充起诉的以外，原审人民法院不得加重被告人的刑罚。

2012年最高人民法院、最高人民检察院、公安部、国家安全部、司法部、全国人大常委会法制工作委员会《关于实施新刑事诉讼法若干问题的规定》第30条规定，人民法院审理公诉案件，发现有新的事实，可能影响定罪的，人民检察院可以要求补充起诉或者变更起诉，人民法院可以建议人民检察院补充起诉或者变更起诉。人民法院建议人民检察院补充起诉或者变更起诉的，人民检察院应当在七日以内回复意见。

三、文书结构

追加、补充、变更起诉决定书与起诉书性质的一致性决定了其格式在结构与内容上也与起诉书有较多相似的地方。《人民检察院刑事诉讼法律文书格式样本（2020版）》中对追加、补充、变更起诉决定书三种法律文书的制作说明较为简单，提示参考起诉书格式样本。

（一）追加起诉决定书

根据文书格式样本，追加起诉决定文书由首部、追加起诉由来、被告人的基本情况、案件事实及证据、追加起诉指控要求和根据、尾部六部分组成。

1. 首部。标题为“××××人民检察院追加起诉决定书”，人民检察院的名称方面，除最高人民检察院外，各地方人民检察院的名称前应写明省（自治区、直辖市）的名称；对涉外案件提起公诉时，各级人民检察院的名称前均应注明“中华人民共和国”的字样。文号由制作追加起诉的人民检察院的简称、案件性质（追诉）、起诉年度、案件顺序号组成。其中，年度须用四位数字表述。文号为××检××刑追诉〔20××〕×号，有“追诉”字样，上下各空一行。

2. 追加起诉由来。以检察机关的公诉职能为视角，明确提出被告人涉嫌被追诉罪名以及检察机关的意见。具体表述为“被告人×××涉嫌×××罪一案，本院以×××号起诉书向你院提起公诉。在审理过程中，发现被告人×××涉嫌×××罪应当一并起诉和审理。现根据查明的事实对×××号起诉书作如下补充”。

3. 被告人的基本情况。包括姓名、性别、出生日期、公民身份号码、民族、文化程度、工作单位及职务、户籍地、住址，前科情况，强制措施情况。叙写要求参照起诉书格式样本。

4. 案件事实及证据。案件事实、证据部分，是追加起诉决定书的重点。叙写要求可参照起诉书格式样本，不再赘述。

5. 追加起诉指控要求和根据。参照起诉书格式样本，注意追加起诉引用条款为《刑事诉讼法》第176条及《人民检察院刑事诉讼规则》第423条的规定，并明确先前起诉书仍然具有法律效力。

6. 尾部。追加起诉决定书应当署具体承办案件检察官和检察官助理的姓名。追加起诉决定书的年月日，为签发追加起诉决定书的日期。

注意事项，正副本、附件、份数和送达均参照起诉书。

（二）补充起诉决定书

根据《人民检察院刑事诉讼法律文书格式样本（2020版）》规定，补充起诉文书由首部、补充起诉由来、案件事实及证据、补充起诉指控要求和根据、尾部五部分组成。

1. 首部。标题为“××××人民检察院补充起诉决定书”，格式方面与追加起诉决定书要求一致，可参加追加起诉决定书格式要求。文号为××检××刑补诉〔20××〕×号，有“补诉”字样，上下各空一行。

2. 补充起诉由来。以检察机关的公诉职能为视角，明确提出发现被告人遗漏的罪行应当一并起诉和审理的意见。

3. 案件事实及证据。本部分同起诉书格式要求，不再赘述。

4. 补充起诉指控要求和根据。本部分评价被告人行为性质，即表述罪状并援引刑法条文，具体要求与起诉书要求一致。注意补充起诉引用条款为《刑事诉讼法》第 176 条及《人民检察院刑事诉讼规则》第 423 条的规定，并明确先前起诉书仍然具有法律效力。

5. 尾部。补充起诉决定书应当署具体承办案件检察官和检察官助理的姓名。追加起诉决定书的年月日，为签发追加起诉决定书的日期。

注意事项，正副本、附件、份数和送达均参照起诉书。

（三）变更起诉决定书

根据《人民检察院刑事诉讼法律文书格式样本（2020 版）》规定，变更起诉文书由首部、变更起诉由来、变更情形、指控要求和依据、尾部五部分组成。

1. 首部。标题为“××××人民检察院变更起诉决定书”，格式方面要求与追加起诉决定书一致，可参照追加起诉决定书格式要求。文号为××检××刑变诉〔20××〕×号，有“变诉”字样。

2. 变更起诉由来。以检察机关的公诉职能为视角，明确发现案件事实与起诉书指控的事实不符需要变更起诉意见。

3. 变更情形。变更公诉可以分为事实的变更与法律评价的变更，包括罪名的变更和法律适用条款的变更；根据变更公诉对被告人的影响，可以分为有利于被告人的变更、不利于被告人的变更和对被告人没有明显实质不利影响的变更。需根据具体变更情形填写。

4. 指控要求和依据。本部分评价被告人行为性质，如存在适用法律变更，则表述新罪状并援引新的刑法条文，具体要求与起诉书要求一致。变更起诉引用条款与追加、补充起诉相同，均为《刑事诉讼法》第 176 条及《人民检察院刑事诉讼规则》第 423 条的规定。并明确先前起诉书未变更部分仍然具有法律效力。

5. 尾部。变更起诉决定书应当署具体承办案件检察官和检察官助理的姓名。变更起诉决定书的年月日，为签发变更起诉决定书的日期。

注意事项，同追加、补充起诉决定书格式要求。

四、文书制作要点

（一）总体原则

《人民检察院刑事诉讼法律文书格式样本（2020版）》对追加、补充、变更起诉书的格式样本予以明确，对相关文书制作进行了说明。这三种文书格式样本均规定，被告人基本情况、认定的事实和适用的法律等的叙写以及其他问题，参照起诉书格式样本。这就意味着，追加、补充、变更起诉决定书须具备起诉书的基本要求，即规范性、准确性和叙述性要求。此外，我们认为，追加、补充、变更起诉决定书因其出现阶段的特殊性，还需具备不同于起诉书的其他要求，适用条件和制作要求也不尽相同。

1. 同一性要求

追加、补充、变更起诉决定书这三类文书对是否需关注与原诉标的的同一性并不相同。根据《人民检察院刑事诉讼规则》第423条的规定，变更起诉的法律文书与起诉书是替代关系，因为前者改变了后者的控诉主张，后者被前者所替代。因此，变更起诉决定书送达法院时，原起诉书就失去了法律效力。但是，起诉书失去效力前所进行的诉讼行为并不因其失效而失效。而追加、补充起诉决定书与原起诉书的关系则是补充关系，因为原起诉书的指控主张并没有发生变化，只是需要追加同案犯罪嫌疑人或补充遗漏罪行，因此原起诉书的指控事实仍然有效。就同一性要求而言，并非指新旧两诉“完全等同”。相反，不论是在追加被告人场合，还是在补充犯罪事实场合，新旧二诉根本无法做到完全同一，而只可能相互“牵连”，即只能以新旧两诉是否具有牵连关系作为判断同一性的标准，只要新旧两诉相互存在某种交叉关系即可认为符合同一性要求，检察机关就有权追加、补充起诉。新旧两诉需具备牵连性方视为两案同一，将检察机关追加起诉的案件限定于“共同犯罪”（遗漏的同案犯罪嫌疑人），补充起诉的条件限定为“一人犯数罪”（遗漏的罪行）的范畴。

（1）关于追加遗漏的同案犯罪嫌疑人。检察机关在追加遗漏的同案犯罪嫌疑人时，新旧两诉的同一性原则上指新旧两诉被告人的罪名相互牵连，仅当新旧两诉被告人犯罪行为重合时才指犯罪事实相互牵连。通说为部分犯罪共同说，即只限于当数人实施的不同犯罪之间具有重合关系时，在重合的范围内成立共同犯罪。以此学说为基准，在检察机关追加起诉场合，只限于各共同犯罪人犯罪行为存在重合时方可在罪名不一致的情况下视为新旧两诉互相牵连，符合案件同一性而得为追加起诉。

（2）关于补充遗漏的罪行。检察机关在补充遗漏的罪行时，新旧两诉的同一性指新旧两诉被告人相互牵连。即在一人犯数罪的场合，检察机关针对单一被告人之遗漏罪行补充起诉的过程中，该被告人始终牵连于新旧两诉，新旧两诉则因被告人的稳定化而视为同一。一方面，罪与行之间不是充分关系。检察机关在补充起诉过程中，不能从“罪名”到“行为”。依据在于现代刑法要求犯罪必然来自人的行为，即先产生行为后涉嫌罪名，不存在没有行为的犯罪。在程序法上，此处的行为应当指符合证据标准的法律层面的行为，而非由检察机关捕风捉影所了解到的行为。明确此关系的意义在于避免“由罪到证”，防止检察机关为补充控诉被告人犯某新罪，而在证据不充分的情况下滥用追加起诉权，然后在审判程序中再去寻找依据。另一方面，罪与行之间具有必要关系。检察机关在补充起诉过程中，应当从“行为”到“罪名”。具体而言，补充旧诉被告人新的犯罪行为，可能会导致罪名的实质补充、数量补充以及情节补充。检察机关在这三种场合均应有权补充起诉。

2. 必要性要求

此项要求主要是对变更起诉决定书而言。由于《人民检察院刑事诉讼规则》对可以适用变更起诉的条件规定得过于笼统，在实践中容易造成尺度把握不一，进而对检察机关指控职能的履行、被告人及其辩护人诉讼权利的行使以及审判机关对审理进程的把握产生消极影响。因此，制作变更起诉决定书，应坚持必要性要求。一是坚持有限原则。《人民检察院刑事诉讼规则》第 358 条规定，起诉书中的案件事实，包括犯罪的时间、地点、经过、手段、动机、目的、危害后果等与定罪量刑有关的事实要素。如果仅依规定的文义内涵，那么任何案件事实发生变化，检察机关都可以决定变更起诉，这种理解显然是错误的。一方面，由于犯罪构成要件是认定犯罪的唯一标准，加之“证据是短缺的，事实是模糊的”，那些起诉指控的非涉案人员、罪行、非构成要件事实或者是无须精准认定的事实，一般对定罪量刑没有直接、实质影响，如果发生变化就适用变更起诉，则有损制度严肃性，浪费诉讼资源。另一方面，如果对适用条件不加限制，则可能出现任何指控事实、涉案人员或罪行发生变化都可以变更起诉或不变更起诉，这就造成制度虚置，立法意图落空。二是坚持实质性判断原则。《人民检察院刑事诉讼规则》第358条还规定，起诉书叙述的指控犯罪事实的必备要素应当明晰、准确。基于法律规定与实践考量，“必备要素”应该指支撑起诉达到“犯罪事实清楚”的证明标准，且直接影响定罪量刑的主要事实要素，包括犯罪构成诸要素以及其他定罪量刑所必需的事实要素。这些事实要素所构建的起诉指控的主要事实，与事实基本清楚、证据基本确凿的“两个基本”原则中犯罪构成要件事实和法定量刑情节的基本事实具有一定的同质性。主要事实或者说基本事实会对定罪量刑产生实质影响，属于起诉指控的“实质内容”，如果发生变化应当变更起诉。需要注意的是，在特殊的案件类型中，一些非构成要件事实或者酌定量刑情节也会对定罪，特别是对量刑产生实质影响，应加以区别对待。三是坚持保障原则。指控事实是“诉”的核心内容，是决定控方指控、辩方防御、审方裁判的对象与基础。因指控事实发生变化而变更起诉，则是控方对“诉”实质内容的改变，辩方必须调整甚至重新部署其防御体系。而从另一层面理解，变更起诉属于公诉权的一项内容，刑事诉讼法的立法目的之一就是保障人权，特别是对被告人诉讼权利予以保障，这就必须对公诉权以及其他与刑事诉讼相关的公权力进行限制。变更起诉的适用条件，无疑也要遵循这一立法目的。这意味着只要指控事实变化直接关系到被告人诉讼权利的行使、辩方诉讼主张的确定与诉讼利益的实现，就必须适用变更起诉。

综上所述，制作变更起诉决定书，主要针对下列情形：一是对定罪量刑产生直接影响的构成要件事实发生变化，包括作为一般犯罪核心构成要件事实的实行行为（作为或者不作为）、危害后果（所造成的危险或者实际损害后果），以及部分犯罪核心构成要件的犯罪数额（数额犯）、犯罪情节（情节犯）等。二是对定罪量刑产生直接影响的非构成要件事实发生变化，包括部分犯罪中的案件起因、作案动机、被害人有无过错（特别是严重暴力犯罪）等。三是主要法定量刑情节的事实，包括主动到案、如实供述以及检举揭发等。

3. 适度性要求

对这三类文书而言，追加、补充或是变更起诉均是对原起诉书的修正，需坚持适度性，在制作文书时应注意详略得当。如追加、补充起诉决定书，内容与起诉书具有相同的性质和功能，同样是为了启动法院对于新的被告人或新的犯罪事实、罪行进行审判，因此追加、补充起诉决定书的部分内容与起诉书具有相似性。因原起诉书仍然有效，因此没有必要在追加、补充起诉决定书中进行重复表述。如被告人的身份说明部分，对于仅仅遗漏犯罪事实的同一被告人的补充起诉决定书，可以不再表述被告人身份。或对于多名被告人的，可以对共同部分予以合并说明。此外，对于部分内容的写作顺序也要加以调整，如对于遗漏同案犯罪嫌疑人的案件，由于新的被告人系检察机关追加起诉的，因此在制作追加起诉决定书时其身份情况应当在诉讼由来之后予以表述，作为追加指控的内容。基于同样的原理，变更起诉决定书虽是对原起诉书的替代修改，但也不是重新制作一份起诉书或是注销原起诉书，仅需对需修改的案件事实、适用法律部分作出说明，予以变更即可。这一要求同样也被文书格式样本所采纳，在变更起诉决定书中，最后需注明“某起诉书未被变更部分仍然具有法律效力”。

（二）具体要领

1. 首部、修改缘由

（1）关于首部。刑事案件追加、补充、变更起诉决定书的首部与起诉书一致，同样是由检察机关名称、文书名称和文号三部分组成。其中，检察机关名称应当包含“××省”，若是对涉外案件提起公诉时，各级人民检察院的名称前均应依次注明“中华人民共和国”的字样。文书名称即视具体情况而言，若是追加遗漏的同案被告人，则名称为“追加起诉决定书”；若是发现某个被告人的遗漏罪行，则名称为“补充起诉决定书”；若是修正原起诉书的不当之处，则名称为“变更起诉决定书”。文号则由统一业务应用系统自动生成，是由制作起诉书的人民检察院的简称、案件性质、起诉年度、案件顺序号组成。对这三类文书而言，差别主要在于案件性质，分别为“刑追诉”“刑补诉”“刑变诉”。其中，年度用四位数字表述。文号写在该行的最右端，上下各空一行。

（2）关于修改缘由。这部分主要是指这三类文书的由来，格式要求基本一致。首先，均要求写明原起诉书的基本情况，包括被告人名称、涉嫌罪名、起诉书文号等。其次，则要写明在法庭审理过程中发现的新情况，如追加起诉决定书需说明“发现遗漏的被告人某某涉嫌何种罪名应当一并起诉和审理”，补充起诉决定书需说明“发现被告人某某有遗漏的罪行应当一并起诉和审理”，变更起诉决定书需说明“发现案件事实与起诉书指控的事实不符”，如“被告人某某的真实身份与起诉书中叙述的身份不同”。这里均是对这三类文书的缘由进行说明和解释。最后，还需指明，现根据查明的事实对原起诉书进行补充或变更。需要说明的是，追加起诉决定书和补充起诉决定书一致，这里使用的都是“补充”而不是“追加”，自此引出需要追加、补充或变更的内容。

2. 修改内容

（1）关于被告人（被告单位）的基本情况。从文书格式样本可见，补充起诉决定书由于是对原起诉书指控的同一被告人遗漏罪行的补充起诉，因此在制作补充起诉决定书时不需要对原起诉书指控的被告人（被告单位）的基本情况再次赘述，直接载明需要补充的案件事实及证据即可。这样做的目的是防止重复进而模糊关键重点，甚至对原起诉书的权威性产生影响。因此，关于被告人（被告单位）的基本情况，重点需关注的是追加起诉决定书和变更起诉决定书。当然，对这二者而言，此部分内容的制作也不尽相同。一是追加起诉决定书，由于本身追加的就是遗漏的同案被告人，因此，被告人（被告单位）基本情况的表述可以完全参照起诉书的格式样本，包括：姓名、性别、出生年月日、身份证号码、民族、文化程度、职业或者工作单位及职务、出生地和户籍地、住址、曾受到刑事处罚以及与定罪和法定量刑情节有关的行政处罚情况、因本案采取强制措施的情况等，均应当按照所列要素的顺序叙写。如果是涉及单位犯罪需列明被告单位的，单位和诉讼代表人的情况应当分别列明。被告单位基本情况应当写明单位名称、组织机构代码、住所地、法定代表人姓名、职务等，诉讼代表人应当写明姓名、性别、年龄、工作单位、职务。单位犯罪中直接负责的主管人员、其他直接责任人员作为被告人的，其基本情况参照表述。在这里需要说明的是，原起诉书被告人无需在追加起诉决定书中重复是明确的，那么追加起诉的被告人与原起诉书被告人的关系是否需要说明则在实践中存在不同做法。我们认为，虽然在后续事实表述部分也会提及两者的关系，但是若直接在追加的被告人（被告单位）基本情况部分就予以简单说明则更有利于阅读者增强对追加起诉决定书的理解。二是变更起诉决定书，由于这里是对原起诉书中被告人身份情况的变更而非追加补充，因此，虽然文书格式样本制作说明提及变更起诉决定书的被告人身份同样也是参照起诉书的格式样本，但是与追加起诉决定书不同，变更起诉书若需要变更被告人身份的，只需制作变更的内容即可，而不用从头到尾将所有的基本情况全部列明。简而言之，若是被告人姓名有误，即说明“被告人的身份变更为：姓名××”即可，其他的没有变化的基本情况如性别、出生年月日、身份证号码、民族、文化程度、职业或者工作单位及职务、出生地和户籍地、住址、曾受到刑事处罚以及与定罪和法定量刑情节有关的行政处罚情况、因本案采取强制措施的情况等，因没有发生变化，无需在变更起诉书中说明。这种有选择性说明身份变更部分的方法，能最大程度明确变更内容，也使得变更起诉决定书更具有针对性。

（2）关于案件事实。虽然在文书格式样本中，这三类文书均在制作说明中表明“认定的事实的叙写，参照起诉书格式样本”。但事实上，追加、补充、变更起诉决定书关于案件事实的制作方式并不相同。一是追加起诉决定书，内容与格式基本与起诉书完全一致，在“经依法审查查明”之后，说明追加起诉的同案被告人的犯罪事实即可。当然，这部分无需对原起诉书已经载明的其他被告人犯罪事实进行赘述。二是补充起诉决定书，引语是“案件事实及证据”，制作的是原被告人补充起诉的犯罪事实，同样对没有变化的原起诉书指控的犯罪事实无需再次罗列。三是变更起诉决定书，引语则是“认定的事实变更为”，说明的是变更起诉的犯罪事实。需要注意的是，若是单人单笔犯罪事实只需原文替代这点没有争议，但若原起诉书载明的是多人多起犯罪事实是否需要全文进行替代，则存在不同意见。主要分歧点在于是否会有重复，或是有表述不清。我们认为，虽然进行全文替代会与起诉书有一定程度的重复，但若是仅替代原起诉书指控犯罪事实的某一部分，其他的不予以说明，则会给阅读者不明确的观感，即原起诉书的其他没有被替代部分是否仍然是具有法律效力的。还有观点认为，可以不用全文替代的办法，而是明确将哪部分指控的犯罪事实进行变更，即说明原起诉书的某起犯罪事实不再具有法律效力，而有何种犯罪事实予以变更。我们认为，这样在变更起诉决定书中罗列、重复原起诉书中不再具有法律效力的犯罪事实的做法虽没有重复，但是会损害原起诉书的法律公信力，且给阅读者带来新的疑惑，从平衡维护原起诉书的权威性、公信力和说清楚变更起诉决定书的内容来看，将变更起诉决定书的认定事实部分进行全文替代是最合适的做法。

至于如何撰写认定的案件事实，这三类文书都是参照起诉书的格式样本，关于案件事实的表述应当全面、客观、真实，既要包括直接影响案件定罪量刑的核心事实，也要包括其他影响定罪量刑的边际事实，包括与案件有关的社会背景、前因后果、传统文化、民情风俗等。从内容上同样应当按照“七何”要素来展开，应具体写明以下诸项事实要素：无论是一人一罪、多人一罪，还是一人多罪、多人多罪，犯罪事实都要分行逐一叙写。叙述案件事实要按照合理的顺序进行，一般可按照先单位犯罪后自然人犯罪、先共同犯罪后单独犯罪，表述上按照时间先后顺序。一人多罪的，也可按照重罪在前，轻罪在后的顺序；多人多罪的，应按主犯、从犯或重罪、轻罪的顺序叙述，突出主犯、重罪。同时，因案件事实的表述是追加、补充、变更起诉决定书的核心，为何较之原起诉书会有修改也是阅读者的重点关注，制作追加、补充、变更起诉决定书应格外注意表述的规范性。如，应准确使用近义词，比如何种情况下使用“强制”“胁迫”“威胁”或“强迫”的表述，要综合暴力程度和案件证据，力求妥切；又如“捅刺”“砍击”“击打”“劈砍”等动词，不仅要考虑力度、故意，还要考虑角度等问题。文字表述要准确，如被告人从 A 处到 B 处实施犯罪，可用“至”某地某处，但本身在现场可用

"在"某处。"至"指人、事、物的到达，含有主动的意味。要正确使用数字，做到"真""准""慎"；要恰当使用量词，包括何种情况下使用一般量词（如"一些""不少""有的""有些"等），何种情况下使用全称量词（如"所有""每个""一切"等），应当心中有数，符合实际。指控事实的文字最好简洁有力，少用长句。文中"的""了"等助词只要不影响表达，则应尽量删除，让语句更加简洁。还应当力戒事实中的歧义，这也是指控犯罪事实表述的应有之义。

若是存在量刑情节的，不论是对追加的同案被告人、原起诉书指控被告人追加的某遗漏犯罪事实还是变更起诉的，均应在事实表述部分对该量刑情节予以说明。这一点，因追加、补充、变更起诉决定书较之起诉书，重点更加凸显，则更应予以重视。如存在自首、立功、坦白等法定情节，应当在案件事实后予以表述，表述中要结合认定自首、立功等司法解释和意见规定，区别不同情形分别加以表述。如等待型自首，应表述为"案发后，被告人明知他人报警，而留在现场等待，归案后如实供述了全部犯罪事实"。不能仅仅表述为"被告人主动投案，并如实供述了全部犯罪事实"。对于立功，考虑对检举人的保护，表述时可以简化，但不能省略。如"归案后，被告人检举他人受贿犯罪事实，后经查证属实"。对于涉及自首、立功等可能因特定因素发生变化的情形，也可仅对目前证据能证明的部分作客观描述。其他与案件关联度不大的酌定量刑情节，可根据案件具体情况，从有利于出庭支持公诉的角度，决定是否在起诉事实中予以表述。如被告人家庭困难情况、日常品格表现情况等。对认罪认罚的案件，则应当明确表述为该追加的同案被告人或是被追加或变更犯罪事实的原起诉书指控被告人"××××年××月××日，被告人××在值班律师（辩护人）在场的情况下，自愿签署认罪认罚具结书，表示认罪认罚"。涉案双方达成刑事和解、被告人退赃、被害人谅解等情形的，也应在案件事实后一并表述。此外，还需要尤其注意的是涉案财物的处理。这三类文书是对原起诉书的追加、补充或者变更替代，因此随着犯罪事实的变化，对作案工具、赃款、赃物的处理也会随之产生变化，在制作文书时应予以说明。作案工具、赃款、赃物如果对应某笔犯罪事实，可以在该笔事实表述后直接列明作案工具、赃款、赃物的去向；如不能对应某笔犯罪事实，则在案件事实后综合表述该作案工具、赃款、赃物的去向或查扣情况。同时，涉案财物的说明还应注意提取（如生物检材、电子数据）、查获（如赃物、违禁品等）、追缴（司法机关主动追回的赃款赃物等）、调取（从有关职能部门取得通话记录、前科材料等）、退还或上交等区别，避免混淆。

（3）关于证据。在变更起诉决定书中无此事项的规范性要求，但是在追加起诉决定书和补充起诉决定书中均应参照起诉书关于证据的制作方法，即同样应根据刑事诉讼法规定的八种证据及证据顺序进行罗列。需要说明的是，和起诉书的制作一致，追加起诉决定书和补充起诉决定书的案件事实和证据列举也应有机结合。被告人犯一罪的，列举证据采取“一事一证”还是“一罪一证”的方式，可视具体情况而定。对有数个犯罪事实的，可在每叙述一个犯罪事实后，列举出相关的主要证据。对于被告人犯数罪的案件，一般应当采取“一罪一证”的叙述方式，即第一种罪名的犯罪事实叙述完毕后，接着写证据部分，然后再叙述第二种罪名的犯罪事实，叙述完毕后再写证据部分，以此类推。

3. 修改的理由和根据、尾部及附注

（1）关于修改的理由和根据。根据文书格式样本要求，追加、补充、变更起诉决定书均需说明修改的理由和根据，且明确“适用的法律等的叙写以及其他问题，参照起诉书格式样本”。一是罪状描述。三者的区别主要体现在追加起诉决定书、补充起诉决定书的引语为“本院认为”，而变更起诉决定书的引语则是“适用的法律变更为”。具体内容部分，则与起诉书的制作别无二致。即罪状表述应概括说明被告人的行为特征及其触犯的刑法条文和涉嫌罪名。对于行为特征，要根据行为性质、危害程度、情节轻重，结合犯罪构成要件进行概括性表述。对法律条文的引用，要精确、完整、具体，精确到条、款、项。犯数罪的，应分别写明罪状和触犯法条罪名。对于多人多罪的追加、补充、变更起诉决定书，在罪状表述部分有多种不同表述方法。需要根据具体的罪名、共同犯罪情节综合判断。一般可先总后分、先重后轻。多人共同犯罪中，先表述参与人数最多的主罪、重罪，再表述参与人数少的轻罪，最后表述个人参与的个罪。但在个案中，也可根据案件特点采用其他较为灵活的表述方式。

既要考虑层次感、逻辑性，又要考虑简洁明了，便于宣读。而关于法定情节的表述，对于被告人的法定从重、从轻、减轻处罚的情节应当作出性质上的认定，同时引用相关刑法条文。表述顺序原则上先重后轻。先表述法定从重情节，再表述法定从轻、减轻处罚的情节。二是引用法条。作为追加、补充或变更起诉的法律依据，适用的法条当然不同，但这三类文书的引用法条表述则基本一致，与起诉书不同的是还需说明适用《人民检察院刑事诉讼规则》的条款情况。如追加起诉决定书应表述为“根据《中华人民共和国刑事诉讼法》第一百七十六条及《人民检察院刑事诉讼规则》第四百二十三条的规定，追加起诉，请依法判处”。补充起诉决定书为“根据《中华人民共和国刑事诉讼法》第一百七十六条及《人民检察院刑事诉讼规则》第四百二十三条的规定，补充起诉，请依法判处”。而变更起诉决定书则是“根据《中华人民共和国刑事诉讼法》第一百七十六条及《人民检察院刑事诉讼规则》第四百二十三条的规定，变更起诉，请依法判处”。

（2）关于尾部及附注。这三类文书中，尾部较之起诉书，均有一个明显的区别，即在修改的理由和依据后，另起一行有说明。追加起诉决定书、补充起诉决定书是“×××号起诉书仍然具有法律效力”，变更起诉决定书为“×××号起诉书未被变更部分仍然具有法律效力”。这是对原起诉书法律效力的说明，也是对追加、补充、变更起诉决定书地位及作用的再次明确。除此之外，这三类文书的尾部与起诉书的制作方法基本一致。落款时间同样应是文书的签发日期，年月日使用阿拉伯数字。根据修改后的《检察官法》和《人民检察院组织法》，起诉书落款的承办人表述为“检察官×××”，如果是检察长、副检察长办理的案件，则表述为“检察长×××”“副检察长×××”。如果检察官助理参与该案件的办理，则另起一行叙明“检察官助理×××”。另外，需要特别说明的则是关于附注的写法。根据文书格式样本，补充起诉决定书和变更起诉决定书均没有附注部分，仅在追加起诉决定书中予以规定。而追加起诉决定书的附注部分撰写方式则与起诉书保持一致，即文书格式样本中将附注的“附:”明确改为“附件:”。附件后面的列项，第一项不另起一行。内容应包括：被告人现在处所（具体包括在押被告人的羁押场所或监视居住、取保候审的处所）；案卷材料和证据××册；证人、鉴定人、需要出庭的专门知识的人的名单，需要保护的被害人、证人、鉴定人的名单；有关涉案款物情况；被害人（单位）附带民事诉讼情况；其他需要附注的事项等。而在使用数字时，对文书编号、顺序号、出生年月日、公民身份号码、相关犯罪工具的机械型号一律应用阿拉伯数字书写。在一份追加、补充、变更起诉决定书中，数字的使用前后应当一致。引用法条中条、款、项数字时，应当用汉字书写。

五、相关重点问题

（一）追加、补充、变更起诉的程序

1. 追加、补充、变更起诉的法理依据

（1）追加、补充、变更起诉均属公诉变更。在刑事诉讼中，受主客观等因素的影响，检察机关可能在提起公诉后才发现起诉指控有错误、遗漏事项。根据控审分离原则中诉审同一的要求，审判机关审判的犯罪事实必须与起诉指控的犯罪事实同一，为确保审判的中立性即使在庭审中发现起诉指控有错漏，审判机关也不能主动变更检察机关起诉所指控的被告人和犯罪事实。但为了发现实体真实、惩罚犯罪的需要，各国在确立控审分离原则的同时也赋予了检察机关纠正起诉错漏、主动变更起诉指控的权力，此即刑事公诉变更制度。[①]

（2）符合不告不理原则。不告不理原则要求没有起诉就没有审判，该原则的另一层涵义是告什么审什么，要求起诉的对象和事实与审判的对象和事实具有同一性。[②] 检察机关起诉指控范围在两个方面限制了审判的范围和界限：一是关于被告人范围，审判应当以起诉指控的被告人为限；审判机关不得将没有被起诉指控的公民纳入审判范围。二是关于待裁判的犯罪事实，审判机关应当以指控的犯罪事实为限，以事实同一性

① 参见谢佑平、万毅：《论刑事控审分离原则》，载《诉讼法论丛（第七卷）》，法律出版社2002年版，第123－124页。

② 参见姜伟：《论公诉的程序意义》，载《人民检察》2002年第2期。

作为审理的限度，对于公诉机关没有提出指控的犯罪事实，法院无权进行追诉和裁判。法院对于已经开启审判程序的案件，需要通过审理判定的是“针对被告人的被指控的犯罪事实是否成立”，而不是“犯罪行为由谁实施”的全部事实。法庭不得超越起诉书的范围，主动对没有被公诉机关指控的人进行审判，也不得调查起诉书没有载明的案件事实。一旦审判超越了起诉的范围，就会形成事实上的越权。正因为如此，在法庭审判过程中，即使发现了未被起诉的新的犯罪事实、新的犯罪嫌疑人，法庭也不得自行扩大审判范围，应当由检察官以追加起诉等合法方式变更控诉的对象和范围。

（3）检察官的客观公正义务要求检察机关可以对起诉追加、补充、变更。基于公诉权由检察机关行使的原则，在案件提起公诉后法院宣告判决之前，应当允许检察机关根据新发现的情况变更起诉，如撤销起诉、变更起诉、追加起诉。在现代刑事诉讼中，大多数国家将变更起诉视为公诉权的有机组成部分，是检察官的当然权力。这既符合刑事诉讼发现真实的任务，也是检察官客观公正义务的内在要求。在起诉后由于出现新情况，发现新的犯罪嫌疑人、新的犯罪事实，基于客观真实原则，应允许检察机关对起诉指控的被告人、犯罪事实进行变更。同时，基于诉讼效率的考量，法律对于变更起诉也做了时间方面的限制，应当在提起公诉之后法庭宣告判决之前。

2. 追加、补充、变更起诉的具体流程

（1）发现途径。人民检察院追加、补充、变更起诉有两种发现途径，根据《关于适用〈中华人民共和国刑事诉讼法〉的解释》第 297 条，审判期间，人民法院发现新的事实，可能影响定罪量刑的，或者需要补查补证的，应当通知人民检察院，由其决定是否补充、变更、追加起诉或者补充侦查。人民检察院不同意或者在指定时间内未回复书面意见的，人民法院应当就起诉指控的事实，依照本解释第 295 条的规定作出判决、裁定。《人民检察院刑事诉讼规则》第 423 条规定，人民法院宣告判决前，人民检察院发现被告人的真实身份或者犯罪事实与起诉书中叙述的身份或者指控犯罪事实不符的，或者事实、证据没有变化，但罪名、适用法律与起诉书不一致的，可以变更起诉。发现遗漏同案犯罪嫌疑人或者罪行的，应当要求公安机关补充移送起诉或者补充侦查；对于犯罪事实清楚，证据确实、充分的，可以直接追加、补充起诉。据此，追加、补充、变更起诉的发现方式有两种，一是人民法院在审判期间发现新的犯罪事实，但人民法院只有建议权，在通知人民检察院后是否变更起诉内容，由人民检察院自行决定；二是人民检察院主动发现，在自行发现有新的事实可能影响被告人身份、起诉指控的事实或者存在漏犯、漏罪的，人民检察院决定变更公诉。

（2）变更时间。根据《关于适用〈中华人民共和国刑事诉讼法〉的解释》及《人民检察院刑事诉讼规则》的规定，《关于适用〈中华人民共和国刑事诉讼法〉的解释》对于追加、补充、变更起诉的时间规定是“审判期间”，《人民检察院刑事诉讼规则》对于公诉变更的时间规定是“人民法院宣告判决前”，上述规定有两层涵义，一是说明公诉变更发生在人民检察院提起公诉之后，如果是在之前发现，则审查后直接在起诉书体现即可，不存在变更的问题；二是公诉变更发生在人民法院宣告判决前。司法解释对于公诉变更的期限给了较为宽泛的规定，主要是考虑到刑事诉讼目的之一是发现真实，以及考虑到节约诉讼资源、保障庭审效率，因为在一审直接公诉变更要优于以发回重审或者抗诉的方式认定新的事实。

（3）变更形式。追加、补充、变更起诉是针对原起诉书中的错漏重新提起公诉，是一项独立的诉讼活动。追加起诉和提起公诉具有同等的法律效力。《人民检察院刑事诉讼规则》第426条规定变更、追加、补充或者撤回起诉应当以书面方式在判决宣告前向人民法院提出。同时，《关于适用〈中华人民共和国刑事诉讼法〉的解释》第289条规定公诉人当庭发表与起诉书不同的意见，属于变更、追加、补充或者撤回起诉的，人民法院应当要求人民检察院在指定时间内以书面方式提出；必要时，可以宣布休庭。相关司法解释首先明确了上述公诉变更的文书应当以书面方式提出。而且《关于适用〈中华人民共和国刑事诉讼法〉的解释》还进一步明确了公诉意见与起诉书不同时如何处理的问题，如果属于变更、追加、补充起诉则应当在指定时间内以书面方式提出。综上，追加、补充、变更起诉由于是对起诉书的变更，必须以书面的方式提出。

（4）建议延期审理的情形。《人民检察院刑事诉讼规则》第 420 条规定，“在法庭审判过程中，遇有下列情形之一的，公诉人可以建议法庭延期审理：（一）发现事实不清、证据不足，或者遗漏罪行、遗漏同案犯罪嫌疑人，需要补充侦查或者补充提供证据的；……（三）发现遗漏罪行或者遗漏同案犯罪嫌疑人，虽不需要补充侦查和补充提供证据，但需要补充、追加起诉的；……（六）公诉人出示、宣读开庭前移送人民法院的证据以外的证据，或者补充、追加、变更起诉，需要给予被告人、辩护人必要时间进行辩护准备的……在人民法院开庭审理前发现具有前款情形之一的，人民检察院可以建议人民法院延期审理”。《人民检察院刑事诉讼规则》将发现漏罪、漏犯需要补充侦查、发现遗漏罪行或者遗漏同案犯罪嫌疑人需要补充、追加起诉以及因补充、追加、变更起诉而需要给予被告人、辩护人必要时间进行辩护准备三种情形并列规定，充分体现了对辩方权益的重视与保障。这一规定旨在保护被告人、辩护人的诉讼权利，公诉变更会对被告人带来实质影响而且多为不利影响，同时也会在一定程度上影响被告人的诉讼权利。如果不给予辩方充分的准备时间以保障被告人的辩护权，则会损害被告人正当权益，有违程序正义。因此，《人民检察院刑事诉讼规则》规定了在公诉变更后公诉人可以运用建议延期审理的方式以保证辩方的辩护时间。同时《关于适用〈中华人民共和国刑事诉讼法〉的解释》第 289 条第 2 款规定，人民检察院变更、追加、补充起诉的，人民法院应当给予被告人及其辩护人必要的准备时间。该规定同样赋予了人民法院应当保障被告人及辩护人相关辩护权的义务。

3. 公诉变更的审级

（1）二审案件被发回重审后的公诉变更问题。《人民检察院刑事诉讼规则》仅在第一审程序中规定了公诉变更问题，但没有规定二审或者案件被发回重审时是否可以公诉变更。有观点认为，变更公诉权的规定仅限于第一次适用一审程序的案件，对于被发回重审而再次进入一审程序的案件不得进行公诉变更。其理由是，由于不同程序的审判任务不同，一审程序主要解决指控成立与否的问题，二审程序主要解决一审判决的定罪、量刑、适用法律是否准确适当的问题。我们认为，这种理解不准确。首先，从法律规定来看，《刑事诉讼法》第237条规定，第二审人民法院发回原审人民法院重新审判的案件，除有新的犯罪事实，人民检察院补充起诉的以外，原审人民法院也不得加重被告人的刑罚。《关于适用〈中华人民共和国刑事诉讼法〉的解释》第403条第1款规定，被告人或者其法定代理人、辩护人、近亲属提出上诉，人民检察院未提出抗诉的案件，第二审人民法院发回重新审判后，除有新的犯罪事实且人民检察院补充起诉的以外，原审人民法院不得加重被告人的刑罚。因此，法律、司法解释以及实践认可二审案件被发回重审后在一审阶段补充起诉新的犯罪事实。其次，这样规定符合实事求是、有利于发现真实，同时还能够节约诉讼资源，因为如果不在发回重审时补充起诉新的犯罪事实，则需要待原判决生效被告人被执行刑罚后再对其起诉新的犯罪事实，会浪费更多的司法资源而且不利于被告人减刑。综上，在一审阶段检察机关可以对起诉的犯罪事实追加、补充、变更，此处的一审案件应当包括进入二审后被发回重审的案件。但是在二审阶段，二审检察机关不能直接对原判决认定的犯罪事实追加、补充，也不能作出不利于上诉人的变更，否则违反上诉不加刑原则，同时如果允许二审直接追加、补充起诉新的事实等于剥夺了被告人对于新的犯罪事实的上诉权。

（2）再审案件的公诉变更。关于检察机关在判决生效后提出抗诉，案件发回重审后，检察机关能否补充起诉的问题，现有法条、司法解释没有对此直接作出规定。通过分析前述规定二审发回重审法条所蕴含的法理，以及分析法条之间相互印证的关系，通过体系解释的方法，可以得出检察机关能够在再审抗诉之后直接补充起诉的结论。一般情形下，检察机关因发现新的证据而抗诉针对的是原生效判决所认定的犯罪事实，如果原审被告人还有遗漏犯罪事实应当另行起诉，而不是在抗诉启动再审后补充起诉；但是如果新的证据、新的犯罪事实既可以证明原判决错误又构成新的犯罪，则应当将新发现的犯罪事实补充起诉。比如，原审判决认定被告人构成非法持有毒品罪，认为在案证据不能证实持有的毒品用于贩卖；判决生效后又发现新的证据证明被告人还有其他贩卖毒品的犯罪事实，新发现的犯罪事实既证明原判决错误又同时构成新的犯罪，在此类新犯罪与原有犯罪高度关联的情形下，检察机关应当在再审程序中补充起诉。

（二）追加、补充、变更起诉的适用情形

1. 追加起诉的适用条件

根据《人民检察院刑事诉讼规则》第 423 条规定，追加起诉针对的是原起诉书遗漏同案犯罪嫌疑人的情形。同案犯罪嫌疑人通常有三类情况，主要包括与已被起诉的被告人构成共同犯罪的其他犯罪嫌疑人，还包括对合犯罪中的其他犯罪嫌疑人、上下游关联犯罪的嫌疑人，因为一并审理有利于查明犯罪事实、节约司法资源。但如果对合犯、其他关联犯罪嫌疑人被另案处理并不影响对已被起诉被告人的认定，则不必然被追加起诉。实践中导致共同犯罪案件中的同案犯罪嫌疑人未被起诉的原因很多，如检察机关之前认为不构成犯罪而未提起公诉、认为虽然构成犯罪但可以不追究刑事责任、同案犯由于在逃尚未归案而未被提起公诉等情形。但提起追加诉讼的先决条件是该未被一并起诉的同案犯罪嫌疑人参与实施的犯罪事实已经查清，证据确实、充分；同时，该同案犯可以在追加起诉后及时到案接受审判，已被侦查机关抓捕归案或者已被采取了其他强制措施，或者虽未被采取其他强制措施，不属于在逃情形。

追加起诉的例外情形。在共同犯罪、对合犯罪、关联案件中，合并诉讼是原则，分离审理是例外；追加诉讼属于合并审理的特殊情形，也应当遵循上述原则。但是在下述例外情形下，则未被一并起诉的同案被告人应当被分离起诉、分离审判。例外情形主要有：一是基于未成年人的特殊心理、生理特点，法律为了保护未成年人权益，一般在刑事诉讼中对未成年人进行分案审理。二是追加诉讼会影响原有诉讼的正常进行，并拖累诉讼效率。如虽然存在遗漏的同案犯罪嫌疑人但是因身体疾病或处于精神病发作状态等情形无法接受审理，则不宜追加起诉该遗漏的犯罪嫌疑人，而应另案处理；再如遗漏的同案人，除与在案被告人实施共同犯罪，还有大量其他犯罪事实尚未被查清，则不宜追加该遗漏的犯罪嫌疑人，可以由检察机关另行起诉，法庭另行审理。

2. 补充起诉的适用条件

人民法院宣告判决前，人民检察院发现被告人有遗漏罪行的，应当要求公安机关补充移送起诉或者补充侦查，对于犯罪事实清楚，证据确

实、充分的，可以直接补充起诉。人民检察院补充起诉应当制作补充起诉决定书载明，补充认定的被告人犯罪事实，连同相应的案件材料，证据一并移送人民法院，这里的犯罪事实既包括原来没有起诉的罪名的犯罪事实，也包括已经起诉的同种罪名的新犯罪事实。需要注意的是追加起诉适用于发现遗漏同案犯罪嫌疑人、应当追加起诉新的被告人的情形；补充起诉适用于发现已经起诉的被告人有遗漏罪行的情形。在法庭审理过程中，公诉人认为需要变更、补充、追加起诉的，可以要求法庭休庭，也可以要求延期审理。

3. 变更起诉的适用条件

人民法院宣告判决前，人民检察院发现被告人的真实身份或者犯罪事实与起诉书中叙述的身份或者指控犯罪事实不符的，或者事实证据没有变化，但罪名、适用法律与起诉书不一致的可以变更起诉。此处的变更起诉是狭义上的理解。人民检察院变更起诉应当制作变更起诉决定书，移送人民法院。狭义的变更起诉包括三种情形：一是被告人的身份错误，需要变更其身份信息，这里需要注意的是可以变更身份的前提是被告人仅仅是身份信息错误，而不是将 A 的犯罪事实错误地认定为 B 实施的。实践中还出现过在先抓获了同案人 A，司法机关错误地把 A 当作 B，而 B 也是在逃的同案人，简单地把原来起诉的 B 替换成真实姓名 A，这显然是错误的，此处需要变更的是原来起诉的犯罪事实。二是原来起诉的犯罪事实不够准确或者存在错误，需要通过变更起诉予以纠正。三是起诉书原来认定的罪名、适用法律不够准确，需要通过变更起诉决定书予以变更罪名以及适用的法律。

4. 追加、补充、变更起诉的适用原则

首先，要坚持客观公正。及时、适当地追加、补充、变更起诉是履行客观公正义务的基本要求和重要体现。其次，要保证诉讼效率。在公诉过程中由于出现新的情况而产生变更需要时，应当及时变更公诉，可以防止或减少无效审理；变更公诉将公诉的严肃性与灵活性相结合，应尽可能地保障诉讼效率。实践中是否要追加遗漏的同案犯罪嫌疑人，需要衡量是否影响起诉书所认定的人和犯罪事实、是否会影响认定被告人在共同犯罪中的地位作用，同时还要判断是否过分影响诉讼效率。如果遗漏的同案犯一时难以抓获或者对其追加起诉需要过长的诉讼期限，在不影响已被起诉被告人认定的前提下，可以对遗漏的同案犯另案处理。最后，应当保障被告人的合法权益。公诉变更意味着指控犯罪事实和诉争焦点的改变，直接影响辩护的内容和方法。因此，应当为辩方留出辩护的准备时间。

（三）公诉变更权相关问题的程序规制

1. 侦查机关对于追加、补充起诉的启动有监督制约作用

我国刑事诉讼法规定公安机关和检察机关在分立的基础上又相互制约，检察机关有权对公安机关立案监督，也有权就共同犯罪案件的“另案处理”情况实施监督。同时，公安机关认为检察机关作出的不起诉决定有错误的，可以要求复议、复核。《刑事诉讼法》第 179 条规定，对于公安机关移送起诉的案件，人民检察院决定不起诉的，应当将不起诉决定书送达公安机关。公安机关认为不起诉的决定有错误的时候，可以要求复议，如果意见不被接受，可以向上一级人民检察院提请复核。因此如果公安机关移送审查起诉的共同犯罪案件中有部分被告人未被起诉，公安机关认为不当或者确有错误，可以向同级检察机关提出复议、向上级检察机关提请复核。

2. 因被害人向检察院申诉而追加起诉

被害人不服检察机关的不起诉决定，可以向检察机关提出申诉要求对未被起诉的同案犯罪嫌疑人提起公诉，虽不必然但也可能产生追加诉讼的结果。被害人申诉从性质上讲属于对不起诉决定的外部监督机制。《刑事诉讼法》第 180 条规定，对于有被害人的案件，决定不起诉的，人民检察院应当将不起诉决定书送达被害人。被害人如果不服，可以自收到决定书后 7 日以内向上一级人民检察院申诉，请求提起公诉。人民检察院应当将复查决定告知被害人。该条既是对被害人的救济措施，也具有对检察机关作出不起诉决定的制约功能。《人民检察院刑事诉讼规则》进一步细化了被害人的申诉途径。第 381 条第 1 款规定，被害人不服不起诉决定，在收到不起诉决定书后 7 日以内提出申诉的，由作出不起诉决定的人民检察院的上一级人民检察院负责捕诉的部门进行复查。第 382

条规定，被害人不服不起诉决定，在收到不起诉决定书 7 日以后提出申诉的，由作出不起诉决定的人民检察院负责控告申诉检察的部门进行审查……经被害人申诉，检察机关撤销原不起诉决定的，如果存在已起诉部分同案人、已起诉部分犯罪事实的情况且仍在一审法院审理期间，则可以向法院提起追加、补充起诉。

3. 审判机关对于公诉变更具有建议权

根据《关于适用〈中华人民共和国刑事诉讼法〉的解释》第 297 条的规定，人民法院发现可能会引起公诉变更的新事实的时候，应当将情况通知人民检察院，但审判机关只具有建议权，是否作出追加、补充、变更起诉由人民检察院自主决定。这是由于基于诉审分离、不告不理等刑事诉讼原则，公诉变更权作为公诉权的权能之一由检察机关独立行使，审判机关不得自行追加、补充新的被告人以及新的犯罪事实。但是如果人民检察院拒不变更的话，人民法院对于已起诉的犯罪事实应当依法裁判，可以对定罪量刑以及适用法律作出改变。需要注意的是，法院拟改变起诉罪名时，应当在判决前听取控辩双方的意见，保障被告人、辩护人充分行使辩护权。必要时，可以再次开庭，组织控辩双方围绕被告人的行为构成何罪及如何量刑进行辩论。

六、文书样式及范例

（一）文书样式

1. 追加起诉决定书样式

××××人民检察院

追加起诉决定书

××检××刑追诉〔20××〕×号

被告人__________涉嫌__________罪一案，本院以________号起诉书向你院提起公诉。在审理过程中，发现被告人________涉嫌________

罪应当一并起诉和审理。现根据查明的事实对________号起诉书作如下补充：

被告人（姓名、性别、出生日期、公民身份号码、民族、文化程度、工作单位及职务、户籍地、住址，前科情况，强制措施情况。）

经依法审查查明：

……

认定上述事实的证据如下：

1. 物证：……；2. 书证：……；3. 证人证言：证人×××的证言；4. 被害人陈述：被害人×××的陈述；5. 被告人的供述与辩解：被告人×××的供述与辩解；6. 鉴定意见：……；7. 勘验、检查、辨认、侦查实验等笔录：……；8. 视听资料、电子数据：……。

本院认为，被告人________（简述罪状），其行为触犯了《中华人民共和国刑法》第____条，犯罪事实清楚，证据确实、充分，应当以________罪追究其刑事责任。根据《中华人民共和国刑事诉讼法》第一百七十六条及《人民检察院刑事诉讼规则》第四百二十三条的规定，追加起诉，请依法判处。

________号起诉书仍然具有法律效力。

此致

________人民法院

检　察　官×××

检察官助理×××

20××年×月×日

（院印）

附件：1. 被告人现在处所。具体包括在押被告人的羁押场所或监视居住、取保候审的处所；

2. 案卷材料和证据××册；

3. 证人、鉴定人、需要出庭的专门知识的人的名单，需要保护的被害人、证人、鉴定人的名单；

4. 有关涉案款物情况；
5. 被害人（单位）附带民事诉讼情况；
6. 其他需要附注的事项。

2. 补充起诉决定书样式

××××人民检察院

补充起诉决定书

××检××刑补诉〔20××〕×号

被告人________一案，本院以________号起诉书向你院提起公诉，在审理过程中，发现被告人________有遗漏的罪行应当一并起诉和审理。现根据查明的事实对________号起诉书作如下补充：

案件事实及证据：(同起诉书格式要求)

本院认为，被告人________（姓名、罪状），其行为触犯了《中华人民共和国刑法》第____条，犯罪事实清楚，证据确实、充分，应当以________罪追究其刑事责任。根据《中华人民共和国刑事诉讼法》第一百七十六条及《人民检察院刑事诉讼规则》第四百二十三条的规定，补充起诉，请依法判处。

________号起诉书仍然具有法律效力。

此致

________人民法院

检　察　官×××
检察官助理×××
20××年×月×日
（院印）

3. 变更起诉决定书样式

×××× 人民检察院

变更起诉决定书

××检××刑变诉〔20××〕×号

被告人________一案，本院以________号起诉书向你院提起公诉，在法庭审理过程中，发现案件事实与起诉书指控的事实不符（被告人________的真实身份与起诉书中叙述的身份不符）。现根据查明的事实对________号起诉书作如下变更：

被告人的身份变更为：

认定的事实变更为：

适用的法律变更为：被告人________（姓名、罪状），其行为触犯了《中华人民共和国刑法》第____条，犯罪事实清楚，证据确实、充分，应当以________罪追究其刑事责任。根据《中华人民共和国刑事诉讼法》第一百七十六条及《人民检察院刑事诉讼规则》第四百二十三条的规定，变更起诉，请依法判处。

________号起诉书未被变更部分仍然具有法律效力。

此致

________人民法院

检　察　官×××

检察官助理×××

20××年×月×日

（院印）

（二）文书范例

范例一：山东省平原县人民检察院刘某某等人销售伪劣产品案追加起诉决定书

山东省平原县人民检察院

追加起诉决定书*

平检刑追诉〔2023〕××号

被告人刘某某、陈某某涉嫌销售伪劣产品罪一案，本院以平检刑诉〔2023〕××号起诉书向你院提起公诉。在审理过程中，发现被告人江某某涉嫌销售伪劣产品罪应当一并起诉和审理。现根据查明的事实对平检刑诉〔2023〕××号起诉书作如下补充：

被告人江某某，男，1963年2月6日出生，公民身份号码××××，汉族，初中文化，平原县××液化气站员工，户籍所在地及现住址均为湖北省××市××镇××村××组。因涉嫌销售伪劣产品罪，于2023年2月6日被平原县公安局取保候审；因涉嫌销售伪劣产品罪，于2023年2月16日被平原县人民检察院取保候审，同日由平原县公安局执行取保候审。

经依法审查查明：2022年7月至9月，陈某某管理经营平原县××液化气站期间，被告人江某某明知陈某某购进的是二甲醚的情况下，仍然帮助陈某某将购进的二甲醚掺入液化气中并对外销售。经查证，被告人江某某将陈某某以人民币141120元购进的26吨二甲醚掺入液化气中并对外销售。

认定上述事实的证据如下：

1. 物证：含有记账内容的工作记录本等；2. 书证：户籍证明、到案经过、发破案经过、进气记录复印件等；3. 被告人的供述和辩解：被告

* 此文书为追加起诉决定书，收入时有删改。

人江某某的供述和辩解；4. 鉴定意见：山东××产品质量检测有限公司检验报告等。

上述证据收集程序合法，内容客观真实，足以认定指控事实。被告人江某某对指控的犯罪事实和证据没有异议，并自愿认罪认罚。

本院认为，被告人江某某在销售的液化气中掺入二甲醚并对外销售，其行为触犯了《中华人民共和国刑法》第一百四十条，犯罪事实清楚，证据确实、充分，应当以销售伪劣产品罪追究其刑事责任。被告人江某某与刘某某、陈某某的行为符合《中华人民共和国刑法》第二十五条的规定，属共同犯罪，被告人江某某在共同犯罪中起次要作用，符合《中华人民共和国刑法》第二十七条的规定，属从犯，依法应当从轻处罚。被告人江某某认罪认罚，依据《中华人民共和国刑事诉讼法》第十五条的规定，可以从宽处理。被告人江某某经电话传唤到案，且到案后能够如实供述犯罪事实，其行为符合《中华人民共和国刑法》第六十七条第一款，属自首，依法可从轻处罚。依据《中华人民共和国刑事诉讼法》第一百七十六条及《人民检察院刑事诉讼规则》第四百二十三条的规定，追加起诉，请依法判处。

平检刑诉〔2023〕××号起诉书仍然具有法律效力。

此致

山东省平原县人民法院

检　察　官　祖丙山

检察官助理　马　莉

2023年2月27日

（院印）

附件：1. 被告人江某某现取保候审于平原县××液化气站。

2. 案卷材料和证据一册。

3. 认罪认罚具结书一份。

4. 量刑建议书一份。

范例二：广东省广州市黄埔区人民检察院陈某偷越国（边）境案补充起诉决定书

广东省广州市黄埔区人民检察院

补充起诉决定书*

穗埔检刑补诉〔2020〕××号

被告人杨某某、张某、邹某某、陈某偷越国（边）境一案，本院以穗埔检刑诉〔2019〕××号起诉书向你院提起公诉，在审理过程中，发现被告人陈某有遗漏的罪行应当一并起诉和审理。现根据查明的事实对穗埔检刑诉〔2019〕××号起诉书作如下补充：

2018年11月至2019年4月间，被告人陈某为牟取非法利益，在明知不符合港澳商务签证条件的情况下，伙同同案人张某某（已判决），分别以珠海××贸易有限公司、××非融资性担保（深圳）有限公司、深圳市××投资有限公司、深圳市××网络技术有限公司、深圳市××科技有限公司、深圳××技术有限公司法人代表的名义，先后为杨某某、莫某某、柳某某、朱某某、陈某某，在广东省深圳市南山区公安分局出入境管理部门办理了港澳商务签证。在办理上述商务签证的过程中，同案人张某某按照每张签证人民币15000元到19000元不等的价格收取代理费，而被告人陈某则按照每张签证人民币9000元到12000元不等的价格从同案人张某某处收取代理费。

后莫某某、柳某某、陈某某分别持上述的港澳商务签证，多次出入边境往返港澳和内地。其中，莫某某共出入境173次，柳某某共出入境28次，陈某某共出入境64次。

2020年5月6日，被告人陈某被公安机关抓获归案。

认定上述事实的证据如下：

1. 涉案物品港澳通行证、手机等照片、立破案材料等物证、书证；

* 此文书为补充起诉决定书，收入时有删改。

2. 被告人陈某的供述和辨认笔录；3. 证人张某某、陈某某等的证言；4. 讯问录像等。

本院认为，被告人陈某无视国家法律，偷越国（边）境，情节严重，其行为触犯了《中华人民共和国刑法》第三百二十二条的规定，犯罪事实清楚，证据确实、充分，应当以偷越国（边）境罪追究其刑事责任。根据《中华人民共和国刑事诉讼法》第一百七十六条及《人民检察院刑事诉讼规则》第四百二十三条的规定，补充起诉，请依法判处。

穗埔检刑诉〔2019〕××号起诉书仍然具有法律效力。

此致

广东省广州市黄埔区人民法院

检察官　潘海

2020年9月16日

（院印）

范例三：安徽省安庆市人民检察院洪某某等人走私、贩卖、运输毒品案变更起诉决定书

安徽省安庆市人民检察院

变更起诉决定书*

庆检刑一刑变诉〔2020〕××号

被告人洪某某、苏某某、方某涉嫌走私、贩卖、运输毒品罪，被告人胡某某涉嫌走私、贩卖毒品罪一案，本院以庆检刑诉〔2019〕××号起诉书向你院提起公诉，在法庭审理过程中，发现案件部分事实与起诉书指控的事实不符。现根据查明的事实对庆检刑诉〔2019〕××号起诉

* 此文书为变更起诉决定书，收入时有删改。

书作如下变更：

认定的第一起犯罪事实变更为：2017 年 11 月至 2018 年 5 月份期间，被告人洪某某、苏某某伙同被告人方某、胡某某从缅甸邦康市购买甲基苯丙胺（冰毒）和氯胺酮（K 粉）到安庆市进行贩卖。洪某某在邦康市先后购买了 5000 克甲基苯丙胺和 2000 克氯胺酮，其中苏某某、洪某某指使胡某某于 2017 年 11 月到缅甸邦康市购买了 1000 克甲基苯丙胺；方某于 2018 年 1 月 11 日到达缅甸邦康市后，使用自己的银行卡、微信和支付宝账户帮助洪某某、苏某某支付购毒款、收取毒资，并联系跑腿人员去取装有毒品的快递交给苏某某，参与购买、走私、运输 4000 克甲基苯丙胺、1000 克氯胺酮。（该起犯罪事实仅就毒品数量作出变更，其他部分不变。）

全案各被告人涉嫌毒品犯罪数量变更为：被告人洪某某走私、运输、贩卖甲基苯丙胺共计 5000 克、氯胺酮共计 2000 克，被告人苏某某走私、运输、贩卖甲基苯丙胺共计 5001.5 克、氯胺酮共计 2000 克，被告人方某走私、运输、贩卖甲基苯丙胺共计 4000 克、氯胺酮共计 1000 克，被告人胡某某走私、贩卖甲基苯丙胺共计 1000 克、氯胺酮共计 20 克。

根据《中华人民共和国刑事诉讼法》第一百七十六条及《人民检察院刑事诉讼规则》第四百二十三条的规定，变更起诉，请依法判处。

庆检刑诉〔2019〕××号起诉书未被变更部分仍然具有法律效力。

此致

安庆市中级人民法院

检察官　丁胡兵

2020 年 12 月 10 日

（院印）

附件：随案移送卷宗一册，光盘三张。

专题六

如何撰写提前介入文书

一、基本概念

（一）提前介入侦查

提前介入侦查是指检察机关就侦查机关办理的重大、疑难、复杂案件，在案件提请批准逮捕和移送起诉之前，经公安机关商请或者人民检察院认为确有必要时，派员适时介入侦查活动，参与公安机关对于重大案件的讨论，对案件性质、收集证据、适用法律等提出意见，监督侦查活动是否合法的工作机制。检察机关提前介入是加强侦查阶段检警协作配合的有效机制保障，能够通过引导、指导侦查机关准确把握案件定性、明确侦查方向、规范取证行为，第一时间将“以审判为中心”的证据裁判标准传导到侦查阶段，有效提高办案效率、保证办案质量、减少审查起诉的“二退三延”，有效降低“案件－比”。[①]

检察机关提前介入侦查制度自20世纪80年代滥觞至今已40年有余，是在20世纪80年代改革开放初期整顿社会治安的活动中总结出来的一条经验。[②] 1988年，为促进检警相互配合，增强检警工作交流沟通，最高人民检察院会同公安部联合出台《关于检察、公安机关相互联系的通知》，要求公安机关对特别重大案件、重大集团案件、影响大的涉外案件和复杂的重大案件进行预审时，要通知检察机关介入预审活动。1996年《刑事诉讼法》首次提出检察机关可以在必要的时候介入侦查，参加公安机关对于重大案件的讨论。2000年，全国检察机关侦查监督会议正式确立“引导侦查”的概念，要求全国检察机关关口前移，引导取证、强化监督。随着时代发展，检察机关提前介入的方式和内涵不断发生变化且得以丰富。2002年召开的全国刑事检察工作会议进一步确立了“适时介入侦查、引导侦查取证、强化侦查监督”的工作机制，提前介入从侦查

① 参见孙谦、陈国庆、万春、张建伟主编：《刑事检察业务总论》，中国检察出版社2022年版，第48页。

② 参见李志华：《人民检察院的“提前介入”应在法律中明确规定》，载《法学评论》1988年第3期。

协作初始阶段发展到强化监督新的历史时期。2015 年，最高人民检察院在工作报告中提出要“推动建立重大、疑难案件侦查机关听取检察机关建议的制度”，提前介入引导侦查成为检察工作重要内容。2018 年在司法体制改革进程中，最高人民检察院以“捕诉一体”为切入点，明确提出同一刑事案件自适时介入到审查起诉，再到事后监督，原则上需由同一部门的同一承办检察官进行办理，将提前介入工作提到新的历史高度。

检察机关追诉犯罪的视角不能仅局限于对侦查机关移送的案件材料进行审查，而是应当及时介入、引导侦查，有效建立以起诉为中心，侦查服务公诉的新机制。[①] 新时代背景下，提前介入已经成为检察机关对公安机关侦查活动进行法律监督的重要方式，也是检察机关履行法律监督职能的重要手段。在“捕诉一体”的实践需求下，检察机关应当充分发挥诉前主导作用，健全完善侦查监督与协作配合平台，做优做实提前介入侦查工作，在证据调查、追诉犯罪、保障人权、社会治理、素能建设等方面协同发力，对于减少侦查、捕诉与审查之间的分歧，提高办案质量和效率均具有重要意义。

（二）提前介入调查

提前介入调查是指经监察机关商请，检察机关派员介入监察机关办理的职务犯罪案件，并在介入调查引导取证过程中，建议监察机关收集固定证据材料、反馈审查意见的机制。

提前介入监察制度是监检衔接中衍生出的一项重要机制。自国家监察体制改革以来，各地监察委员会商请检察机关提前介入其办案活动在不断增加。自 2018 年 4 月以来，国家监察委员会和最高人民检察院逐步建立和完善了最高人民检察院提前介入国家监察委员会调查工作的工作机制，也为各地开展这项工作提供了参照。职务犯罪检察部门是检察机关参与反腐败斗争、依法惩治腐败犯罪的重要力量，肩负着重要的政治责任和法律责任。检察机关要聚焦坚决打赢反腐败斗争攻坚战、持久战，

① 参见樊崇义、陈卫东、种松志主编：《现代公诉制度研究》，中国人民公安大学出版社 2005 年版，第 150 页。

强化全面和规范履职，加强提前介入、引导取证，严格把好审查起诉关，切实提高办案质效，努力交出让党和人民满意的答卷，为全面打赢反腐败斗争攻坚战、持久战作出应有贡献。

二、文书制作依据

（一）法律规定

1. 提前介入侦查

1996 年修改后的《刑事诉讼法》首次提出检察机关可以在必要的时候介入侦查，参加公安机关对于重大案件的讨论。第 66 条规定，公安机关要求逮捕犯罪嫌疑人的时候，应当写出提请批准逮捕书，连同案卷材料、证据，一并移送同级人民检察院审查批准。必要的时候，人民检察院可以派人参加公安机关对于重大案件的讨论。现行《刑事诉讼法》第 7 条、第 87 条明确了检察机关提前介入的法律依据。第 87 条明确规定公安机关要求逮捕犯罪嫌疑人的时候，应当写出提请批准逮捕书，连同案卷材料、证据，一并移送同级人民检察院审查批准。必要的时候，人民检察院可以派人参加公安机关对于重大案件的讨论。

2. 提前介入调查

《宪法》第 127 条第 2 款规定，监察机关办理职务违法和职务犯罪案件，应当与审判机关、检察机关、执法部门互相配合，互相制约。《监察法》第 4 条规定，监察机关办理职务违法和职务犯罪案件，应当与检察机关等互相配合、互相制约。

（二）司法解释及相关文件规定

1. 提前介入侦查

《人民检察院刑事诉讼规则》第 256 条第 1 款对提前介入的时机和范围作了原则性规定，经公安机关商请或者人民检察院认为确有必要时，可以派员适时介入重大、疑难、复杂案件的侦查活动，参加公安机关对于重大案件的讨论，对案件性质、收集证据、适用法律等提出意见，监督侦查活动是否合法。

2013年最高人民检察院《关于切实履行检察职能防止和纠正冤假错案的若干意见》第18条规定，对命案等重大复杂案件、突发性恶性案件、争议较大的疑难案件、有重大社会影响的案件，应当与侦查机关协商，通过介入现场勘查、参加案件讨论等方式，引导侦查机关依法全面收集、固定和完善证据。2015年最高人民检察院《关于加强出庭公诉工作的意见》第3条规定，积极介入侦查引导取证，对重大、疑难、复杂案件，坚持介入范围适当、介入时机适时、介入程度适度原则，通过出席现场勘查和案件讨论等方式，按照提起公诉的标准，对收集证据、适用法律提出意见，监督侦查活动是否合法，引导侦查机关完善证据链条和证明体系。2021年最高人民检察院、公安部联合印发的《关于健全完善侦查监督与协作配合机制的意见》规定，应当加强检警之间协助配合，规定公安机关办理重大、疑难案件，可以商请人民检察院派员通过审查证据材料等方式，就案件定性、证据收集、法律适用等提出意见建议。

另外，最高人民检察院2005年发布的《关于进一步深化检察改革的三年实施意见》，2016年发布的《“十三五”时期检察工作发展规划纲要》，2019年下发的《2018—2022年检察改革工作规划》，2021年印发的《“十四五”时期检察工作发展规划》等文件，均对检察机关提前介入的规范化、实质化提出了要求。

2. 提前介入调查

《人民检察院刑事诉讼规则》第256条第2款规定，经监察机关商请，人民检察院可以派员介入监察机关办理的职务犯罪案件。2018年，最高人民检察院与国家监察委员会联合印发《办理职务犯罪案件工作衔接办法》，规定国家监察委员会办理的重大、疑难、复杂案件在进入案件审理阶段后，可以书面商请最高人民检察院派员介入。同时规定检察机关应当及时指派检察官提前介入并成立工作小组，审核完成后出具书面意见以及书面意见的内容、采纳程序。2019年，最高人民检察院、中共中央纪委国家监察委员会分别出台的《人民检察院提前介入监察委员会办理职务犯罪案件工作规定》《监察机关监督执法工作规定》，以及2021年国家监察委员会、最高人民法院、最高人民检察院及公安部联合出台的《关于加强和完善监察执法与刑事司法衔接机制的意见（试行）》等规范性文件，使检察提前介入侦查制度规范引入监察程序，并被广泛运用于监察实践。[①]

三、文书结构

（一）提前介入侦查意见书

提前介入侦查意见书系《人民检察院刑事诉讼法律文书格式样本（2020 版）》新增文书，为人民检察院在提前介入过程中，建议侦查机关收集固定证据材料时使用。文书分为首部、正文和尾部三大部分。

1. 首部。首部标题为“××××人民检察院提前介入侦查意见书”，制发对象需写明侦查机关全称。

2. 正文。正文包括检察机关介入方式和取证意见两部分：（1）介入方式分为主动介入和受邀介入，根据实际情况填写。需要注意的是，检察机关提前介入并非越多越好，为保持侦查行为的相对独立性，应以侦查机关申请检察提前介入为主，检察机关主动介入为辅。对于重大疑难复杂案件，检察机关可直接深入侦查现场，同侦查机关现场办案，对证据的收集与固定、程序的适用与规范提出建设性意见。（2）在取证意见方面，检察机关应坚持实质化介入原则，取证意见要具体详实。应围绕案件定性，对案件侦查取证工作提出意见建议；根据指控犯罪的需要，对定罪量刑的关键证据收集、完善，刑事法律政策适用等提出具体建议；督促公安机关依法开展侦查活动，及时发现、纠正侦查活动中违法违规行为以及其他需要解决的法律问题提出意见和建议，实现指导有力，引导有效。

3. 尾部。尾部包括承办检察官姓名和联系方式，备注、落款和具文日期。

（二）提前介入调查案件回复函

本文书系《人民检察院刑事诉讼法律文书格式样本（2020 版）》新

① 参见王卓、侯颗：《国家监委已商请最高检提前介入 30 多起职务犯罪案件——监检办案程序衔接顺畅》，载《中国纪检监察报》2019 年 12 月 31 日。

增文书，为检察机关介入监察机关办理的职务犯罪案件，建议监察机关收集固定证据材料、反馈审查意见时所用文书，以《提前介入调查案件回复函》以及两个附件“提前介入的审查意见”“补充完善证据清单”形式移送监察机关。

1. 提前介入调查案件回复函

（1）首部。标题为“提前介入调查案件回复函”，发往单位为×××监察委员会案件审理室。

（2）正文。按照格式叙写“（工作单位+职务+姓名）×××涉嫌×××一案，××年××月××日你委商请本院提前介入并介绍有关情况后，本院即组成办案组/指派检察官阅卷审查并进行了认真研究，形成了提前介入的初步意见，现将有关情况反馈你室”。具体意见部分在提前介入的审查意见、补充完善证据清单两个附件中。

（3）尾部。检察机关部门落款和具文日期。

2. 提前介入的审查意见

（1）首部。首部标题为“关于×××涉嫌×××案提前介入的审查意见”。

（2）正文。正文部分为介入方式和审查意见内容两部分：一是介入方式可表述为：“××涉嫌××一案，××年××月××日由××监察委员会书面商请本院提前介入，并移送案卷复印件××册。本院即组成办案组/指派检察官同步提前介入审查案卷材料，提出了提前介入审查意见。（如案件指定到下级检察机关管辖，写明商请和指定管辖情况。）二是审查意见主要涉及以下内容：对案件事实认定、法律适用的意见和建议；对现有证据材料补充、固定、完善的工作建议，需要补充完善证据的具体情况可在附件2补充完善证据清单中详述；对审查发现的非法证据提出依法排除或者重新收集的意见，对瑕疵证据提出完善补正的意见；关于案件管辖问题的意见和建议；对监察文书、卷宗材料是否齐备等提出意见；涉案款物的追缴、保管、移交、处理建议；对采取强制措施的意见和建议；监察机关书面反馈共同犯罪、行贿犯罪等相关涉案人员的处理意见；认为需要解决的其他问题。

3. 补充完善证据清单

补充完善证据清单文书因作为附件形式出现，故文书结构较为简单，分为两个部分，一是全案需要补充完善的综合证据。二是分笔事实需要补充完善的证据。两者均需写明需要补充完善的证据、具体要求，并详细阐明理由、目的等，随主文书《提前介入调查案件回复函》一并送达监察机关。

四、文书制作要点

（一）总体原则

提前介入是检察机关依法行使法律监督权实施侦查监督的重要体现，也是作为履行公诉职能的司法机关与监察机关相互制约相互配合的职责需要，在“捕诉一体”改革后，程序意义和工作价值愈发凸显。作为提前介入工作成效直接载体的提前介入文书，其质量高低对检察机关提前介入引导侦查、配合制约调查的权威性不言而喻，是检察机关提前介入工作成效高低的直接体现。《人民检察院刑事诉讼法律文书格式样本(2020 版)》为检察机关提前介入工作提供了两种样本，分别是提前介入侦查意见书和提前介入调查案件回复函（“提前介入的审查意见”以回复函附件的形式制发），均是新增的法律文书，也充分体现提前介入的日益重要性和规范性。从格式样本可见，两者有明显区别。前者提前介入侦查意见书对基本要素的规范性要求相对宽泛，空白处较多，在制作时给检察官很大的发挥空间，很大程度上能充分体现检察官个人的办案及制作风格，充分体现检察机关提前介入发挥法律监督和引导侦查职能；后者提前介入调查案件回复函对审查意见种类规范细致，补充完善证据提纲相对宽泛，更多体现检察机关对调查工作及证据补充的商榷意见。

对侦查机关的侦查活动，检察机关行使法律监督权是宪法法律所赋予的，在提前介入活动中，检察机关除引导侦查取证外，还行使侦查监督权。而对监察机关调查的案件，检察机关经商请介入案件后，提供的更多是作为履行公诉职能司法机关的调查工作的审查意见、证据完善建议权。但两者同样也有共同之处，即不论是提前介入侦查还是配合制约调查，在制作提前介入文书时，格式规范、叙述准确、说理到位均是必然要求。提前介入文书更像是一篇夹叙夹议的文章，采用“一事一叙一论”的方法，在逐条阐明取证意见、审查意见等之后，均需随即说明理由。充分展现检察机关提前介入工作的中立性、适度性和全面性又是应有之义，实现叙述和说理的有机结合，是提高提前介入文书质量的必然要求。

1. 中立性要求

此处主要是对提前介入文书的阐述观点提出要求，不论是提出引导侦查取证意见，抑或是说明发表调查案件审查意见、补充证据建议，检察机关均应秉持客观中立立场，开展侦查活动或监察机关调查指引，应遵守分工负责、互相配合、互相制约的原则，坚持依法、适时、必要，客观、公正、效率，做到参与而不干预、参谋而不代替、引导而不包办。具体到提前介入文书制作方面，应注意做到：一是引导取证意见、补充证据建议应坚持客观中立立场，不仅要求侦查机关、监察机关收集有罪、罪重的证据，也要收集无罪、罪轻的证据；不仅要求收集定罪证据，也要收集量刑证据。若在提前介入工作中，发现有利于犯罪嫌疑人或被调查对象的有利证据，在撰写提出引导取证意见、撰写审查意见及补充完善证据建议时，应着重笔墨要求重视无罪、罪轻证据的收集，详细罗列相关证据种类及证明方向，发现非法证据、瑕疵证据的，应对提前介入发现的非法证据提出依法排除或者重新收集的意见，对瑕疵证据提出完善补正的意见，通过对侦查、调查取证的思路、方向和重点提出意见和建议，引导侦查机关、监察机关依法、及时、规范地展开取证工作，从而实现客观全面收集证明犯罪嫌疑人或被调查对象有罪、罪重以及无罪、罪轻的证据。反之，同样地，若检察机关通过提前介入，发现有罪证据，而公安机关对于是否应当立案存在疑问，检察机关也应履行立案监督的职能，积极指导公安机关依法立案，并在提前介入文书中体现。这也是检察机关在开启侦查这个重要环节中发挥主导责任的应有之义。二是撰写案件定性、法律适用意见应实事求是。不论是制作提前介入侦查意见书发表对案件性质、适用法律的意见，还是制作提前介入调查案件回复函对案件事实认定、法律适用提出意见和建议，并对监察机关书面反馈的共同犯罪、行贿犯罪等相关涉案人员发表处理意见，应根据客观证据情况实事求是地提出意见或建议，在制作文书时切忌人为拔高、主观入罪或出罪。三是发表程序方面意见应依法客观。对侦查机关的提前介入，应在制作提前介入侦查意见书时客观表述侦查监督情况，依法监督侦查活动是否合法。发现侦查活动违法的，视违法情节的严重程度，若需采用书面形式的，除制发书面检察建议、纠正违法建议书之外，还应在提前介入侦查意见书中明确说明。对调查机关的提前介入，同样应对案件管辖问题、被调查对象的采取强制措施情况等程序性问题客观公正发表意见，并在提前介入调查案件回复函中明确指出。

2. 适度性要求

此处主要是对提前介入文书的角色定位提出要求。提前介入过程中，检察机关引导侦查需坚持适度性，即不论是为侦查活动提供指引，或是制约配合介入调查案件，均应当坚持检察工作职能，依法行使法律监督职权，科学推进侦查监督与协作配合、监检衔接关系，避免出现联合侦查、联合调查的情形。具体到提前介入文书制作方面，应注意做到：一是措辞注意角色定位。不论是制作提前介入侦查意见书发表对案件性质、适用法律的意见，还是制作提前介入调查案件回复函对案件事实认定、法律适用提出意见和建议，检察人员均不是侦查人员角色，不能代行侦查取证，在列出侦查取证的要求，或是写明需要补充完善的证据、具体要求时，均应以供开展侦查、调查工作参考的措辞方式，来进行提前介入文书撰写。虽然“亲历性”工作模式要求承办检察官直接、当面、共同与警察深入到侦查一线，直接参与到现场勘验、检查、搜查、侦查实验、讯问、辨认等各侦查环节中，也必定会在提前介入文书引导侦查时显现，但也应注意工作方式，坚持引导、指导、监督原则，杜绝领导、指挥、取代侦查人员侦查的错误方式。若是模糊角色定位，甚至直接以侦查、调查人员身份列出补充侦查要求，如要求参与同步录音录像，列明要求在相关侦查、调查文书和取证材料上签名等，均有违提前介入工作的本意。二是介入方式需明确表达。对监察机关办理的调查案件，明确是由监察委员会商请检察机关介入，而对于侦查机关的侦查案件，则有经侦查机关邀请及检察机关依职权主动介入两种方式，即重大、疑难、复杂的案件，侦查机关可以邀请检察机关提前介入，或人民检察院认为确有必要的也可以主动介入。但如何理解重大、疑难、复杂，或确有必要，却没有明确的范围规定。基于适度性要求，在撰写提前介入侦查的案件来源时，应明确说明检察机关缘何介入、如何介入。

3. 全面性要求

此处与适度性要求并不冲突，是对提前介入文书内容的规范性要求，即在制作文书时，应充分展示条理清晰、逻辑严密、内容全面的文体文风要求。一是关于条理清晰。不论是规范性要求相对宽泛、空白处较多的提前介入侦查意见书，还是对审查意见种类规范细致的提前介入调查案件回复函，都有明确或隐含的繁简得当、条理清晰的要求。以撰写引导取证意见、补充完善证据提纲为例，通常首先应先说明全案需要补充完善的综合证据，如涉及身份犯的，需补充犯罪嫌疑人、被调查对象的身份情况证据，涉及单位犯罪的，需指出对营业执照、纳税情况等方面要求；其次，再根据“一事一叙一论”的方式或分笔事实，或分不同证明要素写清需要补充完善的证据，前者如同种犯罪的多笔犯罪事实，后者如不同方向的证明要素，以提前介入组织黑社会性质犯罪为例，围绕何为黑社会性质组织，需围绕四个特征来展开，在罗列补充取证要求或建议时，就应当分四个要素来撰写，避免混为一谈。二是关于逻辑严密。这是对撰写引导取证意见、补充完善证据提纲“一事一叙一论”的当然要求，即在罗列需要补充取证的同时，还应写明理由及目的。实践中，很多提前介入文书存在只列明需补充取证的证据情况，或是发表侦查监督意见指出侦查机关存在何种问题，却不展开说明，为何需要补充某证据，或侦查机关存在需监督事由的依据是何处，不仅给阅读者话只说了一半的观感，也影响提前介入文书的权威性。做到逻辑严密，则不论是按照证明事项要素或是分笔事实，均按照“一事一叙一论”撰写，即以“是什么、为什么、会怎么样”的逻辑体系，一一展示需要补充的证据为何，为什么要补充完善此项证据，补充完善后会达到何种效果、如何促进证据锁链的完整等一条逻辑线，避免出现证据糅杂、混淆、目的不明的情况。三是关于内容全面。这是对提前介入文书形式和内容的双重要求。首先，从形式上看，内容全面主要是指文书要素齐全、统一，文书格式样本在内容方面规定较少，制作说明也较宽泛，故实践中叙述要素不齐全、不统一现象并不鲜见。如提前介入侦查意见书在备注部分，需写明“本意见书供开展侦查工作参考，不得装入侦查案卷”。这句话是对提前介入侦查意见书中检察机关提出的多项引导取证意见的明确注解，但在实践中往往遗漏，甚至出现侦查机关在装订补充侦查卷时，将检察机关的提前介入侦查意见书与补充侦查取得的证据材料一并装卷，导致不良后果。其次，从内容上看，内容全面也有检察机关发表引导取证意见、介入调查案件审查意见和补充完善证据提纲时，应围绕证据、案件审查及法律适用、程序、其他等多个方面，详尽、完善地罗列提前介入的意见，以全面体现检察机关提前介入侦查、调查工作的成效，进而真正通过个案办理，实现检察机关顺应改革趋势，勇于担当，有所作为，在刑事案件中充分发挥应有作用。

需要注意的是，表述规范也是两类提前介入文书的应有之义。两类文书针对的发文对象不同，发挥作用也有差别，实践中存在的将提前介入侦查意见书和提前介入调查案件回复函混用的情况需引起重视，另外还有法条引用错误、附注内容混乱、标点符号使用混淆甚至出现错别字等不规范情况，均应避免。格式规范、表达严谨，方能充分体现检察机关提前介入发挥工作的合法性与正当性。

（二）具体要领

1. 首部、发往单位、提前介入方式

（1）关于首部。检察机关两类提前介入文书的首部因文书种类不同而写法不同。在提前介入侦查意见书中，首部由检察机关名称和文书名称两部分组成。其中，检察机关的名称与起诉书一样，应为全称，即要注明所在省（自治区、直辖市）名称，不能只写地区级市、县、区院名；文书名称即是统一的“提前介入侦查意见书”。而在提前介入调查案件回复函中，首部则仅有文书名称一项，即统一的“提前介入调查案件回复函”，没有检察机关名称，这是因为提前介入调查案件回复函是检察机关内部的职务犯罪检察部门制发，而非以检察机关名义，此与提前介入侦查意见书明显不同。此外，值得注意的是，这两类提前介入文书均无需标注文号。在文书名称下应空一行。

（2）关于发往单位。这里是指两类提前介入文书的发文对象，即检察机关提前介入的是哪个单位的侦查或调查活动，从发往单位也可知是检察机关在向哪个单位引导取证、提出审查意见或建议补充完善证据。需要注意的是，这两类提前介入文书的发往单位有两处不同：一是行使职权不同，提前介入侦查意见书的发文对象是各类具有刑事侦查权的机关，根据刑事诉讼法的规定，侦查机关包括公安机关、国家安全机关、海关缉私机关等；提前介入调查案件回复函的发文对象则仅是监察机关，行使的是国家监察权。二是对象范围不同，提前介入侦查意见书的发文对象是侦查机关，不包括内设机构、分支机构，文书在尾部盖院印、以人民检察院名义制发。因此，《人民检察院刑事诉讼法律文书格式样本（2020版）》新增此文书格式样本时，在发往单位的空格后专门标注“侦查机关名称”以作提醒。与之不同的是，提前介入调查案件回复函则是发往监察机关的内设机构，且文书格式样本明确将内设机构明确为“案件审理室”，在此之前需写明监察委员会的名称。

（3）关于提前介入方式。这部分主要是指这两类提前介入文书的由来，格式要求同样存在区别。提前介入侦查意见书要写明犯罪嫌疑人基本情况，包括其名称、涉案罪名；说清检察机关提前介入的缘由，系经侦查机关邀请还是人民检察院认为确有必要主动介入；阐述检察机关提前介入目的、发挥作用，即“本院派员提前介入，为了彻底查明犯罪事实，有效惩治犯罪，提出以下引导取证意见”。提前介入调查案件回复函要写明被调查对象基本情况，包括其名称、涉案罪名，但与提前介入侦查意见书相比，基本情况要求更细致，因职务犯罪的身份犯特点，此处还需专门写明“工作单位＋职务＋姓名”；说清检察机关提前介入的缘由，虽与提前介入侦查有两种方式不同，检察机关介入调查只有商请介入一种方式，但此处需明确表明检察机关被商请介入的时间“年月日”；阐述检察机关的提前介入作用，即“本院即组成办案组/指派检察官阅卷审查并进行了认真研究，形成了提前介入的初步意见，现将有关情况反馈你室”。不难看出，因检察机关发挥职能作用不同，这两类提前介入文书的措辞、文风也完全不同。

2. 提前介入意见正文

（1）关于提前介入侦查意见书。这份提前介入文书的正文是检察机关发表的引导取证意见。文书格式样本仅用空白格的形式标注阿拉伯数字“1. ……2. ……”，表明需列出侦查取证的要求。具体内容则没有明确规定。我们认为，这部分重点是说明检察机关提供侦查活动的指导性意见，内容主要包括四个方面：一是对证据的收集、固定、保全提出建议，对案件取证方向和要求提出引导性意见；二是对事实认定、案件定性、法律适用等重点问题发表初步意见；三是对证据收集、管辖、强制措施适用等刑事诉讼活动是否符合法律规定发表意见；四是对法律文书是否齐全、卷宗材料是否齐备等提出意见和建议。其中，核心是第一项对证据的收集、固定、保全提出建议，对案件取证方向和要求提出引导性意见，这也是现在侦查监督与协作配合工作深入推进后，将庭审证据标准及时向前传导给侦查机关，从源头上保证侦查取证尽早到位，保证侦查效果，提高案件办理质量的必然要求，制作时应按照“一事一叙一论”，围绕引导取证“查什么、为何查、怎么查”三步骤来展开。

首先，叙述需要发表引导取证意见的内容，即“一叙”。具体制作时，证据如何归纳展开文书格式文本没有要求。我们认为，根据条理清晰的制作要求，若是存在多个罪名或多笔犯罪事实的，应分罪名、分笔来说明需取证的情况；若是仅有单罪名单事实，或在多个罪名、多笔犯罪事实下设二级撰写格式的，则又可以按照犯罪构成要素或是证据种类来展开制作。按照犯罪构成要素的，以故意杀人罪为例，可以从存在故意杀人的主观故意、客观行为、死亡后果来分别展开，也可以按照犯罪预备、犯罪实行、犯罪后行为的时间轴顺序展开，还可以根据物证、书证、证人证言等八个证据种类分别阐述，充分凸显承办检察官的个人风格。

撰写引导取证意见的正文部分，需重点关注几点：一是全面阐述要求对客观性证据的收集情况，包括调取与案件有关的视听资料、电子数据，包括路面、场所监控、移动存储设备内视频资料等；调取、恢复与案件有关的通话记录、聊天记录、手机轨迹等；调取、恢复犯罪嫌疑人的银行卡、微信、支付宝等资金流水，对可疑资金进行分析，查清交易情况、资金来源及去向；调取与案件有关的交通记录、住宿记录、网约车记录、行车轨迹等；调取与案件有关的租房记录、购房记录等；对有关事项进行鉴定，无法鉴定或者未能得出鉴定意见的，应当由鉴定人员书面说明情况等与案件有关的客观性证据。二是客观表述要求侦查机关及时收集有可能证明犯罪嫌疑人无罪证据的情况，包括犯罪嫌疑人是否有不在场证明；证明犯罪嫌疑人作案动机的证据是否完备；有无证据显示有其他人作案的可能，有无证据显示犯罪嫌疑人系替他人顶罪或受他人胁迫实施犯罪等；对于赃款、赃物在犯罪嫌疑人住处、身边查获的，犯罪嫌疑人提出的辩解能否成立；有无证据证明犯罪嫌疑人系正当防卫、紧急避险等需要查明的。三是系统阐述要求对量刑证据进行全面收集的情况，包括：犯罪嫌疑人是否具有自首、立功等法定从轻或者减轻情节；犯罪嫌疑人是否为累犯、是否有前科劣迹，如果有，相关前科劣迹文书材料是否完备；案件起因、犯罪动机证据是否完备，被害人是否存在过错；犯罪嫌疑人是否退赃、退赔；犯罪嫌疑人有无取得被害人及其家属谅解，双方有无达成和解；犯罪嫌疑人有无可以供执行的财产；犯罪嫌疑人是否具备社区矫正条件等。四是提前介入发现其他犯罪线索的，应明确在提前介入侦查意见书中要求侦查机关开展查证工作，确保案不漏人、人不漏罪，主要包括：漏罪、漏犯线索；涉黑涉恶、“保护伞”“关系网”线索；犯罪嫌疑人、被害人、证人等反映的其他犯罪线索等。此外，除发表引导取证意见之外，检察机关还应依法履行侦查监督、立案监督职责，对办案中发现的侦查瑕疵以及可能存在的侦查违法等问题，应在提前介入侦查意见书中明确要求侦查机关对侦查瑕疵问题予以补正，对可能存在的侦查违法行为提供证据、予以说明，对存在犯罪线索需立案处理但侦查机关迟迟不立案的，依法进行立案监督。

其次，论述为何需要发表引导取证意见的内容，即“一论”。这也是检察机关制作提前介入侦查意见书增强说理性的必然要求。具体而言，需围绕引导取证意见的证据体系、继续侦查取证的原因、方法、目的等内容逐一进行详细说明，包括：一是为何要查明文书列明的事项，阐明现有证据证明的内容，分析证据体系中存在的缺陷，引导下一步继续侦查的方向；二是采用何种方式查明文书所列明的事项，所列方式应当切实可行；三是对言词证据发表继续补证提前介入意见的，应当列明需要补充讯问、询问的内容；四是提前介入发现案件有遗漏犯罪线索的，应当列明对象姓名，发现有证据证明该对象可能涉及的犯罪情况，要求侦查机关对该对象进一步侦查；五是案件有遗漏犯罪线索的，应当说明现有证据证明的犯罪嫌疑人、案件其他当事人可能涉及犯罪的情况，要求侦查机关对遗漏犯罪线索进一步侦查；六是发现案件有涉黑涉恶及“保护伞”“关系网”等线索的，应当列明现有证据证明的涉黑涉恶及“保护伞”“关系网”等情况，要求侦查机关对线索进一步侦查并说明情况等。

（2）关于提前介入调查案件回复函。这份提前介入文书的主体并不在正文中，而是体现在两个附件里，即提前介入的审查意见和补充完善证据清单。

首先，关于提前介入的审查意见。这部分是检察机关提前介入监察机关调查案件后发表的审查情况通报。这则附件同样有提前介入方式和正文两部分。一是提前介入方式，要写明被调查对象基本情况，包括其名称、涉案罪名，但与正文部分关于被调查对象的基本情况要求更细致，需专门写明“工作单位+职务+姓名”不同，这里仅需简单列名字即可；要说清检察机关提前介入的缘由，需明确表明检察机关被监察委员会书面商请介入的时间“年月日”，并说明移送案卷复印件册数；要阐述检察机关的提前介入作用，即“本院即组成办案组/指派检察官同步提前介入审查案卷材料，提出了提前介入审查意见（如案件指定到下级检察机关管辖，写明商请和指定管辖情况）。现将审查情况通报如下：”。二是正文部分，即审查情况主要内容，应写明九个方面的内容。分别是：第一，对案件事实认定、法律适用的意见和建议；第二，对现有证据材料补充、固定、完善的工作建议（需要补充完善证据的具体情况可在附件2补充完善证据清单中详述）；第三，对审查发现的非法证据提出依法排除或者重新收集的意见，对瑕疵证据提出完善补正的意见；第四，关于案件管辖问题的意见和建议；第五，对监察文书、卷宗材料是否齐备等提出意见；第六，涉案款物的追缴、保管、移交、处理建议；第七，对采取强制措施的意见和建议；第八，监察机关书面反馈共同犯罪、行贿犯罪等相关涉案人员的处理意见；第九，认为需要解决的其他问题。对于这九个方面的审查情况主要内容，同样应采用“一事一叙一论”的方式展开说明。以对案件事实认定、法律适用的意见和建议为例，监察机关以受贿罪对某被调查对象进行调查，涉及四笔受贿犯罪事实，检察机关在提前介入时认为其中两笔受贿犯罪事实不清，证据不足，不能以受贿罪来认定，则在撰写审查情况主要内容时在“一事一叙”阐述叙述意见的同时，还应分笔说明这两笔受贿犯罪事实以受贿罪论处存疑的情况，展开详细论证即“一论”。增强提前介入审查情况内容的说理性，对检察机关审查意见的被采纳起直接作用。

其次，关于补充完善证据提纲。文书格式样本规定较为宽泛，只有两大部分框架式内容，包括“全案需要补充完善的综合证据”，以及“分笔事实需要补充完善的证据”，并在其后用括号注明写明需要补充完善的证据、具体要求，并详细阐明理由、目的等。根据格式样本规定，补充完善证据提纲对检察机关提前介入调查后提出的补证建议采用“总—分”格式，同样应当采取“一事一叙一论”的方式。一是关于证据罗列即“一叙”。在分罪名分事实罗列的前提下，应将案件事实、证据列举和理由分析有机结合。如果被调查对象涉嫌一罪的，在“全案需要补充完善的综合证据”部分，需列明关于身份、职务等不受具体职务犯罪事实影响的犯罪构成方面证据。以挪用公款罪为例，这部分就需要列明被调查对象的国家机关工作人员身份、挪用公款的行使“公务”职权便利，等等。在“分笔事实需要补充完善的证据”部分，就采取“一事一证”的方式，具体罗列证据时，又可以采取两种方式，第一种方式是按照证据种类，即按照刑事诉讼法中证据种类的顺序排列，物证和书证要分列，列举证据时要写明主要证据的种类和内容。罗列证据时先用阿拉伯数字书写序号，下方为圆点；后具体罗列证据内容与证据种类；不同的证据种类之间用分号分段隔开，最后一项证据结尾为句号。对于同种类证据超过3个的，或者其他非主要证据原则上可以用“等”字样概括叙述。对证据比较繁琐的，可以归纳列举。第二种方式是按照犯罪构成要件，即不同构成要件分别得以证明的证据，或以犯罪时间阶段，即犯罪预备、犯罪实行、犯罪后行为来罗列证据。如果被调查对象涉嫌多个罪名的，在“全案需要补充完善的综合证据”部分，同样可以列明关于身份、职务等不受具体职务犯罪事实影响的犯罪构成方面证据。在“分笔事实需要补充完善的证据”部分，不同于一罪，可以采取“一罪一证”的叙述方式，即第一种罪名的犯罪事实叙述完毕后，接着写证据部分，然后再叙述第二种罪名的犯罪事实，叙述完毕后再写证据部分，以此类推。二是关于证据分析即“一论”。这是体现检察机关制作提前介入侦查意见书说理水平的体现。具体而言，需围绕建议补充完善的证据体系、继续调查取证的原因、方法、目的等内容逐一进行详细说明。需要说明的是，对于证据补充的“一事一叙一论”，可以是叙述一个证据论述一段理由和目的，若需补充的多个证据予以证明的是同一个犯罪构成或犯罪行为时间段，则也可以采用叙述一组证据论述一段理由和目的，以保证证据分析和说理的逻辑完整性。

3. 附注及尾部

关于这部分提前介入两类文书并不相同。首先是附注部分，对于提前介入侦查意见书而言，其附注主要有两部分内容，一是检察机关联系人和联系电话，二是一句专门予以提醒侦查机关的“备注：本意见书供开展侦查工作参考，不得装入侦查案卷”。而对于提前介入调查案件回复函而言，这部分并没有专门的内容，其两份附件事实上是正文内容。其次是尾部，提前介入侦查意见书主要有两个要素，即落款日期，以及制发文书的人民检察院院印。而提前介入调查案件回复函则有三个部分，一是制发文书的人民检察院具体职能部门，往往是职务犯罪检察部门，二是阿拉伯数字落款日期“年月日”，三是该人民检察院具体职能部门的部门印。

五、相关重点问题

（一）提前介入侦查的启动

1. 提前介入侦查的法理依据

关于检察机关提前介入的职能定位，理论界有不同的观点。一是诉讼职能说，即介入是为了保障诉权，检察机关根据介入情况及时提出意见和建议，引导侦查机关补充证据，保障起诉的准确性、确保办案质量、提高诉讼效率。“为有利于检察官行使控诉职能，检察官有权指挥刑事警察对案件进行侦查。”[①] 二是法律监督说，认为检察机关为了履行法律监督职责，通过提前介入的手段，防止和纠正侦查中的违法活动。“检察机关是唯一的法律监督机关，……把提前介入的重心放在侦查监督上，检察机关通过参与重大案件的现场勘验、侦查实验，参与讯问犯罪嫌疑人及询问证人等，能够直接督促侦查机关依法定程序开展侦查活动，并能及时发现并纠正违法活动。”[②] 三是综合说，认为检察机关的提前介入具有保障实现公诉职能和履行法律监督的双重价值。我们认为，检察机关通过介入引导侦查，确保证据的证据能力以及证明力，引导侦查机关构建刑事指控体系，最终保障案件移送审查起诉后能顺利提起公诉，即有保障实现诉权的一面。同时，检察机关在提前介入的过程中，除了体现“相互配合”，同时也体现了“相互制约”，发挥了检察机关的法律监督职能。两种功能并不排斥与矛盾。检察机关通过提前介入既实现了检察机关实现侦查监督的动态化和同步化，促进了宪法功能的落实；又确保了侦查行为的合法、全面开展，确保了案件质量，从而保障了诉讼职能的实现。因此检察介入的实践目的和预期价值应当是双重的。

2. 提前介入侦查的方式

（1）应公安机关的邀请而介入。公安机关在侦查活动中，发现案情重大、取证困难或者存在有碍侦查取证等情形的疑难案件，可以邀请检察机关参与案件讨论或现场勘查等活动。公安机关主动要求检察机关介入的案件，应当书面邀请同级检察院派员介入该案件侦查，在文书中列明案件的基本情况以及邀请提前介入的具体原因。检察机关基于介入时机和介入限度作出研判，书面决定是否派员提前介入并回复公安机关，不同意的应列明原因。

（2）检察机关主动介入。检察机关发现相关案件有提前介入侦查活动的必要时，应以书面形式通知公安机关予以介入。检察机关发现案件的来源有：当事人反映、媒体报道、上级检察机关交办、社会反映强烈

① 陈兴良：《诉讼结构的重塑与司法体制的改革》，载《人民检察》1999 年第 1 期。
② 谭冰涛：《试论侦查监督的改革与完善》，载《政法学刊》1998 年第 1 期。

等等。也可以建立刑事案件备案制度，规定在一定的案件范围内，公安机关在受理案件、立案、破案后，将相关材料抄送检察机关备案，便于检察机关了解案情确定是否需要提前介入。检察机关认为应当介入的，以书面文书的形式及时通知公安机关，要求公安机关给予配合。检察机关应当坚持应邀介入与主动介入相结合。对侦查取证存在疑问、侦查方式有待研究的案件，以侦查机关邀请介入为主，对疑难案件，应当选派理论扎实、工作经验丰富的检察官主动介入，以确保取证质量。

3. 提前介入侦查的时机

检察机关提前介入侦查的时机应具体案件具体分析，既不宜过早，过早，由于侦查机关案件的线索尚不具体、易浪费司法资源；也不宜过晚，过晚，则要么侦查终结，失去介入意义，要么证据已经灭失，于事无补。对证据完整性和合法性有较高要求的案件，应从证据开始收集时就介入，比如有的案件涉及境外证据效力的转化、国际司法协作，由于法律对涉外证据效力规定的专业性非常强，因此检察机关应当从侦查一开始就加强对侦查取证的指导。有的案件需要现场勘查以获得重要证据，应从现场勘查时介入。对于法律适用争议较大的案件，可以从立案之时介入。

4. 提前介入侦查的原则

（1）严格依法。检察机关作为法律监督机关，监督行为应当严格依法运行，不得超越法律授权的边界。如前所述，检察机关“提前介入侦查”既有宪法、刑事诉讼法层面的依据，也有保障诉权、法律监督的理论支撑。检察机关应当充分发挥该机制在现实中的作用，可以在实践中探索进一步明确、细化立法，以获得制度保障，但完善立法需按程序进行。司法实践中绝不能僭越法律、损害法律尊严。

（2）强化监督。检察机关的法律监督的地位决定了介入侦查行为，不仅仅是配合侦查，而且要运用检察职能监督侦查活动，以督促侦查行为合法、高质效地进行。在司法实践中，要充分发挥提前介入作为行使侦查监督权的重要职能，而不能流于可有可无的配合。提前介入制度必须坚持强化监督的原则，探索优化与公安机关研究案件的方式，检察机关与公安机关应当相互独立、守好各自职权的边界，提前介入不能演化为联合办案。

(3) 适度介入。要正确把握提前介入侦查的“度”，必须坚持“引导不是领导，引导不能代替，参与不是干预，讨论不是定论，职能的一体化，不是组织的一体化”[①] 的原则。在介入案件方式上重引导、建议，在介入内容上重事实证据的排疑补漏，在介入程度上不干预和妨碍侦查，防止参与过多出现包办代替或只讲配合、忘记监督的问题。实践中存在部分公安机关侦查人员把个别检察人员对案情的了解和发表的意见当作对案件所作的决定性表态，使具体个案的侦查和定性处理从一开始就被认为是体现了检察机关的意志；过分依赖检察机关提前介入时的“指导”与“表态”，从而形成了依赖的习惯、不注重在侦查过程中充分发挥自身的主观能动性，而是一切听命于检察人员的意志；导致提前介入前后的表态一旦不一致，不仅会使公、检两家形成误解，而且还有损检察机关的威信。因此提前介入的检察官必须摆正所处的位置，严格遵循分工负责、相互配合的原则，保持检警之间的适度分离，形成必要的张力，避免刑事检察活动的重心转向侦查活动从而削弱控诉职能和侦查监督职能，影响了检察权的正确行使。引导的范围仅限于与案件相关的法律问题，从公诉的角度来引导收集、固定证据，对案件的证明力进行分析，对公安机关的取证程序作出要求，不能扩大引导范围，变相干预公安机关工作。

(二) 提前介入侦查的工作重点

1. 提前介入侦查的案件范围

《刑事诉讼法》第 87 条规定，公安机关要求逮捕犯罪嫌疑人的时候，应当写出提请批准逮捕书，连同案卷材料、证据，一并移送同级人民检察院审查批准。必要的时候，人民检察院可以派人参加公安机关对于重大案件的讨论。而《人民检察院刑事诉讼规则》第 256 条规定，经公安机关商请或者人民检察院认为确有必要时，可以派员适时介入重大、疑难、复杂案件的侦查活动。关于重大、疑难、复杂的具体标准，具体可以从以下方面理解：

---

① 刘爱民、桓守国：《论检察机关的引导侦查权》，载《学术探索》2003 年第 5 期。

（1）重大案件的范围。范围的界定应当基于犯罪的影响、恶性等因素考量，具体可以从可能判处的刑期、案件性质、在一定范围内造成的社会影响三方面予以把握。一是危害国家安全、恐怖活动案件，以及可能判处无期徒刑、死刑的案件，此类案件由于由中级人民法院管辖，可以归为重大案件。但是需要注意的是并非上述所有案件都需要提前介入侦查，有的案件虽然重大但是事实清楚、证据也较为充分不存在争议，则没有介入的必要。二是从案件性质方面予以把握，重大案件一般包括如故意杀人、重伤、放火等严重危害社会治安的暴力犯罪案件、涉嫌黑社会性质组织犯罪案件、重大的集团犯罪案件。三是造成的社会影响，重大案件也包括上级领导部门交办、督办、具有较大社会影响的案件，如生产销售有毒有害食品、污染环境、危害公共安全等受社会舆论关注的热点案件。

（2）疑难、复杂案件的范围。疑难与复杂案件很难截然分开，因此这里一并阐释，疑难复杂案件一般可从认定上有重大分歧、手法特殊新颖、取证难度大等方面进行把握。新类型案件由于定性、取证存在争议，以及流窜作案等证据容易灭失的案件，均属于疑难案件。案情复杂的经济犯罪案件、检察机关通知公安机关立案侦查的案件、犯罪涉及面广取证困难的重大复杂案件、具有域外取证等国际司法协作情形的案件，以及侦查机关要求和检察机关认为有必要引导的其他案件均属于疑难、复杂案件。

2. 检察机关提前介入侦查的职责

（1）保障诉权方面的职责。为引导侦查，人民检察院可以与公安机关共同研究案件，对案件定性与法律适用等进行指导；同时就证据收集以及构建证据体系方面进行指导。具体包括四方面：一是文书审查。介入的检察官书面审查公安机关在侦查活动中形成的各种法律文书、证据材料（包含犯罪嫌疑人的有关信息）。二是列席现场取证活动。《刑事诉讼法》第134条规定，人民检察院审查案件的时候，对公安机关的勘验、检查，认为需要复验、复查时，可以要求公安机关复验、复查，并且可以派检察人员参加。介入检察官可以列席现场勘验、检查、复验、复查、搜查、辨认、侦查实验以及旁听讯问犯罪嫌疑人、询问被害人、证人等现场取证活动。三是案件讨论。《刑事诉讼法》第87条规定，必要的时候，人民检察院可以派人参加公安机关对于重大案件的讨论。检察机关可以受公安机关之邀，由侦查人员介绍案情和证据后，参与重大案件的讨论。四是发表意见。介入的检察官可以根据介入情况发表如下意见：就侦查取证的思路、方向和重点提出意见和建议，引导侦查部门依法、及时、规范地开展取证工作，全面客观地收集有罪、无罪以及罪重、罪轻的证据；对已经获取的证据进行分析，提出进一步收集、固定证据的意见；对发现的非法证据提出依法排除、重新收集的意见，证据瑕疵问题提出要求补正意见；对案件的事实认定、法律适用、管辖等问题，提出意见和建议。

（2）侦查监督方面的职责。《人民检察院刑事诉讼规则》第256条规定，参加公安机关对于重大案件的讨论……监督侦查活动是否合法。这一规定不仅明确了检察机关提前介入侦查的法律依据，而且也阐明提前介入的目的之一是实施法律监督。检察机关提前介入是全程动态同步的侦查监督，从侦查启动到侦查终结的每一个环节和全部侦查行为均在监督范围之列。具体包括：一是监督刑事案件立案情况，审查是否有应立案而不立案、不应立案而立案、立案后消极侦查、不立案便启动侦查行为等情形。二是监督刑事案件撤案情况，审查是否有移送批捕前撤案、捕后撤案等情形。三是监督侦查机关适用强制措施的情况，审查侦查机关适用和执行拘传、刑事拘留、取保候审、监视居住、移送提请逮捕、执行逮捕、捕后变更强制措施等行为是否合法。四是侦查机关进行侦查行为的合法性，具体包括讯问、询问是否存在刑讯逼供、暴力取证等违法行为，勘验、检查行为是否规范、有无见证人，搜查、扣押物证、书证是否规范，是否有提取笔录、扣押清单等能够证明物证、书证来源的证据，以及鉴定等专门调查工作是否合法。

3. 提前介入侦查的手段

介入手段是介入程序规范化运作的重要方面，检察机关在提前介入中可以运用其在侦查监督中的各种手段和措施。归纳起来，主要有两大类共四种介入手段：一是为保障诉权而提出意见、制发专门文书。针对提前介入后解决的问题，视情况制发《提前介入审查意见书》《引导侦查取证通知书》等介入文书，将案件信息、应当适用的法律、定性问题、介入后的补证意见等记录在案，归档备查。通过制发专门的介入文书以提升提前介入的针对性和实效性。二是立案情况监督。检察机关发现公安机关有应该立案而不立案、不应立案而立案情形的，应当向公安机关及时发出《要求说明不立案理由通知书》。对公安机关不予说明理由或理由不充分的，制发《通知立案书》通知公安机关立案。三是纠正侦查违法。检察机关在提前介入环节，发现侦查活动违法问题应当及时提出纠正意见，通过发出《纠正违法通知书》对违法行为予以监督，公安机关应当将纠正情况及时报告检察机关。四是发出检察建议。对不适合采用前述三种监督手段的，可向侦查机关发出检察建议。提前介入时发现不符合程序的行为但没有造成严重后果，或者发现公安机关普遍存在某类履职不当行为，检察机关可以以检察建议的形式要求公安机关在将来的工作中改进。发现侦查人员怠于行使职权，对案件办理或者对案件当事人可能造成不利后果，但尚不构成渎职犯罪的，可以以检察建议形式建议公安机关更换办案人。

4. 介入程序的终结

（1）介入程序终结的情形。一是提前介入后，随着侦查工作的开展，公安机关提请批准逮捕、移送审查起诉，介入程序自然终结。此时案件已经由侦查阶段转入审查逮捕或者审查起诉阶段，属于检察机关负责的审查程序，不再属于提前介入。一般情形下，由负责提前介入的检察官，作为案件审查逮捕及审查起诉的办案人。二是公安机关撤销案件，而导致介入程序终结。在侦查过程中如出现轻微刑事案件当事人和解并要求撤案、公安机关或者检察机关发现不应立案而立案、侦查过程中犯罪嫌疑人正常死亡等情形的，公安机关应当终止侦查程序、撤销案件。检察机关应当审查是否存在违法问题，如没有发现，提前介入程序终结。三是案件改变管辖。由于负责侦查的公安机关不具有管辖权而上级公安机关主动管辖、指定其他公安机关管辖、发现漏罪而合并移送案件等原因，案件不再由原侦查机关办理，那么提前介入程序终结。但如果检察机关在介入过程中发现违法问题，则不能终结介入程序，应当先对违法问题作出处理。

（2）介入意见的反馈。在上述几种情况下，案件提前介入程序终结后，负责提前介入的检察官应当将提前介入的过程、提出的意见建议、侦查监督情况写成书面材料备案。提前介入过程中形成的所有材料，在案件提请逮捕、移送起诉的情况下装入审查逮捕、审查起诉案卷的副卷；在其他情况下独立装订成卷备案。人民检察院就提前介入的案件提供参考性意见后，公安机关如认为不符合提请批捕、起诉条件需撤销案件处理的，应将情况及时反馈给提前介入的检察部门，原承办检察官应当审查公安撤销案件是否合法。介入时建议公安机关补充证据的，公安机关应当及时按照要求补充、完善证据，并将补充侦查情况报告提前介入的检察部门。刑事检察部门在分析审查移送的证据后，将对证据的分析意见告知公安机关，并作出批捕与否、起诉与否的决定。

（三）提前介入调查的工作重点

对监察委员会调查案件的提前介入，是指检察机关针对监察委员会立案调查的刑事案件，应监察委员会的邀请，派员提前介入调查，对案件定性、证据收集、事实认定、法律适用、案件管辖等提出意见和建议，以保证案件顺利进入起诉阶段。[①] 随着立法的完善，监察案件提前介入已经形成机制，并发挥着日益重要的作用。

1. 提前介入调查的法理依据

提前介入调查与提前介入侦查的法理依据并不完全相同，后者的依据主要是保障诉权兼侦查监督，而提前介入调查的法理依据主要是配合协助监察机关，以及保障诉权顺利行使。[②] 检察机关提前介入调查除了具有实现宪法规定的监检“互相配合、互相制约”关系的功能外，无疑还具有实现《监察法》与《刑事诉讼法》有效衔接的功能。虽然理论上检察机关可以在审查起诉阶段通过退回补充调查、自行补充侦查的方式来确保监察案件得以顺利起诉，但事后制约势必更加浪费诉讼资源。而提

---

① 参见陈国庆主编：《职务犯罪监察调查与审查起诉衔接工作指引》，中国检察出版社 2019 年版，第 41 页。

② 参见董坤：《检察提前介入监察：历史流变中的法理探寻与机制构建》，载《政治与法律》2021 年第 9 期。

前介入调查作为监察调查程序接近尾声时启动的一项重要工作，其可以发挥检察机关从事实、证据和法律适用等方面用刑事诉讼的标准对监察产品进行质量检测的功能，可以有效实现监检衔接，在提升监察案件质量方面发挥着积极作用。但正如宪法所规定的监察机关、检察机关之间“互相配合、互相制约”，配合必然也是相互的，检察机关协助监察机关就案件证据标准、事实认定、案件定性及法律适用提出书面意见，协助提升监察机关办理案件的质量，也必然为之后的顺利公诉提供了保障。

2. 提前介入调查的主体与方式

（1）提前介入调查的主体。关于检察机关提前介入调查的人员。检察机关提前介入监察委员会办理职务犯罪案件，经检察长批准由检察官办案组或检察官介入。关于提前介入的单位。由于监察委员会的调查管辖与检察机关的审查起诉管辖并不完全对应，最高人民检察院和省级检察院对等介入同级监察委员会办理的案件，在案件审查起诉阶段，负责审查起诉工作的检察机关一般都是设区的市级检察院或者基层院。因此在司法实践中，有两种介入模式：一种模式是上级检察院指导承办案件的检察院派员介入，即主要由下级承办案件的检察院介入；另一种模式是上级检察院与下级承办案件的检察院共同派员介入。

（2）提前介入调查的方式。《办理职务犯罪案件工作衔接办法》规定，国家监察委员会办理的重大、疑难、复杂案件在进入案件审理阶段后，可以书面商请最高人民检察院派员介入。《人民检察院刑事诉讼规则》第256条第2款规定，经监察机关商请，人民检察院可以派员介入监察机关办理的职务犯罪案件。可见，监察案件的提前介入以监察机关书面商请为前提。

3. 提前介入调查的时机与任务

（1）提前介入调查的时机。检察机关提前介入监察委员会办理职务犯罪案件，应当在案件进入审理阶段之后、调查终结移送起诉15日之前经书面商请后进行。提前介入的检察官办案组或检察官一般应在15日内审核案件材料，对证据标准、事实认定、案件定性及法律适用提出书面意见等。提前介入的检察官办案组或检察官，不得参与监察委员会案件调查活动。

（2）提前介入调查的任务。根据《办理职务犯罪案件工作衔接办法》规定，提前介入调查的任务也与介入侦查有所不同。检察机关提前介入调查的主要任务有两个：一是对证据标准、事实认定、案件定性及法律适用提出书面意见，特别是提出是否需要补充证据的意见。二是对检察机关下一步是否需要对犯罪嫌疑人采取强制措施审查，为案件移送审查起诉后的办案工作做好准备。

4. 提前介入调查的案件范围、工作内容

（1）案件范围。《办理职务犯罪案件工作衔接办法》规定提前介入的案件范围是“重大、疑难、复杂”的职务犯罪案件，但是“重大”“疑难”“复杂”需要办案机关根据具体案情把握。具体可从两方面理解：一是重大案件的范围。关于重大案件的评价标准，可以从案件的严重程度以及案件的影响程度两方面予以考量。关于严重程度，如可能判处10年有期徒刑以上刑罚的职务犯罪案件。关于影响程度，如在当地有重大影响、社会和媒体关注的案件、上级督办的案件、被调查人身份特殊或级别较高等情形。二是疑难、复杂案件的范围。可以从案件办理难易程度（疑难包括在事实认定、证据采信、案件定性以及法律适用等方面存在分歧）、监检资源配置以及办案经验的角度综合评价，主要考量的因素有，案件事实认定困难，比如犯罪事实及罪名较多、涉案人数多、金额多或者认定存在争议、时间跨度长等；证据采信困难，譬如证据真实性存在争议、证据与事实之间的关联性存疑等；复杂还包括，在案件定性、管辖对接、程序选择、刑罚适用等方面存在争议。

（2）介入方法。检察机关提前介入调查可以采取以下工作方式：一是听取监察机关有关调查活动的具体介绍并参与讨论，包括证据情况与事实情况；二是查阅案件监察文书和相关证据材料；三是必要的情况下，调看讯问被调查人、询问证人的同步录音录像；四是其他必要的工作方式。

（3）介入意见内容。检察机关提前介入调查后可以就下述问题提出意见和建议：一是对监察机关已经获取的证据材料进行分析，提出下一步补充、完善、固定证据的工作建议，全面客观地收集证明被调查人有罪、罪重以及无罪、罪轻的证据；二是对案件的认定、适用法律以及涉案财物处理等方面提出意见和建议；三是对审查发现的非法证据提出依法排除的意见以及重新收集的建议，对瑕疵证据提出补正、解释说明的意见；四是针对案件管辖问题提出意见；五是对是否需要采取强制措施以及强制措施的种类提出意见；六是检查监察文书是否齐全、卷宗材料是否齐备并提出意见和建议；七是对其他需要解决的事项提出意见和建议。

（四）侦查监督与协作配合办公室履职问题

1. 侦查监督与协作配合办公室的职责

2021 年 10 月，最高人民检察院、公安部发布了《关于健全完善侦查监督与协作配合机制的意见》，以更好适应以审判为中心的刑事诉讼制度改革要求，协同构建以证据为中心的刑事指控体系；并推动提升公安执法和检察监督规范化水平，提升刑事案件办理质效，维护执法司法公正。《关于健全完善侦查监督与协作配合机制的意见》专门就侦查监督与协作配合办公室的设立作出规定，明确该办公室由人民检察院刑事检察部门与公安机关法制部门共同牵头设立，依托公安机关执法办案管理中心开展工作，人民检察院指派常驻检察官、公安机关法制部门指定专门人员共同负责。办公室是人民检察院刑事检察部门与公安机关相关部门、所队加强侦查监督与协作配合的重要平台，是《关于健全完善侦查监督与协作配合机制的意见》所明确各项制度机制落地落实的重要抓手和关键节点。办公室具体有如下职责：（1）组织协调。组织协调人民检察院、公安机关相关部门、所队依法开展侦查监督、协作配合等相关工作，组织保障执法办案和侦查监督数据的共享通报。（2）监督协作。根据办公室人员配置和地方实际，积极开展侦查监督和协作配合相关工作；协调人民检察院、公安机关相关部门加强对重大、疑难案件的会商指导。（3）督促落实。负责对检察机关补充侦查意见的跟踪指导和督促落实；对联合督办案件的沟通协调、信息通报、督促办理；对监督意见和检察建议整改落实情况的跟踪督促；对公安机关要求说明理由、要求复议、提请复核、申请复查和提出意见建议的跟踪督促和及时反馈；对庭审阶段侦查人员出庭的协调督促。（4）咨询指导。对公安机关、人民检察院办理刑事案件过程中遇到的疑难复杂问题，以及轻微刑事案件犯罪嫌疑人是否需要提请批准逮捕、移送审查起诉等问题及时提供法律咨询和指导解答。(5) 其他职责。充分发挥协作沟通的平台机制优势，积极推进人民检察院与公安机关加强监督制约、协作配合、信息共享等其他相关制度机制的健全完善和贯彻落实。

2. 运行中存在的问题

(1) 对侦查监督与协作配合关系认识不足。从侦监协作办公室工作实践看，检察机关与公安机关对协作配合与侦查监督关系存在两种认识误区：一是过于强调协作配合而轻视监督制约。一些侦监协作办公室派驻检察官由于担心影响检警关系，把工作重心仅放在通过协作配合开展引导侦查工作方面，认为引导侦查遇到的阻力小、易达成共识，因此主要工作是帮助公安机关解决侦查方向把握不准、案件定性难、取证不到位等办案问题。而忽视或者甚少开展侦查监督工作。二是片面强调侦查监督忽视协作配合。缺乏协作配合而只强调侦查监督，则易引起部分侦查人员的抵触和对立，造成侦查监督工作僵化，影响刑事诉讼监督工作提质增效。

(2) 信息共享机制有待完善。检察机关与公安机关办案系统独立，由于保密要求，两机关办案系统尚不能实现兼容，信息共享主要依靠侦监协作办公室常驻检察官借用侦查人员的数字证书登录公安机关办案平台进行查询的方式完成。执法办案数据与检察监督系统尚未实现双向交换、数据共享。为履行监督职能，侦监协作办公室常驻检察官应被授予查询相关案件信息的权限。为了限制监督权的滥用，查询、登录警综系统在技术上要做到查询记录可回溯。

(3) 协作办公室职能发挥有待强化。从实践来看，目前侦监协作办公室的职能履行主要集中于立案监督、排查以刑事手段插手经济纠纷、监督侦查活动违法等情形。检察机关补充侦查意见的督促落实，监督意见和检察建议整改落实情况的跟踪督促，刑事案件办理过程中疑难复杂问题的法律咨询等职能履行较少。侦监协作办公室在促进刑事案件办理质效整体提升方面的作用仍有待进一步发挥。此外，实践还存在派驻检察人员配备及保障不足等问题。

3. 侦查监督与协作配合办公室检察工作的优化

(1) 转变理念正确认识侦监协作机制的内涵。一是准确认识侦监协作机制范畴。侦监协作机制是检察机关与公安机关立足职能定位，派驻检察官应树立系统全面的监督思维，在以侦监协作办公室为依托开展工作的同时，充分认识到办公室的职责包括依法开展侦查监督、协作配合等相关工作；组织协调检察机关、公安机关沟通衔接、案件会商等；督促协调双方监督、反馈等意见建议的进展落实；为案件疑难复杂问题或相关刑事政策提供咨询指导等。二是准确认识监督与配合的辩证关系。应客观认识监督与配合的辩证关系，在监督的过程中加强与公安机关的沟通协调，充分阐释监督理由依据，争取公安机关对检察工作的理解与支持，提升监督效率。三是谨守角色定位。检察机关在提供案件咨询以及提前介入的过程中，主要应围绕证据的"三性"、取证方向、证据标准等以及案件定性及法律适用等问题，提供专业指导。公安机关亦应根据检察机关的意见建议，按照侦查行为客观规律，积极收集、固定证据，完善证据体系。

（2）强化双向衔接，推进办案平台信息共享。《关于健全完善侦查监督与协作配合机制的意见》对健全完善信息共享机制提出的任务之一是加快推进跨部门大数据协同办案机制。检察人员应强化检察大数据思维，建立"数字办案"工作模式。进一步强化顶层设计，打破信息壁垒，畅通检、警跨部门平台信息，实现数据共享、共同推进侦监协作办公室与公安机关数据平台的双向衔接建设。一方面，检察机关建立更加规范的数据共享规则，以更加积极的态度加强与公安机关信息数据的对接，及时获取公安机关侦查办案信息，保障监督线索来源，为更好推进侦查监督与协作配合机制提供数据支撑；另一方面，更加主动地加强检察机关办案监督数据对公安机关共享推送，双向打通"数据孤岛"。[①] 建立机制明确派驻检察官办案数据信息获取权限。赋予相应层级检察官登录公安机关办案系统的权限，同时通过登录检索留痕等技术制度严格规范派驻检察官对数据的运用与保密。对于侦查监督平台数据、不捕不诉及法院判决等反映侦查办案质量的检察业务数据，应依托侦监协作办公室形成定期通报、共同研判机制，以对检察业务数据的分析研判推动侦查办案和检察监督质效同步提升。

---

① 参见苗生明：《侦查监督与协作配合机制的准确理解与有效运行》，载《人民检察》2022 年第 15 期。

（3）完善办公室工作机制深化平台建设。一是规范协作办公室工作机制。检察机关和侦查机关协商制定工作机制，明确协作办公室的具体职能，包括办理案件范围、工作方式、侦捕诉衔接机制以及定期信息公开与通报机制等。二是明确检察机关提前介入案件的模式。通过强化引导侦查取证，防止侦查行为违法。派驻检察官可以与之后办理案件的检察官同步介入公安机关侦查，通过参与案件物证提取、技术侦查及首次讯问等重点环节，防范冤错案件以及侦查违法行为的发生。对于发现的重大违法事项线索，实行侦查监督事项案件化办理。

六、文书样式及范例

（一）文书样式

1. 提前介入侦查意见书样式

××××人民检察院

提前介入侦查意见书

________（侦查机关名称）：

犯罪嫌疑人________涉嫌________一案，经你局邀请（人民检察院认为确有必要），本院派员提前介入，为了彻底查明犯罪事实，有效惩治犯罪，提出以下引导取证意见：

1.……（列出侦查取证的要求）

2.……（列出侦查取证的要求）

……

联系人：

联系电话：

备注：本意见书供开展侦查工作参考，不得装入侦查案卷。

20××年×月×日

（院印）

2. 提前介入调查案件回复函样式

提前介入调查案件回复函

________监察委员会案件审理室：

（工作单位+职务+姓名）__________涉嫌__________一案，______年____月____日你委商请本院提前介入并介绍有关情况后，本院即组成办案组/指派检察官阅卷审查并进行了认真研究，形成了提前介入的初步意见，现将有关情况反馈你室。

附件：1. 提前介入的审查意见；

2. 补充完善证据清单。

××××人民检察院××部门

20××年×月×日

（部门印）

附件1

关于×××涉嫌×××案提前介入的审查意见

________涉嫌________一案，____年____月____日由________监察委员会书面商请本院提前介入，并移送案卷复印件____册。本院即组成办案组/指派检察官同步提前介入审查案卷材料，提出了提前介入审查意见（如案件指定到下级检察机关管辖，写明商请和指定管辖情况）。现将审查情况通报如下：

主要涉及以下内容：

1. 对案件事实认定、法律适用的意见和建议；

2. 对现有证据材料补充、固定、完善的工作建议（需要补充完善证据的具体情况可在附件2补充完善证据清单中详述）；

3. 对审查发现的非法证据提出依法排除或者重新收集的意见，对瑕疵证据提出完善补正的意见；

4. 关于案件管辖问题的意见和建议；
5. 对监察文书、卷宗材料是否齐备等提出意见；
6. 涉案款物的追缴、保管、移交、处理建议；
7. 对采取强制措施的意见和建议；
8. 监察机关书面反馈共同犯罪、行贿犯罪等相关涉案人员的处理意见；
9. 认为需要解决的其他问题。

附件 2

补充完善证据提纲

一、全案需要补充完善的综合证据

……

二、分笔事实需要补充完善的证据

……

（写明需要补充完善的证据、具体要求，并详细阐明理由、目的等）

（二）文书范例

范例一：天津市东丽区人民检察院高某某等人贩卖毒品案提前介入侦查意见书

天津市东丽区人民检察院

提前介入侦查意见书*

天津市公安局某分局：

犯罪嫌疑人高某某、钟某某等 8 人涉嫌贩卖毒品一案，经你局邀请，

* 此文书为提前介入侦查意见书，收入时有删改。

本院派员提前介入，为了彻底查明犯罪事实，有效惩治犯罪，提出以下引导取证意见：

一、关于本案贩卖毒品的种类、批次和数量

1. 查明已查扣电子烟中合成大麻素的含量。对已查扣的电子烟和电子烟油中各合成大麻素的成分、比例、浓度和含量进行鉴定，确定毒品类别与含量。

2. 查明已查扣电子烟成分不完全相同的原因。（1）对比本案从高某某、梁某、王某某案所查扣的电子烟和烟油鉴定报告，查清合成大麻素种类不完全一致的原因（新收的烟油成分中有1瓶为ADB－BUTINACA和MDMB－4en－PINACA，有1瓶只有ADB－BUTINACA没有MDMB－4en－PINACA，新收的电子烟是5F－MAMB－PICA，高某某租住处查获的2支电子烟中只有MDMB－4en－PINACA没有ADB－BUTINACA；梁某案梁某处查获的电子烟是ADB－BUTINACA和MDMB－4en－PINACA；北京王某某案处查获的电子烟成分是4Fluoro－MDMB－BUTICA和MDMB－4en－PINACA）；鉴定从其他涉案人员处查扣的电子烟的毒品成分，查清是否均有合成大麻素，是否也存在合成大麻素的种类不一致的情况。

3. 查明高某某已贩卖的含毒电子烟的来源、种类、批次，确认与其租住地、快递点查扣的电子烟、烟油具是否有同一性。（1）调取高某某自书材料、复核其笔录，核对高某某的微信聊天记录，查找高某某从上家进货的快递信息，检查从高某某（钟某某）处扣押的收发明细。查明含毒电子烟的种类、进货渠道、批次、贩卖去向、时间。（2）对从代理、买家处查扣的电子烟进行梳理，查明上述电子烟是否均来自高某某处，是否有从其他渠道购买的情况，查明上述电子烟从高某某处寄出的时间，查清是否均系同一批次、同一来源，如哪些是同一次从上家购买的电子烟，哪些是从上家购买的同一瓶烟油中分装而来，通过收、发货的时间能否准确区分。

4. 查明高某某贩卖0号胶囊等其他毒品的情况。（1）梳理已扣押的0号胶囊等物品，分清其类别和批次，并进行成分和含量鉴定，确定含有毒品的物品类别，毒品种类和含量；（2）梳理从各买家处查扣的涉毒的物品，与本案从高某某处查扣的含毒物质品种、批次进行核对，查明是否属于同一物质，对从买家处查扣的涉毒物质成分进行鉴定，核实检出毒品是否为同一种，同时查清含量。

二、关于犯罪嫌疑人的犯罪故意

1. 查明高某某等人对贩卖电子烟属于贩毒的主观故意。(1) 通过复核上述人员供述、核对电子数据等，核实高某某从上家处知晓该电子烟烟油中含有合成大麻素将被管控的时间，其告诉各代理的时间、方式，告诉钟某某、邢某某、韦某、张某某的时间、场合、内容和在场人员；核实钟某某、邢某某、韦某、张某某四人从高某某处听取上述情况的时间、途径、场合、内容、在场人员，查明四人对各贩卖物品的成分、管控时间、管控原因的了解情况，并对知情情况互相印证。(2) 讯问各人员对毒品的认识，确定其主观目的是贩卖毒品而非违禁品。讯问各犯罪嫌疑人对本案所涉毒品、毒物的毒害性（对人体有损害，刺激、幻觉等）、致瘾癖性（依赖、上瘾，用了还想用、反复购买）、受管制性（国家管制不让卖、不让卖的目的是不让吸食）、非法使用性（用于直接吸食、追求精神刺激，而非药用或生产生活）的认识。

2. 查明高某某等人贩卖0号胶囊等其他涉毒物质的主观故意。通过复核上述人员供述、核对电子数据等核实：(1) 高某某是否了解0号胶囊、G点液等产品中含有合成大麻素，如其了解相关情况，则进一步讯问其何时知情、如何知情、贩卖时是否知情；(2) 核实高某某是否向各代理以及钟某某、邢某某、韦某、张某某等人告知过上述产品中含有合成大麻素；(3) 查明各代理、买家及钟某某、邢某某、韦某、张某某等人是否了解或者应当认识到上述物品中的毒品成分，查明其了解上述情况的方式和日期。

三、关于高某某贩卖毒品的经过以及钟某某、邢某某、韦某、张某某与高某某的共同犯罪事实的界定

1. 核查高某某贩卖毒品的经过。(1) 核查微信聊天、转账记录，包括高某某向各代理发送广告的群聊记录、高某某与各代理沟通国家管控电子烟事宜，以及接收各代理买家信息的各微信账号聊天记录、高某某向钟某某、邢某某、韦某、张某某四人所在微信群发送买家信息的群聊记录，查清交易情况。(2) 核对高某某与各实际发生的交易的代理之间供述是否一致，就交易的物品、对其性质的认识、交易数量、金额等是否一致。(3) 查明高某某等人通过申通等快递交付毒品的情况，根据快递单号、代理代号、联系方式等调取相关快递信息。查明时间、对象、地址、电话等，以便与聊天记录相对应。

2. 查明钟某某、邢某某二人自行贩卖、帮助高某某贩卖毒品的情况。(1) 查清钟某某、邢某某二人经手贩卖的毒品的下落，予以查扣并进行鉴定，对购毒人员进行取证，调取交易、转账、快递记录，证明犯罪经过；(2) 综合高某某、钟某某、邢某某三人聊天记录及供述，核实在2021年7月1日后由钟某某、邢某某帮助高某某贩卖毒品的数量，注意查明7月1日后所贩卖且已经查扣的毒品是否均系二人经手包装、发出。

3. 查明韦某、张某某经手贩卖毒品的情况。(1) 核查韦某、张某某经手贩卖的毒品下落，予以查扣并进行鉴定，对购毒人员进行取证；(2) 核实韦某上线“小狄”的身份，调取其笔录，聊天、转账记录等情况，查清其所贩卖的电子烟的种类、批次和含量；(3) 查明韦某、张某某与买毒人员联系使用的微信号、阿里巴巴账号等系其自己的账号还是高某某的账号。

四、关于本案各代理的贩毒事实

(一) 梁某从高某某处购买含有合成大麻素的电子烟并贩卖给吕某的犯罪事实

1. 查明梁某贩卖毒品的故意。(1) 复核梁某笔录。进一步查明其于2021年5月份与上家沟通电子烟不能继续贩卖事宜的原因和背景，查明该上家是否系高某某，查明其所了解到被管制的电子烟是否就是其从高某某处购买的电子烟，查明其何以确定该电子烟含有的成分属于国家将管制的违禁品，核实其是否明知该成分是合成大麻素。(2) 复核高某某笔录，就其向梁某告知电子烟系国家管制的毒品、其向梁某贩卖毒品的情况，与梁某供述进行比对，使之相互印证。(3) 复核吕某笔录。查明其购买之前是否明知是毒品，其为何购买此种电子烟，其是否与梁某沟通过此种电子烟的成分。

2. 查明从梁某处扣押电子烟的来源和用途，确定该电子烟是否系从高某某处查扣的电子烟。(1)讯问梁某，查明现场查扣的电子烟是否系梁某从高某某处购买，如确系从高某某处购买，与相关交易记录进行核对，如并非从高某某处购买，查清上家；(2)查明该电子烟是供梁某本人吸食还是意图贩卖，如系其意图贩卖给他人的，则继续查明与下家沟通及交易的记录，并讯问该电子烟未从上家直接发往购毒人处的原因。

3. 查明梁某贩卖毒品的交易经过。(1)捋清梁某与高某某、吕某等的微信聊天、交易记录。查明每次交易的电子烟来源、去向、数量、金额。(2)调取高某某向吕某邮寄电子烟的快递信息。查明日期、单号、收发人、地址等信息，以与聊天记录中相应信息印证。

4. 查清梁某贩卖或者非法持有毒品的数量。(1)对从梁某处实际扣押的电子烟中合成大麻素的含量进行鉴定；(2)对从梁某贩卖给吕某已灭失的电子烟的种类、批次和含量与本案其他电子烟进行核对，确定其同一性。

(二)关于孟某、苏某某从高某某处购买电子烟贩卖给曹某、“小熊饼干爱睡觉”的犯罪事实

1. 查明孟某、苏某某贩卖毒品的数量。追查涉案毒品下落，核实从曹某、邢某二人处是否查扣电子烟，予以取样鉴定，查清其成分与含量。调取买家供述，与孟某、苏某某等人供述相互印证。

2. 查明孟某、苏某某贩卖毒品经过。(1)调取相关人员通话、社交软件聊天记录。扣押孟某、苏某某、曹某、邢某作案用手机及其他电子设备，对微信聊天记录等电子数据进行提取，检查上述电子数据中涉及贩毒有关的内容，与高某某的微信聊天记录进行核对，与钟某某、邢某某、韦某、张某某等人手机中微信群聊的记录进行核对。(2)根据相关聊天记录中涉及的快递单号，对高某某等人发货的申通快递网点相关信息进行核对，证实交易行为和确切时间、次数。(3)复核相关人员笔录，通过贩卖毒品的特点、种类确定贩毒事实。

3. 强化孟某、苏某某犯罪故意的证据。(1)在核查相关微信聊天记录时，注意查找是否有证明二人与上家、下家，以及互相沟通电子烟受管控，不能贩卖等有关记录；(2)与高某某供述进行核对，确保相互印证。

（三）关于王某某通过高某某、马某某通过王某某购买毒品并向李某某进行贩卖的犯罪事实

1. 查明王某某购买电子烟的渠道。(1) 王某某提及其5月底从一个电子烟的厂家处得知该电子烟属于毒品，问清楚该厂家的身份，确定该厂家是否不是高某某，讯问王某某是否从该厂家处购买过电子烟，调取王某某与该厂家的联系记录，查明其沟通内容。(2) 确定王某某从厂家处知道不能卖的电子烟与其从高某某处购买的电子烟是同一种物品。

2. 查明王某某、马某某贩卖毒品故意。(1) 核实王某某、马某某二人手机等电子设备扣押情况，提取电子数据，或从腾讯公司等处调取"彩虹××"群聊信息，从群聊成员处提取相应电子数据。查明王某某、马某某二人手机中是否保有"彩虹××"培训群聊电子数据，核实王某某于5月份在群聊中发布警示信息的情况；核实"彩虹××"培训群聊成员，查明其中是否有马某某。(2) 复核王某某笔录，查明马某某是否知道其购买的系毒品，怎么知道的，何时知道的。(3) 复核高某某供述，查清其怎么与王某某沟通的，沟通的内容。(4) 复核马某某笔录，查明马某某什么时候上述电子烟里的成分是违禁的、怎么知道里面的成分是违禁的。

3. 查明李某某从马某某处购买电子烟中毒品的成分和含量。(1) 核查现场查扣物品编号，取样后封装送检编号、检材编号是否能够对应并说明情况；(2) 鉴定意见中表述未明确鉴定物品系何种毒品，请予以补强；(3) 鉴定意见未对合成大麻素含量进行鉴定，请予以补充。

（四）关于其他代理贩毒犯罪事实的追查

请根据本案现有证据，参照本案其他犯罪事实侦查方向，追查相关代理于2021年7月1日后明知系含有合成大麻素的物品仍予以贩卖的犯罪行为。

五、关于本案相关证据的完善

1. 关于毒品搜查、扣押、取样、鉴定等环节取证合法性问题。请理清搜查、扣押、称量取样封装、鉴定各环节证据，务必确保：(1) 搜查发现的物品与扣押物品一致无矛盾；(2) 扣押现场封存编号，称量、取样后的封装编号，鉴定检材编号等各环节一致，如在取样、鉴定过程中

重新编号，则与前一程序中编号应当衔接对应（附照片、录像等予以佐证），录像时注意在对涉案物品拆封前就开始录像，以确定与上一阶段录像中显示的物品一致；（3）鉴定机构资质认定证书附表中关于其检验检测的能力范围有合成大麻素类物质；（4）按照物品对各环节证据进行分组移送，一一对应。

2. 关于本案扣押、调取证据等环节的合法性问题。本案钟某某、韦某、张某某等人的扣押决定书、扣押清单、调取证据清单等存在空项或者缺少见证人、接收人签字盖章，请即纠正，并仔细检查本案相关调取证据的手续，避免出现同类问题。

3. 关于调取微信聊天记录等证据合法性的问题。（1）微信聊天记录，原则上应当按照电子数据提取的有关标准固定。（2）如因客观原因无法或者不宜收集、提取电子数据，采取打印、拍照或者录像等方式固定相关证据的，应当在笔录中说明具体原因，并与持有人核对，要求持有人、侦查人员在微信聊天记录图片上签字、注明系其本人与相关具体人员的聊天或转账记录，并注明日期。（3）在固定证据时务必分清提供人，务必使证据能够体现贩卖毒品等相关事实的时间，比如聊天记录上显示“周四”，则应当通过前后聊天记录，确定该“周四”的日期，或者要求持有人直接在该聊天记录上注明聊天时间。（4）在移送相应聊天记录时，请务必按照事实对证据进行分组，并按照主体及时间先后排序，以能够相互印证。

4. 关于确保犯罪嫌疑人供述笔录有效性的问题。请严格执行讯问同步录音录像相关规定，如实、完整记载犯罪嫌疑人供述与辩解，避免错记、漏记、录像不连贯、不完整、没有声音等情况，避免作出足以诱发犯罪嫌疑人作出虚假供述的承诺。

联系人：於成洋

联系电话××××

备注：本意见书供开展侦查工作参考，不得装入侦查案卷。

2021年8月23日

（院印）

范例二：广东省佛山市南海区人民检察院邓某受贿案提前介入调查案件回复函

提前介入调查案件回复函*

某区监察委员会案件审理室：

佛山市××分局股长邓某受贿案一案，2023年3月1日你委商请本院提前介入并介绍有关情况后，本院即指派检察官阅卷审查并进行了认真研究，形成了提前介入的初步意见，现将有关情况反馈你室。

附件：1. 提前介入的审查意见；
　　　2. 补充完善证据清单。

佛山市南海区人民检察院第二检察部
2023年3月7日
（部门印）

附件1

关于邓某受贿案提前介入的审查意见

邓某受贿一案，2023年3月1日由某区监察委员会书面商请本院提前介入，并移送案卷复印件3册。本院即指派检察官同步提前介入审查案卷材料，提出了提前介入审查意见。现将审查情况通报如下：

主要涉及以下内容：

1. 对现有证据材料补充、固定、完善的工作建议（详见附件2补充完善证据提纲）

* 此文书为提前介入调查案件回复函，收入时有删改。

（1）请进一步调查本案是否存在“他洗钱”行为。

（2）对于收受好处费的时间、地点、次数、金额等，邓某的供述与部分行贿人的说法存在部分不一致之处，请进一步调查核实。

（3）关于邓某收受贿赂款后退还的钱款是否应从总额中扣除，请进一步调查论证。根据最高法、最高检《关于办理受贿刑事案件适用法律若干问题的意见》（法发〔2007〕22号）第九条规定：“国家工作人员收受请托人财物后及时退还或者上交的，不是受贿。国家工作人员受贿后，因自身或者与其受贿有关联的人、事被查处，为掩饰犯罪而退还或者上交的，不影响认定受贿罪。”邓某收受邹某某钱款后不久就退回8万元、收受××公司周某某12万元后不久便全额退还，是否不算受贿？

2. 对于行贿人的处理意见

2021年9月印发的《关于进一步推进受贿行贿一起查的意见》要求，纪检监察机关、审判机关和检察机关根据职能职责严肃惩治行贿行为。行贿人涉嫌行贿犯罪应当移送司法机关追究刑事责任的，要移送司法机关处理。对于依法可以不移送司法机关的行贿人，纪检监察机关可以综合运用党纪政务处分或者组织处理，批评教育、责令具结悔过，或者移交给相关单位由其作出行政处罚等方式进行处理，让行贿人为其行贿行为承担应有的责任。

本案中，行贿人为谋取不正当利益给予邓某好处费，部分行贿人的行为涉嫌行贿，请根据对行贿人的调查情况依法作出处理。

3. 卷宗材料未反映立案后邓某有退赃行为，建议继续跟进追赃挽损事宜。

附件2

补充完善证据提纲

一、全案需要补充完善的综合证据

1. 补充完善证实邓某身份特征的材料：如公务员登记表等。

2. 在邓某接受多家公司贿赂中，凡是涉及因具体××审批、检查而收受贿赂的，建议补充相关书证材料（包括但不限于补充以下涉及具体事实的相关审批材料等）。

3. 在邓某收受贿赂款后，其曾有三次将贿赂款退还行贿人的行为，该三次退还行为性质略有不同，请根据相关司法解释进一步补充完善证据以更好区分。

4. 建议对邓某作一次全面的讯问，全面说明其任职以来收受所有贿赂的总金额、总宗数。

5. 建议完善卷宗目录。

二、分笔事实需要补充完善的证据

第一宗事实：

1. 关于送 5.2 万元现金方面，邓某和曹某某均反映，2006 年至 2021 年持续 16 年的中秋、春节，曹某某会送钱给邓某，送了 32 次。另外还送了 20 次（每次 1000 元），请让该两人说明该 20 次是怎么确定记得的，有何依据？

2. 事实中认定的 27.08933 万元装修费用是怎么得出的结论？请让行受贿双方在笔录中对相关单据的总金额进行确认（可参照涉及收受××公司行贿款的取证方式）。

第二宗事实：

关于请托事项，邓某和李某某一致反映，李某某送钱是为了减少对××公司的现场执法检查频次避免受处罚，也为了维持关系。但事实认定中描述是“为公司提供政策解读指引”，请对请托事项进一步核实。

……

第五宗事实：

邓某和巫某某均反映在项目的验收检查中，巫某某会送钱给邓某，送了 8 次，请进一步向该两人核实这 8 次是怎么记得如此确定的，有何依据？

第六宗事实：

1. 邓某和张某某均反映邓某到××公司进行项目验收的时候，张某某送了 10 次现金（每次 2000 元）给邓某，该 10 次为何记得如此确定？

有何依据？

2. ××公司承接了3个较大规模项目评估，包括其中一个涉及××厂的审批项目未附相关书证，请补充。

第七宗事实：

1. 邓某反映对××公司项目验收次数为80次，该次数有何依据得出？反观陈某某的说法，项目验收次数较具体，共91次，该说法是否得到印证？

2. 邓某和梁某某均反映2018年春节至2021年中秋期间，梁某某每逢过节送钱，共送16次现金给邓某，每次2000元，请进一步向该两人核实，为何明确记得是16次，遇到什么节日会送钱？

……

第十三宗事实：

邓某在交代其收受××公司杨某某的贿赂款时，还交代收受××金属厂、××铝材贿赂款的情况，请寻找对应的行贿人核实上述情况。

……（其余内容略）

专题七

如何撰写
纠正非法取证意见书

一、基本概念

为规范侦查机关的取证行为，遏制刑讯逼供，暴力、威胁取证等非法取证活动，促进惩罚犯罪与保障人权相平衡，我国《刑事诉讼法》确立了非法证据排除规则。《刑事诉讼法》第56条对非法证据种类及排除规则作了明确规定，将非法证据分为非法言词证据和非法实物证据。针对侦查机关非法取证行为，《刑事诉讼法》第57条赋予检察机关对非法取证行为的调查核实权。其中，第56条规定“采用刑讯逼供等非法方法收集的犯罪嫌疑人、被告人供述和采用暴力、威胁等非法方法收集的证人证言、被害人陈述”为非法言词证据，一经发现绝对排除。“收集物证、书证不符合法定程序”为非法实物证据，对于“可能严重影响司法公正的，应当予以补正或者作出合理解释；不能补正或者作出合理解释的，对该证据应当予以排除”。纠正非法取证意见书就是检察机关在审查逮捕、审查起诉中发现侦查机关上述非法取证行为后，经调查核实后依法提出纠正意见制作并向其发出的法律文书。

证据是刑事诉讼活动的基石。刑事诉讼的过程，就是证据的发现、收集、审查、判断和运用的过程，而证据的合法性要求之一就是证据的收集程序或提取方法必须符合法律的有关规定。非法取证严重侵害了犯罪嫌疑人的合法权益，损害了司法公正，非法侦查取证行为也成为刑事错案发生的重要原因。检察机关加强对非法侦查取证的监督，对于预防刑事错案、完善我国刑事诉讼制度、维护司法公正，实现社会公平正义有着十分重要的现实意义。检察机关作为国家的法律监督机关，必须坚持把解决非法取证和刑事错案问题作为法律监督的重点。[①] 要加强证据合法性前端治理，促使侦查行为规范化，达到法定证据标准，防止“带病”案件进入审判程序，杜绝冤假错案。同时，通过制发纠正非法取证意见等方式，全面防范和遏制侦查机关非法取证行为，提高监督质效。

① 参见王振川：《防范非法取证与刑事错案维护社会公平正义》，载《国家检察官学院学报》2007年第15期。

二、文书制作依据

（一）法律规定

《刑事诉讼法》第56条、第57条在立法层面上，确立了检察机关从证据合法性审查和侦查监督两方面进行调查核实非法取证的职责。如第56条规定，采用刑讯逼供等非法方法收集的犯罪嫌疑人、被告人供述和采用暴力、威胁等非法方法收集的证人证言、被害人陈述，应当予以排除。收集物证、书证不符合法定程序，可能严重影响司法公正的，应当予以补正或者作出合理解释；不能补正或者作出合理解释的，对该证据应当予以排除。在侦查、审查起诉、审判时发现有应当排除的证据的，应当依法予以排除，不得作为起诉意见、起诉决定和判决的依据。第57条规定，人民检察院接到报案、控告、举报或者发现侦查人员以非法方法收集证据的，应当进行调查核实。对于确有以非法方法收集证据情形的，应当提出纠正意见；构成犯罪的，依法追究刑事责任。

（二）司法解释及相关文件规定

《人民检察院刑事诉讼规则》第71条至第76条从侦查监督的角度规定了检察机关对非法取证行为实行法律监督的职责。《人民检察院刑事诉讼规则》第67条，《关于适用〈中华人民共和国刑事诉讼法〉的解释》第123条以及最高人民法院、最高人民检察院、公安部、国家安全部、司法部《关于办理刑事案件严格排除非法证据若干问题的规定》第2、3、4条，都对“采用刑讯逼供等非法方法收集的犯罪嫌疑人、被告人供述”作了较为一致的规定。如《人民检察院刑事诉讼规则》第67条规定，对采用下列方法收集的犯罪嫌疑人供述，应当予以排除：（1）采用殴打、违法使用戒具等暴力方法或者变相肉刑的恶劣手段，使犯罪嫌疑人遭受难以忍受的痛苦而违背意愿作出的供述；（2）采用以暴力或者严重损害本人及其近亲属合法权益等进行威胁的方法，使犯罪嫌疑人遭受难以忍受的痛苦而违背意愿作出的供述；（3）采用非法拘禁等非法限制人身自由的方法收集的供述。《关于适用〈中华人民共和国刑事诉讼法〉

的解释》第 123 条的内容与《人民检察院刑事诉讼规则》第 67 条基本一致，在此不再赘述。

2010 年，最高人民法院、最高人民检察院、公安部、国家安全部、司法部《关于对司法工作人员在诉讼活动中的渎职行为加强法律监督的若干规定（试行）》明确要求，检察机关通过调查核实非法取证行为，对侦查人员非法取证行为进行法律监督。2013 年 10 月，最高人民检察院研究制定了《关于侦查监督部门调查核实侦查违法行为的意见（试行）》，不仅从证据收集的角度要求检察机关对证据取得实施法律监督，更从证据采纳即对证据资格确认的角度要求检察机关对证据的合法性进行严格审查。2017 年 6 月，最高人民法院、最高人民检察院、公安部、国家安全部、司法部联合发布《关于办理刑事案件严格排除非法证据若干问题的规定》，从侦查、起诉、辩护、审判等方面明确非法证据的认定标准和排除程序，切实防范冤假错案产生。同时明确了检察机关调查核实非法证据的责任主体，并强化了检察机关对公安机关的监督。如第 14 条规定，犯罪嫌疑人及其辩护人在侦查期间可以向人民检察院申请排除非法证据。对犯罪嫌疑人及其辩护人提供相关线索或者材料的，人民检察院应当调查核实。调查结论应当书面告知犯罪嫌疑人及其辩护人。对确有以非法方法收集证据情形的，人民检察院应当向侦查机关提出纠正意见。侦查机关对审查认定的非法证据，应当予以排除，不得作为提请批准逮捕、移送审查起诉的根据。对重大案件，人民检察院驻看守所检察人员应当在侦查终结前询问犯罪嫌疑人，核查是否存在刑讯逼供、非法取证情形，并同步录音录像。经核查，确有刑讯逼供、非法取证情形的，侦查机关应当及时排除非法证据，不得作为提请批准逮捕、移送审查起诉的根据。2017 年 11 月，最高人民法院印发的《人民法院办理刑事案件排除非法证据规程（试行）》，对审判阶段的排非程序作了较为全面的规定。2017 年 11 月，最高人民检察院、公安部《关于公安机关办理经济犯罪案件的若干规定》，明确检察机关在审查逮捕、审查起诉中发现公安机关办案人员以非法方法收集犯罪嫌疑人供述、被害人陈述、证人证言等证据材料的，应当依法排除非法证据并提出纠正意见。2021 年 10 月，最高人民检察院、公安部《关于健全完善侦查监督与协作配合机制的意见》强调要及时发现和纠正刑讯逼供、非法取证等侦查违法行为，从源头上防范冤假错案发生。2023 年 6 月，最高人民检察院、中国海警局《关于健全完善侦查监督与协作配合机制的指导意见》，要求检察机关重点监督纠正非法取证、违法采取强制措施等情形。

三、文书结构

根据《人民检察院刑事诉讼法律文书格式样本（2020 版）》规定，纠正非法取证意见书由首部、正文、附件、尾部四部分组成。

1. 首部。文书标题为“××××人民检察院纠正非法取证意见书”，文书发往单位写明全称，文号为××检××纠证〔20××〕×号，由制发纠正非法取证意见的具体业务部门分别按顺序编号。

2. 正文。首先，写明人民检察院接到报案、控告、举报或者发现的非法取证的情况以及对涉嫌的非法取证行为进行调查核实的情况，包括非法取证人员的姓名、单位、职务、非法取证事实等。非法取证事实，要写明非法取证时间、地点、经过、手段、目的和后果等。其次，阐述认定存在非法取证行为的理由和法律依据。最后，提出纠正意见。写明具体的纠正意见。

3. 附件。附件部分提供证明非法取证事实存在的证据材料、承办检察官联系方式以及相关法律法规。

4. 尾部。尾部写明具文日期，盖检察机关院印。

注意事项，本文书一式二份，一份送达侦查机关，一份附卷。

四、文书制作要点

（一）总体原则

纠正非法取证是检察机关在审查逮捕、审查起诉时依法纠正侦查机关非法取证的法律监督职能重要体现。作为监督权实现基本载体的纠正非法取证意见书，其质量高低对检察机关依法监督侦查活动的客观性、事实认定的准确性和适用法律的正确性都会产生直接影响，是促进侦查活动依法公正的重要保障。因此，对制作纠正非法取证意见书而言，观点准确、说理到位均是基本要求。此外，纠正非法取证意见书采用叙述式，应按照五个层次依次叙写清楚，这就对格式规范、条理清晰提出了高标准高要求。在制作过程中，叙述性和说理性是基本要求。该文书需要说明认定存在非法取证行为的理由和法律依据，是以说理为主的立论文，应论点明确、论据充分、论证严谨，说理透彻而有逻辑性至关重要。与此同时，纠正非法取证意见书也有很高的叙述性要求，对制作该文书的缘由尤其是对涉嫌的非法取证行为进行调查核实的情况叙述清楚也是核心要义。提高纠正非法取证意见书质量，需将叙述和说理有机结合。

1. 叙述性要求

叙述性主要是指纠正非法取证意见书的排版、格式及表达，通常要求做到格式规范、详略得当以及表达清晰。

（1）关于格式规范。文书格式样本制作说明规定应采用叙述式，按以下层次叙写：发往单位；说明人民检察院接到报案、控告、举报或者发现的非法取证的情况；对涉嫌的非法取证行为进行调查核实的情况；认定存在非法取证行为的理由和法律依据；提出纠正意见。五大部分环环相扣，缺一不可。但由于文书格式样本在内容方面规定较少，制作说明也较宽泛，实践中叙述要素不齐全不统一的现象并不少见。比如对涉嫌的非法取证行为进行调查核实的情况部分，文书格式样本要求需写明非法取证人员的姓名、单位、职务、非法取证事实等。其中，非法取证事实，要写明非法取证时间、地点、经过、手段、目的和后果等。但不少纠正非法取证意见书对此撰写过于简单甚至不说明，而仅仅简单写出人民检察院接到报案、控告、举报或者发现的非法取证的情况后就开始着墨认定存在非法取证行为的理由和法律依据，调查核实过程的缺失在导致格式不严谨、不规范的同时，也大大降低了纠正非法取证意见书的说理性和说服力，乃至影响检察机关文书制发的权威性。又比如附件部分的相关法律法规，不少纠正非法取证意见书对此予以简略，并没有逐条逐项予以列明，而有的则不分位阶，不论制发单位，从法律法规、部门规章、地方性法规乃至某地某几个单位共同会签的文件、会议纪要也作为制发文书的法律依据予以说明，不仅造成文书篇幅过于冗长、重点模糊，也让阅读者的观感和可接受度大大降低。此外，还有部分纠正非法取证意见书引用法律法规名称不准确不完整，未使用法言法语进行表述，这些行文不规范严重影响检察机关制发的纠正非法取证意见书的严肃性。

（2）关于详略得当。文书格式样本及制作说明对此没有明确规定，实践中如何把握也没有统一标准。但和检察机关所有的对外文书一样，总体而言，叙述详略及篇幅设置的考量标准应是是否有利于诉讼价值的实现。如说明人民检察院接到报案、控告、举报或者发现的非法取证的情况部分，叙述的是非法取证线索的来源，务必写清。但从纠正非法取证的诉讼意义来看，若是将细枝末节尽数写明，包括具体的时间、地点，甚至是相关人员的原话，则有混淆关键、模糊核心的可能性，更为严重的是，会不当披露报案、控告、举报人员的身份信息及其他情况。此外，此部分的诉讼意义是指明线索来源即可，表示检察机关的纠正非法取证行为有依据、有出处，也有针对性，因此无需长篇累牍。又如认定存在非法取证行为的理由和法律依据部分，作为纠正非法取证意见书中最复杂也是最关键的部分，阐述到位的重要性不言而喻，实践中确有不少意见书掌握不当，或篇幅过短对侦查机关存在非法取证的问题只说结论而不展开分析，或篇幅太长却没有针对实质问题有逻辑性地展开分析，而是罗列一大堆法律规定却不具有个案针对性。

（3）关于表达清晰。这是对纠正非法取证意见书内容叙述呈现效果方面的要求。文书格式样本并未对何种行为属于非法取证行为予以展开说明，致使实践中承办检察官在制作意见书时会出现逻辑不清、表达不明的情况。以对涉嫌的非法取证行为进行调查核实的情况部分为例，由于实践中在调查核实活动时犯罪嫌疑人和侦查人员往往就是否存在非法取证行为各执一词，检察机关工作人员通过调查核实还原侦查人员取证过程进而裁判侦查人员是否存在非法取证行为往往很复杂，过程推演折射到文书制作时，很容易在此部分出现逻辑混乱、表达不清的情况。更有甚者，会出现强烈带有个人倾向的表达用词，进而违背中立原则，即在调查活动中应恪守检察官的客观公正义务，围绕侦查人员的取证行为，依法全面、客观地收集证据，主观上不得带有倾向性，持有错推定观念，先入为主。根据《刑事诉讼法》和《关于办理刑事案件严格排除非法证据若干问题的规定》等司法解释规定，非法取得的证据或者不能排除有非法取得可能性的证据应当予以排除。在检察机关不能证明证据系合法取得的情况下，不能排除非法取证的可能性，但不能认定侦查人员以刑讯逼供等非法方法收集证据，在文书制作时应当客观公正地予以展现。

2. 说理性要求

说理是所有检察法律文书制作的难点，对纠正非法取证意见书而言也不例外，更有甚者，由于意见书是指出并纠正侦查机关非法取证的问题，说理能力及效果是体现文书权威性的最主要因素。其价值主要表现在以下几方面：一是有利于彰显司法理性，避免检察裁量的任意性。与检察机关内部文书相比，纠正非法取证意见书作为对外尤其是指出侦查机关非法取证行为的文书，可能受到的社会关注度更高，正确处理的难度更大，对其进行充分的释法说理，体现依法处理和理性处理的原则，有助于展示司法活动的内在逻辑，彰显法治精神。二是有利于贯彻落实非法证据排除，强化对侦查机关的监督。纠正非法取证意见书的意义在于调查侦查机关非法取证行为，与之伴随的是相关证据被认定为非法证据而予以排除。在实践中，由于很多证据是不可逆、不可替代的，一旦被排除很可能会严重影响证据锁链的完整性乃至影响案件成案。以重罪案件为例，均是可能判处 3 年以上有期徒刑甚至无期徒刑、死刑的案件，案件的处理有时呈现两极化态势，可能认为犯罪成立，从而建议判处无期徒刑或者死刑；可能认为事实不清、证据不足，从而作不起诉处理。值得注意的是，关于侦查机关存在非法取证行为的说理，即使是因程序违法收集的物证和书证，也要正确处理好人权保障与公共利益之均衡维护的关系。修订后刑事诉讼法对收集物证、书证不符合法定程序的排除系采取酌定原则，即对程序违法程度达到严重影响司法公正的，应当予以补正或者作出合理解释，不能补正或者作出合理解释的，对该证据应当予以排除。三是有利于增强检察监督工作透明度，提升司法公信力。检察机关针对侦查机关非法取证行为的审查判断、调查认定和法律适用充分进行释法说理，阐明所作决定的依据和理由，有助于促进检察监督工作公开的实质化，展现司法自信，提高司法权威。具体到制作过程中，纠正非法取证意见书的说理重点体现在认定存在非法取证行为的理由和提出纠正意见两部分。

2017年最高人民检察院《关于加强检察法律文书说理工作的意见》，将说理的基本要求界定为阐明事实、释明法理、讲明情理、繁简适当和语言规范等五方面要求。就纠正非法取证意见书而言，增强说理性应从观点明确、理由充足、论证有力、逻辑严密等多方面来展开。一是要有明确的指向性。侦查机关存在非法取证行为，重点在于论证非法，何为非法要明确指出之外，还要指出到底属于何种非法取证行为，不能含糊而论。究竟侦查机关是违反法定程序收集证据，以刑讯逼供或以威胁、引诱、欺骗等手段进行取证；取证行为不规范；非法搜查和扣押；收集证据的形式不合法、不完善；以非法的证据材料为线索调查收集证据。还是超越职权或者滥用职权进行取证。这些都需要在制作意见书时予以明确。二是要有清晰的条理性。在实践中，非法取证行为往往错误交叠，存在不止一处非法取证行为，甚至交替发生。对于这些存在多处非法取证行为的，先后、主次如何区分，条理和层次如何展开对纠正非法取证意见书的质量尤为关键。说理顺序以违反法定程序收集证据、超越职权或滥用职权收集证据为佳，同种多处非法取证行为的可以集中阐述，在指出侦查机关的某一处非法后，应采用审查报告制作方式“一事一证一分析”的方式先后用事实、法律和理论进行批驳，指出认定非法取证的原因，再提出正确结论。三是要有详细的论证性。这种论证重点在于立论，不同于起诉书、公诉意见书的叙述性，也不同于抗诉书的驳论性，纠正非法取证意见书的目的在于立论侦查机关侦查行为存在问题，这种问题被当事人报案、控告、举报或者被检察机关在工作中发现，而确实又是属于法律所规定的非法取证行为。意见书需要将此过程论证清楚，具体说明，若是简单三言两语匆匆带过，很难让人信服。四是要有缜密的逻辑性。论点立论阐明后，还要综合运用演绎、推理等符合客观规律的逻辑思维方法来证明侦查机关确有非法取证行为的论点，随后提出明确的纠正意见。

（二）具体要领

1. 首部、发往单位

（1）关于首部。纠正非法取证意见书的首部由检察机关名称、文书名称和文号三部分组成。其中，检察机关的名称与起诉书等文书一样，应为全称即要注明所在省（自治区、直辖市）名称，不能只写地区级市、县、区院名。文号则是检察机关名称、文书种类、制发年份及编号的组合，写在最右端，上下各空一行。

（2）关于发往单位。这里是指纠正非法取证意见书的发文对象，即检察机关要纠正哪个单位的非法取证行为，从发往单位也可知是哪个侦查机关存在非法取证行为。这里要注意两点：一是根据《刑事诉讼法》的规定，侦查机关包括公安机关、国家安全机关、海关缉私机关等。为人民检察院在审查逮捕、审查起诉中依法纠正侦查机关非法取证行为时使用。据此，发往单位是各类有刑事侦查权的机关，但不包括监察机关。二是对象是法定机关，不包括其内设机构、分支机构等。这也是与落款单位对应所要求的，在尾部盖院印、以人民检察院名义制发的纠正非法取证意见书，发往单位定是某个对应的侦查机关，而不是内设机构或分支机构。如检察机关重罪检察部门在办理某故意杀人案时，发现某公安局刑侦支队在侦查时有变相肉刑、没有依法保障犯罪嫌疑人必要的饮食、休息等基本人身权利，认为有必要制作纠正非法取证意见书，应通过人民检察院而非重罪检察部门的名义来制发。与之对应的，发往单位也应是某公安局而非内设的刑侦支队。

2. 说明人民检察院接到报案、控告、举报或者发现的非法取证的情况以及对涉嫌的非法取证行为进行调查核实的情况

（1）关于说明人民检察院接到报案、控告、举报或者发现的非法取证的情况。这部分主要叙述的是检察机关行使对侦查机关非法取证行为监督的个案线索来源。根据文书格式样本，主要有两方面。一是报案、举报、控告的线索。这三者均是由刑事诉讼法予以规定，相似又不相同，在制作意见书时需明确区分、准确说明，切勿混用。一般来说，报案是指知情人发现侦查人员非法取证的线索后向检察机关报告的行为，报案人一般为偶然发现侦查机关非法取证的行为或事实，并不知道具体的实施人是谁，主体如同监室的羁押人员等。控告是指犯罪嫌疑人及其近亲属或者其诉讼代理人，对侵犯被害人合法权益的非法取证行为，依法向检察机关告发，要求予以惩处的行为，一般都有明确的被控告人。举报

则是指与案件无直接利害关系的其他知情人向检察机关反映侦查人员非法取证的行为。举报与报案、控告的区别是举报人不包括犯罪嫌疑人。在实践中，报案、控告或举报是非法取证调查核实的主要线索来源。检察机关在制作接到报案、控告、举报的情况部分时，应明确写明报案人、控告人或举报人提供非法取证的人员、时间、地点、方式、内容等基本要素。二是人民检察院自行发现侦查人员以非法方法收集证据的线索。此种情况通常是由办案人员通过审查案卷中证据本身、证据之间印证或逻辑推理发现线索，因此在制作意见书时，对推理过程、印证过程的要求高，否则易陷入检察机关无中生有的被动。首先，从证据合理性的角度，要求证据与证据之间，证据本身是否符合常理，是否能够客观体现一般人的认知水平而合理地反映案件事实。制作时应说明依据经验法则予以判断的过程。其次，从证据相互印证的角度，办案人员需重点审查犯罪嫌疑人供述、证人证言、被害人陈述本身、相互之间是否存在矛盾，与其他证据之间是否存在矛盾。最后，从逻辑推理的角度，如果供述、证言、陈述本身、相互之间、与其他证据之间存在矛盾，依据逻辑规则，确认案件中其他证据和犯罪嫌疑人供述不可能同时为真，其中必定有假或同时为假。如有的侦查人员采用疲劳审讯、威胁等方式讯问犯罪嫌疑人，检察机关可以通过审查案卷材料，梳理讯问持续时间长短、前后审讯时间间隔、审讯期间犯罪嫌疑人饮食和休息时间、指定居所监视居住非讯问时间的录音录像等。若存在问题需要进行纠正的，在制作意见书时应明确写明梳理的过程，包括供述是否前后一致，有无反复及出现反复的原因，辩解的内容是否合乎情理，有无矛盾，供述和辩解与其他物证、书证、鉴定意见等有无矛盾等。

（2）关于对涉嫌的非法取证行为进行调查核实的情况。文书格式样本要求这部分要说明包括非法取证人员的姓名、单位、职务、非法取证事实等。非法取证事实，要写明非法取证时间、地点、经过、手段、目的和后果等。事实上，这部分如何展开说明是展示检察机关依法行使调查权的关键。根据《人民检察院刑事诉讼规则》的规定，检察机关可以采取讯问犯罪嫌疑人，询问办案人，询问在场人员及证人，听取辩护律师意见，调取讯问笔录、询问录音、讯问录像，调取、查询犯罪嫌疑人出入看守所的身体检查记录及相关材料，进行伤情、病情检查或者鉴定等方式调查核实非法取证行为。在制作意见书时，这部分就不能简单略过，而要充分进行分析阐述，如检察机关如何根据犯罪嫌疑人对非法取证行为的时间、地点、过程、情节、后果的供述，再结合案件的实际情况，以分析犯罪嫌疑人对非法取证行为供述的真伪，并重点分析供述发生变化的原因是否符合常理。

具体而言，一般应以犯罪嫌疑人对非法取证行为的供述作为撰写调查核实情况的起点，进而阐述通过询问办案人，询问在场人员及证人，听取辩护律师意见，调取讯问笔录、询问录音、讯问录像等以发现确系存在非法取证行为的推演过程。应详细说明在犯罪嫌疑人、辩护人及其诉讼代理人提出的非法取证情形后，检察机关围绕侦查机关非法取证行为的特征，着重审查犯罪嫌疑人是否在决定羁押后 24 小时内移送看守所、外地抓获的犯罪嫌疑人押送时间是否合理、提出所外讯问是否履行了严格的审批手续、讯问犯罪嫌疑人是否保证了其饮食和必要的休息时间、侦查人员在讯问后是否对犯罪嫌疑人身体进行检查、讯问及监管场所是否有监控录像、是否全程进行录音录像等。且在检察机关调查过程中，针对犯罪嫌疑人、辩护人及其诉讼代理人提出的非法取证情形，侦查机关往往会出具专门的情况说明，检察机关在制作意见书时，还需对情况说明进行专门的解读，综合分析是否存在非法取证行为需予以纠正。值得注意的是，在撰写对涉嫌非法取证行为进行调查核实的情况这部分时，审查讯问录像的过程是几乎必被提及的对象。在撰写审查过程时要说明录音录像是否全程、完整，是否系侦查机关有选择性地录音录像，是否能直接、客观反映侦查人员取证过程的完整性，并在证明侦查人员取证过程时能发挥应有的作用。一旦认定存在非法取证，就要明确写明非法取证的时间、地点、经过、手段、目的以及造成的后果等。

3. 认定存在非法取证行为的理由和法律依据

这部分是检察机关在进行调查核实后，认定侦查机关存在非法取证行为的认定结论及理由、依据。这部分也是纠正非法取证意见书的核心，是最考验说理能力的正文部分，着力点在于立论说明侦查机关存在非法取证行为的观点，论证分析此种非法取证行为之所以非法的理由，并进而充分阐述和论证检察机关认定系非法的法律依据。从案件角度，这部分解决的是侦查机关的取证行为是否非法的问题。好的非法纠正取证意见书在这部分就是一篇好的立论式议论文，即先准确运用案件事实、法律及法理，剖析侦查机关存在非法取证行为之处，再充分论证理由并阐明法律依据。

（1）关于说理要求。在论证非法取证行为时，对证据的可采信、适用的法律、对法律的正确理解等，都应遵守法律逻辑的严谨性、合理性要求，准确运用同一律、矛盾律、排中律等，直接揭示问题所在。一要认定准确，即要正确立论。论点须观点鲜明，符合事实和法律并合乎法理，并能得到案件证据材料的支撑。二要论证充分，即要论证完整。应根据不同的案件情况和不同的非法取证可能性，善于运用事实、法律和法理，充分恰当阐述构成非法取证的理由。充分即论证要详尽、完整。前提即客观真实表述经调查发现的非法取证行为，且所有的要素均齐全。如经调查核实，何单位何人（包括何职务）于何时何地在办理何案件时，为达到何种目的采用何种手段并造成何种后果。唯有充分展示调查非法取证事实的全过程，方能具有说服力，并据此展示检察机关已充分评判进而得出结论。正如经典的刑事证据判断规则“非亲身经历无法阐明细节”，越详细、越细节地阐述非法取证的情况并进行分析，才能充分展示调查过程的科学性、文书起草的严肃性。三要论证合理。论证的过程需运用法律逻辑方法，具有科学性、条理性和逻辑性，说理和观点之间要有必然的因果关系，得出的结论有且仅有一个，能深刻体现两者之间的内在逻辑关系，具体论证过程应层次分明、环环相扣，结论不能自相矛盾或违背常理。根据《人民检察院刑事诉讼规则》和《关于适用〈中华人民共和国刑事诉讼法〉的解释》对刑讯逼供等非法取证方法的定义，刑讯逼供等非法取证方法必须使犯罪嫌疑人在肉体或精神上遭受剧烈疼痛或者痛苦，对于刑讯逼供等非法取证方法的认定，不论采取何种方法，关键在于犯罪嫌疑人在肉体或精神上遭受疼痛或者痛苦的剧烈程度，并以此成为区分肉刑、变相肉刑等非法取证行为与一般侦查违法或侦查策略技巧的标准。而犯罪嫌疑人肉体或精神上遭受剧烈疼痛或者痛苦的“剧烈”程度取决于犯罪嫌疑人的主观感受，规定用疼痛或痛苦的“剧烈”程度来描述非法取证行为，这种用规则来解释规则的方法，很难合理展开论证，进而进行充分说理。实践中，究竟以何种标准来判断和认定疼痛或痛苦的“剧烈性”始终存在争议。我们认为，在制作纠正非法取证意见书进行理由阐述时，应秉持证据相互印证的要求，充分结合犯罪嫌疑人的供述、其伤痕鉴定、侦查人员的说明或解释、目击者的证言、看守所身体检查记录等证据，采用直接、间接证据印证并形成证据锁链的方法，进而得出是否存在非法取证的结论。

（2）关于说理方法。认定侦查人员是否构成非法取证，在说明理由时要注意是否有证据证实。具体而言，在制作纠正非法取证意见书时，可以将理由阐述与法律依据结合起来，通过法律逻辑三段论的方法展开。首先是大前提，即法律法规、司法解释等规定的肉刑或变相肉刑等非法取证方法，包括《刑事诉讼法》《人民检察院刑事诉讼规则》和《关于适用〈中华人民共和国刑事诉讼法〉的解释》等，即被取证人在肉体或精神上遭受剧烈疼痛或者痛苦。其次是小前提，即具体的案件事实和证据情况，以此展开在侦查人员的非法取证行为下被取证人的肉体或精神遭受何种剧烈疼痛或者痛苦。即被取证人具体是如何陈述的，其在何时何地因何种缘由，被何单位的何职位的何人采取了何种肉刑或变相肉刑，其为何感受到剧烈的疼痛或者痛苦；被取证人的伤情或痛苦程度如何，鉴定意见、看守所身体检查记录、提讯时间记录等如何展现其伤痕或痛苦，如被取证人自己陈述是被侦查人员采用疲劳审讯的方式，正常的休息时间无法得到保证，就要查明其陈述的被讯问时间是否与提讯时间记录印证，并结合讯问的同步录音录像予以分析，是否满足6个小时的休息时间，是否在整晚的审讯后第二日白天有正常的必要的休息保证；侦查人员对此又如何说明或解释，即针对被取证人提出的其在肉体或精神上遭受剧烈疼痛或者痛苦的陈述，侦查人员是否能展示依法科学侦查的缘由及依据。如被取证人提出的被疲劳审讯，侦查人员能说明保证了其必要的休息时间，充分尊重其人权，并提供休息时间的录音录像或证人证言，并与侦查人员的说明形成印证，与此同时，被取证人的陈述无法得到其他证据的印证或与其他证据均有矛盾。如侦查人员无法合理解释，或解释与在案其他证据无法印证或存在明显矛盾的，则可以说明存在非法取证的事实。最后是得出结论，运用逻辑三段论进行立论，推导得出结论，即形成存在非法取证行为。

4. 提出纠正意见、附件及尾部

（1）关于提出纠正意见。这部分实质上是纠正非法取证决定，在前文侦查机关存在非法取证行为理由论证的基础上，阐述检察机关对案件事实、适用法律及处理要求等方面的意见。要求检察机关写明具体的纠正意见，即根据法律依据的具体情况，向侦查机关提出纠正意见，是对认定存在非法取证行为理由的概括。关于撰写方法，文书格式样本提供了具体格式，应当简洁、明确，并和调查过程保持内在的逻辑统一，同时和认定存在非法取证行为的理由具有内在的逻辑推导关系，是纠正理由的提炼和总结。具体叙述时，关于纠正意见，应根据相应的法律依据，明确提出处理方法。值得注意的是，纠正非法取证意见书的纠正意见不同于对侦查人员的具体追责意见，而是指根据《刑事诉讼法》及《人民检察院刑事诉讼规则》规定，对侦查人员非法取证行为的双重后果，既要依法排除非法证据，又要对侦查人员追究责任。经过调查，提出纠正意见应区分不同情况。一种情况是，有证据证明存在刑讯逼供等非法取证行为的，应当依法排除通过非法取证行为获取的口供，非法取证行为涉嫌刑讯逼供，需要追究刑事责任的，移送相关部门依法立案侦查。但如前所述，这里的纠正意见无需具体写明对侦查人员应当采取何种具体的追责意见。另一种情况是，虽不能证明存在刑讯逼供等非法取证行为，但也不能排除采用刑讯逼供等非法行为收集证据可能的，所收集的证据也应依法排除，不能作为逮捕或起诉的依据，并不意味着有证据证实侦查人员涉嫌犯罪。此外，纠正非法取证意见书在提出具体的纠正意见时，还需写明对侦查机关反馈的要求，即要求对方在收到本意见书 15 日内，将纠正情况书面告知纠正非法取证意见书的制发检察机关。

（2）关于附件及尾部。这部分与起诉书、刑事抗诉书等文书格式不同，纠正非法取证意见书的附件在尾部之前。首先是附件，叙述要素有三项：一是证明非法取证事实存在的证据材料，可以是犯罪嫌疑人陈述，相关目击证人的证言或侦查人员的说明解释等；二是联系方式，即制发意见书的检察机关工作人员联系方式，以便侦查机关在反馈纠正意见并书面送达纠正情况时予以联系；三是相关法律法规，即非法取证行为认定的法律依据等。其次是尾部，主要有两个要素，即落款日期，如“2023 年 7 月 1 日”，以及制发文书的人民检察院院印。

五、相关重点问题

（一）非法证据排除的程序

1. 侦查阶段排除非法证据程序

《刑事诉讼法》第 56 条第 2 款规定，在侦查、审查起诉、审判时发现有应当排除的证据的，应当依法予以排除，不得作为起诉意见、起诉决定和判决的依据。据此，侦查机关也有排除非法证据的义务。《公安机关办理刑事案件程序规定》第 71 条第 3 款规定，在侦查阶段发现有应当排除的证据的，经县级以上公安机关负责人批准，应当依法予以排除，不得作为提请批准逮捕、移送审查起诉的依据。上述规定有利于公安机关对侦查行为加强内部监督，尽早发现和排除非法证据，提高办案质量，维护犯罪嫌疑人合法权利。《关于办理刑事案件严格排除非法证据若干问题的规定》第 8 条、第 14 条、第 15 条，重申了侦查机关的取证要求和排除非法证据的义务。第 8 条规定，侦查机关应当依照法定程序开展侦查，收集、调取能够证实犯罪嫌疑人有罪或者无罪、罪轻或者罪重的证据材料。第 14 条第 2、3 款规定，侦查机关对审查认定的非法证据，应当予以排除，不得作为提请批准逮捕、移送审查起诉的根据。对重大案件，人民检察院驻看守所检察人员应当在侦查终结前询问犯罪嫌疑人，核查是否存在刑讯逼供、非法取证情形，并同步录音录像。经核查，确有刑讯逼供、非法取证情形的，侦查机关应当及时排除非法证据，不得作为提请批准逮捕、移送审查起诉的根据。第 15 条第 1 款规定，对侦查终结的案件，侦查机关应当全面审查证明证据收集合法性的证据材料，依法排除非法证据。排除非法证据后，证据不足的，不得移送审查起诉。上述规定有利于侦查机关严把案件证据关，提高移送审查起诉的案件质量，保障犯罪嫌疑人的合法权利。

2. 检察环节排除非法证据程序

（1）侦查终结前的重大案件讯问合法性核查。《人民检察院刑事诉讼规则》第71条规定，对重大案件，人民检察院驻看守所检察人员在侦查终结前应当对讯问合法性进行核查并全程同步录音、录像，核查情况应当及时通知本院负责捕诉的部门。负责捕诉的部门认为确有刑讯逼供等非法取证情形的，应当要求公安机关依法排除非法证据，不得作为提请批准逮捕、移送起诉的依据。

（2）对相关线索的调查核实。人民检察院发现侦查人员以非法方法收集证据的，应当及时进行调查核实。线索来源主要有两种情况：一是当事人及其辩护人或者值班律师、诉讼代理人报案、控告、举报侦查人员采用刑讯逼供等非法方法收集证据，并提供涉嫌非法取证的人员、时间、地点、方式和内容等材料或者线索的，人民检察院应当受理并进行审查。只有在审查后根据现有材料无法证明证据收集合法性的，才会启动调查核实程序。二是上级检察机关的交办。上一级人民检察院接到对侦查人员采用刑讯逼供等非法方法收集证据的报案、控告、举报，可以直接进行调查核实，也可以交由下级人民检察院调查核实。交由下级人民检察院调查核实的，下级人民检察院应当及时将调查结果报告上一级人民检察院。

（3）认定非法证据后的处理。主要有两方面，一是对案件事实证据的影响。《人民检察院刑事诉讼规则》第73条第1款规定，人民检察院经审查认定存在非法取证行为的，对该证据应当予以排除，其他证据不能证明犯罪嫌疑人实施犯罪行为的，应当不批准或者决定逮捕。已经移送起诉的，可以依法将案件退回监察机关补充调查或者退回公安机关补充侦查，或者作出不起诉决定。被排除的非法证据应当随案移送，并写明为依法排除的非法证据。二是对于侦查人员非法取证行为的处理，需要区分是否构成犯罪。对于侦查人员的非法取证行为，尚未构成犯罪的，应当依法向其所在机关提出纠正意见。对于需要补正或者作出合理解释的，应当提出明确要求。对于非法取证行为涉嫌犯罪需要追究刑事责任的，应当依法立案侦查。

（4）调查核实的方法。《人民检察院刑事诉讼规则》第74条、第75

条列举了部分调查核实方法。一是要求侦查机关对证据合法性作出说明。人民检察院认为可能存在以刑讯逼供等非法方法收集证据情形的，可以书面要求监察机关或者公安机关对证据收集的合法性作出说明。说明应当加盖单位公章，并由调查人员或者侦查人员签名。二是调取讯问录音录像。对于公安机关立案侦查的案件，存在下列情形之一的，人民检察院在审查逮捕、审查起诉和审判阶段，可以调取公安机关讯问犯罪嫌疑人的录音、录像，对证据收集的合法性以及犯罪嫌疑人、被告人供述的真实性进行审查：第一，认为讯问活动可能存在刑讯逼供等非法取证行为的；第二，犯罪嫌疑人、被告人或者辩护人提出犯罪嫌疑人、被告人供述系非法取得，并提供相关线索或者材料的；第三，犯罪嫌疑人、被告人提出讯问活动违反法定程序或者翻供，并提供相关线索或者材料的；第四，犯罪嫌疑人、被告人或者辩护人提出讯问笔录内容不真实，并提供相关线索或者材料的；第五，案情重大、疑难、复杂的。三是法律虽未明确列举，但实践中常见的证据合法性调查方法还包括：讯问犯罪嫌疑人；询问办案人员；询问在场人员、同监室人员及其他证人；听取辩护律师意见；调取讯问笔录；调取、查询犯罪嫌疑人出入看守所的身体检查记录及相关材料；进行伤情、病情检查或者鉴定。

3. 审判阶段排除非法证据程序

（1）庭前会议对证据收集合法性争议的处理。《人民法院办理刑事案件排除非法证据规程（试行）》，对审判阶段的排非程序作了较为全面的规定。关于庭前会议中如何排非的规定主要有：

一是法官的庭前全面阅卷义务。为全面掌握案件情况，确保法庭集中审理，承办法官在开庭审理前应当阅卷，并对证据收集的合法性进行审查：被告人在侦查、审查起诉阶段是否提出排除非法证据申请；提出申请的，是否提供相关线索或者材料。侦查机关、人民检察院是否对证据收集的合法性进行调查核实；调查核实的，是否作出调查结论。对于重大案件，人民检察院驻看守所检察人员在侦查终结前是否核查讯问的合法性，是否对核查过程同步录音录像；进行核查的，是否作出核查结论。对于人民检察院在审查逮捕、审查起诉阶段排除的非法证据，是否随案移送并写明为依法排除的非法证据。对证据收集的合法性进行审查后，人民法院认为需要补充证据材料的，应当通知人民检察院在 3 日内补送。

二是权利告知义务。人民法院向被告人及其辩护人送达起诉书副本时，应当告知其有权在开庭审理前申请排除非法证据并同时提供相关线索或者材料。上述情况应当记录在案。在开庭审理前告知被告人有权申请排除非法证据，可以有效防止被告人到庭审阶段才提出相关申请，以保证庭审的集中性和有序性。

三是关于申请的提出及对申请的审查。为防止被告人滥用申请权，避免造成司法资源的浪费，《人民法院办理刑事案件排除非法证据规程（试行）》对被告人提出申请的条件、形式及时限等问题进行了规范。其一，申请的条件。被告人及其辩护人申请排除非法证据，应当提供相关线索或者材料。“线索”是指内容具体、指向明确的涉嫌非法取证的人员、时间、地点、方式等；“材料”是指能够反映非法取证的伤情照片、体检记录、医院病历、讯问笔录、讯问录音录像或者同监室人员的证言等。如果被告人仅是辩称遭到刑讯逼供或威胁，但提不出相关人员、时间、地点、方式等细节，则未完成初步的举证责任。其二，申请的形式。被告人及其辩护人申请排除非法证据，应当向人民法院提交书面申请。被告人书写确有困难的，可以口头提出申请，但应当记录在案，并由被告人签名或者捺印。其三，申请的时限。被告人及其辩护人申请排除非法证据，应当在开庭审理前提出，但在庭审期间发现相关线索或者材料等情形除外。根据司法实际，人民法院受理被告人的申请后，对申请的审查及处理方式可分为以下三种情形：第一种情形，被告人及其辩护人申请排除非法证据，并提供相关线索或者材料的，人民法院应当召开庭前会议，并在召开庭前会议 3 日前将申请书和相关线索或者材料的复制件送交人民检察院。第二种情形，被告人及其辩护人申请排除非法证据，未提供相关线索或者材料的，人民法院应当告知其补充提交。被告人及其辩护人未能补充的，人民法院对申请不予受理，并在开庭审理前告知被告人及其辩护人。第三种情形，对于可能判处无期徒刑、死刑或者黑社会性质组织犯罪、严重毒品犯罪等重大案件，被告人在驻看守所检察人员对讯问的合法性进行核查询问时，明确表示侦查阶段没有刑讯逼供等非法取证情形，在审判阶段又提出排除非法证据申请的，应当说明理由，人民法院经审查对证据收集的合法性没有疑问的，可以驳回申请；驻看守所检察人员在重大案件侦查终结前未对讯问的合法性进行核查询问，或者未对核查询问过程全程同步录音录像，被告人及其辩护人在审判阶段提出排除非法证据申请，提供相关线索或者材料，人民法院对证据收集的合法性有疑问的，应当依法进行调查。

四是庭前会议中证据的出示方式。为充分发挥庭前会议程序在解决证据收集合法性争议方面的预期功能，需要促使控辩双方就争议问题充分交换意见，积极进行协商。人民检察院应当通过出示有关证据材料等方式，有针对性地对证据收集的合法性作出说明。人民法院可以对有关材料进行核实，经控辩双方申请，可以有针对性地播放讯问录音录像。

五是庭前会议对证据收集合法性争议的处理方式。《人民法院办理刑事案件排除非法证据规程（试行）》将庭前会议对证据收集合法性的处理方式概括为四种情形：第一种情形，在庭前会议中，人民检察院可以撤回有关证据。撤回的证据，没有新的理由，不得在庭审中出示。第二种情形，被告人及其辩护人可以撤回排除非法证据的申请；撤回申请后，没有新的线索或者材料，不得再次对有关证据提出排除申请。第三种情形，控辩双方在庭前会议中对证据收集的合法性达成一致意见的，法庭应当在庭审中向控辩双方核实并当庭予以确认。对于一方在庭审中反悔的，除有正当理由外，法庭一般不再进行审查。第四种情形，控辩双方在庭前会议中对证据收集是否合法未达成一致意见，人民法院对证据收集的合法性有疑问的，应当在庭审中进行调查；人民法院对证据合法性没有疑问，且没有新的线索或材料表明可能存在非法取证的，可以决定不再进行调查。

（2）法庭审理阶段对证据收集合法性争议的处理。一是对当庭提出的排除非法证据申请的处理。被告人及其辩护人在开庭审理前未申请排除非法证据，在庭审过程中提出申请的，应当说明理由。人民法院经审查，对证据收集的合法性有疑问的，应当进行调查；没有疑问的，应当驳回申请。人民法院驳回排除非法证据的申请后，被告人及其辩护人没有新的线索或者材料，以相同理由再次提出申请的，人民法院不再审查。

二是以先行调查为原则，以法庭调查结束前调查为例外。人民法院决定对证据收集的合法性进行法庭调查的，应当先行当庭调查。对于被申请排除的证据和其他犯罪事实没有关联等情形，为防止庭审过分迟延，可以先调查其他犯罪事实，再对证据收集的合法性进行调查。需要强调的是，在对证据收集合法性的法庭调查程序结束前，不得对有关证据出示、宣读。

三是法庭对证据收集合法性争议的裁判方式。人民法院对证据收集的合法性进行调查后，应当当庭作出是否排除有关证据的决定。必要时可以宣布休庭，由合议庭评议或者提交审判委员会讨论，再次开庭时宣布决定。但无论是当庭还是休庭后作出决定，在法庭作出相关决定之前不得对有关证据宣读、质证。

（3）二审阶段对证据收集合法性争议的处理。一是被告人在一审期间没有申请排除非法证据，在二审期间才提出申请的。《人民法院办理刑事案件排除非法证据规程（试行）》对二审法院应当审查的情形作了限定，被告人及其辩护人在第一审程序中未提出排除非法证据的申请，在第二审程序中提出申请，有下列情形之一的，第二审人民法院应当审查：第一审人民法院没有依法告知被告人申请排除非法证据的权利的；被告人及其辩护人在第一审庭审后发现涉嫌非法取证的相关线索或者材料的。

二是被告人在一审期间申请排除非法证据，但一审法院未予审查的。第一审人民法院对被告人及其辩护人排除非法证据的申请未予审查，并以有关证据作为定案的根据，可能影响公正审判的，第二审人民法院应当裁定撤销原判，发回原审人民法院重新审判。

三是控辩双方对一审法院的审查结论提出异议的。控辩双方对证据收集合法性裁判不服，不能单独就此提出上诉、抗诉，但可在上诉、抗诉中将其作为理由。人民检察院、被告人及其法定代理人提出抗诉、上诉，对第一审人民法院有关证据收集合法性的审查、调查结论提出异议的，第二审人民法院应当审查。第一审人民法院对依法应当排除的非法证据未予排除的，第二审人民法院可以依法排除相关证据。《人民法院办理刑事案件排除非法证据规程（试行）》还对检察机关应当在第一审程序中全面出示证明证据收集合法性的证据材料作出规定，人民检察院在第一审程序中未出示证明证据收集合法性的证据，第一审人民法院依法排除有关证据的，人民检察院在第二审程序中不得出示之前未出示的证据，但在第一审程序后发现的除外。

4. 证据收集合法性的证明责任以及证明标准

（1）证据收集合法性的证明责任和证明方式。证据收集合法性的举证责任由人民检察院承担。公诉人对证据收集的合法性加以证明，可以出示讯问笔录、提讯登记、体检记录、采取强制措施或者侦查措施的法律文书、侦查终结前对讯问合法性的核查材料等证据材料，也可以针对被告人及其辩护人提出异议的讯问时段播放讯问录音录像，提请法庭通知侦查人员或者其他人员出庭说明情况。需要注意的是，这里规定的“出示讯问笔录”“播放讯问录音录像”，关注的是供述的证据能力问题，因供述的合法性尚存争议，故此时不能具体宣读讯问笔录或者播放讯问录音录像的具体供述，只是基于讯问笔录、讯问录音录像显示的讯问时间、地点、提问内容等事项，审查讯问过程的合法性。与侦查讯问笔录和讯问录音录像不同，对讯问合法性的核查材料可以直接反映被告人是否提出过刑讯逼供或者非法取证问题，公诉人出示相关核查材料时，可以宣读核查材料的具体内容或者播放核查录音录像，被告人可以进行质证、辩论。在对证据收集的合法性进行调查时，不得以侦查人员签名并加盖公章的说明材料替代侦查人员出庭。侦查人员或者其他人员出庭的，应当向法庭说明证据收集过程，并就相关情况接受发问。经人民法院通知，侦查人员不出庭说明情况，不能排除以非法方法收集证据情形的，对有关证据应当予以排除。

（2）证据收集合法性的证明标准。经法庭审理，具有下列情形之一的，对有关证据应当予以排除：第一，确认以非法方法收集证据的。第二，应当对讯问过程录音录像的案件没有提供讯问录音录像，或者讯问录音录像存在选择性录制、剪接、删改等情形，现有证据不能排除以非法方法收集证据的。第三，侦查机关除紧急情况外没有在规定的办案场所讯问，现有证据不能排除以非法方法收集证据的。第四，驻看守所检察人员在重大案件侦查终结前未对讯问合法性进行核查，或者未对核查过程同步录音录像，或者录音录像存在选择性录制、剪接、删改等情形，现有证据不能排除以非法方法收集证据的。第五，其他不能排除存在以非法方法收集证据的。

（二）非法证据的界定

我国《刑事诉讼法》以及相关司法解释，并未界定非法证据的概念，而是通过列举的方式作出规定。《刑事诉讼法》第56条第1款规定，采用刑讯逼供等非法方法收集的犯罪嫌疑人、被告人供述和采用暴力、威胁等非法方法收集的证人证言、被害人陈述，应当予以排除。收集物证、书证不符合法定程序，可能严重影响司法公正的，应当予以补正或者作出合理解释；不能补正或者作出合理解释的，对该证据应当予以排除。上述规定对非法言词证据与非法实物证据设置了不同的排除规则，前者是强制性排除规则，后者是裁量性排除规则。实践中经常出现争议的情形主要有：

1. "等非法方法"是否包括"引诱、欺骗"。《刑事诉讼法》第52条规定，严禁刑讯逼供和以威胁、引诱、欺骗以及其他非法方法收集证据，不得强迫任何人证实自己有罪。《关于办理刑事案件严格排除非法证据若干问题的规定》关于口供的排除情形仅列举了刑讯逼供、威胁、非法拘禁等非法限制人身自由的方法，其余皆以"等"字概括。可以看出《刑事诉讼法》就证据收集方法限制，采取了"宽禁止、严排除"的立法模式。[①] 之所以这样规定，是由于"引诱、欺骗"与侦查谋略的界限不宜掌握。关于"引诱、欺骗"达到何种程度需要排除留给司法实践，进行个案判断。当引诱、欺骗行为与刑讯逼供行为具有等效性时则应排除，比如伪造法律文书、伪造物证书证进行欺骗、侦查人员化装成律师套取口供、许诺提供毒品并允许犯罪嫌疑人吸食等方式均属于严重违法，且足以使犯罪嫌疑人违背自身意愿作出有罪供述，因此应纳入《刑事诉讼法》第56条的适用范围予以排除。综上，实践中关于对以引诱、欺骗方式获取的言词证据是否应当排除，主要考量以下因素：一是侦查行为违法的严重程度；二是侵犯当事人权利的严重程度；三是是否足以使作证

---

① 参见龙宗智：《我国非法口供排除的"痛苦规则"及相关问题》，载《政法论坛》2013年第5期。

主体违背自身意愿。

2. 采用疲劳审讯收集的供述是否被排除。《关于办理刑事案件严格排除非法证据若干问题的规定》并未明示疲劳审讯获取的供述是否应当排除。有观点认为，“《关于办理刑事案件严格排除非法证据若干问题的规定》虽未以明确列举的方式排除疲劳审讯所获取的供述，但这不意味实践中一律认可通过疲劳审讯方式所获取的供述”。司法实践中，在排除疲劳审讯获取的非法证据时，一般将其解释为“刑讯逼供”的一种手段或方式，即变相肉刑，因此在排除时也需要达到构成刑讯逼供的手段要件、痛苦程度、后果要件，即与刑讯逼供相当的恶劣手段，使犯罪嫌疑人、被告人遭受难以忍受的痛苦，且因此违背意愿作出供述。虽然有学者认为既然《刑事诉讼法》规定了传唤和拘传讯问的时间，也可以将此作为侦查活动中讯问时间的限制，即持续讯问时间不得超过 12 小时，重大复杂案件讯问最长不得超过 24 小时，而且其中还应当向被讯问人提供必要的饮食和休息，违反上述规定则应认定为疲劳讯问，所得的口供应当被排除。[①] 但司法解释并未明确疲劳审讯最长持续时间，而是应当根据犯罪嫌疑人的身体状况、认知情况进行分析判断。

3. 重复性供述应如何排除。《关于办理刑事案件严格排除非法证据若干问题的规定》第 5 条规定，采用刑讯逼供方法使犯罪嫌疑人、被告人作出供述，之后犯罪嫌疑人、被告人受该刑讯逼供行为影响而作出的与该供述相同的重复性供述，应当一并排除。关于重复自白的排除范围，一直是理论界及实务界的争议焦点，《关于办理刑事案件严格排除非法证据若干问题的规定》对重复自白的范围进行了限缩，仅限于刑讯逼供方法；同时，还规定了两种例外情形：第一，侦查期间，根据控告、举报或者自己发现等，侦查机关确认或者不能排除以非法方法收集证据而更换侦查人员，其他侦查人员再次讯问时告知诉讼权利和认罪的法律后果，犯罪嫌疑人自愿供述的；第二，审查逮捕、审查起诉和审判期间，检察人员、审判人员讯问时告知诉讼权利和认罪的法律后果，犯罪嫌疑人、

① 参见杨宇冠：《非法证据排除规则在中国的实施问题研究》，中国检察出版社 2015 年版，第 69－70 页。

被告人自愿供述的。上述两项例外体现了《关于办理刑事案件严格排除非法证据若干问题的规定》关于重复自白排除例外情形方面采取的是“主体变更”说，只要讯问主体变更为其他侦查人员或者检察人员、审判人员且在讯问时依法告知了相关权利，则变更后的供述具有合法性。

4. 同步录音录像不完整、不规范导致的笔录认定问题。讯问时的同步录音录像既是保护犯罪嫌疑人不被非法审讯的有效措施，也是侦查机关固定证据、防止翻供、证明证据合法性的重要方法。刑事诉讼法及侦查机关的办案规定均规定了，对于可能判处无期徒刑、死刑的案件或者其他重大犯罪案件，应当对讯问过程进行录音或者录像。且司法解释比刑事诉讼法更进一步，将“录音或者录像”改为“录音录像”。但实践中部分存在移送的录像不完整，无法证明取证方式合法性；以及录像走过场，讯问笔录与录音录像不一致等问题。关于未依法对讯问进行全程录音录像取得的供述是否排除的问题，虽然未录像、录像不规范并不等于相对应的笔录直接被排除，但如果辩方提出存在非法取证问题，则很可能由于欠缺自证清白的重要证据而导致对应笔录因不排除存在非法取证可能而被排除。

5. 非法实物证据的排除问题。法律对言词证据与实物证据的排除标准作出了区分，前者是强制性排除规则，后者是裁量性排除规则。排除实物证据的三个条件是，收集的物证、书证不符合法定程序，“可能严重影响司法公正”，无法“补正或者作出合理解释”。司法实践中应当根据不符合法定程序的违法程度对非法证据和瑕疵证据作出严格区分。虽然两者都涉及证据的合法性问题，但存在重大差异，不能混淆：第一，非法证据是指通过违反法定程序并且侵犯宪法权利或者重要诉讼权利的方式取得的证据，比如无证搜查易侵犯当事人的人身权、住宅权等基本权利，属于严重违法问题。刑事诉讼法已经明确规定了“进行搜查，必须向被搜查人出示搜查证。在执行逮捕、拘留的时候，遇有紧急情况，不另用搜查证也可以进行搜查”，因此必须对紧急情况进行限缩，只能是发生在执行逮捕、拘留的时候。第二，瑕疵证据通常是指形式要件存在瑕疵（或者缺陷）的证据，属一般性程序违法，并未侵犯宪法权利。比如收集调取的物证、书证，在相关笔录上没有侦查人员签名的；笔录填写的讯问时间、讯问人有误或者存在矛盾的；勘验、检查时缺乏见证人、物证书证缺乏提取笔录等等。在这些情况下，则需要补正或者作出合理解释是情况紧急缺少见证人、有没有录音录像能证明侦查行为合法性、有没有其他证据来印证物证书证来源，在穷尽一切手段均无法补正或解释时，才考虑对此类情况下取得的证据予以排除。

（三）重大案件侦查终结前讯问合法性核查

1. 重大案件侦查终结前讯问合法性核查制度的正当性及必要性

（1）制度的建立及法律依据。为强化检察机关对侦查活动的监督，对侦查工作形成倒逼机制，提高重大案件的办案质量，对采取非法方法收集的证据早核查、早发现、早排除，防止“有病证据”作为提请批准逮捕、移送审查起诉的根据，2016 年最高人民法院、最高人民检察院、公安部、国家安全部、司法部《关于推进以审判为中心的刑事诉讼制度改革的意见》首次提出探索建立重大案件侦查终结前讯问合法性核查制度。2017 年《关于办理刑事案件严格排除非法证据若干问题的规定》从非法证据排除的角度对讯问合法性核查再次作出规定。2019 年修改的《人民检察院刑事诉讼规则》对讯问合法性核查制度进行了明确规定。2020 年最高人民检察院、公安部、国家安全部联合发布了《关于重大案件侦查终结前开展讯问合法性核查工作若干问题的意见》，对讯问合法性核查制度作了更为全面的规定，也标志着讯问合法性核查制度在我国正式建立。

（2）核查制度的性质及优势。一是核查制度的本质是侦查讯问监督，是侦查终结前排除非法证据的制度创新。检察机关作为我国的法律监督机关，其监督活动贯穿刑事诉讼活动的始终。长期以来对于侦查权监督不足的现状，以及侦查违法行为时有发生的司法现实，加强对侦查活动的监督尤为迫切。讯问合法性核查制度是检察监督的应有之义。二是制度所规定的驻所检察室参与调查核实非法证据具有便利性、亲历性、相对中立性等三方面优势。关于便利性，驻所检察室参与调查核实，可以第一时间接触到犯罪嫌疑人、被告人，接触犯罪嫌疑人的时间最长、范围也最广，容易得到证明刑讯逼供、非法取证情形的第一手资料，第一时间知悉收押人员体表外伤情况，并根据情况拍照、录像等固定证据，防止证据灭失。关于亲历性，派驻检察人员因为常驻看守所，日常能够通过谈话、询问等方式获知是否有刑讯逼供等非法讯问情形。关于相对中立性，驻所检察人员不承办审查逮捕、起诉等案件，与犯罪嫌疑人、办案机关没有利益上的直接关系，较其他部门能更独立、公正地开展讯问合法性核查，防止刑讯逼供、非法取证等侵害在押人员合法权益行为发生。

（3）重大案件侦查终结前讯问合法性核查制度是对非法证据排除规则的补充完善。非法证据排除制度适用的诉讼阶段一般是刑事侦查终结后，核查制度的建立，对于侦查终结前非法证据排除提供了制度保障，是非法证据排除规则的重要补充和完善。本项制度建立前检察机关行使“非法证据排除”职权的部门为刑事检察部门，但由于批捕阶段只有 7 天的审查时间，承办人往往着重审查是否存在犯罪事实、是否符合逮捕条件，而来不及审查证据合法性问题。因此侦查机关的讯问行为在移送审查起诉前往往得不到有效监督，检察机关的监督基本上是侦查终结后的事后监督。而重大案件侦查终结前讯问合法性核查制度的建立，使检察机关侦查监督关口前移到侦查阶段，与非法证据排除制度形成了有效衔接。

2. 重大案件范围的合理界定

根据《关于重大案件侦查终结前开展讯问合法性核查工作若干问题的意见》第 2 条的规定，“重大案件”指“对于可能判处无期徒刑、死刑的案件或者其他重大案件”。

（1）对“可能判处无期徒刑、死刑”案件的理解。是指根据犯罪嫌疑人所犯罪行的轻重，判定应当适用的刑法条款或相应的量刑幅度。如果所犯罪行的刑罚，分别规定有几条或几款时，则按犯罪嫌疑人罪行应当适用的条或款的法定最高刑判断；如果同一条或同一款中有几个量刑幅度时，就按照行为应当适用的量刑幅度的法定最高刑判断，具体行为对应的量刑达到无期徒刑、死刑的案件可以认定为“重大案件”。

（2）对“其他重大案件”的理解。相关司法解释和规范性文件对“重大案件”的认定标准不尽一致，如最高人民法院《关于处理自首和立功具体应用法律若干问题的解释》将“重大案件”解释为犯罪嫌疑人、被告人可能被判处无期徒刑以上刑罚或者案件在本省、自治区、直辖市或全国范围内有重大影响的案件。《人民法院办理刑事案件排除非法证据规程（试行）》第11条规定，无期徒刑、死刑或者黑社会性质组织犯罪、严重毒品犯罪均属于重大案件。2020年《公安机关办理刑事案件程序规定》第208条规定的“其他重大犯罪案件”是指致人重伤、死亡的严重危害公共安全犯罪、严重侵犯公民人身权利犯罪，以及黑社会性质组织犯罪、严重毒品犯罪等重大故意犯罪案件。我们认为，重大案件范围的界定既不能过于严苛以至于无法覆盖到亟须核查的案件，无法充分保障犯罪嫌疑人的合法权益，也不能过于宽泛而忽视了司法资源有限的现实因素。除上述司法解释、文件所规定的重大案件外，办案机关还可以考虑将在本省、自治区、直辖市或全国范围内有重大影响的案件以及特殊时期最高人民检察院认为需要重点核查的案件纳入到核查范围。

3. 核查的启动时间

“侦查终结前”是指侦查阶段结束。既不宜理解得过长，也不宜机械地认为一个时间点。如果将讯问合法性核查贯穿于整个侦查过程，而侦查羁押期限少则两个月，多则甚至7个月，驻所检察人员不可能随时等待侦查机关的通知启动核查，不但核查的工作量太大无法完成而且在侦查行为还没有实质完成时，也可能对侦查机关的办案造成影响。同时过早核查，也无法保证犯罪嫌疑人在之后的讯问过程中不会再次遭到非法讯问。此处的“侦查终结前”，应当理解为讯问合法性核查启动的最晚时间点，即驻所检察人员应在案件侦查终结准备移送审查起诉前对相关案件进行核查。一般情况下，根据侦查机关的通知书确定核查的启动时间。

4. 核查的主体

（1）驻所检察人员具有初步调查核实权。关于核查主体，根据《关于重大案件侦查终结前开展讯问合法性核查工作若干问题的意见》的规定，人民检察院驻看守所检察人员具有初步调查核实权。经核查询问和听取意见后，未发现刑讯逼供等非法取证线索的，驻所检察人员可以据此制作重大案件讯问合法性核查意见书，送达侦查机关，讯问合法性核查程序终结，并将相关材料移送人民检察院负责捕诉的部门。

（2）捕诉部门检察人员具有调查核实权。如果犯罪嫌疑人、辩护律师或者值班律师反映存在刑讯逼供等非法取证情形的，则由驻所检察人员初步调查核实，并制作初步核查意见函，连同证据材料一并移送人民检察院负责捕诉的部门。由捕诉部门的检察人员进一步调查核实，并根据核查情况作出核查结论，制作重大案件讯问合法性核查意见书，并送达侦查机关。因此，关于核查的主体，从参与的部门来看，由驻所检察室和负责捕诉的部门共同承担，且两者之间接续进行。从参与核查的人员构成来看，负责核查的检察人员必须是两人以上。驻所检察室只是进行初步调查核实，是配合和辅助负责捕诉的部门，实体性的调查核实权还是由捕诉部门行使。

（3）对于异地羁押的犯罪嫌疑人，宜由被羁押地的驻所检察室检察人员承担核查职能。《关于重大案件侦查终结前开展讯问合法性核查工作若干问题的意见》第 4 条第 1 款规定，侦查机关在侦查终结前，及时制作重大案件即将侦查终结通知书，通知人民检察院驻看守所检察人员开展讯问合法性核查。由此可知，异地羁押案件应当由犯罪嫌疑人羁押地驻看守所检察室承担核查职能。另外，有些市辖区、开发区等地没有本级的看守所，犯罪嫌疑人统一关押在市看守所内。此时根据《人民检察院刑事诉讼规则》第 72 条规定，上一级人民检察院接到对侦查人员采用刑讯逼供等非法方法收集证据的报案、控告、举报，可以直接进行调查核实，也可以交由下级人民检察院调查核实。

5. 核查的方式

《关于重大案件侦查终结前开展讯问合法性核查工作若干问题的意见》第 10 条、第 12 条分别规定了驻所检察人员的五种初步调查核实方式以及捕诉部门检察人员的八种调查核实方式。初步调查核实权主要有：询问相关人员；根据需要，可以听取犯罪嫌疑人的辩护律师或者值班律师意见；调取看守所或者办案区视频监控录像；调取、查询犯罪嫌疑人出入看守所的身体检查记录及相关材料，调取提讯登记、押解记录等有关材料；其他调查核实方式。捕诉部门的调查核实权主要有：询问犯罪嫌疑人；向办案人员了解情况；询问在场人员及证人；听取犯罪嫌疑人的辩护律师或者值班律师意见；调取讯问笔录、讯问录音、录像；调取、查询犯罪嫌疑人出入看守所的身体检查记录及相关材料；进行伤情、病情检查或者鉴定；其他调查核实方式。

6. 核查的结果运用

核查是为后续诉讼程序顺利进行服务的，其主要功能在于排除非法证据。无论是驻所检察人员的初步核查意见还是捕诉部门的核查结论及其相关材料，均应随案移送，律师有权查阅，并作为是否提出排除非法证据申请的依据。在律师对讯问合法性提出异议的情况下，核查结论应当告知律师，并听取其意见。根据《人民法院办理刑事案件排除非法证据规程（试行)》第31条，公诉人对证据收集的合法性加以证明，可以出示讯问笔录、提讯登记、体检记录、采取强制措施或者侦查措施的法律文书、侦查终结前对讯问合法性的核查材料等证据材料。该规定认为，核查材料属于证明取证合法性的证据。但由于在讯问合法性核查工作中，驻所检察人员处于监督地位，其针对讯问合法性提出的核查结论应与一般证据材料存在一定效力区别。根据《人民法院办理刑事案件排除非法证据规程（试行)》第11条规定，被告人在驻看守所检察人员对讯问的合法性进行核查询问时，明确表示侦查阶段没有刑讯逼供等非法取证情形，在审判阶段又提出排除非法证据申请的，应当说明理由。人民法院经审查对证据收集的合法性没有疑问的，可以驳回申请。据此，核查结论具有一定的法律约束力，可以对抗被告人的翻供。这样可以减少庭审环节不必要的纷争，有利于提高诉讼效率。

六、文书样式及范例

（一）文书样式

纠正非法取证意见书样式

××××人民检察院

纠正非法取证意见书

××检××纠证〔20××〕×号

________（发往单位）：

本院在开展________工作中，发现________（写明人民检察院接到报案、控告、举报或者发现的非法取证的情况以及对涉嫌非法取证行为进行调查核实的情况。包括非法取证人员的姓名、单位、职务、非法取证事实等。非法取证事实，要写明非法取证时间、地点、经过、手段、目的和后果等。)

本院认为________（写明认定存在非法取证行为的理由和法律依据。)

（写明具体的纠正意见）根据________（法律依据）的规定，特向你提出纠正意见，请在收到本意见书后十五日内，将纠正情况书面告知本院。

附件：1. 证明非法取证事实存在的证据材料；

2. 联系方式；

3. 相关法律法规。

20××年×月×日

（院印）

（二）文书范例

范例：某省某市某区人民检察院吕某某等人开设赌场案纠正非法取证意见书

某省某市某区人民检察院

纠正非法取证意见书*

××检纠证〔2021〕××号

某区公安局：

本院在办理吕某某、朱某涉嫌开设赌场案时，发现犯罪嫌疑人吕某

* 此文书为纠正非法取证意见书，收入时有删改。

某于2020年8月6日至7日期间的讯问笔录需要作为非法证据排除。具体情况如下：

一、线索来源

2020年8月21日，你局向本院提请批准逮捕朱某涉嫌开设赌场一案，经向被取保候审的同案犯罪嫌疑人吕某某进行复核，吕某某提出公安机关对其进行威胁、诱导，使其作出虚假供述，并提出了被威胁、诱导的时间、地点、内容等具体线索。本院对朱某不批准逮捕后，2021年3月15日，你局再次向本院提请批准逮捕朱某、吕某某涉嫌开设赌场案，吕某某仍反映其在2020年8月期间在你局××派出所所作的供述是受到公安人员威胁、诱导而作出的虚假供述。

二、调查核实情况及非法取证事实

承办检察官经过询问、讯问吕某某、审查案件材料、向你局发出《提供证据收集合法性通知书》，已完成调查工作。

2020年8月28日，本院对吕某某进行复核，其称公安机关“暴力是没有，警察没有打我，但是当时我小孩朱某某也被警察带进××派出所，也是今年8月6日那天被抓的时候。我当时吓傻了。我儿子朱某某今年13岁。警察带我进审讯室做笔录之前诱导我，教我怎么说，就是说那些赌钱的人已经说给了你们多少钱了，我说没有给那么多，警察说你要是不老实，就把你们夫妻二个都关进去，小孩送去福利院”，“带到××派出所以后，在审讯室里面，做笔录之前跟我说的这个话。讲完这个话之后才开始做的笔录。给我做笔录之前，审讯室里面来了好多人，其中一个人跟我说，你不老实就把你们夫妻关进监狱，你小孩送去福利院，我小孩也在派出所待了一天一夜。我当时被吓死了”，“我当时因为小孩被吓死了。我怕我真的被送进监狱，小孩真的被送进福利院怎么办。警察说你老实一点，就马上放你出去。我后来就按警察教的说的做的笔录”，“在派出所的笔录里面说收到那么多钱，一天收到一二千元的，因为当时警察问我收到多少钱，我就说收到几百元，警察说你不老实，那些赌钱的人给了你至少有一千几百元钱，我被吓到了，后来在做笔录的时候我就说是收到了一千多元”。

经审查全案材料，朱某、吕某某的儿子朱某某（2006年生）在2020

年8月6日19时至8月7日11时之间，在××派出所做了2份证人笔录。根据本案的发破案经过、检查笔录等证据，你局于2020年8月6日15：10—16：40对现场进行检查和证据保全，于17时许传唤吕某某等人到派出所接受调查，于19：54—21：11对吕某某作了第一次讯问。

本院向你局发出《提供证据收集合法性通知书》，要求你局提供吕某某归案后的全程同步录音录像，尤其是吕某某进入××派出所之后、在第一次供述之前的监控等视听资料，但你局回复无法提供入所后的全程同步录音录像。2021年3月15日，你局向本院提请审查逮捕吕某某、朱某涉嫌开设赌场案，对犯罪嫌疑人朱某、吕某某重新进行了讯问，但仍未提供吕某某进入××派出所之后、在作第一次供述之前的监控等视听资料，或者其他能够证明取证合法性的材料。2021年3月22日本院讯问犯罪嫌疑人吕某某时，其再次供述称2020年8月6日被抓到××派出所之后，在做第一次笔录之前，公安机关通过以其小孩来威胁的方式，对其进行威胁、诱导，于是其作出了虚假供述。

综上，吕某某所作被威胁、诱导的辩解，得到了证据的印证，特别是其子同时也在派出所接受调查，其辩解具有较大的可信性。对于其从17时许被传唤到××派出所接受调查、到19：54开始讯问之间的这段时间内，是否受到侦查人员的威胁、诱导而违背意愿作出供述，有必要证明你局取证的合法性。

三、纠正意见

本院认为，根据《中华人民共和国刑事诉讼法》第五十六条规定："采用刑讯逼供等非法方法收集的犯罪嫌疑人、被告人供述和采用暴力、威胁等非法方法收集的证人证言、被害人陈述，应当予以排除"；第六十条规定："对于经过法庭审理，确认或者不能排除存在本法第五十六条规定的以非法方法收集证据情形的，对有关证据应当予以排除"。最高人民法院、最高人民检察院、公安部、国家安全部、司法部《关于办理刑事案件严格排除非法证据若干问题的规定》第一条规定："严禁刑讯逼供和以威胁、引诱、欺骗以及其他非法方法收集证据，不得强迫任何人证实自己有罪。对一切案件的判处都要重证据，重调查研究，不轻信口供"；第三条规定："采用以暴力或者严重损害本人及其近亲属合法权益等进行威胁的方法，使犯罪嫌疑人、被告人遭受难以忍受的痛苦而违背意愿作出的供述，应当予以排除”；第十七条规定：“人民检察院对审查认定的非法证据，应当予以排除，不得作为批准或者决定逮捕、提起公诉的根据”。本案中，你局未能提供证明证据收集合法性的材料，本案不能排除系以威胁、引诱等非法方法使犯罪嫌疑人吕某某作出违背意愿的供述。吕某某于2020年8月6日至7日期间在你局所作供述笔录的取证合法性存疑。依据上述规定，应当作为非法证据排除，不能作为本案的定案依据。

根据《中华人民共和国刑事诉讼法》第五十六条、第五十七条、第一百条的规定，特向你局提出纠正意见，请在收到本意见书后十五日内，将纠正情况书面告知本院。

2021年3月24日

（院印）

专题八

如何撰写纠正违法通知书
纠正审理违法意见书

一、基本概念

“司法办案是履行法律监督职能的主要方式，依法正确履职是检察机关强化法律监督的立身之本。”[①] 作为法律监督机关，检察机关有权对刑事诉讼活动是否合法进行全方位法律监督。纠正违法是检察机关法律监督的重要方式，是指检察机关在对刑事诉讼活动进行监督的过程中，发现侦查、审判、执行机关存在违法情形后，依法提出纠正意见，要求予以整改的行为。实践中，检察机关纠正违法，通常根据个案违法程度由轻到重通常以提出口头纠正和制发侦查活动监督通知书、纠正违法通知书等方式予以纠正，对于类案违法行为则以检察建议方式予以纠正。纠正违法通知书、纠正审理违法意见书即检察机关发现侦查、审判、执行机关存在违法情形后，为纠正其违法行为依法提出纠正意见制作并向其发出的司法文书，具有较强的强制性，被纠正违法的机关必须在规定时间内纠正违法，并将纠正违法情况在纠正后的规定时间内向检察机关通报。

纠正违法要求检察机关秉持客观公正立场，依法履行法律监督职权，对于维护司法公正、保障基本人权、提高执法公信力意义重大、影响深远。纠正违法文书质量高低直接影响检察机关法律监督的权威。检察机关要树牢“在办案中监督、在监督中办案”的理念，注重系统观念，克服孤立办案、片面办案等倾向，要善于在办案中发现监督线索，找准监督着力点，督促纠正侦查、审判、刑事执行及监管活动不规范、不合法行为；[②] 要坚持双赢多赢共赢理念，构建新型诉侦、诉审关系。法律监督不是零和博弈，共同目的都在于努力让人民群众在每一个司法案件中感受到公平正义。工作中，注重采取口头监督、检察建议、纠正违法通知、纠正审理违法意见相结合，综合运用多种监督手段，强化监督效果。对

① 陈国庆：《强化监督制约切实纠正违法》，载《检察日报》2016 年 2 月 27 日，第 3 版。

② 参见陈国庆：《关于新时代刑事检察工作的创新发展》，载《刑事检察工作指导》2021 年第 4 辑。

提出的监督意见，要采取有效措施跟踪监督，力求监督效果实质化；要以落实好《中共中央关于加强新时代检察机关法律监督工作的意见》为抓手，强化刑事诉讼监督，坚持实体监督与程序监督并重，做到敢于监督、善于监督、精准监督，促使合力共赢，共同维护司法公正。[①]

二、文书制作依据

（一）法律规定

《人民检察院组织法》对纠正违法制度进行概括性规定，如第 21 条规定，人民检察院行使本法第 20 条规定的法律监督职权，可以进行调查核实，并依法提出抗诉、纠正意见、检察建议。有关单位应当予以配合，并及时将采纳纠正意见、检察建议的情况书面回复人民检察院。抗诉、纠正意见、检察建议的适用范围及其程序，依照法律有关规定。

《刑事诉讼法》第 8 条规定，人民检察院依法对刑事诉讼实行法律监督。为检察机关通过纠正违法进行诉讼监督提供了法律依据和原则指导。根据《刑事诉讼法》规定，检察机关对一些违法情形予以通知纠正。如第 49 条规定，辩护人、诉讼代理人认为公安机关、人民检察院、人民法院及其工作人员阻碍其依法行使诉讼权利的，有权向同级或者上一级人民检察院申诉或者控告。人民检察院对申诉或者控告应当及时进行审查，情况属实的，通知有关机关予以纠正。第 57 条规定，人民检察院接到报案、控告、举报或者发现侦查人员以非法方法收集证据的，应当进行调查核实。对于确有以非法方法收集证据情形的，应当提出纠正意见；构成犯罪的，依法追究刑事责任。第 100 条规定，人民检察院在审查批准逮捕工作中，如果发现公安机关的侦查活动有违法情况，应当通知公安机关予以纠正，公安机关应当将纠正情况通知人民检察院。第 117 条规定，当事人和辩护人、诉讼代理人、利害关系人对于司法机关及其工作人员有下列行为之一的，有权向该机关申诉或者控告：（1）采取强制措

① 参见陈国庆：《当前刑事检察工作的思路和重点》，载《刑事检察工作指导》2022 年第 1 辑。

施法定期限届满，不予以释放、解除或者变更的；（2）应当退还取保候审保证金不退还的；（3）对与案件无关的财物采取查封、扣押、冻结措施的；（4）应当解除查封、扣押、冻结不解除的；（5）贪污、挪用、私分、调换、违反规定使用查封、扣押、冻结的财物的。受理申诉或者控告的机关应当及时处理。对处理不服的，可以向同级人民检察院申诉；人民检察院直接受理的案件，可以向上一级人民检察院申诉。人民检察院对申诉应当及时进行审查，情况属实的，通知有关机关予以纠正。第209条规定，人民检察院发现人民法院审理案件违反法律规定的诉讼程序，有权向人民法院提出纠正意见。第274条规定，人民检察院认为人民法院减刑、假释的裁定不当，应当在收到裁定书副本后20日以内，向人民法院提出书面纠正意见。人民法院应当在收到纠正意见后1个月以内重新组成合议庭进行审理，作出最终裁定。第276条规定，人民检察院对执行机关执行刑罚的活动是否合法实行监督。如果发现有违法的情况，应当通知执行机关纠正。综上，检察机关纠正违法的适用范围基本覆盖强制措施、立案、侦查、审判、执行等刑事诉讼活动的所有环节。

（二）司法解释及相关文件规定

《人民检察院刑事诉讼规则》对《刑事诉讼法》纠正违法内容进一步予以补充和细化，并明确了制发《纠正违法通知书》的情形。如第287条第3款规定，公安机关在收到不批准逮捕决定书后超过15日未要求复议、提请复核，也不撤销案件或者终止侦查的，人民检察院应当发出纠正违法通知书。第552条规定，人民检察院发现刑事诉讼活动中的违法行为，对于情节较轻的，由检察人员以口头方式提出纠正意见；对于情节较重的，经检察长决定，发出纠正违法通知书。第553条规定，人民检察院发出纠正违法通知书的，应当监督落实。第564条规定，公安机关在收到通知立案书或者通知撤销案件书后超过15日不予立案或者未要求复议、提请复核也不撤销案件的，人民检察院应当发出纠正违法通知书。第618条规定，人民检察院发现同级或者下级公安机关、人民法院超期羁押的，应当向该办案机关发出纠正违法通知书。发现上级公安机关、人民法院超期羁押的，应当及时层报该办案机关的同级人民检察院，由同级人民检察院向该办案机关发出纠正违法通知书。对异地羁押的案件，发现办案机关超期羁押的，应当通报该办案机关的同级人民检察院，由其依法向办案机关发出纠正违法通知书。

另外，《人民检察院刑事诉讼规则》第567条列举了人民检察院应当进行监督的16种侦查活动违法情形。包括：（1）采用刑讯逼供以及其他非法方法收集犯罪嫌疑人供述的；（2）讯问犯罪嫌疑人依法应当录音或者录像而没有录音或者录像，或者未在法定羁押场所讯问犯罪嫌疑人的；（3）采用暴力、威胁以及非法限制人身自由等非法方法收集证人证言、被害人陈述，或者以暴力、威胁等方法阻止证人作证或者指使他人作伪证的；（4）伪造、隐匿、销毁、调换、私自涂改证据，或者帮助当事人毁灭、伪造证据的；（5）违反刑事诉讼法关于决定、执行、变更、撤销强制措施的规定，或者强制措施法定期限届满，不予释放、解除或者变更的；（6）应当退还取保候审保证金不退还的；（7）违反刑事诉讼法关于讯问、询问、勘验、检查、搜查、鉴定、采取技术侦查措施等规定的；（8）对与案件无关的财物采取查封、扣押、冻结措施，或者应当解除查封、扣押、冻结而不解除的；（9）贪污、挪用、私分、调换、违反规定使用查封、扣押、冻结的财物及其孳息的；（10）不应当撤案而撤案的；（11）侦查人员应当回避而不回避的；（12）依法应当告知犯罪嫌疑人诉讼权利而不告知，影响犯罪嫌疑人行使诉讼权利的；（13）对犯罪嫌疑人拘留、逮捕、指定居所监视居住后依法应当通知家属而未通知的；（14）阻碍当事人、辩护人、诉讼代理人、值班律师依法行使诉讼权利的；（15）应当对证据收集的合法性出具说明或者提供证明材料而不出具、不提供的；（16）侦查活动中的其他违反法律规定的行为。

《人民检察院刑事诉讼规则》第570条列举了人民检察院应当进行监督的16种审判活动违法情形。包括：（1）人民法院对刑事案件的受理违反管辖规定的；（2）人民法院审理案件违反法定审理和送达期限的；（3）法庭组成人员不符合法律规定，或者依照规定应当回避而不回避的；（4）法庭审理案件违反法定程序的；（5）侵犯当事人、其他诉讼参与人的诉讼权利和其他合法权利的；（6）法庭审理时对有关程序问题所作的决定违反法律规定的；（7）违反法律规定裁定发回重审的；（8）故意毁弃、篡改、隐匿、伪造、偷换证据或者其他诉讼材料，或者依据未经法定程序调查、质证的证据定案的；（9）依法应当调查收集相关证据而不收集的；（10）徇私枉法，故意违背事实和法律作枉法裁判的；（11）收受、索取当事人及其近亲属或者其委托的律师等人财物或者其他利益的；（12）违反法律规定采取强制措施或者采取强制措施法定期限届满，不予释放、解除或者变更的；（13）应当退还取保候审保证金不退还的；（14）对与案件无关的财物采取查封、扣押、冻结措施，或者应当解除查封、扣押、冻结而不解除的；（15）贪污、挪用、私分、调换、违反规定使用查封、扣押、冻结的财物及其孳息的；（16）其他违反法律规定的行为。第 572 条第 1 款还规定，人民检察院在审判活动监督中，发现人民法院或者审判人员审理案件违反法律规定的诉讼程序，应当向人民法院提出纠正意见。

《人民检察院刑事诉讼规则》第 624 条规定了对刑罚执行和监管执法活动监督的具体事项，主要有：刑罚执行机关执法行为存在瑕疵、安全隐患等；执法行为严重违法，发生重大事故，或者对前述的执法瑕疵行为被口头纠正后 7 日以内仍未予纠正的；存在可能导致执法不公问题，或者存在重大监管漏洞、重大安全隐患、重大事故风险等问题的情形。

此外，2010 年，最高人民法院、最高人民检察院、公安部、国家安全部、司法部联合发布的《关于对司法工作人员在诉讼活动中的渎职行为加强法律监督的若干规定（试行）》规定，对司法工作人员的渎职行为可以通过依法审查案卷材料、调查核实违法事实、提出纠正违法意见或者建议更换办案人、立案侦查职务犯罪等措施进行法律监督。

三、文书结构

（一）纠正违法通知书

纠正违法通知书为人民检察院依法纠正侦查机关、执行机关的违法活动时使用。需要注意的是，根据《人民检察院刑事诉讼规则》第 618 条的规定，对于人民法院超期羁押的，检察机关应当发出纠正违法通知书。根据《人民检察院刑事诉讼法律文书格式样本（2020 版）》，该文书分为首部、正文、尾部三个部分。

1. 首部。文书标题为“××××人民检察院纠正违法通知书”，文号为××检××纠违〔20××〕×号，由制发纠正违法通知书的具体业务部门分别按顺序编号。文书发往单位写明全称，行文上顶格书写。发往单位方面，人民检察院可以直接向本院所办理案件的同级单位发送纠正违法通知书；办案单位为上级机关的，应当层报被纠违单位的同级人民检察院决定并发送纠正违法通知书，或者由办理案件的人民检察院制作纠正违法通知书后，层报被纠违单位的同级人民检察院审核并转送被纠违单位；需要向下级有关单位发送纠正违法通知书的，可以指令对应的下级人民检察院发送纠正违法通知书。需要向异地有关单位发送纠正违法通知书，应当征求被纠违单位所在地同级人民检察院意见。被纠违单位所在地同级人民检察院提出不同意见，办理案件的人民检察院坚持认为应当发送纠正违法通知书的，层报共同的上级人民检察院决定。

2. 正文。正文部分采用叙述式，按以下层次叙写：首先，写明发现的违法情况。书写格式为：经调查核实，发现……。“发现”后书写顺序为：发生违法情况的具体单位和人员。违法人员要写明姓名、所在单位、职务等；违法事实要写明违法的时间、地点、经过、手段、目的和后果等。其次，检察机关认定违法的理由及其法律依据。书写为：本院认为……。“本院认为”后写明违法行为触犯的法律、法规的具体条款、违法行为的性质等。最后，明确纠正意见。写明：“根据……（法律依据）的规定，现通知你……予以纠正，并在收到本通知书后十五日将纠正情况告知本院。”

3. 尾部。尾部为具文日期，加盖检察机关院印。

注意事项，第一，本文书一案一文书，同一案件发现多项违法问题的，制发一份文书即可，各违法项按照严重程度从重到轻排序；第二，本文书一式二份，一份送达发生违法行为的单位，一份附卷。

（二）纠正审理违法意见书

纠正审理违法意见书为人民检察院在纠正审判机关审理案件违法时使用。根据《人民检察院刑事诉讼法律文书格式样本（2020版）》，该文书分为首部、正文、尾部三个部分。

1. 首部。文书标题为“××××人民检察院纠正审理违法意见书”，文号为××检××纠审〔20××〕×号，由制发本文书的具体业务部门分别按顺序编号。文书发往单位写明全称，行文上顶格书写。

2. 正文。正文部分采用叙述式，按以下层次叙写：一是说明在审理中发现违法的情况及认定违法的事实和依据。书写格式为：本院……，发现……写明在审理中发现的违法情况。包括违法人员的姓名、单位、职务、违法事实等，如果是单位违法，要写明违法单位的名称。违法事实，要写明违法时间、地点、经过、手段、目的和后果等。二是检察机关认定违法的理由和法律依据。书写格式为：本院认为……写明认定审理违法的理由和法律依据。包括违法行为触犯的法律、法规和规范性文件的具体条款，违法行为的性质等。三是提出纠正意见，需要写明具体的纠正意见，格式为：根据……（法律依据）的规定，特建议你院予以纠正，请将纠正结果书面告知本院。

3. 尾部。包括附件、具文日期和落款。

注意事项，本文书一式二份，一份送达人民法院，一份附卷。

四、文书制作要点

（一）总体原则

纠正违法文书对于老百姓而言，不仅仅是司法纠正性文书，更是一种司法“救济”性文书，在效果上最能直接让人民群众可感受、能感受、感受到公平正义。因此，制作纠正违法文书，格式规范、认定事实正确、说理透彻也是基本的要求。实践中，纠正违法文书质量参差不齐，往往存在文书不规范、内容过简或冗长、重点不突出、法律依据及说理不充分甚至错误等现象。《人民检察院刑事诉讼法律文书格式样本（2020版）》规定的纠正违法文书样式，明确了该文书的框架和基本要素。要制作一份高质量的纠正违法文书，需要在“准、实、理”三字上下功夫：“准”是前提，要求严谨。被纠正违法对象是执法或者司法机关，文书的严谨性要求更高。“违法”虽然不是犯罪，但叙写要求也必须达到与认定犯罪事实相当的标准，即事实清楚，证据确实、充分。叙写发现“违法情况”既不能夸大，也不能缩小，要实事求是、中心要明确、要“点穴”

精准。“实”是基础，要求具体。发纠正违法文书的目的是监督被纠正对象认识问题并及时改正，规范司法行为避免再次出现类似违法情况。因此，叙写存在的违法情况、违法理由、法律依据及纠正意见等要尽量详实，“靶向”纠正违法行为，避免概括式叙写，论证有说服力。“理”是支撑，要求理、法结合。认定违法行为是在事实认定的基础上，根据具体规定对行为性质进行法律评价。同时，法律评价具有一定的主观性，需要法理、事理、经验法则及普罗大众的情感认知等评价行为性质，避免论证过度理性，结论违背大众情感，割裂法、理、情的有机统一。

另外，纠正违法文书作为重要法律文书之一，具有文书的共性内容，要求叙述与说理有机结合。具体而言，纠正违法文书要把发现的违法情况讲具体、说明白，在此基础上根据具体的法律规定结合事理、情理认定违法行为性质。叙述是基础，要客观，做到一针见血，重点突出；说理是关键，要结合查明事实说理，做到观点鲜明、论据充分、论证严密，逻辑清晰。只有实现叙述和说理的有机结合，才能切实提升文书质量。

1. 叙述性要求

叙述在纠正违法文书中主要是指对文书内容的取舍、排版及表达，通常要求做到要素完备、详略得当及表达清晰。

（1）关于要素完备。在形式上，纠正违法文书格式样本已经明确文书包含的要素内容，包括首部、正文和尾部三部分。各部分内容在格式样本的制作说明中均有相应的介绍和要求，检察官在撰写时应根据违法情况逐一按照文书中所列内容及顺序叙明，不能改变要素格式框架和内容，根据个人喜好自由发挥。在内容上，不能机械理解只要点到文书所有要素即达到要素完备的要求，需要实质性或者穿透式理解。如在叙写法律依据部分，如果仅写“违反有关法律规定”而没有写明具体条款，则本质上与遗漏无异，视为遗漏法律依据要素。

（2）关于详略得当。文书格式样本及制作说明对此没有明确规定，实践中如何把握没有统一标准。总体而言，纠正违法文书内容叙述应立足能否将问题讲清楚、说明白及今后如何改的维度出发，直接点明具体违法事实、认定行为违法的理由和具体的依据等。进而言之，详略得当落脚点在叙述的“度”的把握上。要重点突出，语言简洁、规范，既要避免冗长导致篇幅失衡、核心模糊，又要杜绝过于概括而内容空泛。要以目的导向根据不同样本格式要求撰写要素信息，重点写清存在的违法事实、定性理由及具体的依据，针对违法情况提出具体可行的纠正意见，做到有理、有据、有节，最终实现纠正违法的目的。同时，在文书中应使用客观、中性的规范用语及法言法语，避免带有主观色彩的词语及口语化。

（3）关于表达清晰。表达清晰主要是指逻辑清楚、内容明了，既包括叙写违法事实及具体法律依据，又包括叙述与说理有机结合的理由分析，认定违法。表达清晰是在详略得当基础上的要求。在框架结构上，文书样本格式已经确定了框架及相关内容范畴，以发现问题（违法情况）——分析问题（认定违法理由和法律依据）——解决问题（提出纠正意见，限期内告知结果）三段论模式构造，内在关系层层递进，逻辑结构完整、明确。因此，从整体文书结构上看，检察官只要按照样本格式完成文书内容，要素完备，就可以基本达到表达清晰的效果。具体内容上，关于文书“发现的违法情况”部分，实践中往往存在叙述过于概括、违法细节不具体、不突出等情况，需要特别注意。一般而言，叙写违法情况是一个小记叙文，要具备时间、地点、人物、起因、经过、结果等六要素，说清楚发生什么事情。其中，重点应突出行为经过和结果要素。叙写“认定违法的理由和法律依据”部分要结合前一部分发现的违法情况，说明行为为什么违法、认定的具体依据是什么。根据需要，可采用“一情节或多情节一分析”，做到事与理的有机结合，避免割裂谈违法理由与法律依据，造成发现问题与分析问题之间没有紧密关联。

2. 说理性要求

说理是纠正违法文书制作的难点，也是必然要求，重点反映在认定违法的理由和法律依据部分。实践中存在的主要问题有：一是过度概括，“一简到底”。如有的从开篇叙述违法事实起就蜻蜓点水，没有严格按照要求叙明具体的违法情况，导致说理部分成为无源之水，无本之木，只能“简上更简”。二是说理不足。有的文书尽管叙述具体、详实，但就行为性质为何违法未能深入分析，直接在叙述完违法事实之后，没有演绎或者个性化分析行为违反了法律的什么规定，而是径直认定行为违反了法律规定，内容空泛，导致事实与法律依据之间缺乏事与理的连接，显得理由依据不足。三是引用依据不全。有的违法行为往往不只违反了法律规定或者不只违反了所列的某条法律规定，还可能违反了法规和其他规范性文件，或者违反了其他多条法律规定。在认定违反的法律依据时，有的引用依据时存在遗漏，有的没有规范引用具体的条款。

具体而言，增强纠正违法文书的说理性，应从观点鲜明、理由充分、论证有力、层次清晰、结构严谨等方面入手。一是要有明确的靶向问题。纠正违法文书要解决的靶向问题就是“发现的违法情况”，“违法情况”是什么，要明确具体，还要指出违法行为性质，观点鲜明。切忌点到为止，问题不明。如果在论证时没有明确的态度，仅评述客观情况而没有指出违法行为的性质或者对违法性评价似是而非，则全文丧失了说理性基础，文书缺乏刚性。二是要论证有力。发现的违法情况要有证据印证，且事实清楚、无疑异。区别于起诉书、不起诉书等其他控诉性法律文书，论证重点不再以证据印证认定的事实，而是行为性质为什么违法。在论证违法行为的性质时，需要紧密结合相关法律、法规和其他规范性文件论证违法行为符合其中的哪些禁止性规定。如果违法行为是禁止性直接规定的情形，直接引述法条。如果需要实质性或穿透式认定行为性质的，需要通过“放大”行为细节论证本质上符合条文的禁止性规定。三是要有清晰的条理性。尤其是在一个案件中有不止一处的违法情况，主次如何区分，条理和层次如何展开对违法纠正文书的质量尤为关键。说理顺序以提炼行为的违法要素（事）、认定行为违法的理由（理）、法律依据（事与理的有机结合）为佳。同类型多处违法的情况，可以集中阐述。在指出发现的违法情况后，对同类情节“多情节一分析”综合论证违法性，指出违法行为触犯的具体规定，再提出纠正意见。不同类型或者不同阶段的违法情况，以诉讼过程开展顺序为轴，在不同阶段从重到轻分类“一情节一分析一依据”逐项叙写为佳，最后再综合提出纠正意见。其中，如果在某个阶段有同类情节的，按同类情节的情况叙写。总之，不同类情节情况叙写的宗旨采用“剥洋葱式法”逐项层层解构分析论证，化繁为简，做到条理清晰。四是要有严密的逻辑结构。观点阐明后，应综合运用经验法则以小前提、大前提演绎得出结论的法律逻辑思维，论证行为违法性质及法律适用的依据。在叙事与说理部分，要叙完事情再说理，厘清与事、理之间有机结合的论证关系，切忌一会儿事一会儿理，在违法情况、认定性质与法律依据之间穿插、往返叙写，违法情况或违法行为的性质还未充分说理就开始论述法律适用问题等等。

此外，规范性也是违法纠正文书的应有之义。实践中也有不少文书出现格式混用、错别字现象、标点符号使用混淆甚至出现法条引用错误等不规范情况，亟须重视。格式规范、表达严谨，才能充分体现纠正违法文书的权威与刚性。

（二）具体要领

1. 首部、称呼

关于首部。纠正违法文书的首部由检察机关名称、文书名称和文书编号三部分组成。其中，检察机关名称应为全称，即要注明所在省（自治区、直辖市）名称，不能只写地区级市、县、区院名。不同类型的纠违文书编号略有不同。向侦查机关制发的纠违文书编号是××检××纠违〔20××〕×号。向审判机关制发的纠违文书编号是××检××纠审〔20××〕×号。文号写在最右端，上下各空一行。

关于称呼。称呼要求与首部关于叙写检察机关名称一样，应写明发往单位的全称，不能简写。

2. 发现的违法情况

违法情况内容包括具体违法人员的姓名、单位、职务、违法事实等，如果是单位违法，要写明违法单位的名称。违法事实，要写明违法时间、地点、经过、手段、目的和后果等要素。发现的违法情况必须是有证据印证、确定的事实，不能是未查清的事实。纠正违法文书包括纠正违法通知书与纠正审理违法意见书两种不同类型，叙写的框架结构、表述内容、侧重点等不尽相同。

（1）纠正违法通知书“发现的违法情况”。纠正违法通知书适用于对侦查机关的刑事立案监督、侦查活动监督和对执行机关的刑罚执行和监管执法监督。在称呼后首段为过渡段，是格式段落，书写为：“本院在办理×××案件中（或在工作中）发现，你×××（具体违法人员姓名或违法单位名称）在侦查×××案过程中存在下列违法行为：……”在过渡段后，另起一段写“发现的违法情况”，可书写为：经调查核实，发现……。“发现”后书写顺序为：先写发生违法情况的具体单位和人员信息，后写违法事实。

关于刑事立案监督。在刑事立案监督环节的纠正违法主要有以下两类情况：一是实体上，侵害当事人权利。表现为应当立案而不立案、不应当立案而立案、长期“挂案”和以刑事手段插手经济纠纷等违法情形。此类型在叙述违法事实时又分两种不同写作手法。一种是记叙式。以长期“挂案”等违法情形为例，落脚点在对客观事实的评价，应重点围绕“长期”和“挂”两方面要素写明案件立案后一直悬而未决的时间长度以及在此期间侦查机关进行了哪些侦查工作。进而言之，用对比手法凸显时间长与少做甚至不做的反差，为下文论证“挂案”行为奠定基础。记叙时，可以简要援引证据内容，以印证式记叙。另一种是说明式。应当立案而不立案、不应当立案而立案、以刑事手段插手经济纠纷等违法情形侧重对应然的主观评价，落脚点在是否“应当”上。其中，以刑事手段插手经济纠纷属于不应当立案而立案的具体情形。以上需要抓住是否应然的关键事实要素，以“事”明“理”的方式说明违法事实，为后文论证奠定基础。具体而言，对于应当立案而不立案的情况，重点以证据证明的叙述模式从“发生了犯罪事实”和“犯罪事实是犯罪嫌疑人实施的”等要素突出“立”的应然性。在“犯罪事实”方面要突出危害结果。在行为方面，要写明犯罪嫌疑人具体实施了什么样的危害行为造成了危害结果。对于不应当立案而立案的情况，要从符合法定不起诉条件的角度结合证据印证写清楚案件事实，突出“不立”的应然性。如对于以刑事手段插手经济纠纷，要着重结合证据印证的事实细节上从诈骗犯罪构成的角度特别是主观非法占有目的要素上否定犯罪嫌疑人的行为具有刑事违法性，写明纠纷的细节突出民事性。二是程序上，法定期限内对检察院的监督不作为。表现为公安机关对当事人的报案、控告、举报或者行政执法机关移送的涉嫌犯罪案件受理后超过规定期限未作出是否立案决定，人民检察院要求公安机关在7日以内书面说明逾期不作出是否立案决定的理由，而公安机关在7日以内不说明理由也不作出立案或者不立案决定的；公安机关在收到人民检察院通知立案书或者通知撤销案件书后超过 15 日不予立案或者未要求复议、提请复核也不撤销案件的。此类型着重写事，突出时间与不作为两方面要素。在时间上，写明因何事收到人民检察院通知书的具体时间，至制发纠正违法通知书时长多久，超过法定期限多少日。在不作为方面，重点突出无合理事由。如说明期间×次沟通仍无答复等。

关于侦查活动监督。在侦查环节发现的违法情况需要制发纠正违法通知书的情形主要表现在七个方面：一是违法取证。如讯问时只有一名侦查人员、侦查主体不适格、违反个别讯问或者询问的要求、讯问笔录与同步录音、录像不一致、讯问不规范、钓鱼执法、物证提取、抽样、送检违反规定等等。叙述时，要以违法的关键要素为重点，写明具体哪份笔录（如犯罪嫌疑人××年××月××日××时××分在××地的供述，侦查人员××、××）存在违法取证，或者哪份证据被篡改、销毁等。实践中，写作难点在于法条所列违法手段“等”外或者“其他”等兜底性规定的违法情况，需要通过事、理二者的有机结合穿透式对比说明。二是关于强制措施与技术侦查措施。主要包括：①违反刑事诉讼法关于决定、执行、变更、撤销强制措施的规定，或者强制措施法定期限届满，不予释放、解除或者变更的；②应当退还取保候审保证金不退还的；③违反刑事诉讼法关于讯问、询问、勘验、检查、搜查、鉴定、采取技术侦查措施等规定的。此类违法情况按记叙文六要素直接写明具体违法内容，突出违反规定的事实要素。三是对财物违法处置。主要包括：①对与案件无关的财物采取查封、扣押、冻结措施，或者应当解除查封、扣押、冻结而不解除的；②贪污、挪用、私分、调换、违反规定使用查封、扣押、冻结的财物及其孳息的。第一种情形要注意重点写清财物与案件“无关”性，同时写明具体被采取措施的情况。如果是应当解除而不解除的，重点从符合“应当”的情形演绎案件情形。第二种情形重在写明“贪污、挪用、私分、调换、违反规定使用”等情形，注意具体、明确，证据确凿。以客观性描述行为为佳，少用主观评价及原文规定的概括性动词。如：“调换”写为“把扣押的序列号为×××绿色苹果 12 机型的手机换成同款同色序列号为×××的手机”。四是撤案与回避问题。包括：①不应当撤案而撤案的；②侦查人员应当回避而不回避的。叙写第一种情形要领与应当立案而没有立案的情形相同，第二种情形需要重点叙明侦查人员符合回避的具体情形。五是相关诉讼权利的保障。包括：①依法应当告知犯罪嫌疑人诉讼权利而不告知，影响犯罪嫌疑人行使诉讼权利的；②对犯罪嫌疑人拘留、逮捕、指定居所监视居住后依法应当通知家属而未通知的；③阻碍当事人、辩护人、诉讼代理人、值班律师依法行使诉讼权利的。本部分内容注意写明事情发生时间节点，见人见事，特别是第三类情形避免泛泛而谈，要写明如何阻碍行使诉讼权利的具体情况。六是关于出具说明或证明材料，即应当对证据收集的合法性出具说明或者提供证明材料而不出具、不提供的。本部分内容注意从材料的关键性与提供的必要性为切入，写明如果不提供会对案件判读产生怎样的影响，突出怠于履职的严重性。七是兜底情形，即侦查活动中的其他违反法律规定的行为。如未按规定办理换押手续等违法情形。此类违法情况根据实际参照前述六种情形要领叙述。

关于刑罚执行和监管执法监督，因相关职责由检察机关刑事执行检察部门负责履行，在此不再赘述。

（2）纠正审理违法意见书“发现的违法情况”。纠正审理违法意见书适用在人民法院或者审判人员审理案件违反法律规定的诉讼程序情形，与纠正违法通知书体例不尽相同，写作要领相同。在称呼后首段书写为：“本院……，发现……”。“发现”后写审理中发现的违法情况，书写顺序先写违法人员基本情况，后写违法事实。《人民检察院刑事诉讼规则》第570条列举了法院在审判活动中常见违反诉讼程序的情形。实践中，纠正审理违法意见书认定发现的违法情况需要注意以下细节：一是文书采用叙述式。重点围绕违法要素写明情况，无需面面俱到，介绍与程序违法无关的整个开庭经过。二是体例上，写明发现的违法情况后，再写认定的违法事实和依据。其中，认定依据部分即证据证明部分，一般有两种写作模式。一种模式是另起一段，写“认定以上违法事实的证据有……”,再列明相关证据，简要说明证据的证明内容。另一种模式是在写明事实后，以印证的形式叙明证据。如“其中：证人A、B分别指证审判员C是被告人D的表弟，与书证×××相互印证……”这里需要注意，无论采何种形式叙明证据，均要求达到逻辑清晰，表明证据确实、充分，印证认定事实的效果。建议“一事一印证”，以证据清晰展示认定事实中的若干关键要素均有相应的闭合证据链条支撑。如果是多起违法事实的，分条块逐个叙写认定的违法事实和依据，避免综合一个整体来写。

3. 认定违法的理由和法律依据

本部分内容为文书说理部分，包括违法行为触犯的法律、法规和规范性文件的具体条款，违法行为的性质等。可表述为：本院认为……纠正违法文书运用三段论法律逻辑的形式推理得出行为违法结论，并提出纠正意见。书写时，注意理由与依据有机结合。其中，“发现的违法情况”包括认定违法行为的相关证据即事实认定是先确定的小前提，法律依据是一般性原则即大前提，认定违法的理由就是通过演绎将小前提代入公式，得出符合大前提结论，最后确定行为的违法性质。因此，认定违法的理由需要结合相关法律、法规和规范性文件规定以行为为基本点简要展开分析，讲清行为违法的道理。这里需要注意三个问题：一是法律依据求全、求细，避免遗漏。二是所引用的法律应当引全称。三是所引用的法律要将条、款、项引全。具体而言：

（1）纠正违法通知书“认定违法的理由和法律依据”。纠正违法通知书依据《刑事诉讼法》第 8 条、第 57 条、第 100 条、第 117 条、第 276 条，《人民检察院刑事诉讼规则》第 287 条、第 552 条、第 553 条、第 564 条、第 618 条、第 624 条等规定制作。认定违法的相关依据主要有《刑事诉讼法》《人民检察院刑事诉讼规则》和《公安机关办理刑事案件程序规定》等。

关于刑事立案监督。与违法情况类型对应，认定违法的理由主要有：不应当立案而立案、应当立案而不立案、长期“挂案”和以刑事手段插手经济纠纷以及在法定期限内对检察院的监督不作为等违法情形。其违法性表现在滥用职权的乱作为和怠于履职的不作为两方面，根据实际抓其中关键要素叙写违法理由。进而言之，对于不应当立案而立案情形，要重点围绕案件不符合哪些立案的法定条件论证不应当立案，得出立案违反规定的结论；对于应当立案而不立案的情形，要结合立案条件逐条分析案件符合的每一项具体内容，说明不予立案的违法性；对于长期

"挂案"情形，要重点从"挂案"时长、消极侦查或者符合撤案条件而不撤案等方面说明理由；对于以刑事手段插手经济纠纷情形，重点以实质性评价经济纠纷的民事性和解构立案的罪名为基本点，从主客观相一致的原则分析在纠纷背后，犯罪嫌疑人行为是否有民事救济权利的依据，不当行为是否有刑事违法性，主观上是否具有非法占有目的等论证用刑事手段介入的不正当性。

关于侦查活动监督。在侦查环节，根据《人民检察院刑事诉讼规则》第567条规定的七类常见违法情形，违法活动可以总结为侦查取证违法、期限超期、妨害当事人依法行使诉讼权利及其他程序违法等方面。其中，期限超期是指强制措施期限届满侦查机关未予变更或撤销、办案期限超期的情况。妨害当事人依法行使诉讼权利包括未在法定期限内告知犯罪嫌疑人诉讼权利或通知其家属、阻碍辩护律师会见犯罪嫌疑人或调阅证据材料等。其他程序违法包括回避、应当撤案不撤案、职务违法甚至犯罪等等。在取证违法方面，如果实施的违法行为是相关法律、法规或规范性文件明确规定的禁止性规范时，可在记述完发现的违法情况后，直接引用说明行为违反的具体规定，不需要过多说理。如物证提取不规范导致来源不明的行为，直接写该行为违反了哪些具体规定。如果实施的行为违反的是相关规定的兜底性条款，说理时要着重从情理上实质性评价行为与规定中其他禁止性行为违法的相当性，进而认定属于"侦查活动中的其他违反法律规定的行为"。其他方面的违法理由和法律依据，应当根据各自内容和特点，针对案件具体情况各有侧重的叙写。如在期限超期方面，以超期为重点叙写。在妨害当事人依法行使诉讼权利方面，以不告知、阻碍等妨害诉讼权利为叙述重点。其他程序违法等方面，如渎职造成关键证据灭失等，以相关行为的违法性为重点叙写。

关于审判机关司法活动的监督。一般而言，此类型的相关违法活动都是常见类型，相关具体规定已经明确禁止，很少适用"等其他违法"的兜底性条款。因此，在叙述违法情况时，行为的违法性及违反的具体规定已经非常明确，在写认定违法的理由时可适当提炼，注意避免重复、冗长，循环论证。

（2）纠正审理违法意见书“认定违法的理由和法律依据”。“认定违法的理由和法律依据”主要根据《刑法》《刑事诉讼法》《人民检察院刑事诉讼规则》《人民法院办理刑事案件庭前会议规程（试行）》《人民法院办理刑事案件排除非法证据规程（试行）》，以及《人民法院办理刑事案件第一审普通程序法庭调查规程（试行）》《人民法院审判人员违法审判责任追究办法（试行）》《关于完善人民法院司法责任制的若干意见》等规定叙写，其要领与纠正违法通知书相同。大体而言，在内容上，纠正审理违法意见书中第一部分“发现的违法情况”占文书篇幅比例较大，认定违法理由和法律依据篇幅比例相对较小。违法情况的关键要素已经足以反映违反法律规定的诉讼程序，违法理由和法律依据可以适度提炼关键要素论证违法行为违反了哪些具体规定。

4. 纠正意见、尾部

关于纠正意见。纠正意见是针对违法情况提出整改和补救意见，既包括个案建议，又包括制度性或机制性建议，源头治理。纠正意见部分在不同的纠正违法文书中，内容要求不尽相同，均属于格式性段落。在纠正违法通知书中，不需要写具体的纠正意见，只需通知纠正，并将纠正情况及时告知。具体写明：“根据《中华人民共和国刑事诉讼法》第……条之规定，现通知你……予以纠正，并在收到本通知书后十五日内将纠正情况告知本院。”在纠正审理违法意见书中，需要针对违法情况提出具体纠正意见，再根据法律规定建议纠正，要求将纠正结果书面告知。具体写明：“……（具体的纠正意见）根据……（法律依据）的规定，特建议你院予以纠正，请将纠正结果书面告知本院。”

关于尾部。纠正违法通知书结尾不写附件，尾部写明落款日期。纠正审理违法意见书在提出纠正意见后，要写明附件内容：（1）证明违法事实存在的证据材料；（2）联系方式；（3）相关法律法规，最后写落款日期。

五、相关重点问题

（一）纠正违法的程序

1. 线索的发现与受理

（1）接受控告、举报、申诉而发现的线索。既包括被害人及其法定代理人、近亲属提供线索，也包括犯罪嫌疑人、被告人及其近亲属的控告、申诉等情形。涉及的内容包括刑事诉讼各方面：一是关于非法取证行为的线索，《刑事诉讼法》第57条规定，人民检察院接到报案、控告、举报或者发现侦查人员以非法方法收集证据的，应当进行调查核实。对于确有以非法方法收集证据情形的，应当提出纠正意见；构成犯罪的，依法追究刑事责任。二是《刑事诉讼法》第117条所规定的当事人、辩护人、诉讼代理人及其利害关系人申诉与控告的情形，主要涉及强制措施的解除变更、取保候审保证金未退还、扣押冻结与案件无关财物、贪污挪用相关财物、侵犯辩护人辩护权等情形。

（2）行政执法机关移送的线索。负有行政违法查处责任的机关如海关、边检、质监局等单位在对行政违法查处时，如发现涉嫌犯罪线索的应当移送公安机关，如果被移送的公安机关不受理的，检察机关应当积极协调公安机关受理案件，必要时监督公安机关立案。

（3）检察机关在办案过程中发现的线索。检察机关在审查批准逮捕、审查起诉工作中发现公安机关侦查活动违法的、有漏罪漏犯线索而不立案、查处的，在出庭公诉履职过程中发现人民法院审理案件违反法律规定的诉讼程序的，对执行机关执行刑罚的活动予以监督而发现有违法情况的，发现上述情况后均应提出纠正违法意见。

（4）其他各种交办、转办的案件线索。舆论监督、媒体监督等外部监督途径所获取的线索，由上级机关交办或者其他机关转办检察机关的，办理单位应当及时审查相关线索，确定监督事项是否成立。

2. 调查核实

（1）调查核实的方法。人民检察院在获取立案监督线索、侦查活动监督线索以及发现审判活动监督线索后，应当对线索作必要的调查核实。

《人民检察院刑事诉讼规则》第551条对调查核实的方式作了规定，主要包括：讯问、询问犯罪嫌疑人；询问证人、被害人或者其他诉讼参与人；询问办案人员；询问在场人员或者其他可能知情的人员；听取申诉人或者控告人的意见；听取辩护人、值班律师意见；调取、查询、复制相关登记表册、法律文书、体检记录及案卷材料等；调取讯问笔录、询问笔录及相关录音、录像或其他视听资料；进行伤情、病情检查或者鉴定；其他调查核实方式。同时规定强调，人民检察院在调查核实过程中不得限制被调查对象的人身、财产权利。

（2）调查核实的重点。一是关于立案监督的调查核实，主要是判断是否有刑事案件发生，对于公安机关应当立案而不立案的情形，重点在于查明在案证据、线索是否符合《刑事诉讼法》所规定的立案条件，是否属于公安机关的管辖范围，公安机关是否已受理或者通过其他渠道掌握案件线索而不予立案。对于公安机关不应当立案而立案的，除了把握立案标准这一原则之外，还应当查明公安机关是否存在《人民检察院刑事诉讼规则》第559条所列明的公安机关可能存在违法动用刑事手段插手民事、经济纠纷，或者利用立案实施报复陷害、敲诈勒索以及谋取其他非法利益等违法立案等情形。二是关于侦查活动监督的调查核实，主要是调查侦查机关适用、解除强制措施是否合法，调查侦查机关的强制性侦查措施是否存在无证搜查、超范围查封扣押、不及时返回扣押冻结财物等问题。三是对侦查取证行为的调查，调查重点是取证行为是否实质性违法，是否侵犯了公民的人身权利、住宅不受侵犯权、通信自由等基本权利。四是对侵害当事人诉讼权益的线索的调查核实，调查重点除会见当事人、询问具体情况外，还应通过反映的线索，调取相关卷宗材料、要求公安机关作出说明。五是对刑罚执行活动以及人民法院审理活动是否违反相关程序的调查，重点是对是否违法的审查判断。

3. 前置监督措施

纠正审理违法建议书其依据是《刑事诉讼法》第209条，针对的是违反法定程序的庭审活动，没有前置监督措施。而纠正违法通知书适用于刑事诉讼中情节较重的违法行为，《人民检察院刑事诉讼规则》在多处规定了纠正违法通知书的前置监督手段。只有当前置监督无效、被监督机关继续违法时，才考虑适用纠正违法通知书。具体包括：

一是在立案监督中，检察机关应当先书面通知公安机关，要求书面说明不立案理由或者立案理由；当公安机关说明不立案理由或者立案理由后，检察机关还应当继续审查。如果认为公安机关的理由不能成立的，经检察长决定通知公安机关立案或者撤销案件，并应当制作通知立案书或者通知撤销案件书，说明依据和理由，连同证据材料送达公安机关，并且告知公安机关应当在收到通知立案书后15日以内立案，对通知撤销案件书没有异议的应当立即撤销案件，并将立案决定书或者撤销案件决定书及时送达人民检察院。公安机关在收到通知立案书或者通知撤销案件书后超过15日不予立案或者未要求复议、提请复核也不撤销案件的，人民检察院应当发出纠正违法通知书。因此在立案监督中，检察机关在发出纠正违法通知书之前，一般需要经历四个前置步骤：通知公安机关要求书面说明（不）立案理由、审查公安机关理由、通知公安机关立案（撤案）、复议复核（仅针对撤案）。

二是侦查活动监督中的前置监督措施。检察机关在审查批准逮捕案件时，对于没有犯罪事实或者犯罪嫌疑人具有《刑事诉讼法》第16条规定情形之一，在作出不批准逮捕决定的，应当同时告知公安机关撤销案件。对于有犯罪事实需要追究刑事责任，但不是被立案侦查的犯罪嫌疑人实施，或者共同犯罪案件中部分犯罪嫌疑人不负刑事责任，人民检察院作出不批准逮捕决定的，应当同时告知公安机关对有关犯罪嫌疑人终止侦查。公安机关在收到不批准逮捕决定书后超过15日未要求复议、提请复核，也不撤销案件或者终止侦查的，人民检察院应当发出纠正违法通知书。检察机关办理不批捕案件中在发出纠正违法通知书之前，应当先作出不批捕决定、要求撤案，并给公安机关15日的提请复议复核或者撤案时间。但是，需要注意的是如果发现超期羁押问题，则必须立即发出纠正违法通知，督促办案机关纠正。《人民检察院刑事诉讼规则》第618条第1款规定，人民检察院发现同级或者下级公安机关、人民法院超期羁押的，应当向该办案机关发出纠正违法通知书。之所以如此规定，是由于超期羁押直接、明显侵犯人权、属严重违法，必须立即纠正。

4. 制发纠正违法文书

（1）制发纠正违法通知书。检察机关在发现违法线索、调查核实、前置监督（视具体违法情形而定）之后，如果被监督机关依然不整改、继续违法或者使侵犯当事人合法权益的状态存续的话，则应当向被监督的办案机关制发纠正违法通知书。需要注意的是，《人民检察院刑事诉讼规则》第618条规定，人民检察院发现同级或者下级公安机关、人民法院超期羁押的，应当向该办案机关发出纠正违法通知书。发现上级公安机关、人民法院超期羁押的，应当及时层报该办案机关的同级人民检察院，由同级人民检察院向该办案机关发出纠正违法通知书。对异地羁押的案件，发现办案机关超期羁押的，应当通报该办案机关的同级人民检察院，由其依法向办案机关发出纠正违法通知书。上述规定的立法精神是检察机关针对同级、下级办案机关可直接纠正违法，但是对上级或者异地办案机关，需报违法办案机关的同级人民检察院。除超期羁押问题外，对于其他违法问题的监督，是否应当遵循对等监督原则尚未明确，我们将在后文进行具体分析。

（2）制发纠正审理违法意见书。《刑事诉讼法》第209条规定，人民检察院发现人民法院审理案件违反法律规定的诉讼程序，有权向人民法院提出纠正意见。2013年最高人民检察院等六部门《关于实施刑事诉讼法若干问题的规定》第32条规定，人民检察院发现人民法院审理案件违反法律规定的诉讼程序，有权向人民法院提出纠正意见。人民检察院对违反法定程序的庭审活动提出纠正意见，应当由人民检察院在庭审后提出。《人民检察院刑事诉讼规则》第572条进一步明确了出庭检察人员的及时报告职责。该条第2款规定，人民检察院对违反程序的庭审活动提出纠正意见，应当由人民检察院在庭审后提出。出席法庭的检察人员发现法庭审判违反法律规定的诉讼程序，应当在休庭后及时向检察长报告。

5. 监督落实

检察机关制发纠正违法文书并不是目的，监督相关机关改正违法行为、确保法律的正确实施才是检察机关法律监督的意义与目的。《人民检察院刑事诉讼规则》第553条明确了检察机关的继续监督落实、向上级检察院报告义务。该条规定，人民检察院发出纠正违法通知书的，应当监督落实。被监督单位在纠正违法通知书规定的期限内没有回复纠正情况的，人民检察院应当督促回复。经督促被监督单位仍不回复或者没有正当理由不纠正的，人民检察院应当向上一级人民检察院报告。法规还明确了检察机关在发出纠正违法通知书之后的具体跟踪落实举措。

一是跟踪落实立案监督、不批捕撤案监督。《人民检察院刑事诉讼规则》第564条规定人民检察院发出纠正违法通知书要求公安机关立案或者撤销案件，公安机关仍不纠正的，报上一级人民检察院协商同级公安机关处理。公安机关立案后3个月以内未侦查终结的，人民检察院可以向公安机关发出立案监督案件催办函，要求公安机关及时向人民检察院反馈侦查工作进展情况。从法律规定可以看出，发出纠正违法文书只是监督的一部分，并非监督的结束。在公安机关应立案而未立案的情形中，即使公安机关接到通知后立案，检察机关还应当关注公安机关是否存在“消极侦查”行为。应当加强监督立案后的跟踪，了解是否存在立而不查、久拖不决的现象；加强与公安机关的联系，注意及时催办，并提出侦查取证建议、协助公安机关破案；提请上级检察院通过同级公安机关对负责侦查的下级公安机关进行督办；加强对立而不侦、侦而不结背后司法腐败的查处力度。

二是对超期羁押且不整改的情形，规定了更为严厉的监督手段。《人民检察院刑事诉讼规则》第619条规定，人民检察院发出纠正违法通知书后，有关办案机关未回复意见或者继续超期羁押的，应当及时报告上一级人民检察院。对于造成超期羁押的直接责任人员，可以书面建议其所在单位或者有关主管机关依照法律或者有关规定予以处分；对于造成超期羁押情节严重，涉嫌犯罪的，应当依法追究其刑事责任。超期羁押属严重违法行为，因此法律规定的后续监督手段包括党纪政纪处分、追究刑事责任。

（二）纠正违法的适用范围

1. 主要监督事项

（1）对公安机关及行政执法机关的监督范围。检察机关除对公安机关的侦查行为具有侦查监督权外，还应当对负有移送犯罪线索职责的行政执法机关进行监督，还应当对执行机关执行刑罚的活动是否合法实行监督。负有对侦查机关的监督包括了整个侦查阶段的全流程，检察机关还有权对负有移送犯罪线索职责的行政执法机关进行监督，并监督线索移送后公安机关是否及时受理、及时立案。具体监督事项包括：

一是立案监督，包括监督公安机关应当立案而不立案、不应当立案而立案、监督行政机关不移送涉嫌犯罪案件线索，检察机关在收到上述线索后，应当审查并展开调查，如果线索成立则根据具体情况，通知公安机关立案或者撤销案件。

二是对侦查机关适用强制措施的监督。首先，关于对拘留的监督情形：对不符合法定条件的人决定刑事拘留；违法延长犯罪嫌疑人拘留期限；适用刑事拘留超过法定期限；拘留后未依法及时将犯罪嫌疑人送看守所羁押；讯问后发现不应拘留，未立即释放，发给释放证明；对依法拘留的人不当变更为取保候审；未经法定程序对县级以上人大代表采取刑事拘留。其次，关于对逮捕的监督情形：未及时执行检察机关（不）批准逮捕决定；依法逮捕后违法变更为监视居住、取保候审；未立即将被逮捕人送看守所羁押；未经法定程序对人大代表采取逮捕强制措施。再次，关于对拘传的监督情形：实质超期拘传；适用拘传程序违法，主要指无证拘传，拘传时未依法出示拘传证，拘传县级以上人大代表没有提供报请或通报材料；未保障饮食和必要休息时间。复次，关于对取保候审的监督情形：对不符合取保候审条件的人决定采取取保候审强制措施；取保候审保证方式违反法律规定；保证金的管理与退还违反法律规定；取保候审超过12个月依法应当解除而不解除，或在取保候审期间中断侦查。最后，关于对监视居住的监督情形：对不符合监视居住条件的人决定监视居住；对有固定住处且不涉嫌危害国家安全、恐怖活动犯罪的人指定居所监视居住；指定居所监视居住届满未依法予以解除。

三是对强制性侦查措施的监督。首先，关于对搜查的监督情形：缺乏见证人在场的搜查；伪造见证人；未当场记录或部分未记录搜查情形；侵害当事人人身和财产等合法权益；滥用无证搜查。其次，关于对查封、扣押的监督情形：查封、扣押财物、文件与案件无关或者超范围查封、扣押；查封、扣押过程中见证人使用不规范的；不依法出具或者出具的查封、扣押物品清单不规范，造成严重后果的；擅自处分或者保管不当，造成被查封、扣押物品损毁或者灭失的；不依法返还被查封、扣押物品，严重损害当事人合法权益的；未及时采取查封、扣押措施，导致重要证据灭失或被害人损失无法挽回的。最后，关于对查询、冻结存款、汇款、债券、股票、基金份额等财产的监督情形：冻结与案件无关的存款、汇款等财产；超过规定期限未及时解除冻结手续；私自挪用或者自行处理冻结的存款、汇款等财产；重复冻结存款、汇款等财产。

四是对侦查取证的监督。由于侦查取证涉及物证、书证、证人证言、被害人陈述、犯罪嫌疑人或被告人供述和辩解、鉴定意见、勘验、检查、辨认、侦查实验等笔录、视听资料、电子数据等各个方面，如果逐一列举违法情形过于重复。判断侦查取证违法行为应当把握三要件：一是是否明确违反法律的强制性规定；二是是否实质性侵犯基本人权；三是违法行为的程度是否严重。

五是对侵犯当事人诉讼权益的监督。对侵害辩护权的监督：违法拒绝许可律师会见，或拖延审批时间不及时作决定等妨害律师及时行使辩护权的。对其他侵害当事人诉讼权益行为的监督。

（2）对刑罚执行活动的监督范围。《刑事诉讼法》第 276 条规定，人民检察院对执行机关执行刑罚的活动是否合法实行监督。如果发现有违法的情况，应当通知执行机关纠正。《人民检察院刑事诉讼规则》第 624 条规定了对刑罚执行和监管执法活动监督的具体事项，主要有：刑罚执行机关执法行为存在瑕疵、安全隐患等；执法行为严重违法，发生重大事故，或者对前述的执法瑕疵行为被口头纠正后 7 日以内仍未予纠正的；存在可能导致执法不公问题，或者存在重大监管漏洞、重大安全隐患、重大事故风险等问题的情形。

（3）对审判机关的监督范围。根据《人民检察院刑事诉讼规则》第 570 条的规定，人民检察院对审判活动的监督事项如下：人民法院对刑事案件的受理违反管辖规定的；人民法院审理案件违反法定审理和送达期限的；法庭组成人员不符合法律规定，或者依照规定应当回避而不回避的；法庭审理案件违反法定程序的；侵犯当事人、其他诉讼参与人的诉讼权利和其他合法权利的；法庭审理时对有关程序问题所作的决定违反法律规定的；违反法律规定裁定发回重审的；故意毁弃、篡改、隐匿、伪造、偷换证据或者其他诉讼材料，或者依据未经法定程序调查、质证的证据定案的；依法应当调查收集相关证据而不收集的；徇私枉法，故意违背事实和法律作枉法裁判的；收受、索取当事人及其近亲属或者其委托的律师等人财物或者其他利益的；违反法律规定采取强制措施或者采取强制措施法定期限届满，不予释放、解除或者变更的；应当退还取保候审保证金不退还的；对与案件无关的财物采取查封、扣押、冻结措施，或者应当解除查封、扣押、冻结而不解除的；贪污、挪用、私分、调换、违反规定使用查封、扣押、冻结的财物及其孳息的；其他违反法律规定的行为。

2. 主要监督条件

（1）被监督事项成立。检察机关在审查办案、出庭公诉、刑罚执行监管等履职过程中发现被监督机关存在违法线索的，或者接受当事人及其近亲属、辩护人的申诉、控告线索的，应当按照前述调查核实的方法，确认相关机关的违法行为是否成立，以及违法的程度、情节是否严重，判断需要采取何种监督措施。

（2）程度对应。《人民检察院刑事诉讼规则》第552条第1款规定，人民检察院发现刑事诉讼活动中的违法行为，对于情节较轻的，由检察人员以口头方式提出纠正意见；对于情节较重的，经检察长决定，发出纠正违法通知书。对于带有普遍性的违法情形，经检察长决定，向相关机关提出检察建议。构成犯罪的，移送有关机关、部门依法追究刑事责任。因此，在司法活动中发现违法行为，应对违法情节作出区分，对于情节较重的个别违法行为，发出纠正违法通知书；情节较轻或者构成犯罪时则不适用，而应当口头纠正或者移送犯罪。针对审判机关在庭审中存在的违反法律规定程序的行为，在庭审后发出纠正审理违法意见书。

（3）已采取前置监督手段。《人民检察院刑事诉讼规则》第552条规定，人民检察院发现刑事诉讼活动中的违法行为……对于情节较重的，经检察长决定，发出纠正违法通知书。因此一般情形下，不但要有制发必要性，而且需要采取前置的监督措施。前置的监督措施包括：一是要求被监督机关说明履职行为的合法性、说明是否存在正当理由。二是通知被监督机关合法履行法定义务。比如通知立案、撤销案件、释放犯罪嫌疑人、允许律师会见等。三是给被监督机关法定的改正期限。法律多规定为7日、15日等，详见具体法规。四是允许被监督机关复议、复核。在一定期限内如果被监督机关不复议、复核，则视为其认可检察机关的监督事项。只有在法律规定的前置的监督手段已经采用，但被监督机关仍然不整改的情况下，检察机关才适用纠正违法通知书对违法行为予以监督。但需要注意的是，是否存在前置手段，应当严格依法、具体问题具体分析，比如针对超期羁押违法情形，法律规定检察机关应当直接向办案机关发出纠正违法通知书。

（三）不同监督方式的适用

1. 纠正违法通知书的适用

（1）适用原则。一是监督法定原则。检察机关应确保全部监督事项均有法可依，同时做到全面监督，努力做到各项法律法规中的侦查违法违规行为均被监督范围覆盖。

二是比例原则。比例原则的实质是为了确保国家权力的适度适用，旨在实现刑事诉讼目的与手段之间的平衡。比例原则要求手段的妥当性、必要性和均衡性。监督时应区分监督事项的违法违规程度，以违法违规行为是否影响证据效力、是否影响诉讼进行、是否侵犯当事人合法权利为标准，进行区分。从轻到重，分别对应口头监督纠正、制发侦查活动监督通知书、制发相应纠正违法文书、移送涉嫌犯罪线索，规范监督方式，确保轻重适当。

三是突出重点原则。检察机关在诉讼监督中，应针对易发、常发违法行为、侵权程度较为严重的违法行为重点监督。贯彻“捕诉一体”。梳理审查起诉、退回补侦、特别程序中涉及侦查活动违法违规的监督事项，对于侦查机关是否存在超期羁押、非法取证等行为重点监督，在审查起诉阶段应当注意“捕诉衔接”监督，继续跟踪审查检察机关在批捕阶段针对违法行为监督后侦查机关的纠正、反馈情况，解决原捕诉分离模式下监督“空档”的问题。落实认罪认罚从宽制度。为积极推进认罪认罚从宽制度正确有效实施，重点监督认罪认罚从宽程序涉及的侦查违法违规行为，以监督促制度落实。服务“中心工作”。为贯彻落实检察机关服务保障民营经济发展的工作要求，应重点审查插手经济纠纷、侵害企业家人身、财产权利的违法违规行为。突出“人权保障”。加强对侵犯诉讼参与人权利的监督，全面细化延长羁押期限、重新计算羁押期限、个人隐私保护、诉讼参与人保护等方面的监督。

（2）注重拓宽监督渠道。实践中检察机关对侦查行为监督的途径和方式非常有限，主要是书面审查侦查机关报送的文书以及案卷材料，而通过公民控告或者有关单位、部门主动移送的线索较少，检察机关通过提前介入侦查的方式主动发现的线索也有限。书面审查、事后监督方式存在诸多弊端：

一是检察机关以“被动的”审查卷宗材料、文书的方式，很难发现侦查活动中的违法行为。因为涉嫌违法的侦查人员不可能将自身的违法行为记录在卷宗中。某些违法甚至犯罪行为的性质十分恶劣，但是较为隐蔽，从卷宗材料中很难被发现。

二是即使能够发现侦查机关的违法活动，但也只能是事后监督、事后补救，因为违法行为早已发生，比如刑讯逼供、超期羁押等行为一旦发生，一方面严重侵害了人权；同时也由于违法行为致使证据作为非法证据被排除而延误了取证时机，很可能导致案件最后无法认定、浪费了大量司法资源。因此对违法行为的监督必须与强化控告申诉工作、充分运用非法证据排除及定期通报机制、落实重大案件侦查终结前讯问合法性核查制度、提前介入侦查机制等相关工作相结合，将法律监督与日常工作高度融合。

（3）注重监督方式的优化。一是加强类案监督。当前检察机关的法律监督工作，存在个案监督多、类案监督少；日常监督多、专项监督少，使得一些诉讼违法行为成为“顽疾”始终挥之不去，年复一年纠正的违法类型几乎不变。检察机关需要对重复纠正问题、监督没有重点问题进行检视，需要对公安机关在侦查活动中的共性问题进行总结、分析。加强类案监督、综合监督，上下检察机关联动一体，由上级检察院向被监督公安机关的上级机关进行沟通、通报，如此更容易受到被监督单位和社会各界的重视，监督效果更好。个案监督与综合监督相结合，由点及面，形成一个完备的监督方式体系。

二是在日常监督中，应当对违法情形全面梳理，根据违法程度进行阶梯式分类。针对监督手段中的口头纠正违法、发出纠正违法通知书、移送职务犯罪线索，对违法行为也进行阶梯式分类。以侦查活动中的违法取证行为为例，可作四种区分。轻微违法情形：证据收集程序、方式存在瑕疵，经过补正和合理解释可以采用。情节较重的违法情形：证据收集程序、方式存在瑕疵，导致不能作为定案根据。情节严重的违法情形：如同时询问多名证人、鉴定人缺乏资质等违反程序性规定导致重要证据不可用，最终影响事实认定案件办理的；又如不及时扣押涉案物证导致证据灭失的、不及时调取监控视频导致视频被清空的，进而影响事实认定。严重侵犯人权，最为严重的几种违法情形，如刑讯逼供、暴力取证、超期羁押等侵犯人身权利和财产权利的侦查违法行为。

三是明确不同纠正违法方式的适用标准。口头纠正违法方式针对的是情节轻微的违法行为，且没有造成严重后果。对于侦查活动违法，情节较轻的，可以制发侦查活动监督通知书进行监督纠正。适用书面纠正违法的判断标准：首先，判断是否侵犯诉讼当事人的人身权利、财产权利等基本权利。如违法使用强制措施、刑讯逼供、暴力取证、无证搜查等。其次，判断是否导致侦查行为无效。如未及时勘查犯罪现场导致重要物证、痕迹灭失，骗取、伪造证据的，一人讯问、扣押、搜查的，直接影响获取证据的客观性、合法性并导致证据无效；或者程序严重违法，如拘留后无法定理由不通知犯罪嫌疑人家属；讯问时未告知权利等。最后，属于情节较严重，但尚未构成犯罪的。一旦构成犯罪，就应当移送犯罪线索，而不再是制发纠正违法的问题。纠正违法检察建议书主要适用于被监督单位在执法、司法活动中存在共性的违法行为需要整改的情形。

（4）纠正违法应当采取对等监督的原则。关于检察机关是否可以向上级公安机关发出纠正违法通知书，发往单位是否可以是异地机关的问题，实践中做法并不一致，理论上也存在一定争议。我们认为纠正违法文书的发往单位应当受级别与地域限制。理由如下：

一是《人民检察院刑事诉讼规则》第618条明确了超期羁押的监督方式，检察机关可以直接纠正同级或者下级公安机关、人民法院的超期羁押行为；但如要纠正上级办案单位，则应当层报上级检察机关，由同级人民检察院向该办案机关发出纠正违法通知书。如要纠正异地办案机关的超期羁押，则应当通报该办案机关的同级人民检察院，由其依法向办案机关发出纠正违法通知书。虽然《人民检察院刑事诉讼规则》没有明确规定监督其他违法行为的级别、地域限制，但举重以明轻，超期羁押属严重侵犯基本人权的违法行为，比其他大多数违法行为均严重、紧急，在监督超期羁押要遵循级别、地域限制的情况下，检察机关在监督其他违法行为时也应当遵循同样的原则。

二是对等监督符合刑事诉讼的基本原则。首先，发出纠正违法通知书是检察机关开展诉讼监督的方式，应当遵循诉讼活动的规律与原则。级别管辖和属地管辖是诉讼活动的基本原则，纠正违法也应遵循这一原则。其次，有利于强化监督效果。从级别上讲，检察机关对同级或者下级侦查机关、行政执法机关的制约较多，监督意见被采纳的可能性远大于下级检察机关监督上级办案机关。从地理距离上分析，被监督单位对本地检察机关的监督意见的重视程度肯定高于外地检察机关。

三是《人民检察院刑事诉讼法律文书格式样本（2020版）》关于纠正违法通知书的制作说明也明确规定，人民检察院可以直接向本院所办理案件的同级单位发纠正违法通知书；办案单位为上级机关的，应当层报被纠违单位的同级人民检察院决定并发送纠正违法通知书，或者由办理案件的人民检察院制作纠正违法通知书后，层报被纠违单位的同级人民检察院审核并转送被纠违单位。需要向下级有关单位发送纠正违法通知书的，可以指令对应的下级人民检察院发送纠正违法通知书。需要向异地有关单位发送纠正违法通知书，应当征求被纠违单位所在地同级人民检察院意见。被纠违单位所在地同级人民检察院提出不同意见，办理案件的人民检察院坚持认为应当发送纠正违法通知书的，层报共同的上级人民检察院决定。文书格式样本中关于向上级办案机关纠违应当层报上级人民检察院决定后由上级院发送或者由下级院制作文书但应由上级院审核后转送；向异地办案单位纠违应当征求异地检察院意见等规定，与《人民检察院刑事诉讼规则》的规定一致、与刑事诉讼所蕴含的基本原则一致，实践中应当贯彻落实。

2. 纠正审理违法意见书的适用

（1）适用原则。一是依法全面监督。立法对检察机关刑事审判监督功能设置是基于刑事诉讼权力衡平性的综合考量，对刑事审判中的诉讼违法行为进行监督，是检察机关的法定职责，必须依法履行。刑事审判监督目的在于推进法律的统一正确实施，确保司法公正，检察机关应当结合司法实际聚焦依法履职，依法全面履职尽责，体现检察担当。

二是坚持客观公正立场。首先，坚守司法谦抑性，检察机关的监督是程序性监督，检察机关的主导地位主要体现在程序意义上，无论是提起公诉、提出抗诉还是纠正违法建议，主要是体现程序启动的价值，案件最终裁决处理结论、实体处分仍取决于人民法院。其次，坚持法律思维，秉持客观公正立场。法律思维最基本的思考方式，无论是对审判活动程序性违法的纠正意见还是对判决裁定的抗诉，均应在现有法律框架下、法律理念下思考判断。加强对刑事审判监督的业务研究，深刻把握刑事审判监督的内在要求，善于从司法实践中、从抗诉个案中探寻和推进理论、理念上的进步。

（2）发出时间。纠正审理违法意见书的发出时间只能是事后提出。根据《刑事诉讼法》第 209 条、《关于实施刑事诉讼法若干问题的规定》第 32 条以及《人民检察院刑事诉讼规则》第 572 条，人民检察院对违反程序的庭审活动提出纠正意见，应当在庭审后提出。立法之所以如此规定，是为了维护审判机关的权威、维护司法机关的形象，确保庭审活动顺利进行。立法明确为检察机关庭后提出纠正意见，对审判活动进行监督，也利于检察机关庭审时与庭后的角色定位与角色转换。

（3）监督方式应当精准选择、综合适用。检察机关应当关注和重视审判监督质量和监督效果，根据具体情况选择最适合的监督方式，追求审判监督精准化的新格局。《人民检察院刑事诉讼规则》第 552 条第 1 款规定，人民检察院发现刑事诉讼活动中的违法行为，对于情节较轻的，由检察人员以口头方式提出纠正意见；对于情节较重的，经检察长决定，发出纠正违法通知书。对于带有普遍性的违法情形，经检察长决定，向相关机关提出检察建议。构成犯罪的，移送有关机关、部门依法追究刑事责任。根据上述规定并结合司法实践，口头纠正针对违法行为情节较为轻微的情形，纠正审理违法意见书主要针对审理活动中一般程序违法，检察建议主要针对刑事裁判中带有普遍性的违法情形，刑事抗诉主要针对认定事实、证据采信、适用法律错误和严重程序违法影响公正裁判的情形。检察机关在选择监督方式时应当精准选择，综合适用各种方式，取得最优监督效果。

此外，如前文所述，检察机关在向上级或者异地法院制发纠正审理违法意见书时，也应当采取对等监督的原则，做好报送、衔接等方面的工作，确保监督效果。

六、文书样式及范例

（一）文书样式

1. 纠正违法通知书样式

××××人民检察院

纠正违法通知书

××检××纠违〔20××〕×号

________（侦查机关）：

本院在办理________案件中（或在工作中）发现，你____在侦查________案过程中存在下列违法行为：

1. 发现的违法情况。包括违法人员的姓名、单位、职务、违法事实等，如果是单位违法，要写明违法单位的名称。违法事实，要写明违法时间、地点、经过、手段、目的和后果等。可表述为：经调查核实，发现……。

2. 认定违法的理由和法律依据。包括违法行为触犯的法律、法规和规范性文件的具体条款，违法行为的性质等。可表述为：本院认为……。

根据《中华人民共和国刑事诉讼法》第____条之规定，现通知你

____予以纠正，并在收到本通知书后十五日内将纠正情况告知本院。

20××年×月×日
（院印）

2. 纠正审理违法意见书样式

××××人民检察院
纠正审理违法意见书

××检××纠审〔20××〕×号

________（发往单位）：

本院……，发现……（写明在审理中发现的违法情况。包括违法人员的姓名、单位、职务、违法事实等，如果是单位违法，要写明违法单位的名称。违法事实，要写明违法时间、地点、经过、手段、目的和后果等。）

本院认为……（写明认定审理违法的理由和法律依据。包括违法行为触犯的法律、法规和规范性文件的具体条款，违法行为的性质等。）

（写明具体的纠正意见）根据……（法律依据）的规定，特建议你院予以纠正，请将纠正结果书面告知本院。

附件：1. 证明违法事实存在的证据材料；
2. 联系方式；
3. 相关法律法规。

20××年×月×日
（院印）

（二）文书范例

范例一：浙江省东阳市人民检察院邵某贩卖、制造毒品等犯罪案纠正违法通知书

浙江省东阳市人民检察院

纠正违法通知书 *

东检二部纠违〔2020〕××号

某市公安局：

我院在审查你局于2019年8月7日以××公诉字〔2019〕××号文书提请审查起诉犯罪嫌疑人邵某涉嫌贩卖、制造毒品罪、非法持有毒品罪、盗窃罪、伪造国家机关公文罪一案中，发现你局存在下列违法行为：

一、制毒现场的勘查程序及步骤存在重大瑕疵

你局侦查人员于2019年4月4日对犯罪嫌疑人邵某租住的位于金华市婺城区××街道××小区××幢××单元××室出租房内制毒现场进行勘查时，人员方面和步骤方面存在重大瑕疵。在人员方面，现场侦查人员制毒案件现场勘查专业知识和技能有一定欠缺；在步骤方面，未确定现场指挥员，也未按照规定的勘查步骤（巡视并制定现场勘查方案——初步勘查现场——详细勘查现场——制作现场勘查报告）进行搜查处置。

本院认为，上述行为分别违反了《公安机关勘验检查及处置制造毒品案件现场规定》（以下简称《现场规定》）第五条：勘查制毒案件现场的公安民警应当具备制毒案件现场勘查的专业知识和技能，具有现场勘查资格；第十五条：制毒案件现场具体勘查活动由现场指挥员负责组织实施；第十六条：现场指挥员由具有制毒案件现场勘查专业知识和组织指挥能力的公安民警担任；第二十七条：制毒案件现场勘查按照以下工作步骤进行……

二、搜查、查封、扣押程序存在重大瑕疵

侦查人员在搜查上述出租房时，犯罪嫌疑人邵某或其家属均不在搜

* 此文书为纠正违法通知书，收入时有删改。

查现场，未在搜查笔录上签名；在现场扣押毒品时犯罪嫌疑人邵某未在现场，未在扣押清单上签名。在毒品半成品扣押程序方面，侦查人员在厨房台面上查获的分液漏斗及液体，未在搜查笔录和扣押清单中单独列明；且出租房现场不止一处放有分液漏斗，其中厨房台面和客厅晾衣架上均有分液漏斗，侦查人员没有单独注明扣押的分液漏斗内存有液体，同时没有记录该分液漏斗提取的区域、部位、名称、数量、方法、提取人和日期；侦查人员对分液漏斗内液体也未妥善处置，未在现场快速检验，也未对液体种类、颜色、气味、状态进行描述、记录。

本院认为，上述行为分别违反了《中华人民共和国刑事诉讼法》第一百三十九条：在搜查的时候，应当有被搜查人或者他的家属，邻居或者其他见证人在场；“两高一部”《办理毒品犯罪案件毒品提取、扣押、称量、取样和送检程序若干问题的规定》（以下简称《若干问题》）第五条：毒品的扣押应当在有犯罪嫌疑人在场并有见证人的情况下，由两名以上侦查人员执行。《现场规定》第三十条：现场勘查中，应当对可疑毒品和制毒物品进行现场快速检验，确认案件性质和提取、扣押范围；第三十三条：现场勘查中，应当由二人以上对现场缴获的毒品、毒品半成品、制毒物品等称量、提取，并对物品种类、颜色、气味、状态、数量、包装等进行规范描述、记录；第三十四条：可疑毒品、毒品半成品、制毒物品应当分别提取，分开包装，注明提取的区域、部位、名称、数量、方法、提取人和日期。

三、痕迹物证、生物样本等提取存在瑕疵

侦查人员在搜查犯罪嫌疑人邵某位于××的宿舍房间和其位于上述出租房的制毒现场时，侦查人员未及时固定、提取、采集在邵某宿舍和出租房内扣押的毒品及内外包装物上的痕迹物证，也未提取其出租房内制造毒品的原料、配剂、成品、半成品和工具、容器、包装物等物品附着的痕迹物证，同时侦查人员也没有对犯罪嫌疑人邵某进行人身检查并提取指纹、DNA等生物样本。

本院认为，上述行为违反《若干问题》第四条：侦查人员应当对毒品犯罪案件有关的场所、物品、人身进行勘验、检查或者搜查，及时准确地发现、固定、提取、采集毒品及内外包装物上的痕迹、生物样本等物证……侦查人员对制造毒品、非法生产制毒物品犯罪案件的现场进行勘验、检查或者搜查时，应当提取并当场扣押制造毒品、非法生产制毒物品的原料、配剂、成品、半成品和工具、容器、包装物以及上述物品附着的痕迹、生物样本等物证。

四、毒品封装、保管不到位

侦查人员在搜查犯罪嫌疑人邵某的上述宿舍房间和出租房时，侦查人员对现场查获的疑似毒品和装有液体的分液漏斗没有按照规定进行现场封装，犯罪嫌疑人邵某未在指定位置签名并签署封装日期；侦查人员未经公安机关办案部门负责人批准，擅自将毒品带至公安机关办案场所进行封装，同时未对扣押的毒品（毒品半成品）移动前后的状态进行拍照固定和书面说明。

本院认为，上述行为违反《若干问题》第九条：应当使用封装袋封装毒品并加密封口，或者使用封条贴封包装，做好标记和编号，由侦查人员、犯罪嫌疑人和见证人在封口处、贴封处或者指定位置签名并签署封装日期……确因情况紧急、现场环境复杂等客观原因无法在现场实施封装的，经公安机关办案部门负责人批准，可以及时将毒品带至公安机关办案场所或者其他适当的场所进行封装，并对毒品移动前后的状态进行拍照固定，作出书面说明。

五、毒品半成品溶液分装过程存在重大瑕疵

侦查人员于2019年5月20日对上述出租房内扣押的分液漏斗内上下层液体进行分装时，直接让上下两层液体依次从下部出口流出，没有采用下流上取的方法，使得上层液体经下部活塞流出从而造成上层液体被污染，导致无法认定上层液体中的毒品甲基苯丙胺含量，且不能进行补正或者合理解释，导致该部分证据作为非法证据予以排除。

本院认为，上述行为分别违反了《公安机关办理刑事案件程序规定》第二百四十一条：侦查人员应当做好检材的保管和送检工作，并注明检材送检环节的责任人，确保检材在流转环节中的同一性和不被污染；浙江省《关于办理毒品犯罪案件规范毒品提取、扣押、称量、取样和送检程序的意见》第九条：毒品提取、扣押、称量、取样和送检五个环节应当相互衔接、详细记录，确保流转环节毒品的同一性。

六、未及时对疑似毒品进行送检

侦查人员于2019年4月4日在犯罪嫌疑人邵某上述出租房内查获分液漏斗及液体，后侦查人员因犯罪嫌疑人邵某供述该分液漏斗内溶液具有腐蚀性，仅作为清洗麻黄碱使用，故未进行分装；直到同年5月16日犯罪嫌疑人邵某供述该分液漏斗内含有制造冰毒的原材料后，侦查人员才于同年5月20日进行分装，并于同年6月6日委托对液体甲基苯丙胺成分进行分析，最终在该液体内检出甲基苯丙胺成分。

本院认为，上述行为违反《若干问题》第三十条：对查获的全部毒品或者从查获的毒品中选取或者随机抽取的检材，应当由两名以上侦查人员自毒品被查获之日起三日以内，送至鉴定机构进行鉴定。具有案情复杂、查获毒品数量较多、异地办案、在交通不便地区办案等情形的，送检时限可以延长至七日。

七、同步录音录像制作不到位

侦查人员在搜查犯罪嫌疑人邵某的上述宿舍房间和出租房时，同步录音录像制作不到位。搜查过程的同步录音录像均不完整，且未对提取、扣押和封装的主要过程进行拍照或者录像，也未记录毒品的原始位置、存放状态和变动情况，同时现有制作的照片、录像内容松散，未在化学物证技术员指导下进行，也未按照制毒工艺流程制作。

本院认为，上述行为分别违反了《若干问题》第十条：必要时，侦查人员应当对提取、扣押和封装的主要过程进行拍照或者录像。照片和录像资料应当反映提取、扣押和封装活动的主要过程以及毒品的原始位置、存放状态和变动情况。《现场规定》第二十九条：现场照相、录像应当在化学物证技术员指导下进行，以制毒工艺流程为序。

上述问题有些发生在你局办案过程中，有些则发生在你局与其他单位联合办案过程中，且有些问题不仅在邵某一案中出现，而且在之前本院办理的其他案件中也有发生，为进一步提高案件质量，更加有力地打击毒品犯罪，根据《人民检察院刑事诉讼规则》第五百五十二条，现通知你局予以纠正，并在收到本通知书后十五日内将纠正情况告知本院。

2020年3月3日

（院印）

范例二：黑龙江省黑河市人民检察院任某某故意杀人案纠正审理违法意见书

黑龙江省黑河市人民检察院

纠正审理违法意见书*

黑市检纠审〔2023〕××号

某市人民法院：

本院在办理任某某故意杀人案过程中，发现你院存在以下违法情况：

一、存在超审理期限审理情况

你院于2022年11月25日收到五大连池市人民检察院起诉书，并于当日立案，适用普通程序审理，被告人任某某一审期间未进行精神病鉴定，未在法庭审理中补充侦查，未经上一级人民法院批准延长审理期限，该案审理期间也无中止、延期审理事由，应在3个月内审结该案，自立案之日起计算，即2022年11月25日起，审理结束期限应为2023年2月25日。

你院于2023年2月17日以庭外和解为由申请扣除审限，于2023年5月29日第一次开庭审理，7月12日第二次开庭审理，7月31日作出判决，违反了《中华人民共和国刑事诉讼法》第二百零八条第一款规定。

二、存在判决书书写不规范情况

你院（2022）××1182刑初××号刑事附带民事判决书中，将被告人任某某姓名误写为“任某武”，将被告人任某某的供述与辩解误写为“被告人李某某的供述与辩解”。

根据《中华人民共和国刑事诉讼法》第二百零九条、《关于适用〈中华人民共和国刑事诉讼法〉的解释》第三百一十五条、《人民检察院刑事诉讼规则》第五百七十条第一款第二项、第十六项的规定，特建议你院予以纠正，请将纠正结果书面告知本院。

2023年9月13日

（院印）

* 此文书为纠正审理违法意见书，收入时有删改。

专题九

如何撰写补充侦查提纲 补充调查提纲

一、基本概念

（一）补充侦查提纲

根据《刑事诉讼法》的规定，补充侦查包括审查逮捕阶段的补充侦查（包括逮捕后引导继续侦查）、审查起诉阶段的补充侦查以及审判阶段的补充侦查三种类型。补充侦查是指公安机关和人民检察院依照法定程序，在原有侦查工作的基础上，进一步查清事实，补充完善证据的诉讼活动。补充侦查在形式上分为公安机关侦查及检察机关自行侦查。补充侦查实际上是原有侦查工作的继续，并非所有的刑事案件都会经历补充侦查，只有在案件存在事实不清、证据不足或者存在遗漏罪行、遗漏同案犯罪嫌疑人等情况下才会启动补充侦查。补充侦查提纲即指检察机关在对侦查机关移送审查逮捕和审查起诉案件审查过程中，发现案件事实、证据、定性等方面存在瑕疵和不足，从而就需要补充侦查具体事项、内容以及要求列出的详细条目式要求。根据最高人民检察院《关于印发补充侦查工作文书样式及补充侦查提纲参照范例的通知》的规定，补充侦查提纲分为继续侦查提纲、补充侦查提纲、退回补充侦查提纲三种类型。

“在办案中监督，在监督中办案”是新时代检察机关始终秉持的司法理念。补充侦查是检察机关对侦查行为合法性进行监督的重要方式，对于及时收集固定证据，保证准确查明犯罪事实，依法惩治犯罪，保障无罪的人不受追究，确保司法公正等至关重要。[①] 作为补充侦查的载体，补充侦查提纲的质量既是做好补充侦查工作的核心，也是评价引导补充侦查水平的指标，更是提升补充侦查质效的基础。最高人民检察院反复要求，开列侦查提纲，必须把案件的侦查方向、案件定性问题，以及取证目的、意义等写清楚，否则就是不合格，写不出来或者过于简单原则、不得要领，说明能力素质不符合办案要求。换言之，补充侦查提纲不能简单地“一言以蔽之”，只有把理由和要求讲清说透，提出的意见才能得

① 参见苗生明、张建忠：《检察机关补充侦查典型案例解读》，载《人民检察》2021 年第 3 期。

到侦查人员的认同和落实，侦查机关才能“按图索骥”“照方抓药”，才能及时补充收集指控犯罪所必需的证据，使案件重新移送人民检察院后能够顺利诉出去，从而避免不必要的再次退回补充侦查或者因证据不足而放纵犯罪分子，真正意义上解决退而不查，查而不清的问题。

（二）补充调查提纲

补充调查是监察机关职务犯罪调查和检察机关职务犯罪审查起诉程序衔接过程中的重要问题，也是学界和实务界研究的重点和热点。《监察法》第47条第3款将补充调查分为退回监察机关补充调查和检察机关自行补充侦查，《刑事诉讼法》也作了相同的规定。司法实践中，退回补充调查即检察机关在审查起诉的过程中，发现监察机关移送审查起诉的职务犯罪案件，达不到移送审查起诉的罪名所要求的定罪量刑标准而需要补充调查时，将案件退回监察机关并提出补充调查的要求，由监察机关继续调查以提供相应的证据。退回补充调查是职务犯罪审查起诉阶段证据补充调查的主要方式。退回补充调查提纲作为退回补充调查的文书载体，对完善职务犯罪案件证据体系具有重要作用。检察机关要高度重视退回补充调查提纲的质量，确保补充调查效果，提高办理职务犯罪案件质效。

二、文书制作依据

（一）法律规定

1. 关于补充侦查文书

《刑事诉讼法》第90条规定，对于不批准逮捕的，人民检察院应当说明理由，需要补充侦查的，应当同时通知公安机关；第175条第2款规定，人民检察院审查案件，对于需要补充侦查的，可以退回公安机关补充侦查，也可以自行侦查。

2. 关于补充调查文书

《监察法》第47条第3款规定，人民检察院经审查，认为需要补充核实的，应当退回监察机关补充调查，必要时可以自行补充侦查。对于补充调查的案件，应当在一个月内补充调查完毕。补充调查以二次为限。

《刑事诉讼法》第170条规定，人民检察院经审查，认为需要补充核实的，应当退回监察机关补充调查，必要时可以自行补充侦查。

（二）司法解释及相关文件规定

1. 关于补充侦查文书

《人民检察院刑事诉讼规则》第257条规定，对于批准逮捕后要求公安机关继续侦查、不批准逮捕后要求公安机关补充侦查或者审查起诉阶段退回公安机关补充侦查的案件，人民检察院应当分别制作继续侦查提纲或者补充侦查提纲，写明需要继续侦查或者补充侦查的事项、理由、侦查方向、需补充收集的证据及其证明作用等，送交公安机关；第284条规定，对公安机关提请批准逮捕的犯罪嫌疑人，人民检察院经审查认为符合本规则第128条、第136条、第138条规定情形，应当作出批准逮捕的决定，连同案卷材料送达公安机关执行，并可以制作继续侦查提纲，送交公安机关；第285条规定，人民检察院作出不批准逮捕决定的，应当说明理由，连同案卷材料送达公安机关执行。需要补充侦查的，应当制作补充侦查提纲，送交公安机关。根据《人民检察院刑事诉讼规则》第345条、第346条第3款的规定，人民检察院负责捕诉的部门对本院负责侦查的部门移送起诉的案件进行审查后，认为需要补充侦查的，应当制作补充侦查提纲，连同案卷材料一并退回负责侦查的部门补充侦查。

2020年3月，最高人民检察院、公安部《关于加强和规范补充侦查工作的指导意见》对写好补充侦查提纲予以规范和明确。该文件第7条规定，补充侦查提纲一般包括的七项内容：（1）阐明补充侦查的理由，包括案件事实不清、证据不足的具体表现和问题；（2）阐明补充侦查的方向和取证目的；（3）明确需要补充侦查的具体事项和需要补充收集的证据目录；（4）根据起诉和审判的证据标准，明确补充、完善证据需要达到的标准和必备要素；（5）有遗漏罪行的，应当指出在起诉意见书中没有认定的犯罪嫌疑人的罪行；（6）有遗漏同案犯罪嫌疑人需要追究刑事责任的，应当建议补充移送；（7）其他需要列明的事项。补充侦查提纲、捕后侦查意见可参照本条执行。《关于加强和规范补充侦查工作的指导意见》还同步建立检察机关退回补充侦查引导和说理机制，并进一步明确退回补充侦查的条件，明确补充侦查方向、标准和要求。该文件还明确了检察机关自行补充侦查的案件范围，具体包括：影响定罪量刑的关键证据存在灭失风险，需要及时收集和固定证据，人民检察院有条件自行侦查的；经退回补充侦查未达到要求，自行侦查具有可行性的；有证据证明或者有迹象表明侦查人员可能存在利用侦查活动插手民事、经济纠纷，实施报复陷害等违法行为和刑讯逼供、非法取证等行为，不宜退回补充侦查的；其他需要自行侦查的。2020 年 4 月，最高人民检察院印发了《关于印发补充侦查工作文书样式及补充侦查提纲参照范例的通知》，对补充侦查工作相关文书样式进行了调整规范。

2. 关于补充调查文书

近年来，国家监察委员会、最高人民检察院联合印发的《国家监察委员会与最高人民检察院办理职务犯罪案件工作衔接办法》，国家监察委员会发布的《监察法实施条例》，以及中共中央纪委国家监察委员会与最高人民法院、最高人民检察院、公安部联合发布的《关于加强和完善监察执法与刑事司法衔接机制的意见（试行）》等文件，对退回补充调查的原因、程序性事项、次数限制以及处理规则作出了相应规定。对进一步促进监察机关与司法机关、执法部门在办理职务犯罪案件中的互相配合、互相制约，健全衔接顺畅、权威高效的工作机制，推动职务犯罪案件办理工作的高质量发展具有重要意义。

三、文书结构

（一）继续侦查提纲

《人民检察院刑事诉讼法律文书格式样本（2020 版）》规定了逮捕案件继续侦查提纲的文书样式，随后最高人民检察院印发的《关于印发补充侦查工作文书样式及补充侦查提纲参照范例的通知》将该文书名称改为继续侦查提纲，对文书结构也作出修改。该文书为人民检察院在审查批捕过程中，对于作出批准逮捕决定，但根据起诉和审判的要求，需要侦查机关继续侦查时使用。该文书结构分为首部、正文、尾部三个部分。

1. 首部。标题为“×××人民检察院继续侦查提纲”，写明发往单位全称。

2. 正文。首先，按照格式分别填写侦查机关名称、提请批准逮捕意见书文号、犯罪嫌疑人姓名及所涉嫌的罪名；其次，“继续侦查的主要事项和工作”部分，主要围绕认定事实、使用法律存在的问题，详细、具体，明确的列明需要继续侦查的事项。具体格式为：“为查明……，调取（核查、询问、讯问、梳理）……”主要是对现有证据的补强；最后，“相关工作要求”部分，结合具体办案情况，列明继续侦查中需要达到的要求。一般告知侦查机关需合法、规范取证。

3. 尾部。文书尾部包括联系人、联系方式、落款及具文日期。

本文书一式两份，一份附检察内卷，一份附批准逮捕决定书后送达侦查机关。

（二）补充侦查提纲

《人民检察院刑事诉讼法律文书格式样本（2020版）》规定了不捕案件补充侦查提纲的文书样式，随后最高人民检察院印发的《关于印发补充侦查工作文书样式及补充侦查提纲参照范例的通知》将该文书名称改为补充侦查提纲，对文书结构也作出修改。该文书为人民检察院在审查批捕过程中，对于证据不足不捕的情形作出不批准、不予逮捕决定的案件，需要侦查机关或侦查部门在捕诉衔接阶段补充侦查时使用。该文书结构分为首部、正文、尾部三个部分。

1. 首部。标题为“×××人民检察院补充侦查提纲”，写明发往单位全称。

2. 正文。首先，按照格式填写侦查机关名称（此处为简称）、提请逮捕意见书文号、涉案嫌疑人名称以及涉嫌罪名；其次，“补充侦查的主要事项和工作”部分，主要围绕认定事实、适用法律的疑点和矛盾、证据体系存在的问题，详细、具体，明确地列明需要补充侦查的事项，按照“为查明……，调取（核查、询问、讯问、梳理）……”格式列举补充侦查事项；最后，“相关工作要求”部分，需结合具体办案情况，列明补充侦查中需要达到的要求以及需要注意的问题，主要分为实体及规范取证程序问题。

3. 尾部。尾部包括联系人、联系方式、落款及具文日期。

本文书一式两份，一份附检察内卷，一份附不批准逮捕决定书后送达侦查机关。

（三）退回补充侦查提纲

1. 退回侦查机关补充侦查提纲

《人民检察院刑事诉讼法律文书格式样本（2020版）》将退回补充侦查提纲作为刑事检察文书补充侦查决定书的附件进行规定，随后最高人民检察院印发的《关于印发补充侦查工作文书样式及补充侦查提纲参照范例的通知》明确规定了对公安机关制发的退回补充侦查提纲文书样式，文书结构与前者规定的样式基本一致。该文书为人民检察院在办理审查起诉案件过程中，决定将案件退回公安机关补充侦查时使用。该文书结构分为首部、正文、尾部三个部分。

（1）首部。标题为“×××人民检察院退回补充侦查提纲”，发往单位写明公安机关全称。

（2）正文。首先，按照格式依次填写侦查机关名称（一般表述为你局、你厅）、移送审查起诉意见书文号、涉案嫌疑人姓名以及涉嫌罪名。退回补充侦查的依据为《刑事诉讼法》第175条第2款规定；其次，“补充侦查的方向”部分，主要围绕认定事实、适用法律的疑点和矛盾，证据体系存在的问题，概括写明对本案进行补充侦查的理由，阐明补充侦查所需达到的目标；再次，“补充侦查的主要事项和工作”部分，需详细、具体、明确补充侦查目的，列明补充侦查的各项证据、具备条件的，可就补充侦查的方法提出建议；最后，“相关工作要求”部分，结合具体办案情况，提出工作要求。主要包括注意取证的精准性以及规范、合法要求。

（3）尾部。尾部包括检察官姓名及联系方式、落款、具文日期。

本文书一式两份，一份附检察内卷，一份附退回补充侦查决定书后送达侦查机关。

对于退回公安机关以外的其他侦查机关开展补充侦查的，退回补充侦查提纲的文书结构基本一致。

2. 退回侦查部门补充侦查提纲

《人民检察院刑事诉讼法律文书格式样本（2020版）》将退回补充侦查提纲作为检察机关自侦案件刑事检察文书补充侦查决定书的附件进行规定。该文书为检察机关办理侦查部门移送审查起诉案件，需要退回补充侦查使用的文书。分为首部、正文、尾部三个部分。

（1）首部。标题为“关于××一案的退回补充侦查提纲”，写明发往负责侦查的部门名称。

（2）正文。首先，按照格式样本依次填写起诉意见书文号、犯罪嫌疑人姓名、涉嫌罪名。退回补充侦查的依据为《人民检察院刑事诉讼规则》第346条规定。其次，“补充侦查的方向”部分概括写明对本案进行补充侦查的理由，主要围绕认定事实、适用法律的疑点和矛盾，概括写明对本案进行补充侦查的理由，阐明补充侦查的方向。再次，“补充侦查的主要事项和工作”部分，详细列明需要补充侦查的各项事实，补充侦查事项应当详细、具体，明确补充侦查目的。同时，针对需要补充侦查的事项，逐一说明需要补充侦查的各项证据、补充侦查的方法、列明补充侦查的各项细节。最后，“相关工作要求”部分，结合具体办案情况，提出工作要求。

（3）尾部。尾部包括检察官姓名及联系方式、备注、落款及具文日期。

本文书共三联，第一联统一保存备查，第二联附卷，第三联送达负责侦查的部门。

需要注意的是，随着检察机关直接立案侦查案件管辖范围的调整，相关案件的侦查、起诉工作发生重大变化，退回补充侦查文书结构也应当随之调整。根据2018年最高人民检察院《关于人民检察院立案侦查司法工作人员相关职务犯罪案件若干问题的规定》，相关职务犯罪案件由设区的市级人民检察院立案侦查，设区的市级人民检察院也可以将案件交由基层人民检察院立案侦查。侦查终结的案件，可以交有管辖权的基层人民法院对应的基层人民检察院提起公诉，需要指定其他基层人民检察院提起公诉的，应当与同级人民法院协商指定管辖；依法应当由中级人民法院管辖的案件，应当由设区的市级人民检察院提起公诉。因此，司法实践中，相关职务犯罪案件大多由设区的市级人民检察院立案侦查，且案件大多由相应的基层人民检察院审查起诉、提起公诉。对于相关案件需要退回补充侦查的，负责审查起诉的基层人民检察院应当退回负责侦查的设区的市级人民检察院开展补充侦查。此时，退回补充侦查提纲首部、尾部所列相关检察部门应当调整为相应的人民检察院。

（四）补充调查提纲

《人民检察院刑事诉讼法律文书格式样本（2020 版）》将补充调查提纲作为刑事检察文书补充调查决定书的附件进行规定。该文书为人民检察院在办理审查起诉案件过程中，决定将案件退回监察机关补充调查时使用。该文书结构分为首部、正文、尾部三个部分。

1. 首部。标题为“关于××××案的补充调查提纲”，发往对象写明监察机关全称。

2. 正文。首先，按照格式依次填写监察机关名称（此处可简写，一般表述为你委）、移送审查起诉意见书文号、涉案嫌疑人姓名以及涉嫌罪名。退回补充侦查的依据为《刑事诉讼法》第 170 条第 1 款规定。其次，“补充调查的方向”部分，概括写明对本案进行补充调查的理由。主要围绕认定事实、适用法律的疑点和矛盾，概括写明对本案进行补充调查的理由，阐明补充调查的方向。再次，“补充调查的主要事项和工作”部分，详细列明需要补充调查的各项事实，补充调查事项应当详细、具体，明确补充调查目的；同时，针对需要补充调查的事项，逐一说明需要补充调查的各项证据、补充调查的方法、列明补充调查的各项细节。补充调查事项应当详细、具体，明确补充调查目的。最后，“相关工作要求”部分，结合具体办案情况，提出工作要求，一般为取证的精准性及规范性。

3. 尾部。尾部包括检察官姓名及联系方式、备注、落款及具文日期。

注意事项，本文书共四联，第一联统一保存备查，第二联附卷，第三联送达监察机关，第四联送达看守所。

四、文书制作要点

（一）总体原则

补充侦查、调查提纲文书质量高低直接影响案件质量及检察机关法律监督的权威与提纲文书的刚性。实践中，一些地方制作的补充侦查、调查提纲质量不高，操作性不强，说理性不透，影响办案质效。如有的对案件管辖、诉讼文书补正等不需要通过补充侦查解决问题的案件适用补充侦查；有的出于非退回补充侦查程序目的适用退回补充侦查；有的退回补充侦查提纲内容过于简单，只写要求不写理由，或者只写工作目的不写开展工作的方法，甚至有的应付式一句话提出本案事实不清、证据不足，请继续补充侦查等等，导致侦查人员难以领会退回补充侦查意图，严重影响补充侦查工作的效果。

要制作一份高质量的补充侦查、调查提纲，需要在“准、实、理”三字上下功夫：“准”是前提，要求严谨。退回补充侦查或调查的对象分别是侦查机关、检察机关负责侦查的部门或监察机关，文书严谨性要求高。要有明确的问题导向，针对案件证据亟须补充或补强的内容，提出取证方向与具体内容。做到中心明确、点穴精准。“实”是基础，要求具体。制发补充侦查、调查文书的目的是补充完善案件的证据体系，解决违法证据、瑕疵证据及证据不足等问题。因此，叙写主要事项和工作、相关要求时要尽量详实，准确提出补充侦查、调查方向和内容，避免概括式叙写，论述取证目的要有说服力。“理”是支撑，要求理、法结合。叙写补充侦查、调查提纲，不仅要列明需要补充的证据，更要立足可行性角度写清楚补证的必要性，做到以理服人。另外，补充侦查、调查提纲文书作为重要法律文书之一，具有文书的共性内容，要求叙述与说理有机结合。补充侦查、调查提纲要重点针对证据体系或单个证据存在的具体问题，要写明为什么补、补什么讲清楚、说明白，做到观点鲜明、逻辑清晰。

1. 叙述性要求

叙述在补充侦查、调查提纲文书中主要是指对文书内容的取舍、排版及表达，通常要求做到要素完备、详略得当及表达清晰。

（1）关于要素完备。在形式上，补充侦查、调查文书格式样本已经明确文书包含的要素内容，包括首部、正文和尾部三个部分，正文部分，继续侦查提纲、补充侦查提纲包括主要事项、工作及相关工作要求两个部分，退回补充侦查、调查包括补充侦查（调查）方向、主要事项和工作以及相关工作要求三部分。各部分内容在格式样本的制作说明中均有相应的介绍和要求，检察官在撰写时应根据证据情况逐一按照文书中所列内容及顺序叙明，不能改变要素格式框架和内容，根据个人喜好自由发挥。在内容上，不能机械理解只要点到文书所有要素即达到要素完备的要求，需要实质性或者穿透式理解。如在叙写补查方向部分，如果仅用一个短句应付式写“本院认为认定事实不清、需要补充侦查”等，而没有围绕认定事实、适用法律的疑点和矛盾等写明主要方向和理由，则本质上与遗漏无异，视为遗漏“主要方向和理由”要素。

（2）关于详略得当。文书格式样本及制作说明对此没有明确规定，实践中如何把握没有统一标准。总体而言，补充侦查、调查提纲内容叙述应立足从能否将问题讲清楚、说明白及如何取证等维度出发，直接点明补充的具体事项与注意问题。实际上，详略得当落脚点在叙述的“度”的把握上。要重点突出，语言简洁、规范，既要避免冗长导致篇幅失衡、核心模糊，又要杜绝过于概括而内容空泛。要以目的导向根据不同样本格式要求撰写要素信息，重点写清补充方向、取证的主要事项和工作内容，针对补充取证过程中可能遇到的问题特别提示，做到有理、有据、有节，最终实现补充侦查、调查的目的。同时，在文书中应使用客观、中性的规范用语及法言法语，避免带有主观色彩的词语及口语化。

（3）关于表达清晰。表达清晰主要是指逻辑清楚、内容明了，既包括叙写补充证据的方向与具体内容，又包括叙述与说理有机结合的理由分析，论证补证的必要性。表达清晰是在详略得当基础上的要求。在框架结构上，文书样本格式已经确定了框架及相关内容范畴，以事理结合的模式展开，先写明目的再写需要补证的工作内容。其中，在写目的方面，重点写明补证理由。

2. 说理性要求

说理是补充侦查、调查提纲制作的难点，也是必然要求。实践中存在的主要问题有：一是说理过度概括。如有的虽然列明了许多需要补查的工作内容，但一开始在总的补充侦查、调查方向上没有说清楚补证目的或简短式提出取证方向，没有阐明如何完善指控犯罪的证据体系，导致在要求补证工作的具体内容上说理成为无源之水，无本之木。二是说理不足。有的文书所列工作尽管叙述具体、详实，但就为什么要这样做则蜻蜓点水而未能深入分析，导致说服力不强、理由依据不足，影响补证效果。

增强补充侦查、调查文书的说理性，应从观点鲜明、理由充分、论证有力、层次清晰、结构严谨等方面入手。一是要有明确的靶向问题。补充侦查、调查提纲要解决的靶向问题就是围绕补充取证，叙明为什么、做什么、注意什么，内容明确具体、明确，观点鲜明。切忌点到为止，问题不明。如果在论述时没有明确的态度，必须做的工作似是而非，则全文丧失了说理性基础，让侦查机关、负责侦查的部门或者监察机关感觉缺失或需要补强的证据不会足以严重影响案件指控，补查工作可有可无，导致提纲缺乏刚性。二是要论证有力。论证重点除了要正向说明补查行为的必要性，有时还可以反向说明如果证据不能补充、完善，可能会直接严重影响定罪量刑甚至直接导致案件被判决无罪或撤回起诉。三是要有清晰的条理性。为便于达到取证目的，提纲撰写要脉络清晰，主次分明。一般而言，在脉络上以先总体后具体，先实体后程序，先定性后定量，先诉讼后监督等思路撰写。在具体内容上，根据对案件认定影响的大小，关键性证据优先，先主后次。先补充遗漏证据，后补强不规范证据。先客观性证据，后主观性证据。先直接证据，后间接证据等等。在补充多个证据的情况下，主次如何区分，条理和层次如何展开对开展补充侦查、调查工作的质量尤为关键。一般而言，以取证目的（说理或事与理有机结合）—取证行为（事）为佳。在需要补查的同一个方向下需要补查多个同类证据的，可以集中阐述。如果不同的，分别叙述。如果需要从多个不同方向补查证据的，则逐一分类叙述。四是要有严密的逻辑结构，内容具体明确。一份优秀的补查、调查提纲不仅要有原则，还要有方向（总论）、有细则、有细节，不仅能让要求退回补查的侦查机关、负责侦查的部门、监察机关信服，而且还可以不经解释就能“按图索骥”。

增强补充侦查、调查文书的说理性，撰写文书时需要达到“四明确”的标准：启动原因明确，说明是取证遗漏、取证不规范或者证据矛盾等原因需要继续侦查、补充侦查或调查；证明目的明确，对于继续侦查、补查证据证明何种事实要指向明确；证明内容明确，需要继续侦查、补查的证据应当内容完整，要求具体、可操作性强；证明方式明确，对继续侦查、补查证据是以直接证据证明还是通过间接证据形成锁链予以证实进行充分说理，立足指控犯罪的视角以审判标准全案把握取证工作，侧重解决的是取证遗漏问题。一方面，要顺向建议证据收集。既要对明显存在的取证问题如瑕疵证据、被提出排非的证据等予以补正、核实或补强，又要从认定犯罪事实清楚，证据确实、充分的角度进一步将发现犯罪、锁定罪犯、确定罪犯、抓获罪犯的侦查思路以证据的形式将证明对象固定下来，将证据单薄甚至断裂的证据链条补强完备，把问题解决在诉前环节。另一方面，要逆向思维，对犯罪嫌疑人无罪辩解、供述反复或已经翻供的案件，建议要针对犯罪嫌疑人的供述细节特别是隐蔽性非亲历者不可知的证据予以补充收集，针对辩解的事实补充收集反向证据以排除合理怀疑。对证据单薄的认罪案件也要有所预判，必要时，在审查逮捕阶段就要求侦查机关或部门继续补充侦查与犯罪嫌疑人供述相印证的相关证据。再一方面，还要预判取证可能遇到的困难或证据因未及时提取而可能发生的重大变化，需要适时采取哪些不同方案调整，将需要注意的内容写在“相关工作要求”部分。

（二）具体要领

1. 标题、称呼

前文已述，首部视不同情况写明提纲标题。除退回检察机关侦查部门的退回补充侦查提纲写明发往的部门名称外，其余文书称呼要求写明发往单位的全称，不能简写。

2. 首段

首段为格式段落，写明何案因何事需要继续侦查或补充侦查、调查，各提纲文书内容表述不尽相同。其中：

继续侦查提纲要写“你局（或其他称谓）以×××号提请批准逮捕意见书移送审查批准逮捕的犯罪嫌疑人×××（姓名）涉嫌×××（罪名）一案，经审查，决定批准逮捕。为有效地指控犯罪，请你局（或其他称谓）继续做好以下侦查工作”。

补充侦查提纲写“你局（或其他称谓）以×××号提请批准逮捕意见书移送审查批准逮捕的犯罪嫌疑人×××（姓名）涉嫌×××（罪名）一案，经审查，决定不批准逮捕。为有效地指控犯罪，请你局（或其他称谓）做好以下补充侦查工作”。

关于退回补充侦查提纲，退回对象是侦查机关的，写“你局（或其他称谓）以×××号起诉意见书移送起诉的犯罪嫌疑人×××（姓名）涉嫌×××（罪名）一案，为有效地指控犯罪，根据《中华人民共和国刑事诉讼法》第一百七十五条第二款的规定，决定将案件退回你局（或其他称谓）补充侦查”。退回对象是检察机关侦查部门的，写“你部门以×××号起诉意见书移送起诉的犯罪嫌疑人×××涉嫌×××一案，为有效地指控犯罪，根据《人民检察院刑事诉讼规则》第三百四十六条的规定，决定将案件退回你部门补充侦查”。

关于退回补充调查提纲，写“你×××（监察机关简称）以×××号起诉意见书移送起诉的犯罪嫌疑人×××涉嫌×××一案，为有效地指控犯罪，根据《中华人民共和国刑事诉讼法》第××条第××款的规定，决定将案件退回你×××（监察机关简称）补充调查”。

3. 取证方向

根据《关于印发补充侦查工作文书样式及补充侦查提纲参照范例的通知》，继续侦查提纲、补充侦查提纲并不要求撰写取证方向，退回补充侦查提纲和补充调查提纲则需要撰写取证方向。在审查起诉阶段退回补充侦查，向侦查机关、负责侦查的部门制作退回补充侦查提纲时，表述“补充侦查的方向”。退回监察机关补充调查，撰写时表述为“补充调查的方向”。该部分内容表述，均以“本院审查认为……”开篇。作为提纲的第一部分，虽然表述形式不同，但是底层逻辑相同。进而言之，取证方向是全文的逻辑起点，是取证的总纲，主要围绕如何构建以证据为中心的刑事指控体系达到认定案件事实清楚，证据确实、充分的角度从认定事实、适用法律的疑点和矛盾，概括写明对案件侦查或调查的主要方向和理由，解决“为什么”“是什么”问题，为下一步“如何做”指明方向。在某种意义上，此部分对提纲质量起着决定性意义。如果方向正确，能事半功倍，抓住案件证据问题的关键，及时补充或完善证据。反之，如果方向错误，不仅南辕北辙，达不到取证效果，而且还影响办案质效甚至是法律监督权威。实践中，补充、完善证据贯穿诉讼全过程。提纲的核心内容最终落脚点均是认定事实清楚，证据确实、充分。从这一角度而言，文书提纲的要领相同。一般而言，取证方向先写理由再写主要方向。

（1）关于取证理由。取证理由主要叙述事实评价，包括实体与程序两方面。在实体上，包括认定事实不清与证据不足、遗漏罪行、遗漏犯罪嫌疑人、证据单薄及证据矛盾等。对于事实不清与证据不足的情形，明确指出认为哪些事实不清，包括整体上认为认定的犯罪事实不清，可能有别人作案或不是犯罪嫌疑人所为，以及细节上可能涉及认定罪与非罪、此罪与彼罪以及量刑事实等情节不清。叙写时除了写明没有证据证明或需要哪些证据证明待证事实外，还需要写明待证事实会对犯罪嫌疑人定罪量刑有哪些影响。对于遗漏罪行情形，要写明从证据材料中有线索指向或已经可以证明犯罪嫌疑人实施了遗漏指控的罪行，包括其在共同犯罪中的地位、作用及法律依据，详细说明追诉漏罪行的必要性和可能性，阐明需要补查移送的方向。与遗漏罪行的叙述要求相同，对于遗漏犯罪嫌疑人的情形，叙明从移送的证据材料反映或已经证明了同案人涉嫌犯罪，应当移送审查起诉而未移送等内容。对于证据单薄情形，要重点从构建证据体系的角度以通说的证据印证模式说明哪些据以认定的事实存在证据薄弱问题，现有证据只能证明到何种程度，还需要哪些环节需要印证，还有哪些事实存在疑问需要排除合理怀疑等。必要时，要说明如果不能及时补强证据，会对定罪量刑可能造成怎样的不利后果。对于证据矛盾情形，要指出是哪份证据与证据之间存在矛盾，内容要具体、明确，以简要摘录关键内容对比矛盾之处为佳，避免大段落摘抄甚至概括式说明存在矛盾。

在程序上，包括违法证据、瑕疵证据需要排除或补强。对于违法证据，要写明取证主体、收集程序等方面存在哪些违法情形或可能存在违法的线索需要补查说明。需要注意的是，针对实践中侦查机关较为排斥证据被质疑有非法性，叙明时要结合具体的违法线索及内容论证，列明办案人员在办案活动中的违法行为及法律依据，围绕违法行为的类型、情节轻重以及对证据采信的影响，阐明需要侦查人员对证据收集合法性进行说明或补正、提供相关证明材料或者另行指派侦查人员重新取证的理由，做到有理、有据，事理结合。必要时，写清该份证据如果被排除，可能会严重影响量刑甚至定案，引起侦查机关重视对收集证据合法性或通过补充其他证据弥补该违法证据被排除后需要证明的证据组合，避免被动指控。对于瑕疵证据，需要说明证据存在哪些瑕疵，要具备怎样的补强条件（如合理说明、补强证据）才能作为定案根据。同时，要叙明该证据对指控具体的哪些事实具有关键性作用，需要补强完善。

（2）关于取证的主要方向。取证的主要方向为框架性叙述，从宏观层面与叙述取证理由呼应，写明根据理由所要取证的内容，解决方向性问题。具体可以结合案件事实从犯罪构成要件要素、定罪量刑要素、证据合法性、证据补强问题等提出主要的取证方向。其中，犯罪构成要件要素包括客体要件要素、客观要件要素、主体要件要素和主观要件要素。叙写时，只用结合案件事实写到上述四方面要件要素的类型化取证方向即可，不需要再细化至构成要件要素中的某个具体方向。例如，证据不足的故意杀人案件，可以提出“本院审查认为侦查机关认定的犯罪嫌疑人张某涉嫌故意杀死李四的犯罪事实存在疑问，不能排除有他人作案可能，需要重点就张某是否实施了杀人行为作进一步侦查取证”。对于遗漏罪行和犯罪嫌疑人情形，为保证办案质量，在要求补充移送遗漏审查的犯罪罪行及犯罪嫌疑人时，要求补充和补强相关证据。对于影响定罪量刑证据，可以直接提出补充侦查关于犯罪嫌疑人×××的定罪量刑证据。例如，实践中常见的前科、重大立功线索等需要补证的情形，可以直接写明要求补充核实关于犯罪嫌疑人×××是否有前科、存在重大立功等影响量刑情节的证据。对于证据合法性问题，主要针对的是程序性问题，可以直接写明就×××证据的合法性问题进行重点核实。其中，对于非法证据排除情形，根据具体案件情况，提出就取证主体、程序对犯罪嫌疑人供述是否存在违法取证进行核实。对于证据补强的问题，从证据种类的层面写明需要补证的方向。与前述取证理由部分呼应，写明对于待证事实还需要收集哪些证据予以印证。如前例故意杀人案件，可以写明“本院审查认为侦查机关认定的犯罪嫌疑人张某涉嫌故意杀死李四的犯罪事实证据单薄，需要调取案发前与张某关联的电子数据、证人证言”等。

4. 主要事项和工作

本部分内容与上文取证方向部分为递进关系，根据取证方向细化具体取证工作内容，保证实现取证目的。主要事项和工作的落脚点在如何取证。立足此目的维度，写作内容要具有很强的操作性与目的性提示，要求引导侦查、调查取证应当怎样做，每项工作要达到怎样的具体效果。在某种意义上而言，此部分内容是能否实现提纲目的之重要保证，也是引导侦查、调查的核心内容。进而言之，主要事项和工作要详细列明需要补充侦查、调查的各项事实，补充事项应当详细、具体，明确补充目的；同时，针对需要补充的事项，逐一说明需要补充的各项证据、补充的方法、列明补充的各项细节。

主要事项和工作分两大部分：一是提纲目的。此部分为格式段落，退回补充侦查提纲写“根据上述情况，请你×××（侦查机关或监察机关简称）查明以下事项，并重点做好相关工作”。如果是自侦案件的，空白处直接写“部门”，不再写部门简称。二是具体要求。此部分主要是落实第一部分关于取证方向的具体工作，内容要围绕取证方向具体展开。根据不同的诉讼阶段任务，工作事项的侧重点有所不同。一般而言，在审查逮捕阶段的证据标准是“有证据证明”的标准，对于审查起诉要求的“证据确实、充分”标准而言，相对较低。因此，审查逮捕阶段的退查工作的内容也相对宏观，侧重点在完善证据体系指控犯罪，内容要求全面，达到定罪标准。在审查起诉阶段，补查工作则要综合从定罪量刑方面全方位考虑，内容不仅要求要全面，更要精细到具体的细节性证据。但无论是哪个阶段的补查工作提纲，均要详细列明需要补充的各项事实，内容应当具体，补查目的应当明确。同时，针对需要补查的事项，逐一说明需要补查的各项证据、方法，列明补查的各项细节。撰写补充侦查、调查提纲文书难点在于体系性论述，特别是在主要事项和工作部分，系统观念对取证工作尤为重要，写作时应分别从内容和形式两个不同维度把握写作要领。

（1）关于写作内容。内容上，围绕第一部分取证方向细化具体需要补充或补强的证据。对于事实不清与证据不足的情形，一般根据具体案情，围绕叙事脉络将待证事实适当从记述文六要素分解成若干小的证明对象，叙明证明对象在犯罪构成要件中所起的证据作用即为查明何种事实，要求围绕取证目的进行取证。其中，客观要件要素包括犯罪是否存在、实施犯罪的时间、地点、手段、后果以及案件起因、被害人身份等方面。主体要件要素包括被指控的犯罪是否为行为人所实施、行为人有无刑事责任能力、行为人的身份等方面。主观要件要素包括行为人有无罪过、实施的犯罪目的、动机等方面。此外，对于刑法中的情节犯，还包括相关的情节要素；对于定罪量刑要素的情形，要注意结合罪前、罪中、罪后全过程证明事实的证据情况审查，提出取证提纲。其中，罪前事实既包括累犯、毒品再犯等法定从重事实，又包括案件起因、被害人过程及过错程度、前科、平时表现、与被害人关系等酌定事实。实践中，“平时表现”证据主要在附条件不起诉中考量，包括实施犯罪时的动机和目的、是否为初次犯罪、个人成长经历、监护教育情况和一贯表现等。“与被害人关系”证据主要在近亲属之间涉财产犯罪案件中审查。如敲诈勒索或盗窃近亲属的财物，获得谅解的，一般不认为是犯罪。认为犯罪的，应当酌情从宽处罚；罪中事实包括未成年人犯罪、限制行为能力的精神病人犯罪、盲聋哑人犯罪、防卫过当、避险过当、未完成的犯罪形态、共同犯罪中的地位和作用、刑法分则中关于违法发放贷款罪的“向关系人发放贷款”，非法拘禁罪中的“殴打、侮辱”情节，受贿罪中的“索贿”等法定罪中事实，及行为人身份、犯罪对象（未成年人、老年人、残疾人、孕妇等弱势人员）、犯罪手段、危害后果、犯罪时间（如在重大自然灾害，预防、控制突发传染病疫情等灾害期间）等酌定罪中事实；罪后事实包括自首、立功、坦白等法定罪后事实，及退赃、退赔、获得被害人谅解等酌定罪后事实。在此，需要注意的是，定罪量刑要素与犯罪构成要件要素是从不同侧面叙述，二者是交叉关系，既可能重合，也可能相互独立。根据必要性原则，如前科材料等非对定案、量刑（如判处死刑立即执行）等起决定、关键性作用的证据，不宜单独作为退补事由退回补充侦查、调查，需要附随其他退回要求补充的关键证据一并提出；对于证据合法性情形，在前述取证理由与方向的基础上，进一步细化如何取证的工作要求。如针对违法取证线索，提出调取具体证据所附的同步录音录像光盘、询问有关侦查人员、调取入所体检记录、相关证据的合理说明等。如果明确是非法证据、违法证据需要排除的，指明需要围绕其他哪些方面收集证据来替代被排除的证据；关于证据补强情形，为提纲重点、常见情形。落脚点在叙明为达到怎样的证明目的，细化需要具体补充哪方面的证据与在案的哪些证据相互印证。

（2）关于写作形式。写作形式是内容的外在表现，如果排列得当，可以起到较好的表达效果。文书格式样本规定的具体写法分为两类：一类是查明事实，重点解决的是取证遗漏问题，从无到有。提纲样本是“为查明……，调取（核查、询问、讯问、梳理）……”如关于取证毒品同一性问题，可拟考虑写“为查明公安在现场扣押的毒品就是张某贩卖的毒品，请对扣押的毒品包装袋进行DNA检验。如检出人体DNA，请比对张某、与张某轨迹高度重合或在案发前时间段与张某有密切联系人的DNA”。另一类是核实情况，重点解决的是取证不规范或证据不一致甚至矛盾而要加强印证等问题。即立足已有证据指向，加强印证或补正证据。提纲样本是“为核实……，调取（核查、询问、讯问、梳理）……”如前述关于取证毒品同一性问题，可以写“目前关于扣押的毒品是否是张某贩卖的毒品，证人王某指证系犯罪嫌疑人张某所有（可以摘录一至两句指证的证言或注明是哪份笔录），而犯罪嫌疑人张某辩解扣押的毒品不是其贩卖的毒品，证人王某证言与犯罪嫌疑人张某辩解矛盾。为核实犯罪嫌疑人张某辩解的真实性，请调取案发当日关于张某的技术侦查证据”。我们认为，文书格式样本规定所列的两类格式仅是提示性内容，对于案件证据问题较多需要继续侦查、补查的案件，要在一级标题项下建立二至五级标题，分门别类、系统性提出主要事项和工作要求建议。其中，三级标题针对涉及多起犯罪事实需要补查取证的情况，列明相关需要补证的犯罪事实。如“（一）关于犯罪嫌疑人张某涉嫌贩卖毒品罪需要补查的证据；（二）关于犯罪嫌疑人张某涉嫌洗钱罪需要补查的证据；（三）……”三级标题是在某项犯罪事实内围绕主文第一部分取证方向列明需要取证的具体内容，即格式样本所列需要查明与核实的提示性内容。四级标题是在三级标题项下，需要就某类问题开展多项取证工作的情况适用，不一定每个案件提纲均要求细化到此一级标题。五级标题视四级标题情况进一步细化工作。综上，根据写作原则撰写的具体引导取证内容主要在三级标题以下部分，需要根据案件情况归类提出案件事实不清需要继续侦查、补查的，或者证据不足、相互矛盾等情形需要侦查、补查的，或者漏犯漏罪需要侦查、补查的，因侦查活动违法需要补查等等，不一而足。承办人可根据案件实际情况撰写提纲内容。

5. 相关工作要求

本部分内容是主文部分的尾部，要结合具体办案情况，列明工作中需要注意如程序性规范、取证细节的问题或达到的要求等。如“在查明涉案钱款去向时，如果犯罪嫌疑人张某无偿转给第三人时，请对相关钱款及时予以依法冻结”。

6. 尾部

文书尾部包括联系人、联系电话、备注和落款。其中，备注为格式内容，退回检察机关侦查部门补充侦查的，写明“本提纲供开展补充侦查工作参考，不得装入侦查案卷”。如果是退回补充调查的，此处“补充侦查”换为“补充调查”。落款写明日期盖院印。如果是负责侦查部门的案件，盖部门印。

五、相关重点问题

（一）补充侦查、补充调查的程序

1. 审查逮捕阶段补充侦查

根据《刑事诉讼法》《人民检察院刑事诉讼规则》《关于加强和规范补充侦查工作的指导意见》等相关规定，对于公安机关提请人民检察院审查批准逮捕的犯罪嫌疑人，人民检察院对于因证据不足作出不批准逮捕决定，需要补充侦查的，应当制作补充侦查提纲，要求开展补充侦查。在此情形下，“证据不足”是其适用的唯一条件，对于不构成犯罪、无社会危险性无逮捕必要以及不适合羁押情形的不批准逮捕决定，不适用补充侦查。

实践中，检察机关对逮捕后案件必要时提出继续侦查意见，属于逮捕后继续侦查意见。根据《人民检察院刑事诉讼规则》《关于加强和规范补充侦查工作的指导意见》等相关规定，对公安机关提请批准逮捕的犯罪嫌疑人，人民检察院经审查认为具有社会危险性，有逮捕必要的，应当作出批准逮捕的决定，连同案卷材料送达公安机关执行，并可以制作继续侦查提纲，送交公安机关。逮捕之后，公安机关应当及时开展相关工作。

2. 审查起诉阶段补充侦查、调查

（1）审查起诉阶段补充侦查。根据《刑事诉讼法》《人民检察院刑事诉讼规则》《关于加强和规范补充侦查工作的指导意见》等相关规定，检察机关在审查起诉过程中，审查发现案件事实不清、证据不足或者存在遗漏罪行、遗漏同案犯罪嫌疑人等情形时，按照法定程序将案件退回公安机关或者检察机关侦查部门，由公安机关或检察机关侦查部门在原有侦查工作基础上进一步查清案件事实、收集补充证据，也可以自行侦查。在案件事实或证据发生变化、公安机关未补充侦查到位，或者重新报送的材料中发现矛盾和问题的，可以第二次退回补充侦查。

对于具有下列情形之一的，一般不退回补充侦查：①查清的事实足以定罪量刑或者与定罪量刑有关的事实已经查清，不影响定罪量刑的事实无法查清的；②作案工具、赃物去向等部分事实无法查清，但有其他证据足以认定，不影响定罪量刑的；③犯罪嫌疑人供述和辩解、证人证言、被害人陈述的主要情节能够相互印证，只有个别情节不一致但不影响定罪量刑的；④遗漏同案犯罪嫌疑人或者同案犯罪嫌疑人在逃，在案犯罪嫌疑人定罪量刑的事实已经查清且符合起诉条件，公安机关不能及时补充移送同案犯罪嫌疑人的；⑤补充侦查事项客观上已经没有查证可能性的；⑥其他没有必要退回补充侦查的。

对于具有下列情形之一的，检察机关可以向公安机关发出调取证据材料意见书，通知公安机关直接补充相关证据的，不退回补充侦查。包括：①案件基本事实清楚，虽欠缺某些证据，但收集、补充证据难度不大且在审查起诉期间内能够完成的；②证据存在书写不规范、漏填、错填等瑕疵，公安机关可以在审查起诉期间补正、说明的；③证据材料制作违反程序规定但程度较轻微，通过补正可以弥补的；④案卷诉讼文书存在瑕疵，需进行必要的修改或补充的；⑤缺少前科材料、释放证明、抓获经过等材料，侦查人员能够及时提供的；⑥其他可以通知公安机关直接补充相关证据的。

（2）审查起诉阶段补充调查。根据《刑事诉讼法》《监察法》《人民检察院刑事诉讼规则》《监察法实施条例》等相关规定，对监察机关移送的案件，检察机关经审查，认为需要补充核实的，应当退回监察机关补充调查，必要时可以自行补充侦查。检察机关应当出具补充调查决定书、补充调查提纲，写明补充调查的事项、理由、调查方向、需补充收集的证据及其证明作用等，连同案卷材料一并送交监察机关。退回监察机关补充调查的案件，均应当在一个月以内补充调查完毕，补充调查以二次为限。补充调查完毕移送起诉后，人民检察院重新计算审查起诉期限。检察机关对已经退回监察机关二次补充调查的案件，在审查起诉中又发现新的犯罪事实，应当将线索移送监察机关，对已经查清的犯罪事实，应当依法提起公诉。

监察机关对于人民检察院依法退回补充调查的案件，应当向主要负责人报告，并积极开展补充调查工作。监察机关对于人民检察院在审查起诉中书面提出的下列要求应当予以配合：认为可能存在以非法方法收集证据情形，要求监察机关对证据收集的合法性作出说明或者提供相关证明材料的；排除非法证据后，要求监察机关另行指派调查人员重新取证的；对物证、书证、视听资料、电子数据及勘验检查、辨认、调查实验等笔录存在疑问，要求调查人员提供获取、制作的有关情况的；要求监察机关对案件中某些专门性问题进行鉴定，或者对勘验检查进行复验、复查的；认为主要犯罪事实已经查清，仍有部分证据需要补充完善，要求监察机关补充提供证据的；人民检察院依法提出的其他工作要求。监察机关补充调查结束后，应当将补证情况及相关证据材料，连同案卷材料一并移送检察机关；对确实无法查明的事项或者无法补充的证据，应当作出书面说明。

3. 审判阶段补充侦查

根据《刑事诉讼法》《人民检察院刑事诉讼规则》等相关规定，在人民法院开庭审理前或者在法庭审判过程中，遇有需要补充侦查或者补充提供证据情况、对证据收集的合法性进行证明的，公诉人可以建议法庭延期审理。当法庭宣布延期审理后，检察机关应当自行收集证据和进行侦查，必要时可以要求监察机关或者公安机关提供协助；也可以书面要求监察机关或者公安机关补充提供证据。补充侦查不得超过一个月。检察机关应当在补充侦查期限内提请人民法院恢复法庭审理或者撤回起诉。公诉人在法庭审理过程中建议延期审理的次数不得超过两次。

在人民法院宣告判决前，检察机关发现遗漏同案犯罪嫌疑人或者罪行的，应当要求公安机关补充移送起诉或者补充侦查；对于犯罪事实清楚，证据确实、充分的，可以直接追加、补充起诉。在法庭审理过程中，人民法院建议人民检察院补充侦查、补充起诉、追加起诉或者变更起诉的，人民检察院应当审查有关理由，并作出是否补充侦查、补充起诉、追加起诉或者变更起诉的决定。人民检察院不同意的，可以要求人民法院就起诉指控的犯罪事实依法作出裁判。

（二）补充侦查、补充调查的跟踪落实

1. 关于不及时取证、非法取证问题

对公安机关未及时有效开展补充侦查工作的，人民检察院应当进行督促，对公安机关不及时补充侦查导致证据无法收集影响案件处理的，必要时可以发出检察建议；针对公安机关存在非法取证等情形的，应当依法启动调查核实程序，根据情节，依法向公安机关发出纠正违法通知书，涉嫌犯罪的，依法进行立案侦查。针对公安机关以非法方法收集的犯罪嫌疑人供述、被害人陈述、证人证言等证据材料情形，人民检察院应当依法排除并提出纠正意见，同时可以建议公安机关另行指派侦查人员重新调查取证，必要时人民检察院也可以自行调查取证。

2. 关于不提请批准逮捕问题

根据《人民检察院刑事诉讼规则》的规定，对于公安机关补充侦查后应当提请批准逮捕而不提请批准逮捕的，应当经检察长批准，要求公安机关提请批准逮捕；公安机关不提请批准逮捕或者说明的不提请批准逮捕的理由不成立的，人民检察院可以直接作出逮捕决定，送达公安机关执行。

3. 关于不移送起诉问题

补充侦查期限届满，公安机关认为原认定的犯罪事实有重大变化，不应当追究刑事责任而未将案件重新移送审查起诉的，应当以书面形式告知人民检察院，并说明理由。公安机关应当将案件重新移送审查起诉而未重新移送审查起诉的，人民检察院应当要求公安机关说明理由。人民检察院认为公安机关理由不成立的，应当要求公安机关重新移送审查起诉。人民检察院发现公安机关不应当撤案而撤案的，应当进行立案监督。公安机关未重新移送审查起诉，且未及时以书面形式告知并说明理由的，人民检察院应当提出纠正意见。

（三）自行补充侦查的适用

1. 自行补充侦查的情形

（1）对公安机关管辖案件的自行补充侦查。根据《关于加强和规范补充侦查工作的指导意见》的规定，人民检察院在审查起诉过程中，具有下列情形之一，自行补充侦查更为适宜的，可以依法自行开展侦查工作：影响定罪量刑的关键证据存在灭失风险，需要及时收集和固定证据，人民检察院有条件自行侦查的；经退回补充侦查未达到要求，自行侦查具有可行性的；有证据证明或者有迹象表明侦查人员可能存在利用侦查活动插手民事、经济纠纷、实施报复陷害等违法行为和刑讯逼供、非法取证等违法行为，不宜退回补充侦查的；其他需要自行侦查的。人民检察院开展自行侦查工作应依法规范开展。自行侦查过程中需要技术支持和安全保障的，由检察机关的技术部门和警务部门派员协助。人民检察院通过自行侦查方式补强证据的，公安机关应当依法予以配合。人民检察院自行侦查，适用《刑事诉讼法》规定的讯问、询问、勘验、检查、查封、扣押、鉴定等侦查措施，应当遵循法定程序，在法定期限内侦查完毕。

（2）对监察机关管辖案件的自行补充侦查。根据《人民检察院刑事诉讼规则》的规定，对于监察机关移送起诉的案件，具有下列情形之一的，人民检察院可以自行补充侦查：证人证言、犯罪嫌疑人供述和辩解、被害人陈述的内容主要情节一致，个别情节不一致的；物证、书证等证据材料需要补充鉴定的；其他由人民检察院查证更为便利、更有效率、更有利于查清案件事实的情形。自行补充侦查完毕后，应当将相关证据材料入卷，同时抄送监察机关。人民检察院自行补充侦查的，可以商请监察机关提供协助。需要注意的是，职务犯罪案件在审查起诉阶段的退回补充调查和自行补充侦查之间有适用上的主次之分、先后之序，原则上先考虑退回补充调查，例外时再自行补充侦查。

另外，对于检察机关直接侦查的案件，人民检察院负责捕诉的部门对本院负责侦查的部门移送起诉的案件进行审查后，认为犯罪事实不清、证据不足或者存在遗漏罪行、遗漏同案犯罪嫌疑人等情形需要补充侦查的，应当制作补充侦查提纲，连同案卷材料一并退回负责侦查的部门补充侦查。必要时，也可以自行侦查，可以要求负责侦查的部门予以协助。

2. 自行补充侦查的强化

目前，对于需要补充侦查的案件，以检察机关退回补充侦查为主，自行补充侦查质效有待强化。面临法律规范供给不足的问题，自行补充侦查权启动、程序较为模糊。检察人员自行补充侦查能力不足，意愿不强，自行补充侦查的自觉性有待提高，技术保障不够有力，很大程度上限制了自行补充侦查的开展。

推进检察机关自行补充侦查工作，需要强化以下工作。一是加强研究，强化对下指导。深入开展调查研究，找准自行补充侦查适用率低的症结，创新工作机制，及时解决工作中的问题。加强对重大复杂案件的个案指导，自行收集、完善、固定证据。加强案例指导，注重发挥典型案例的示范引领作用，推动建立检察机关自行补充侦查案件案例库，为办案提供参考。二是强化与侦查机关的沟通协调。“惩罚犯罪分子，保障无罪的人不受刑事追究”是检察机关和侦查机关共同的刑事诉讼目的，检察机关要在自行补充侦查中加强与公安机关的沟通、配合，推进制约与配合相统一的良性检警关系。三是加强检察机关侦查人才队伍建设。探索建立自行补充侦查人才库，注重发现和培养人才。通过邀请资深侦查人员开展培训或者检警同堂培训，提高检察官的侦查能力水平。四是优化考核考评方式。探索制定符合办案规律和工作实际的考核考评办法，将自行补充侦查工作纳入考核评价体系，突出正向引领，激励检察官认真履行好自行补充侦查职责。

六、文书样式及范例

（一）文书样式

1. 继续侦查提纲样式

×××人民检察院

继续侦查提纲

（适用于审查批捕阶段批准逮捕后需要继续侦查的案件）

×××（侦查机关名称）：

你局（或其他称谓）以________号提请批准逮捕意见书移送审查批准逮捕的犯罪嫌疑人×××（姓名）涉嫌×××（罪名）一案，经审查，决定批准逮捕。为有效地指控犯罪，请你局（或其他称谓）继续做好以下侦查工作：

一、继续侦查的主要事项和工作

请你局（或其他称谓）查明以下事项并重点做好相关工作：

1. 为查明……，调取（核查、询问、讯问、梳理）……

2. 为核实……，调取（核查、询问、讯问、梳理）……

……

二、相关工作要求

继续侦查过程中，注意以下问题：

1. ……

2. ……

3. ……

联系人：

联系电话：

×××人民检察院
×年×月×日

2. 补充侦查提纲样式

×××人民检察院

补充侦查提纲

（适用于审查批捕阶段因证据不足不批准逮捕的案件）

×××（侦查机关名称）：

你局（或其他称谓）以________号提请批准逮捕意见书移送审查批准逮捕的犯罪嫌疑人×××（姓名）涉嫌×××（罪名）一案，经审查，决定不批准逮捕。为有效地指控犯罪，请你局（或其他称谓）做好以下补充侦查工作：

一、补充侦查的主要事项和工作

请你局（或其他称谓）查明以下事项并重点做好相关工作：

1. 为查明……，调取（核查、询问、讯问、梳理）……

2. 为核实……，调取（核查、询问、讯问、梳理）……

……

二、相关工作要求

补充侦查过程中，注意以下问题：

1. ……

2. ……

……

联系人：

联系电话：

×××人民检察院
×年×月×日

3. 退回侦查机关补充侦查提纲样式

×××人民检察院

退回补充侦查提纲

×××（侦查机关名称）：

你局（或其他称谓）以____________号起诉意见书移送起诉的犯罪嫌疑人×××（姓名）涉嫌×××（罪名）一案，为有效地指控犯罪，根据《中华人民共和国刑事诉讼法》第一百七十五条第二款的规定，决定将案件退回你局（或其他称谓）补充侦查。

一、补充侦查的方向

本院审查认为……。

二、补充侦查的主要事项和工作

根据上述情况，请你局（或其他称谓）查明以下事项，并重点做好相关工作：

1. 为查明……，调取（核查、询问、讯问、梳理）……

2. 为核实……，调取（核查、询问、讯问、梳理）……

……

三、相关工作要求

补充侦查过程中，注意以下问题：

1. ……

2. ……

……

联系人：

联系电话：

×××人民检察院

×年×月×日

4. 退回侦查部门补充侦查提纲样式

关于××一案的退回补充侦查提纲

________(负责侦查的部门名称):

你部门以____号起诉意见书移送起诉的犯罪嫌疑人________涉嫌________一案,为有效地指控犯罪,根据《人民检察院刑事诉讼规则》第三百四十六条的规定,决定将案件退回你部门补充侦查。

一、补充侦查的方向

本部审查认为………

二、补充侦查的主要事项和工作

根据上述情况,请你部门查明以下事项,并重点做好相关工作:

1. 为查明……,调取(核查、询问、讯问、梳理)……
2. 为查明……,调取(核查、询问、讯问、梳理)……
3. 为核实……,调取(核查、询问、讯问、梳理)……
4. 为核实……,调取(核查、询问、讯问、梳理)……

……

三、相关工作要求

补充侦查过程中,注意以下问题:

1. ……
2. ……

联系人:

联系电话:

备注:本提纲供开展补充侦查工作参考,不得装入侦查案卷。

20××年×月×日

(部门印)

5. 补充调查提纲样式

关于××××案的补充调查提纲

________（监察机关名称）：

你____（监察机关简称）以____号起诉意见书移送起诉的犯罪嫌疑人________涉嫌________一案，为有效地指控犯罪，根据《中华人民共和国刑事诉讼法》第____条第____款的规定，决定将案件退回你____（监察机关简称）补充调查。

一、补充调查的方向

本院审查认为………

二、补充调查的主要事项和工作

根据上述情况，请你____（监察机关简称）查明以下事项，并重点做好相关工作：

1. 为查明……，调取（核查、询问、讯问、梳理）……
2. 为查明……，调取（核查、询问、讯问、梳理）……
3. 为核实……，调取（核查、询问、讯问、梳理）……
4. 为核实……，调取（核查、询问、讯问、梳理）……

……

三、相关工作要求

补充调查过程中，注意以下问题：

1. ……
2. ……

联系人：

联系电话：

备注：本提纲供开展补充调查工作参考，不得装入调查案卷。

20××年×月×日

（院印）

（二）文书范例

范例一：河南自由贸易试验区郑州片区人民检察院李某等人开设赌场案继续侦查提纲

河南自由贸易试验区郑州片区人民检察院

继续侦查提纲*

郑州市公安局某分局：

你局以郑公×（刑）提捕字〔2023〕××号提请批准逮捕意见书移送审查批准逮捕的犯罪嫌疑人李某、王某等4人涉嫌开设赌场案一案，经审查，决定批准逮捕。为有效地指控犯罪，请你局继续做好以下侦查工作：

一、继续侦查的主要事项和工作

请你局查明以下事项并重点做好相关工作：

1. 为核实犯罪嫌疑人发展的实际下线赌客数量，询问远程勘验提取的下线赌客是否存在赌博及充值行为，在电子数据中的下级会员列表基础上进行梳理、筛选，确认实际参赌人员列表。

目前，你局通过远程勘验等方式提取了网站后台、网站页面等电子数据，证明犯罪嫌疑人在赌博网站上的账号关联有大量下线账号，根据“两高一部”《关于办理网络赌博犯罪案件适用法律若干问题的意见》（以下简称《网赌意见》）第三条的规定，赌博网站的会员账号数可以认定为参赌人数，如果查实一个账号多人使用或多个账号一人使用的，应当按照实际使用的人数计算参赌人数。本案犯罪嫌疑人对下线账号的使用情况均存在一定辩解，称存在多个账号一人使用、部分账号无人使用的情况，建议你局：（1）根据后台下线赌客列表中赌客充值情况再次进行筛选，将存在充值行为的赌客作为“真实赌客”，与“数据显示赌客”

* 此文书为逮捕案件继续侦查提纲，收入时有删改。

及网站“活跃赌客”进行区分；（2）根据绑定的手机号、银行卡等信息核实下线真实赌客身份，并依法对其询问，确定该赌博账号系何人注册、何人充值使用，并着重关注赌客中是否存在未成年人；（3）对同一IP地址注册的多个下线赌博账号的使用情况进行进一步核实，排除多个账号一人使用的情形。

2. 为查明犯罪嫌疑人违法所得，核查提取账户资金相关电子数据中佣金部分，与涉赌资银行账户流水进行印证。

本案系犯罪嫌疑人参与赌博网站利润分成型的开设赌场案件，计算其违法所得应分析涉案各数据的性质，分辨其是否系“利润”分成。一般情况，赌博网站从赌客的充值、投注、输赢中抽成的资金认定为赌博网站的利润。本案犯罪嫌疑人“佣金”的计算方式为犯罪嫌疑人发展下线“活跃账户”（根据赌博网站佣金规则，月流水达到一定标准的账户）赌输金额×30%。因此犯罪嫌疑人获取的“佣金”系赌博网站对其进行分成利润应认定为违法所得。本案中虽存在部分犯罪嫌疑人基于各种原因未及时提现或未全部提现的情形，但提现行为应当认定为犯罪嫌疑人对违法所得的处分行为，未提现部分不应从违法所得数额中予以扣除。

目前部分犯罪嫌疑人对佣金金额提出异议，建议你局再次核实电子数据中佣金的金额，如存在犯罪嫌疑人提现佣金情况，需制作指认笔录，由犯罪嫌疑人指认其银行流水中属于佣金的部分，并与网站后台数据进行一一对应，形成表格。必要时，对犯罪嫌疑人银行流水中佣金部分进行审计。

3. 为查明赌资数额，核算犯罪嫌疑人名下所有存在充值行为的下线赌客充值总额。

你局在前期侦查中未将赌资数额予以明确。根据《网赌意见》第三条的规定，赌资数额可以按照在网络上投注或者赢取的点数乘以每一点实际代表的金额认定。对于将资金直接或间接兑换为虚拟货币、游戏道具等虚拟物品，并用其作为筹码投注的，赌资数额按照购买该虚拟物品所需资金数额或者实际支付资金数额认定。本案中，赌客通过银行卡或支付宝、微信等其他支付方式充值至赌博网站，购买网站内虚拟货币，并以虚拟货币形式投注或提现。因部分赌客在赌赢后反复投注或将赢取点数在网站内转账，投注点数或赢取点数均无法客观反映其参赌情况，本案应以赌客充值数额作为赌资数额。建议你局在核实犯罪嫌疑人下线赌博账户属实的情况下，通过银行卡或支付宝、微信等其他支付方式核算真实赌客在网站参与赌博的充值金额。

4. 为查明犯罪嫌疑人是否存在累犯等量刑情节，调取犯罪嫌疑人户籍地派出所出具的前科证明及与其相印证的行政处罚决定书、刑事判决书及刑事处罚执行材料。

二、相关工作要求

在继续侦查过程中，请注意以下问题：

1. 确保电子数据客观性。完善电子数据检验报告，遵守法定程序，依法保管电子数据从原始网页数据库中提取的存储容器，确保数据在提取、收集、存储等环节中保持原始性和同一性。

2. 确保电子数据合法性。客观记录电子数据远程勘验过程，确保收集、提取过程符合“两高一部”《关于办理刑事案件收集提取和审查判断电子数据若干问题的规定》、《关于办理网络犯罪案件适用刑事诉讼程序若干问题的意见》、《公安机关办理刑事案件电子数据取证规则》及相关技术规范。

3. 确保电子数据关联性。根据本继续侦查提纲对已提取的电子数据进行初查，确保各犯罪嫌疑人相关参赌人员列表中的赌客真实参赌且与下级会员账户相关联；赌资金额与真实赌客充值金额及银行卡、支付宝、微信充值流水相关联；违法所得金额与网站佣金规则、下线赌客赌输金额相关联。

4. 因本案电子数据内容冗多，请你局在保证数据同一前提下，对与案件具有关联性内容部分进行着重标注；在电子证据收集、提取过程中如产生困难、遇到问题，可及时与承办人进行沟通，并每周进行继续侦查情况通报。

联系人：罗超

联系电话××××

河南自由贸易试验区郑州片区人民检察院

2023年3月22日

范例二：山东省德州市德城区人民检察院姜某等人非法拘禁案补充侦查提纲

山东省德州市德城区人民检察院

补充侦查提纲*

山东省德州市公安局某分局：

你局以德×公（法）提捕字〔2020〕××号提请批准逮捕意见书移送审查批准逮捕的犯罪嫌疑人姜某、潘某某、王某、李某1涉嫌非法拘禁罪一案，经审查，决定不批准逮捕。为有效地指控犯罪，请你局做好以下补充侦查工作：

一、补充侦查的主要事项和工作

请你局查明以下事项并重点做好相关工作：

1. 全面侦查、补充完善证实四名犯罪嫌疑人以拘押、禁闭或者其他强制方法，非法剥夺他人人身自由方面的证据。

2. 本案目前证据中存在诸多证据本身或证据之间不一致、相矛盾之处，应侦查核实，排除矛盾或予以合理解释。例如：侦查卷中出现对犯罪嫌疑人潘某某2019年12月6日10时20分至15时50分和2019年12月6日10时20分至14时50分，时间基本重合的两份内容基本一致的笔录，违反刑事案件取证标准和规范，请对此作出合理解释。再如：证人张某前后两次证言中对拦截其车辆的对方车辆情况、人员情况表述不一致，对此在侦查时应针对证言中的不一致和矛盾点进行深入、细致的核查、询问。

3. 该案存在多名较为关键的证人未落实材料的情况。例如，犯罪嫌疑人潘某某称，2014年12月份李某2在××宾馆时，曾打电话让一个叫刘某1（音）的经理前来对账……后李某2报警，他到派出所说明情况后离开派出所，其与李某2、刘某1及李某2的另一个亲戚，一起回到其在

* 此文书为证据不足不批准逮捕案件补充侦查提纲，收入时有删改。

××宾馆的办公室，当晚谈到最后李某2当场给其写了债权转让通知书，后李某2和刘某1在××宾馆住了一晚，第二天离开德州。目前卷中仅有一份从原郓城县公安局行政卷宗中复印的刘某2于2015年的证言，内容并不涉及上述过程。你局并未对刘某2进行询问，请核实刘某1的材料。再如，证人李某3、曹某某等人证言均称，2014年11月份李某2在德州与潘某某对账期间，由于大家不放心，前来德州了解情况，李某2的项目经理殷某某也在德州，并一直与李某2保持电话联系，同来的还有周某等人。卷中无证人殷某某、周某等人的证言。

4. 你局出具的抓获经过，仅有犯罪嫌疑人潘某某、姜某、王某的归案情况，无犯罪嫌疑人李某1的归案情况，应补充。

5. 在卷拘留证三份、监视居住决定书三份，证实你局2020年6月23日对犯罪嫌疑人潘某某、姜某、李某1刑事拘留（未执行），2020年6月24日分别对犯罪嫌疑人潘某某、姜某变更为监视居住；对犯罪嫌疑人李某1变更为指定居所监视居住。请说明对上述三名犯罪嫌疑人采取刑事拘留强制措施未执行，次日变更强制措施为监视居住的理由、依据。

6. 在卷的德州市公安局接处警登记表显示，德州市公安局东地派出所2014年11月29日21时6分接110转警情：李某2在原××宾馆8311房间求助。简要案情：李某2与潘某某、姜某三人因债务纠纷发生争执。处警情况：李某2称不追究对方，双方自行处理。关于该警情，是否作为案件受理？是否有卷宗（李某2称当时公安机关对其做过笔录）？以及接处警具体过程等均需证据材料体现。

7. 关于本案举报人陈述所称：①2014年10月6日晨，潘某某、杨某带着王某1、王某、蒋某到其位于济南槐荫区××办公室，把其员工刘某2、李某3、曹某某赶出，把其关在办公室到第二天凌晨两点多，其间用语言恐吓等，逼迫其给潘某某打1778万元欠条，给杨某打2000万元欠条。②潘某某安排姜某和王某做司机跟着其，十一月份摆脱他们后，潘某某和杨某带人去其妻昝某某济南××商场某手串店闹事，其妻不堪骚扰关门。③2017年8月31日，杨某带着二十多个要账公司的人员在济南××商场堵其和妻儿，其报警后魏家庄派出所出警，警察按经济纠纷处理后让回去，在派出所门口杨某强行让其上他的车，把其带到齐河一饭店，让其把鄄城××公司名下的一套1700多平方米的房子转让给杨某，因其没带公章，他们将其送回济南，在其家门口打地铺等，无奈，其让刘某2把公司公章送来，第二天在附近肯德基签了转让合同，按购房合同价格抵账，然后又让其签一个委托杨某向宁津县××安置房项目要账的委托书和一份承诺书，承诺如果杨某要不来钱，再让其用其他房产抵账等行为。上述情况卷中或无任何证据予以证实；或虽有部分证据体现，但其证据间存在矛盾，应补充完善。

8. 本案卷中未附举报人李某2举报信，经审查，仅能从你局2020年6月22日对李某2的询问笔录中判断，李某2举报内容7项之多，对于其他各项举报内容，应依法核查（查实或查否）或根据管辖规定依法移交线索，卷中无核查的证据材料或移交手续，并补充完善。

9. 卷中所列取保候审决定书显示，犯罪嫌疑人姜某因与杨某1等人寻衅滋事，2008年7月17日被德州市公安局德城分局取保候审（不致发生社会危险性）。但无该案后续处理情况的证据材料。

10. 卷中所列劳动教养呈批报告显示，犯罪嫌疑人姜某2009年12月因聚众斗殴被劳动教养二年，但无该案劳动教养决定书及卷宗。

11. 卷中所列人员档案查询表显示，与姜某关联案件两件，均已结案。但卷中无该案终结性处理文书或卷宗。

12. 卷中所列郓城县公安局受案登记表显示，2015年12月12日，郓城县公安局双桥派出所接张某报警称，当天上午，张某开车载着老板李某2在郓城双桥镇郓鄄路由东向西行驶至葛庄铁路桥正下方，被一辆白色无牌奥迪车拦截停，对方车上下来多人，把其车左侧车胎用匕首破坏，并将驾驶玻璃砸烂，把李某2强行带到奥迪车上，向东行驶。该案当日作为行政案件受理。但无该行政案件处理意见等证据材料。另，所附的山东省涉案物品价格鉴定结论书中显示涉案被损车辆系左前门玻璃损坏，但所附受损车辆照片显示该车右前门玻璃损坏，存在的证据间矛盾应核实。

13. 卷中所附证人杨某起诉宁津县××公司、山东××公司、李某2的民事起诉状、还款承诺书，及借条清单各一份。欲证实杨某与李某2存在4400万元债务纠纷。经审查，上述三份材料均系复印件，并无原件存放处等来源出处体现，无与原件核对无异等取证说明，不符合刑事证据要求。若要在卷中体现，应完善证据的程序要件。

14. 犯罪嫌疑人潘某某自报，其1993年因盗窃被德州市人民法院判处刑罚；2014年因传销被齐河县公安局取保候审，对犯罪嫌疑人自报的前科劣迹情况，应侦查核实。

二、相关工作要求

补充侦查过程中，注意以下问题：

1. 取证程序需符合法定的规范标准。

2. 取证内容要全面、深入、细致、客观。既要从犯罪构成四要件入手，全面详实取证；又要注意该案与其他关联案件（事件）之间的关联性，做好衔接，综合判断。

联系人：孙付龙

联系电话××××

山东省德州市德城区人民检察院

2020年8月6日

范例三：安徽省定远县人民检察院王某好等人组织、领导、参加黑社会性质组织等犯罪案退回补充侦查提纲

安徽省定远县人民检察院

退回补充侦查提纲*

某县公安局：

你局以×公（刑）诉字〔2022〕××号起诉意见书移送起诉的犯罪嫌疑人王某好、王某善等15人组织、领导、参加黑社会性质组织、寻衅滋事等一案，为有效地指控犯罪，根据《中华人民共和国刑事诉讼法》

---

* 此文书为退回侦查机关补充侦查提纲，收入时有删改。

第一百七十五条第二款的规定，决定将案件退回你局补充侦查。

一、补充侦查的方向

本院审查认为：一是组织、领导、参加黑社会性质组织罪四个特征中组织特征和经济特征证据仍需进一步完善；二是“打财断血”工作仍需进一步补充。

二、补充侦查的主要事项和工作

根据上述情况，请你局查明以下事项，并重点做好相关工作：

1. 讯问、询问涉案人员，证实该组织具有严密性、控制性和层级性，准确认定各组织成员参与组织主观明知，查明王氏宗族势力在把持基层政权中发挥的作用、影响，是否是为了实现组织者、领导者的犯罪目的。

2. 进一步查明所有起诉的组织犯罪事实的犯罪目的、组织成员参与情况、犯罪所得是否用于违法犯罪等，以证实该犯罪系组织内犯罪。

3. 进一步查明王某善、王某好、王某兵利用村书记职务便利实施的违法犯罪活动具体情况，到底是个人犯罪还是组织犯罪，着重证明：一是该组织利用把持基层政权通过不正当手段或者违法犯罪聚敛钱财用于组织犯罪，组织成员利用组织把持基层政权获得经济利益、福利待遇等；二是该组织把持基层政权期间给基层党组织、人民群众、社会治安等各方面造成的负面影响。

4. 补强经济特征方面证据。继续查明该组织实施的经济类违法犯罪事实，如承揽的各项工程情况、组织成员参与获利情况、获取的经济利益用于组织违法犯罪情况等。重点核实××公司非法占地、非法经营过程中该组织、各组织成员在此违法犯罪过程中发挥的具体作用、获取利益情况及是否用于组织违法犯罪等相关情况，以证实“黑”和“商”之间的联系密不可分。重点查明王某善、王某好、李某周、王某兵非法占用村民土地经营养猪场是各犯罪嫌疑人先后独立非法强占还是王某好以他人名义与组织成员共同非法强占的，是否构成犯罪。

5. 围绕“把持基层政权、操纵破坏基层换届选举、垄断农村资源、侵吞集体资产”和“利用家族、宗族势力横行乡里、称霸一方、欺压残害百姓”两个重点领域，进一步梳理、完善证据以证实该组织四个特征之间的密切联系和内在逻辑，进而证明该组织与恶势力犯罪集团的具体区别。

6. 进一步开展“打财断血”，厘清涉案财产。全面审查证明其来源、性质、用途、权属及价值大小的有关证据，有证据证明已查扣冻结的涉案财产与组织违法犯罪无关的应当在重报前予以返还。

三、相关工作要求

补充侦查过程中，注意以下问题：

1. 取证过程中侧重客观证据，排除证据之间的合理怀疑；

2. 全面系统组织全案所有组织犯罪证据，确保查清所有组织成员涉案情况，确保罪责刑相适应。

联系人：江海

联系电话××××

安徽省定远县人民检察院

2023年3月15日

范例四：甘肃省甘谷县人民检察院王某某民事枉法裁判案退回补充侦查提纲

关于王某某民事枉法裁判一案的

退回补充侦查提纲*

某市人民检察院：

你院以××检移诉〔2023〕××号起诉意见书移送起诉的犯罪嫌疑人王某某民事枉法裁判一案，为有效地指控犯罪，根据《人民检察院刑事诉讼规则》第三百四十六条的规定，决定将案件退回你院补充侦查。

一、补充侦查的方向

本院审查认为该案在主观故意、客观行为上故意违背事实和法律作

* 此文书为退回检察机关侦查部门补充侦查提纲，收入时有删改。

枉法裁判的证据不足，需进一步补充完善。

二、补充侦查的主要事项和工作

根据上述情况，请你院查明以下事项，并重点做好相关工作：

1. 卷一 P12—14，2020 年 5 月 26 日，××县监察委员会文件关于对王某某进行问责的决定“违规使用案件当事人车辆的问题：2014 年 4 月 10 日、2015 年 1 月 5 日张某某分别向县法院提起诉滕某某、诉罗某某民事借贷纠纷。王某某作为主审法官在审理以上两起案件过程中，乘坐案件当事人张某某的私家车给滕某某、罗某某送达法律文书，产生不良影响，负有直接责任”。有哪些证据可以印证？

“王某某身为国家公职人员、司法机关工作人员，在承办张某某与他人民事借贷纠纷案件过程中，本应严格履行职责，但其在多次明知张某某与他人借款纠纷涉嫌刑事犯罪的情况下，未将线索及时移交公安机关查处，对案件是否属于虚假诉讼疏于审查，致使张某某通过民事诉讼的途径实现其非法目的，并存在多次使用当事人张某某私人车辆办公，存在工作中不正确履行职责的问题。”多次明知是如何认定的、有哪些证据可以证明？多次使用张某某私人车辆办公的具体是哪几次？请对以上关于本案事实的认定，补充相关证据材料予以佐证。

2. 根据你院起诉意见书认定，请查实××县法院自 2012 年至 2015 年期间共受理审理审判张某某与他人民间借贷纠纷案件是多少起？其中王某某办理了多少起？起诉意见书表述王某某所办 33 件案件，以涉嫌民事枉法裁判罪移送起诉 18 件，对于王某某审理的其他未以涉嫌民事枉法裁判罪而未移送的案件在办理程序和事实审查认定方面与移送起诉的 18 起案件有何不同？以及其他法官办理的张某某与他人民间借贷纠纷案件在办理程序和事实审查认定方面与王某某审理案件有何不同？××县法院在自查自纠张某某涉嫌虚假诉讼案关联的民事审判案件中，对案件审理、判决、裁定是如何定性的，形成的报告和决定又是怎样的，请调取相关证据予以佐证。

3. 起诉意见书第 1 起（张某某诉徐某、陆某某）、第 4 起（张某某诉杨某），被告陆某某、杨某已分别提交了答辩书、短信内容证实其所借债务系赌债，那么在庭审中，被告是否就借款合同有效、真实提出异议或对其赌债进行举证，其具体的抗辩诉讼请求是什么，应当向王某某、徐某、陆某某、杨某进一步核实。

4. 起诉意见书第3起（张某某诉白某东、戴某某），王某某明知给被告白某东送达法律文书，但却送达给白某忠，是否核实白某忠与白某东的身份关系？在白某忠拒收的情况下，那么是否将应诉通知等法律文书送达给白某东？该案缺席审理，导致白某东未能行使其诉讼权利。王某某在其中是否有徇私情、私利的故意，并进一步核实王某某对违反送达法律规定的认识以及当时那么做的具体原因是什么？

5. 起诉意见书第6起、第16起，原被告未提出异议，同意调解，并制作民事调解书结案；第7起、第15起是两起正常的民间借贷纠纷案件；第9起在开庭传票及民事判决书送达中均是被告委托其朋友代为收取的，且是自己主动放弃了诉讼权利，审理和判决也符合法律规定；第17起、第18起，张某某作为被告，从送达到庭审判决符合法律规定，同样张某某被判败诉；那么，请查实认定王某某在审理该7起民间借贷案件中涉嫌枉法裁判的事实和证据。

6. 在2015年9月1日前审理民间借贷纠纷案件，依照最高人民法院《关于人民法院审理借贷案件的若干意见》《关于依法妥善审理民间借贷纠纷案件促进经济发展维护社会稳定的通知》；在2015年9月1日后审理民间借贷纠纷案件，依照最高人民法院《关于审理民间借贷纠纷案件适用法律若干问题的规定》，“人民法院审理民间借贷纠纷案件时，应当严格审查借贷发生的原因、时间、地点、款项来源、交付方式、款项流向以及借贷双方的关系、经济状况等事实，综合判断是否属于虚假民事诉讼”。那么作为法官的王某某是否有必要对借款合同或借条的真实性进行核查？并对其审理的每一起案件从其主观故意、有无徇私情、私利进一步查证。以2015年9月1日为分界线，××县法院对审理民间借贷纠纷案件的办理程序、审查证据标准又是如何执行的，请调取相关证据。

7. 起诉意见书第11起的被告罗某某证实“张某某带着法院的两个女性工作人员（其中一个姓王）来我家中给我送达开庭通知书等法律文书，并给我母亲说让想办法把我找到，要是找不到我，法院就会抓我，就在张某某起诉我的案子开庭审理的当天，我母亲就在家里上吊自杀了”。对于罗某某母亲的死亡与该起民间借贷纠纷案件是否存在因果关系，进一步调取相关证据。

8. 通过审查证人证言材料，其中证人郭某某、罗某某、魏某某等均提到张某某和××县法院的工作人员比较熟，证人杨某证实见过张某某在车上拉着王某某。为准确认定王某某是否存在枉法裁判的故意，应进一步核实王某某与张某某之间是否存在一定关系，是否影响王某某对案件合法公正办理。

9. 起诉意见书中没有明确的认定王某某涉嫌民事枉法裁判罪意见阐述和适用情形，民事枉法裁判罪必须达到情节严重，最高人民检察院《关于渎职侵权犯罪案件立案标准的规定》关于民事枉法裁判罪立案有7种情形，王某某涉嫌枉法裁判罪是哪种情形应以明确；另外，认定造成经济损失的数额也应明确。

三、相关工作要求

补充侦查过程中，注意以下问题：

1. 注重现有证据和补充证据的矛盾点，针对矛盾点具体开展工作。

2. 在取证过程中注意程序正当。

3. 补侦过程中，如有新的情况，请及时与本院联系；对无法查明的事项，应书面说明情况。

联系人：罗舰、魏彦齐

联系电话××××

备注：本提纲供开展补充侦查工作参考，不得装入侦查案卷。

甘肃省甘谷县人民检察院

2023年11月13日

（院印）

范例五：湖北省鄂州市华容区人民检察院方某国有公司、企业、事业单位人员滥用职权等犯罪案补充调查提纲

关于方某国有公司、企业、事业单位人员滥用职权、挪用公款案的补充调查提纲*

某区监察委员会：

你委以××监起建〔2020〕××号起诉意见书移送起诉的犯罪嫌疑人方某涉嫌国有公司、企业、事业单位人员滥用职权罪、挪用公款罪一案，为有效地指控犯罪，根据《中华人民共和国刑事诉讼法》第一百七十条第一款的规定，决定将案件退回你委补充调查。

一、补充调查的方向

本院审查认为：犯罪嫌疑人方某涉嫌国有公司、企业、事业单位人员滥用职权罪主观故意方面的证据不足，围绕方某涉嫌犯罪的主观故意展开调查。

二、补充调查的主要事项和工作

根据上述情况，请你委查明以下事项，并重点做好相关调查。

1. 为查明犯罪嫌疑人方某涉嫌国有公司、企业、事业单位人员滥用职权罪主观故意，请围绕××区供销社申报四个项目过程中，方某和参与人是否了解项目申报政策，是否明知每个申报项目不符合申报条件而进行申报。在每个申报项目过程中，是谁先提出要申报该项目？谁决定申报该项目？在××区供销社集体研究申报项目过程中，是谁召集的会议？每个项目申报是谁提议的？会议过程中，参会人员的态度是怎样的？最后是谁决定申报项目的？每个项目交给谁具体组织申报？每个项目申报人在实施过程中，是谁发现申报条件不符合而向方某汇报？是谁提出采取虚假方式使项目符合申报条件？谁决定采取虚假的方式申报项目？讯问方某及询问相关证人，证实犯罪嫌疑人方某在××区供销社申报项

* 此文书为退回监察机关补充调查提纲，收入时有删改。

目过程中，明知不符合申报条件，而决定采取虚假的方式，滥用职权骗取国家资金的主观故意。

2. 为查明犯罪嫌疑人方某滥用职权，明知××区供销社申报项目不符合申报条件而决定申报，请调取四个项目省级供销社、农业综合开发办公室关于项目申报的文件。

3. 为查明犯罪嫌疑人方某在××区供销社和申报项目过程中的责任，请调取××区供销社向市供销社上报项目的申报资料。

4. 为核实项目资金的去向，请调取四个项目对应合作社的资金账户、流水及相关转账凭证。

5. 为查明××区供销社合作申报项目过程中采取虚假方式，请调取项目对应合作社的工商登记、变更资料。

6. 为核实鄂州××供销社、鄂州市××区供销社单位性质，请调取上述两单位的组织机构代码，上级有关部门关于两单位性质的文件。

7. 请对犯罪嫌疑人方某涉嫌挪用公款中相关证人证言笔录进行转换。

三、相关工作要求

补充调查过程中，注意以下问题：

1. 在调取书证的过程中，要求提供书证的单位人员签名、盖章，并注明时间，同时两名调查人员签名。

2. 对现有在案书证注明来源，规范取证程序。

联系人：王国军

联系电话××××

备注：本提纲供开展补充调查工作参考，不得装入调查案卷。

湖北省鄂州市华容区人民检察院

2020年7月31日

（院印）

专题十

如何撰写羁押必要性审查建议书

一、基本概念

羁押必要性审查是指人民检察院依据《刑事诉讼法》第95条规定，对被逮捕的犯罪嫌疑人、被告人有无羁押的必要性进行审查，对不需要继续羁押的，建议办案机关予以释放或变更强制措施的监督活动。羁押必要性审查建议书即经检察机关负责捕诉的部门在羁押必要性审查结束后，认为不需要对犯罪嫌疑人、被告人继续羁押的，向侦查机关或者人民法院提出释放或者变更强制措施的建议文书。羁押必要性审查是检察机关的专属职能，具有主动性、制约性的特点。如果说审查逮捕是决定有无羁押必要的第一道关卡，具有“事前”分流过滤的功能，那么羁押必要性审查则是捕后继续跟踪审查的第二道关卡，具有“事后”检验复查的特点。伴随检察改革，羁押必要性审查职能的履行由检察机关的刑事执行检察部门调整为负责捕诉的部门，使检察监督贯穿于整个诉讼流程，提升监督质效。

在各类刑事强制措施中，羁押是对个人基本权利影响最严重、最深远的一种措施，羁押措施适用不当会危及被羁押人的正当权益。羁押必要性审查制度作为司法保障人权的重要手段，对防止超期羁押和不必要的羁押，减少羁押，降低羁押率具有重要意义，彰显了司法宽和、谦抑，最大限度释放司法善意，有助于促进犯罪嫌疑人、被告人认罪悔罪、修复破损社会关系。据统计，全国刑事案件诉前羁押率从2018年54.9%降至2022年26.7%[①]，羁押必要性审查从中发挥了重要作用。检察机关应当进一步规范羁押必要性审查工作，注重严格司法、规范司法，准确把握羁押必要性审查的方式、条件、程序，保证案件办理的公平、公正，保障诉讼活动顺利进行，实现惩治犯罪与保障人权的平衡，促进社会内生稳定，真正把以人民为中心落地落实。

① 参见时任最高人民检察院检察长张军于2023年3月7日在第十四届全国人民代表大会第一次会议上所作的《最高人民检察院工作报告》。

二、文书制作依据

（一）法律规定

《刑事诉讼法》第 95 条确立了羁押必要性审查制度，规定犯罪嫌疑人、被告人被逮捕后，人民检察院仍应当对羁押的必要性进行审查。对不需要继续羁押的，应当建议予以释放或者变更强制措施。有关机关应当在 10 日以内将处理情况通知人民检察院。该条款同步赋予了检察机关对羁押措施进行实时动态持续监督的职能。

（二）司法解释及相关文件规定

《人民检察院刑事诉讼规则》第 573 条至第 582 条，对羁押必要性审查事项作了专门规定。如第 575 条第 1 款规定，负责捕诉的部门依法对侦查和审判阶段的羁押必要性进行审查。经审查认为不需要继续羁押的，应当建议公安机关或者人民法院释放犯罪嫌疑人、被告人或者变更强制措施。

2016 年 1 月，最高人民检察院发布《人民检察院办理羁押必要性审查案件规定（试行）》（已废止），就羁押必要性审查立案条件、审查内容和方式，定量评估标准进行进一步细化，羁押必要性审查制度初现雏形。2016 年 7 月，最高人民检察院原刑事执行检察厅出台《关于贯彻执行〈人民检察院办理羁押必要性审查案件规定（试行）〉的指导意见》（已废止），更加重视羁押必要性审查的程序价值和意义，对公开审查、风险评估等作出规定。2021 年 8 月，最高人民检察院颁布《人民检察院羁押听证办法》，通过以积极开展羁押听证工作为契机，不断完善羁押性强制措施相关制度，更好实现惩罚犯罪与保障人权有机统一。2023 年 11 月 30 日，最高人民检察院、公安部印发了《人民检察院、公安机关羁押必要性审查、评估工作规定》，从程序启动、适用情形、审查内容、审查方式、处理结果及文书制作要求等方面细化、规范羁押必要性审查工作，进一步加强对犯罪嫌疑人、被告人被逮捕后羁押必要性的审查、评估工作，规范羁押强制措施适用，保障犯罪嫌疑人、被告人的合法权益。

三、文书结构

根据《人民检察院刑事诉讼法律文书格式样本（2020 版）》，羁押必要性审查建议书分为首部、正文、尾部三部分。

1. 首部。首部文书名称为“××××人民检察院羁押必要性审查建议书”，文号为××检××羁审建〔20××〕×号，由捕诉部门按顺序编号，写明发往单位，根据诉讼阶段不同，可以发往侦查机关或者人民法院。

2. 正文。首先，按照格式要求填写犯罪嫌疑人、被告人的羁押地、姓名；其次，明确经审查，本院认为不需要继续羁押某犯罪嫌疑人、被告人；再次，阐述不需要继续羁押的理由。此外，人民检察院应当根据犯罪嫌疑人、被告人涉嫌的犯罪事实、主观恶性、悔罪表现、身体状况、案件进展情况、可能判处的刑罚和有无再犯危害社会的危险等因素，综合评估有无必要继续羁押犯罪嫌疑人、被告人；最后，检察机关根据《刑事诉讼法》第 95 条的规定，建议办案单位对犯罪嫌疑人、被告人予以释放或者变更强制措施。

3. 尾部。尾部明确办案机关应当将处理情况 10 日以内通知检察机关。未采纳本院建议的，请说明理由和依据。同步落款具文日期、加盖检察机关院印。

注意事项，本文书一式二份，一份审查部门附卷，一份送达被建议单位（部门）。

四、文书制作要点

（一）总体原则

羁押必要性审查是检察机关行使法律监督权的重要体现。作为实现依法对羁押必要性监督基本载体的羁押必要性审查建议书，其质量高低对司法的公正性、犯罪嫌疑人或被告人合法的人身自由权益都会产生直接影响。羁押必要性审查建议书作为检察机关的对外法律文书，直接影响犯罪嫌疑人、被告人的自由状态，还影响在效果上努力让包括犯罪嫌疑人、被告人在内的人民群众是否可感受、能感受、感受到公平正义。羁押必要性审查建议书质量不一，往往存在文书不规范、叙述不清、内容过简或冗长、重点不突出、说理不足等。《人民检察院刑事诉讼法律文书格式样本（2020 版）》规定了羁押必要性审查建议书格式样本，对文书基本要素作了规范性要求。羁押必要性审查建议书作为重要法律文书之一，具有文书的共性内容，即叙述与说理有机结合的要求。一份好的羁押必要性审查建议书，就是把不需要继续羁押犯罪嫌疑人、被告人的理由说清楚、讲明白，在此基础上根据《刑事诉讼法》第 95 条规定依法建议予以释放或变更强制措施。实现叙述和说理的有机结合，才能切实提高羁押必要性审查建议书质量。

1. 叙述性要求

叙述在羁押必要性审查建议书中主要是指对文书内容的取舍、排版及表达，通常要求做到要素完备、详略得当及表达清晰。

（1）关于要素完备。在形式上，羁押必要性审查建议书格式样本已经明确文书包含的要素内容，包括首部、正文和尾部三部分。各部分内容在格式样本的制作说明中均有相应的介绍和要求，检察官在撰写时应根据案件情况逐一按照文书中所列内容及顺序叙明，不能遗漏或新增文书要素。在内容上，不能简单理解只要点到文书所有要素即达到要素完备的要求，需实质性评价。如在建议书的证据证明部分，如果仅简单列举证据名称，不能认为已经完成该部分的文书要素。本质上，我们认为此问题属于遗漏要素情况。

（2）关于详略得当。文书格式样本及制作说明对此没有明确规定，实践中如何把握没有统一标准。总体而言，羁押必要性审查建议书内容叙述应立足能否将问题讲清楚、说明白的维度出发，让被建议单位充分理解无羁押必要。进而言之，详略得当落脚点在叙述的“度”，要求重点突出，语言简洁、规范，避免冗长导致篇幅失衡、核心模糊。要以目的导向根据不同情况提炼案件要素信息，辩证把握要求，实现说服侦查机关或审判机关采纳予以释放或变更强制措施建议的目的。在理由部分，重点围绕涉嫌犯罪事实、主观恶性、悔罪表现、身体状况、案件进展情况、可能判处的刑罚和有无再危害社会的危险等因素详述羁押非必要性。

在证据证明部分，可简要陈述证据证明内容，但应详细说明证据印证。同时，在文书中应使用客观、中性的规范用语，尽量避免带有主观色彩的词语。

(3) 关于表达清晰。一般而言，文书详略不当，内容过分冗长或重点不突出，表达内容往往也会让人感到模糊，不明白文书究竟想要表达什么。在宏观上，羁押必要性审查建议书样本格式从开头到结尾已经明确了框架及相关内容范畴，逻辑结构完整、明确。因此，从整体文书结构上看，检察官只要按照样本格式完成文书内容，要素完备，可以基本达到表达清晰的效果。在细节上，羁押必要性审查建议书中关于不需要羁押的理由及证据证明部分，实践中往往出现表达不清、证据说明过简等情况，需要特别注意。以叙写涉嫌的犯罪事实为例，有的文书照搬侦查机关起诉意见书内容，篇幅冗长；有的文书叙写内容要么过于简单，不得要领；要么表达意思啰唆重复，没有重点；还有的文书内容前后矛盾，逻辑不清；等等。一般而言，叙写不需要继续羁押理由中的事实部分是一个小记叙文，但不一定要求具备时间、地点、人物、起因、经过、结果等完整的六要素，重点叙述不需要继续羁押的事实要素即可。在证据证明部分，要结合事实部分分析论证，根据案件具体情况“一情节或多情节一分析”，做到事与理的有机结合，最终得出无羁押必要的结论，说服被建议对象。

2. 说理性要求

说理是羁押必要性审查建议书制作的难点，也是必然要求，重点体现在无羁押必要的理由及证据证明部分。实践中存在的主要问题有：一是忽略证据分析。人民检察院审查查明的事实是建立在证据相互印证、证据确实充分的基础上确定下来的，每个事实环节，均要有相应的证据或证据组合一一证明。人民群众最关心的检察产品莫过于每一个实现了公平、公正的案件，而且是以看得清楚的方式得以呈现。证据分析就是这种看得清楚的呈现方式。严格意义上说，增强羁押必要性审查建议书的说理性，只完善建议理由的论证是不够的，事实表述、证据分析是建议理由论证的基础。“事”说清了，“理”自然就明了。因此，无论何种理由的羁押必要性审查建议书，证据分析是极其重要的一环，也是让老百姓信服或者不被质疑司法公正的重要保证。二是释法说理不足。羁押必要性审查建议书的说理不仅仅是事实、证据、法律条文的简单罗列，更重要的是需找到事实与证据之间的关联点，并立足于事实和证据，准确适用法律条款，结合法律规定分析犯罪嫌疑人、被告人的行为，说明不需要继续羁押的理由与依据，为论证羁押非必要性提供支撑。实践中，文书制作往往并不重视说理性要求。例如，有的羁押必要性审查建议书只是泛泛套用法律文书模板简单制作了事；有的仅简单援引法条，未作理由阐释；有的即使说理，也是笼统地阐述，没有针对个性诉求说理；还有的释法说理甚至存在情绪化和随意性，透露出个人感情色彩，表现出非理性；等等。三是逻辑层次不清。羁押必要性审查建议书必须是在理由充分、法律依据准确的前提下作出的，在结论部分撰写时要更多地体现在作出建议决定的整个逻辑推理过程，增强文书的说理性以及说服力。在事实和证据的基础上，再加上现有的法律规定，环环相扣，论点明确，论证充分，论证有力，法律依据和事实与证据相互呼应，做到逻辑严密。实践中，有的建议书在叙述事实及证据部分就已层次不清，造成论证部分逻辑混乱。有的叙述随意，没有严格按照样本中要求撰写，或详略不当、重点不突出，导致层次不清，等等。

具体而言，增强文书说理性，应从观点鲜明、理由充分、论证有力、层次清晰、结构严谨等方面入手。一是要有明确的问题导向。羁押必要性审查建议书要解决的问题就是审查发现的不需要继续羁押的情况，要明确具体，观点鲜明。切忌点到为止，问题不明。如果在论证时没有明确的态度，仅评述客观情况而没有从羁押必要性的角度指出不需要继续羁押或者是否需要继续羁押似是而非，则全文丧失了说理性基础，文书缺乏刚性。二是要论证有力。检察院认定的每一事实、情节要有证据印证，且事实清楚、无疑异。羁押必要性审查建议书论证重点是以证据印证审查认定的不需要继续羁押的事实，指出不需要继续羁押建议及依据内容。论证落脚点在羁押的非必要性，有法律依据。三是要有清晰的条理性。如前所述，羁押必要性审查是对相关事实要素进行多方面综合评价，主次如何区分，条理和层次如何展开对建议书的质量尤为关键。根据格式内容要求，重点叙写部分为理由和证据。两个部分除必要的事实记述外，均还需要事、理的结合，以先写事实后说理为佳。其中，理由部分说理顺序以提炼事实要素（事：归纳羁押非必要性的要件）、指出不需要继续羁押（事与理的有机结合）为佳。同类型情况，可以集中阐述。在指出不需要继续羁押的要素情况后，对同类情节"多情节一分析"综合论证。不同类型的，以"一情节一分析一依据"逐项叙写为佳。总之，不同类情节情况叙写的宗旨采用"剥洋葱式法"逐项层层解构分析论证，化繁为简，做到条理清晰。四是要有严密的逻辑结构。注意建议叙事与说理的写作顺序，要叙完事情再说理，厘清与事、理之间有机结合的论证关系，切忌一会儿事一会儿理。

（二）具体要领

1. 首部、称呼

（1）关于首部。羁押必要性审查建议书的首部由检察机关名称、文书名称和文书编号三部分组成。其中，检察机关名称应为全称，即要注明所在省（自治区、直辖市）名称，不能只写地区级市、县、区院名。文书编号写在最右端，上下各空一行，内容为××检××羁审建〔20××〕×号。

（2）关于称呼。称呼要求是被建议单位（侦查机关或人民法院）的全称，与检察机关名称要求相同。

2. 审查意见

本部分内容为格式段，要写"本院根据《中华人民共和国刑事诉讼法》第九十五条的规定，依法对逮捕后羁押于××看守所的犯罪嫌疑人（被告人）××的羁押必要性进行了审查。经审查，本院认为不需要继续羁押犯罪嫌疑人（被告人）××"。其中，在侦查阶段用"犯罪嫌疑人"称呼，审判阶段用"被告人"称呼。

3. 理由

理由部分是全文重点，包括不需要继续羁押的事实与理由。羁押必要性审查要围绕《刑事诉讼法》《人民检察院刑事诉讼规则》，及《人民检察院、公安机关羁押必要性审查、评估工作规定》等相关规定展开。一般而言，在叙述完审查的事实后，论证符合不予羁押条件和依据。实践中，羁押必要性审查建议书理由主要有患有严重疾病或者具有其他特殊法定情形不适宜继续羁押的情形与其他法定或酌定不需要继续羁押的情形。这些情形需要结合前述关于犯罪嫌疑人、被告人涉嫌犯罪事实、主观恶性、悔罪表现、身体状况、案件进展情况、可能判处的刑罚和有无再危害社会的危险及其他等因素综合评估。其中，区别于起诉书要求围绕犯罪构成记述所有的事实要素，此处“涉嫌的犯罪事实”是作为羁押必要性审查的要素之一叙写，重点在客观记述，与“主观恶性”等要素并列、对应。

（1）关于涉嫌的犯罪事实。涉嫌的犯罪事实主要指客观实施的犯罪情况。实践中，叙写涉嫌的犯罪事实要把握好以下几点：一是关于“无罪”与有罪情形。“无罪”情形是指案件证据发生重大变化，没有证据证明有犯罪事实或者犯罪行为系犯罪嫌疑人、被告人所为的情况。此类型主要发生在侦查阶段，需要特别注意。个别情况下，适用于审判阶段，可能影响对案件质量的评价。具体而言，要写明证据发生了哪些重大变化，着重从证据指向的角度论证“没有证据证明”有犯罪事实或者犯罪行为系犯罪嫌疑人、被告人所为。其中，没有犯罪事实包括正向从无法益侵害、无犯罪行为等解构犯罪构成的角度，或者反向从意外事件、不可抗力、纯属民事纠纷的案件性质等出罪角度叙述，突出应当释放或变更强制措施的必要。“有罪”情形相对复杂，如前所述，重点在客观性记述所犯罪行属于轻罪从轻、减轻的范畴。根据具体情况，提炼犯罪事实中与羁押必要性相关的实质要素。包括在犯罪类型上，是过失犯罪，且属于诸如危险作业罪等轻罪范畴；在犯罪形态上，是预备犯或者中止犯；在共同犯罪中的地位和作用，是从犯或者胁从犯；等等。以上因素，叙写时要展开，重在叙述客观事实后再进行论证，切忌简单概述犯罪事实后径直对性质作评价，缺乏事实基础。

二是关于重罪与轻罪、罪重与罪轻的情形。一般认为，重罪是指法定刑在 3 年有期徒刑以上的刑罚。轻罪与重罪对应，是指法定最高刑在 3 年以下有期徒刑的刑罚。重罪与轻罪是决定是否有羁押必要的界限。一般情况下，轻罪是提出认为不需要继续羁押建议理由的前提。叙写涉嫌的犯罪事实时，要包含触犯轻罪犯罪构成因素。在触犯重罪情形下，需要提出羁押必要性审查建议书的情况主要有继续羁押犯罪嫌疑人、被告人，羁押期限将超过依法可能判处的刑期的，或者患有严重疾病不适合继续羁押的情形。叙写事实时，重点记述客观情况，论证变更强制措施的必要性和紧迫性。如对于案件在审判阶段因证据或法律适用等争议问题悬而未决的案件，要叙明羁押期限的时间与依法可能判处的最大刑期，用比较分析法突出即将超拟判决刑期的客观事实。对于患有严重疾病不适合继续羁押的情形，要根据相关疾病证明书如病危通知书等写明疾病亟须救治的紧迫性，突出叙明继续羁押极可能产生的死亡或在羁押地区可能大面积传染等不利后果等。关于罪重与罪轻情形，是重罪与轻罪关系项下的一组对应的量刑情节。其中，在重罪与轻罪中均可能有罪重或罪轻的量刑情节。一般而言，如果是罪重情节，与重罪情形一样，叙写要领相同。对于罪轻情节，包含防卫过当或者避险过当等法定从轻、减轻情节，如前述从犯、胁从犯等情形。叙写时要注意从行为性质、地位和作用出发，重点叙述。

三是叙写详略得当。区别于起诉书等指控性文书，羁押必要性审查建议书在不同阶段叙写涉嫌的犯罪事实有所不同，在叙写的详细程度上也有所区别。总体而言，关于羁押必要性的相关事实需要重点叙述，与其无关的事实可以简述或省略。必要时，也要按照犯罪构成要件要素详细叙述。例如，从案件证据收集的规律上看，审判阶段所审查的犯罪事实要比侦查阶段审查确定的情况固定，定罪、量刑等涉案情况更为明确。除前述案件证据发生重大变化或案件事实或者情节发生变化外，涉嫌的犯罪事实与起诉书指控的犯罪事实一致。因此，在审判阶段叙写涉嫌的犯罪事实可简要提炼与羁押必要性相关的内容，其余内容可简要概述为与起诉书指控的犯罪事实一致。而在侦查阶段审查认定的与羁押必要性相关的犯罪事实可能与起诉意见内容不一致甚至矛盾，叙述时要重点突出不同之处。

（2）关于主观恶性。与涉嫌犯罪事实要素对应，前者重点从客观角度叙述犯罪事实，主观恶性则是从主观角度对犯罪嫌疑人、被告人主观方面叙写，包括罪中态度（动机、犯罪目的）及罪前态度等。叙述时要通过叙述客观行为反映主观心态，避免抛开行为直接评价主观恶性。

一般而言，主观恶性与涉嫌的犯罪事实存在交叉关系，可以融合一起叙述。如前述过失犯罪、防卫过当、避险过当、胁从犯、初犯、偶犯，邻里纠纷等民间矛盾引起、被害人具有一定过错、事出有因等情形，叙述客观行为时，一并叙述实施行为时的主观心态、客观环境如紧迫危险性、矛盾累积升高等案件起因影响犯罪嫌疑人、被告人的内心思想等，论证主观恶性小、社会危害性不大，无继续羁押必要。

（3）关于悔罪表现。悔罪表现是指罪后的态度，包括自首、立功或重大立功、坦白、适用认罪认罚程序、与被害方依法自愿达成和解协议，且已经履行或者提供担保等内容。叙述时，要写明具体表现，特别是和解协议，要按照记述文六要素详述。一般而言，悔罪表现不止一种情形，有多种情形的，逐一叙明。叙写顺序可以优先写明得到被害人谅解，再到法定减轻、从轻情节，最后到酌定从轻情节。

（4）关于身体状况及其他特殊情况。身体状况特指在进行羁押必要性审查时的状态，即患有严重疾病不适合继续羁押或生活不能自理等健康状况。其他特殊情况主要指包括年龄（系未成年人或者年满75周岁的人）和特殊情况（如系怀孕或者正在哺乳自己婴儿的妇女、系生活不能自理的人的唯一扶养人等）。叙述时，要重点围绕上述各自情况详细记述，不要笼统概括。如涉及年龄情况，要写明出生年月日。如系怀孕或者正在哺乳自己婴儿的妇女情形，要写明孕期或者正在被哺乳婴儿的出生年月等。如系生活不能自理的人的唯一扶养人情形，要在“生活不能自理”“唯一”“扶养人”要素上重点叙明。

（5）关于案件进展情况。本部分内容以记述为主，不需要过多论证，要写明案件事实基本查清，证据已经收集固定。一般而言，除紧急的身体状况外，案件进展情况是综合评估的重要参考要素之一。叙写时，要对照核心要素逐一写明。在案件事实基本查清方面，可以结合犯罪构成按照事情发展顺序写明何时何人在何地为了什么动机做了什么，造成什么样的结果，事后的表现等（主体—主观方面—客观方面—客体—罪后态度），重点表现出查清了什么犯罪事实。如果与侦查机关起诉意见书内容一致的，可以简要概述或者写明与起诉意见书认定的事实一致，详细写明经审查认定与起诉意见书不同的事实。在证据已经收集固定方面，可以简要列举已经收集固定的具体证据名称，证明内容不需要在此详细展开，避免与后文证据证明部分重复。

（6）关于可能判处的刑罚。可能判处的刑罚主要反映属于轻罪类型，符合不予羁押的条件。要写明最高刑幅度，主要包括三种情形：一是案件事实或者情节发生变化，犯罪嫌疑人、被告人可能被判处拘役、管制、独立适用附加刑、免予刑事处罚或者判决无罪的情形；二是前述关于继续羁押犯罪嫌疑人、被告人，羁押期限将超过依法可能判处的刑期的情形；三是可能被判处 1 年以下有期徒刑或者宣告缓刑情形。其中，对于第一种情形，叙写的落脚点在“案件事实或者情节发生变化”，要重点叙述事实或情节变化的具体内容，从犯罪性质、手段、情节、主观恶性、人身危险性、危害后果等方面突出犯罪嫌疑人、被告人所实施的犯罪行为情节轻微，具有法定的不需要判处刑罚或者免除刑罚等细节，论证情节轻微可能被判处拘役、管制、独立适用附加刑、免予刑事处罚等。对于可能被判处无罪情形的，参照前述涉嫌的犯罪事实中“无罪”情形，从解构犯罪构成、犯罪行为系他人所为等角度叙写，在此不再赘述。对于第三种情形，如果案情相对复杂的，以递进式论述为宜。具体而言，分三步推演。首先，简要概述事实经过及触犯的罪名，确定基准刑幅度。其次，在第一步基础上，详细叙述法定或酌定从轻、减轻情节。最后，从量刑角度推演论证可能被判处 1 年以下有期徒刑或者宣告缓刑。在一些如危险作业罪等法定最高刑幅度是 1 年以下有期徒刑的轻微罪名案件中，则无需以上推演，可以提炼要素一并论述。

（7）关于无再危害社会的危险。本部分主要论证是否有再犯可能性，主要从无前科、累犯、再犯，是初犯、偶犯，无预谋犯罪、真诚认罪、悔罪及罪前日常行为等角度叙述。其中：无前科、累犯、再犯，可以结合相关书证直接写明。初犯、偶犯，无预谋犯罪、罪前日常行为等，结合相关言词证据，按照记叙文要素叙明实施犯罪具有临时性和偶发性。关于罪前日常行为主要反映日常行为轨迹，是否有暴力倾向、生活恶习或者陋习、经常寻衅滋事等。一般而言，叙写时正面评价，如犯罪嫌疑人、被告人曾是品学兼优的好学生等。

（8）关于其他情形。主要是除以上内容外，其他经审查不需要继续羁押犯罪嫌疑人、被告人的情形，属于兜底情形，如有其他重大立功或案件涉及国家重大利益等符合最高人民检察院核准后不起诉决定的情形。叙写时，重点叙明有重大立功或案件涉及国家重大利益。其中，根据实际特别是国家重大利益等涉密情形的，不写具体内容。

实践中，羁押必要性审查建议书理由部分需要注意根据案件实际，结合以上内容综合叙述，切忌将内容机械化逐一分别叙述。一般而言，上述内容要素相互交叉，叙写时往往一并涵盖。如涉嫌的犯罪事实中罪轻部分，包含主观恶性、可能判处的刑罚、无再危害社会的危险等等，不一而足。

4. 证据部分

在理由部分之后，写“上述事实有以下证据予以证明：……”在体例上，证据部分的逻辑起点在于说明理由部分的事实有证据证明，且相互印证，审查的事实均有充分依据。很大程度上，证据部分内容反映了检察院的监督工作。其质量高低，直接影响侦查机关或审判机关对建议的采纳程度。实践中有部分羁押必要性审查建议书不注重证据说理，简单罗列证据，要么不写证据证明的内容，要么没有从证据印证的角度组合证据，缺乏逻辑，难以反映审查建议的理由确实、充分。我们认为，写“理由”重点在叙述，写“证据”重点在叙述与说理的结合，要让人明白建议的理由充分且有依据。如何写“证据”，样本格式没有具体的框架提示，结构形式不限。一般而言，叙写证据主要有两种方式：一是按照一定顺序列举证据名称，并在列举的每项证据后简要写证明的内容；二是以证据组合的形式对应事实部分“一事一印证”，采用印证的形式叙明证据。这里需要注意，无论采用何种形式叙明证据，均要求逻辑清晰，表明证据确实、充分，所有理由叙述的事实均有相关证据证明的效果。从全文体系及逻辑脉络考虑，建议采用“一事一印证”模式叙写为佳，以证据间的印证关系来清晰展示经审查认定的事实中的若干关键要素均有相应的闭合证据链条支撑。如果有多起事实或事实中有多个要素需要分别列举证据证明的，则需要分类组合逐一叙明。与此同时，区别于纠正违法文书等其他文书认定事实的证据写作要求，羁押必要性审查建议书列举证据不需要面面俱到，对理由中说到的每一个信息都重点说明。

要重点突出、繁简得当，对于理由中涉及羁押必要性判断的关键要素理由要详细叙写证据间相互印证证明的内容，将证据如何环环相扣说清楚。对于其他事实要素，可以简要列举并逐一说明或者综合列举并予以说明。需要注意的是，证明内容要详略得当。实践中，关于证据证明有两种常见的错误倾向：一是证据证明内容缺乏归纳和提炼，直接流水账式的摘录证据的具体内容。此种错误倾向容易导致证据部分冗长，对证明的理由部分观点不明。二是证据归纳过于抽象或宏观，缺乏个性化具体内容。此类现象一方面导致文书质量不高，说理不足，可能会受到被建议单位的排斥。另一方面，也可能给人造成文书随意的印象，影响文书刚性。我们认为，证据证明是对证据内容的提炼与归纳，要在可证明内容的要素范围内选取对待证事实最关键、最直接的要素，然后精简、提炼成短句表述，其落脚点在于若干关键证据印证证明了不需要继续羁押的理由，达到理由有依据的证明效果。进言之，证据部分的详略得当，“详”不是指内容具体、详细，而是精炼、直击关键，将笔墨集中在关键证据如何印证、印证什么的内容上。“略”是指省略、简略，如前所述不用所有事实细节均列举证据，并花大量篇幅逐一叙述证明的具体内容。

5. 结论性建议、法律根据和要求事项及结尾

（1）关于结论性建议、法律根据和要求事项。本部分内容为格式段落，写“根据《中华人民共和国刑事诉讼法》第九十五条的规定，建议你××对犯罪嫌疑人（或者被告人）××予以释放（或者变更强制措施）。请你××将处理情况十日以内通知本院。未采纳本院建议的，请说明理由和依据”。

（2）关于结尾。结尾写落款日期“20××年×月×日”，在日期上盖院印。

五、相关重点问题

（一）羁押必要性审查的程序

1. 羁押必要性审查的启动方式

（1）依职权启动。根据《人民检察院刑事诉讼规则》第574条第1

款、《人民检察院、公安机关羁押必要性审查、评估工作规定》第6条第1款的规定，人民检察院在刑事诉讼过程中可以对被逮捕的犯罪嫌疑人、被告人依职权主动进行羁押必要性审查。根据《人民检察院、公安机关羁押必要性审查、评估工作规定》第6条第2款的规定，人民检察院对审查起诉阶段未经羁押必要性审查、可能判处3年有期徒刑以下刑罚的在押犯罪嫌疑人，在提起公诉前应当依职权开展一次羁押必要性审查。由人民检察院负责捕诉的部门对本院批准逮捕和同级人民法院决定逮捕的犯罪嫌疑人、被告人，依职权对羁押必要性进行审查。如最高人民检察院发布的夏某某、李某涉嫌故意伤害罪羁押必要性审查案例。2014年3月，夏某某、李某在浙江省宁波市镇海区某KTV门口因琐事互殴，经鉴定，夏某某构成轻伤一级、李某构成轻伤二级。2014年7月，宁波市镇海区检察院驻区看守所检察室人员了解到夏某某手臂伤口愈合不理想的情况，在了解案情后，向该院公诉部门移交了羁押必要性审查线索。该院公诉部门对夏某某、李某启动羁押必要性审查后，认为该案事实清楚、二人认罪态度较好且均系初犯、罪行较轻，便依法对二人变更强制措施为取保候审。

（2）依申请启动。《人民检察院、公安机关羁押必要性审查、评估工作规定》第5条第2款规定，公安机关执行逮捕决定时，应当告知被逮捕人有权向办案机关申请变更强制措施，有权向人民检察院申请羁押必要性审查。根据《人民检察院刑事诉讼规则》第574条第2款、《人民检察院、公安机关羁押必要性审查、评估工作规定》第8条至第10条的规定，犯罪嫌疑人、被告人及其法定代理人、近亲属或者辩护人、值班律师可以申请人民检察院进行羁押必要性审查。申请时应当说明不需要继续羁押的理由，有相关证据或者其他材料的应当予以提供。申请人依据《刑事诉讼法》第97条规定，向人民检察院、公安机关提出变更羁押强制措施申请的，人民检察院、公安机关应当按照《人民检察院、公安机关羁押必要性审查、评估工作规定》对羁押的必要性进行审查、评估。经人民检察院、公安机关依法审查、评估后认为有继续羁押的必要，不予释放或者变更的，犯罪嫌疑人、被告人及其法定代理人、近亲属或者辩护人、值班律师未提供新的证明材料或者没有新的理由而再次申请的，人民检察院、公安机关可以不再开展羁押必要性审查、评估工作，并告知申请人。经依法批准延长侦查羁押期限、重新计算侦查羁押期限、退回补充侦查重新计算审查起诉期限，导致在押人员被羁押期限延长的，变更申请不受前款限制。负责刑事执行检察的部门收到有关材料或者发现不需要继续羁押的，应当及时将有关材料和意见移送负责捕诉的部门。办案机关对应的同级人民检察院负责控告申诉或者案件管理的部门收到羁押必要性审查申请后，应当在当日将相关申请、线索和证据材料移送本院负责捕诉的部门。其他人民检察院、公安机关收到羁押必要性审查申请的，应当告知申请人向负责案件办理的人民检察院、公安机关提出申请，或者在2日以内将申请材料移送负责案件办理的人民检察院、公安机关，并告知申请人。如，最高人民检察院发布的邬某某涉嫌过失致人死亡罪羁押必要性审查案例。2013年4月2日，在武汉市青山区，邬某某驾车在等红绿灯时向车窗外抛掷烟头，与执法人员林某发生争执，拉扯过程中林某被邬某某推倒，头部着地昏迷，后送医抢救无效死亡。当日，邬某某因涉嫌过失致人死亡罪被武汉市青山区公安局刑事拘留，后被青山区人民检察院批准逮捕。2013年5月，邬某某的妻子向检察机关申请对邬某某取保候审。检察机关依申请启动羁押必要性审查程序，经查，邬某某的妻子已赔偿被害人家属80万元，双方达成调解协议，邬某某真诚认罪悔罪，随后检察机关对邬某某变更强制措施为取保候审。

（3）依建议启动。根据《人民检察院刑事诉讼规则》第574条第3款的规定，看守所根据在押人员身体状况，可以建议人民检察院进行羁押必要性审查。人民检察院收到建议后应当及时审查。《人民检察院、公安机关羁押必要性审查、评估工作规定》第11条规定，看守所在工作中发现在押人员不适宜继续羁押的，应当及时提请办案机关依法变更强制措施。看守所建议人民检察院开展羁押必要性审查的，应当以书面形式提出，并附证明在押人员身体状况的证据材料。人民检察院收到看守所建议后，应当立即开展羁押必要性审查，依法及时作出审查决定。

2. 羁押必要性审查的方式和内容

（1）羁押必要性审查的主体。根据《人民检察院刑事诉讼规则》第575条的规定，负责捕诉的部门依法对侦查和审判阶段的羁押必要性进行审查。《人民检察院、公安机关羁押必要性审查、评估工作规定》第4条规定，人民检察院依法开展羁押必要性审查，由捕诉部门负责。负责刑事执行、控告申诉、案件管理、检察技术的部门应当予以配合。公安机关对羁押的必要性进行评估，由办案部门负责，法制部门统一审核。犯罪嫌疑人、被告人在异地羁押的，羁押地人民检察院、公安机关应当予以配合。

（2）羁押必要性审查的启动时间。《刑事诉讼法》第95条规定，犯罪嫌疑人、被告人被逮捕后，人民检察院仍应当对羁押的必要性进行审查。即在犯罪嫌疑人、被告人被逮捕直至被法院判决前的整个刑事诉讼过程中，人民检察院都应当对犯罪嫌疑人、被告人进行羁押必要性审查，贯穿侦查、审查起诉、审判全过程。

（3）羁押必要性审查的方式。《人民检察院刑事诉讼规则》第577条和《人民检察院、公安机关羁押必要性审查、评估工作规定》第13条规定了开展羁押必要性审查工作的方式。开展羁押必要性审查、评估工作，可以采取以下方式：审查犯罪嫌疑人、被告人不需要继续羁押的理由和证明材料；听取犯罪嫌疑人、被告人及其法定代理人、近亲属或者辩护人、值班律师意见；听取被害人及其法定代理人、诉讼代理人、近亲属或者其他有关人员的意见，了解和解、谅解、赔偿情况；听取公安机关、人民法院意见，必要时查阅、复制原案卷宗中有关证据材料；调查核实犯罪嫌疑人、被告人身体健康状况；向看守所调取有关犯罪嫌疑人、被告人羁押期间表现的材料；进行羁押必要性审查、评估需要采取的其他方式。听取意见情况应当制作笔录，与书面意见、调查核实获取的其他证据材料等一并附卷。

根据《人民检察院、公安机关羁押必要性审查、评估工作规定》第14条、第15条的规定，审查、评估犯罪嫌疑人、被告人是否有继续羁押的必要性，可以采取自行或者委托社会调查、开展量化评估等方式，调查评估情况作为作出审查、评估决定的参考。犯罪嫌疑人、被告人是未成年人的，经本人及其法定代理人同意，可以对未成年犯罪嫌疑人、被告人进行心理测评。公安机关应当主动或者按照人民检察院要求收集、固定犯罪嫌疑人、被告人是否具有社会危险性的证据。

人民检察院开展羁押必要性审查，可以按照《人民检察院羁押听证办法》组织听证。

（4）羁押必要性审查的内容。根据《人民检察院刑事诉讼规则》第578条、《人民检察院、公安机关羁押必要性审查、评估工作规定》第12条的规定，开展羁押必要性审查、评估工作，应当全面审查、评估犯罪嫌疑人、被告人涉嫌犯罪事实、主观恶性、悔罪表现、案件进展情况、可能判处的刑罚、身体状况、有无社会危险性和继续羁押必要等因素。具体包括以下内容：犯罪嫌疑人、被告人基本情况，涉嫌罪名、犯罪性质、情节，可能判处的刑罚；案件所处诉讼阶段，侦查取证进展情况，犯罪事实是否基本查清，证据是否收集固定，犯罪嫌疑人、被告人认罪情况，供述是否稳定；犯罪嫌疑人、被告人是否有前科劣迹、累犯等从严处理情节；犯罪嫌疑人、被告人到案方式，是否被通缉到案，或者是否因违反取保候审、监视居住规定而被逮捕；是否有不在案的共犯，是否存在串供可能；犯罪嫌疑人、被告人是否有认罪认罚、自首、坦白、立功、积极退赃、获得谅解、与被害方达成和解协议、积极履行赔偿义务或者提供担保等从宽处理情节；犯罪嫌疑人、被告人身体健康状况；犯罪嫌疑人、被告人在押期间的表现情况；犯罪嫌疑人、被告人是否具备采取取保候审、监视居住措施的条件；对犯罪嫌疑人、被告人的羁押是否符合法律规定，是否即将超过依法可能判处的刑期；犯罪嫌疑人、被告人是否存在可能作撤销案件、不起诉处理、被判处拘役、管制、独立适用附加刑、宣告缓刑、免予刑事处罚或者判决无罪的情形；与羁押必要性审查、评估有关的其他内容。犯罪嫌疑人、被告人系未成年人的，应当重点审查其成长经历、犯罪原因以及有无监护或者社会帮教条件。

上述内容可以归纳为证据条件、刑罚条件、比例原则、社会危险性条件、羁押期限届满等几方面。证据条件和刑罚条件是前提条件，开展羁押必要性审查时需要首先考虑；比例原则是指，若继续羁押犯罪嫌疑人或者被告人，羁押期限将要超过依照《刑法》规定可能要判处的刑期的，就要考虑及时变更强制措施，以免出现羁押期限超过所判刑期的情况；社会危险性条件是羁押必要性审查的核心条件、最应侧重的条件，犯罪嫌疑人、被告人不再具有社会危险性是羁押必要性审查最重要的考量指标；羁押期限届满，本就应当变更强制措施，该条件最容易审查。[①]经过审查后，人民检察院应当再结合犯罪嫌疑人、被告人涉嫌的犯罪事实、主观恶性、悔罪表现、身体状况、案件进展情况等因素，综合评估有无必要继续羁押犯罪嫌疑人、被告人。

3. 羁押必要性审查的处理结果

根据《人民检察院、公安机关羁押必要性审查、评估工作规定》第19条至第21条的规定，人民检察院在侦查阶段、审判阶段收到羁押必要性审查申请或者建议的，应当在10日以内决定是否向公安机关、人民法院提出释放或者变更的建议。人民检察院在审查起诉阶段、公安机关在侦查阶段收到变更申请的，应当在3日以内作出决定。审查过程中涉及病情鉴定等专业知识，需要委托鉴定，指派、聘请有专门知识的人就案件的专门性问题出具报告，或者委托技术部门进行技术性证据审查，以及组织开展听证审查的期间，不计入羁押必要性审查期限。人民检察院开展羁押必要性审查，应当规范制作羁押必要性审查报告，写明犯罪嫌疑人、被告人基本情况、诉讼阶段、简要案情、审查情况和审查意见，并在检察业务应用系统相关捕诉案件中准确填录相关信息。审查起诉阶段，人民检察院依职权启动羁押必要性审查后认为有继续羁押必要的，可以在审查起诉案件审查报告中载明羁押必要性审查相关内容，不再单独制作羁押必要性审查报告。公安机关开展羁押必要性评估，应当由办案部门制作羁押必要性评估报告，提出是否具有羁押必要性的意见，送法制部门审核。人民检察院经审查认为需要对犯罪嫌疑人、被告人予以释放或者变更强制措施的，在侦查和审判阶段，应当规范制作羁押必要性审查建议书，说明不需要继续羁押犯罪嫌疑人、被告人的理由和法律依据，及时送达公安机关或者人民法院。在审查起诉阶段的，应当制作决定释放通知书、取保候审决定书或者监视居住决定书，交由公安机关执行。侦查阶段，公安机关认为需要对犯罪嫌疑人释放或者变更强制措施的，应当制作释放通知书、取保候审决定书或者监视居住决定书，同时将处理情况通知原批准逮捕的人民检察院。根据《人民检察院刑事诉

① 参见孙谦：《司法改革背景下逮捕的若干问题研究》，载《中国法学》2017年第3期。

讼规则》第582条、《人民检察院、公安机关羁押必要性审查、评估工作规定》第23条的规定，对于依申请或者看守所建议开展羁押必要性审查的，人民检察院办结后，应当制作羁押必要性审查结果通知书，将提出建议情况和公安机关、人民法院处理情况，或者有继续羁押必要的审查意见和理由及时书面告知申请人或者看守所。公安机关依申请对继续羁押的必要性进行评估后，认为有继续羁押的必要，不同意变更强制措施的，应当书面告知申请人并说明理由。

可见，检察机关在进行羁押必要性审查后，有两种处理结果：第一种是经过审查认为有继续羁押必要的，直接决定结案；对于依申请启动审查或依建议启动审查的，应当书面通知申请人或者看守所并说明理由；第二种是经审查认为不需要继续羁押的，应当建议公安机关或者人民法院释放犯罪嫌疑人、被告人或者变更强制措施。在审查起诉阶段，负责捕诉的部门经审查认为不需要继续羁押的，应当直接释放犯罪嫌疑人或者变更强制措施。人民检察院向办案机关发出释放或者变更强制措施建议书的，应当说明不需要继续羁押犯罪嫌疑人、被告人的理由和法律依据，并要求办案机关在10日以内回复处理情况。

4. 对羁押必要性审查的监督

根据《人民检察院刑事诉讼规则》第581条第2款，《人民检察院、公安机关羁押必要性审查、评估工作规定》第22条、第24条的规定，人民检察院向公安机关、人民法院发出羁押必要性审查建议书后，应当跟踪公安机关、人民法院处理情况。公安机关、人民法院应当在收到建议书10日以内将处理情况通知人民检察院。认为需要继续羁押的，应当说明理由。公安机关、人民法院未在10日以内将处理情况通知人民检察院的，人民检察院应当依法提出监督纠正意见。经审查、评估后犯罪嫌疑人、被告人被变更强制措施的，公安机关应当加强对变更后被取保候审、监视居住人的监督管理；人民检察院应当加强对取保候审、监视居住执行情况的监督。侦查阶段发现犯罪嫌疑人严重违反取保候审、监视居住规定，需要予以逮捕的，公安机关应当依照法定程序重新提请批准逮捕，人民检察院应当依法作出批准逮捕的决定。审查起诉阶段发现的，人民检察院应当依法决定逮捕。审判阶段发现的，人民检察院应当向人民法院提出决定逮捕的建议。根据《人民检察院刑事诉讼规则》第 615 条的规定，人民检察院发现看守所的羁押期限管理活动具有下列情形之一的，应当依法提出纠正意见：……犯罪嫌疑人、被告人被超期羁押后，没有立即书面报告人民检察院并通知办案机关的；收到犯罪嫌疑人、被告人及其法定代理人、近亲属或者辩护人提出的变更强制措施、羁押必要性审查、羁押期限届满要求释放或者变更强制措施的申请、申诉、控告后，没有及时转送有关办案机关或者人民检察院的……

（二）羁押必要性审查的适用情形

1. 适用释放或者变更强制措施的情形

根据《人民检察院刑事诉讼规则》第 578 条、《人民检察院、公安机关羁押必要性审查、评估工作规定》第 14 条的规定，人民检察院应当根据犯罪嫌疑人、被告人涉嫌的犯罪事实、主观恶性、悔罪表现、身体状况、案件进展情况、可能判处的刑罚和有无再危害社会的危险等因素，综合评估有无必要继续羁押犯罪嫌疑人、被告人。评估可以采取自行或者委托社会调查、开展量化评估等方式，调查评估情况作为作出审查、评估决定的参考。犯罪嫌疑人、被告人是未成年人的，经本人及其法定代理人同意，可以对未成年犯罪嫌疑人、被告人进行心理测评。公安机关应当主动或者按照人民检察院要求收集、固定犯罪嫌疑人、被告人是否具有社会危险性的证据。

（1）刚性适用情形。人民检察院在对犯罪嫌疑人、被告人开展羁押必要性审查时，发现犯罪嫌疑人、被告人符合法律、法规或者其他意见规定的应当或者必须释放、变更强制措施的情形，则属于刚性适用情形。

一是羁押期限内不能办结的案件，应当对犯罪嫌疑人、被告人释放或者变更强制措施的情形。根据《刑事诉讼法》第 98 条的规定，犯罪嫌疑人、被告人被羁押的案件，不能在刑事诉讼法规定的侦查羁押、审查起诉、一审、二审期限内办结的，对犯罪嫌疑人、被告人应当予以释放；需要继续侦查、审理的，对犯罪嫌疑人、被告人可以取保候审或者监视居住。

二是逮捕强制措施超期，应当对被逮捕的犯罪嫌疑人、被告人释放或者变更强制措施的情形。根据《刑事诉讼法》第 99 条的规定，人民法院、人民检察院或者公安机关对被采取强制措施法定期限届满的犯罪嫌疑人、被告人，应当予以释放、解除取保候审、监视居住或者依法变更强制措施。犯罪嫌疑人、被告人及其法定代理人、近亲属或者辩护人对于人民法院、人民检察院或者公安机关采取强制措施法定期限届满的，有权要求解除强制措施。因此，当犯罪嫌疑人、被告人被逮捕的羁押期限届满后，人民检察院依职权或者依犯罪嫌疑人、被告人一方的申请抑或看守所的建议，对犯罪嫌疑人、被告人进行羁押必要性审查后，都要作出释放或者变更强制措施的决定。

三是符合《人民检察院刑事诉讼规则》第 579 条规定的四种情形、《人民检察院、公安机关羁押必要性审查、评估工作规定》第 16 条规定的五种情形，应当对被逮捕的犯罪嫌疑人、被告人释放或者变更强制措施。即人民检察院审查后发现犯罪嫌疑人、被告人具有下列情形之一的，应当向公安机关、人民法院提出释放或者变更强制措施建议，审查起诉阶段的，应当及时决定释放或者变更强制措施：案件证据发生重大变化，没有证据证明有犯罪事实或者犯罪行为系犯罪嫌疑人、被告人所为的；案件事实、情节或者法律、司法解释发生变化，犯罪嫌疑人、被告人可能被判处拘役、管制、独立适用附加刑、免予刑事处罚或者判决无罪的；继续羁押犯罪嫌疑人、被告人，羁押期限将超过依法可能判处的刑期的；案件事实基本查清，证据已经收集固定，符合取保候审或者监视居住条件的；其他对犯罪嫌疑人、被告人采取羁押强制措施不当，应当及时释放或者变更的。公安机关评估后发现符合上述情形的，应当及时决定释放或者变更强制措施。

（2）弹性适用情形。检察人员在开展羁押必要性审查工作时，发现犯罪嫌疑人、被告人认罪态度较好，具有悔罪表现，不予羁押不致发生社会危险性，认为没有继续羁押必要的，可以根据案件具体情况和犯罪嫌疑人、被告人自身情况，在综合衡量后自由裁量是否对犯罪嫌疑人、被告人作出予以释放或者变更强制措施的决定或者建议，这便属于弹性适用情形。

根据《人民检察院刑事诉讼规则》第 270 条、第 580 条的规定及《人民检察院、公安机关羁押必要性审查、评估工作规定》第 17 条的规定，人民检察院审查后发现犯罪嫌疑人、被告人具有下列情形之一的，且具有悔罪表现，不予羁押不致发生社会危险性的，可以向公安机关、人民法院提出释放或者变更强制措施建议，审查起诉阶段的，可以决定释放或者变更强制措施：预备犯或者中止犯；主观恶性较小的初犯；共同犯罪中的从犯或者胁从犯；过失犯罪的；防卫过当或者避险过当的；认罪认罚的；与被害方依法自愿达成和解协议或者获得被害方谅解的；已经或者部分履行赔偿义务或者提供担保的；患有严重疾病、生活不能自理的；怀孕或者正在哺乳自己婴儿的妇女；系未成年人或者已满75周岁的人；系未成年人的唯一抚养人；系生活不能自理的人的唯一扶养人；可能被判处1年以下有期徒刑的；可能被宣告缓刑的；其他不予羁押不致发生社会危险性的情形。公安机关评估后发现符合上述情形的，可以决定释放或者变更强制措施。

2. 限制适用释放或者变更强制措施的情形

根据《人民检察院、公安机关羁押必要性审查、评估工作规定》第18条的规定，经审查、评估，发现犯罪嫌疑人、被告人具有下列情形之一的，一般不予释放或者变更强制措施：涉嫌危害国家安全犯罪、恐怖活动犯罪、黑社会性质组织犯罪、重大毒品犯罪或者其他严重危害社会的犯罪；涉嫌故意杀人、故意伤害致人重伤或死亡、强奸、抢劫、绑架、放火、爆炸、投放危险物质等严重侵犯公民人身财产权利、危害公共安全的严重暴力犯罪；涉嫌性侵未成年人的犯罪；涉嫌重大贪污、贿赂犯罪，或者利用职权实施的严重侵犯公民人身权利的犯罪；可能判处10年有期徒刑以上刑罚的；因违反取保候审、监视居住规定而被逮捕的；可能毁灭、伪造证据，干扰证人作证或者串供的；可能对被害人、举报人、控告人实施打击报复的；企图自杀或者逃跑的；其他社会危险性较大，不宜释放或者变更强制措施的。犯罪嫌疑人、被告人具有前款规定情形之一，但因患有严重疾病或者具有其他不适宜继续羁押的特殊情形，不予羁押不致发生社会危险性的，可以依法变更强制措施为监视居住、取保候审。

3. 羁押必要性审查适用中需要注意的问题

（1）合理适用赔偿保证金机制。对于存在具体被害人的刑事案件，犯罪嫌疑人具有赔偿的意愿和按法定标准或高于法定标准给予赔偿的能力，但由于被害方身份不明或诉求明显不合理、拒绝接受赔偿等原因而无法达成刑事和解的，经办案单位严格按法定程序审查认为适合收取赔偿保证金，犯罪嫌疑人缴纳赔偿保证金的，可以参照赔偿谅解和认罪悔罪的相关规定评估认定其社会危险性。

（2）构建完善的社会危险性评估体系，提高评估量化可操作性。社会危险性是判断犯罪嫌疑人、被告人是否具有羁押必要性的关键，主要是指犯罪嫌疑人、被告人有无再犯罪的可能和妨碍刑事诉讼的风险。反映犯罪嫌疑人社会危险性的因素是多向的，既有正向增加其社会危险程度的因素，也有负向减少其社会危险程度的因素，还有中性的社会危险性因素。2015年最高人民检察院、公安部联合印发《关于逮捕社会危险性条件若干问题的规定（试行）》，规定中列举了多项正向增加社会危险性的因素，但未列举负向减少其社会危险性的因素，需进一步完善社会危险性评估体系。为此，最高人民检察院与中国人民大学诉讼制度与司法改革研究中心联合开展了“降低羁押率的有效路径与社会危险性量化评估”的课题研究，并在全国11个省（市）部署开展试点探索工作，课题研究和试点探索主要解决三个问题：一是对法律规定的社会危险性标准进行统一、规范。二是解决社会危险性证据收集审查不够全面问题。三是提升羁押必要性审查积极性、能动性。[①] 下一步，要健全羁押必要性审查适用中社会危险性评估体系，统一评估量化标准，将影响社会危险性评价的前科情况、作案手段、作案次数、退赔退赃情况、认罪认罚情况等相关因素以分值的形式予以量化，并明确各种因素在社会危险性评价体系中的比重，对整体情况量化评估，并结合可能判处的刑罚幅度，进而评估被羁押人的社会危险性程度，为羁押必要性审查提供数据支撑，提升审查过程和结果的科学性、精准性。

① 参见王渊：《社会危险性量化评估机制是一项综合系统工程》，载《检察日报》2023年4月24日。

六、文书样式及范例

（一）文书样式

羁押必要性审查建议书样式

××××人民检察院

羁押必要性审查建议书

××检××羁审建〔20××〕×号

________：

本院根据《中华人民共和国刑事诉讼法》第九十五条的规定，依法对逮捕后羁押于________看守所的犯罪嫌疑人/被告人________的羁押必要性进行了审查。经审查，本院认为不需要继续羁押犯罪嫌疑人/被告人________，理由是：……上述事实有以下证据予以证明：……

根据《中华人民共和国刑事诉讼法》第九十五条的规定，建议你____对犯罪嫌疑人/被告人________予以释放/变更强制措施。请你____将处理情况十日以内通知本院。未采纳本院建议的，请说明理由和依据。

20××年×月×日

（院印）

（二）文书范例

江苏省海安市人民检察院杨某某组织、领导传销活动案羁押必要性审查建议书

江苏省海安市人民检察院

羁押必要性审查建议书[*]

海检羁审建〔2023〕××号

海安市公安局：

本院根据《中华人民共和国刑事诉讼法》第九十五条的规定，依法对逮捕后羁押于南通市看守所的犯罪嫌疑人杨某某的羁押必要性进行了审查。经审查，本院认为不需要继续羁押犯罪嫌疑人杨某某，理由如下：

1. 案件办理前期，犯罪嫌疑人杨某某认罪态度不好，经司法机关释法说理、政策引导等教育，向其说明拒不认罪可能会带来的法律后果，杨某某认罪态度发生转变，承认其犯罪事实，并自愿认罪悔过。

2. 犯罪嫌疑人杨某某在被羁押期间，积极动员家属代为退出违法所得26万元，悔罪表现良好。

3. 犯罪嫌疑人杨某某在本案中所起到的作用较小，系从犯，符合缓刑适用条件。

4. 犯罪嫌疑人杨某某患有乳腺癌，其自愿认罪认罚，有稳定供述，采取取保候审无串供的危险性，变更强制措施可使其有良好的就医环境，有利于身体恢复。

根据《中华人民共和国刑事诉讼法》第九十五条的规定，建议你局对犯罪嫌疑人杨某某予以变更强制措施。请你局将处理情况十日以内通知我院。未采纳本院建议的，请说明理由和依据。

2023年10月31日

（院印）

---

* 此文书为羁押必要性审查建议书，收入时有删改。

专题十一

如何撰写不起诉决定书

一、基本概念

不起诉决定是指人民检察院通过审查起诉，认为案件缺乏诉讼条件或者处罚条件，或者认为没有起诉的必要，而依法作出的终止诉讼的司法处分。[①] 不起诉决定书是检察机关作出不起诉决定的书面载体，是检察机关经审查认为依法不应追究犯罪嫌疑人的刑事责任、不需要判处刑罚或免除刑罚的或者经退回补充侦查仍证据不足的，作出不将犯罪嫌疑人移送人民法院进行审判的决定时所制作的法律文书。检察机关不起诉决定书具有终止刑事诉讼程序，不追究被不起诉人刑事责任的法律效力。

根据《刑事诉讼法》和《人民检察院刑事诉讼规则》等相关规定，检察机关不起诉分为法定不起诉、酌定不起诉、存疑不起诉、针对未成年人犯罪的附条件不起诉以及最高人民检察院核准的不起诉五种类型。(1) 法定不起诉又称绝对不起诉，是指人民检察院对于侦查机关或者监察机关移送审查起诉的案件，发现犯罪嫌疑人没有犯罪事实，或者符合《刑事诉讼法》第 16 条规定的不追究刑事责任的情形之一，所作出的不起诉决定。法定不起诉是对入罪标准的评价，既有引领作用，也是对侦查活动的监督制约，有助于引导侦查机关准确区分罪与非罪。(2) 酌定不起诉又称相对不起诉，是指人民检察院认为犯罪嫌疑人的行为虽然构成犯罪，但情节轻微，依照刑法规定不需要判处刑罚或者免除刑罚的，所作出的不起诉决定。酌定不起诉是检察机关自由裁量权的体现，具有将刑事制度稳定性与刑事政策应变性融于一体的特性，具有其他刑事法律制度不可替代的程序性出罪功能。[②] (3) 存疑不起诉又称证据不足不起诉，是指人民检察院对于侦查机关补充侦查或者监察机关补充调查的案件，仍然认为事实不清、证据不足，不符合起诉条件的，所作出的不起诉决定。存疑不起诉是因为证据不足但仍有犯罪嫌疑人而作出的处理决定，依据《人民检察院刑事诉讼规则》第 369 条规定，人民检察院作出

---

① 参见陈国庆：《论适用不起诉的几个问题》，载《中国刑事法杂志》1998 年第 34 期。

② 参见黄京平：《论酌定不起诉的程序性出罪机能——以程序规范和实体规范的关系为重点》，载《苏州大学学报（哲学社会科学版）》2023 年第 2 期。

存疑不起诉的，在发现新的证据，符合起诉条件时，可以提起公诉。（4）附条件不起诉为2012年《刑事诉讼法》修改时增设的未成年人刑事案件诉讼程序中的特殊制度，即对未成年人涉嫌《刑法》分则第四章、第五章、第六章规定的犯罪，可能判处1年有期徒刑以下刑罚，符合起诉条件，但犯罪嫌疑人有悔罪表现，人民检察院可以作出附条件不起诉的决定。[①] 被附条件不起诉的未成年犯罪嫌疑人，在考验期内没有上述情形，考验期满的，人民检察院应当作出不起诉的决定。（5）最高人民检察院核准的不起诉是2018年《刑事诉讼法》修改新增的检察机关在特殊情形下不起诉，即犯罪嫌疑人自愿如实供述涉嫌犯罪的事实，有重大立功或者案件涉及国家重大利益的，经最高人民检察院核准，检察机关可以作出不起诉决定，也可以对涉嫌数罪中的一项或多项不起诉。

"不起诉权是公诉权的重要组成部分，在强化检察官客观公正义务、保障无罪的人不受刑事追究、贯彻宽严相济刑事政策、落实诉讼经济原则等方面发挥着重要作用。"[②] 随着以认罪认罚从宽制度等刑事司法改革的深入推进，检察机关不起诉裁量空间逐步延伸，与起诉法定主义的基本理念互补衔接，[③] 不起诉权逐渐成为检察机关提升社会治理能力的重要着力点。作为法律的守护人，秉于客观公正，依法作出不起诉决定，是检察机关在刑事诉讼活动发挥审前审查把关职责，履行法律监督职能的重要表现，对于保障无罪的人不受刑事追究防止冤错案，贯彻宽严相济刑事政策节约司法资源以及推进国家治理体系和治理能力的现代化，具有不可替代的意义。检察机关要高质效办好每一个案件，善于从纷繁复杂的法律事实中准确把握实质法律关系、要善于从具体法律条文中深刻领悟法治精神、善于在法理情的有机统一中实现公平正义，主动适应犯罪治理新形势，坚持制度规范价值引领，依法全面准确地理解和适用不起诉权。要将"用活用好不起诉权"和"防止不起诉权滥用"真正落到实处，强化证据裁判和证据审查意识，坚持疑罪从无，对于不符合起诉条件的案件坚决不诉，确

① 参见孙谦、陈国庆、万春、张建伟主编：《刑事检察业务总论》，中国检察出版社2022年版，第391页。

② 童建明：《论不起诉权的合理适用》，载《中国刑事法学杂志》2019年第4期。

③ 参见童建明：《论不起诉权的合理适用》，载《中国刑事法学杂志》2019年第4期。

保办案质效。

二、文书制作依据

（一）法律规定

1. 关于法定不起诉。《刑事诉讼法》第 16 条、第 177 条第 1 款规定了法定不起诉有七种类型。《刑事诉讼法》第 16 条规定，有下列情形之一的，不追究刑事责任，已经追究的，应当撤销案件，或者不起诉，或者终止审理，或者宣告无罪：发现犯罪嫌疑人没有犯罪事实的；情节显著轻微、危害不大，不认为是犯罪的；犯罪已过追诉时效期限的；经特赦令免除刑罚的；依照刑法告诉才处理的犯罪，没有告诉或者撤回告诉的；犯罪嫌疑人、被告人死亡的；其他法律规定免予追究刑事责任的。《刑事诉讼法》第 177 条第 1 款规定，犯罪嫌疑人没有犯罪事实，或者有本法第 16 条规定的情形之一的，人民检察院应当作出不起诉决定。

2. 关于酌定不起诉。《刑事诉讼法》第 177 条第 2 款规定，对于犯罪情节轻微，依照刑法规定不需要判处刑罚或者免除刑罚的，人民检察院可以作出不起诉决定。《刑法》相关规定，如第 10 条规定凡在中华人民共和国领域外犯罪，依法应当负刑事责任的，虽然经过外国审判，仍然可以依法追究，但是在外国已经受过刑罚处罚的，可以免除或者减轻处罚；第 19 条规定又聋又哑的人或者盲人犯罪，可以从轻、减轻或者免除处罚；第 20 条第 2 款规定正当防卫明显超过必要限度造成重大损害的，应当负刑事责任，但是应当减轻或者免除处罚；第 21 条第 2 款规定紧急避险超过必要限度造成不应有的损害的，应当负刑事责任，但是应当减轻或者免除处罚；第 22 条第 2 款规定对于预备犯，可以比照既遂犯从轻、减轻处罚或者免除处罚；第 24 条第 2 款规定对于中止犯，没有造成损害的，应当免除处罚；造成损害的，应当减轻处罚；第 28 条规定对于被胁迫参加犯罪的，应当按照他的犯罪情节减轻处罚或者免除处罚；第 67 条第 1 款规定犯罪以后自动投案，如实供述自己的罪行的，是自首。对于自首的犯罪分子，可以从轻或者减轻处罚。其中，犯罪较轻的，可以免除处罚；第 68 条规定犯罪分子有揭发他人犯罪行为，查证属实的，或者提供重要线索，从而得以侦破其他案件等立功表现的，可以从轻或者减轻处罚；有重大立功表现的，可以减轻或者免除处罚。

3. 关于存疑不起诉。《刑事诉讼法》第175条第4款规定，对于二次补充侦查的案件，人民检察院仍然认为证据不足，不符合起诉条件的，应当作出不起诉决定。

4. 关于附条件不起诉。《刑事诉讼法》第282条至第284条中对附条件不起诉制度的适用、异议程序以及监督考察程序等方面作了规定。如第282条第1款规定，对于未成年人涉嫌刑法分则第四章、第五章、第六章规定的犯罪，可能判处1年有期徒刑以下刑罚，符合起诉条件，但有悔罪表现的，人民检察院可以作出附条件不起诉的决定。人民检察院在作出附条件不起诉的决定以前，应当听取公安机关、被害人的意见。

5. 关于最高人民检察院核准的不起诉。《刑事诉讼法》第182条第1款规定，犯罪嫌疑人自愿如实供述涉嫌犯罪的事实，有重大立功或者案件涉及国家重大利益的，经最高人民检察院核准，公安机关可以撤销案件，人民检察院可以作出不起诉决定，也可以对涉嫌数罪中的一项或多项不起诉。

（二）司法解释及相关文件规定

1. 关于法定不起诉。《人民检察院刑事诉讼规则》第365条第1款规定，人民检察院对于监察机关或者侦查机关移送起诉的案件，发现犯罪嫌疑人没有犯罪事实，或者符合《刑事诉讼法》第16条规定的情形之一的，经检察长批准，应当作出不起诉决定。

2. 关于酌定不起诉。《人民检察院刑事诉讼规则》第370条规定，人民检察院对于犯罪情节轻微，依照刑法规定不需要判处刑罚或者免除刑罚的，经检察长批准，可以作出不起诉决定。2007年1月，最高人民检察院《关于在检察工作中贯彻宽严相济刑事司法政策的若干意见》第8条规定，在审查起诉工作中，严格依法掌握起诉条件，充分考虑起诉的必要性，可诉可不诉的不诉。2007年6月，最高人民检察院《人民检察院办理不起诉案件质量标准（试行）》将酌定不起诉的范围进行了细化，通过列举的方式规定了五种酌定不起诉情形。主要包括：（1）未成年犯罪嫌疑人、老年犯罪嫌疑人，主观恶性较小、社会危害不大的；（2）因亲友、邻里及同学同事之间纠纷引发的轻微犯罪中的犯罪嫌疑人，认罪悔过、赔礼道歉、积极赔偿损失并得到被害人谅解或者双方达成和解并切实履行，社会危害不大的；（3）初次实施轻微犯罪的犯罪嫌疑人，主观恶性较小的；（4）因生活无着偶然实施盗窃等轻微犯罪的犯罪嫌疑人，人身危险性不大的；（5）群体性事件引起的刑事犯罪中的犯罪嫌疑人，属于一般参与者的。2019 年 10 月，最高人民法院、最高人民检察院、公安部、国家安全部、司法部《关于适用认罪认罚从宽制度的指导意见》第 30 条规定，完善起诉裁量权，充分发挥不起诉的审前分流和过滤作用，逐步扩大相对不起诉在认罪认罚案件中的适用。

3. 关于存疑不起诉。《人民检察院刑事诉讼规则》第 367 条规定，人民检察院对于二次退回补充调查或者补充侦查的案件，仍然认为证据不足，不符合起诉条件的，经检察长批准，依法作出不起诉决定。人民检察院对于经过一次退回补充调查或者补充侦查的案件，认为证据不足，不符合起诉条件，且没有再次退回补充调查或者补充侦查必要的，经检察长批准，可以作出不起诉决定。《人民检察院刑事诉讼规则》第 368 条规定了 5 种证据不足，不符合起诉条件，从而应当作出不起诉决定的情形。主要包括：（1）犯罪构成要件事实缺乏必要的证据予以证明的；（2）据以定罪的证据存在疑问，无法查证属实的；（3）据以定罪的证据之间、证据与案件事实之间的矛盾不能合理排除的；（4）根据证据得出的结论具有其他可能性，不能排除合理怀疑的；（5）根据证据认定案件事实不符合逻辑和经验法则，得出的结论明显不符合常理的。

4. 关于附条件不起诉。《人民检察院刑事诉讼规则》第 469 条至第 480 条对附条件不起诉制度适用条件、适用程序和监督考察措施作了详细的规定。2013 年 12 月，最高人民检察院发布的《人民检察院办理未成年人刑事案件的规定》针对附条件不起诉作了专章规定。如第 29 条规定，对于犯罪时已满 14 周岁不满 18 周岁的未成年人，同时符合下列条件的，人民检察院可以作出附条件不起诉决定：（1）涉嫌刑法分则第四章、第五章、第六章规定的犯罪；（2）根据具体犯罪事实、情节，可能被判处 1 年有期徒刑以下刑罚；（3）犯罪事实清楚，证据确实、充分，符合起诉条件；（4）具有悔罪表现。2017 年 3 月，最高人民检察院《未成年人刑事检察工作指引（试行）》第 190 条规定，人民检察院决定附条件不起诉的案件，应当制作附条件不起诉决定书，并在 3 日内送达公安机关、被害人或者其近亲属及其诉讼代理人、未成年犯罪嫌疑人及其法定代理人、辩护人。

5. 关于最高人民检察院核准的不起诉。《人民检察院刑事诉讼规则》第 279 条规定，犯罪嫌疑人自愿如实供述涉嫌犯罪的事实，有重大立功或者案件涉及国家重大利益的，经最高人民检察院核准，公安机关可以撤销案件，人民检察院可以作出不起诉决定，也可以对涉嫌数罪中的一项或者多项不起诉。前款规定的不起诉，应当由检察长决定。决定不起诉的，人民检察院应当及时对查封、扣押、冻结的财物及其孳息作出处理。

三、文书结构

（一）法定不起诉决定书

根据《人民检察院刑事诉讼法律文书格式样本（2020 版）》规定，法定不起诉决定书主要分为首部、正文、尾部三个部分。

1. 首部。此部分包括制作文书的人民检察院名称、文书名称和文书编号。文书名称为“××××人民检察院不起诉决定书”，文号为××检××刑不诉〔20××〕×号。

2. 正文。正文部分在形式上包括六大方面：（1）被不起诉人基本情况。被不起诉人的基本情况按文书中所列项目顺序叙明。如系被不起诉单位，则应写明名称、住所地，并以被不起诉单位代替不起诉书格式中的“被不起诉人”。（2）辩护人基本情况。此部分包括辩护人姓名、单位。如系法律援助律师，应当写明指派的法律援助机构名称等。（3）案由和案件来源。“案由”是指移送起诉时或者侦查终结时认定的行为性质，而不是负责捕诉的部门认定的行为性质。“案件来源”包括监察、公安、国家安全机关移送、本院侦查终结、其他人民检察院移送等情况。同时写明移送起诉的时间和退回补充调查/侦查的情况，包括退回补充侦查日期、次数和再次移送日期，写明本院受理日期。（4）案件事实情况。如果是根据《刑事诉讼法》第16条第1项即监察/侦查机关移送起诉认为行为构成犯罪，经检察机关审查后认定行为情节显著轻微、危害不大，不认为是犯罪而决定不起诉的，则不起诉决定书应当先概述监察/侦查机关移送起诉意见书认定的犯罪事实。如果是检察机关的自侦案件，则这部分不写。然后叙写检察机关审查认定的事实及证据，重点反映显著轻微的情节和危害程度较小的结果。如果是行为已构成犯罪，本应当追究刑事责任，但审查过程中有《刑事诉讼法》第16条第2至6项法定不追究刑事责任的情形，因而决定不起诉的，应当重点叙明符合法定不追究刑事责任的事实和证据，充分反映出法律规定的内容。如果是根据《刑事诉讼法》第177条第1款中的没有犯罪事实而决定不起诉的，应当重点叙明不存在犯罪事实或者犯罪事实并非被不起诉人所为。（5）不起诉理由、法律依据和决定事项部分，本部分是正文部分题眼，尤为重要，也是区分其他不起诉决定的关键，法定不起诉引用条款为"《中华人民共和国刑事诉讼法》第十六条第（一）项和第一百七十七条第一款的规定"。同时在制作这部分时应当注意所引用的法律应当引全称，引用的法律条款要用汉字将条、款、项引全。（6）告知事项。包括被不起诉人享有申诉权，被害人享有申诉权及起诉权等。

3. 尾部。包括落款和具文日期，其中具文日期为不起诉决定书签发日期。

注意事项，不起诉决定书以人为单位制作，不起诉决定书应当有正本、副本之分，其中正本归入正卷，副本送被不起诉人、辩护人及其所在单位、被害人或者其近亲属及其诉讼代理人、监察/侦查机关（部门）。

（二）酌定不起诉决定书

根据《人民检察院刑事诉讼法律文书格式样本（2020版）》规定，酌定不起诉决定书主要分为首部、正文、尾部三个部分。

1. 首部。此部分包括制作文书的人民检察院名称、文书名称和文书编号。文书名称为"××××人民检察院不起诉决定书"，文号为××检××刑不诉〔20××〕×号。

2. 正文。正文部分包括七个方面：（1）被不起诉人基本情况。（2）辩护人基本情况。（3）案由和案件来源。前三个方面同法定不起诉决定书结构要求，不再赘述。（4）案件事实部分。应当概括叙写案件事实，其重点内容是有关被不起诉人具有的法定情节和检察机关酌情作出不起诉决定的具体理由的事实。要将检察机关审查后认定的事实和证据写清楚，不必叙写调查/侦查机关移送审查时认定的事实和证据。对于证据不足的事实，不能写入不起诉决定书中。在事实部分中表述犯罪情节时应当以犯罪构成要件为标准，还要将体现其情节轻微的事实及符合不起诉条件的特征叙述清楚。叙述事实之后，应当将证明“犯罪情节”的各项证据一一列举，以阐明犯罪情节如何轻微。（5）不起诉理由、法律依据和决定事项部分。一是要写明被不起诉人行为触犯的刑法分则具体条款，即认定罪名；二是写明被不起诉人具有的能够认定其犯罪情节轻微的法定、酌定从宽处罚情节；三是注意酌定不起诉引用法律条款为“《中华人民共和国刑事诉讼法》第一百七十七条第二款的规定”，注意所引用的法律应当引全称，引用的法律条款要用汉字将条、款、项引全。（6）涉案款物处理部分。作出酌定不起诉决定应当对被采取查封、扣押、冻结等强制措施的涉案款物进行依法处理。（7）告知事项部分。包括被不起诉人享有申诉权，被害人享有申诉权及起诉权等。

3. 尾部。包括落款和具文日期，其中具文日期为不起诉决定书签发日期。

注意事项，不起诉决定书以人为单位制作，不起诉决定书应当有正本、副本之分，其中正本归入正卷，副本送被不起诉人、辩护人及其所在单位、被害人或者其近亲属及其诉讼代理人、监察/侦查机关（部门）。

（三）存疑不起诉决定书

根据《人民检察院刑事诉讼法律文书格式样本（2020版）》规定，存疑不起诉决定书同样分为首部、正文、尾部三个部分。

1. 首部。此部分包括制作文书的人民检察院名称、文书名称和文书编号。文书名称为“××××人民检察院不起诉决定书”，文号为××检××刑不诉〔20××〕×号。

2. 正文。正文部分在形式上包括七个方面，其中被不起诉人基本情况、辩护人基本情况、案由和案件来源，三个方面同法定不起诉决定书结构要求，不再赘述。关于案件事实部分。概括叙述监察/侦查机关认定的事实，经本院审查并退回补充调查/侦查，本院仍然认为×××（监察/侦查机关名称）认定的犯罪事实不清、证据不足或本案证据不足，应当概括写明事实不清、证据不足的具体情况，不符合起诉条件；如系检察机关直接受理案件，则写为：本案经本院侦查终结后，在审查起诉期间，经两次补充侦查，本院仍认为本案证据不足，不符合起诉条件。关于不起诉理由、法律依据和决定事项部分。表述为“依照《中华人民共和国刑事诉讼法》第一百七十五条第四款的规定，决定对×××（被不起诉人的姓名）不起诉”。此处，注意所引用的法律应当引全称，引用的法律条款要用汉字将条、款、项引全。关于涉案款物处理部分。同酌定不起诉决定。关于告知事项部分。即被害人享有申诉权及起诉权。

3. 尾部。包括落款和具文日期，其中具文日期为不起诉决定书签发日期。其他注意事项同酌定不起诉决定书要求。

（四）附条件不起诉决定书

根据《人民检察院刑事诉讼法律文书格式样本（2020版）》规定，附条件不起诉决定书分为首部、正文、尾部三个部分。

1. 首部。此部分包括制作文书的人民检察院名称、文书名称和文书编号。文书名称为“××××人民检察院附条件不起诉决定书”，文号为××检未附不诉〔20××〕××号。

2. 正文。正文部分在形式上包括八个方面：（1）犯罪嫌疑人基本情况。包括姓名、曾用名、与案情有关的别名、化名、绰号、性别、出生年月日、公民身份号码、民族、文化程度、职业或者工作单位及职务、出生地、户籍所在地、住址以及是否受过刑事处罚和被采取强制措施的情况。需要注意，此处表述为犯罪嫌疑人，而非被不起诉人。本部分内容需详实，以保证文书适用对象准确无误。（2）法定代理人和辩护人基本情况。法定代理人部分包括姓名、与犯罪嫌疑人的关系、住址等。辩护人基本情况应写明辩护人姓名、××律师事务所律师，如系法律援助律师的，应注明指派的法律援助中心。不是律师的写单位、职务或职业。（3）案由和案件来源部分，本部分格式样本规定写法是“本案由×××（侦查机关）侦查终结，以犯罪嫌疑人×××涉嫌××（案由）罪，于×年×月×日向本院移送审查起诉”。在此之后，格式样本在括号中说明，“如果案件是其他人民检察院移送的，此处应将指定管辖、移送单位以及移送时间等写清楚”。（4）审查过程部分。此处格式样本为“本院受理后，于×年×月×日已告知犯罪嫌疑人及其法定代理人有权委托辩护人，×年×月×日已告知被害人及其法定代理人（近亲属）有权委托诉讼代理人；为犯罪嫌疑人×××落实了法律援助；对其进行了社会调查（或委托×××单位进行了社会调查）；依法讯问了犯罪嫌疑人，其法定代理人（合适成年人）到场；并就是否适用附条件不起诉听取了侦查机关、被害人及其法定代理人、未成年犯罪嫌疑人及其法定代理人、辩护人的意见，未成年犯罪嫌疑人及其法定代理人对适用附条件不起诉无异议。经审查，于×年×月×日（一次退查日期、二次退查日期）退回补充侦查，侦查机关于×年×月×日补充侦查完毕，移送本院审查起诉。本院于×年×月×日（一次延长日期、二次延长日期、三次延长日期）延长审查起诉期限（×次）（各）十五日”。上述内容中告知权利义务程序、委托辩护人、通知法定代理人或合适成年人到场、社会调查、听取意见等内容为办理未成年人案件及附条件不起诉必经程序，至于退回补充侦查、延长审查起诉期限等程序视案件办理实际情况填写。（5）审查认定事实及证据情况部分。审查认定事实方面要概括叙写案件事实，将检察机关审查后认定的事实写清楚，不必叙写侦查机关移送审查起诉时认定的事实，重点叙写犯罪嫌疑人符合附条件不起诉法定条件的事实尤其是其悔罪表现及监管帮教条件；认定事实证据方面要将证明犯罪嫌疑人符合附条件不起诉法定条件的证据，按照证据种类写明具体名称并概述其证明内容，与认定的事实相对应，确保全部事实均有充分的证据证实。（6）社会调查情况。格式样本规定写法为“根据《中华人民共和国刑事诉讼法》第二百七十九条，本院（委托×××）对犯罪嫌疑人×××进行了社会调查，经调查查明：……（叙写经社会调查查明的事实）”。（7）附条件不起诉理由、法律依据、决定事项。此部分格式样本规定写法为“本院认为，犯罪嫌疑人×××实施了《中华人民共和国刑法》第×条规定的行为，但具有……等情节（写明法定和酌定量刑情节），可能判处一年有期徒刑以下刑罚，符合起诉条件，并具有悔罪表现。根据《中华人民共和国刑事诉讼法》第二百八十二条第一款的规定，决定对×××（犯罪嫌疑人的姓名）附条件不起诉。考验期为×个月，从××年×月×日至××年×月×日止。考验期内，犯罪嫌疑人×××应当遵守《中华人民共和国刑事诉讼法》第二百八十三条第三款的规定：（一）遵守法律法规，服从监督；（二）按照考察机关的规定（报告的时间，方式）报告自己的活动情况；（三）离开所居住的市、县或者迁居，应当报经考察机关批准；（四）按照考察机关的要求接受矫治教育”。（8）告知事项。告知事项部分规定了三项内容，第一项是撤销附条件不起诉决定，提起公诉或者作出不起诉决定的情形；第二项是犯罪嫌疑人及其法定代理人异议权和提出异议后检察机关的处理；第三项是被害人有向上一级检察机关提出申诉，请求提起公诉的权利及时间要求。①

3. 尾部。文书的具文日期为附条件不起诉决定书签发日期，无需落款。

注意事项有二，一是本文书应当向有犯罪嫌疑的未成年犯罪嫌疑人及其法定代理人宣布，同时，宣读并责令其遵守《中华人民共和国刑事诉讼法》第283条第3款的规定，告知其违反规定应负的法律责任。二是文书以人为单位制作，分为正本、副本，其中正本一份归入正卷，一份发送犯罪嫌疑人，其他副本分别送达未成年犯罪嫌疑人的法定代理人、辩护人、侦查机关、被害人或者其近亲属及其诉讼代理人。

（五）最高人民检察院核准的不起诉决定书

根据《人民检察院刑事诉讼法律文书格式样本（2020版）》规定，最高人民检察院核准不起诉决定书分为首部、正文、尾部三个部分。

1. 首部。此部分包括制作文书的人民检察院名称、文书名称和文书

---

① 参见张寒玉、王英：《附条件不起诉决定书的制作》，载《人民检察》2021年第18期。

编号。文书名称为“×××××人民检察院不起诉决定书”，文号为××检××刑不诉〔20××〕×号。

2. 正文。正文部分在形式上包括六个方面。(1) 被不起诉人基本情况。写明姓名、性别、出生年月日、公民身份号码、民族、文化程度、职业或工作单位及职务（国家机关工作人员利用职权实施的犯罪，应当写明犯罪期间在何单位任何职）和户籍地、住址（被不起诉人住址写居住地，如果户籍所在地与暂住地不一致的，应当写明户籍所在地和暂住地），是否受过刑事处罚，采取强制措施的种类、时间、决定机关等。如系被不起诉单位，则应写明名称、住所地等。(2) 辩护人基本情况，写明辩护人姓名、所在单位。(3) 案由和案件来源。格式样本规定写法为“本案由（侦查机关名称）侦查终结，以被不起诉人×××涉嫌××罪，于×年×月×日向本院移送起诉”，如果案件曾经退回补充侦查，应当写明退回补充侦查的日期、次数以及再次移送起诉时间。(4) 本院审查查明部分。概括叙写案件事实，并写明被不起诉人自愿如实供述涉嫌的犯罪事实，并具有重大立功等，有必要作不起诉处理的事实。要将检察机关审查后认定的事实和证据写清楚，不必叙写侦查机关移送审查时认定的事实和证据。对于证据不足的事实，不能写入不起诉决定书中。在事实部分中表述犯罪情节时应当以犯罪构成要件为标准，还要将体现其有必要作不起诉处理的因素叙述清楚。叙述事实之后，应当将证据一一列举。(5) 不起诉理由、法律依据和决定事项部分，表述为“本院认为，×××实施了《中华人民共和国刑法》第××条规定的行为，因自愿如实供述涉嫌犯罪的事实，并有重大立功（或案件涉及国家重大利益），经最高人民检察院核准，决定对（被不起诉人的姓名）不起诉”。此处需要注意所引用的法律应当引全称，引用的法律条款要用汉字将条、款、项引全。(6) 涉案款物处理部分，主要写明查封、扣押、冻结的涉案款物的处理情况。

3. 尾部。包括落款和具文日期。其中具文日期为不起诉决定书签发日期。文书入卷、送达等事项同酌定不起诉决定书要求。

四、文书制作要点

（一）总体原则

作为不起诉权实现基本载体的不起诉决定书，其质量高低对司法的公正性、事实认定的准确性和适用法律的正确性都会产生直接影响。实践中，不起诉决定书质量不一，往往存在文书不规范、叙述不清、内容过简或冗长、重点不突出、说理不足甚至错误等现象。例如，有的酌定不起诉决定书中查明事实部分重点不够突出、未按要求列明证据；有的存疑不起诉决定书机械使用“事实不清、证据不足”，没有展开说明事实如何不清、证据如何不足等等。《人民检察院刑事诉讼法律文书格式样本（2020版）》规定了不起诉决定书格式样本，对不起诉决定书基本要素作了规范。不起诉决定书作为重要法律文书之一，具有叙述与说理有机结合的要求。一份好的不起诉决定书，就是把审查查明的事实说清楚、讲明白，在此基础上结合国法、天理、人情得出不起诉决定的结论。叙述是基础，要客观，做到一针见血，重点突出；说理是关键，要结合查明事实说理，做到观点鲜明、论据充分、论证严密，逻辑清晰。可见，实现叙述和说理的有机结合，才能切实提高不起诉决定书质量。

1. 叙述性要求

叙述在不起诉决定书中主要是指对文书内容的取舍、排版及表达，通常要求做到要素完备、详略得当及表达清晰。

（1）关于要素完备。在形式上，不起诉决定书格式样本已经明确文书包含的要素内容，包括首部、正文和尾部三个部分。各部分内容在格式样本的制作说明中均有相应的介绍和要求，检察官在撰写时应根据案件情况逐一按照文书中所列内容及顺序叙明，不能遗漏或新增文书要素。如不能遗漏被不起诉人文化程度等基本信息情况、辩护人基本情况，不能新增被害人或同案犯基本情况等等；在内容上，不能简单理解只要点到文书所有要素即达到要素完备的要求，需实质性评价。如前所述，在存疑不起诉决定书中仅以“认定的犯罪事实不清、证据不足，不符合起诉条件”一句话理由决定不起诉，不能认为已经叙明或简单叙明不起诉理由。本质上，我们认为此问题属于遗漏要素情况。同样道理，如果在存疑不起诉决定书中没有按照要素要求“概括写明事实不清、证据不足的具体情况”或者所概括的情况不具体致不能说明为何事实不清、证据不足，视为遗漏要素。

（2）关于详略得当。文书格式样本及制作说明对此没有明确规定，实践中如何把握没有统一标准。总体而言，不起诉决定书内容叙述应立足能否将问题讲清楚、说明白的维度出发，让老百姓充分理解审查查明的情况、不起诉决定理由及法律依据等。进而言之，详略得当落脚点在叙述的“度”，要求重点突出，语言简洁、规范，避免冗长导致篇幅失衡、核心模糊。要以目的导向根据不同样本格式指引提炼案件要素信息，辩证把握要求，实现适用文书最终作不起诉决定的目的。对于事实及证据认定与侦查机关存在分歧之处，重点详述检察机关认定的不同内容，省略或简要叙述无争议之处。以酌定不起诉决定书为例，该文书适用于认定犯罪事实清楚，犯罪情节轻微，具有从轻、减轻或者免除刑事处罚情节的情形。故在审查查明部分不必重复叙写侦查机关移送审查时认定的事实和证据，应着重写清楚被不起诉人具有法定、酌定情节的事实，即能够体现情节轻微及符合不起诉条件特征的内容。对于是否构成犯罪的事实，虽不是重点，但情节轻微以构成犯罪为前提，应简要叙述。同时，在文书中应使用客观、中性的规范用语，尽量避免带有主观色彩的词语，如“窜至”“卖淫女”“抢劫”等等。

（3）关于表达清晰。表达清晰主要是指逻辑清楚、内容明了，既包括对叙写审查认定的事实及证据，又包括叙述与说理有机结合的分析。表达清晰是在详略得当基础上的要求。一般而言，文书详略不当，内容过分冗长或重点不突出，表达内容往往也会让人感到模糊，不明白文书究竟想要表达什么。我们认为，在大的方面，不起诉决定书样本格式从开头到结尾已经明确了框架及相关内容范畴，逻辑结构完整、明确。因此，从整体文书结构上看，检察官只要按照样本格式完成文书内容，要素完备，可以基本达到表达清晰的效果。在细节上，不起诉决定书中关于案件事实情况和不起诉理由部分，实践中往往出现表达不清的情况，需要特别注意。以叙写检察机关认定事实为例，有的文书照搬侦查机关起诉意见书内容，篇幅冗长；有的文书叙写内容要么过于简单，不得要领；要么表达意思啰唆重复，没有重点；还有的文书内容前后矛盾，逻辑不清；等等。一般而言，叙写事实部分是一个小记叙文，要具备时间、地点、人物、起因、经过、结果等六要素，说清楚发生什么事情。根据不起诉的性质及案件具体情况，其中的起因、经过和结果三要素叙写各有侧重。叙写不起诉理由部分要结合事实部分分析论证，根据案件具体情况，做到事与理的有机结合，最终得出不起诉结论。

2. 说理性要求

说理是不起诉决定书制作的难点，也是必然要求，重点体现在不起诉理由部分。实践中存在的主要问题有：一是忽略证据分析。人民检察院审查查明的事实是建立在证据相互印证、证据确实充分的基础上，每个事实环节，均要有相应的证据或证据组合一一证明。人民群众最关心的检察产品莫过于每一个实现了公平、公正的案件，而且是以看得清楚的方式得以呈现。证据分析就是这种看得清楚的呈现方式。严格意义上说，增强不起诉决定书的说理，只完善不起诉理由的论证是不够的，事实表述、证据分析是不起诉理由论证的基础。因此，无论何种类型的不起诉决定书，证据分析是极其重要的一环。值得注意的是，在不起诉类型中，因为案件关键证据存在矛盾或者缺失，所以只表述侦查机关认定的事实，不需要也不能表述检察机关经审查认定的事实。文书样本格式也只要求“应当概括写明事实不清、证据不足的具体情况”。对此有错误观点认为，既然是概括写明，就不需要分析。如前所举的例子，文书中仅以“认定的犯罪事实不清、证据不足，不符合起诉条件”一句话理由决定不起诉。实际上，这是对要求的误读。“概括”不是不分析，而是综合提炼。考虑存疑不起诉案件还需要侦查机关继续侦查，具有一定的保密性。为避免犯罪嫌疑人根据分析作伪证或毁灭证据，分析部分不需要就每一环节有哪些证据缺少逐一分析论证，但必须就宏观层面点到证据不足的具体情况，做到有理有据。二是释法说理不足。不起诉决定书的说理不仅仅是事实、证据、法律条文的简单罗列，更重要的是需找到事实与证据之间的关联点，并立足于事实和证据，准确适用法律条款，结合法律规定分析被起诉人的行为，说明不起诉理由与依据，为最终作出不起诉决定提供支撑。实践中，文书制作往往并不重视说理性要求。例如，有的不起诉决定书只是泛泛套用法律文书模板简单制作了事；有的仅简单援引法条，未作理由阐释。如对未成年人附条件不起诉案件，往往直接引用未成年人保护法等涉及刑事政策的规定作为不起诉理由，而不是从案情角度去阐释；有的即使说理，也是笼统地阐述，没有针对个性诉求说理；还有的释法说理甚至存在情绪化和随意性，透露出个人感情色彩，表现出非理性；等等。三是逻辑层次不清。如前所述，不起诉决定结论必须是在理由充分、法律依据准确的前提下作出的，在结论部分撰写时要更多地体现在作出酌定不起诉决定的整个逻辑推理过程，增强文书的说理性以及说服力。在事实和证据的基础上，再加上现有的法律规定，环环相扣，论点明确，论证充分，论证有力，法律依据和事实与证据相互呼应，做到逻辑严密。实践中，有的不起诉决定书在叙述事实及证据部分就已层次不清，造成论证部分逻辑混乱。有的叙述随意，没有严格按照样本中要求撰写，或详略不当、重点不突出，导致层次不清。有的理由与结论矛盾，如论证事实不清、证据不足，最后决定酌定不起诉等等。

在制作不起诉决定书过程中，应注意从以上叙述与说理两方面落实要求：一是阐明事实。要准确说明人民检察院认定的案件事实及相关证据，对证据的客观性、合法性和关联性进行必要分析，说明采信和不采信的理由。二是释明法理。要结合法律文书的具体内容和结论，对人民检察院所作决定依据的法律、司法解释条文的具体内容予以列明，解释法律适用的理由和依据。三是讲明情理。说理要注重法理情的有机结合，释之以法，晓之以理，动之以情，增强司法办案的人文关怀和社会效果。四是繁简适当。对于重大、疑难、复杂案件或者社会关注的案件，以及当事人或者相关机关可能产生异议的案件，应当做好充分的说理准备，必要时，可以召开检察官联席会议进行讨论。说理时要针对焦点问题，充分阐释决定的理由和依据。对于可以适用简易程序、速裁程序处理的案件和当事人达成和解的轻微刑事案件等事实清楚、争议不大的案件，可以简化说理的方式、内容。五是语言规范，表达准确，逻辑清晰，通俗易懂。

（二）具体要领

1. 首部、被不起诉人（犯罪嫌疑人、法定代理人）及其辩护人基本情况、案由和案件来源

（1）关于首部。不起诉决定书的首部由检察机关名称、文书名称和文书编号三部分组成。其中，检察机关名称应为全称，即要注明所在省（自治区、直辖市）名称，不能只写地区级市、县、区院名；如果是涉外案件，要冠以“中华人民共和国”字样。除附条件不起诉决定书文书编号是××检未附不诉〔20××〕×号外，其余四类不同的不起诉决定书文书编号均为××检××刑不诉〔20××〕×号。正常情况下，文书编号系统自动生成。

（2）关于被不起诉人基本情况。除附条件不起诉决定书外，其余类型的不起诉决定书以“被不起诉人”称谓。被不起诉人基本情况要按照样本格式中所列项目的要求依次叙明。具体而言，要依次写明姓名、性别、出生年月日、公民身份号码、民族、文化程度、职业或工作单位及职务（国家机关工作人员利用职权实施的犯罪，应当写明犯罪期间在何单位任何职）、户籍地、住址（被不起诉人住址写居住地，如果户籍所在地与暂住地不一致的，应当写明户籍所在地和暂住地），是否受过刑事处罚，采取强制措施的种类、时间、决定机关等。实践中，特别是在存疑不起诉的案件中，有的被不起诉人因无国籍人或不愿说真实姓名而无法查明真实身份的，姓名注明自称××。以上要素根据案件实际情况，并不一定每项都要求叙明。如自报姓名无法查实真实身份情况的，公民身份号码、户籍地等不用叙明。如果被不起诉人是初犯，不用叙明是否受过刑事处罚情况等等。文书其他内容相同情况均一样，先此叙明。此外，如系被不起诉单位，则应写明名称、住所地，并以被不起诉单位替代不起诉书格式中的“被不起诉人”。

（3）关于犯罪嫌疑人基本情况。“犯罪嫌疑人”称谓是在附条件不起诉决定书中使用。此部分依次写明姓名、曾用名、与案件有关的别名、化名、绰号、性别、出生年月日、公民身份号码、民族、文化程度、职业或工作单位及职务、出生地、户籍所在地、住址。作为适用附条件不

起诉依据的曾受刑事处罚、行政处罚的情况。涉嫌罪名、强制措施决定机关、何时由何执行机关执行何种强制措施，延长刑事拘留期限及延长、重新计算、中止侦查等羁押期限变化的情况等。

（4）关于法定代理人基本情况。此部分内容仅在附条件不起诉决定书中适用，依次叙明姓名、与犯罪嫌疑人的关系、住址。

（5）关于辩护人基本情况。此部分依次叙明辩护人姓名、单位。如系法律援助律师，应当写明指派的法律援助机构名称等。如被不起诉人没有辩护人的，不用写此部分。在附条件不起诉决定书中，不是律师的写单位、职务或职业。

（6）关于案由和案件来源。“案由”应当写移送起诉时或者侦查终结时认定的行为性质，而不是刑事检察部门认定的行为性质。“案件来源”包括监察、公安、国家安全机关移送、本院侦查终结、其他人民检察院移送等情况。根据办案主体是否为检察院，分普通案件与自侦案件，表述略有不同：普通案件叙述为“本案由××（监察/侦查机关名称）调查/侦查终结，以被不起诉人/犯罪嫌疑人××涉嫌××（案由）罪，于×年×月×日向本院移送起诉（存疑不起诉决定书此处表述为移送本院审查起诉，附条件不起诉决定书此处表述为向本院移送审查起诉）”；自侦案件叙述为“被不起诉人×××涉嫌××一案，由本院侦查终结，于×年×月×日移送起诉或不起诉”。如果案件是其他人民检察院移送的，此处应当将指定管辖、移送单位及移送时间等写清楚。如果案件曾经退回补充调查/侦查，应当在最后写明退回补充的时间、次数及再次移送起诉时间。在附条件不起诉决定书中，如果是侦查机关移送审查起诉后变更管辖权的，以上内容表述为：“本案由×××（侦查机关）侦查终结，以犯罪嫌疑人×××涉嫌××罪，于×年×月×日移送×××人民检察院审查起诉。×××人民检察院经审查，于×年×月×日移送（或者报送、交由）本院审查起诉。”如果是因上级检察机关指定而变更管辖权的，以上内容表述为：“本案由×××（侦查机关）侦查终结，以犯罪嫌疑人×××涉嫌××罪，于×年×月×日移送×××人民检察院审查起诉，后经×××人民检察院指定，于×年×月×日移送（或者报送、交由本院审查起诉。”此外，需要在前述内容后叙明依法保障权利的相关履职情况:“本院受理后,于×年×月×日已告知犯罪嫌疑人及其法定代理人有权委托辩护人,×年×月×日已告知被害人及其法定代理人(近亲属)有权委托诉讼代理人;为犯罪嫌疑人×××落实了法律援助;对其进行了社会调查(或委托×××单位进行了社会调查);依法讯问了犯罪嫌疑人,其法定代理人(合适成年人)到场;并就是否适用附条件不起诉听取了侦查机关、被害人及其法定代理人、未成年犯罪嫌疑人及其法定代理人、辩护人的意见,未成年犯罪嫌疑人及其法定代理人对适用附条件不起诉无异议。”如果在审查起诉阶段进行精神病鉴定的,在履职情况内容后写明:“其间,于×年×月×日至×年×月×日对犯罪嫌疑人×××作精神病鉴定。”如果进行不公开听证审查的,在上述内容后写明:“×年×月×日,本院对本案进行不公开听证审查,听取了侦查机关、犯罪嫌疑人×××及其法定代理人×××、辩护人×××以及×××(具体写明其他参加人员及诉讼身份)的意见。”如果有退回补充侦查或延长审查起诉期限的,在最后叙明:“经审查,于×年×月×日(一次退查日期、二次退查日期)退回补充侦查,侦查机关于×年×月×日补充侦查完毕,移送本院审查起诉。本院于×年×月×日(一次延长日期、二次延长日期、三次延长日期)延长审查起诉期限(×次)(各)十五日。”

2. 案件事实情况

此部分内容包括否定或指控被不起诉人构成犯罪的事实及作为不起诉决定根据的事实。应当根据不起诉的性质、内容和特点,针对案件具体情况各有侧重的叙写。与其余不起诉决定书叙写方式不同的是,本部分内容包括叙述事实和证据,而附条件不起诉决定书此部分内容只概括叙写案件事实,认定事实的证据不在“经本院依法审查查明”部分叙写,而另起一段“认定上述事实的证据如下”单独叙明。其中,概括的事实要将检察机关审查后认定的事实写清楚,不必叙写侦查机关移送审查起诉时认定的事实,重点叙写犯罪嫌疑人符合附条件不起诉法定条件的事实尤其是其悔罪表现及监管帮教条件。叙写证据要将证明犯罪嫌疑人符合附条件不起诉法定条件的证据,按照证据种类写明具体名称并概述其证明内容,与认定的事实相对应,确保全部事实均有充分的证据证实。其余类型的不起诉决定书对于如何叙写证据,无明确要求,可根据实际参考上述要求。

（1）关于法定不起诉决定书的案件事实情况。本部分内容重点要结合在案事实、证据论证犯罪行为并非犯罪嫌疑人所为，该案所涉行为依法不构成犯罪或者根本不存在犯罪行为，以及具有《刑事诉讼法》第16条所规定的犯罪已过犯罪追诉时效期限、经特赦令免除刑罚等法定事由，即重点突出符合法定不起诉条件的事实及证据分析。具体而言，如果是根据《刑事诉讼法》第16条第1项即监察/侦查机关移送起诉认为行为构成犯罪，经检察机关审查后认定行为情节显著轻微、危害不大，不认为是犯罪而决定不起诉的，则不起诉决定书应当先概述监察/侦查机关移送起诉意见书认定的犯罪事实（如果是检察机关的自侦案件，则这部分不写），然后叙写检察机关审查认定的事实及证据，重点反映显著轻微的情节和危害程度较小的结果。因此情形具有一定的主观评价，故需要在论证形成证据体系印证认定事实的基础上进一步加强说理，融合法、理、情三者突出情节如何显著轻微且结果危害不大。如果是行为已构成犯罪，本应当追究刑事责任，但审查过程中有《刑事诉讼法》第16条第2至6项法定不追究刑事责任的情形，因而决定不起诉的，应当重点叙明符合法定不追究刑事责任的事实和证据，充分反映出法律规定的内容。如果是根据《刑事诉讼法》第177条第1款中的没有犯罪事实而决定不起诉的，应当重点叙明不存在犯罪事实或者犯罪事实并非被不起诉人所为。因为《刑事诉讼法》第16条第2至6项规定的是已过追诉时效、被特赦、死亡等客观事实，故此类情形重在记叙证据组合印证所认定的客观事实，不需过多说理。实践中法定不起诉的事实认定主要有这些难点，集中在情节显著轻微、危害不大的情形。一是写“事实”。审查认定的事实与起诉意见书认定犯罪事实不一定完全相同甚至不同。当审查认定的事实与起诉意见书完全相同时，在简要概述起诉意见书认定的事实后，可从事情发生的顺序叙写认定事实，重点突出前述的显著轻微的情节和危害程度较小的结果，具体包括起因、关键行为情节、动机、损害结果、作案后表现等方面，与起诉意见书认定事实概述相同部分并与量刑无关的要素可略写或不写；当与起诉意见书不同时，叙写事实要注意反映出认定的不同内容。需要注意的是，不起诉决定书不同于刑事抗诉书，不需要反驳和论证起诉意见书认定事实错误，落脚点仍是突出为什么适用法定不起诉的情节与结果。同时，没有充分证据证明的事实及细节不宜叙写。二是写“证据”。实践中有部分不起诉决定书不注重证据说理，简单罗列证据，要么不写证据证明的内容，要么没有从证据印证的角度组合证据，缺乏逻辑，难以反映审查认定事实的证据确实、充分。我们认为，写“事实”是叙述，写“证据”是叙述与说理的结合，要让人明白认定事实有依据。如何写“证据”，样本格式没有具体的框架提示，结构形式不限。一般而言，叙写证据主要有两种模式，一种是在叙明事实之后，另起一段以列举的形式写认定上述事实的证据部分，如附条件不起诉决定书叙写证据部分。另一种是在叙明事实后，以印证的形式叙明证据。这里需要注意，无论采用何种形式叙明证据，均要求逻辑清晰，表明证据确实、充分，印证认定事实的效果。建议“一事一印证”，以证据清晰展示认定事实中的若干关键要素均有相应的闭合证据链条支撑。

（2）关于酌定不起诉决定书的案件事实情况。概括叙写案件事实，其重点内容是有关被不起诉人具有的法定情节和检察机关酌情作出不起诉决定的具体理由的事实。要将检察机关审查后认定的事实和证据写清楚，不必叙写调查/侦查机关移送审查时认定的事实和证据。对于证据不足的事实，不能写入不起诉决定书中。在事实部分中表述犯罪情节时应当以犯罪构成要件为标准，还要将体现其情节轻微的事实及符合不起诉条件的特征叙述清楚。叙述事实之后，应当将证明“犯罪情节”的各项证据一一列举，以阐明犯罪情节如何轻微。叙写本部分内容需要注意以下几点：一是分层次叙写。酌定不起诉是建立在构成犯罪的前提下因情节轻微而作不起诉决定。因此，叙写此部分内容的底层逻辑依次是构成犯罪—情节轻微符合酌定不起诉条件—证据证明三层次逐步递进式。其中，前两层可以融合一起写，即按照事情发展顺序写何时何人在何地为了什么动机做了什么，造成什么样的结果，事后的表现等（主体—主观方面—客观方面—客体—罪后态度）。在叙写事实经过时，重点从犯罪性质、手段、情节、主观恶性、人身危险性、危害后果等方面突出犯罪嫌疑人所实施的犯罪行为情节轻微，具有法定的不需要判处刑罚或者免除刑罚等细节，为下文论证奠定事实基础。二是列举证据不需要全但要有重点，证据证明内容需要简要阐述。进而言之，不需要详细一一列举在案所有证据，重点围绕“犯罪情节”列举，可采用前述“印证式”或“列举式”两种模式叙写。具体要领与法定不起诉相同，在此不再赘述。

（3）关于存疑不起诉决定书的案件事实情况。本部分内容先概括叙述监察/侦查机关认定的事实，再概括写明经审查并退回补充调查/侦查仍然认为事实不清、证据不足的具体情况。如前所述，考虑到案件保密性及后续侦查工作，在概括具体情况时注意在一些细节和关键性证据上叙述不宜过于详细和具体。如系检察机关直接受理案件，则不需要叙写案件事实部分，直接写为：“本案经本院侦查终结后，在审查起诉期间，经两次补充侦查，本院仍认为本案证据不足，不符合起诉条件。依照《中华人民共和国刑事诉讼法》第一百七十五条第四款的规定，决定对×××不起诉。”同时，概括具体情况时，综合从以下五个方面加以把握：一是犯罪构成要件事实缺乏必要的证据予以证明的；二是据以定罪的证据存在疑问，无法查证属实的；三是据以定罪的证据之间、证据与案件事实之间的矛盾不能合理排除的；四是根据证据得出的结论具有其他可能性，不能排除合理怀疑的；五是根据证据认定案件事实不符合逻辑和经验法则，得出的结论明显不符合常理的。

（4）关于附条件不起诉决定书的案件事实情况。区别于其他不起诉决定书，附条件不起诉决定书的案件事实情况包括两部分：一是叙写认定的事实和证据。其中，概括叙写案件事实，要将检察机关审查后认定的事实写清楚，不必叙写侦查机关移送审查起诉时认定的事实，重点叙写犯罪嫌疑人符合附条件不起诉法定条件的事实尤其是其悔罪表现及监管帮教条件。关于叙明证据方面，要将证明犯罪嫌疑人符合附条件不起诉法定条件的证据，按照证据种类写明具体名称并概述其证明内容，与认定的事实相对应，确保全部事实均有充分的证据证实。二是叙写经社会调查查明的事实。该部分在认定事实的证据之后叙明，表述为：“根据《中华人民共和国刑事诉讼法》第二百七十九条，本院（委托×××）对犯罪嫌疑人×××进行了社会调查，经调查查明：……”一般而言，叙写经社会调查查明的事实可以从犯罪嫌疑人的成长经历、犯罪原因、平时表现、社会交往、家庭监护条件、取保候审期间的表现等方面进行。

（5）关于最高人民检察院核准的不起诉决定书的案件事实情况。概括叙写案件事实，并写明被不起诉人自愿如实供述涉嫌的犯罪事实，并具有重大立功等，有必要作不起诉处理的事实。要将检察机关审查后认定的事实和证据写清楚，不必叙写侦查机关移送审查时认定的事实和证据。对于证据不足的事实，不能写入不起诉决定书中。在事实部分中表述犯罪情节时应当以犯罪构成要件为标准，还要将体现其有必要作不起诉处理的因素叙述清楚。叙述事实之后，应当将证据一一列举。本部分叙写要求的机理与酌定不起诉决定书相同，需要重点叙明有重大立功或案件涉及国家重大利益，确有必要向最高人民检察院报核决定不起诉的事实和证据。

3. 不起诉理由、法律依据和决定事项

不起诉决定书运用三段论法律逻辑的形式推理得出不起诉结论。其中，“案件事实情况”即事实认定是先确定的小前提，法律依据是一般性原则即大前提，不起诉理由就是通过演绎将小前提代入公式，得出符合大前提结论，最后依据法律规定决定不起诉。因此，不起诉理由需要结合法律规定以被不起诉人行为为基本点简要展开分析，根据不同类型的不起诉样本格式要求讲清不起诉的道理。这里需要注意两个问题：一是所引用的法律应当引全称。二是所引用的法律要用汉字将条、款、项引全。具体而言：

（1）关于法定不起诉决定书部分。应写明：“本院认为，×××（被不起诉人的姓名）的上述行为，情节显著轻微、危害不大，不构成犯罪。依照《中华人民共和国刑事诉讼法》第十六条第（一）项和第一百七十七条第一款的规定，决定对×××（被不起诉人的姓名）不起诉。”如果是根据《刑事诉讼法》第16条第2至6项法定不追究刑事责任的情形而决定的不起诉，重点阐明不追究被不起诉人刑事责任的理由及法律依据，最后写不起诉的法律依据。如果是根据《刑事诉讼法》第177条第1款中的没有犯罪事实而决定不起诉的，指出被不起诉人没有犯罪事实，再写不起诉的法律依据。

（2）关于酌定不起诉决定书部分。应写明：“本院认为，×××实施了《中华人民共和国刑法》第××条规定的行为，但犯罪情节轻微，具有×××情节（此处写明认罪认罚、从轻、减轻或者免除刑事处罚具体情节的表现），根据《中华人民共和国刑法》第××条的规定，不需要判处刑罚（或者免除刑罚）。依据《中华人民共和国刑事诉讼法》第一百七十七条第二款的规定，决定对×××（被不起诉人的姓名）不起诉。”

（3）关于存疑不起诉决定书部分。本部分相关内容已一并先述于“案件事实情况”部分，在此不再赘述。

（4）关于附条件不起诉决定书部分。应写明：“本院认为，犯罪嫌疑人×××实施了《中华人民共和国刑法》第×条规定的行为，但具有……等情节（写明法定和酌定量刑情节），可能判处一年有期徒刑以下刑罚，符合起诉条件，并具有悔罪表现。根据《中华人民共和国刑事诉讼法》第二百八十二条第一款的规定，决定对×××（犯罪嫌疑人的姓名）附条件不起诉。考验期为×个月，从××年×月×日至××年×月×日止。”

（5）关于最高人民检察院核准的不起诉决定书部分。应写明：“本院认为，×××实施了《中华人民共和国刑法》第××条规定的行为，因自愿如实供述涉嫌犯罪的事实，并有重大立功（或案件涉及国家重大利益），经最高人民检察院核准，决定对（被不起诉人的姓名）不起诉。”

4. 告知事项、尾部

（1）关于告知事项。需要注意以下三点：一是根据具体情况告知查封、扣押、冻结涉案款物的处理情况。其中，附条件不起诉决定书中无此告知部分。二是在酌定不起诉决定书中，应当根据《人民检察院刑事诉讼规则》第385条的规定写明被不起诉人享有申诉权：被不起诉人如不服本院决定，可以自收到本决定书后7日内向本院申诉。在附条件不起诉决定书中，表述为：犯罪嫌疑人及其法定代理人如果对本决定有异议，可以向本院提出，本院将依法提起公诉。此外，在前述决定不起诉、告知考验期部分后，要写明犯罪嫌疑人应当遵守《中华人民共和国刑事诉讼法》第283条第3款的规定内容及在考验期内有《中华人民共和国刑事诉讼法》第284条第1款规定情形之一的法律后果，告知“考验期内没有上述情形，考验期满的，本院将作出不起诉决定”。三是除最高人民检察院核准的不起诉决定书及附条件不起诉决定书外，有被害人的案件，应当根据《刑事诉讼法》第 180 条的规定写明被害人享有申诉权及起诉权，写明：“被害人如果不服本决定，可以自收到本决定书后七日以内向×××人民检察院申诉，请求提起公诉；也可以不经申诉，直接向×××人民法院提起自诉。”在附条件不起诉决定书中，被害人如果不服决定的，不能提起自诉，只能自收到本决定书后 7 日以内向上一级人民检察院申诉，请求提起公诉。

（2）关于尾部。需要注意：署名部分统一署某检察院院名，文书的具文日期应当是签发日期。其中，附条件不起诉决定书尾部落款日期后要附相关法律条文。

五、相关重点问题

（一）不起诉的适用条件

1. 法定不起诉的适用条件

检察机关要依法准确适用不起诉，要强化刑法总则“但书”意识，树立刑法只惩罚严重危害社会行为的理念。在审查卷宗时，要将综合评价案件的危害程度作为一道必须有的工序。对于不构成犯罪的案件，符合法定不起诉条件的，要依法适用法定不起诉，不能错误作酌定不起诉，这是法治原则问题，关涉当事人的合法权益。

根据上述规定，法定不起诉适用于以下七种情形：（1）发现犯罪嫌疑人没有犯罪事实的。调查机关或者侦查机关没有发现犯罪嫌疑人所实施的犯罪事实，或者经调查或者侦查发现犯罪嫌疑人根本没有实施犯罪的，则不应当追究其刑事责任。（2）情节显著轻微、危害不大，不认为是犯罪的。根据《刑法》第 13 条的规定，犯罪情节显著轻微危害不大的，不认为是犯罪。既然不是犯罪，人民检察院当然不能提起诉讼。（3）犯罪已过追诉时效期限的。根据《刑法》第 87 条、第 88 条的规定，犯罪已过追诉时效期限的不再追诉。追诉时效是依照法律规定对犯罪分子追究刑事责任的有效期限，是解决某一犯罪行为经过一定的时限是否还需要对犯罪分子起诉追究其刑事责任的制度，设立时效制度的一项重要考虑是稳定既有的社会关系。对于已过追诉时效，犯罪破坏的社会秩序明显恢复，不追诉不会影响社会稳定或者产生其他严重后果的，对犯罪嫌疑人可以不再追诉。当然《刑法》第88条规定的不受追诉时效限制的情况除外。（4）经特赦令免除刑罚的。根据宪法的规定，全国人民代表大会常务委员会有权决定特赦，一经特赦，对犯罪嫌疑人不得再追究刑事责任。因此，在我国，凡是经特赦令免除刑罚的，公安机关不得立案侦查，检察机关也不得向人民法院提起诉讼。（5）依照刑法告诉才处理的犯罪，没有告诉或撤回告诉的。在我国《刑法》的规定中，侮辱诽谤罪、暴力干涉婚姻自由罪、虐待罪、侵占罪属于告诉才处理的犯罪。对于这些案件，如果被害人及其他有告诉权的人没有告诉，或者提出告诉后又撤回告诉的，检察机关应当依法作不起诉处理。（6）犯罪嫌疑人、被告人死亡的。犯罪嫌疑人、被告人死亡的，失去了追究刑事责任的对象，追究其刑事责任已经没有任何实际意义，刑事诉讼活动已没必要继续进行下去。因此，检察机关应当作出不起诉决定，终止刑事诉讼程序。（7）其他法律规定免予追究刑事责任的。如果有其他生效的法律规定免予追究犯罪嫌疑人刑事责任的，依照特别法优于普通法的原则，应当不予追究其刑事责任。

2. 存疑不起诉的适用条件

存疑不起诉分为两种情形，第一种是案件经过补充侦查之后，人民检察院仍然认为证据不足、不符合起诉条件的情况下所作出的不起诉决定；第二种是人民检察院经审查发现存在非法取证行为，依法对该证据予以排除后，其他证据不能证实犯罪嫌疑人犯罪的，从而作出的不起诉决定。

（1）经过补充侦查仍证据不足不起诉。根据《刑事诉讼法》第175条第4款、《人民检察院刑事诉讼规则》第367条的规定，人民检察院对于二次退回补充调查或者补充侦查的案件，仍然认为证据不足，不符合起诉条件的，经检察长批准，应当依法作出不起诉决定。人民检察院对于经过一次退回补充调查或者补充侦查的案件，认为证据不足，不符合起诉条件，且没有再次退回补充调查或者补充侦查必要的，经检察长批准，可以作出不起诉决定。由此可见，存疑不起诉的适用前提是案件必须经过补充侦查。需要指出的是，对于二次退回补充调查或者补充侦查的案件，仍然认为证据不足，不符合起诉条件的，应当作出不起诉决定，此处的“应当”意味着检察机关不能在起诉与否之间进行自主选择。根据《人民检察院刑事诉讼规则》的规定，具有下列情形之一，不能确定犯罪嫌疑人构成犯罪和需要追究刑事责任的，属于证据不足，不符合起诉条件：犯罪构成要件事实缺乏必要的证据予以证明的；据以定罪的证据存在疑问，无法查证属实的；据以定罪的证据之间、证据与案件事实之间的矛盾不能合理排除的；根据证据得出的结论具有其他可能性，不能排除合理怀疑的；根据证据认定案件事实不符合逻辑和经验法则，得出的结论明显不符合常理的。从《刑事诉讼法》的规定可知，证据不足不起诉的适用应当具备以下条件：案件经过补充侦查；定罪证据不足；不符合起诉条件。

（2）排除非法证据导致证据不足不起诉。根据《人民检察院刑事诉讼规则》第 73 条第 1 款的规定，人民检察院经审查认定存在非法取证行为的，对该证据应当予以排除，其他证据不能证明犯罪嫌疑人实施犯罪行为的，应当不批准或者决定逮捕。已经移送起诉的，可以依法将案件退回监察机关补充调查或者退回公安机关补充侦查，或者作出不起诉决定。被排除的非法证据应当随案移送，并写明为依法排除的非法证据。根据《人民检察院刑事诉讼规则》第 266 条第 2 款、第 3 款规定，审查起诉期间，犯罪嫌疑人及其辩护人又提出新的线索或者证据，或者人民检察院发现新的证据，经调查核实认为侦查人员存在以刑讯逼供等非法方法收集证据情形的，应当依法排除非法证据，不得作为提起公诉的依据。排除非法证据后，案件不符合起诉条件的，应当作出不起诉决定。

需要注意的是，存疑不起诉中“存疑”的前提是案件已经缺乏任何取证空间，需作出终局性判断，而不是一旦出现证据矛盾或证据缺失，就直接作出不起诉的决定或者判决无罪。案件办理过程中发现疑点是正常的，刑事诉讼法之所以设置退回补充侦查、自行补充侦查等制度，就是为了完善证据的收集，从而解决疑点、查明事实真相。不能将难案等同于疑案，对于疑难复杂案件或者法律评价存在认识分歧的案件，要有勇于担当的精神和查明真相的执着品质，确保真正犯罪者受到依法惩治，无辜者不受法律追究。[①]

3. 酌定不起诉的适用条件

酌定不起诉的适用应当具备两个条件：一是人民检察院认为犯罪嫌疑人的行为已经构成犯罪，应当负刑事责任；二是犯罪行为情节轻微，依照刑法规定不需要判处刑罚或者免除刑罚。需要注意的是，酌定不起诉是人民检察院可以作出起诉决定也可以作出不起诉决定，在确认犯罪嫌疑人已经构成犯罪，且犯罪情节轻微的前提下才考虑适用酌定不起诉。实际办案中，人民检察院要根据犯罪嫌疑人的年龄、犯罪目的和动机、犯罪手段、危害后果、悔罪表现等情况予以综合考虑，在确认对修复社会关系、化解社会矛盾、办案的社会效果和法律效果等方面不起诉比起诉更有利时，才作出不起诉决定。

（1）可以适用酌定不起诉的部分情形。一是对外国刑事判决消极承认而适用酌定不起诉的情形。根据《刑法》第 10 条的规定，凡在中华人民共和国领域外犯罪，依照刑法规定应当负刑事责任的，虽然经过外国审判，仍然可以依照本法追究，但是在外国已经受过刑罚处罚的，可以免除或者减轻处罚。

二是又聋又哑的人或盲人犯罪而适用酌定不起诉的情形。根据《刑法》第 19 条的规定，又聋又哑的人或者盲人犯罪，可以从轻、减轻或者免除处罚。

三是防卫过当而适用酌定不起诉的情形。根据《刑法》第 20 条第 2 款的规定，正当防卫明显超过必要限度造成重大损害的，应当负刑事责任，但是应当减轻或者免除处罚。

四是紧急避险过当而适用酌定不起诉的情形。根据《刑法》第 21 条第 2 款的规定，紧急避险超过必要限度造成不应有的损害的，应当负刑事责任，但是应当减轻或者免除处罚。

五是犯罪预备而适用酌定不起诉的情形。根据《刑法》第 22 条第 2 款的规定，对于预备犯，可以比照既遂犯从轻、减轻处罚或者免除处罚。

---

① 参见陈国庆：《中国式刑事检察现代化的三大问题》，载《国家检察官学院学报》2023 年第 1 期。

六是犯罪中止而适用酌定不起诉的情形。根据《刑法》第24条第2款的规定，对于中止犯，没有造成损害的，应当免除处罚；造成损害的，应当减轻处罚。

七是属于从犯而适用酌定不起诉的情形。根据《刑法》第27条第2款的规定，对于从犯，应当从轻、减轻处罚或者免除处罚。

八是属于胁从犯而适用酌定不起诉的情形。根据《刑法》第28条的规定，对于被胁迫参加犯罪的，应当按照他的犯罪情节减轻处罚或者免除处罚。

九是自首而适用酌定不起诉的情形。根据《刑法》第67条第1款的规定，犯罪以后自动投案，如实供述自己的罪行的，是自首。对于自首的犯罪分子，可以从轻或者减轻处罚。其中，犯罪较轻的，可以免除处罚。

十是重大立功而适用酌定不起诉的情形。根据《刑法》第68条的规定，有重大立功表现的，可以减轻或者免除处罚。

十一是特殊案件的不起诉。根据《刑事诉讼法》第182条第1款的规定，犯罪嫌疑人自愿如实供述涉嫌犯罪的事实，有重大立功表现或者案件涉及国家重大利益的，经最高人民检察院核准，人民检察院可以作出不起诉决定，也可以对涉嫌数罪中的一项或者多项不起诉。

十二是当事人和解不起诉的情形。根据《刑事诉讼法》第288条、第290条的规定，下列公诉案件，犯罪嫌疑人、被告人真诚悔罪，通过向被害人赔偿损失、赔礼道歉等方式获得被害人谅解，被害人自愿和解的，双方当事人可以和解：因民间纠纷引起，涉嫌刑法分则第四章、第五章规定的犯罪案件，可能判处3年有期徒刑以下刑罚的；除渎职犯罪以外的可能判处7年有期徒刑以下刑罚的过失犯罪案件。犯罪嫌疑人、被告人在5年以内曾经故意犯罪的，不适用上述程序。达成和解协议的案件，对于犯罪情节轻微，不需要判处刑罚的，可以作出不起诉的决定。

十三是涉嫌电信网络诈骗罪不起诉。最高人民法院、最高人民检察院、公安部《关于办理电信网络诈骗等刑事案件适用法律若干问题的意见（二）》第16条第3款规定，对于电信网络诈骗犯罪集团、犯罪团伙中的从犯，特别是其中参与时间相对较短、诈骗数额相对较低或者从事辅助性工作并领取少量报酬，以及初犯、偶犯、未成年人、在校学生等，应当综合考虑其在共同犯罪中的地位作用、社会危害程度、主观恶性、人身危险性、认罪悔罪表现等情节，可以依法从轻、减轻处罚。犯罪情节轻微的，可以依法不起诉或者免予刑事处罚；情节显著轻微危害不大的，不以犯罪论处。

十四是涉嫌帮助信息网络犯罪活动罪不起诉。最高人民法院、最高人民检察院《关于办理非法利用信息网络、帮助信息网络犯罪活动等刑事案件适用法律若干问题的解释》第 15 条规定，综合考虑社会危害程度、认罪悔罪态度等情节，认为犯罪情节轻微的，可以不起诉或免予刑事处罚；情节显著轻微危害不大的，不以犯罪论处。

十五是涉嫌掩饰、隐瞒犯罪所得罪不起诉。最高人民法院《关于掩饰、隐瞒犯罪所得、犯罪所得收益刑事案件适用法律若干问题的解释》第 2 条规定，掩饰、隐瞒犯罪所得及其产生的收益行为符合本解释第 1 条的规定，认罪、悔罪并退赃、退赔，且具有下列情形之一的，可以认定为犯罪情节轻微，免予刑事处罚：具有法定从宽处罚情节的；为近亲属掩饰、隐瞒犯罪所得及其产生的收益，且系初犯、偶犯的；有其他情节轻微情形的。

十六是涉嫌妨害信用卡管理罪不起诉。最高人民法院、最高人民检察院《关于办理妨害信用卡管理刑事案件具体应用法律若干问题的解释》第 10 条规定，恶意透支数额较大，在提起公诉前全部归还或者具有其他情节轻微情形的，可以不起诉。但是，曾因信用卡诈骗受过两次以上处罚的除外。

十七是涉嫌非法集资犯罪不起诉。最高人民法院、最高人民检察院、公安部《关于办理非法集资刑事案件适用法律若干问题的意见》第 4 条规定，为他人向社会公众非法吸收资金提供帮助，从中收取代理费、好处费、返点费、佣金、提成等费用，构成非法集资共同犯罪的，应当依法追究刑事责任。能够及时退缴上述费用的，可依法从轻处罚；其中情节轻微的，可以免除处罚；情节显著轻微、危害不大的，不作为犯罪处理。

（2）不应适用酌定不起诉的情形。根据《人民检察院办理不起诉案件质量标准（试行）》第 1 条第 3 项规定，具有下列情形之一的，不应适用《刑事诉讼法》第 142 条第 2 款（即现行《刑事诉讼法》第 177 条第

2 款）作不起诉决定：①实施危害国家安全犯罪的；②一人犯数罪的；③犯罪嫌疑人有脱逃行为或者构成累犯的；④犯罪嫌疑人系共同犯罪中的主犯，而从犯已被提起公诉或者已被判处刑罚的；⑤共同犯罪中的同案犯，一并起诉、审理更为适宜的；⑥犯罪后订立攻守同盟，毁灭证据，逃避或者对抗侦查的；⑦因犯罪行为给国家或者集体造成重大经济损失或者有严重政治影响的；⑧需要人民检察院提起附带民事诉讼的；⑨其他不应当适用《刑事诉讼法》第 142 条第 2 款（即现行《刑事诉讼法》第 177 条第 2 款）作不起诉处理的。

4. 附条件不起诉的适用条件

附条件不起诉仅适用于未成年人。附条件不起诉的适用条件主要包括：（1）对象是未成年犯罪嫌疑人；（2）涉嫌刑法分则第四章（侵犯公民人身权利、民主权利罪）、第五章（侵犯财产罪）、第六章（妨害社会管理秩序罪）规定的犯罪；（3）可能判处 1 年有期徒刑以下刑罚；（4）符合起诉条件；（5）有悔罪表现。据统计，2022 年全国检察机关对涉嫌轻微犯罪、有悔罪表现的未成年犯罪嫌疑人，附条件不起诉 7.1 万人，适用率由 2018 年 12.2% 升至 2022 年 36.1%。[①]

（二）不起诉的适用程序

不起诉制度是法律赋予检察机关的一项重要职权，在刑事诉讼过程中起着过滤不合格案件和救济当事人的双重作用，也是检察机关承担诉前主导作用的重要体现，在落实宽严相济刑事政策方面发挥着重要的作用。为了用好不起诉制度，使其更好地发挥作用，要严格按照法律规定的不起诉程序进行适用。

1. 不起诉程序的启动方式

（1）依申请启动。在审查起诉阶段，犯罪嫌疑人及其辩护人、近亲属、法定代理人、被害人都可以申请检察机关作不起诉处理。

一是犯罪嫌疑人及其辩护人、近亲属、法定代理人申请启动不起诉

---

① 参见 2023 年 3 月 7 日时任最高人民检察院检察长张军在第十四届全国人民代表大会第一次会议上所作的《最高人民检察院工作报告》。

程序。犯罪嫌疑人的辩护人可以申请检察机关对犯罪嫌疑人作不起诉处理。根据《刑事诉讼法》第34条第2款、《人民检察院刑事诉讼规则》第40条第2款的规定，人民检察院自收到移送审查起诉的案卷材料之日起3日以内，应当告知犯罪嫌疑人有权委托辩护人，并告知其如果因经济困难或者其他原因没有委托辩护人的，可以申请法律援助。属于《刑事诉讼法》第35条规定情形的，应当告知犯罪嫌疑人有权获得法律援助。根据《刑事诉讼法》第37条的规定，辩护人的职责是根据事实和法律，提出犯罪嫌疑人、被告人无罪、罪轻或者减轻、免除其刑事责任的材料和意见，维护犯罪嫌疑人、被告人的诉讼权利和其他合法权益。根据《人民检察院刑事诉讼规则》第54条的规定，在人民检察院审查起诉过程中，辩护人要求听取其意见的，办案部门应当及时安排；辩护人提出书面意见的，办案部门应当接收并登记；听取辩护人意见应当制作笔录或者记录在案，辩护人提出的书面意见应当附卷；辩护人提交案件相关材料的，办案部门应当将辩护人提交材料的目的、来源及内容等情况记录在案，一并附卷。因此，在审查起诉阶段，当犯罪嫌疑人的辩护人认为犯罪嫌疑人无罪时，可以向办案检察机关提出犯罪嫌疑人无罪、应当作法定不起诉的意见；当辩护人认为犯罪嫌疑人具有犯罪情节轻微、认罪悔罪、退赃退赔、自首立功等从犯、减轻情节时，可以提出对犯罪嫌疑人酌定不起诉的意见；当辩护人认为案件中认定犯罪嫌疑人构成犯罪的事实不清、证据不足的，可以提出对犯罪嫌疑人存疑不起诉的意见。辩护人提出不起诉的意见时一般以正式的书面形式提出，说明不起诉的理由或依据，同时，有相关佐证材料的可以提供给检察机关。犯罪嫌疑人及其近亲属、法定代理人有权申请变更强制措施，也可以提出不起诉的申请。

二是被害人及其近亲属、法定代理人、诉讼代理人申请启动不起诉程序。被害人及其近亲属、法定代理人可以提出对犯罪嫌疑人不起诉的申请，尤其是与犯罪嫌疑人具有亲属关系的被害人，或者犯罪嫌疑人已经赔偿被害人、取得被害人谅解的，被害人一方可以向检察机关提出作出不起诉决定的申请。根据《人民检察院刑事诉讼规则》第55条的规定，人民检察院自收到移送起诉案卷材料之日起3日以内，应当告知被害人及其法定代理人或者其近亲属、附带民事诉讼的当事人及其法定代理人有权委托诉讼代理人。被害人及其法定代理人、近亲属因经济困难没有委托诉讼代理人的，应当告知其可以申请法律援助。因此，被害人也可以委托诉讼代理人向检察机关提出对犯罪嫌疑人适用不起诉的申请。

（2）依职权启动。检察机关可以依职权启动对犯罪嫌疑人适用不起诉程序。一是启动法定不起诉程序。根据《刑事诉讼法》第177条第1款、《人民检察院刑事诉讼规则》第365条的规定，人民检察院对于监察机关或者公安机关移送起诉的案件，发现犯罪嫌疑人没有犯罪事实，或者有《刑事诉讼法》第16条规定的六种情形之一的，经检察长批准，人民检察院应当启动不起诉程序，对犯罪嫌疑人作出法定不起诉。

二是启动存疑不起诉程序。因证据不足，检察机关依职权启动存疑不起诉程序的方式分为应当启动和可以启动。根据《刑事诉讼法》第175条第4款的规定，对于二次补充侦查的案件，人民检察院仍然认为证据不足，不符合起诉条件的，应当启动不起诉程序，对犯罪嫌疑人作出存疑不起诉的决定。根据《人民检察院刑事诉讼规则》第367条的规定，人民检察院对于经过一次退回补充调查或者补充侦查的案件，认为证据不足，不符合起诉条件，且没有再次退回补充调查或者补充侦查必要的，经检察长批准，可以启动不起诉程序，对犯罪嫌疑人作出存疑不起诉决定。

三是启动酌定不起诉程序。对于犯罪情节轻微的案件，检察机关依职权启动不起诉程序的方式是可以启动。根据《刑事诉讼法》第177条第2款、《人民检察院刑事诉讼规则》第370条的规定，对于犯罪情节轻微，依照刑法规定不需要判处刑罚或者免除刑罚的，经检察长批准，人民检察院可以启动酌定不起诉程序，对犯罪嫌疑人作出不起诉决定。

四是启动附条件不起诉程序。根据《刑事诉讼法》第282条第1款的规定，对于未成年人涉嫌刑法分则第四章、第五章、第六章规定的犯罪，可能判处1年有期徒刑以下刑罚，符合起诉条件，但有悔罪表现的，人民检察院可以作出附条件不起诉的决定。人民检察院在作出附条件不起诉的决定以前，应当听取公安机关、被害人的意见。也就是说对于符合条件的未成年犯罪嫌疑人，检察机关在听取公安机关、被害人的意见之后，可以自行决定是否启动附条件不起诉程序。

2. 不起诉案件审查和决定的程序

（1）不起诉案件的公开审查。不起诉案件公开审查，是为了充分听取监察机关、侦查机关（部门）和犯罪嫌疑人、被害人以及犯罪嫌疑人、被害人委托的人等对案件处理的意见，为人民检察院对案件是否作不起诉处理提供参考。根据最高人民检察院《人民检察院办理不起诉案件公开审查规则（试行）》的规定，公开审查的不起诉案件应当是存在较大争议并且在当地有较大社会影响的，经人民检察院审查后准备作不起诉的案件，对14岁以上不满16岁未成年人犯罪的案件不公开审查，对16岁以上不满18岁未成年人犯罪的案件，一般也不进行公开审查。人民检察院应当听取监察机关、侦查机关（部门）、犯罪嫌疑人及其法定代理人、辩护人、被害人及法定代理人、诉讼代理人的意见；听取意见可以分别进行，也可以同时进行。不起诉案件公开审查时，允许公民旁听；可以邀请人大代表、政协委员等人参加；可以根据案件需要或者当事人的请求，邀请有关专家及与案件有关的人参加；经人民检察院许可，新闻记者可以旁听和采访。对涉及国家财产、集体财产遭受损失的案件，可以通知有关单位派代表参加。人民检察院主要就案件拟作不起诉处理听取监察机关、侦查机关（部门）、犯罪嫌疑人及其法定代理人、诉讼代理人的意见。案件承办人应当根据案件证据，依照法律的有关规定，阐述不起诉的理由，但不需要出示证据。参加公开审查的侦查人员、犯罪嫌疑人及其法定代理人、辩护人、被害人及其法定代理人、诉讼代理人可以就案件事实、证据、适用的法律以及是否应予不起诉，各自发表意见，但不能直接进行辩护。公开审查活动结束后，应当制作不起诉案件公开审查的情况报告。报告中应当重点写明公开审查过程中各方一致性意见或者存在的主要分歧，并提出起诉或者不起诉的建议，连同公开审查笔录，呈报检察长或者检察委员会，作为案件是否作出不起诉决定的参考。

（2）作出不起诉决定的流程。一是检察机关作出不起诉决定的批准程序。根据《人民检察院刑事诉讼规则》第371条至第373条第1款、第388条的规定，人民检察院直接受理侦查的案件，以及监察机关移送起诉的案件，拟作不起诉决定的，应当报检察长批准并报请上一级人民检察院批准；检察机关对公安机关移送起诉的案件，拟作不起诉决定的，应当报检察长批准。人民检察院发现不起诉决定确有错误，符合起诉条件的，应当撤销不起诉决定，提起公诉。

二是不起诉决定书的宣布和送达。根据《人民检察院刑事诉讼规则》第 376 条第 1 款、第 2 款，第 377 条，第 378 条的规定，不起诉的决定，由人民检察院公开宣布。公开宣布不起诉决定的活动应当记录在案；不起诉决定书自公开宣布之日起生效。不起诉决定书应当送达被害人或者其近亲属及其诉讼代理人，还应当送达被不起诉人及其辩护人以及被不起诉人所在的单位。对于监察机关或者公安机关移送起诉的案件，人民检察院决定不起诉的，应当将不起诉决定书送达监察机关或者公安机关。

（3）作出不起诉决定后的其他工作。一是对被不起诉人采取的措施。①解除强制措施。根据《人民检察院刑事诉讼规则》第 376 条第 3 款的规定，被不起诉人在押的，应当立即释放；被采取其他强制措施的，应当通知执行机关解除。②采取非刑罚措施。根据《人民检察院刑事诉讼规则》第 373 条第 1 款的规定，人民检察院决定不起诉的案件，可以根据案件的不同情况，对被不起诉人予以训诫或者责令具结悔过、赔礼道歉、赔偿损失。③提出给予被不起诉人处分的检察意见。根据《人民检察院刑事诉讼规则》第 373 条第 2 款的规定，对被不起诉人需要给予行政处罚、政务处分或者其他处分的，经检察长批准，人民检察院应当提出检察意见，连同不起诉决定书一并移送有关主管机关处理，并要求有关主管机关及时通报处理情况。

二是对涉案财产采取的措施。①通知解除对财产的查封、扣押、冻结。根据《人民检察院刑事诉讼规则》第 374 条的规定，人民检察院决定不起诉的案件，应当同时书面通知作出查封、扣押、冻结决定的机关或者执行查封、扣押、冻结决定的机关解除查封、扣押、冻结。②提出没收违法所得的检察意见。根据《人民检察院刑事诉讼规则》第 375 条的规定，需要没收违法所得的，经检察长批准，应当提出检察意见，移送有关主管机关处理，并要求有关主管机关及时通报处理情况。

3. 认罪认罚酌定不起诉案件中被不起诉人反悔的处理

根据《人民检察院刑事诉讼规则》第 278 条的规定，犯罪嫌疑人认罪认罚，人民检察院依照《刑事诉讼法》第177条第2款作出酌定不起诉决定后，犯罪嫌疑人反悔的，人民检察院应当进行审查，并区分下列情形依法作出处理：（1）发现犯罪嫌疑人没有犯罪事实，或者符合《刑事诉讼法》第16条规定的情形之一的，应当撤销原不起诉决定，依照《刑事诉讼法》第177条第1款的规定重新作出不起诉决定；（2）犯罪嫌疑人犯罪情节轻微，依照刑法不需要判处刑罚或者免除刑罚的，可以维持原不起诉决定；（3）排除认罪认罚因素后，符合起诉条件的，应当根据案件具体情况撤销原不起诉决定，依法提起公诉。

4. 适用不起诉程序时需要注意的问题

（1）存疑不起诉案件可重新起诉。根据《人民检察院刑事诉讼规则》第369条的规定，人民检察院根据《刑事诉讼法》第175条第4款规定作出存疑不起诉决定的，在发现新的证据，符合起诉条件时，可以提起公诉。

（2）对撤回起诉的案件作出不起诉决定的情形。根据《人民检察院刑事诉讼规则》第424条的规定，人民法院宣告判决前，人民检察院发现具有下列情形之一的，经检察长批准，可以撤回起诉：①不存在犯罪事实的；②犯罪事实并非被告人所为的；③情节显著轻微、危害不大，不认为是犯罪的；④证据不足或证据发生变化，不符合起诉条件的；⑤被告人因未达到刑事责任年龄，不负刑事责任的；⑥法律、司法解释发生变化导致不应当追究被告人刑事责任的；⑦其他不应当追究被告人刑事责任的。

对于撤回起诉的案件，人民检察院应当在撤回起诉后30日以内作出不起诉决定。需要重新调查或者侦查的，应当在作出不起诉决定后将案卷材料退回监察机关或者公安机关，建议监察机关或者公安机关重新调查或者侦查，并书面说明理由。对于撤回起诉的七种情形的处理方式，人民检察院应当对上述第①、②、⑤、⑥四种情形作法定不起诉处理；对第③种情形作酌定不起诉处理；对第④种情形作存疑不起诉处理；对第⑦种情形视具体情况而定作何种不起诉处理。对于撤回起诉的案件，没有新的事实或者新的证据，人民检察院不得再行起诉。新的事实是指原起诉书中未指控的犯罪事实。该犯罪事实触犯的罪名既可以是原指控罪名的同一罪名，也可以是其他罪名。新的证据是指撤回起诉后收集、调取的足以证明原指控犯罪事实的证据。

（3）酌定不起诉案件中要注意化解矛盾风险。随着宽严相济刑事政策的贯彻落实以及认罪认罚从宽制度的广泛适用，检察机关酌定不起诉案件数量明显上升。在办理酌定不起诉案件过程中，需要注意化解矛盾风险，尤其是被害人的情绪安抚、权利救济，被不起诉人社会危险性消除等问题。

第一，强化“前瞻性”防范。建立完善风险研判评估机制，既注重听取当事人、辩护人、诉讼代理人和案件承办人等的意见，又要广泛征求当事人所在单位、社区等的意见。第二，强化“实质性”化解。以公开听证为抓手，通过公开听证诉讼化解决不起诉制度外溢效应。加大对文书说理的强制性责任要求，明确送达方式、权利告知等要求，以群众听得懂的语言、看得清的方式，把法律政策讲清楚、案件事实讲明白、事理情理讲透彻。依法保障当事人合法权益特别是被害方利益诉求，在此基础上依法做好和解，促进谅解。加大追赃挽损力度，建立轻微刑事案件刑事赔偿保证金提存制度，破解因赔偿金额存在争议而一时难以和解等问题。第三，强化“靶向性”干预。加强对不起诉案件中被害人的心理疏导，加大对被害人物质损失追偿力度，督促被不起诉人积极履行赔偿义务。积极推动将不起诉案件被害人纳入国家救助体系。刑行衔接机制化，对被不起诉人予以训诫或责令具结悔过、赔礼道歉等。对需要给予行政处罚、行政处分的，及时向有关部门提出检察意见，由相关部门作出处理。

（三）不起诉的监督制约与救济

1. 被害人的救济途径

（1）被害人对不起诉决定的申诉权。根据我国《刑事诉讼法》第180条，《人民检察院刑事诉讼规则》第377条、第381条至第383条的规定，对于有被害人的案件，决定不起诉的，人民检察院应当将不起诉决定书送达被害人或者其近亲属及其诉讼代理人。送达时，应当告知被告人或者其近亲属及其诉讼代理人，如果对不起诉决定不服，可以自收到不起诉决定书后7日以内向上一级人民检察院申诉，请求提起公诉。依照《刑事诉讼法》第177条第2款作出不起诉决定的，应当告知被不起诉人，如果对不起诉决定不服，可以自收到不起诉决定书后7日以内向人民检察院申诉。

被害人不服不起诉决定，在收到不起诉决定书后7日以内提出申诉的，由作出不起诉决定的人民检察院的上一级人民检察院负责捕诉的部门进行复查。当被害人向作出不起诉决定的人民检察院提出申诉时，作出决定的人民检察院应当将申诉材料连同案卷一并报送上一级人民检察院。当被害人在收到不起诉决定书7日以后提出申诉的，由作出不起诉决定的人民检察院负责控告申诉检察的部门进行审查。经审查，认为不起诉决定正确的，出具审查结论直接答复申诉人，并做好释法说理工作；认为不起诉决定可能存在错误的，移送负责捕诉的部门进行复查。

被害人提出申诉时，应当递交申诉书，写明申诉理由，没有书写能力的，也可以口头提出申诉，人民检察院应当根据其口头提出的申诉制作笔录。人民检察院复查后，应当将复查决定书送达被害人、被不起诉人和作出不起诉决定的人民检察院。若上级人民检察院经复查认为原不起诉决定错误，而作出起诉决定的，应当撤销下级人民检察院的不起诉决定，交由下级人民检察院提起公诉，并将复查决定抄送移送起诉的监察机关或者公安机关。

（2）被害人的自诉权。根据我国《刑事诉讼法》第180条，《人民检察院刑事诉讼规则》第377条、第384条的规定，被害人一方对不起诉决定不服而对人民检察院提出申诉后，若人民检察院维持不起诉决定，则被害人可以向人民法院起诉。被害人一方也可以不经申诉，直接向人民法院起诉。人民法院受理案件后，人民检察院应当将有关案件材料移送人民法院。当被害人既向人民检察院提出申诉，又向人民法院起诉的，人民检察院收到人民法院受理被害人对被不起诉人起诉的通知后，应当终止复查，将作出不起诉决定所依据的有关案卷材料移送人民法院。进而言之，被害人对不起诉决定的救济有两种自诉方式，第一种是先向人民检察院申诉，若结果不理想便再向人民法院起诉；第二种是不用向人民检察院申诉而直接向人民法院起诉。根据《刑事诉讼法》第210条第3

项的规定，被害人有证据证明对被告人侵犯自己人身、财产权利的行为应当依法追究刑事责任，而公安机关或者人民检察院不予追究被告人刑事责任的案件，属于自诉案件。因此，当人民检察院对犯罪嫌疑人作出不起诉决定，而被害人向人民法院起诉时，案件的性质由公诉案件转变为自诉案件。此时，被害人对不起诉决定的救济权属于自诉权。这一制度赋予了被害人向人民检察院提请起诉的权利，还赋予其直接向人民法院起诉的权利，有利于加强对被害人合法权利的保护，也体现了我国诉讼制度的民主性。

2. 被不起诉人的申诉权

在酌定不起诉情形中，犯罪嫌疑人因人民检察院行使自由裁量权而获得了不起诉的处理，一般而言，在多数情况下体现了对犯罪嫌疑人的从宽处理。但酌定不起诉是在检察机关认定犯罪嫌疑人有犯罪事实且构成犯罪的情况下所适用的诉讼程序，如果犯罪嫌疑人的行为不构成犯罪则应当作法定不起诉处理，若被错误地作酌定不起诉处理，则会因该结论而影响其工作及家庭生活，仍然会对犯罪嫌疑人的合法权利造成侵害。在酌定不起诉程序中，为了切实保护被不起诉人的合法权利，我国《刑事诉讼法》第 181 条规定了被不起诉人具有救济权，当被不起诉人对酌定不起诉决定不服时，可以向人民检察院申诉，由检察机关决定是否立案复查。这一规定其实是在酌定不起诉程序中变相地赋予了被不起诉人辩护权，有效地保障了其合法权利。

对于人民检察院依照《刑事诉讼法》第 177 条第 2 款规定作出的不起诉决定，即酌定不起诉决定，被不起诉人不服，在收到不起诉决定书后 7 日以内提出申诉的，应当由作出决定的人民检察院负责捕诉的部门进行复查；被不起诉人在收到不起诉决定书 7 日以后提出申诉的，由负责控告申诉检察的部门进行审查。经审查，认为不起诉决定正确的，出具审查结论直接答复申诉人，并做好释法说理工作；认为不起诉决定可能存在错误的，移送负责捕诉的部门复查。人民检察院应当将复查决定书送达被不起诉人、被害人。复查后，撤销不起诉决定，变更不起诉的事实或者法律依据的，应当同时将复查决定书抄送移送起诉的监察机关或者公安机关。被不起诉人提出申诉时，应当递交申诉书，写明申诉理由，没有书写能力的，也可以口头提出申诉，人民检察院应当根据其口头提出的申诉制作笔录。

3. 监察机关、公安机关对检察机关不起诉权的制约

（1）监察机关对检察机关不起诉权的制约。根据《人民检察院刑事诉讼规则》《监察法实施条例》的规定，对于监察机关移送起诉的案件，检察机关决定不起诉的，应当将不起诉决定书送达监察机关。监察机关认为检察机关不起诉决定有错误的，应当在收到不起诉决定书后 30 日以内，依法向其上一级检察机关提请复议。监察机关应当将上述情况及时向上一级监察机关书面报告。上一级检察机关应当在收到监察机关的提请复议意见书后 30 日以内，经检察长批准，作出复议决定，通知监察机关。

（2）公安机关对检察机关不起诉权的制约。根据《人民检察院刑事诉讼规则》和《公安机关办理刑事案件程序规定》的规定，对于公安机关移送起诉的案件，人民检察院决定不起诉的，应当将不起诉决定书送达公安机关。公安机关认为人民检察院作出的不起诉决定有错误的，应当在收到不起诉决定书后 7 日以内制作要求复议意见书，经县级以上公安机关负责人批准后，移送人民检察院复议。人民检察院负责捕诉的部门应当另行指派检察官或者检察官办案组进行审查，并在收到要求复议意见书后 30 日以内，经检察长批准，作出复议决定，通知公安机关。要求复议的意见不被接受的，公安机关可以在收到人民检察院的复议决定书后 7 日以内制作提请复核意见书，经县级以上公安机关负责人批准后，连同人民检察院的复议决定书，一并提请上一级人民检察院复核。上一级人民检察院应当在收到提请复核意见书后 30 日以内，经检察长批准，作出复核决定，通知提请复核的公安机关和下级人民检察院。经复核认为下级人民检察院不起诉决定错误的，应当指令下级人民检察院纠正，或者撤销、变更下级人民检察院作出的不起诉决定。

4. 检察机关内部的监督制约

（1）对拟不起诉案件公开听证。听证是指人民检察院对于符合条件的案件，组织召开听证会，就事实认定、法律适用和案件处理等问题听取听证员和其他参加人意见的案件审查活动。检察机关可以对拟不

起诉的案件开展公开听证程序，充分听取各方意见，公开公正，对是否适用不起诉措施在程序和实体上都起到了良好的监督作用。根据最高人民检察院发布的《人民检察院审查案件听证工作规定》的规定，人民检察院办理拟不起诉案件，在事实认定、法律适用、案件处理等方面存在较大争议，或者有重大社会影响，需要当面听取当事人和其他相关人员意见的，经检察长批准，可以召开听证会。拟不起诉案件的听证会一般公开举行。人民检察院可以邀请与案件没有利害关系并符合条件的社会人士作为听证员。听证会参加人员除听证员外，可以包括案件当事人及其法定代理人、诉讼代理人、辩护人、第三人、相关办案人员、证人和鉴定人以及其他相关人员。公开听证的案件，公民可以申请旁听，人民检察院可以邀请媒体旁听。人民检察院充分听取各方意见后，根据已经查明的事实、证据和有关法律规定，能够当场作出决定的，应当由听证会主持人当场宣布决定并说明理由；不能当场作出决定的，应当在听证会后依法作出决定，向当事人宣告、送达，并将作出的决定和理由告知听证员。

（2）检察机关的自我监督。根据《人民检察院刑事诉讼规则》第388条规定，人民检察院发现不起诉决定确有错误，符合起诉条件的，应当撤销不起诉决定，提起公诉。检察机关可以通过案件管理部门以办案系统开展日常监督、检务督察部门对案件评查监督等措施开展自我监督。

（3）上级检察机关的监督。上级检察机关的监督制约也是保证正确行使不起诉权，有效保障人权的重要手段。根据《人民检察院刑事诉讼规则》第389条的规定，最高人民检察院对地方各级人民检察院的起诉、不起诉决定，上级人民检察院对下级人民检察院的起诉、不起诉决定，发现确有错误的，应当予以撤销或者指令下级人民检察院纠正。根据检察一体化的要求，上级检察机关对于申诉、审查、复核、备案、检查中发现的下级检察机关确有错误的不起诉决定，有权予以撤销，指令提起公诉；对于应作不起诉处理的案件而错误地提起公诉的，也有权撤销或指令纠正。

六、文书样式及范例

(一) 文书样式

1. 法定不起诉决定书样式

××××人民检察院

不起诉决定书

××检××刑不诉〔20××〕×号

被不起诉人……〔写明姓名、性别、出生年月日、公民身份号码、民族、文化程度、职业或工作单位及职务(国家机关工作人员利用职权实施的犯罪,应当写明犯罪期间在何单位任何职)、户籍地、住址(被不起诉人住址写居住地,如果户籍所在地与暂住地不一致的,应当写明户籍所在地和暂住地),是否受过刑事处罚,采取强制措施的种类、时间、决定机关等。〕

(如系被不起诉单位,则应写明名称、住所地等)

辩护人……(写姓名、单位)。

本案由×××(监察/侦查机关名称)调查/侦查终结,以被不起诉人×××涉嫌××罪,于×年×月×日向本院移送起诉。

(如果是自侦案件,此处写"被不起诉人×××涉嫌××一案,由本院侦查终结,于×年×月×日移送起诉或不起诉。"如果案件是其他人民检察院移送的,此处应当将指定管辖、移送单位以及移送时间等写清楚。)

(如果案件曾经退回补充调查/侦查,应当写明退回补充调查/侦查的日期、次数以及再次移送起诉时间。)

经本院依法审查查明:

〔如果是根据刑事诉讼法第十六条第(一)项即监察/侦查机关移送起诉认为行为构成犯罪,经检察机关审查后认定行为情节显著轻微、危害不大，不认为是犯罪而决定不起诉的，则不起诉决定书应当先概述监察/侦查机关移送起诉意见书认定的犯罪事实（如果是检察机关的自侦案件，则这部分不写），然后叙写检察机关审查认定的事实及证据，重点反映显著轻微的情节和危害程度较小的结果。如果是行为已构成犯罪，本应当追究刑事责任，但审查过程中有刑事诉讼法第十六条第（二）至（六）项法定不追究刑事责任的情形，因而决定不起诉的，应当重点叙明符合法定不追究刑事责任的事实和证据，充分反映出法律规定的内容。如果是根据刑事诉讼法第一百七十七条第一款中的没有犯罪事实而决定不起诉的，应当重点叙明不存在犯罪事实或者犯罪事实并非被不起诉人所为。］

本院认为，×××（被不起诉人的姓名）的上述行为，情节显著轻微、危害不大，不构成犯罪。依照《中华人民共和国刑事诉讼法》第十六条第（一）项和第一百七十七条第一款的规定，决定对×××（被不起诉人的姓名）不起诉。

（如果是根据刑事诉讼法第十六条第（二）至（六）项法定不追究刑事责任的情形而决定的不起诉，重点阐明不追究被不起诉人刑事责任的理由及法律依据，最后写不起诉的法律依据。如果是根据刑事诉讼法第一百七十七条第一款中的没有犯罪事实而决定不起诉的，指出被不起诉人没有犯罪事实，再写不起诉的法律依据。）

查封、扣押、冻结的涉案款物的处理情况。

被害人如果不服本决定，可以自收到本决定书后七日以内向×××人民检察院申诉，请求提起公诉；也可以不经申诉，直接向×××人民法院提起自诉。

××××人民检察院

20××年×月×日

（院印）

2. 酌定不起诉决定书样式

××××人民检察院

不起诉决定书

××检××刑不诉〔20××〕×号

被不起诉人……〔写明姓名、性别、出生年月日、公民身份号码、民族、文化程度、职业或工作单位及职务（国家机关工作人员利用职权实施的犯罪，应当写明犯罪期间在何单位任何职）和户籍地、住址（被不起诉人住址写居住地，如果户籍所在地与暂住地不一致的，应当写明户籍所在地和暂住地），是否受过刑事处罚，采取强制措施的种类、时间、决定机关等。〕

（如系被不起诉单位，则应写明名称、住所地等）

辩护人……（写姓名、单位）。

本案由×××（监察/侦查机关名称）调查/侦查终结，以被不起诉人×××涉嫌××罪，于×年×月×日向本院移送起诉。

（如果是自侦案件，此处写“被不起诉人×××涉嫌××一案，由本院调查/侦查终结，于×年×月×日移送起诉或不起诉。”如果案件是其他人民检察院移送的，此处应当将指定管辖、移送单位以及移送时间等写清楚。）

（如果案件曾经退回补充侦查，应当写明退回补充侦查的日期、次数以及再次移送起诉时间。）

经本院依法审查查明：

……

（概括叙写案件事实，其重点内容是有关被不起诉人具有的法定情节和检察机关酌情作出不起诉决定的具体理由的事实。要将检察机关审查后认定的事实和证据写清楚，不必叙写调查/侦查机关移送审查时认定的事实和证据。对于证据不足的事实，不能写入不起诉决定书中。在事实部分中表述犯罪情节时应当以犯罪构成要件为标准，还要将体现其情节轻微的事实及符合不起诉条件的特征叙述清楚。叙述事实之后，应当将证明“犯罪情节”的各项证据一一列举，以阐明犯罪情节如何轻微。)

本院认为，×××实施了《中华人民共和国刑法》第××条规定的行为，但犯罪情节轻微，具有×××情节（此处写明认罪认罚、从轻、减轻或者免除刑事处罚具体情节的表现），根据《中华人民共和国刑法》第××条的规定，不需要判处刑罚（或者免除刑罚）。依据《中华人民共和国刑事诉讼法》第一百七十七条第二款的规定，决定对×××（被不起诉人的姓名）不起诉。

查封、扣押、冻结的涉案款物的处理情况。

被不起诉人如不服本决定，可以自收到本决定书后七日内向本院申诉。

被害人如不服本决定，可以自收到本决定书后七日以内向×××人民检察院申诉，请求提起公诉；也可以不经申诉，直接向×××人民法院提起自诉。

××××人民检察院
20××年×月×日
（院印）

3. 存疑不起诉决定书样式

××××人民检察院

不起诉决定书

××检××刑不诉〔20××〕×号

被不起诉人……〔写明姓名、性别、出生年月日、公民身份号码、民族、文化程度、职业或工作单位及职务（国家机关工作人员利用职权实施的犯罪，应当写明犯罪期间在何单位任何职）和户籍地、住址（被不起诉人住址写居住地，如果户籍所在地与暂住地不一致的，应当写明户籍所在地和暂住地），是否受过刑事处罚，采取强制措施的种类、时间、决定机关等。]

（如系被不起诉单位，则应写明名称、住所地等）

辩护人……（写姓名、单位）。

本案由×××（监察/侦查机关名称）调查/侦查终结，以被不起诉人×××涉嫌××罪，于×年×月×日移送本院审查起诉。

（如果是自侦案件，此处写“被不起诉人×××涉嫌××一案，由本院侦查终结，于×年×月×日移送起诉或不起诉。”如果案件是其他人民检察院移送的，此处应当将指定管辖、移送单位以及移送时间等写清楚。）

（如果案件曾经退回补充调查/侦查，应当写明退回补充调查/侦查的日期、次数以及再次移送起诉时间。）

×××（侦查机关名称）移送起诉认定……（概括叙述监察/侦查机关认定的事实），经本院审查并退回补充调查/侦查，本院仍然认为×××（监察/侦查机关名称）认定的犯罪事实不清、证据不足（或本案证据不足）（应当概括写明事实不清、证据不足的具体情况），不符合起诉条件。依照《中华人民共和国刑事诉讼法》第一百七十五条第四款的规定，决定对×××（被不起诉人的姓名）不起诉。

（如系检察机关直接受理案件，则写为：本案经本院侦查终结后，在审查起诉期间，经两次补充侦查，本院仍认为本案证据不足，不符合起诉条件。依照《中华人民共和国刑事诉讼法》第一百七十五条第四款的规定，决定对×××不起诉。）

查封、扣押、冻结的涉案款物的处理情况。

被害人如不服本决定，可以自收到本决定书后七日以内向××人民检察院申诉，请求提起公诉；也可以不经申诉，直接向××人民法院提起自诉。

××××人民检察院

20××年×月×日

（院印）

4. 附条件不起诉决定书样式

××××人民检察院

附条件不起诉决定书

××检未附不诉〔20××〕××号

犯罪嫌疑人……（写明姓名、曾用名、与案情有关的别名、化名、绰号、性别、出生年月日、公民身份号码、民族、文化程度、职业或者工作单位及职务、出生地、户籍所在地、住址。）作为适用附条件不起诉依据的曾受刑事处罚、行政处罚的情况。因涉嫌××（案由）罪，经×××（决定机关）批准/决定，于×年×月×日由×××（执行机关）执行×××（强制措施名称），延长刑事拘留期限及延长、重新计算、中止侦查等羁押期限变化的情况……

法定代理人……（姓名、与犯罪嫌疑人的关系、住址。）

辩护人……（写明姓名、×律师事务所律师，如系法律援助律师的，应注明指派的法律援助中心；不是律师的写单位、职务或职业。）

本案由×××（侦查机关）侦查终结，以犯罪嫌疑人×××涉嫌××（案由）罪，于×年×月×日向本院移送审查起诉。（如果案件是其他人民检察院移送的，此处应将指定管辖、移送单位以及移送时间等写清楚。）本院受理后，于×年×月×日已告知犯罪嫌疑人及其法定代理人有权委托辩护人，×年×月×日已告知被害人及其法定代理人（近亲属）有权委托诉讼代理人；为犯罪嫌疑人×××落实了法律援助；对其进行了社会调查（或委托×××单位进行了社会调查）；依法讯问了犯罪嫌疑人，其法定代理人（合适成年人）到场；并就是否适用附条件不起诉听取了侦查机关、被害人及其法定代理人、未成年犯罪嫌疑人及其法定代理人、辩护人的意见，未成年犯罪嫌疑人及其法定代理人对适用附条件不起诉无异议。经审查，于×年×月×日（一次退查日期、二次退查日期）退回补充侦查，侦查机关于×年×月×日补充侦查完毕，移送本院审查起诉。本院于×年×月×日（一次延长日期、二次延长日期、三次延长日期）延长审查起诉期限（×次）（各）十五日。

1. 对于侦查机关移送审查起诉后变更管辖权的，表述为：“本案由×××（侦查机关）侦查终结，以犯罪嫌疑人×××涉嫌×罪，于×年×月×日移送×××人民检察院审查起诉。×××人民检察院经审查，于×年×月×日移送（或者报送、交由）本院审查起诉。本院受理后……（同前项内容）。”

2. 对于因上级检察机关指定而变更管辖权的，表述为：“本案由×××（侦查机关）侦查终结，以犯罪嫌疑人×××涉嫌×罪，于×年×月×日移送×××人民检察院审查起诉，后经×××人民检察院指定，于×年×月×日移送（或者报送、交由）本院审查起诉。本院受理后，……（同前项内容）。”

3. 对于退回补充侦查的，在“审查了全部案件材料”后写明：“经审查，于×年×月×日（和×年×月×日两次）退回补充侦查，侦查机关补充侦查完毕后，于×年×月×日（最终补充侦查完毕时间）移送本院审查起诉。”

4. 对于审查起诉阶段进行精神病鉴定的，在“审查了全部案件材料”后写明：“其间，于×年×月×日至×年×月×日对犯罪嫌疑人×××作精神病鉴定。”

5. 对于进行不公开听证审查的，在上述内容后写明：“×年×月×日，本院对本案进行不公开听证审查，听取了侦查机关、犯罪嫌疑人×××及其法定代理人×××、辩护人×××以及×××（具体写明其他参加人员及诉讼身份）的意见。”

经本院依法审查查明：

……（概括叙写案件事实，要将检察机关审查后认定的事实写清楚，不必叙写侦查机关移送审查起诉时认定的事实，重点叙写犯罪嫌疑人符合附条件不起诉法定条件的事实尤其是其悔罪表现及监管帮教条件。）

认定上述事实的证据如下：

……

（要将证明犯罪嫌疑人符合附条件不起诉法定条件的证据，按照证据种类写明具体名称并概述其证明内容，与认定的事实相对应，确保全部事实均有充分的证据证实。）

根据《中华人民共和国刑事诉讼法》第二百七十九条，本院（委托

×××）对犯罪嫌疑人×××进行了社会调查，经调查查明：……（叙写经社会调查查明的事实）

本院认为，犯罪嫌疑人×××实施了《中华人民共和国刑法》第×条规定的行为，但具有……等情节（写明法定和酌定量刑情节），可能判处一年有期徒刑以下刑罚，符合起诉条件，并具有悔罪表现。根据《中华人民共和国刑事诉讼法》第二百八十二条第一款的规定，决定对×××（犯罪嫌疑人的姓名）附条件不起诉。考验期为×个月，从××年×月×日至××年×月×日止。

考验期内，犯罪嫌疑人×××应当遵守《中华人民共和国刑事诉讼法》第二百八十三条第三款的规定：

（一）遵守法律法规，服从监督；

（二）按照考察机关的规定（报告的时间，方式）报告自己的活动情况；

（三）离开所居住的市、县或者迁居，应当报经考察机关批准；

（四）按照考察机关的要求接受矫治教育：（可以参考《人民检察院刑事诉讼规则》第四百七十六条，结合具体情况写明接受矫治教育的内容）。

……

在考验期内有《中华人民共和国刑事诉讼法》第二百八十四条第一款规定情形之一的，本院将撤销附条件不起诉的决定，提起公诉：

（一）实施新的犯罪或者发现决定附条件不起诉以前还有其他犯罪需要追诉的；

（二）违反治安管理规定或者考察机关有关附条件不起诉的监督管理规定，情节严重的。

在考验期内没有上述情形，考验期满的，本院将作出不起诉决定。

犯罪嫌疑人及其法定代理人如果对本决定有异议，可以向本院提出，本院将依法提起公诉。

被害人如果不服本决定，可以自收到本决定书后七日以内向×××人民检察院（此处应写明上一级人民检察院名称）申诉，请求提起公诉。

20××年×月×日

（院印）

5. 最高人民检察院核准的不起诉决定书样式

××××× 人民检察院

不起诉决定书

××检××刑不诉〔20××〕×号

被不起诉人〔写明姓名、性别、出生年月日、公民身份号码、民族、文化程度、职业或工作单位及职务（国家机关工作人员利用职权实施的犯罪，应当写明犯罪期间在何单位任何职）和户籍地、住址（被不起诉人住址写居住地，如果户籍所在地与暂住地不一致的，应当写明户籍所在地和暂住地），是否受过刑事处罚，采取强制措施的种类、时间、决定机关等。〕

（如系被不起诉单位，则应写明名称、住所地等）

辩护人……（写姓名、单位）。

本案由（侦查机关名称）侦查终结，以被不起诉人×××涉嫌××罪，于×年×月×日向本院移送起诉。

（如果案件曾经退回补充侦查，应当写明退回补充侦查的日期、次数以及再次移送起诉时间。）

经本院依法审查查明：

……

（概括叙写案件事实，并写明被不起诉人自愿如实供述涉嫌的犯罪事实，并具有重大立功等，有必要作不起诉处理的事实。要将检察机关审查后认定的事实和证据写清楚，不必叙写侦查机关移送审查时认定的事实和证据。对于证据不足的事实，不能写入不起诉决定书中。在事实部分中表述犯罪情节时应当以犯罪构成要件为标准，还要将体现其有必要作不起诉处理的因素叙述清楚。叙述事实之后，应当将证据一一列举。）

本院认为，×××实施了《中华人民共和国刑法》第××条规定的行为，因自愿如实供述涉嫌犯罪的事实，并有重大立功（或案件涉及国家重大利益)，经最高人民检察院核准，决定对（被不起诉人的姓名）不起诉。

查封、扣押、冻结的涉案款物的处理情况。

××××人民检察院
20××年×月×日
（院印）

（二）文书范例

范例一：上海市徐汇区人民检察院沈某某故意伤害案不起诉决定书

上海市徐汇区人民检察院

不起诉决定书*

沪徐检一部刑不诉〔2020〕××号

被不起诉人沈某某，男，1982年××月××日生，公民身份号码××××，汉族，初中文化，上海××有限公司门店店长，户籍在浙江省平湖市××村××号，住上海市黄浦区××路××号××室。因涉嫌故意伤害罪，经上海市公安局徐汇分局决定于2019年11月22日被取保候审。

辩护人康某，上海市××律师事务所律师。

本案由上海市公安局徐汇分局侦查终结，以被不起诉人沈某某涉嫌故意伤害罪，于2020年7月17日向本院移送审查起诉。本院受理后，于同月20日告知被不起诉人依法享有的诉讼权利和认罪认罚可能导致的法律后果，并函告被害人依法享有的诉讼权利；已依法讯问被不起诉人，

* 此文书为法定不起诉决定书，收入时有删改。

听取被不起诉人和辩护律师的意见。

上海市公安局徐汇分局移送审查起诉认定：2019年3月20日21时许，被不起诉人沈某某在本市徐汇区龙华路××门口与被害人姚某某发生口角后，随即双方产生肢体冲突。随后沈某某报警时见被害人姚某某被他人劝离现场，其为了不让对方离开，双方再次发生肢体冲突引发互殴。经上海××司法鉴定所鉴定，被害人姚某某右侧桡骨干粉碎性骨折，构成轻伤。2019年7月22日经上海市徐汇区××人民调解委员会调解，双方达成调解协议。

经本院依法审查查明：

2019年3月20日21时许，被害人姚某某与他人饮酒后至被不起诉人沈某某工作的龙华路××门店购物。因门店已过营业时间无法进行继续销售，沈某某要求姚某某和同行者韩某某离开门店，姚某某当即辱骂沈某某并将店内柜台上摆放的一瓶红酒砸碎。红酒被砸后，沈某某立即报警并试图阻止姚某某继续滋事，韩某某则将姚某某推离门店欲离开。沈某某见状追出门店，要求姚某某留在现场等候民警到场处理。姚某某再次返身对沈某某实施殴打。沈某某为阻止姚某某的加害行为，将姚某某抱摔在地，导致姚某某因被外力致右侧桡骨干粉碎性骨折，经鉴定构成轻伤；沈某某因外力作用致头皮挫伤，构成轻微伤。

2019年11月22日，被不起诉人沈某某接电话至公安机关配合调查的过程中，承认其为阻止被害人姚某某离开现场，将姚某某摔倒在地。

认定上述事实的证据如下：

1. 被不起诉人沈某某的供述和辩解；2. 书证：110报警记录、上海市公安局案（事）件接报回执单、受案登记表、验伤通知书、××医院影像诊断书、调解记录、调解协议书；3. 视听资料：相关监控录像；4. 上海××司法鉴定所司法鉴定意见书。

本院认为，被不起诉人沈某某为了使本人人身和公司的财产免受被害人姚某某正在进行的不法侵害，而采取的制止不法侵害的行为，属于正当防卫，根据《中华人民共和国刑法》第二十条第一款，不负刑事责任。依照《中华人民共和国刑事诉讼法》第一百七十七条第一款的规定，决定对沈某某不起诉。

被害人如果不服本决定，可以自收到本决定书后七日以内向上海市人民检察院第一分院申诉，请求提起公诉；也可以不经申诉，直接向上海市徐汇区人民法院提起自诉。

上海市徐汇区人民检察院
2020 年 9 月 1 日
（院印）

范例二：重庆市永川区人民检察院重庆市永川区某白石厂非法储存爆炸物案不起诉决定书

重庆市永川区人民检察院

不起诉决定书*

渝永检刑不诉〔2020〕××号

被不起诉人重庆市永川区××白石厂，成立于 1987 年 12 月 26 日，负责人：谭某 1，住所地：重庆市永川区××镇××村，经营范围：建筑石料用灰岩开采。

诉讼代表人：谭某 2，男，1969 年××月××日出生，公民身份号码××××，汉族，初中文化程度，重庆市永川区××白石厂员工，住重庆市永川区××镇××村××组××号。

本案由重庆市永川区公安局侦查终结，以被不起诉人涉嫌非法储存爆炸物罪，于 2020 年 8 月 20 日向本院移送审查起诉。

经本院依法审查查明：

被不起诉人重庆市永川区××白石厂（以下简称××石厂）在重庆市永川区××镇××村有矿区，具有建筑石料用灰岩的矿产开采权，并经审批后建有炸药库用于保管矿区使用的炸药等物品。

* 此文书为酌定不起诉决定书，收入时有删改。

2019年7月18日，××石厂向重庆市规划和自然资源局提交了将采矿权转让变更至重庆××建材有限公司的信息公示申请资料。同年8月20日，重庆市规划和自然资源局在公众信息网发布该转让变更采矿权的公示，公示期为10个工作日。经公示期满、公示期间无异议，××石厂遂于同年9月18日向重庆市永川区规划和自然资源局提交了采矿权转让变更登记、延续登记申请资料。重庆市永川区规划和自然资源局受理申请后，于2019年9月30日颁发采矿许可证，该采矿许可证有效期限为2019年8月21日至2020年10月27日。

2019年8月期间，××石厂正在修建一条水泥路连接外面的道路，在自有矿区内使用炸药爆破等方式生产碎石用于修路。××石厂采矿许可证将于2019年8月21日到期，但采矿权转让变更、延续手续尚未办理完毕。2019年8月20日，××石厂实际控制人董某某与企业责任人、炸药库库管员谭某1商量此事，二人考虑到采矿许可证即将到期、炸药库即将被封，决定在炸药库封库前将部分炸药和雷管取出来后存放到其他地方，以便日后用于爆破碎石修路。2019年8月21日，重庆市永川区规划和自然资源局通知该厂停止采矿活动，谭某1于重庆市永川区公安局永荣派出所封库前发放了276千克炸药和190发雷管，后谭某1与爆破员朱某某、安全员谭某3将当日发放的炸药和雷管运到矿区进行爆破作业，爆破作业完成后，谭某1将剩余的48千克炸药和50发雷管未按规定退库，而是运到炸药库外值班室存放，并将炸药与雷管分开存放。后因之前储备的碎石不足以修完剩余道路，谭某1同朱某某、谭某3于当月25日将值班室存放的48千克炸药和50发雷管用于爆破碎石，并将碎石用于修建100米左右的剩余道路及为周边村民无偿修建300米左右的道路。

2019年9月10日19时许，董某某、谭某1接民警电话通知，于当日20时许主动到永川区公安局永荣派出所接受调查，如实供述了上述犯罪事实。

认定上述事实的证据如下：

1. 民用炸药领用登记表等书证；

2. 证人谭某3等人的证言；

3. 董某某、谭某1的供述和辩解。

本院认为，被不起诉人重庆市永川区××石厂实施了《中华人民共和国刑法》第一百二十五条规定的行为，但犯罪情节轻微，依法不需要判处刑罚。理由如下：

一、被不起诉人重庆市永川区××石厂的行为已构成非法储存爆炸物罪

被不起诉人重庆市永川区××石厂的实际控制人董某某与企业责任人、炸药库库管员谭某1为单位利益，共谋违反国务院《民用爆炸物品安全管理条例》第四十条“民用爆炸物品应当储存在专用仓库内，并按照国家规定设置技术防范设施”之规定，将应当在企业专用库房保存的爆炸物，在封库前转移至库房外进行非法存放，根据《中华人民共和国刑法》第一百二十五条之规定，已构成非法储存爆炸物罪。

二、本案不属于刑法第一百二十五条规定的“情节严重”情形

《中华人民共和国刑法》第一百二十五条第一款规定：“非法制造、买卖、运输、邮寄、储存枪支、弹药、爆炸物的，处三年以上十年以下有期徒刑；情节严重的，处十年以上有期徒刑、无期徒刑或者死刑。”最高人民法院《关于审理非法制造、买卖、运输枪支、弹药、爆炸物等刑事案件具体应用法律若干问题的解释》第二条规定，非法储存爆炸物5千克以上属于“情节严重”情形。本案涉案炸药共计48千克，从数量上来看已经达到“情节严重”的标准。但该司法解释第九条第一款、第二款又规定：“因筑路、建房、打井、整修宅基地和土地等正常生产、生活需要，或者因从事合法的生产经营活动而非法储存爆炸物……数量虽达到本解释第二条规定标准的，也可以不认定为刑法第一百二十五条第一款规定的情节严重。”本案中，涉案炸药虽已达到48千克，但董某某、谭某1、朱某某、谭某3等人均能够证实涉案炸药用于修建道路，且案发时从炸药库中剩余的1吨多炸药中仅取出其中的48千克炸药用于非法存放，从数量来看，也能够印证其非法存放爆炸物是为了将剩余道路按期修建完毕而非其他目的。因此，××石厂确因筑路的正常生活、生活需要，在采矿许可证未能按期延续办理、即将封库时将专用仓库内的爆炸物放于库外非法存放，周边无人员集中区域，未造成现实危害后果，符合该司法解释第九条第二款的规定，不属于“情节严重”的情形。

三、被不起诉人重庆市永川区××石厂犯罪情节轻微，其行为不需要判处刑罚

本案中，重庆市永川区××石厂之所以非法储存爆炸物，在于修建道路过程中出现了阻碍事由，即企业采矿许可证到期但变更、延续登记手续尚未办理完毕，导致企业炸药库被封后将无法使用炸药库内的炸药，因此以在库外存放的方式来进行规避此问题，该问题的产生本身与行政许可事项未能得到及时审批有一定关联。××石厂将爆炸物与雷管分开存放，客观上没有造成现实危害结果，系初犯，具有自首、认罪认罚的法定从轻、减轻处罚情节，认罪悔罪态度较好。××石厂所修建道路中有部分系为周边村民无偿修建，体现出企业在社会公益事业上作出的贡献。综合考虑前述情况，可以认定重庆市永川区××石厂的犯罪情节轻微，根据上述司法解释第九条第一款：“因筑路、建房、打井、整修宅基地和土地等正常生产、生活需要，或者因从事合法的生产经营活动而非法储存爆炸物，没有造成严重社会危害，并确有悔改表现的，可依法从轻处罚，情节轻微的，可以免除处罚”的规定，本案符合不起诉条件。

2020年8月24日，本院对本案进行公开审查听证。参与听证的人大代表、政协委员、人民监督员均认为，重庆市永川区××石厂的犯罪情节轻微，在当地作出了一定贡献，具有自首、认罪认罚等情节，同意对其作不起诉处理。本院采纳听证人员意见，依据《中华人民共和国刑事诉讼法》第一百七十七条第二款的规定，决定对重庆市永川区××石厂不起诉。

被不起诉人如不服本决定，可以自收到本决定书后七日内向本院申诉。

重庆市永川区人民检察院

2020年8月24日

（院印）

范例三：河北省石家庄市长安区人民检察院高某某非法经营案不起诉决定书

河北省石家庄市长安区人民检察院

不起诉决定书*

石长检刑不诉〔2023〕××号

被不起诉人高某某，男，1980年××月××日出生，公民身份号码××××，汉族，大学本科文化，系石家庄××投资咨询有限公司实际控制人。户籍所在地广东省深圳市南山区××路××号××栋××室，现住河北省石家庄市裕华区××号楼××室。2021年4月23日因涉嫌诈骗罪，被石家庄市公安局长安分局刑事拘留，同年5月28日被石家庄市公安局长安分局取保候审。2022年5月27日因涉嫌非法经营罪被本院取保候审。

辩护人刘某某，河北××律师事务所律师。

本案由石家庄市公安局长安分局侦查终结，以被不起诉人高某某涉嫌非法经营罪，于2022年5月27日向本院移送起诉。本院于2022年12月27日第一次退回侦查机关补充侦查，侦查机关于2023年1月27日补查重报。

石家庄市公安局长安分局移送起诉认定：自2019年7月以来，石家庄××投资咨询有限公司实际控制人高某某、期货营销经理杨某某、期货营销组长林某某等人在上述公司没有经过主管部门批准及没有期货从业资质的情况下，与河北××甲有限公司（2021年4月30日变更为河北××乙有限公司）签订了《期货居间业务协议》，在石家庄市长安区××楼雇佣部分没有期货从业资质的人员，通过从抖音、快手、微信、QQ等社交软件中获取到的公民信息引诱这些人注册期货账号，而后通过在QQ群、微信群内发布没有专业依据的交易预测信息，为投资客户提供期货投资咨询业务，诱导客户进行期货交易，从而赚取手续费。经查询该公司的工商注册信息发现该公司的其中一项经营范围是投资咨询（金融、

---

* 此文书为存疑不起诉决定书，收入时有删改。

证券、期货、教育除外）。经查，该公司在经营期货业务期间，向河北××经纪有限公司介绍客户共计554人，其中发生交易客户382人，入金额共计61601860.98元，总手续费共计2291156.51元，非法获利1211663.74元，其中期货营销一组组长林某某发展客户120人，其中发生交易客户115人，涉及入金额共计16993045.88元，总手续费共计883943.55元，获得提成64124.47元。××乙有限公司无法提供石家庄××有限公司给其介绍的客户在期货交易中实际交易的累计金额（即保证金金额，详见××乙有限公司出具的说明）。高某某承诺给杨某某百分之五的公司分红，但案发时公司还没有分过红。

经本院审查并退回补充侦查，本院仍然认为石家庄市公安局长安分局认定的犯罪事实不清、证据不足。现有证据不足以证实高某某实施了期货经纪业务、期货咨询业务等需国家有关主管部门批准的期货业务行为，不符合起诉条件。依照《中华人民共和国刑事诉讼法》第一百七十五条第四款的规定，决定对高某某不起诉。

石家庄市长安区人民检察院

2023年2月24日

（院印）

范例四：江苏省涟水县人民检察院张某某聚众斗殴案附条件不起诉决定书

江苏省涟水县人民检察院

附条件不起诉决定书*

涟检未附不诉〔2021〕××号

犯罪嫌疑人张某某，男，2004年3月12日出生，公民身份号码

* 此文书为附条件不起诉决定书，收入时有删改。

××××，汉族，高中文化，涟水县××中学学生，住涟水县××镇××村××号。犯罪嫌疑人张某某因涉嫌聚众斗殴罪，于2020年12月17日被涟水县公安局取保候审。

法定代理人张××，系犯罪嫌疑人张某某父亲，住涟水县××镇××村××号。

辩护人赵某某，江苏××律师事务所律师，系涟水县法律援助中心指派。

本案由涟水县公安局侦查终结，以犯罪嫌疑人张某某涉嫌聚众斗殴罪，于2021年8月24日向本院移送审查起诉。本院受理后，于同日已告知犯罪嫌疑人张某某及其法定代理人有权委托辩护人；为犯罪嫌疑人张某某落实了法律援助；对其进行了社会调查；依法讯问了犯罪嫌疑人张某某，其法定代理人到场；并就是否适用附条件不起诉听取了侦查机关、未成年犯罪嫌疑人张某某及其法定代理人、辩护人的意见，未成年犯罪嫌疑人张某某及其法定代理人对适用附条件不起诉无异议。

经本院依法审查查明：

2020年9月30日20时许，犯罪嫌疑人张某某明知张某鹏、范某某等人与朱某某、顾某某等人相约斗殴，仍受张某鹏纠集到涟水县××镇××KTV附近参与斗殴。其间，犯罪嫌疑人张某某在看到张某鹏被顾某某持钢管殴打时，采用膝盖顶、扇耳光等方式对朱某某实施殴打，后被朱某某用瓦刀划伤左耳。经鉴定，张某某身体所受损伤程度属轻微伤。

2020年12月17日，犯罪嫌疑人张某某被传唤到案，后如实供述全部犯罪事实。

认定上述事实的证据如下：

1. 户籍信息、聊天记录截图等书证；

2. 证人陈某某、李某某等人的证言；

3. 犯罪嫌疑人张某某及同案关系人张某鹏、朱某某等人的供述和辩解；

4. 涟水县公安局物证鉴定室出具的鉴定意见。

根据《中华人民共和国刑事诉讼法》第二百七十九条，本院对犯罪嫌疑人张某某进行了社会调查，经调查查明：犯罪嫌疑人张某某自幼表现良好，无违法犯罪前科劣迹。案发前其父亲因生意失败，心情郁闷，经常酒后与他人发生纠纷，为张某某提供了消极的榜样。其母亲因忙于生计，与子女缺乏沟通交流，导致张某某与社会闲散人员交往过密，意气用事。案发后，张某某深刻认识错误，自愿认罪认罚。经对其父母开展家庭教育指导，其父亲已认识到自己行为对孩子的负面影响，已到附近的养殖场上班，经济收入稳定。其母亲亦表示愿意付出更多的时间陪伴、交流，加强管教。其所在学校愿意选派专门老师关注张某某心理动态，配合监督帮教，具备有效监护条件和社会帮教条件。

本院认为，犯罪嫌疑人张某某实施了《中华人民共和国刑法》第二百九十二条规定的行为，但具有犯罪时系未成年人、坦白、自愿认罪认罚等情节，另其在校成绩优良，此次斗殴系被他人纠集，因法治意识淡薄、朋友义气、一时冲动而实施斗殴行为，可能判处一年有期徒刑以下刑罚，符合起诉条件，并具有悔罪表现。根据《中华人民共和国刑事诉讼法》第二百八十二条第一款的规定，决定对犯罪嫌疑人张某某附条件不起诉。考验期为六个月，从2021年9月24日至2022年3月23日止。

考验期内，犯罪嫌疑人张某某应当遵守《中华人民共和国刑事诉讼法》第二百八十三条第三款的规定：

（一）遵守法律法规，服从监督；

（二）按照考察机关的规定报告自己的活动情况；

（三）离开所居住的市、县或者迁居，应当报经考察机关批准；

（四）按照考察机关的要求接受矫治教育。

在考验期内有《中华人民共和国刑事诉讼法》第二百八十四条第一款规定情形之一的，本院将撤销附条件不起诉的决定，提起公诉：

（一）实施新的犯罪或者发现决定附条件不起诉以前还有其他犯罪需要追诉的；

（二）违反治安管理规定或者考察机关有关附条件不起诉的监督管理

规定，情节严重的。

在考验期内没有上述情形，考验期满的，本院将作出不起诉决定。

犯罪嫌疑人及其法定代理人如果对本决定有异议，可以向本院提出，本院将依法提起公诉。

江苏省涟水县人民检察院
2021年9月24日
（院印）

专题十二

如何撰写刑事抗诉书

一、基本概念

检察机关是国家的法律监督机关，对刑事诉讼活动实行法律监督。检察机关依法对刑事审判活动进行监督，是我国宪法和法律确立的一项重要的诉讼原则，也是宪法和法律赋予检察机关的一项重要职能。刑事抗诉是国家赋予检察机关的专有权力，是刑事审判监督的重要手段，也是对法院刑事审判活动进行监督最重要、最有效的途径，[①] 其法理基础在于权利保障和权力制约，以保障被告人得到公正处理，做到无罪不罚、罚当其罪，同时监督制约法院的审判权，维护司法的实体公正和程序公正。[②] 检察机关通过抗诉的方式表达异议，能够完成法律适用的把关职责，对于维护当事人合法权益，促进司法公正，保证法律统一正确实施，树立和维护法治权威具有重要意义。

法治的权威和内生动力来自人民群众的内心拥护和真诚信仰，检察机关的刑事审判监督职能根植于中国司法实践厚土，具有鲜明的人民性。随着中国特色社会主义进入新时代，人民群众在民主、法治、公平、正义、安全、环境等方面都有了新的更高水平、内涵更丰富的要求，检察机关以法治之力服务“中国之治”、服务中国式现代化的责任更重。检察机关要在习近平新时代中国特色社会主义思想的科学指引下，积极适应刑事诉讼制度改革和检察改革的要求，不断强化抗诉意识、创新抗诉工作方式方法、提升抗诉监督质效，实现政治效果、社会效果、法律效果的有机统一。

刑事抗诉书是检察机关发现法院的刑事判决、裁定确有错误，依法按照第二审程序或者再审程序，向法院提出抗诉而制作的具有法律效力的司法文书。刑事抗诉书是检察机关进行法律监督的重要载体，能够引发启动二审或再审程序的法律后果。同理，因刑事诉讼中的抗诉分为二审程序抗诉和再审程序抗诉（也称审判监督程序抗诉），刑事抗诉书也分

---

① 参见元明：《刑事抗诉工作的定位与强化》，载《人民检察》2021年第21—22期。

② 参见元明、施鹏鹏、王洋：《新时代加强刑事抗诉工作的路径探索》，载《人民检察》2022年第17期。

为二审抗诉书和再审抗诉书两种类型。其中，二审抗诉书是地方各级人民检察院认为同级人民法院第一审判决或者裁定确有错误，在法定期限内向上一级人民法院提出抗诉时所制作的抗诉书；再审抗诉书是最高人民检察院发现各级人民法院已经发生法律效力的判决或裁定，上级人民检察院发现下级人民法院已经发生法律效力的判决或裁定确有错误，从而向同级人民法院提出抗诉时制作的抗诉书。

二、文书制作依据

（一）法律规定

《刑事诉讼法》分别从宏观、微观两种不同角度明确规定了检察机关刑事抗诉权。如《刑事诉讼法》第 8 条规定，人民检察院依法对刑事诉讼实行法律监督；第 209 条规定，人民检察院发现人民法院审理案件违反法律规定的诉讼程序，有权向人民法院提出纠正意见；第 228 条规定，地方各级人民检察院认为本级人民法院第一审的判决、裁定确有错误的时候，应当向上一级人民法院提出抗诉；第 229 条规定，被害人及其法定代理人不服地方各级人民法院第一审判决的，自收到判决书后 5 日以内，有权请求人民检察院提出抗诉；第 254 条第 3 款规定，最高人民检察院对各级人民法院已经发生法律效力的判决和裁定，上级人民检察院对下级人民法院已经发生法律效力的判决和裁定，如果发现确有错误，有权按照审判监督程序向同级人民法院提出抗诉。

（二）司法解释及相关文件规定

《人民检察院刑事诉讼规则》对刑事抗诉作了明确规定。如第 551 条第 1 款规定，人民检察院对刑事诉讼活动实行法律监督，发现违法情形的，依法提出抗诉、纠正意见或者检察建议；第 572 条第 1 款规定，人民检察院在审判活动监督中，发现人民法院或者审判人员审理案件违反法律规定的诉讼程序，应当向人民法院提出纠正意见；第 583 条规定，人民检察院依法对人民法院的判决、裁定是否正确实行法律监督，对人民法院确有错误的判决、裁定，应当依法提出抗诉；第 595 条第 2、3 款规定，地方各级人民检察院对不服同级人民法院已经发生法律效力的判决、裁定的申诉复查后，认为需要提出抗诉的，应当提请上一级人民检察院抗诉。上级人民检察院对下一级人民检察院提请抗诉的申诉案件进行审查后，认为需要提出抗诉的，应当向同级人民法院提出抗诉。

此外，近年来最高人民检察院还出台了多份关于刑事抗诉的司法文件，分别是《关于刑事抗诉工作的若干意见》（2001年）、《关于进一步加强刑事抗诉工作强化审判监督的若干意见》（2006年）、《关于加强和改进刑事抗诉工作的意见》（2014年）、《人民检察院刑事抗诉工作指引》（2018年），对指导刑事抗诉工作发挥了重要作用。

三、文书结构

根据《人民检察院刑事诉讼法律文书格式样本（2020版）》，刑事抗诉书分为二审程序刑事抗诉书和再审程序刑事抗诉书两类。

（一）二审程序刑事抗诉书

二审程序刑事抗诉书由首部、原审判决（裁定）情况、检察机关审查意见和抗诉理由、结论性意见、法律根据、决定和要求事项、尾部及附注等部分组成。

1. 首部。首部需注明所在省（自治区、直辖市）的名称，不能只写地区级市、县、区院名。如果是涉外案件，要冠于“中华人民共和国”字样。文号为××检××诉刑抗〔20××〕×号。

2. 原审判决（裁定）情况。本部分值得注意以下几个要点，一是被告人基本情况简要表述，仅要求列出姓名即可。二是案由方面如果检法两家认定罪名不一致时，应该分别表述。三是如果调查/侦查、起诉、审判阶段没有超时限等程序违法现象时，不必写明公安、检察与法院的办案经过，只简要写明法院判决、裁定的结果。

3. 检察机关审查意见和抗诉理由。审查意见部分的内容是检察机关对原审判决（裁定）的审查意见，目的是明确指出原审判决（裁定）的错误所在，告知二审法院，检察院抗诉的重点是什么，务必注意观点鲜明，简明扼要。抗诉理由方面，需针对事实确有错误、适用法律不当或者审判程序严重违法等不同情况分重点撰写。其一，如果法院认定的事实有误，则要针对原审裁判的错误之处，提出纠正意见，强调抗诉的针对性。对于有多起“犯罪事实”的抗诉案件，只叙写原判决（裁定）认定事实不当的部分，认定事实没有错误的，可以只肯定一句“对……事实的认定无异议”即可，突出检、法两家的争议焦点，体现抗诉的针对性。对于共同犯罪案件，也可以作类似处理，即只对原判决（裁定）漏定或错定的部分被告人犯罪事实重点叙述，对其他被告人的犯罪事实可简写或者不写。关于“证据部分”，应该在叙述事实时有针对性地列举证据，说明证据的内容要点及其与犯罪事实的联系。刑事抗诉书中不能追诉起诉书中没有指控的犯罪事实。如有自首、立功等情节，应在抗诉书中予以论述。其二，如果法院适用法律不当，则主要针对犯罪行为的本质特征，论述应该如何认定行为性质，从而准确适用法律。要从引用罪状、量刑情节等方面分别论述。其三，如果法院审判程序严重违法，抗诉书就应该主要根据刑事诉讼法及有关司法解释，逐个论述原审法院违反法定程序的事实表现，再写明影响公正判决的现实或可能性，最后阐述法律规定的正确诉讼程序。

4. 结论性意见、法律根据、决定和要求事项。结论性意见应当简洁、明确。在要求事项部分，应写明“特提出抗诉，请依法判处”。

5. 尾部及附注。署名部分落款为检察院名称并盖院印。附注部分表述为“附件”，对于未被羁押的原审被告人，应将住所或居所明确写明。证据目录和证人名单如果与起诉书相同可不另附。

（二）再审程序刑事抗诉书

再审程序刑事抗诉书由首部、原审被告人基本情况、诉讼过程、生效判决或裁定情况、对生效判决或裁定的审查意见（含事实认定）、抗诉理由、抗诉决定、尾部及附注等部分组成。

1. 首部。本部分与二审抗诉文书要求一致，需写明所在省（自治区、直辖市）的名称，不能只写地市院名；同样，如果涉外案件，需注明“中华人民共和国”字样。文号为××检××审刑抗〔20××〕×号。

2. 原审被告人基本情况。因抗诉模式不同，本部分要详细写明被告人出生日期、住址、公民身份号码、户籍地以及刑满释放或者假释的具体日期等信息。

3. 诉讼过程、生效判决或裁定情况。如果是一审生效判决或裁定，不仅要写明一审判决或裁定的主要内容，还要写明一审判决或裁定的生效时间。如果是二审终审的判决或裁定，应该分别写明一审和二审判决或裁定的主要内容，此外，还应该写明提起审判监督程序抗诉的原因。

4. 对生效判决或裁定的审查意见（含事实认定）和抗诉理由。事实认定与证据方面，对于原审判决、裁定中认定的事实或新发现的事实、证据，应该作比较详细的介绍。审查意见部分的内容是检察机关对原判决（裁定）的审查意见，目的是明确指出原判决（裁定）的错误所在，告知再审法院、检察院抗诉的重点是什么，需观点鲜明，简明扼要；抗诉理由部分同样分为事实确有错误、适用法律不当或审判程序严重违法三种情况，撰写格式、内容同前文二审抗诉理由要求。

5. 结论性意见、法律根据、决定和要求事项。结论性意见应当简洁、明确。在要求事项部分，应写明“特提出抗诉，请依法判处”。

6. 尾部及附注。需注意列明被告人（姓名）现服刑于某地或者现住某地等基本情况。其余要素同二审抗诉文书格式结构。

值得注意的是，2020 年 9 月，最高人民检察院印发的《人民检察院办理刑事申诉案件规定》配套文书格式样本规定了因刑事申诉而提起抗诉的刑事抗诉书样本，与前述文书结构基本一致，另需在原案诉讼过程部分交代申诉处理等情况。

四、文书制作要点

（一）总体原则

刑事抗诉是检察机关行使法律监督权的重要体现。作为监督权实现基本载体的刑事抗诉书，其质量高低对审判活动的公正性、事实认定的准确性和适用法律的正确性都会产生直接影响，是维护裁判公正的关键保障。因此，制作刑事抗诉书，格式规范、观点准确、说理透彻是基本要求。实践中刑事抗诉书质量不一，《人民检察院刑事诉讼法律文书格式样本（2020 版）》对刑事抗诉书基本要素的规范性要求相对宽泛，空白处较多，在制作时给检察官很大的发挥空间，很大程度上致刑事抗诉书个人风格凸显。

当前，业界主流观点均认为起诉书追求的核心价值是叙述性，要把案情说清楚、说明白，重点不在于论理。而对于刑事抗诉书，不论是现行制度规范、工作规定还是业界研究，均没有如起诉书般已形成完整说明体系。我们认为，如果说起诉书是一段记叙文，是基本功，那么刑事抗诉书要求叙述和说理相结合，就是技能进阶的以说理为主的驳论文，应论点鲜明、论据充分、论证严密，说理性是其核心价值。对于说理而言，逻辑性最为关键，但逻辑性须在叙述中体现出来，符合逻辑的叙述文字才能彰显说理的说服力。实现叙述和说理的有机结合，才能切实提高刑事抗诉书质量。

1. 叙述性要求

叙述主要是指抗诉书内容的取舍、排版及表述，通常要求做到要素统一、繁简得当及逻辑清晰。

（1）关于要素统一。如前所述，文书格式样本在内容方面规定较少，制作说明也较宽泛，故实践中叙述要素不统一现象并不鲜见。如原审判决、裁定部分，二审程序、审判监督程序刑事抗诉书格式样本均要求对原审裁判主要内容进行引述，引述的内容为判决书“判决如下”或裁定书“裁定如下”之后内容，但是否对裁判结果直接引用、原文引用则做法不一。不少抗诉书对原审裁判内容的引述过于简略甚至不引述，仅说明法院对此案作出了判决；与此相反，有些抗诉书对原审裁判内容引述又过多，甚至摘录原审判决中“本院认为”以后的全部文字，包括对被告人行为性质的认定、公诉机关及辩护人的意见采纳情况、判处刑罚、刑期的起止时间等等，导致引述内容篇幅明显过长。又如全案事实部分，格式样本要求概括叙述检察机关认定的事实、情节，但实践中同样做法不一。有的抗诉书在叙述原审判决、裁定后，会紧接着描述该案的案件事实，此后再叙述检察机关审查意见，不仅造成篇幅冗长、焦点模糊，甚至原审裁判的错误与大段叙述的案件事实没有关联。

（2）关于繁简得当。文书格式样本及制作说明同样对此没有明确规定，实践中如何把握并没有统一标准。总体而言，叙述繁简应从是否有利于诉讼价值来衡量。如抗诉审查意见部分，叙述的是原审裁判的错误，是否需叙述值得肯定部分做法不一。有些抗诉书甚至大段叙述原审裁判值得肯定之处再叙写错误之处，导致篇幅失衡、核心模糊。从抗诉的诉讼意义来看，是否指出原审裁判的正确之处并不会对抗诉产生实质影响，故并不具有叙述必要性。又如抗诉理由部分，该部分是抗诉书中最复杂也最难把握的，重点如检法争议点，实践中容易出现缺失或过简的情况。对原审判决事实认定错误的，往往仅简单罗列检法争议的事实，却不对争议点进行叙述以致抗点模糊；对原审判决适用法律错误的，仅直接分析具体错误却不分析争议点。

（3）关于逻辑清晰。相较于要素和繁简都是从内容角度对叙述提出要求，逻辑性则是从形式上保证内容叙述的呈现效果。逻辑不当体现在审查意见对原审裁判错误归类中尤为典型。根据文书格式样本，原审裁判的错误类型有认定事实错误、适用法律不当和审判程序严重违法三种。实践中抗诉审查意见部分的错误往往有：一是未对裁判错误进行归类，仅简单表述为“判决确有错误”，在此后具体的抗诉理由中再说明裁判错误之处；二是对裁判错误的归类逻辑混乱，如将原审裁判错误归纳为“该判决认定罪名不正确，适用法律错误，量刑情节认定有误，量刑失当”，但罪名认定与法定量刑情节认定均应属于适用法律错误；三是对裁判错误的归类逻辑不当，如针对法院判决认定的主从犯问题提出抗诉，将审查意见表述为“判决认定事实有误、适用法律错误、量刑不当”，但事实上检法对多名被告人在共同犯罪中的分工及行为认定并无分歧，仅针对其中某被告人的行为是否属于次要、辅助作用认识不同，而这属于法律适用，而非事实认定问题。此外，叙述性还要求表述客观。这点要求与起诉书并无二致，不可出现如“窜至”“猖狂”等有感情色彩和道德评价、“卖淫女”“无视国法”等有人格侮辱性、“老公”“老婆”等口语化及“盗窃”“抢劫”等在事实中直接进行法律评价的语句。同时，抗诉书中还应尤为注意表示程度的词语使用，如“适用法律错误，导致量刑明显不当”，这里的“明显”即带有较浓的主观色彩，应尽量避免。

2. 说理性要求

说理是刑事抗诉书制作的难点，但也是必然要求，重点体现在抗诉审查意见和抗诉理由两部分。实践中存在的问题主要有：一是观点不明。抗诉理由是审查意见的展开，一份抗诉书可能仅有一个审查意见却有多个抗诉理由来支持，每一个抗诉理由均应首先提炼出主要观点或裁判的具体错误。但实践中有些抗诉书在阐述每个抗诉理由时并没有先亮明主要观点而直接展开论述，阅读者需将整段抗诉理由读完才能明白主要观点。二是逻辑混乱。如抗诉理由部分，理应层次分明、逻辑清晰、环环相扣，按照事实认定、适用法律及审判程序的顺序来说明判决错误。有些抗诉书在抗诉理由部分，将事实认定、证据采信与法律适用等问题穿插论述，事实认定还没有充分说理就开始论述法律适用问题，此后又回到事实认定，层次不清，逻辑错误。事实上，事实认定和证据采信是适用法律的基础，只有先充分论证法院在认定事实和采信证据上的错误，才能进一步论证法院在法律适用上的问题，如将属于不同方面不同层次的问题并列、混杂说理，将使阅读者产生逻辑不清、层次不明的观感，自然抗诉效果无法保证。三是批驳不力。同样在抗诉理由部分问题较多，往往仅是公诉意见的重复和延续，而没有对裁判的错误针对性地进行论证和批驳，对法院判决改变指控的原因及错误没有充分分析和论证，甚至出现只立论不驳论的“翻版起诉书”“翻版公诉意见书”情况。以故意杀人案无罪判决为例，若抗诉理由仅有两点：第一，本案有证据证明被告人实施了故意杀人行为，其有罪供述与在案其他证据能够相互印证；第二，判决书判决被告人无罪属于适用法律不当，毫无疑问会非常苍白。有罪供述是否依法、真实、客观？有无同步录音录像印证？内容与同步录音录像是否一致？是否与证人证言、现场勘查情况之间存在矛盾？矛盾是否可以合理解释？供述的细节是否非亲历现场无法得知？等等。说理不透，逻辑链条不严密，自然无法实现有力批驳的效果。四是前后矛盾。抗诉审查意见与最终的结论性意见应保持内在的逻辑统一，通过抗诉理由的阐述能自然而然得出结论性意见。但有些抗诉书审查意见、抗诉理由和结论性意见前后矛盾，观点混乱。

具体而言，增强刑事抗诉书的说理性，应从论点鲜明、论据充足、论证有力、结构完整、逻辑严密等方面入手。一是要有明确的针对性。法院的裁判“确有错误”，何为确有错误之处，要明确指出具体错误之处之外，还要指出错误的性质和种类，观点鲜明。二是要有清晰的条理性。尤其是在不止一处错误的裁判中，主次如何区分，条理和层次如何展开对抗诉书的质量尤为关键。说理顺序以认定事实错误、适用法律不当和审判程序严重违法为佳，同种多处错误可以集中阐述，在指出裁判的某一处错误后，应用“一事一证一分析”“先驳后立”的方式先用事实、法律和理论进行批驳，指出错误原因，再提出正确结论。三是要有具体的反驳性。抗诉书不同于起诉书、公诉意见书，目的在于推翻原审裁判的结论，故叙述、说理均要体现驳论性，将法院裁判错误之处运用证据、法律和法理逐一驳斥、各个击破，若是自说自话式的仅立论，很难具有说服力。四是要有严密的逻辑性。论点阐明后，应综合运用判断、推理等符合客观规律的逻辑思维方法来证明论点。在对原审裁判进行批驳后，还要针对抗诉的观点进行立论性总结，提出抗诉诉求，逻辑严谨、结构完整。

此外，规范性也是刑事抗诉书的应有之义。实践中不少抗诉书存在两种抗诉书格式混用、法条引用错误、附注内容混乱、标点符号使用混淆等不规范情况，亟待重视。格式规范、表达严谨，方能充分体现抗诉决定的合法性与正当性。

（二）具体要领

1. 首部、原审判决、裁定情况、原审被告人基本情况

（1）关于首部。刑事抗诉书的首部由检察机关名称、文书名称和文号三部分组成。其中，检察机关的名称应为全称，即要注明所在省（自治区、直辖市）名称，不能只写地区级市、县、区院名；如果是涉外案件，要冠以“中华人民共和国”字样。此外，两种抗诉书文号不尽相同，文书格式样本中二审程序抗诉为××检××诉刑抗〔20××〕×号，而审判监督程序抗诉为××检××审刑抗〔20××〕×号，对于因申诉引发的审判监督程序抗诉为×检×部刑申抗〔　〕号。文号写在最右端，上下各空一行。

（2）关于原审判决、裁定情况。这部分的叙述要素主要有三点：原审判决、裁定的名称应叙述完整、清晰；案由名称要明确；要有判决、

裁定的结果。需指出的是，原审法院作出裁判的时间、检察机关提起公诉的时间无需叙述；原审裁判之前的情况，如果调查/侦查、起诉、审判阶段没有超时限等程序违法现象时，不必写明公安、检察与法院的办案经过，只简要写明法院判决、裁定的结果即可。关于案由，如果检法认定罪名不一致时，应分别表述。关于判决、裁定的结果，抗诉书的引用应进行直接全部引用，引用的内容从判决书“判决如下”或裁定书“裁定如下”之后的内容开始，不要进行概括式的说明，应客观、如实、全面反映原审判决、裁定情况。这是因为从抗诉书制作目的来看，其逻辑起点是原审判决、裁定，只有客观引用原审判决、裁定才能更好地向阅读者展示抗诉的基点，相较于检察官主观选择后的间接引用，直接引用无疑更为客观，也更有助于阅读者快速抓住审查意见中所提出的原审判决、裁定错误。如果审判监督程序抗诉对象是二审终审的判决、裁定，应分别写明一审和二审判决、裁定的主要内容，及提起审判监督程序抗诉的原因。对于共同犯罪案件，如果抗诉书只针对其中部分原审被告人的判决情况提出抗诉，在引用原审裁判结果时可以只引用该部分原审被告人的判决情况。此外，除原审判决、裁定主要内容外，还要写明原审判决、裁定的生效时间。对于因申诉引发的审判监督程序抗诉，应当写明申诉处理过程，对经过人民法院、人民检察院处理的，写明每一次的处理结论；再写明申诉人仍不服，本次申诉的相关理由。

（3）关于原审被告人基本情况。二审程序抗诉不写被告人的基本情况。在审判监督程序刑事抗诉书中，关于原审被告人的情况应依次写明姓名、性别、出生年月日、公民身份号码、民族、职业、单位及职务、住址/户籍地、服刑情况、刑满释放或假释的具体日期。实践中存在两个问题：一是冒用他人身份导致已生效裁判文书认定事实及适用法律错误的，原审被告人的基本情况描述没有统一标准；二是对已生效裁判文书中的部分原审被告人提出抗诉的，是要列明已生效裁判文书中的所有原审被告人还是仅列明被提出抗诉的原审被告人做法不同。我们认为，对于冒用他人身份致已生效裁判文书认定事实及适用法律错误的，应当以查明后行为人的真实身份情况进行描述；对于已生效裁判文书中的部分原审被告人提出抗诉的，只需列明被提出抗诉的原审被告人（被告单位）

基本情况即可。对两名以上原审被告人提出抗诉的，依犯罪事实情节由重至轻的顺序分别列出。

2. 抗诉意见

在文书格式样本中，两种抗诉书在抗诉审查意见部分要求不同，主要区别在于是否需要进行事实认定。

（1）关于事实认定。二审程序抗诉书无此要求，而审判监督程序抗诉书在格式样本中用了不少篇幅进行规制。在刑事抗诉书中载明足以支撑抗诉决定的事实与证据，是阐明抗诉决定合法性与正当性的必然要求。这部分要求概括叙述检察机关认定的事实、情节。应根据具体案件事实、证据情况，围绕刑法规定该罪构成要件特别是争议问题，简明扼要地叙述案件事实、情节。一般应当具备时间、地点、动机、目的、关键行为情节、数额、危害结果、作案后表现等有关定罪量刑的事实、情节要素。一案有数罪、各罪有数次作案的，应当依由重至轻或时间顺序叙述。对于原审判决、裁定中认定的事实或新发现的事实、证据，应作比较详细的介绍。在认定时，案件事实须是经审查认定的事实，检察机关在审查认定时未予以认定的，不能作为后续抗诉理由的事实依据。实践中刑事抗诉书的事实认定主要有这些难点：一是“案件事实”有特定内涵。抗诉依据的案件事实与原审裁判认定的案件事实并不等同。后者是经原审法庭调查、法庭辩论确认的事实，可能与起诉书认定的案件事实等同、交叉或排斥，是根据检察机关出具的证据经过法庭质证认定的，也是原审被告人应当承担刑事责任的最基本依据。法院的审判职责就是查明证据所指向的犯罪行为事实。而作为抗诉依据的案件事实，是证明本案存在抗诉事由的事实，与原审被告人的犯罪行为事实并不完全等同。当抗诉事由是《刑事诉讼法》第 238 条规定的相关事由时，抗诉书认定的事实就不是犯罪行为事实。如“违反本法有关公开审判的规定的”“违反回避制度的”“剥夺或者限制了当事人的法定诉讼权利，可能影响公正审判的”等，其实都是法官主持庭审活动、审判组织组成情况等相关事实，同样的情况还有《刑事诉讼法》第 253 条规定的“违反法律规定的诉讼程序，可能影响公正审判的”“审判人员在审理该案件的时候，有贪污受贿，徇私舞弊，枉法裁判行为的”，等等。这种与原审判决、裁定认定的犯罪行为事实的不同，对事实认定部分的制作带来不小挑战。二是新证据、新事实。若支持抗诉决定的证据属于“新证据”，刑事抗诉书应写明证据来源，是引导公安机关补充侦查取得，还是检察机关自行补充侦查后所获。新证据的出现会带来一系列连锁反应，对抗诉事实认定是极大的补强或补正，若进而形成“新事实”的，应详细展开参照起诉书指控犯罪事实的要求详细展开叙述，用白描的方式将新事实说清楚；若没有形成“新事实”，仅是原案证据的补强，则应围绕新证据与原案证据的印证、新证据对原案事实的支撑、新证据独特的作用等充分论证。三是选择性叙述。事实认定部分专门记载与抗诉决定相关的案件事实，抗诉理由部分也会涉及案件事实问题，对相关事实认定、证据采信等问题作较详细的展开论述，这就容易出现前后重复的情况。实践中不少抗诉书因重复、冗长进而导致焦点不明。我们认为，关于此种情况可以在事实认定部分只对与原审裁判认定事实不一致的内容进行简要说明，如“除××事实外，其他与××人民法院认定的事实一致”，或“××人民法院认定××事实缺乏证据证明，其他事实与××人民法院认定的事实一致”，在后续抗诉理由部分再对相关事实认定情况详细叙述、论证，效果更佳。

（2）关于审查意见。这部分内容是检察机关对原审判决、裁定的审查意见，目的是明确指出原审判决、裁定的错误所在，告知二审/再审法院，检察机关抗诉的重点是什么。应观点鲜明，简明扼要，与原审判决、裁定部分独立成段。制作审查意见部分，须有鲜明的论点，即应明确指出原审判决、裁定错误之处，再简洁明了表述检察机关抗点。切忌出现格式化倾向审查意见，不论抗诉事由为何，一律表述为“该判决认定事实、适用法律确有错误”甚至“该判决确有错误”。值得注意的是，错误之处核心在于原审判决的错误类型，共有认定事实错误、适用法律不当和审判程序严重违法三种，应避免使用“遗漏重要事实”“定性错误”“审判中存在程序违法情况”等表述方式，更不能不指出原审判决、裁定错误类型而直接展开说明具体错误。在具体叙述时，模式具有弹性。原审裁判是单一错误或复杂错误，叙述方式和重点也不同。一是单一类型错误的，可以采用两种叙述模式：“原审裁判错误类型”和“原审裁判错误类型+错误点”，这两种方式均应和抗诉理由部分的叙述有机结合。前者在抗诉理由部分应明确指出原审裁判的具体错误，再阐明抗诉理由，后者则可以在抗诉理由部分直接论证。二是复杂错误的，错误类型三占其二甚至更多，需叙述所有的错误类型。如不同错误类型之间没有逻辑关联，错误类型应按照审判程序严重违法、认定事实错误、适用法律不当的顺序展开，前后不应随意调整；如不同错误类型之间具有逻辑关联，则应按照逻辑关联的先后顺序展开叙述。需特别说明的是，三种错误类型中，适用法律不当可谓难点中的难点。准确适用法律在抗诉案件“先驳后立”中至关重要。一要寻找最接近案件事实的法条。适用法律须运用法律逻辑三段论，将法律规范作为大前提，将具体案件事实归属于犯罪构成要件以形成小前提，再通过三段论进行逻辑推理，历经“从具体事实到法定事实，从法定事实到法律规范，从法律规范到法律适用”的逻辑推理过程。其间特定案件事实可能与多个法条关联，为精准抗诉须寻找到与案件事实契合度最高的法条。当出现法条竞合时，应遵循“上位法优于下位法”“后法优于前法”“特别法优于一般法”等原则，适用内涵更丰富、映射案件事实更广泛的法条。二要恰当运用法律解释方法。法律解释是法律适用中至关重要的环节。方法有很多种，如文义解释、历史解释、目的解释、体系解释等，基本路径是扩张解释和限缩解释两种。抗诉案件检法对法律适用方面的争议本质上是法律解释权的争取和论辩，在社会转型的大背景下，必然有不少新矛盾、新问题、新案件是法条、司法解释尚未规定的，检察机关应积极运用扩张解释方法通过典型个案、系列类案的抗诉引导统一法律适用和价值取向。当然，对不利于原审被告人的扩张解释应尤为慎重。三要准确适用定罪量刑情节。有三个原则应重点把握：禁止重复评价，即将同一个情节既作为定罪依据，又用于量刑评价，如在交通肇事逃逸案中极易错误适用，而逃逸的重复评价也是检察机关抗诉的重要理由；定罪情节优先，在优先考虑定罪情节已经满足的情况下，再作为量刑情节考虑；多余定罪情节转化，如在抢劫案中，在同时满足多种情节下，多余的情节应转化为从重处罚的量刑情节，必然处罚应重于仅有一种情形的抢劫犯罪，这也是检察机关抗诉量刑是否畸轻畸重的典型。

3. 抗诉理由

抗诉理由部分是刑事抗诉书的核心，是最考验说理能力的正文部分，着力点在于反驳原裁判的错误观点，论证分析裁判错误的原因，并进而充分阐述和论证检察机关抗诉的观点和理由。从案件角度，这部分解决的是原审裁判错误在哪里、为什么错误、抗诉观点是什么、为什么应当抗诉的问题。一份高质量的刑事抗诉书在这部分定然是先驳论后立论，即先准确运用案件事实、法律及法理，剖析原审裁判错误之处，再充分论证检察机关抗诉意见。

（1）关于说理要求。在论证抗点时，对证据的可采信、适用的法律、对法律的正确理解等，都应遵守法律逻辑的严谨性、针对性要求，准确运用同一律、矛盾律、排中律等，直接揭示问题所在。一要观点正确。首先要选准驳论点，要在抗诉审查意见指出原审裁判错误的基础上，进一步归纳提炼错误之处的论点，须抓准关键进行批驳。实践中从抗诉效果来看，错误论点是否系真错误往往是检法争论的焦点，尤其在并非“硬伤”的案件中，对定罪量刑的认识分歧也是最难说服法院之处。故有不少抗诉书存在尽量多列抗点，除主要焦点外，细枝末节的瑕疵问题也一律列为抗点，以碰运气的方式以期法院择其中某点改判。我们认为，从抗诉权威性来看，提炼出来的错误论点应是原审裁判错误的核心根本问题，即直接关系案件定罪量刑的实质性问题，而不是那些细枝末节的与犯罪构成无关紧要的次要问题。其次要准确立论。立论的论点须观点鲜明，与驳论的论点对立，符合事实和法律并合乎法理，并能得到案件证据材料的支撑。二要理由充分。应根据不同的案件情况和不同的抗诉事由，善于运用事实、法律和法理，充分恰当展示抗诉理由。首先要论证充分。旁征博引但要客观真实。论证案件事实的，须来源合法并经查证属实；论证法律适用的，须为学界通说或已经达成普遍共识的法理，并能切合案情。其次要树立类案思维。个案存在争议的，应在案情事实和法律适用的论据之外，灵活运用指导性案例、典型案例、公告案例等，作为鲜明的例子直接展现权威性案例的指导性，使抗诉观点更具说服力。与之类似的，检察机关应重视类案抗诉，以一类案件共同存在的问题向原审法院展示，在增强抗诉公信力的同时，实现推动法律适用统一的司法价值。最后要重视个案差异。这与类案思维并不冲突，强调的是应根据个案的实际情况，灵活树立观点并展开论证，不能只重视“格式化”“规范化”，不论实际案情千篇一律阐述理由，更不能生搬硬套法律、法理。三要论证合理。论证的过程需运用法律逻辑方法，具有科学性、条理性和逻辑性，说理和观点之间要有必然的因果关系，得出的结论有且仅有一个，能深刻体现两者之间的内在逻辑关系，具体论证过程应层次分明、环环相扣，结论不能自相矛盾或违背常理。

（2）关于说理方法。需强调的是，关于原审判决的错误类型明确只有三种，但实践中刑事抗诉书的制作会出现不当的自行创新，典型的如不规范表述三种错误类型，将“认定事实错误”表述为“认定事实有误”，将“适用法律不当”表述为“适用法律不准确”，将“审判程序严重违法”表述为“审判程序存在问题”，不仅有违刑事抗诉书应有的规范、准确和严谨要求，也易引起阅读者对抗诉决定于法无据、是否小题大做的质疑。更有甚者，基于法律规范措辞的严谨性，某些措辞差别会导致表达含义大为不同，失之毫厘、谬以千里。与之相对的，我们不建议使用“瑕疵”“不妥”等较含糊的词论证抗诉理由。若原审判决、裁定确系存在采信证据错误、认定事实错误、适用法律错误等问题，用“瑕疵”“不妥”等表述不但有失严谨，且易引起检察机关吹毛求疵、急功近利的观感。具体而言，围绕三种错误类型，我们认为，对认定事实错误的论证须全面而有针对性；对适用法律不当的论证须合乎逻辑而有条理性；对审判程序严重违法的论证须精准而有公正性。

一是属于认定事实错误的，文书格式样本制作说明规定明确，应针对原审裁判的错误之处，提出纠正意见，强调抗诉的针对性。对于有多起“犯罪事实”的抗诉案件，只叙写原判决、裁定认定事实不当的部分，认定事实没有错误的，可以只肯定一句“对……事实的认定无异议”即可。突出检、法两家的争议重点，体现抗诉的针对性。对于共同犯罪案件，也可以作类似处理，即只对原判决、裁定漏定或错定的部分被告人犯罪事实作重点叙述，对其他被告人的犯罪事实可简写或者不写。关于“证据部分”，应该在论述事实时有针对性地列举证据，说明证据的内容要点及其与犯罪事实的联系。此外，刑事抗诉书中不能追诉起诉书中没有指控的犯罪事实。如有自首、立功等情节，应在抗诉书中予以论述。实践中原审裁判认定事实错误的通常是两种情况：认定事实的证据不充分或不真实。前者往往是证据材料不全，对于关系案件主要事实的证据材料，应当认定而没有认定；后者往往是当事人提供了未经调查核实的无效甚至虚假证据材料却被认定。制作刑事抗诉书须根据这两种情况指明具体错误。检察机关抗诉采信证据来认定事实时，还有两个难点：若依据间接证据认定案件事实的，刑事抗诉书应围绕间接证据之间是否存在印证关系、是否能形成完整的证明体系等进行说理；若采用推定方法认定案件事实的，应说明使用推定方法的原因，反驳事实情况及理由，并论证抗诉意见的形成过程。具体在论证时，可以引述原审裁判认定的错误事实，再论证检察机关认定的事实，并引出检察机关的结论，最后再指出原审裁判的错误。可以采取“夹叙夹议”“一事一证一分析”的方式，在叙述事实时结合证据进行针对性分析。当然，对于检法不存在争议的其他事实无需列明，即如对案件事实、证据采信没有争议，对法律适用或案件定性、审判程序存在分歧的，在刑事抗诉书中无需重复说明案件事实。

二是属于适用法律不当的，应针对犯罪行为的本质特征，论述应该如何认定行为性质，从而正确适用法律。要从引用罪状、量刑情节等方面分别论述。实践中原审裁判适用法律不当的通常是两种情况：定性错误或量刑不当。前者是原审裁判对案件进行定性评价时产生错误，导致有罪判无罪、重罪判轻罪、此罪判彼罪、一罪和数罪混淆等，须根据刑法总则理论知识和刑法分则相关法条的立法原意、司法解释的理解适用等深入论证，对法条竞合的，应说明选择适用的原因；后者往往是量刑畸轻畸重、缓刑适用不当等，须对影响量刑的所有法定、酌定情节综合评价，从社会危害性、人身危险性等角度充分论证量刑不当的错误原因及影响后果。具体在论证时，可以引述原审裁判的错误之处，再运用法条、法理予以论证，最后得出检察机关的结论。可以采取“三段论”的方式，以法条规定为大前提，以原审被告人的行为、行为与结果之间的因果关系为小前提，再得出行为定性的结论。对认定此罪与彼罪时，还可以活用“表格罗列”“案例对比”等方式，深入揭示区分两罪的本质。

当然，虽定性争议需围绕犯罪构成展开，但不必面面俱到，对检法没有争议的部分构成要件无需赘述。

三是属于审判程序严重违法的，应主要根据《刑事诉讼法》及有关司法解释，逐个论述原审法院违反法定程序的事实表现，再写明影响公正判决的现实或可能性，最后阐述法律规定的正确诉讼程序。公正不仅要求原审裁判的实体内容是公正的，还要求审理程序和过程的公正性。实践中针对程序违法的抗诉应重点关注：回避申请；（不）公开审理；排除非法证据申请；调取新证据、重新鉴定或者勘验申请；证人、鉴定人、侦查人员、有专门知识的人出庭申请；等等。具体在论证时，应先引述《刑事诉讼法》及相关司法解释规定，论证合法诉讼程序，再阐明原审法院违反法定诉讼程序的情况及影响后果，最后得出检察机关的结论。此外需特别指出的是，在抗诉原审被告人不止一人、抗诉意见较多、抗诉理由复杂的案件，可将多个抗点分人、分段、分节表述，通过“一人一事一证一观点一分析”的方式有针对性地展开论证说理。

4. 结论性意见、法律根据、决定和要求事项及结尾

（1）关于结论性意见、法律根据、决定和要求事项。这部分实质上是抗诉决定，在前文抗诉理由论证的基础上，针对原审裁判错误，阐述检察机关对案件事实、适用法律及诉讼程序等方面的意见。其中，结论性意见需叙述检察机关基于抗诉理由的总结性观点，体现在文书格式样本中的“综上所述……”部分，要求是对抗诉理由的概括。结论性意见应当简洁、明确，应和抗诉意见保持内在的逻辑统一，同时和抗诉理由具有内在的逻辑推导关系，是抗诉理由的提炼和总结，以确保抗诉链条的完整性。具体叙述时，应一针见血指出原审裁判的错误之处，以展示抗诉必要性，为提出抗诉请求奠定基础。法律根据是叙述抗诉的法条根据及要求，两种抗诉书的法律根据不尽相同，二审程序抗诉根据的是《刑事诉讼法》第228条，审判监督程序抗诉则是《刑事诉讼法》第254条第3款。决定和要求事项部分，是说明决定提出抗诉，应写明“特提出抗诉，请依法判处”。其中，与二审程序抗诉不需列明原审法院的裁判文号不同，审判监督程序抗诉的还应写明“对×××法院×××号刑事判决/裁定书”。

(2) 关于尾部。这部分与起诉书的撰写格式基本一致，系署检察机关名称并盖院印。需要说明的是，两种抗诉书“此致”的对象不同，二审程序的抗诉书对象为上一级人民法院，而审判监督程序的抗诉书则是对同级人民法院发出。此外，刑事抗诉书全文应特别注意数字的规范使用。在引用法条、刑期和行政处罚情况时应使用汉字，与刑法法条表述保持一致，如“《刑事诉讼法》第一百七十条”；其他情况应尽量使用阿拉伯数字，而日期、年龄、货币金额则应统一使用阿拉伯数字。故尾部的落款日期应表述如“2023 年 7 月 1 日”。

(3) 关于附注。这部分的叙述要素只有两项：原审被告人目前羁押、服刑或居住的地点，以及其他新出现的有关材料。前者非常明确，后者则相对开放，需根据个案的不同情况确定，但应说明具体内容，如“侦查卷宗五册随案移送”“证人 × × × 申请出庭作证”，等等，不应采用笼统性表述。对于未被羁押的原审被告人，应将住所或居所明确写明。证据目录和证人名单如果与起诉书相同可不另附。

五、相关重点问题

(一) 刑事抗诉程序的启动

根据《刑事诉讼法》规定，对于检察机关抗诉的案件，不论是二审抗诉还是再审抗诉，法院应当组成合议庭对案件进行重新审理。因此，刑事抗诉权具有法律监督和救济权的双重属性，相较于其他法律监督手段，更具有刚性，一经提出必然会引起二审或者再审程序启动。正因此，检察机关启动抗诉程序必须满足严格的条件和标准，将“精准”监督贯穿刑事抗诉始终。我国《刑事诉讼法》在制度设计上将抗诉的启动权和决定权分离。一方面赋予地方各级人民检察机关对尚未生效的判决、裁定向上一级人民法院提出抗诉的权力；另一方面又将支持抗诉的权力赋予上级人民检察院。主要分为以下四种情形：

1. 依下级人民检察院的提请而产生。地方各级人民检察院认为本级人民法院第一审判决、裁定确有错误的，应当向上一级人民法院提出抗诉。根据《人民检察院刑事诉讼规则》第 591 条规定，对于同级人民法院已经发生法律效力的判决、裁定，人民检察院认为可能有错误的，应当提请上一级人民检察院提出抗诉。《人民检察院刑事诉讼规则》第595条第2款规定，地方各级人民检察院对不服同级人民法院已经发生法律效力的判决、裁定的申诉复查后，认为需要提出抗诉的，应当提请上一级人民检察院抗诉。

2. 依上级人民检察院的指令而产生。上级人民检察院发现下级人民法院已经发生法律效力的判决或裁定确有错误的，可以直接向同级人民法院提出抗诉，或者指令作出生效判决、裁定人民法院的上一级人民检察院向同级人民法院提出抗诉。下级人民检察院对上级人民检察院的抗诉指令应当执行。

3. 依被害人及其他人员的申诉而产生。根据《刑事诉讼法》第252条规定，当事人及其法定代理人、近亲属，对已经发生法律效力的判决、裁定，可以向人民法院或者人民检察院提出申诉。向人民检察院申诉的，适用《人民检察院办理刑事申诉案件规定》等相关规定。

4. 工作中自行发现。根据《刑事诉讼法》第254条规定，最高人民检察院对各级人民法院、上级人民检察院对下级人民法院已经发生法律效力的判决和裁定，如果发现确有错误，有权按照审判监督程序向同级人民法院提出抗诉。需要注意的是，对于同级人民法院已经发生法律效力的判决、裁定，人民检察院认为可能有错误的，应当另行指派检察官或者检察官办案组进行审查。

（二）刑事抗诉不同阶段的工作

对于办理刑事抗诉案件不同阶段的工作重点，最高人民检察院有关刑事抗诉司法解释及文件分别从抗诉案件审查重点、抗诉能力建设、健全抗诉机制、出席刑事抗诉法庭等角度提出了明确要求。简言之，刑事抗诉工作必须做到抗前准备充分、抗中有的放矢、抗后总结提升。

1. 抗诉前

（1）准确把握刑事抗诉的条件和标准。司法工作的权威性和严肃性决定了检察机关在启动抗诉时必须有明确的理由。《人民检察院刑事抗诉工作指引》第3条指出办理刑事抗诉案件，应当坚持依法、准确、及时、有效的基本要求。提出或者支持抗诉的案件，应当充分考虑抗诉的必要性。该条规定强调了抗诉必要性作为抗诉条件的重要意义。从司法实践来看，主要有以下三种抗诉理由：一是人民法院认定事实错误，比如事实认定不清、采信证据不足等；二是法律适用错误，比如定性错误、量刑不当、违反法律关于溯及力的规定、引用错误或失效的法律条文；三是严重违反诉讼程序，比如违反诉讼期限规定、无正当理由未采纳检察机关的精确量刑建议、违反回避规定、应当开庭审判而不开庭等。

（2）严格围绕抗点开展全面审查。《人民检察院刑事抗诉工作指引》第 11 条至第 15 条规定检察机关需全面、细致地审查案件事实、证据、法律适用以及诉讼程序，综合考虑犯罪性质、情节和社会危害程度等因素，准确分析认定人民法院原审裁判是否确有错误，根据错误的性质和程度，决定是否提出（请）抗诉。即需要围绕抗点审查法律依据，充分论证该抗点是否属于法律规定的情形，相关法律规定是否存在争议，真正做到选择抗点于法有据。同时，还需要围绕抗点审查是否存在不宜抗诉的情形，做到既严格执行法律，依法抗诉，又克服就案而抗、孤立办案的片面做法，达到办理抗诉案件法律效果和社会效果的有机统一。

（3）落实落细抗前汇报和业务指导机制。《人民检察院刑事抗诉工作指引》第 51 条和第 52 条旨在加强下级院的抗前汇报和上级院的对下指导的必要性。如第 51 条规定下级人民检察院对于拟抗诉的重大案件，应当在决定抗诉前向上级人民检察院汇报。第 52 条规定上级人民检察院要加强刑事抗诉个案和类案专项指导。加强上下级检察机关的协作配合，一方面能指导下级院进一步完善案件相关材料和舆情应对工作，并在此基础上梳理分歧、确定抗点；另一方面有助于上级院制定案件的抗诉工作方案和补充证据思路。

（4）强化检察履职加强抗前补证工作。刑事抗诉案件不打无准备之仗，必须事实清楚，证据确实、充分。检察机关只有加强抗前补证工作，才能在是否抗诉问题上做到决策准确，才能使上级机关积极支持抗诉，从而保证抗诉效果，提高抗诉成功率。实践中，根据抗点不同，检察机关可以采取不同补强措施。如对于适用法律方面的抗点，应重点收集相关法律规定、司法解释、相关指导案例等；对于事实认定、证据采信方面的抗点，应重点开展补充调查工作，围绕抗点收集补强相关证据，进一步排除证据与证据之间的矛盾、认定事实与裁判结论之间的矛盾；对于程序错误的抗点，应重点收集庭审记录、庭外关于审判人员违法违规问题的举报材料和调查材料。

2. 抗诉中

（1）准确规范起草抗诉文书。刑事抗诉书是抗诉决定的书面载体，记载了案件的抗诉决定以及抗诉决定的依据和理由，说明了抗诉决定的合法性与正当性。检察机关应按照《人民检察院刑事诉讼法律文书格式样本（2020版）》关于抗诉文书的制作要求，准确提炼运用证据信息，结合法理、事理、情理，加强对抗诉理由的分析论证，突出监督重点，使之"抗之有理、诉之有据、书之得体"。

（2）上级检察机关严把抗诉质量关。在刑事抗诉工作中，检察机关应当牢固树立以抗诉为中心的刑事审判监督理念，对于符合刑事抗诉条件的案件，上级检察机关应当坚持能抗必抗，不折中妥协；对于不应当抗诉的，也不勉强支抗。如《人民检察院刑事诉讼规则》和《人民检察院刑事抗诉工作指引》中均未对抗诉条件之一"量刑明显不当"的条件和范围作描述，但仍具有一定的模糊性，如何理解可能会有不同的观点。因此，上级检察机关需对抗诉内容进行严格把关，避免因法条模糊等情形而导致抗诉不当。

（3）精准引用抗诉法律条文。精准引用法律条文是撰写法律文书的基本要求。实践中出现同类文书引用不同法律条文的情形，损害了抗诉的严肃性和权威性。如上一级检察机关对于下级检察机关就第一审判决、裁定提出的抗诉，认为抗诉准确的，应当引用《刑事诉讼法》哪个条文存在不同理解，有的引用第232条，有的引用第235条，还有的引用第236条。对此，应当准确理解法律条文精神要义，引用《刑事诉讼法》第232条规定，以出具支持刑事抗诉意见书的方式予以支持，确保法律条文精确适用。

（4）积极出庭履职。《刑事诉讼法》第235条规定，人民检察院提出抗诉的案件或者第二审人民法院开庭审理的公诉案件，同级人民检察院都应当派员出席法庭。《刑事抗诉案件出庭规则（试行）》及《人民检察院刑事抗诉工作指引》均对刑事抗诉案件出庭程序和任务予以全面规范和细化。要按照文件要求，重视刑事抗诉案件出庭履职，通过在法庭上讯问询问、举证质证和释法析理等工作，切实增强庭审抗诉效果。

（5）多途径强化抗诉工作。在刑事抗诉工作中，上下级检察院要充分发挥“检察一体化”优势，形成抗诉合力，做好跟进监督和持续监督。要正确看待在事实认定、证据采信方面与人民法院的认识分歧，对确有证据缺陷的抗诉案件，积极商请侦查机关补查补证，必要时自行开展侦查，及时向人民法院移送新证据，筑牢抗诉的事实和证据基础，确保抗诉案件采纳率和改判率；要加强法检之间的沟通协调。抗诉不是博弈和抗衡，而是检法两家共同努力确保我国宪法法律的统一正确实施，[①] 检法加强沟通可以解决法律适用、证据采信以及政策把握等方面认识分歧，达到确保法律统一正确实施的目的。

3. 抗诉后

（1）及时总结提炼刑事抗诉工作经验。注重实体监督和程序监督并重。一方面要严格按照司法责任制改革确定的办案、审批机制办理刑事抗诉案件；另一方面，要熟悉法院对抗诉案件的审理程序。如《刑事诉讼法》第236条规定了第二审人民法院不得再发回原审人民法院重新审判；注重“抗轻”与“抗重”并举。检察机关要通过抗诉，着力纠正重罪轻判、轻罪重判、有罪判无罪、无罪判有罪，以及量刑畸轻畸重等裁判不公行为。要探索建立与看守所、驻所检察部门信息沟通机制，及时掌握被告人上诉信息，确有错误特别是轻罪重判、量刑畸重的，依法提出有利于被告人的抗诉；注重关联性案件类案监督。要加强回溯审查、延伸审查，积极拓展关联性案件“抗源”。注重抗诉的精准性，对重大典型案件要发挥检察一体优势，接力抗诉，通过一个案件纠正一片问题。[②] 同时，注重选择在司法理念方面有纠偏、创新、进步、引领作用的典型

① 参见张萍、刘凡石：《检察机关刑事审判监督职能研究》，载《中国检察官》2021年第1期。

② 参见陈国庆：《中国式刑事检察现代化的若干问题》，载《国家检察官学院学报》2023年第1期。

案件，通过抗诉一起案件促进解决一个方面、一个领域、一个时期的司法理念、政策、导向方面的问题。

（2）提升抗诉专业化能力建设。建立反向审视机制，通过对事实认定、法律适用、监督必要性等方面逐案自查、排查，深刻剖析法院未采纳、上级院未支持、支持后未改判的原因，主动发现办案中存在的问题和不足，找准问题症结，加以改进、规范和提高；发挥抗诉指导性案例的参照指引作用。2023 年 7 月，最高人民检察院首次编发以刑事抗诉为主题的指导性案例（第四十五批指导性案例），该批案例不仅案件种类丰富、类型全面、抗点多样，而且还提炼了实体性规则 6 条，程序性规则 5 条，工作机制规则 4 条。[①] 检察机关要以本次刑事抗诉指导案例发布为契机，认真学习领会，指导和推动刑事抗诉工作发展；加强刑事审判监督研究，检察机关要对监督标准的认定，刑事抗诉、再审检察建议与书面纠正违法适用标准的区分，类案再审检察建议制发程序等重点问题进行深入分析，促进抗诉研究成果实务化。

（3）强化大数据赋能刑事审判监督。要多渠道挖掘可抗案源，做实做深一审、二审裁判审查工作，以案管大数据为依托加强类案对比。通过组织开展专项监督、案件评查等工作，强化审判监督履职；充分运用中国裁判文书网、办案系统等平台，构建刑事判决结果比对数据库，深入挖掘司法裁判在类案定性错误、同案不同判、分案量刑失衡等方面问题，提高内部数据获取的即时性和外部数据获取的全面性，不断拓展刑事审判监督新路径；全面提炼常见刑事审判监督案件监督规则，深度开发监督模型，为审判监督通用模型平台化打下坚实基础。

（三）刑事二审抗诉和再审抗诉的区分

《刑事诉讼法》分别规定的二审抗诉和再审抗诉制度，其性质都是法律监督。刑事二审抗诉是指地方各级人民检察院认为同级人民法院的一审刑事判决、裁定确有错误时，在法定抗诉期限内向上一级人民法院提

① 参见元明、张建忠等：《充分发挥刑事抗诉监督作用，有效强化刑事审判监督职能》，载《人民检察》2023 年第 13 期。

出的抗诉。刑事再审抗诉是指最高人民检察院对各级人民法院已经发生法律效力的判决、裁定，上级人民检察院对下级人民法院已经发生法律效力的判决、裁定，如发现确有错误，按审判监督程序提出抗诉。刑事二审抗诉与再审抗诉主要存在以下区别：

首先，抗诉对象和抗诉期限不同。二审抗诉的对象为尚未生效的刑事判决、裁定。再审抗诉对象是下级法院已经发生法律效力的判决、裁定，包括已超过法定抗诉期限的一审裁判，人民法院的二审裁判以及最高人民法院作出的一审裁判。二审抗诉不服一审判决的上诉和抗诉期限为10日，不服裁定的上诉和抗诉期限为5日。二审抗诉必须在法定的期限内提出，否则便丧失抗诉权。再审抗诉没有时间、次数约束，只要发现已经发生法律效力的判决和裁定确有错误，就有权按照审判监督程序向同级人民法院提出抗诉。

其次，抗诉方式和审判程序不同。抗诉方式方面，地方各级人民检察院对同级人民法院第一审判决、裁定的抗诉，应当通过原审人民法院提出抗诉书，并且将抗诉书抄送上一级人民检察院。根据《刑事诉讼法》第254条、《人民检察院刑事诉讼规则》第597条规定，可以提起再审抗诉的是两类检察院，即最高人民检察院或者终审法院的上级检察院。终审法院的同级检察院不能对终审法院的生效裁判提起抗诉。在审判程序方面，对于二审抗诉，人民法院要按照二审程序组成合议庭，开庭审理，所作出的裁判为终审裁判。而再审抗诉分别适用不同的程序，如果原来是第一审案件，应当依照第一审程序进行审判，所作的判决、裁定，可以上诉、抗诉，如果原来是第二审案件，或者是上级人民法院提审的案件，应当依照第二审程序进行审判，所作的判决、裁定，是终审的判决、裁定。

最后，抗诉标准和抗诉功能不同。抗诉标准方面，二审抗诉与再审抗诉条件基本相同，但由于再审抗诉所针对的是已经发生法律效力的判决、裁定，涉及判决的既判力及司法的权威性等重大问题。因《刑事诉讼法》第228条规定，地方各级人民检察院……应当向上一级人民法院提出抗诉。而《刑事诉讼法》第254条规定，最高人民检察院……有权按照审判监督程序向同级人民法院提出抗诉。从“应当”和“有权”两字区别可以看出，再审抗诉在证据的审查上，要求更为严格，更侧重于考量抗诉的法律效果、社会效果以及司法权威；抗诉功能方面，二审抗诉在于纠正确有错误的一审判决、裁定，同时具有阻止一审判决、裁定生效、执行的作用，其功能在于权力监督和权利救济。审判机关不受上诉不加刑原则的约束，有可能对刑事被告人加重刑罚。再审抗诉目的在于纠正已经生效的错误的判决、裁定，达到维护法律统一实施，促进司法公信力提升，维护司法公正等作用。

（四）刑事抗诉的适当性

当前，精准抗诉已经成为刑事抗诉工作的新的理念和目标，[①] 检察机关提出或者支持抗诉，应当树立精准抗诉理念，充分考虑抗诉的必要性。

1. 应当抗诉的情形

关于应当抗诉的条件，《刑事诉讼法》第 228 条、第 254 条均规定抗诉的前提条件为法院的判决、裁定“确有错误”，故对“确有错误”的精准把握是抗诉工作的重点内容。《刑事诉讼法》除了明确“确有错误”的抗诉标准外并没有细致规定，但对申诉人申诉后法院重新审判的情况作了比较详细的规定，可以参照执行。如《刑事诉讼法》第 253 条的规定，当事人及其法定代理人、近亲属的申诉符合下列情形之一的，人民法院应当重新审判：（1）有新的证据证明原判决、裁定认定的事实确有错误，可能影响定罪量刑的；（2）据以定罪量刑的证据不确实、不充分、依法应当予以排除，或者证明案件事实的主要证据之间存在矛盾的：（3）原判决、裁定适用法律确有错误的；（4）违反法律规定的诉讼程序，可能影响公正审判的；（5）审判人员在审理该案件的时候，有贪污受贿，徇私舞弊，枉法裁判行为的。

从司法解释来看，《人民检察院刑事诉讼规则》第 584 条、第 591 条规定，二审抗诉有六类应当提起抗诉的情形，再审抗诉有十类应当提起抗诉的情形。通过对比可以看出这些规范关于抗诉的标准较多地参照了

---

① 参见陈国庆：《坚持精准抗诉构建新时代刑事抗诉工作新格局》，载《检察日报》2020 年 12 月 10 日。

《刑事诉讼法》有关申诉程序的规定。《人民检察院刑事诉讼规则》第591条将《刑事诉讼法》第253条规定的第三项即“原判决、裁定适用法律确有错误的”分解成了两种情况：认定罪名错误且明显影响量刑的；量刑明显不当的。同时增加两项：主要事实依据被依法变更或者撤销的；违反法律关于追诉时效期限的规定的。另外，2021年最高人民法院《关于适用〈中华人民共和国刑事诉讼法〉的解释》对法院重新审判的规定同样以《刑事诉讼法》第253条为基础，将其中的第三项即“原判决、裁定适用法律确有错误的”分解成了两种情况：认定罪名错误的、量刑明显不当的。同时增加三项：主要事实依据被依法变更或者撤销的；违反法律关于溯及力规定的；对违法所得或者其他涉案财物的处理确有明显错误的。

除此之外，最高人民检察院出台的4份关于刑事抗诉司法解释及文件对抗诉的情形从不同角度予以规范和说明。如2001年《关于刑事抗诉工作的若干意见》从刑事判决裁定认定事实错误、采信证据错误、适用法律错误、违反法定诉讼程序以及审判人员有渎职或者贪贿行为五个方面确立应当抗诉的范围。2006年《关于进一步加强刑事抗诉工作强化审判监督的若干意见》以《关于刑事抗诉工作的若干意见》为基础，重点强调了刑事抗诉工作的重点及抗诉必要性条件的把握问题，并明确五种应当依法提出抗诉情形，分别为：（1）人民法院采信自行收集的证据，未经庭审质证即作为裁判的根据，导致裁判错误的；（2）人民法院不采纳庭前收集并经庭审质证的有效证据，仅因被告人翻供而判决无罪或改变事实认定，造成错误裁判的；（3）人民法院审判活动严重违反法定诉讼程序，或者审判人员在审理案件期间有贪污受贿、徇私舞弊等行为，影响公正裁判的；（4）判决、裁定认定事实或者适用法律错误，量刑虽然未致畸轻畸重，但社会影响恶劣的；（5）因重要事实、法定情节认定错误而导致错误裁判，或者因判决、裁定认定犯罪性质错误可能对司法实践产生不良效应的。

2014年《关于加强和改进刑事抗诉工作的意见》和2018年《人民检察院刑事抗诉工作指引》对应当抗诉情形的内容规定基本一致，《人民检察院刑事抗诉工作指引》仅在体例和结构上作了调整，将抗诉标准集中规定在第 9 条，细化为 30 种情形。可以归纳为三点：一是认定事实"确有错误"，且该"错误"导致定罪或者量刑明显不当；二是严重违反法定诉讼程序，可能影响公正裁判；三是刑事附带民事诉讼，裁判不当，罚没程序裁定有误，审判人员有渎职或者贪贿行为可能影响公正审判的。

无论是 2001 年的《关于刑事抗诉工作的若干意见》，还是 2018 年的《人民检察院刑事抗诉工作指引》，都将"确有错误"作为抗诉的首要条件，在准确理解"确有错误"时，有必要重申抗诉的意义。如果审判活动没有实现公平正义目的，那么其中存在的错误就必须得到刚性监督与纠正。因此，从质的角度来讲，"确有错误"是较为严重的，对案件产生重大影响的错误；从处理方式来讲，"确有错误"因其严重性而使检察机关必须采用抗诉从而必然引起二审或者再审这一法定程序的启动。相反，对一般性的错误，检察机关则可以通过口头纠正、检察建议、书面纠正违法等方式向法院提出，且不必然导致二审或再审程序的启动。

另外，关于应当抗诉的情形散见于其他司法解释和司法解释性文件中，同样值得引起重视。如最高人民检察院相关文件中规定，在抗诉工作中正确贯彻宽严相济的刑事政策。既要重视对有罪判无罪、量刑畸轻的案件及时提出抗诉，又要重视对无罪判有罪、量刑畸重的案件及时提出抗诉。又如，2011 年最高人民法院出台《关于审理人民检察院按照审判监督程序提出的刑事抗诉案件若干问题的规定》，用以规范人民法院审理人民检察院按照审判监督程序提出的刑事抗诉案件，其中对收到抗诉书后退回人民检察院情形及"新证据"认定问题进行了说明，如第 1 条规定，人民法院收到人民检察院抗诉书后，应当在一个月内立案。经审查，具有下列情形之一的，应当决定退回人民检察院：不属于本院管辖的；按照抗诉书提供的住址无法向被提出抗诉的原审被告人送达抗诉书的；以有新证据为由提出抗诉，抗诉书未附有新的证据目录、证人名单和主要证据复印件或者照片的；以有新证据为由提出抗诉，但该证据并不是指向原起诉事实的。第 3 条规定，本法所指的新证据，是指具有下列情形之一，指向原起诉事实并可能改变原判决、裁定据以定罪量刑的事实的证据：原判决、裁定生效后新发现的证据；原判决、裁定生效前已经发现，但由于客观原因未予以收集的证据；原判决、裁定生效前已经收集，但庭审中未予以质证、认证的证据；原生效判决、裁定所依据的鉴定结论、勘验、检查笔录或其他证据被改变或者否定的。上述规定对检察机关应当抗诉案件类型具有反向参考、借鉴价值。

2. 一般不抗诉的情形

抗诉是刑事审判监督核心手段，同时，检察机关也要综合运用纠正意见、检察建议等监督手段，形成以抗诉为中心、多种监督方式综合运用的多层次刑事审判监督体系，实现刑事审判监督工作质量、效率与效果的统一。对于刑事抗诉，检察机关应当坚持严格审查、规范审慎的规则，准确把握抗诉的必要性及谦抑性，对于符合抗诉条件的坚决依法提出抗诉，对于可以通过其他监督手段予以纠正的，应综合运用纠正意见、检察建议等其他监督方式。

首先，《人民检察院刑事诉讼规则》第584条、第591条规定可适用于一般不抗诉情形。如第591条中多处用到“可能影响、明显影响”等字眼的表述，[①] 以情形（九）为例，“违反法律规定的诉讼程序，可能影响公正审判的”就需要实质判断，实践中即使有违反法律规定的诉讼程序，但未影响公正审判的，从维护生效裁判的稳定性、权威性角度出发，一般不应提起再审抗诉。

其次，刑事抗诉相关司法解释性文件对一般不抗诉情形作了说明。相关规定分别见于《关于刑事抗诉工作的若干意见》第三部分“不宜抗诉的情形”、《关于进一步加强刑事抗诉工作强化审判监督的若干意见》第二部分“判处被告人死刑缓期二年执行案件不宜按照再审程序提出抗诉情形”。《关于加强和改进刑事抗诉工作的意见》和《人民检察院刑事抗诉工作指引》对一般不抗诉情形规定基本一致。不同的是，《人民检察院刑事抗诉工作指引》对不抗诉情形进行整合，将其集中在第10条，细化为六款15种情形，从认定事实采信证据、适用法律、违反法定诉讼程

① 如情形（一）有新的证据证明原判决、裁定认定的事实确有错误，可能影响定罪量刑的；情形（六）认定罪名错误且明显影响量刑的；情形（八）量刑明显不当的；情形（九）违反法律规定的诉讼程序，可能影响公正审判的。

序三个角度进行说明，并对死刑缓期二年执行案件一般不提出抗诉作了特别说明。需要注意的是，《人民检察院刑事抗诉工作指引》新增“原审判决或裁定适用的刑罚虽与法律规定有偏差，但符合罪刑相适应原则和社会认同的”作为一般不抗诉的情形。

再次，2006 年最高人民检察院《关于在检察工作中贯彻宽严相济刑事司法政策的若干意见》规定了一般不抗诉的情形。第 10 条规定，对于被告人认罪并积极赔偿损失、被害人谅解的案件、未成年人犯罪案件以及具有法定从轻、减轻情节的案件，人民法院处罚偏轻的，一般不提出抗诉。对于第一审宣判后人民检察院在法定期限内未提出抗诉，或者判决、裁定发生法律效力后 6 个月内未提出抗诉的案件，没有发现新的事实或者证据的，一般也不得为加重被告人刑罚而依照审判监督程序提出抗诉。

最后，再审抗诉权与法院自行再审权发生冲突时应审慎抗诉。法律对再审程序的启动规定了多种方式，其目的在于能够及时有效地纠正已生效的错误的判决、裁定。在司法实践中同样存在当上级人民检察院向上级人民法院提起抗诉，启动审判监督程序的同时，下级人民法院自己启动了审判监督程序。针对这样的情况应当如何处理，法律并没有具体明确的规定。我们认为，遇到此种情形，应当加强沟通，审慎提起抗诉，通过有效的沟通解决问题，以期达到对已经生效错误的判决、裁定进行有效纠正。

（五）认罪认罚案件的刑事抗诉

2018 年修正后的《刑事诉讼法》规定了认罪认罚从宽制度。在认罪认罚案件中，量刑建议是检察机关代表国家与被告方沟通协商后达成的“合意”，具有法律效力和司法公信力，对被告方具有法律约束力；根据相关规定，法院一般应当采纳检察机关指控的罪名和量刑建议是原则，不采纳是例外。对于被告人仅以量刑过重为由提出上诉、对认罪认罚反悔致从宽量刑明显不当的以及法院未告知检察院调整量刑建议而径行作出判决等违反法律规定的情况，检察机关应视情况依法提出抗诉。

1. 被告人对认罪认罚反悔、以量刑过重为由上诉，检察机关是否应当提出抗诉的问题

对于犯罪事实清楚，证据确实、充分的案件，法院采纳检察机关量

刑建议后，被告人仅以量刑过重为由提出上诉，因被告人反悔不再认罪认罚致使从宽量刑建议明显不当的，检察机关应当依法提出抗诉。主要考虑是：

一是关于抗诉的理由和目的。检察机关提出抗诉的主要情形是检察机关提出精准量刑建议，法院采纳后被告人无正当理由或者仅以量刑过重为由上诉。因为司法机关对被告人从宽处罚的原因之一就是被告人认罪认罚。被告人无正当理由上诉违背了具结内容，使得被告人“虚假认罚”，甚至可能因此给其带来“不当得利”，而且引起了本不必要的二审程序，浪费司法资源，使得本已降低的司法成本无必要的变得高昂，也表明被告人不是发自内心的尊重司法机关的裁决，而是抱有一种投机、侥幸心理，不是真诚的悔罪悔过。从本质上讲，被告人无正当理由的上诉，既与立法设立认罪认罚从宽制度的初衷相悖，更不是司法机关积极实施这一制度所期待的诉讼效应，检察机关提出抗诉绝非仅仅为了加重少数上诉人的刑罚，而是通过抗诉的方式，使二审法院能有机会通过依法审判，适当加重被告人刑罚，促使在刑事诉讼中形成尊重认罪认罚具结承诺的自觉，从而减少无谓的上诉和不必要的二审程序，助推认罪认罚从宽制度的良性运行。当然，对于检察机关提出幅度量刑建议，法院在幅度中线以上或在上限量刑后，被告人因超出心理预期而上诉要求在幅度刑范围内判处更轻刑罚的，因不属于对认罪认罚的反悔，检察机关可以不提出抗诉。

二是抗诉并不违反“上诉不加刑”原则。被告人上诉反悔，说明其要么不认罪要么不认罚，至少是不认罚，从宽的前提和基础已不复存在，此时检察机关对符合抗诉条件的依法提出抗诉，是检察机关的职权，是履行法律监督职责的重要体现，并不违反“上诉不加刑”的原则。

三是有助于二审裁判的公正。检察机关依法提出抗诉为法院纠正不当的一审判决提供了救济的机会。即使二审法院认为被告人上诉不当，受制于“上诉不加刑”原则的约束，无法直接加重被告人的刑罚，法院驳回上诉或者发回重审也无法解决这一问题，在现行法律框架内，检察机关抗诉成为最优选择，可为法院在加重刑罚时提供程序支持。因此，检察机关的抗诉加强了二审对一审的审级监督，实现了二审的救济功能。

2. 被告人为留在看守所服刑而“技术性上诉”，检察机关是否应当提出抗诉的问题

司法实践中，部分被告人在一审判决后，被判处的有期徒刑刑期较短但剩余刑期仍超过3个月，为留在看守所服刑，便采取“技术性上诉”。在此情形下，一审法院采纳了检察机关提出的确定刑量刑建议或者在幅度刑量刑建议的中线以下进行判刑，被告人对刑期予以认可，但以上诉的形式来延长诉讼期限和在看守所的实际羁押期限，避免被移送监狱执行剩余的几个月刑期。对于这种情形，检察机关是否应当提出抗诉在实践中存在一定争议。我们认为，此种情形下，有的案件并不符合抗诉的对象和法定事由，检察机关一般不宜提出抗诉。但必要时，检察机关应当提出抗诉。主要理由：一是为了实现认罪认罚从宽制度的价值。认罪认罚从宽制度的初衷是提高诉讼效率、节省司法资源、促进被告人真诚认罪服法。认罪认罚案件中轻刑处罚较多，若对此“技术性上诉”不予抗诉，则这一制度的价值初衷便不能实现，反而增加了新的上诉。抗是为了不抗，目的是减少此类上诉，节省司法资源，维护认罪认罚从宽制度的严肃性，保障该制度的有效适用。二是通过抗诉警示被告人，促使其真诚的认罪悔罪。检察机关通过抗诉表明了自己的立场，只有真诚的认罪悔罪才能得到从宽处罚，而对于采取投机取巧的方法利用时间差“假上诉”，想留在看守所服剩余刑期的被告人，反倒会获得更重的刑期。由此，对准备认罪认罚或已经认罪认罚的犯罪嫌疑人、被告人形成警示，避免其被误导，减少乃至杜绝此类上诉的出现。检察机关在办案时，要充分运用好此类抗诉案例，对看守所在押的犯罪嫌疑人、被告人以案释法，寻求普法效果最大化，提升司法质效。地方检察机关要加强与审判机关的沟通协调，完善相关配套机制，更加稳妥地处理认罪认罚案件“技术性上诉”问题。

3. 对量刑建议明显不当的，法院未告知检察机关调整而径行判决，检察机关是否应当提出抗诉的问题

根据法律规定，在认罪认罚案件中，法院经审理查明的事实和适用的罪名与检察机关起诉指控的一致，且量刑建议无明显不当的情况下，法院一般应当采纳量刑建议；对于量刑建议明显不当的，法院应当将告

知检察机关调整量刑建议作为判决的前置程序。对于量刑建议明显不当的，法院未告知检察机关调整而径行判决，检察机关应当依法提出抗诉。

当前，法律、司法解释及相关文件对“量刑建议明显不当”并无规定。我们认为，“明显”描述的是不当的程度，可从一般人的正常认知角度来判断，具体可从与同类案件的处理结果相比是否一致、是否有违一般司法认知、是否违反罪责刑相适应原则等方面把握。尤其要注意对比法院判处的刑罚和量刑建议之间的差异，结合之前该法院及该地区法院对同类案件的判决结果，重点从量刑建议与宣告刑的刑期长短、轻重的相对差异、两者偏离的比例等方面比对，考查是否属于同案不同判。在审查时还应考虑刑事政策等因素。此外，即使量刑建议与法官内心对刑罚的判断略有偏差、略为不当，但不属于“明显不当”，也应当采纳量刑建议。

一方面，法院未告知检察机关调整量刑建议而径行判决，不利于保护被告人合法权利。犯罪嫌疑人、被告人认罪认罚，同意量刑建议，与检察机关达成了合意，其对量刑形成预期。法院未告知检察机关调整量刑建议，径行判决破坏了控辩双方合意，剥夺了被告人的辩护权，特别是无其他法定事由，法院在量刑合意的刑罚基础上判处更重的刑罚，严重损害其合法权益。

另一方面，法院未通知检察机关调整量刑建议径行判决属于程序违法。程序正义又称“过程的正义”，其具备两个特征：一是与案件结果有利害关系的人，在司法裁判制作过程中是否受到公正的对待；二是利害关系人要有机会充分而有效地参与到裁判过程中来。[①]《刑事诉讼法》第201条第2款规定，人民法院经审理认为量刑建议明显不当，或者被告人、辩护人对量刑建议提出异议的，人民检察院可以调整量刑建议。人民检察院不调整量刑建议或者调整量刑建议后仍然明显不当的，人民法院应当依法作出判决。虽未明确规定应当建议检察机关调整量刑建议，但对其进行体系解释可知，该规定含有“法院应当建议检察机关调整量刑建议”的意思。《关于适用认罪认罚从宽制度的指导意见》第41条规

① 参见陈瑞华：《法律人的思维方式》，法律出版社2011年版，第150页。

定，法院认为量刑建议明显不当的，应当先告知检察院，检察院不调整或调整后仍明显不当的，法院应当依法作出判决。因此，即使法院认为“量刑建议明显不当”，也应将建议检察机关调整作为判决的前置程序。[①]法院若违反该刚性规定属于违反了《刑事诉讼法》的规定，属于程序性违法，损害了程序正义。如此，也使得认罪认罚从宽这一法定制度形同虚设，消解了该制度对诉讼效率和司法公正的优化作用，司法公信力将受到严重挑战。

因此，对于法院未告知检察机关调整量刑建议而径行判决的，检察机关应当依法提出抗诉。2021 年 12 月，最高人民检察院印发的《人民检察院办理认罪认罚案件开展量刑建议工作的指导意见》规定，人民法院违反《刑事诉讼法》第 201 条第 2 款规定，未告知人民检察院调整量刑建议而直接作出判决的，人民检察院一般应当以违反法定程序为由依法提出抗诉。这一抗诉规定有利于维护被告人的合法权益和司法公信力。

4. 认罪认罚案件中检察机关不应当提出抗诉的情形

（1）被告人在审判阶段反悔的有关情形。在庭审中，被告人对检察机关指控的犯罪事实、罪名或在案证据不予认同，实质上是在审判阶段对认罪认罚的反悔，此时不再适用认罪认罚从宽制度，公诉人应该当庭指出认罪认罚具结书无效，并变更量刑建议，依法进行指控。一审宣判后，如果事实认定和法律适用正确，被告人上诉的，检察机关不应提出抗诉。

（2）一审判决后出现新的量刑情节的情形。一审判决后，被告人具有立功、退赃退赔、取得被害人谅解等法定、酌定从轻、减轻处罚情节，并提出上诉的，检察机关不应当抗诉。此时，被告人系基于新的量刑事实而上诉争取从宽处罚，不属于对认罪认罚的反悔，检察机关没有抗诉的必要。

---

① 参见阮能文、黄健：《认罪认罚案件抗诉要点的把握》，载《中国检察官》2020 年第 16 期。

六、文书样式及范例

（一）文书样式

1. 刑事抗诉书样式（二审程序）

××××人民检察院
刑事抗诉书
（二审程序适用）

××检××诉刑抗〔20××〕×号

×××人民法院以××号刑事判决（裁定）书对被告人×××（姓名）××（案由）一案判决（裁定）……（判决、裁定结果）。本院依法审查后认为（如果是被害人及其法定代理人不服地方各级人民法院第一审的判决而请求人民检察院提出抗诉的，应当写明这一程序，然后再写“本院依法审查后认为”），该判决（裁定）确有错误（包括认定事实有误、适用法律不当、审判程序严重违法），理由如下：

……（根据不同情况，理由从认定事实错误、适用法律不当和审判程序严重违法等几个方面阐述。）

综上所述……（概括上述理由），为维护司法公正，准确惩治犯罪，依照《中华人民共和国刑事诉讼法》第二百二十八条的规定，特提出抗诉，请依法判处。

此致

________人民法院

××××人民检察院
20××年×月×日
（院印）

附件：1. 被告人×××现羁押于×××（或者现住×××）；
　　　2. 其他有关材料。

2. 刑事抗诉书样式（审判监督程序）

×××× 人民检察院

刑事抗诉书

（审判监督程序适用）

××检××审刑抗〔20××〕×号

原审被告人……（依次写明姓名、性别、出生年月日、民族、职业、单位及职务、住址、服刑情况。有数名被告人的，依犯罪事实情节由重至轻的顺序分别列出）。

×××人民法院以×××号刑事判决书（裁定书）对被告人×××（姓名）×××（案由）一案判决（裁定）……（写明生效的一审判决、裁定或者一审及二审判决、裁定情况）。经依法审查（如果是被告人及其法定代理人不服地方各级人民法院的生效判决、裁定而请求人民检察院提出抗诉的，或者有关人民检察院提请抗诉的，应当写明这一程序，然后再写"经依法审查"），本案的事实如下：

……（概括叙述检察机关认定的事实、情节。应当根据具体案件事实、证据情况，围绕刑法规定该罪构成要件特别是争议问题，简明扼要地叙述案件事实、情节。一般应当具备时间、地点、动机、目的、关键行为情节、数额、危害结果、作案后表现等有关定罪量刑的事实、情节要素。一案有数罪、各罪有数次作案的，应当依由重至轻或者时间顺序叙述。）

本院认为，该判决（裁定）确有错误（包括认定事实有误、适用法律不当、审判程序严重违法），理由如下：

……（根据情况，理由可以从认定事实错误、适用法律不当和审判程序严重违法等几方面分别论述。）

综上所述……（概括上述理由），为维护司法公正，准确惩治犯罪，依照《中华人民共和国刑事诉讼法》第二百五十四条第三款的规定，对×××法院×××号刑事判决（裁定）书，提出抗诉，请依法判处。

此致

×××人民法院

×××× 人民检察院

20××年×月×日

（院印）

附件：1. 被告人×××现服刑于×××（或者现住×××）；

2. 其他有关材料。

3. 刑事抗诉书样式（刑事申诉案件审判监督程序）

×××人民检察院

刑事抗诉书

×检×部刑申抗〔　〕号

原审被告人……（写明姓名、性别、出生年月日、民族、文化程度、工作单位及职务、住址、服刑情况。有数名被告人的，依犯罪事实情节由重至轻的顺序分别列出）

原案诉讼过程及申诉处理情况，表述为：×××人民法院……（写明文号）刑事判决书以原审被告人×××（姓名）犯……（写明罪名）判处……（写明判决情况）宣判后，……（写明上诉、抗诉情况）×××人民法院于……（写明日期）作出……（写明文号）刑事裁定，裁定……（写明裁定情况）申诉人×××（姓名）不服，提出申诉。……（写明申诉处理过程。对经过人民法院、人民检察院处理的，写明每一次的处理结论）申诉人×××仍不服，以……（写明申诉理由）为由，向本院提出申诉。

……（写明原审裁判认定的事实）

本院经审查认定原审判决（裁定）存在的错误及理由。表述为：本院经复查认为，……（概述原审裁判错误）理由如下：

……（根据情况，理由可以从认定事实错误、适用法律不当和审判程序严重违法等几方面分别论述）

综上所述，……（概括上述理由）×××人民法院……（写明文号）刑事判决（裁定）确有错误，为维护司法公正，依照《中华人民共和国刑事诉讼法》第二百五十四条第三款的规定，对×××人民法院……（写明文号）刑事判决（裁定）提出抗诉，请依法判处。

此致

×××人民法院

年 月 日

（院印）

附件：1. 原审被告人×××现服刑于……（或者现住……）；

2. 新的证据目录、证人名单和主要证据复印件或者照片。

（二）文书范例

范例一：江西省新余市望城工矿区人民检察院刘某某贩卖毒品案刑事抗诉书

江西省新余市望城工矿区人民检察院

刑事抗诉书*

余望检诉刑抗〔2022〕××号

2022年2月28日，本院对被告人刘某某犯贩卖毒品罪、非法持有毒

* 此文书为二审程序刑事抗诉书，收入时有删改。

品罪、被告人刘某2犯非法持有毒品罪一案向新余市渝水区人民法院提起公诉。新余市渝水区人民法院于2022年8月31日以（2022）赣0502刑初××号刑事判决书对该案判决：被告人刘某某犯非法持有毒品罪，判处有期徒刑九年，并处罚金人民币四万元；与原判未执行附加刑剥夺政治权利一年六个月十六天合并。决定执行有期徒刑九年，剥夺政治权利一年六个月十六天，并处罚金人民币四万元上缴国库。以前先行羁押的，羁押一日折抵刑期一日，刑期自2021年9月17日起至2030年9月16日止。被告人刘某2犯非法持有毒品罪，判处有期徒刑五年一个月，并处罚金人民币二万元上缴国库。以前先行羁押的，羁押一日折抵刑期一日，刑期自2021年9月17日起至2026年10月16日止。扣押在案的毒品依法予以没收，其余物品由扣押机关依法处理。

本院依法审查后认为，该判决对原审被告人刘某2犯非法持有毒品罪的事实认定准确，定性及适用法律正确，量刑适当；但该判决认定原审被告人刘某某的行为不构成贩卖毒品罪属采信证据存在错误，导致认定事实错误，进而导致定性及适用法律错误；且该判决认定刘某某当庭自愿认罪认罚，并适用认罪认罚从宽制度，属适用法律错误。上述问题导致对刘某某量刑不当。理由如下：

一、一审判决认为根据现有证据不能认定原审被告人刘某某有贩卖毒品的行为，而认定刘某某非法持有毒品，系采信证据错误导致的认定事实错误

（一）一审判决没有认定原审被告人刘某某主观上有贩卖毒品的故意以及为了贩卖而购买毒品的事实有误

1. 在案微信聊天记录反映出原审被告人刘某某具有贩卖毒品的故意及为了贩卖而购买毒品的事实。微信聊天记录具有私密性，不易被外界发现，能够反映聊天双方真实的意思表示和主观心态，具有较强的证明力。对于聊天内容的真实意思表示，应当结合聊天双方的认知能力、人物身份、既往经历、人员关系等综合认定。首先，从聊天对象来看，李某、张某某均与原审被告人刘某某系男女朋友关系，且李某、张某某均为贩毒人员。廖某某、钟某某、黄某某与刘某某系毒友关系，其中黄某某为贩毒人员。其次，从聊天内容来看，在毒品犯罪中，涉毒人员为了逃避打击，往往使用代名词或者暗语来交谈，且用语意思较为固定，已经形成一种惯例。本案中，交谈双方均为吸毒或者贩毒人员，聊天内容均包含了涉毒人员的习惯用语。刘某某在与李某、张某某的聊天中均谈到了交易，且谈到了李某、张某某帮刘某某卖“东西”；在与“璐/Y9747311811”（身份不明）的聊天中提到掺“跑得快”后卖，并提到手上马上就会有货；在与廖某某的聊天中提到帮廖某某“搞点好的”，后帮廖某某购买了冰毒。钟某某与黄某某的聊天内容证实刘某某购买回来的“东西”已经流到了他人手中。上述聊天记录相互印证，足以认定原审被告人刘某某有贩毒故意以及为了贩卖而购买毒品的事实。

2. 原审被告人刘某某关于其购买毒品用于自己吸食的辩解与在案证据不符。首先，刘某某用于购毒的资金是借来的。该事实有刘某某的供述及相应的微信转账记录可以证实。其次，本案证据显示，刘某某在前往购买毒品前准备了大量现金，取现48000元，总共购买195.22克的冰毒。最后，刘某某在购毒前，在与廖某某、“璐/Y9747311811”聊天时，被问到是否有货，刘某某回答马上有货，张某某证实刘某某告诉其要去购买毒品，且刘某某购毒回来后把张某某叫到了宾馆。综上，刘某某借钱购买大量冰毒，且主动告诉别人，其关于购买毒品仅用于个人吸食的辩解，明显与在案证据及常理不合。

综上，原审被告人刘某某具有贩卖毒品的故意以及为了贩卖而购买毒品的事实。一审判决在综合全案证据足以形成闭合、排他的证据锁链，对所认定事实已排除合理怀疑的情况下，仍坚持认为原审被告人刘某某没有供述，从而不予认定，属错误运用证据规则。

（二）一审判决以无法得出“刘某某以4500元价格向黄某某贩卖4.69克毒品”为由，否认刘某某向黄某某贩卖毒品的事实有误

1. 一审判决没有认定黄某某为了购买毒品向原审被告人刘某某转账4500元这一事实有误。在案证据证明，黄某某经钟某某介绍认识了刘某某。从认识的时间看，是在2021年9月13日凌晨，钟某某带黄某某与刘某某见面；从认识后的行为来看，黄某某不仅在刘某某所开的××酒店房间内吸了毒，还住在该房间，并于2021年9月13日23时41分许、

2021年9月14日2时25分许、2021年9月14日10时27分许，先后三次分别转账500元、1000元和4500元给刘某某。根据黄某某的供述，其曾三次向刘某某购买毒品，其中二次是委托刘某某购买毒品，转账了500元和1000元；一次是从刘某某处购得毒品后在分宜贩卖了300元的毒品给林某某。根据黄某某的供述以及黄某某与林某某微信聊天记录中显示，2021年9月14日13时11分许，黄某某收到林某某微信转账300元，该时间为黄某某向刘某某购买毒品后贩卖给林某某的时间。黄某某贩卖毒品罪的刑事判决书也证实了该事实。从时间来看，黄某某第三次转账给刘某某4500元的时间为2021年9月14日10时27分许；黄某某拿到毒品回到了分宜家中的时间为2021年9月14日11时33分许；黄某某在分宜贩卖300元毒品给林某某的时间为2021年9月14日13时11分许。上述时间衔接正常，合乎常理。综上，黄某某总共从刘某某处购买过三次毒品，对应黄某某先后三次转账给刘某某。故应认定黄某某为了购买毒品向原审被告人刘某某转账了4500元。

2. 一审判决没有认定黄某某从原审被告人刘某某处购买4.69克毒品的事实有误。根据原审被告人刘某某和黄某某的微信聊天记录，2021年9月14日11时33分13秒，黄某某发送了一张毒品称重照片给刘某某，电子秤读数为4.69，结合物品大小和电子秤的规格，可以认定为4.69克。2021年9月14日11时33分25秒，黄某某向刘某某发送语音，意思为自己回到了老家，用秤称了一下。2021年9月14日11时37分16秒，刘某某回复“你拿走几多加现剩的一共多少”。该组对话衔接紧凑，通过分析可以得出黄某某从刘某某处拿东西回到老家后用秤称重，并将称重的照片发给刘某某。结合刘某某当庭供述和黄某某的供述，两人均承认所发送的照片为毒品称重的照片。综上，应认定黄某某从刘某某处购买了4.69克毒品。

3. 一审判决以无法得出“刘某某以4500元价格向黄某某贩卖4.69克毒品”这一唯一结论，从而否认刘某某向黄某某贩卖毒品有误。毒品交易有很多种情况，既有一一对应的一手交钱一手交货；也有先多次交货后一次付钱；也可以先一次付钱，后续多次交货。根据黄某某本人供述其向刘某某购买了毒品，并有毒品称重照片及微信聊天、转账记录等进行印证，能证实黄某某向刘某某购买毒品的行为。虽然刘某某和黄某某均未供述购买毒品的价格，现有证据确实无法得出4500元与4.69克毒品是否等价的唯一结论，但4500元与4.69克毒品是否等价，并不足以否定刘某某贩卖毒品给黄某某的事实，而且毒资与毒品数量不一一对应的情况也符合毒品交易习惯。

综上，本院认为，原审被告人刘某某有贩卖毒品的行为。一审判决认定原审被告人刘某某没有贩卖毒品的行为确有错误。

二、一审判决认定原审被告人刘某某基本如实供述了非法持有195.22克冰毒的犯罪事实，并当庭表示自愿认罪认罚，从而适用认罪认罚从宽制度予以从轻处罚，属适用法律错误

原审被告人刘某某在侦查、审查起诉阶段没有认罪认罚，虽当庭表示愿意认罪认罚，但其仅对从宾馆房间搜查出了195.22克冰毒予以承认，且仅承认其中一份重13.04克的冰毒归其所有，而对于其他四份毒品的归属、各同案犯在共同犯罪中的作用均未作如实供述，不应认定为当庭认罪，不符合适用认罪认罚从宽制度的法律条件。

1. 关于被搜查出的五份总重195.22克冰毒的归属，原审被告人刘某某供述是与原审被告人刘某2、熊某（身份未查明）一起购买的。其中一份重13.04克的冰毒归其所有，一份重16.93克冰毒归原审被告人刘某2所有，其他三份分别重24.17克、9.62克和131.46克归熊某所有；且上述毒品均是由熊某安排，由原审被告人刘某2带到宾馆的；原审被告人刘某某在宾馆分装完后，那份重131.46克冰毒是刘某2藏在枕头内的，其不知情。该供述与在案证据明显矛盾，根据在案证据，可以排除熊某与原审两被告人合伙购买毒品的事实，对此法院判决亦予认可。也即本案所查获的195.22克冰毒均是原审两被告人购买的，且全部由原审被告人刘某某出资。故原审被告人刘某某在毒品归属上没有如实供述。

2. 关于在共同犯罪中的作用，原审被告人刘某某没有如实供述自己的犯罪事实。原审两被告人均为吸毒人员，在客观上共同参与了从犯意提起、毒资筹集、购买毒品并藏匿的全部犯罪阶段，完成了购买甲基苯丙胺（冰毒）195.22克，并藏匿于房间的犯罪行为。整个毒品交易环节，刘某某处于主导地位，负责与上线联系洽谈购买毒品事宜、出资以及分配藏匿毒品，刘某2处于辅助地位，与刘某某合谋、准备购毒资金（合谋出资4万元，实际未出资）、一同前往购毒并运回，整个交易过程均听从刘某某的安排。而根据前述分析，原审被告人刘某某一直辩解其在共同犯罪中的作用与原审被告人刘某2相当，这显然与本案查证的事实不符，且一审判决也认定原审被告人刘某某为主犯，原审被告人刘某2为从犯。故原审被告人刘某某没有如实供述自己在共同犯罪中的作用。

综上，根据《关于适用认罪认罚从宽制度的指导意见》，认罪认罚从宽制度中的“认罪”，是指犯罪嫌疑人、被告人自愿如实供述自己的罪行，对指控的犯罪事实没有异议。原审被告人刘某某没有如实供述自己的罪行，也未认可指控的犯罪事实，不符合认罪认罚从宽制度中的“认罪”的法律条件，一审判决对被告人刘某某适用认罪认罚从宽制度系法律适用错误。

综上所述，一审判决认定原审被告人刘某某不构成贩卖毒品罪，只构成非法持有毒品罪，并适用认罪认罚从宽制度，属于采信证据存在错误，导致认定事实错误，进而导致定性及适用法律错误，最终导致量刑不当，确有错误。为维护司法公正，准确惩治犯罪，依照《中华人民共和国刑事诉讼法》第二百二十八条的规定，特提出抗诉，请依法判处。

此致

新余市中级人民法院

新余市望城工矿区人民检察院

2022年9月13日

（院印）

附件：被告人刘某某现羁押于新余市看守所。

范例二：海南省人民检察院宋某某危险驾驶案刑事抗诉书

海南省人民检察院
刑事抗诉书*

琼检二审刑抗〔2019〕××号

原审被告人宋某某，男，1980年××月××日出生，公民身份号码××××，汉族，大专文化程度，海口市××科员，户籍地同现住址：海南省海口市秀英区××路××号××小区××栋××室。因涉嫌危险驾驶罪，于2015年11月18日被海口市公安局决定取保候审，2016年1月26日被秀英区人民检察院决定取保候审，同年6月3日因被该院决定不起诉并被解除取保候审。后因发现原不起诉决定确有错误，海口市秀英区人民检察院于2017年3月23日撤销原不起诉决定，同日对其决定取保候审。同年4月6日被海口市秀英区人民法院决定取保候审，2018年1月11日再次被海口市秀英区人民法院决定取保候审。

秀英区人民法院于2017年9月28日作出（2017）琼0105刑初××号刑事判决书，判决被告人宋某某无罪。秀英区人民检察院于同年10月9日向海口市中级人民法院提起抗诉。海口市中级人民法院于同年12月28日作出（2017）琼01刑终××号刑事裁定书，以新证据出现使原判决认定事实不清为由裁定发回秀英区人民法院重审。秀英区人民法院于2018年12月4日作出（2018）琼0105刑初××号刑事判决书，判决被告人宋某某无罪。秀英区人民检察院于2018年12月13日向海口市中级人民法院提出抗诉，海口市人民检察院支持抗诉。海口市中级人民法院于2019年9月2日作出（2019）琼01刑终××号刑事裁定书，裁定驳回抗诉，维持原判。海口市人民检察院经审查认为，海口市中级人民法院裁定确有错误，遂提请本院抗诉。

经依法审查，本院认为，海口市中级人民法院（2019）琼01刑终××

---

* 此文书为再审程序（审判监督程序）刑事抗诉书，收入时有删改。

号刑事裁定书认定事实确有错误。理由如下：

本院经审查认为，2015 年 19 时 45 分许，原审被告人宋某某酒后驾驶车牌号为琼 AR××××的小轿车，在海口市滨海大道长安路路口处将驾驶车牌号为海口 33××××电动车的张某撞倒后逃逸。20 时 20 分许，宋某某驾驶琼 AR××××小轿车沿长怡路由北向南行驶至长怡新村东门处时停下，宋某某从车上下来走到对面马路人行道上睡觉。这一过程被正在长怡新村东门站岗的武警战士张某某看到，张某某遂向排长温某某等人报告，温某某等人随即赶到现场查看。此时，正在长怡路路段巡逻的秀英区双创综合执法巡逻员王某、孙某某、许某某等人也发现了破损、未熄火、斜停的琼 AR××××小轿车和正在人行道上睡觉的宋某某，遂报警，海口市 120 急救中心医生和交警先后赶到现场处置，后交警带宋某某去抽血检验。经鉴定，宋某某血样酒精浓度为 213mg/100ml；经现场勘查，确认琼 AR××××号小轿车前车头右侧部位碰撞到海口 33××××电动车的后尾部，张某被撞倒后致伤的损伤程度评定为轻微伤。

一、有充分证据证实案发时原审被告人宋某某系琼 AR××××小轿车驾驶员

本案张某某的证言直接证实宋某某是琼 AR××××小轿车的驾驶员，出警经过、到案经过及《道路交通事故认定书》等书证亦认定宋某某是该车驾驶员；证人温某某、陈某某、王某、许某某、孙某某等人的证言均证实宋某某就是醉酒躺在绿化带边人行道上的人；广东××司法鉴定所粤杰思像鉴字［2017］第 JJ40－1 号图像鉴定意见书证实该车驾驶员是宋某某。以上证据具有关联性、合法性、客观性，相互印证宋某某就是案发时琼 AR××××小轿车的驾驶员。

（一）目击证人张某某证言客观真实，稳定一致，可信度高

1. 张某某的证言客观真实。张某某作为值勤岗哨战士，对进入警戒区停车的琼 AR××××小轿车及车上人员的动向进行观察、警戒是其岗位职责，且张某某与宋某某素不相识，其证言中对琼 AR××××号小轿车状况、车上人员情况以及驾驶员动向，描述性语言较多，猜测性、评论性语言较少，与张某某的身份、感知能力、知识水平相符，无避重就轻或无中生有的动机，且张某某的证言获取及时。故张某某证言来源可靠、作证动机纯正。正如张某某证言“从琼AR××××小轿车停放在海口市秀英区长怡路2号长怡新村路段直到该小轿车被吊离现场，只有那名男子一个人打开琼AR××××小轿车的驾驶座前门下车来，再也没有其他人从琼AR××××小轿车上下来过。我注意到这些情况，是因为当时我正在长怡新村东门站岗，而琼AR××××小轿车停放的位置是不允许停放车辆的，所以属于我们站岗人员的管辖范围之内，因此我一直观看该琼AR××××小轿车和那名男子是否存在异常情况，而且该辆琼AR××××小轿车所停放的位置和那名男子所睡觉的位置都在我的视线之内”。证人张某某目击琼AR××××小轿车行驶至其站岗执勤的长怡新村东门处停下，只有一名男子从驾驶位下车走到对面马路躺下。此后无论是车辆还是人员的动静均未离开张某某视线，足以证明躺在对面马路人行道上的就是从驾驶位下来的人。

2. 张某某的多次证言稳定一致。侦查机关向张某某进行了三次询问，每次陈述主要内容不变，证言内容可信度高，宋某某供述喝酒以及严重醉酒状态也印证了张某某对其下车时“走路摇摇晃晃的，有点神志不清”的描述。

3. 张某某所作证言的内容细节，除宋某某一个人驾驶琼AR××××号小轿车、停车、下车的事实外，宋某某下车后的状态和着装特征的描述均得到排长温某某、班长陈某某、综合执法巡逻员王某、孙某某、许某某、120急救医护人员，以及出警处置警情的警察所收集材料等证据的印证，虽然张某某受琼AR××××号驾驶室内光线影响未能看到宋某某手握方向盘的情况，但是其对从琼AR××××号驾驶座下车的男子的年龄、身高、着装描述得到了其他证据的印证。张某某证言所含信息量详细，且得到其他证据的印证，与案件核心事实最为接近，具有关联性。

4. 张某某看到琼AR××××号小轿车停车和驾驶员下车睡觉后第一时间向排长温某某、班长陈某某详细报告，主要目的是履行自己岗位职责，排长、班长来到现场看到的情况与张某某报告情况一致，结合综合执法巡逻员证言，可核实张某某的陈述，张某某证言内容的合理性，可信度高。温某某、陈某某证言作为传来证据，印证、补强了张某某证言。张某某证言内容得到其他证据印证，综合全案证据，能够排除合理怀疑。

(二)目击证人张某某证言与案件事实关联性强

二审裁定评判“张某某的证言与待证事实之间也存在关联性问题,其不能辨认从车上下来的人就是宋某某,直接导致该证人证言丧失直接证据地位”,否定张某某证言与案件事实之间存在关联性是错误的。因为张某某作为哨兵,直接关注着违停的肇事车辆及车辆驾驶员宋某某的动向,且二者均在张某某视线范围内。张某某关于宋某某下车后的状态和着装特征的描述均得到排长温某某、班长陈某某、综合执法巡逻员王某、孙某某、许某某、120急救医护人员,以及处置案情警察所收集材料等证据的印证。因此,其证言直观反映出其所要证明的内容是案件核心事实、争议的焦点,对判断案件事实是否发生有直接影响,故目击证人张某某证言与案件事实不但具有关联性,而且关联性强。

(三)目击证人张某某关于“只有一个人从琼AR××××小轿车驾驶座下车,没有其他人从该车上下车”的证言并非孤证

证人证言是证人按照自身具有的生活常识,对所了解的案件事实通过个人感知、理解、记忆所作的陈述。故证人的证言跟证人的认知能力、记忆能力和表达能力密切相关,不但要考量证言本身的证明能力和证明力,而且要考虑是否能够与其他证据相印证。本案中,张某某证言不但具有证明能力,且证明力强,与物证、书证、其他证人证言、鉴定意见(粤杰思像鉴字[2017]第JJ40-1号图像鉴定意见书证实内容明确)相印证,全案证据形成完整证据链,排除他人驾驶琼AR××××小轿车的可能性,得出宋某某醉酒后驾驶琼AR××××小轿车的唯一性结论,故目击证人张某某证言不是孤证。

1. 张某某看到该名男子在马路对面人行道上躺下后,立即通过对讲机向上级报告,排长温某某、班长陈某某同时听到并赶到现场,现场情况与张某某报告情况相符,应一并采信张某某证言。

2. 现场的证人王某、许某某、孙某某与温某某、陈某某等人,以及现场勘查笔录、现场照片、现场执法记录仪录像均可以确定当时躺在张某某和琼AR××××小轿车马路对面人行道上的男子就是宋某某,且小轿车是启动状态,驾驶位车门呈打开状态,其余三扇门紧闭。上述人员均未见到车上有他人或有同车人在现场。

3. 监控视频拍摄到车辆右转进入长怡路的时间，与张某某看到宋某某下车的时间相符，亦佐证了宋某某驾驶车辆的连续性。

（四）目击证人张某某证言属于直接证据

二审裁定评判“张某某不能辨认从车上下来的人就是宋某某，不具有单独直接证明效力，非直接证据”，否定张某某证言直接证据的定位是错误的。因为张某某证言证实“有一辆琼AR××××小轿车停在长怡新村东门右侧前马路的斑马线上，接着有一名约30岁的男子打开驾驶座前门下了车，便摇摇晃晃走到长怡新村东门对面马路的人行道上躺下睡觉”。根据常人日常生活经验判断车辆停下后从驾驶位下车的人理应就是驾驶员，虽然不能辨认，但是其证言对从车上下来男子特征描述得到其他证人证言的印证，证实张某某所述男子就是宋某某。张某某证言证实“那辆琼AR××××小轿车所停位置离我站岗的位置有大约十几米远，前保险杠损坏，右后视镜已掉落，其他受损情况我没有注意看。那名男子睡觉的位置离我大约三十几米远”。可见，张某某证言能够单独直接说明案件主要事实，属于直接证据，证明力强。

二、原审被告人宋某某关于琼AR××××小轿车不是其驾驶的辩解不应采信

（一）宋某某辩解与魏某相遇吃饭不符合常理

宋某某提供的魏某身份信息无法核实，手机号码已停机。宋某某对于其与所谓的朋友魏某吃饭的理由前后矛盾。从常理看，如果是接待旅游的朋友，不可能没有通话记录；如果是驾车沿途遇见，不太熟的二人一般不会在一起吃饭。宋某某供述其只喝了一罐青岛2000啤酒，一罐啤酒就使晚餐后近5个小时的宋某某血液酒精浓度高达213mg/100ml，处于严重酒醉状态且大量呕吐，极不符合常理。对此，宋某某所作的辩解信息量小且无从查证，也无其他证据印证，辩解理由超出常人的日常生活经验，得出的结论合理性低，故其内容真实性存疑。

（二）宋某某辩解琼AR××××小轿车由魏某驾驶不符合常理

现有证据证明只有宋某某一人从琼AR××××小轿车驾驶位下车，走到马路对面人行道上睡觉。从本案的时间节点上看，监控视频显示车辆20时20分许右转入长怡路，张某某在20时20分许看到该车辆情况后

立即用对讲机报告，温某某也证实在20时20分许接到张某某的报告后立即赶往现场，且在场的人均证实车里没有其他人，若真存在魏某驾车，在现场张某某的警戒执勤范围内，以及马上赶来的在场人员，不可能都看不到魏某。若当晚魏某在他乡巧遇朋友宋某某，两人一起吃饭，饭后未喝酒的魏某开着宋某某的车送其回家，但魏某并没有将处于严重醉酒状态的宋某某送回家，而是在半道上弃车而去，在众目睽睽之下不知去向，之后不管不问，放任宋某某呕吐、醉卧街头，显然不符合常理。当时宋某某只身一人醉卧人行道上，身边没有熟悉的人员陪伴照顾的情况，有证人张某某、温某某、陈某某、王某、孙某某、许某某、120急救医护人员的证言证实，且宋某某的辩解没有得到其朋友魏某的证实，是否有魏某其人，及魏某跟宋某某在一起的可能性存疑，应当予以排除。据此，现有证据可以证明事实上当晚并不存在魏某这个人，琼AR××××小轿车是由宋某某驾驶到该地点的，宋某某的辩解不应采信。

（三）宋某某辩解其不知与被害人赔偿及和解不符合常理

2015年11月16日晚琼AR××××小轿车发生交通肇事后，琼AR××××号小轿车车主宋某某没有同受害人协商赔偿事宜，而是其妻子吴某某，在不清楚肇事司机是谁、不认识、没有见过肇事司机的情况下，在案发后第四天，即2015年11月20日以琼AR××××号小轿车车主家属身份主动与电动车驾驶员张某签订协议，一次性支付电动车驾驶员医疗费及赔偿金42000元。而宋某某辩解其对此不知情，完全不符合常理，表现反常。2015年12月4日，交管部门出具《道路交通事故认定书》（海公交认定［2015］第××号）和《道路交通安全违法行为处理通知书》（编号××），在该《决定书》作出前，宋某某妻子就已经全部赔偿到位。

三、二审裁定不予采纳粤杰思像鉴字［2017］第JJ40－1号图像鉴定意见书的鉴定意见错误

评定鉴定意见客观真实性，应该考量的是鉴定程序是否合法、鉴定机构和鉴定人是否适格，不能以其他鉴定机构认为检材不具鉴定条件，否定粤杰思像鉴字［2017］第JJ40－1号图像鉴定意见书的可靠性。本案中，粤杰思像鉴字［2017］第JJ40－1号图像鉴定意见书得出鉴定意见，证实宋某某于2015年11月16日20时20分41秒，驾驶琼AR××××

小轿车出现在“滨海大道—长怡路”被监控路面上，与张某某证言相印证。该鉴定意见书，系海口市公安局交警支队委托广东杰思特声像资料司法鉴定所作出，鉴定程序合法、鉴定机构和鉴定人适格，鉴定结论具有客观真实性，应作为本案证据之一采用。虽然庭审期间，因宋某某对该鉴定意见提出异议，秀英区人民法院分别委托西南政法大学司法鉴定中心和广东天正司法鉴定中心重新鉴定，两中心分别以“检材人像视频中检材人像颜面高度模糊，不具备视频人像鉴定条件”和“检材人像模糊，不具备人像鉴定条件”为由解除委托，但并不能据此否定粤杰思像鉴字［2017］第JJ40－1号图像鉴定意见书的鉴定意见。

四、二审裁定不予采纳《道路交通事故认定书》和《道路交通安全违法行为处理通知书》明显不当

道路交通事故责任认定书是公安交通管理部门依照交通法规对交通事故的当事人有无违章行为，以及对违章行为与交通事实损害后果之间的因果关系进行定性、定量评断时所形成的文书材料。交通事故责任认定书是具有法律效力的技术文书，其目的是分清事故责任，为依照交通法规和其他规定对肇事者作出正确的处理。

2015年11月20日交管部门出具的《道路交通事故认定书》（海公交认定［2015］第××号）和《道路交通安全违法行为处理通知书》（编号××）是本案证据链重要的一环，该《认定书》评定2015年11月16日晚19时45分许，琼AR××××小轿车撞到海口33××××电动车后逃逸，证实肇事车辆琼AR××××小轿车驾驶员是宋某某。该《道路交通事故责任认定书》系根据现场勘查、证人证言、当事人陈述和检验结论等证据查明的基本事实，进行事故形成原因分析，认定事故发生是由于宋某某醉酒驾驶机动车，肇事后逃逸和当事人张某驾驶电动自行车未在非机动车道内行驶而造成的，据此认定宋某某承担事故的全部责任。该份证据认定程序合法，佐证了张某某的证言，也与其他证据所证实的内容亦相吻合，形成证据链。二审裁定不予采信明显不当。

综上所述，现有证据足以认定原审被告人宋某某就是案发当晚醉酒驾驶琼AR××××小轿车的驾驶员，且交通肇事后逃逸的事实，宋某某犯危险驾驶罪的事实清楚、证据确实充分，二审裁定确有错误。为维护司法公正，准确惩治犯罪，依照《中华人民共和国刑事诉讼法》第二百五十四条第三款之规定，对海口市中级人民法院（2019）琼01刑终××号刑事裁定提出抗诉，请依法判处。

此致

海南省高级人民法院

海南省人民检察院
2019年12月27日
（院印）

附件：原审被告人宋某某现居住在海南省海口市××区××路××号××小区××栋××室，联系电话××××。

范例三：河南省人民检察院闫某某故意伤害案刑事抗诉书

河南省人民检察院
刑事抗诉书*

豫检一部刑申抗〔2022〕××号

原审被告人闫某某，小名“四省”，男，1966年××月××日出生，身份证号码××××，汉族，初中文化，住河南省××县××镇××村。

2000年4月7日，××县人民法院（2000）×刑初字第××号刑事附带民事判决书以原审被告人闫某某犯故意伤害罪判处有期徒刑七年，并赔偿附带民事诉讼的原告人孙某某医疗费、护理费、误工费、伤残赔偿金等费用共计101272.9元。闫某某不服，向××中级人民法院提出上诉，××中级人民法院于2000年12月14日作出（2000）×刑终字第××号刑事附

* 此文书为再审程序（刑事申诉案件审判监督程序）刑事抗诉书，收入时有删改。

带民事裁定，裁定驳回上诉，维持原判。申诉人闫某某不服，向××中级人民法院提出申诉，××中级人民法院于2018年6月15日作出（2018）豫×刑申××号驳回申诉通知书，认为申诉理由不能成立，驳回申诉。申诉人闫某某不服，向河南省高级人民法院提出申诉，河南省高级人民法院于2020年4月16日作出（2019）豫刑申××号驳回申诉通知书，认为申诉理由不能成立，驳回申诉。申诉人闫某某不服，向××市人民检察院提出申诉，××市人民检察院于2019年8月12日作出×检刑申审通〔2019〕××号刑事申诉审查结果通知书，认为申诉理由不能成立，不符合立案复查条件。申诉人闫某某不服，向本院提出申诉，本院于2020年9月4日作出豫检一部刑申复通〔2020〕××号刑事申诉复查通知书，认为不符合抗诉条件，不予抗诉。申诉人闫某某仍不服，以认定事实错误、审判不公、应宣告无罪为由向最高人民检察院提出申诉，最高人民检察院第十检察厅于2021年7月8日作出高检十厅控交〔2021〕××号闫某某刑事申诉案一案的交办通知书，通知本院对此案重新办理。

原审裁判认定的事实：1997年7月27日晚10时许，被告人闫某某驾驶飞彩牌机动三轮车由北向南经过××县城某村东时，从被告人闫某某三轮车上跳下一人，将在路边休息的孙某某的自行车骑跑。孙某某发现后，抓住闫某某的车把不让走。被告人闫某某不顾孙某某的阻拦，车轮从孙某某颈部和身上轧过，致使孙某某颈椎椎弓断裂，骨盆骨折，下肢功能受限，经法医鉴定为重伤。

本院经复查认为，原审裁判对被告人闫某某故意伤害犯罪事实认定错误，本案事实不清，证据不足，据以定罪量刑的证据不确实、不充分，证明案件事实的主要证据之间存在矛盾，无法排除合理怀疑。理由如下：

一、有证据证实本案犯罪事实并非闫某某所为

第一，申诉人闫某某从案发至今，25年来从未作过有罪供述，其辩解案发当晚其未离开本村，其没有作案，也不具备作案时间；第二，卷中有闫某某生意伙伴张某某、闫某海、李某某以及翟某某、梁某某等多名证人证言，证实案发当晚闫某某未离开本村，没有出车，以上证人证言能够相互印证，且与闫某某的辩解相互印证；第三，有证据证明现场遗留的“黑背心”不是闫某某的，申诉人闫某某辩解及李某某、张某某、翟某某等证人证实闫某某当天未穿“黑背心”；第四，原案办理过程中，当地司法机关研究决定以涉嫌伪证罪对闫某某生意伙伴李某某等3人立案侦查并采取强制措施。但是，李某某被刑事拘留后并未被追究刑事责任，因证据不足而被释放，这也从另一方面进一步印证了这些证人证言的真实性，以上证人证言均由侦查机关或者辩护律师按照法定程序依法取得，来源合法，应当采信。

二、原审事实不清，认定闫某某犯罪事实的主要证据存疑或不能作为证据使用

1. 本案证明案发时间的证据存在矛盾，案发时间不清、案发时是否停电不清。本案原审认定案发时间为当晚10时许，电力调度值班记录证明停电时间是当晚9：10—9：50，因此认定案发时应是有电状态。但是，对于案发时间、案发时是否停电，卷宗证据存在矛盾。第一，被害人孙某某的陈述前后矛盾。孙某某第一次陈述（1997年7月28日），证实案发当晚10点多其从××村喝酒回来后案发；孙某某第二次陈述（1997年7月29日），证实案发当晚9点多其从××村喝酒回来，之后案发，并证实孙某1的饭店有灯光；孙某某第三次陈述（1997年11月7日），证明案发当晚其在其村南边四华里处的××村与朋友喝酒，晚上8点多钟其提出回家，借了朋友的自行车后就回家，之后案发，并证实孙某1的饭店有灯光。第二，证人孙某1证明案发时间为晚上9点至10点。第三，证人孙某2证明案发时间为晚上9点多，且停电。第四，证人陈某证明案发于当晚10点左右，当时停电，过了20分钟左右来电。

2. 用警犬“闻气味”的方法得出的“鉴定结论”不能作为定案证据。本案中，××市公安局所作的鉴定结论为“现场遗留黑色背心所遗留气味与嫌疑人闫某某的上衣所遗留气味同一”的刑事技术鉴定内容不客观不真实。第一，用警犬闻气味的鉴定结论不是法定的证据种类；第二，检材来源不合法，本案重要物证“黑背心”的来源，侦查机关没有提取笔录、辨认笔录；第三，检材的保管和送检过程无证据证明，检材是否被污染、是否具备鉴定条件不清（辩护人和申诉人闫某某的母亲称，黑背心和闫某某所穿的衣服放在一起一个多星期后才拿去让警犬闻）；第四，用警犬闻气味的鉴定方法不科学、不客观，其准确性受多种因素影响，鉴定意见应当是有专门知识的人通过分析研究作出，而不是通过动物嗅觉去确定。

3. 证人孙某1的证言前后不一致，尤其是改变的证言真实性存疑。孙某1前两次证言证明不认识、没有看清三轮车司机。第三次证言（1997年11月5日）系在检察机关对不批捕闫某某一案进行复核时改变了证言，证明案发当晚其看清肇事三轮车司机是闫某某，并解释之前没说实话是怕遭到报复。审查认为，其在检察机关证言的真实性存疑。第一，案发当晚孙某1不应当看清肇事车司机是闫某某。孙某1和被害人孙某某是堂兄弟，关系非常亲近，从案发当天孙某1的表现也可看出，孙某1积极拦截肇事车辆，本人又急切地组织人员追赶肇事车辆，其如果看清肇事司机是闫某某，不可能不告知追赶的人员。由于没有线索，这些追赶人员盲目追到4华里远的××村都无功而返，而闫某某的村庄就在6华里远的另一个村。在当时情况下，孙某1如果故意隐瞒事实真相，则不符合常理。因此，孙某1关于怕遭到报复而没有说实话的解释不能成立；第二，孙某1证明案发时通过其饭店门口的灯光看清司机是闫某某，与证人孙某2、陈某证实案发时停电的事实相矛盾；第三，孙某1证明平时见闫某某穿过一件黑色背心，与闫某某供述和多名证人证实案发当天闫某某所穿上衣颜色相矛盾，且多名证人证实闫某某平时从不穿背心。

4. 证人孙某2的证言不可以作为指认闫某某的直接证据。第一，侦查机关未及时调取孙某2的证言，案发时间为1997年7月27日，第一次调取孙某2的证言是1997年9月9日，孙某2和被害人孙某某是同村邻居，其家和孙某1的饭店错对门，其乡邻关系和案发后长时间获得的各种信息都有可能影响其证言的真实性，案发当晚其是否听到有人喊“四省”存疑；第二，证人孙某2证明听见有人喊“四省”，但其没有看到司机，也不认识闫某某，其证言不能够作为指认闫某某犯罪的直接证据。

三、本案侦查机关侦查取证不到位，没有全面收集客观证据和无罪证据，案件事实没有查清

第一，本案中，抢劫被害人孙某某自行车的人没有抓获，抢劫孙某某一案，侦查机关并未侦破；第二，未查明被告人闫某某的作案动机和目的，闫某某本人职业固定，且经营状况很好，有较高的收入来源，同时与被害人孙某某之间没有任何恩怨；第三，未及时组织被害人孙某某、证人孙某1对被告人闫某某进行辨认，孙某某、孙某1与闫某某非同村人员，分属两个乡镇，相隔六七华里，平时没有往来，故孙某某、孙某1所称“四省”是否确系本案被告人闫某某不清；第四，对案发现场没有进行任何勘验；第五，对于涉案的重要物证黑背心，侦查机关没有制作提取笔录，也未进行辨认，一审庭审时也没有出示，被告人提出异议要求重新鉴定也未进行；第六，未扣押、检验涉案机动三轮车、自行车，闫某某家的三轮车是否是肇事三轮车不清；第七，侦查机关未全面收集调取被告人闫某某的无罪证据，包括证明闫某某不在作案现场的证人证言。

综上所述，原审裁判对被告人闫某某故意伤害犯罪事实认定错误，本案事实不清，证据不足，有罪证据和无罪证据并存，证明有罪的证人证言真实性存疑，采信的主要物证黑背心应当排除，本案唯一可以采信的有罪证据仅有被害人指认，却有大量相互印证的无罪证据证明故意伤害被害人孙某某非申诉人闫某某所为，据以定罪量刑的证据不确实、不充分，证明案件事实的主要证据之间存在矛盾，无法排除合理怀疑。××县人民法院（2000）×刑初字第××号刑事附带民事判决和××中级人民法院（2000）×刑终字第××号刑事附带民事裁定确有错误，为维护司法公正，依照《中华人民共和国刑事诉讼法》第二百五十四条第三款的规定，对××中级人民法院（2000）×刑终字第××号刑事附带民事裁定提出抗诉，请依法判处。

此致

河南省高级人民法院

2022年6月1日

（院印）

附：1. 原审被告人闫某某现住河南省××县××镇××村；

2. 本案卷宗复印件陆册；

3. 新调取证据肆份；

4. 闫某某故意伤害案诉讼过程壹份。

专题十三

如何撰写刑事申诉结果通知书

一、基本概念

刑事申诉，是指当事人及其法定代理人、近亲属，对人民检察院诉讼终结的刑事处理决定（包括不批捕决定、不起诉决定、撤案决定等）或者人民法院已经发生法律效力的刑事判决、裁定不服，请求人民检察院或者人民法院对原案重新进行审查的活动。刑事申诉结果通知书即人民检察院对审查结案和复查终结的刑事申诉案件，向当事人制作并送达的法律文书。作为答复申诉人的主要文书，刑事申诉结果通知书的质量事关申诉人对审查结论的接受程度。

《人民检察院办理刑事申诉案件规定》分别在第四章、第五章规定了审查、复查两种刑事申诉案件办案程序。审查是对检察机关所有受理的刑事申诉的办案程序，是刑事申诉办案的简易程序。复查是对可能存在错误的刑事申诉案件、对于不起诉决定 7 日内提出的申诉案件、不服检察机关诉讼终结的刑事处理决定首次提出的申诉案件的处理程序。[①] 根据《人民检察院刑事诉讼规则》规定，刑事申诉案件由控告申诉检察部门和刑事检察部门共同负责。其中，控告申诉检察部门办理刑事申诉案件适用审查程序，对受理的刑事申诉案件，经审查认为符合《人民检察院办理刑事申诉案件规定》第 18 条情形，经审查，具有下列情形之一的，应当审查结案：（1）原判决、裁定或者处理决定认定事实清楚，证据确实充分，处理适当的；（2）原案虽有瑕疵，但不足以影响原判决、裁定或者处理决定结论的；（3）其他经审查认为原判决、裁定或者处理决定正确的。对已经两级人民检察院审查或者复查，作出的结论正确，且已对申诉人提出的申诉理由作出合法合理答复，申诉人未提出新的理由的刑事申诉案件，可以审查结案。即原处理决定、原审裁判没有错误，予以维持的，应作出审查结案的决定，并制作《刑事申诉审查结果通知书》发送申诉人。如果认为符合《人民检察院办理刑事申诉案件规定》第 19 条情形，包括：（1）原判决、裁定或者处理决定存在错误可能的；

① 参见陈国庆、万春、孙长永主编：《刑事控告申诉检察业务》，中国检察出版社 2022 年版，第 213 页。

（2）不服人民检察院诉讼终结的刑事处理决定首次提出申诉的；（3）被害人及其法定代理人、近亲属、被不起诉人及其法定代理人、近亲属不服不起诉决定，在收到不起诉决定书后7日以内提出申诉的，即原处理决定或者原审裁判有错误可能的，控告申诉检察部门应当制作移送函，移送刑事检察部门办理。

刑事检察部门办理刑事申诉案件适用审查、复查两种程序。如刑事检察部门经审查，认为原判决、裁定或者处理决定正确的，经检察官联席会议讨论后决定审查结案，并制作《刑事申诉审查结果通知书》发送申诉人。如果认为原判决、裁定或者处理决定存在错误可能的，应决定进行复查。经过复查，也有两种结果，一是原处理决定或者原审裁判没有错误的，人民检察院作出不予支持抗诉或者不予支持申诉的决定，制作《刑事申诉结果通知书》发送申诉人；二是认为原处理决定、原审裁判确有错误的，经检察长决定后，可根据实际情况提请抗诉或提出再审检察建议，同时制作《刑事申诉结果通知书》发送申诉人。

"刑事申诉检察工作承担着权利救济保障、司法活动监督、社会矛盾化解等多项职能"①，深刻影响着检察工作服务大局、服务群众的质量和水平。为党分忧，为民解难，是刑事申诉检察工作的重要职责使命。检察机关应当坚持人民至上、以人民为中心，坚持和发展好新时代"枫桥经验"，坚持法治思维、法治方式，以"如我在诉"的理念和态度，高质效办好每一个涉检申诉信访案件，努力让人民群众在每一个司法案件中感受到公平正义。检察机关在办理刑事申诉案件过程中，不仅要强调发现和纠正错案的能力，最大限度保护当事人的合法权益，促进司法公正，同样也要注重维护审判机关正确的判决和裁定，保障国家法律的统一正确实施，维护司法权威，更要突出矛盾化解功能，促进案结事了，维护社会和谐稳定。

① 徐向春、杜亚起、刘小青：《〈人民检察院办理刑事申诉案件规定〉理解与适用》，载《人民检察》2020年第22期。

二、文书制作依据

（一）法律规定

《刑事诉讼法》第180条规定，对于有被害人的案件，决定不起诉的，人民检察院应当将不起诉决定书送达被害人。被害人如果不服，可以自收到决定书后7日以内向上一级人民检察院申诉，请求提起公诉。人民检察院应当将复查决定告知被害人。对人民检察院维持不起诉决定的，被害人可以向人民法院起诉。被害人也可以不经申诉，直接向人民法院起诉。人民法院受理案件后，人民检察院应当将有关案件材料移送人民法院。第181条规定，对于人民检察院依照《刑事诉讼法》第177条第2款规定作出的不起诉决定，被不起诉人如果不服，可以自收到决定书后7日以内向人民检察院申诉。人民检察院应当作出复查决定，通知被不起诉的人，同时抄送公安机关。第252条规定，当事人及其法定代理人、近亲属，对已经发生法律效力的判决、裁定，可以向人民法院或者人民检察院提出申诉，但是不能停止判决、裁定的执行。

（二）司法解释及相关文件规定

《人民检察院刑事诉讼规则》第164条规定，负责控告申诉检察的部门对受理的刑事申诉案件应当根据事实、法律进行审查，必要时可以进行调查核实。认为原案处理可能错误的，应当移送相关办案部门办理；认为原案处理没有错误的，应当书面答复申诉人。第165条规定，办案部门应当在规定期限内办结控告、申诉案件，制作相关法律文书，送达报案人、控告人、申诉人、举报人、自首人，并做好释法说理工作。第383条规定，人民检察院应当将复查决定书送达被害人、被不起诉人和作出不起诉决定的人民检察院。上级人民检察院经复查作出起诉决定的，应当撤销下级人民检察院的不起诉决定，交由下级人民检察院提起公诉，并将复查决定抄送移送起诉的监察机关或者公安机关。第596条规定，人民检察院对不服人民法院已经发生法律效力的判决、裁定的申诉案件复查终结后，应当制作刑事申诉复查通知书（现已改为刑事申诉结果通知书)，在10日以内通知申诉人。经复查向上一级人民检察院提请抗诉的，应当在上一级人民检察院作出是否抗诉的决定后制作刑事申诉复查通知书（现已改为刑事申诉结果通知书)。

为适应新时代刑事申诉检察工作的形势和发展，2020年9月最高人民检察院印发了《人民检察院办理刑事申诉案件规定》，其中第54条明确规定，检察机关审查结案和复查终结的刑事申诉案件，均应制作结果通知书，于10日内送达申诉人。结果通知书应当根据申诉人提出的主要申诉理由，有针对性地予以回应，并进行释法说理，为强化高质量办理刑事申诉案件提供了制度保障。

此外，2003年至2017年间，最高人民检察院先后出台多份有关刑事申诉的文件规定，如《人民检察院控告、申诉首办责任制实施办法（试行)》(2003)、最高人民检察院《关于办理服刑人员刑事申诉案件有关问题的通知》（2007)、《人民检察院刑事申诉案件公开审查程序规定》(2012年)、《关于办理不服人民法院生效刑事裁判申诉案件若干问题的规定》(2012)、《人民检察院复查刑事申诉案件规定》(2014，已废止)、《人民检察院刑事申诉案件异地审查规定（试行)》（2017）等，对指导刑事申诉检察工作发挥了重要作用。

三、文书结构

2020年9月，最高人民检察院印发的《人民检察院办理刑事申诉案件规定》配套文书格式样本明确了检察机关办理刑事申诉案件制作文书要求，将《人民检察院刑事诉讼法律文书格式样本（2020版)》中的刑事申诉审查结果通知书、刑事申诉复查决定书、刑事申诉复查通知书合而为一，统一使用刑事申诉结果通知书。该文书由首部、正文、尾部三部分组成。

1. 首部。包括制作文书的人民检察院名称、文书名称和文号。文书名称为“××人民检察院刑事申诉结果通知书”，文号为“××检××部刑申通〔20××〕×号”。

2. 正文。正文包括申诉人基本情况、案由和案件来源以及申诉理由、审查结论、决定事项四个部分；（1）申诉人的基本情况。包括姓名、性别、出生日期、民族、文化程度、工作单位、职务、住址及在原案中的身份等。申诉人委托律师代理申诉的，应当写明委托代理人的基本情况。申诉人是被害人的，或者是法定代理人、近亲属的，应当写明原案被告人、被处理人的基本情况。（2）案由、案件来源以及申诉理由。可表述为“申诉人××不服××人民法院或者人民检察院×××（写明文号）刑事判决、裁定或者决定，提出申诉（写明申诉处理过程。对经过下级检察机关处理的，应当写明每一次审查或者复查的经过及结论）。申诉人×××仍不服，以……为由（写明申诉理由，申诉理由可概括叙述，分项表述。如果申诉理由字数较多，可以在“向本院提出申诉”后单独列明），向本院提出申诉”。（3）审查或复查认定的事实。写明原处理决定或者生效刑事判决、裁定是否存在错误的依据和理由，并针对申诉人提出的申诉理由分别予以说明，进行释法说理。本院认为部分概括写明原案当事人的行为性质，是否构成犯罪，原案处理是否适当，申诉理由是否成立等内容。（4）决定事项。本院决定部分根据案件类型、处理程序、结案方式等不同，表述应有不同，分为三种情况。一是对不服法院生效判决、裁定的申诉案件复查后，如决定抗诉，表述为：本院决定向×××人民法院提出抗诉；如决定提出再审检察建议，表述为：本院决定向×××人民法院提出再审检察建议；如决定不予抗诉，表述为：本案不符合抗诉条件，本院决定不予抗诉。对于提请上级人民检察院抗诉的案件，如果上级人民检察院决定抗诉，表述为：×××人民检察院决定向×××人民法院提出抗诉。如果上级人民检察院决定不予抗诉，表述为：本案不符合抗诉条件，本院决定不予抗诉。二是对不服检察机关诉讼终结的刑事处理决定的申诉案件复查后，应明确写明决定事项，如果决定有两项以上内容，应当分项写明。如决定维持原处理决定，表述为：本院决定：维持×××人民检察院×××［写明文号］决定。如决定撤销原处理决定，表述为：本院决定：撤销×××人民检察院×××［写明文号］决定。如撤销后需要重新进入诉讼程序，表述为：本院决定：一、撤销×××人民检察院×××［写明文号］决定。二、将案件移送×××人民检察院或者本院×××部门依法办理。如纠正了原处理决定认定的部分事实或者适用法律，变更原决定的法律适用条款但维持原决定的，例如，原来作出的是相对不起诉，复查后认为应作存疑不起诉，表述为：本院决定：变更×××人民检察院×××［写明文号］不起诉决定书对×××所作不起诉决定的法律依据，依照《中华人民共和国刑事诉讼法》第一百七十五条第四款之规定，维持对×××的不起诉决定。三是对审查结案的，可与本院认为部分一并表述。本院认为，×××人民法院或者人民检察院×××［写明文号］刑事判决、裁定或者不批准逮捕、不起诉、撤销案件等决定，事实清楚，证据确实、充分，处理适当。申诉人×××的申诉理由不能成立，本院不予支持，现予审查结案。或者本案不符合抗诉条件，现予审查结案。

3. 尾部。即制作本法律文书的年、月、日，加盖人民检察院审查刑事申诉案件专用章。

注意事项，本文书一式二份，一份送达申诉人，一份附卷。

四、文书制作要点

（一）总体原则

《人民检察院办理刑事申诉案件规定》明确指出，检察机关办理刑事申诉案件，应当遵循释法说理、化解矛盾的原则。一份优秀的刑事申诉结果通知书应当具备阐明事理、释明法理、讲明情理、讲究文理四大要素，[①] 做到法理和情理一体，以理服人、以法服人、以情服人，更好地提高申诉人和公众对审查结果的认同和接受度。实践中，有的刑事申诉结果通知书质量有待提高。例如，有的文书不规范、叙述不清、内容过简或冗长、重点不突出，缺乏问题意识，让人感觉没有针对申诉理由正面回应；有的文书说理不强，内容空洞、形式单一；有的文书甚至认定事实、适用法律或者释法说理不当；等等。一份好的刑事申诉结果通知书，就是把查明的事实说清楚、讲明白，在此基础上结合法、理、情三者对问题深入分析，针对申诉理由逐一回应，最后得出结论并作出决定。

① 参见郑小鹏：《刑事申诉结果通知书的制作要求——以100份省级检察院刑事申诉结果通知书为分析样本》，载《人民检察》2021年第8期。

1. 叙述性要求

叙述在刑事申诉结果通知书中主要是指对文书内容的取舍、排版及表达，通常要求做到要素完备、详略得当及表达清晰。

（1）关于要素完备。在形式上，刑事申诉结果通知书格式样本已经明确文书包含的要素内容，包括首部、正文和尾部三部分。各部分内容在格式样本的制作说明中均有相应的介绍和要求，检察官在撰写时应根据案件情况逐一按照文书中所列内容及顺序叙明，不能遗漏或新增文书要素。如申诉人委托律师代理申诉的，不能遗漏委托代理人的基本情况。如果申诉人是原案被告人的，不能新增被害人或同案犯基本情况等等；在内容上，不能简单应付，认为只要点到文书所有要素即达到要素完备的要求，需实质性评价。如仅说明申诉人以不服原审裁判为由，向本院提出申诉，没有写明具体申诉理由或理由过简的，本质上应视为遗漏要素。我们认为，避免遗漏要素最基本的方法，是根据要素提示“按图索骥”，逐一“填充”格式样本框架性的关键内容。

（2）关于详略得当。文书格式样本及制作说明对此没有明确规定，实践中如何把握没有统一的规范要求。总体而言，刑事申诉结果通知书内容叙述应立足能否将问题讲清楚、说明白的维度出发，让老百姓充分理解审查查明的情况、理由及法律依据等。进而言之，详略得当落脚点在叙述的“度”，要求重点突出，语言简洁、规范，避免冗长导致篇幅失衡、核心模糊。要以目的导向根据不同情形的样本格式指引提炼案件要素信息，辩证把握要素要求，重点写明查明的情况、理由及法律依据，针对申诉理由予以回应并释法说理。对于确有错误的裁判，根据不同情况依法提出抗诉、提请抗诉或提出再审检察建议，及维持或撤销原处理决定，做到有理、有据、有节。其中，刑事申诉结果通知书查明的事实与原案处理存在分歧之处，重点详述检察机关认定的不同内容，省略或简要叙述无争议之处。同时，在文书中应使用客观、中性的规范用语，避免带有主观色彩的词语或表述口语化。

（3）关于表达清晰。表达清晰主要是指逻辑清楚、内容明了，既包括对叙写查明的事实、情节，又包括叙述与说理有机结合的分析。表达清晰是在详略得当基础上的要求。一般而言，文书详略不当，内容过分冗长或重点不突出，表达内容往往也会让人感到模糊，不明白文书究竟想要表达什么，难以让申诉人信服。我们认为，在大的方面，刑事申诉结果通知书样本格式从开头到结尾已经明确了框架及相关内容范畴，逻辑结构完整、明确。因此，从整体文书结构上看，检察官只要按照样本格式完成文书内容，要素完备，就可以基本达到表达清晰的效果。在细节上，刑事申诉结果通知书中关于查明事实、回应申诉理由及意见部分，实践中往往出现表达不清的情况，需要特别注意。以叙写检察机关查明事实的部分为例，有的文书照搬原审裁判书内容，篇幅冗长；有的文书叙写内容要么过于简单，不得要领；要么表达意思啰唆重复，没有重点；还有的文书内容前后矛盾，逻辑不清；等等。一般而言，刑事申诉结果通知书重点要素在前述的查明事实、回应申诉理由及意见部分。其中，事实要素是基础，其他要素是以事实要素为基点展开叙写。叙写查明事实部分是一个小记叙文，要具备时间、地点、人物、起因、经过、结果等六要素，说清楚发生什么事情，再进行事实评价。叙写理由部分包括回应申诉理由及意见部分，要注意类型化分析，结合事实部分分析论证，根据案件具体情况“一情节或多情节一分析”，做到事与理的有机结合，最终得出结论。

2. 说理性要求

说理是刑事申诉结果通知书制作的难点，也是必然要求，重点体现在理由部分。实践中存在的主要问题有：一是忽略证据分析。人民检察院审查查明的事实是建立在证据相互印证、证据确实充分的基础上确定下来的，每个事实环节，均要有相应的证据或证据组合一一证明，这样才能让被建议对象信服。严格意义上来说，增强刑事申诉结果通知书的说理，只完善理由的论证是不够的，事实表述、证据分析是理由论证的基础。因此，无论何种类型的刑事申诉结果通知书，证据分析是极其重要的一环。二是释法说理不足。刑事申诉结果通知书的说理不仅仅是事实、证据、法律条文的简单罗列，更重要的是需找到事实与证据之间的关联点，并立足于事实和证据，准确适用法律条款，结合法律规定分析原案处理是否妥当，说明理由与依据，为最终结论提供支撑。如前所述，实践中文书制作往往并不重视说理性要求。例如，有的刑事申诉结果通知书只是泛泛套用法律文书模板简单制作了事；有的仅简单援引法条，未作理由阐释；有的即使说理，也是笼统地阐述，没有针对个性诉求说理；还有的释法说理甚至存在情绪化和随意性，透露出个人感情色彩，表现出非理性；等等。三是逻辑层次不清。刑事申诉结果通知书必须是在理由充分、法律依据准确的前提下作出的，在结论部分撰写时要更多地体现刑事申诉结果通知书的整个逻辑推理过程，增强文书的说理性以及说服力。在事实和证据的基础上，再加上现有的法律规定，环环相扣，论点明确，论证充分，论证有力，法律依据和事实与证据相互呼应，做到逻辑严密。实践中，有的刑事申诉结果通知书在叙述事实及证据部分就已层次不清，造成论证部分逻辑混乱。有的叙述随意，没有严格按照样本的要求撰写，或详略不当、重点不突出，导致层次不清。有的理由与结论矛盾，针对申诉理由释法说理更是无从谈起。

具体而言，增强文书说理性，应从观点鲜明、理由充分、论证有力、层次清晰、结构严谨等方面入手。一是要有明确的靶向问题。刑事申诉结果通知书要解决的靶向问题就是根据申诉内容查明原案处理是否妥当，及时回应申诉人的合法诉求。答复要明确具体，观点鲜明。切忌点到为止，问题不明。如果在论证时没有明确的态度，仅评述客观情况而没有对原案评价或者回应申诉理由似是而非，则全文丧失了说理性基础，也不会达到纠正错误、维护正确的决定或裁判、保护当事人合法权益及息诉罢访的效果。二是要论证有力。检察院认定的每一事实、情节要有证据印证，且事实清楚、无疑异。再审刑事申诉结果通知书论证类似一篇小的议论文。在查明事实的基础上已有立论观点，在回应申诉人申诉理由部分，与立论观点相同的地方予以肯定。反之，要从证据、事实及法、理、情到等方面对不予支持的申诉理由说明反驳，释法说理，破立结合。三是要有清晰的条理性。尤其有多条申诉理由或者原案处理有部分错误甚至错误的，主次如何区分，条理和层次如何展开对刑事申诉结果通知书的质量尤为关键。一般而言，说理顺序以提炼要素（事：归纳问题要件）、依据（理：简要说明相关证据）、意见（事与理的有机结合）为佳。同类型情况，可以集中阐述，“多情节一分析”综合论证。不同类型情况，以事情发展过程顺序为轴，在不同阶段从重到轻分类“一情节一分析一依据”逐项叙写为佳，最后再综合提出意见。其中，如果在某个阶段有同类情形的，按前述同类情形的情况叙写。总之，不同类型情况叙写的宗旨采用逐项层层解构分析论证，化繁为简，做到条理清晰。四是要有严密的逻辑结构。阐明观点后，应综合运用经验法则以小前提、大前提演绎得出结论的法律逻辑思维。注意叙事与说理的写作顺序，要叙完事情再说理，厘清与事、理之间有机结合的论证关系。

（二）具体要领

1. 首部、申诉人基本情况、委托代理人基本情况、原案被告人、被处理人的基本情况

（1）关于首部。刑事申诉结果通知书的首部由检察机关名称、文书名称和文书编号三部分组成。其中，检察机关名称应为全称，即要注明所在省（自治区、直辖市）名称，不能只写地区级市、县、区院名。文书编号写在最右端，上下各空一行，内容为××检××部刑申通〔20××〕×号。

（2）关于申诉人基本情况。写明姓名、性别、出生日期、民族、文化程度、工作单位、职务、住址及在原案中的身份（如原审被告人）。

（3）关于委托代理人基本情况。此部分为申诉人委托律师代理申诉时适用，写明律师姓名和所在律师事务所名称。

（4）关于原案被告人、被处理人的基本情况。此部分为申诉人是被害人，或是被害人的法定代理人、近亲属时适用。写明姓名、曾用名、与案件相关的别名、化名、绰号、性别、出生年月日、公民身份号码、民族、文化程度、职业或工作单位及职务、户籍所在地、住址等。如果是多人的，应分别叙明。

2. 案件处理情况及申诉理由

本部分为格式框架性段落，写明：申诉人×××不服×××人民法院或者人民检察院×××（写明文号）刑事判决、裁定或决定，提出申诉。（写明申诉处理过程。对经过下级人民检察院处理的，应当写明每一次审查或者复查的经过及结论）。申诉人×××仍不服，以……为由（写明申诉理由，申诉理由可概括叙述，分项表述。如果申诉理由字数较多，

可以在“向本院提出申诉”后单独列明)，向本院提出申诉。

(1) 关于案件处理情况。案件处理情况包括两部分内容：一是申诉人不服的对象。包括人民法院已经发生法律效力的刑事判决、裁定，或者人民检察院因犯罪嫌疑人没有犯罪事实，或者符合《刑事诉讼法》第16条规定情形而作出的不批准逮捕决定、不起诉决定、撤销案件决定、其他诉讼终结的刑事处理决定等。实践中，申诉人可能会同时对刑事判决与裁定不服，提出申诉。此情形需要逐一列明不服的判决、裁定文号。如果是第一次启动申诉程序申诉的，则一并写明申诉的理由。不写前述格式段落中“提出申诉”之后的部分。二是申诉处理过程。如果申诉人已经申诉过的，要写明前述的申诉处理过程。叙写时以工作记录的形式按照时间顺序展开，写明哪个单位具体时间做了什么事情，做了什么样的决定。无需写审查或复查查明的事实，只需写明每一次审查或者复查的经过及结论。

(2) 关于申诉理由。本部分以申诉人提交的申诉状为蓝本，结合申诉人向检察机关提出的最新诉求，写申诉理由。一般而言，申诉理由简单、容易归纳的，按前述格式要素提示，可以写“以……为由，向本院提出申诉”。如果申诉理由字数较多，内容复杂、不容易归纳的，也可以分项概括叙述，按前述格式要素提示写“×××仍不服，向本院提出申诉：……”叙述申诉理由时要注意与申诉书内容表述尽量一致，慎用法言法语归纳或者改变申诉内容的关键表述，避免申诉人误解其申诉理由被歪曲。具体而言，对于申诉理由内容较多的情况，可以适当梳理、提炼申诉理由的内在逻辑，重新排列，但叙述时尽量用申诉状中的原词、原句，提取其中的关键词作为短句中心句分项叙述，或根据一定的逻辑脉络分项概述，在概述项下用申诉状中的关键语句简要展开论述。无论以上何种形式，都需要把握文书的精简要求。因为申诉理由仅是文书反映申诉人观点的部分，为后文回应及释放说理作铺垫，所以要将申诉理由中的论点说清、说全，论据不能遗漏，但点到即可。实践中，有的申诉理由杂糅，前后交叉。此情形可以先提炼主要观点，再进行归类，分项叙明。

3. 审查或复查认定事实

本部分写明审查或复查认定的事实，主要包括犯罪事实及判决、裁定或决定的过程、理由与结论等。总体上，审查或复查认定事实要领是结合犯罪构成按照事情发展顺序写何时何人在何地为了什么目的做了什么，造成什么样的结果等（主体—主观方面—客观方面—客体），重点叙述查明了什么犯罪事实。如果与原审判决、裁定或决定、原案处理认定的事实内容一致的，可以简要概述或者写明与其认定的事实一致。如果不一致的，详细写明经查明认定不同的事实。实践中，叙写此部分的难点在于申诉人同时不服原审裁判或决定，同时不服原案处理，或者只是不服其中部分内容。此时，要以申诉人不服的内容为基点，全面查明原案事实，侧重叙明不服的事实部分，为下文释放说理提供目标靶向。叙写时，根据不同的情形，叙写侧重点有所不同。具体而言：

（1）关于不服人民法院已经发生法律效力的刑事判决、裁定的申诉情形。围绕犯罪构成写明犯罪事实，根据申诉人不服的地方重点叙写犯罪事实中相关的内容要素。如果申诉人认为事实错误的，针对申诉人认为的事实，用比较分析法重点写明查明的内容；如果申诉人认为量刑过重的，叙写时重点突出查明的量刑情节要素及判决、裁定理由中关于量刑分析的内容；如果申诉人认为适用法律错误的，叙述时除了写明查明的事实，还要重点写明适用法律的依据，为下文回应申诉理由奠定基础。如果申诉人质疑审判程序违法的，则需要围绕审判程序针对申诉人的控诉线索或方向写明查明的事实。

（2）关于不服人民检察院因犯罪嫌疑人没有犯罪事实，或者符合《刑事诉讼法》第 16 条规定情形而作出的不批准逮捕决定的申诉情形（绝对不批准逮捕情形）。叙述时，要以是否符合条件为基点写明查明的事实。其中，对于不服认定犯罪嫌疑人没有犯罪事实的情形，根据申诉内容从犯罪构成的角度叙写犯罪行为是否并非犯罪嫌疑人所为，或者该案所涉行为是否依法不构成犯罪或者根本不存在犯罪行为等；对于不服绝对不批准逮捕情形的，通过小前提、大前提演绎得出结论的法律逻辑思维叙写犯罪嫌疑人是否符合《刑事诉讼法》第 16 条规定的情形。

（3）关于不服人民检察院不起诉决定的申诉情形。此情形包括对绝对不起诉、相对不起诉和存疑不起诉等三类不起诉不服而申诉情形。其中，不服绝对不起诉情形申诉结果通知书的写作要领与前述绝对不批准逮捕的情形相同，在此不再赘述。对于不服相对不起诉的申诉情形，重点从犯罪嫌疑人是否构成犯罪、是否有从重情节，或者有情节轻微及积极退赃、认罪认罚等罪后态度不需要判处刑罚或免除刑罚的要素等写明查明的事实。如果与原处理决定认定事实相同的，简要概述犯罪事实后重点提炼、写明与申诉人质疑相关的事实要素。如申诉人是被不起诉人，坚持认为自己无罪，则要重点围绕犯罪构成要素写明其行为构成犯罪的事实。对于不服存疑不起诉决定的申诉情形，一般而言，考虑到案件保密性及后续侦查工作，在写查明的事实时要注意在一些细节和关键证据上叙述不宜过度详细和具体，不宜按照犯罪构成要件要素逐一分析哪些地方存在疑问导致未达到起诉标准。要以回应申诉理由为基本点，针对提出的申诉内容写查明事实，可综合从以下五个方面加以把握：一是犯罪构成要件事实缺乏必要的证据予以证明的；二是据以定罪的证据存在疑问，无法查证属实的；三是据以定罪的证据之间、证据与案件事实之间的矛盾不能合理排除的；四是根据证据得出的结论具有其他可能性，不能排除合理怀疑的；五是根据证据认定案件事实不符合逻辑和经验法则，得出的结论明显不符合常理的。

（4）关于不服人民检察院撤销案件决定的申诉情形。与前述绝对不批准逮捕情形写作要领相同。实践中主要有些难点，集中在情节显著轻微、危害不大的撤销案件情形。当查明的事实与原决定事实认定完全相同时，可从事情发生的顺序叙写查明事实，重点突出显著轻微的情节和危害程度较小的结果，具体包括起因、关键行为情节、动机、损害结果、作案后表现等方面，与原决定认定的事实概述相同部分并与量刑无关的要素可略写或不写；当与原决定认定的事实不同时，叙写事实要注意反映出查明的不同内容。需要注意的是，刑事申诉结果通知书不同于刑事抗诉书，不需要反驳和论证原决定认定事实正确与否，落脚点仍是突出是否有撤案的情节与结论。同时，没有充分证据证明的事实及细节不宜叙写。对于撤案的其他情形，如犯罪已过追诉时效等，根据具体的法律规定写明与之关联的事实要素。

（5）关于不服人民检察院其他诉讼终结的刑事处理决定的申诉情形，可综合前述情形要领，围绕原决定的法律依据及申诉理由，写明查明的事实。

4. 回应申诉理由

此部分叙写与前述申诉理由部分对应，针对申诉理由分别予以说明，进行释法说理，写“关于申诉人提出的……申诉理由”。有针对性地充分释法说理，是提高刑事申诉结果通知书质量的核心。释法说理是作审查结案处理的刑事申诉案件的核心工作，也是刑事申诉结果通知书的核心内容。在厘清案件事实、证据和法律适用的基础上，起草刑事申诉结果通知书，针对申诉人提出的有关事实认定、证据采信、法律适用方面的申诉理由逐一予以回应，开展充分的释法说理工作。首先，释法说理应有针对性。即紧紧围绕申诉理由，特别是申诉人提出的对原案事实认定、证据采信、法律适用方面的疑虑与不理解，根据在案证据情况，重视事实论证，向申诉人（以及公众）充分展示审查认定事实的依据，重现事实的本来面目；对于证据存在疑虑或者提交新证据的，应通过对证据的真实性、合法性、关联性的分析，阐述证据采纳或者不采纳的理由；对于法律适用有疑虑的，应紧紧围绕罪与非罪、此罪与彼罪以及各种量刑情节，对法律规定进行一定程度合理和适当的阐释，并将其与原案认定的具体事实进行比较，从而证明原裁判决定适用法律的准确性或者适用法律错误；对诉讼程序有疑异的，应当根据相关规定作出解释回应。其次，释法说理应全面。刑事申诉结果通知书应针对申诉人提出的与案件事实认定、证据采信、法律适用有关的全部申诉理由，逐一回应，而不应只对其中的部分申诉理由进行回应。与案件无关的申诉理由，可以不予回应。最后，释法说理应充分。承办检察官应当秉持求极致的原则，不厌其精，不厌其详，充分回应申诉人的申诉理由，力争做到无论申诉请求是否被支持，申诉人皆心服。以申诉人提出的量刑畸重或畸轻的申诉为例，释法说理时可以先援引刑法相关条文，确定案涉犯罪的基准刑；再根据最高人民法院、最高人民检察院《关于常见犯罪的量刑指导意见（试行）》及所在省份司法机关制定的关于常见犯罪的量刑指导意见的实施细则，结合认定的量刑情节，分别计算出在基准刑基础上增加或者减少刑期的具体结果，最终确定案涉犯罪应当判处的刑期，从而有理有据地得出原判量刑并无不当的结论。

与此同时，在回应申诉理由时还应注意：一是坚持客观公正立场。申诉人提出的申诉理由并非都无道理，应根据查明的事实回应。对于正确的理由，予以肯定，可写“与查明的具体事实内容相符，予以支持”。对于不合理或者错误的申诉理由，予以否定，可以查明的具体事实反驳申诉理由。二是中心明确、观点鲜明。回应申诉理由不是为驳而驳，而是立足客观公正立场在查明的事实基础上述评申诉理由。因此，在回应中要有自己的客观立场和中心观点。实践中，回应申诉理由的方式通常有以申诉理由为中心逐项回应和以查明的事实为中心确定观点，再归类回应申诉理由。我们认为，前种回应的方式中心不够突出，只驳不立，没有自己的中心观点，导致说理不够有力。后种回应的方式既可以突出中心，达到逻辑清晰、观点明确的效果，又可以在回应过程中，完成释法说理的要求。需要注意的是，本部分观点要求精炼，以观点述评申诉理由，不需要展开论证，避免与后文内容重复。三是逻辑严密、重依据。回应不同意见的申诉理由时，以采用论点+论据的形式集中反驳申诉观点为佳。对于申诉理由的论据部分，可以根据实际简要综合或逐项回应。同时，需要注意回应重点是以具体的事实和法律依据作支撑，回应申诉理由全面、避免遗漏。对于申诉理由中难以归纳或者内容较散的观点和论据，可以在中心观点最后以其他内容兜底回应其余未回应的申诉理由。四是表述规范、融合情理。对于回应不同意见的申诉理由，要将查明的事实带入其中，融合法、理、情深入分析理由为什么不能成立。切忌机械援引法条规定，不结合查明的事实阐述法条意思，解释为什么符合规定等。叙写时，在表述规范的前提下尽量避免过度使用书面语或者学术化，以容易让申诉人理解的词句表述观点，做到简单明了，一针见血。进言之，要通过对认定事实的证据真实性、合法性、关联性的分析，向申诉人充分展示认定案件事实的依据，使申诉人确信原裁判决定所认定的事实就是所能反映出的案件最大限度的客观真实。对于申诉人提出的有疑点或者矛盾之处的事实，必须进行证据分析，体现出承办检察官是如何运用证据去证明审查认定的案件事实的，从而让申诉人清楚地了解为什么采信此证据而没有采信其提出的证据或理由。同时，刑事申诉结果通知书要讲明情理，应体现法理情相协调，符合社会主流价值观，展示法律的可亲可近之情。刑事申诉结果通知书既不能将法律与情理倒置，也不能毫不顾及情理而仅仅根据法条规定作出审查结论，而是应妥善考虑情理因素，将情、理、法有机结合起来，不仅做到以理服人、以法服人，还应做到以情感人、以情服人，才能打动人、说服人，提高申诉人和公众对审查结果的认同和接受度，取得良好的法律效果和社会效果。

5. 结论

结论是对查明事实的意见，包括概括写明原案当事人的行为性质，是否构成犯罪，原案处理是否适当，申诉理由是否成立等内容，写“本院认为，……”

（1）关于原案当事人的行为性质及是否构成犯罪。本部分是意见是全文核心，需要重点写明。一般而言，根据前述查明的事实，从犯罪构成的角度认定行为性质。如果构成犯罪，还要进一步分析行为是否具有防卫性（防卫过当），触犯了何种罪名（此罪与彼罪）。如果不构成犯罪，需要分析是没有犯罪还是其他原因（如意外事件、正当防卫、普通的民事纠纷行为等）。进而言之，要重点围绕申诉人提出的有关不服定罪量刑的申诉理由，运用刑法、刑事诉讼法和相关司法解释，结合犯罪构成的相关理论和所涉案件的具体事实，说明行为人的行为是否构成犯罪（罪与非罪）；如果构成犯罪，构成什么犯罪（此罪与彼罪）；具有哪些法定或酌定的量刑情节（是否应当加重、从重或者减轻、从轻、免除处罚）。在释明法理过程中，不能单纯引用法律规定，应注意对法律规定进行一定的阐释。围绕犯罪构成及各种定罪量刑情节，对原裁判决定所适用的法律条文作适当的解释说明，并将其与申诉人提出的申诉理由进行对照比较，从而为下文得出申诉人的申诉理由是否成立的结论提供论据。同时，叙写此部分还需要注意三点：一是用通说标准判断，融合法、理、情分析。根据查明的事实对行为定性，要以通说标准判断，避免标新立异或采用争议的观点。所得结论不仅要合法，更要契合情理，要尊重人民群众普通的情感认知和基本的道德诉求。二是有针对性。一定意义上，申诉理由或是案件的逻辑起点在于对原案当事人的行为性质认定，刑事申诉结果通知书也是围绕行为性质对申诉理由予以回应。因此，写明行为性质与案例分析不同，要以解决申诉人的诉求为导向，结合申诉理由评析行为性质。三是避免重复。如果意见与原案处理意见相同，可以简要概括或者表明与刑事判决、裁定或决定认定的行为性质相同。如果意见不同的，详细阐明，不必反驳刑事判决、裁定或决定的错误之处。

（2）关于原案处理是否适当。本部分要以申诉理由为主线，根据拟决定意见从实体、程序两方面综合评价原案处理是否适当。表述时，先写意见再写理由为宜。具体而言：对于维持意见的，侧重从申诉人质疑的问题出发，从定罪、量刑及依据等多角度论证原案处理的正确性，从申诉人心结上去解开疑惑。其中，如果认为原案处理依据、程序不当，但不影响处理结果的，要客观评价不当之处，以及论证为什么处理结果仍应是原来的结论。必要时，也可引用正确、合理的申诉理由评价原案，让申诉人感到检察机关对申诉理由的重视及客观公正性；对于拟改变意见的，重点结合证据针对需要纠正之处及其他不当的地方详细论述。以认为刑事判决有错为例，如果存在认定事实错误、适用法律不当或者审判程序严重违法等情形需要抗诉的，应根据具体情况深入剖析。叙写时，注意运用证据支持论证，说明错误或不当之处，要全面而有针对性。如果是对适用法律不当的论证，必须立足立法原意解释，进行合乎逻辑而有条理性的论述。此外，还要从抗诉必要性角度进行论证等。

（3）关于申诉理由是否成立。本部分是结论性意见，不需要扩展。对于申诉理由成立与否的评价，已在前文关于回应申诉理由部分阐明，如果此处再论证理由是否成立，会与前文重复。因此，本部分只需写明最终结论，可以写“综上，申诉理由成立或不成立”。如果申诉理由有部分成立的，则需要分别叙明。

6. 决定、尾部

（1）关于决定。本部分内容为经过审查或复查后的最终决定，只写决定结果，不需要再次展开论证最终决定的理由与依据，与前文分析部分重复。具体而言，要根据不同的案件类型、处理程序、结案方式，不同表述。实践中，要注意以下几种情况的表述：一是对不服人民法院生效刑事判决、裁定的申诉案件复查后，如决定抗诉，表述为：本院决定向×××人民法院提出抗诉；如决定提出再审检察建议，表达为：本院决定向×××人民法院提出再审检察建议；如决定不予抗诉，表述为：本案不符合抗诉条件，本院决定不予抗诉。对于提请上级人民检察院抗诉的案件，如果上级人民检察院决定抗诉，表述为：×××（上级院）人民检察院决定向×××人民法院提出抗诉，如果上级人民检察院决定不予抗诉，表述为：本案不符合抗诉条件，本院决定不予抗诉。

二是对不服人民检察院诉讼终结的刑事处理决定的申诉案件复查后，应明确写明决定事项，如果决定有两项以上内容，应当分项写明。如决定维持原处理决定，表述为“本院决定：维持×××人民检察院×××［写明文号］决定”。如决定撤销原处理决定，表述为“本院决定：撤销×××人民检察院×××［写明文号］决定”。如撤销后需要重新进入诉讼程序，表述为“本院决定：一、撤销×××人民检察院×××［写明文号］决定。二、将案件移送×××人民检察院或者本院×××部门依法办理。如纠正了原处理决定认定的部分事实或者适用法律，变更原决定的法律适用条款而维持原决定的，例如，原来作出的是相对不起诉，复查后认为应作存疑不起诉，表述为“本院决定：变更×××人民检察院×××［写明文号］不起诉决定书对×××所作不起诉决定的法律依据，依照《中华人民共和国刑事诉讼法》第一百七十五条第四款之规定，维持对×××的不起诉决定”。

三是对审查结案的，可与本院认为部分一并表述。本院认为，×××人民法院或者人民检察院×××［写明文号］刑事判决、裁定或者不批准逮捕、不起诉，撤销案件等决定，事实清楚，证据确实、充分，处理适当。申诉人×××的申诉理由不能成立，本院不予支持，现予审查结案。或者本案不符合抗诉条件，现予审查结案。

（2）关于尾部。尾部落款写日期、盖院印。

五、相关重点问题

（一）刑事申诉程序

1. 刑事申诉案件办理原则

2020年《人民检察院办理刑事申诉案件规定》第4条规定，人民检察院办理刑事申诉案件，应当遵循下列原则：原案办理与申诉办理相分离；全案复查，公开公正；实事求是，依法纠错；释法说理，化解矛盾。与2014年《人民检察院复查刑事申诉案件规定》相比，现有规定删除了原有办案原则中的“依照法定程序复查”，新增加了“释法说理，化解矛盾”原则。删除“依照法定程序复查”并非办理案件不需要依照法定程序，而是因为检察机关办理所有案件都应当依法、依程序，该原则不能体现刑事申诉案件的办理特点。而新增的“释法说理，化解矛盾”原则，应当引起办案检察官的重视，该原则彰显了刑事申诉案件的特殊之处，所谓刑事申诉是指申诉权的主体对司法机关在刑事诉讼过程中作出的决定、已经发生法律效力的判决、裁定不服，依法向司法机关请求重新处理的行为，申诉是由于当事人等权力主体不服而引起，因此办理申诉案件应特别注重释法说理、化解矛盾。

《人民检察院办理刑事申诉案件规定》除明确规定上述四项办理申诉案件的原则之外，还在第5、6、7条中分别明确了三项一般性规定，也可以视作办理刑事申诉案件的原则。一是繁简分流、规范有序。第5条规定，人民检察院办理刑事申诉案件，应当根据案件具体情况进行审查和复查，繁简分流，规范有序，切实提高案件办理质效。繁简分流，主要体现在对审查、复查两种办案程序的区分上。审查程序适用于检察机关所有受理的刑事申诉案件的办理，复查程序针对可能存在错误的刑事申诉案件的办理；审查程序的要求是“简案快办”，复查程序的要求是“繁案精办”，共同目的是提高办案质效。二是以公开促公正。第6条规定，人民检察院办理刑事申诉案件，根据办案工作需要，可以采取公开听证、公开答复等方式，公开、公正处理案件。同时《人民检察院审查案件听证工作规定》也规定了公开听证、公开答复等刑事申诉办案方式，目的是以司法公开促进司法公正。三是保障律师对刑事申诉案件的参与。第7条规定，人民检察院办理刑事申诉案件，应当依法保障律师执业权利。此外，《人民检察院办理刑事申诉案件规定》还在受理环节规定对申诉人委托律师代理申诉应予保障。

2. 刑事申诉的范围与管辖

（1）案件范围。《人民检察院办理刑事申诉案件规定》第8条规定明确了检察机关办理刑事申诉案件的范围，即“（一）不服人民检察院因犯罪嫌疑人没有犯罪事实，或者符合《中华人民共和国刑事诉讼法》第十六条规定情形而作出的不批准逮捕决定的申诉；（二）不服人民检察院不起诉决定的申诉；（三）不服人民检察院撤销案件决定的申诉；（四）不服人民检察院其他诉讼终结的刑事处理决定的申诉；（五）不服人民法院已经发生法律效力的刑事判决、裁定的申诉”。上述情形之外的其他与人民检察院办理案件有关的申诉，按照《人民检察院刑事诉讼规则》等规定办理。

（2）案件管辖。《人民检察院办理刑事申诉案件规定》第9、10、11条规定了检察机关办理刑事申诉案件的一般原则，即“同级管辖、逐级申诉”。即：不服检察院诉讼终结刑事处理决定以及生效刑事判决、裁定的申诉，由作出决定的检察院和作出生效刑事判决、裁定法院的同级检察院管辖；不服下级检察院审查或者复查结论的申诉，由上一级检察院管辖。例外情形是，被害人及其法定代理人、近亲属不服人民检察院不起诉决定，在收到不起诉决定书后7日以内提出申诉的，由作出不起诉决定的人民检察院的上一级人民检察院管辖。刑事申诉案件，由检察机关的控告申诉检察部门审查；控告申诉检察部门经审查，具有下列三种情形之一的，应当移送刑事检察部门办理：原判决、裁定或者处理决定存在错误可能的；不服人民检察院诉讼终结的刑事处理决定首次提出申诉的；被害人及其法定代理人、近亲属、被不起诉人及其法定代理人、近亲属不服不起诉决定，在收到不起诉决定书后7日以内提出申诉的。

3. 案件受理

《人民检察院办理刑事申诉案件规定》第12条规定了人民检察院受理刑事申诉案件的条件，主要有：属于本规定第2条规定的刑事申诉；符合本规定第二章管辖规定；申诉人是原案的当事人及其法定代理人、近亲属；申诉材料符合受理要求。申诉人委托律师代理申诉，且符合上述条件的，应当受理。关于申诉案件受理审查应当注意的是：（1）申诉主体。法律规定申诉主体是原案的当事人及其法定代理人、近亲属。法律将刑事申诉主体限定为与原判决、裁定、决定有切身利害关系的人，这一范围是比较恰当的。当事人既包括自然人，也包括法人、其他组织；

律师在接受申诉人委托后，可以代为行使申诉权。但是法律对申诉主体之间在地位上没有作出区分，实践中存在当事人及其法定代理人对生效判决、裁定、决定无异议，但其他近亲属执意申诉的现象。为此，检察官在办案时应引导公民正确行使刑事申诉权。

（2）申诉材料。根据《人民检察院办理刑事申诉案件规定》第 13 条，申诉人提出申诉时应当提交四方面的材料：申诉书、身份证明、相关法律文书、证据材料或者证据线索。一是申诉书。申诉书应当写明下列事项：申诉人的姓名、性别、出生日期、工作单位、住址、有效联系方式，法人或者其他组织的名称、所在地址和法定代表人或者主要负责人的姓名、职务、有效联系方式；申诉请求和所依据的事实与理由；申诉人签名、盖章或者捺指印及申诉时间。申诉人不具备书写能力口头提出申诉的，应当制作笔录，并由申诉人签名或者捺指印。二是身份证明，是指自然人的居民身份证、军官证、士兵证、护照等能够证明本人身份的有效证件；法人或者其他组织的营业执照副本和法定代表人或者主要负责人的身份证明等有效证件。申诉人系正在服刑的罪犯，有效证件由刑罚执行机关保存的，可以提供能够证明本人身份的有效证件的复印件。对于身份证明，人民检察院经核对无误留存复印件。三是相关法律文书，是指人民检察院作出的决定书、刑事申诉审查、复查结论文书，或者人民法院作出的刑事判决书、裁定书等法律文书。四是证据材料或线索，申诉人如果有新证据或者证据线索的应当提供，证据应当注明是原件还是复印件，如是复印件应当注明原件现在何处；证据线索应当明确，提供明确的时间、地点、相关主体等。

（3）申诉理由和申诉期限。《刑事诉讼法》虽然没有对申诉理由、申诉期限、次数作出明确限制，但根据《人民检察院办理刑事申诉案件规定》第 18 条第 2 款规定，对已经两级人民检察院审查或者复查，作出的结论正确，且已对申诉人提出的申诉理由作出合法合理答复，申诉人未提出新的理由的刑事申诉案件，可以审查结案。对于上述情形的申诉，虽然不能不予受理，但是在受理后可以审查结案，不必再进入复查程序，而且由于不是首次受理，承办人可以视案情决定是否调卷审查而不是必须调卷审查。上述规定旨在繁简分流，避免因重复性申诉造成司法资源的浪费。

（4）检察机关告知义务。《人民检察院办理刑事申诉案件规定》第16条规定了检察机关在7日内向申诉人的程序告知义务。控告申诉检察部门对接收的刑事申诉应当在7个工作日以内分别情况予以处理并告知申诉人：属于本院管辖并符合受理条件的，予以受理；属于本院管辖的不服生效刑事判决、裁定的申诉，申诉人已向人民法院提出申诉，人民法院已经受理且正在办理程序中的，告知待人民法院处理完毕后如不服再提出申诉；属于人民检察院管辖但是不属于本院管辖的，移送有管辖权的人民检察院处理；不属于人民检察院管辖的，移送其他机关处理。检察机关的程序性告知义务旨在落实“群众信访件件有回复”关于“7日内程序回复、3个月内办理过程或结果答复”的工作要求。对于法院已经受理且正在办理程序中的申诉案件，规定应先等待法院处理完毕，旨在解决实践中申诉人“多头同时申诉”现象，浪费司法资源的问题。

4. 审查程序

《人民检察院办理刑事申诉案件规定》分别在第四章、第五章规定了审查、复查两种刑事申诉案件办理程序。审查，是对检察机关所有受理的刑事申诉的办案程序，是刑事申诉办案的简易程序。控告申诉检察部门办理刑事申诉案件，适用审查程序。刑事检察部门办理刑事申诉案件，既可以适用审查程序，也可以进行复查。

（1）审查程序的功能及条件。审查程序承担着维护既有公正裁判、释法说理，以及发现错误决定和裁判的功能，对于维护司法公正和保障申诉权利十分重要。《人民检察院办理刑事申诉案件规定》第17条、第18条明确了控告申诉检察部门审查结案的条件。即应当审查申诉材料、原案法律文书，可以调取相关人民检察院审查报告、案件讨论记录等材料，可以听取申诉人、原案承办人员意见。审查后对于下述三种情形应当审查结案：原判决、裁定或者处理决定认定事实清楚，证据确实、充分，处理适当的；原案虽有瑕疵，但不足以影响原判决、裁定或者处理决定结论的；其他经审查认为原判决、裁定或者处理决定正确的。对于前述经两级院审查，且结论正确、已经答复申诉人的，申诉人未提出新的理由的申诉案件，可以审查结案。控告申诉检察部门应当充分回应申诉人提出的申诉理由，做好释法说理工作，不能简单结案了事。刑事检察部门审查结案的、要求对原案卷宗进行审查并经检察官联席会议讨论。

（2）移送刑事检察部门办理的情形。《人民检察院办理刑事申诉案件规定》第 19 条明确了控告申诉检察部门审查后，移送刑事检察部门办理的三种情形，即：一是实体标准，即原判决、裁定或者处理决定存在错误可能的；二是不服人民检察院诉讼终结的刑事处理决定首次提出申诉的；三是被害人及其法定代理人、近亲属、被不起诉人及其法定代理人、近亲属不服不起诉决定，在收到不起诉决定书后 7 日以内提出申诉的。第 21 条明确了移送案件时的相关条件，规定对决定移送的刑事申诉案件，应当制作刑事申诉案件移送函，连同申诉书，原判决、裁定、处理决定，人民检察院审查、复查文书等申诉材料移送刑事检察部门。刑事申诉案件移送函应当载明案件来源、受理时间、申诉理由、审查情况、移送理由等内容。对决定移送的刑事申诉案件，控告申诉检察部门应当调取原案卷宗，一并移送刑事检察部门。

（3）首次审查的办案责任。实践中，市级检察院一般为首次申诉的办案机关。检察机关对首次申诉的审查非常重要，既关系到刑事申诉办案质量，更关系到“及早化解矛盾、将问题解决在当地”等要求的实现。《人民检察院办理刑事申诉案件规定》第 17 条、第 24 条规定了首次审查检察院的办案责任以及未尽相关义务的后果，主要有以下三个方面：一是办理首次申诉案件的检察院在审查刑事申诉案件时，应当阅卷审查。二是在作出刑事申诉法律文书时，要对主要申诉理由进行梳理，并逐一回应，充分释法说理。三是上级检察院交回下级院重新办理的情形，对于首次办理环节应当阅卷而不阅卷审查，应当复查而不复查，或者未对申诉理由进行回应的，上级检察院可以将案件交由下级检察院重新办理。上述三方面的要求目的在于夯实申诉案件首办机关的责任，解决刑事申诉办案“倒三角”矛盾，将问题解决在基层。

5. 复查程序

（1）复查程序的功能。刑事申诉案件复查程序，是对可能存在错误的刑事申诉案件、对于不起诉决定 7 日内提出的申诉案件、不服检察机关诉讼终结的刑事处理决定首次提出的申诉案件的办理程序。复查程序的适用主体只能是刑事检察部门。《人民检察院办理刑事申诉案件规定》第23条第2、3、4款规定，刑事检察部门对移送的刑事申诉案件，应当自收到案件之日起3个月以内作出审查结案或者进行复查的决定，并告知申诉人。重大、疑难、复杂案件，报检察长决定，可以适当延长办理期限。调取卷宗期间不计入办案期限。即刑事检察部门收到刑事申诉案件后，并不必然启动复查程序，而是应当在3个月内要么审查结案，要么决定复查。复查作为审查的后续程序，具有纠正冤错案件、准备启动刑事再审程序的重要功能，对于冤错案件的纠正极为关键。

（2）复查的一般原则及期限。《人民检察院办理刑事申诉案件规定》第26、27、31、32条规定了刑事申诉案件复查程序的回避原则、全面审查原则、听取意见原则。具体内容：一是复查刑事申诉案件应当由检察官或者检察官办案组办理，原案承办人员和原申诉案件承办人员不应参与办理。二是复查刑事申诉案件应当全面审查申诉材料和全部案卷。三是复查刑事申诉案件应当听取申诉人及其委托代理律师意见，核实相关问题；可以听取原申诉案件办理部门或者原案承办人员、原案承办部门意见，全面了解案件办理情况。第36条规定了复查程序的办理期限，一般应当自决定复查之日起3个月以内办结。3个月以内不能办结的，报检察长决定，可以延长3个月，并告知申诉人。重大、疑难、复杂案件，在前款规定期限内仍不能办结，确需延长办理期限的，报检察长决定延长办理期限。

（3）复查结论。可以分为两类，不服人民检察院诉讼终结的刑事处理决定申诉案件的复查；以及不服人民法院已经发生法律效力的刑事判决、裁定申诉案件的复查。一是对不服检察机关决定的申诉案件复查，《人民检察院刑事诉讼规则》第383至385条、《人民检察院办理刑事申诉案件规定》第38至43条作了专门规定。主要内容是原处理决定正确的，予以维持；原处理决定正确，但所认定的部分事实或者适用法律错误的，应当纠正错误的部分，维持原处理决定；原处理决定错误的，予以撤销；需要重新进入诉讼程序的，将案件移送有管辖权的人民检察院或者本院有关部门依法办理。上级人民检察院撤销下级人民检察院的不起诉决定后，应当交由下级人民检察院提起公诉，并将复查决定抄送移送起诉的监察机关或者公安机关。二是对不服生效判决、裁定申诉案件的复查，《人民检察院办理刑事申诉案件规定》第44至53条以专节形式作出了规定。主要内容是最高人民检察院对不服各级人民法院已经发生法律效力的刑事判决、裁定的申诉，上级人民检察院对不服下级人民法院已经发生法律效力的刑事判决、裁定的申诉，经复查决定提出抗诉的，应当按照审判监督程序向同级人民法院提出抗诉，或者指令作出生效判决、裁定的人民法院的上一级人民检察院向同级人民法院提出抗诉。同时还规定应当抗诉的情形、提出抗诉的内部审批程序、应制作的文书等。

（二）刑事申诉案件的审查

刑事申诉案件的审查办理，分为审查、复查两种程序。两种程序虽然繁简有别，但办理的案件范围、审查的事项、审查调查的方法等基本一致。根据《人民检察院办理刑事申诉案件规定》第四章、第五章的相关规定，审查事项一般包括事实认定、证据采信、法律适用、办案程序、原办案人员有无渎职行为等几个方面。

1. 审查调查的方法

（1）审查的材料。包括申诉材料、原案法律文书，可以调取相关人民检察院审查报告、案件讨论记录等材料，必要的时候以及复查的时候应当调取原案卷宗。

（2）多方听取意见。尤其是在复查刑事申诉案件时应当听取申诉人及其委托代理律师意见，核实相关问题；可以听取原申诉案件办理部门或者原案承办人员、原案承办部门意见，全面了解案件办理情况。

（3）调查核实的方法。一是应当拟定调查提纲。二是对与案件有关的勘验、检查、辨认、侦查实验等笔录和鉴定意见，认为需要复核的，可以进行复核，也可以对专门问题进行鉴定或者补充鉴定。三是可以询问原案当事人、证人和其他有关人员。对原判决、裁定确有错误，认为需要提请抗诉、提出抗诉或者提出再审检察建议的，应当询问或者讯问原审被告人。复查刑事申诉案件过程中进行的询问、讯问等调查活动，应当制作调查笔录。调查笔录应当经被调查人确认无误后签名或者捺指印。

2. 对实体问题的审查

由于刑事申诉案件办理的最终结论要么是维持原决定，要么是撤销或者部分撤销原决定、对原审判决裁定提出抗诉，因此必须把握刑事申诉中维护既判力与依法纠错之间的关系，在审查过程中，既要还原事实真相，又应围绕原法律文书认定的事实，判断是否错误、错误的程度。因此对事实认定确有错误的判断，既需要定性判断，还需要定量判断。关于事实确有错误，2001 年最高人民检察院《关于刑事抗诉工作的若干意见》、2017 年最高人民检察院《人民检察院刑事抗诉工作指引》等文件给出了涉及不服判决、裁定申诉的判断标准，实践中办理不服检察机关决定的申诉案件也可以参考上述判断标准。

（1）认定事实、采信证据确有错误的判断标准。2001 年《关于刑事抗诉工作的若干意见》第 2 条第 1 项规定，刑事判决或裁定认定事实有错误，导致定性或者量刑明显不当的。主要包括：刑事判决或裁定认定的事实与证据不一致；认定的事实与裁判结论有重大矛盾；有新的证据证明刑事判决或裁定认定事实确有错误。刑事判决或裁定采信证据有错误，导致定性或者量刑明显不当的。主要包括：刑事判决或裁定据以认定案件事实的证据不确实；据以定案的证据不足以认定案件事实，或者所证明的案件事实与裁判结论之间缺乏必然联系；据以定案的证据之间存在矛盾；经审查犯罪事实清楚、证据确实充分，人民法院以证据不足为由判决无罪错误的。《关于刑事抗诉工作的若干意见》列举事实认定、证据采信错误的时候，均强调了错误“导致定性或者量刑明显不当”，因此如果仅是一般错误没有影响定性或者量刑时则不宜提出抗诉。同时《关于刑事抗诉工作的若干意见》第 3 条还反向对不宜抗诉的情形作出规定。《人民检察院刑事抗诉工作指引》第 9 条第 1、2 项，第 10 条第 1 项进一步细化了《关于刑事抗诉工作的若干意见》的上述内容，但所蕴含的实质、导向一致。

（2）对法律适用确有错误的判断标准。《关于刑事抗诉工作的若干意见》第 2 条第 2 项规定，法律适用错误包括定性错误以及量刑错误。具体情形有：定性错误，即对案件进行实体评判时发生错误，导致有罪判无罪，无罪判有罪，或者混淆此罪与彼罪、一罪与数罪的界限，造成适用法律错误，罪刑不相适应的。量刑错误，即重罪轻判或者轻罪重判，量刑明显不当的。主要包括：未认定有法定量刑情节而超出法定刑幅度量刑；认定法定量刑情节错误，导致未在法定刑幅度内量刑或者量刑明显不当；适用主刑刑种错误；应当判处死刑立即执行而未判处，或者不应当判处死刑立即执行而判处；应当并处附加刑而没有并处，或者不应当并处附加刑而并处；不具备法定的缓刑或免予刑事处分条件，而错误适用缓刑或判处免予刑事处分。对人民检察院提出的附带民事诉讼部分所作判决、裁定明显不当的。分析上述情形不难看出定性错误也需要达到一定程度如有罪判无罪、无罪判有罪，且造成罪刑不适应；量刑错误需要达到超出法定刑幅度或者刑种适用错误等一定的程度。上述文件同样反向规定了不宜抗诉的情形，对于法律规定不明存在争议、量刑偏轻等情形规定为不宜抗诉。

3. 对程序问题的审查

由于程序性违法分为一般程序性违法和程序严重违法，《关于刑事抗诉工作的若干意见》《人民检察院刑事抗诉工作指引》对足以引起再审程序的程序性错误均严格限定为“严重违反法定诉讼程序”且“影响或可能影响公正判决或裁定”。《关于刑事抗诉工作的若干意见》第 2 条第 3 项规定，人民法院在审判过程中严重违反法定诉讼程序，有下列情形之一，影响公正判决或裁定的，人民检察院应当提出抗诉和支持抗诉：（1）违反有关回避规定的；（2）审判组织的组成严重不合法的；（3）除另有规定的以外，证人证言未经庭审质证直接作为定案根据，或者人民法院根据律师申请收集、调取的证据材料和合议庭休庭后自行调查取得的证据材料没有经过庭审辨认、质证直接采纳为定案根据的；（4）剥夺或者限制当事人法定诉讼权利的；（5）具备应当中止审理的情形而作出有罪判决的；（6）当庭宣判的案件，合议庭不经过评议直接宣判的；（7）其他严重违反法律规定的诉讼程序，影响公正判决或裁定的。

《人民检察院刑事抗诉工作指引》对《关于刑事抗诉工作的若干意见》作了四处改变：一是将“影响公正判决或裁定的”，修改为“可能影响公正裁判的”，多了“可能”二字有两方面的涵义，既说明对于是否影响公正判决或裁定除了客观情形也带有主观判断，同时也在一定程度上降低了因程序确有错误而提出抗诉的判断标准。二是对于程序严重违法的情形删除“具备应当中止审理的情形而作出有罪判决的”一项。三是对于程序严重违法的情形增加了“违反有关公开审判规定的”。四是对于程序严重违法的情形增加了“违反审判管辖规定的”。

综上，对前述作为刑事申诉案件再审理由的程序性违法的情形进行归纳可以发现，可以分为剥夺诉讼权利的程序性违法和违反法庭审理规则的程序性违法两类。剥夺诉讼权利的程序性违法主要指“剥夺或者限制当事人法定诉讼权利”，而其余情形则属于违反法庭审理规则的程序性违法。当然，上述标准之间会有一定交叉，剥夺当事人诉讼权利也违反了法庭审理规则，违反法庭审理规则比如应回避而不回避实际上也侵犯了当事人的诉讼权利。但共同之处在于，在申诉案件办理中对程序性违法的审查需采取谨慎的态度，申诉人以单独存在程序性违法的情形作为提请抗诉理由的，应当综合判断程序性违法与实体结果之间是否存在着因果关系，该程序性违法是否可能影响公正审判。

另外，程序违法的“法”应当是行为时的法。司法实践中申诉人常提出的申诉理由，如没有同步录音录像所以是非法证据、没有为其指定辩护人剥夺了其诉讼权利、判决裁定依据的鉴定缺乏鉴定人资质等，对于上述问题的判断标准应当是诉讼行为作出时适用的《刑事诉讼法》等相关程序法，而不是审查时的法律。不应对“实体从旧，程序从新”作出误读，程序法从新针对的是正在进行中的诉讼行为，并非对已经发生的诉讼行为适用新的程序法进行评价。有学者就指出“程序法适用于其生效后的程序行为而不适用于其生效前的程序行为恰恰说明程序法是遵循法不溯及既往原则的”[①]。实践中，刑事申诉案件中涉及新旧程序法选择的几种情形：

一是以侦查机关没有同步录音录像为由提出存在非法证据排除并提出申诉。关于普通刑事犯罪案件讯问时同步录音录像的规定，旧《刑事诉讼法》并未规定，该规定系2012年修订后《刑事诉讼法》第121条新增加的内容，第121条规定侦查人员在讯问犯罪嫌疑人的时候，可以对

① 孙晓红：《法的溯及力问题研究》，中国法制出版社2008年版，第88页。

讯问过程进行录音或者录像；对于可能判处无期徒刑、死刑的案件或者其他重大犯罪案件，应当对讯问过程进行录音或者录像……因此，对于发生在《刑事诉讼法》修订前的侦查行为不能苛责侦查人员没有同步录音录像，虽然此类情形增加了审查是否存在刑讯逼供等非法取证行为的难度，但不能仅因为没有同录就推翻原结论，而是应当调阅原案材料，审查申诉人在原审程序中是否提出刑讯逼供等问题，审查原案材料中是否有体检记录、同监区人员证言、相关情况说明等。

二是以审判机关未指定辩护人剥夺了辩护权为由提出申诉。对比1996年《刑事诉讼法》与2012年修订后《刑事诉讼法》，前者第34条规定，被告人可能被判处死刑而没有委托辩护人的，人民法院应当指定承担法律援助义务的律师为其提供辩护。而后者第34条增加了“犯罪嫌疑人、被告人可能被判处无期徒刑、死刑，没有委托辩护人的，人民法院、人民检察院和公安机关应当通知法律援助机构指派律师为其提供辩护”。负责指定辩护人的主体由人民法院扩展到侦查机关、检察机关、审判机关，享有辩护权的诉讼阶段也从审判阶段扩展到侦查阶段。如果原生效判决发生于2012年修订《刑事诉讼法》之前，则不应适用修改后的相关规定，申诉人以审判机关未指定辩护人剥夺了辩护权为由提出的申诉理由不能成立。

三是以鉴定人没有资质为由提出申诉。1986年，最高人民法院、最高人民检察院、公安部、司法部《关于法医技术人员靠用〈卫生技术人员职务试行条例〉的实施细则》规定，公安单位的法医任职条件为具有相关学历、任职满年限后，“按照干部管理权限，由行政领导进行聘任或任命，并颁发聘书或任命书”。当时相关法律并没有要求鉴定文书之后需要附鉴定人的任职文件。对于适用《关于法医技术人员靠用〈卫生技术人员职务试行条例〉的实施细则》的相关申诉案件，检察机关应当根据当时的相关规定确认鉴定法医资格，对申诉人以鉴定人没有资质为由提出申诉作出准确认定。

（三）刑事申诉案件的实质性化解

《人民检察院办理刑事申诉案件规定》规定了“释法说理，化解矛盾”原则，体现出刑事申诉案件的办理不但要追求法律结果的公正、及时发现和纠正错误，维护法律的严肃性和社会公平正义；同时还追求通过全面、细致的工作，解决刑事申诉人提出的社会矛盾，达到案件办理政治效果、社会效果、法律效果的有机统一。在办理刑事申诉案件时如何对社会矛盾进行实质性化解，既是人民群众对司法机关的新期许，也是司法工作要体现以人民为中心的必然要求。

1. 转变司法理念，从追求办案到“人、案”双核心

以往的办案中，办案重心在于审查原案事实、证据与法律适用，确定原案是否确有错误，关注点仅在于案件本身。办案检察官应当转变理念，转为既关注案件本身，也要关注提出诉求的人，从而建立“案”与“人”双核心的刑事申诉案件办理机制，使之成为刑事申诉案件办理的价值基础与基本导向。即在办理刑事申诉案件的过程中，既要实现案件本身的实体与程序正义，又要关注刑事申诉人的诉求，分析诉求成因，实现其中合理的、解释并化解其中不合理的，真正做到案结事了。

（1）关注案件本身是刑事申诉案件办理的基础。一是确保案件办理的法律结果的公平正义。刑事申诉案件作为刑事诉讼中的救济程序，法律结果正确是程序价值实现的重要方面，也是整个刑事申诉案件开展其他工作的基础。要主动把刑事申诉检察工作融入全面推进依法治国整体布局，特别是把维护社会公平正义作为核心价值追求，充分发挥刑事申诉检察工作在强化法律监督、人权司法保障、坚守防止冤假错案底线等方面的重要职能作用。[①] 二是确保案件办理的规范统一。检察机关在办案过程中，不但要追求案件办理的法律结果正确，还应当依法依规开展相关工作，充分调查核实、完成“两见面”“七日内回复”等程序要求。在保证案件法律结果正确的同时，确保案件经得起刑事申诉人及社会公众的质疑。三是实现案件办理的有效监督。“在办案中监督、在监督中办案”，监督本就是刑事申诉案件办理的内在要求。监督具有两方面涵义，一方面是以改变原办案机关错误处理决定作为监督手段；另一方面是指

① 参见官鸣：《加大办案力度强化监督制约，努力开拓刑事申诉检察工作新局面》，载《人民检察》2015 年第 3 期。

有效地开展反向审视工作。

（2）办案以“人”为核心的内涵。一是将刑事申诉人的诉求作为社会矛盾分析的起点。申诉诉求既是案件办理的信息来源，更是刑事申诉人内心想法及启动案件的原因。因此，要了解刑事申诉人内心的真正诉求，只有打开其心结，才能够妥善分析矛盾，为矛盾化解建立基础。二是将刑事申诉人的感受作为案件办理的必然要求。在很多刑事申诉案件中，申诉人虽没有认可原处理决定及刑事申诉案件的办理结果，但可能会因为检察人员的尽心竭力、体贴入微等因素带来良好的感受和体验，从而接受案件处理结果。

2. 加强释法说理工作

（1）落实司法责任制关于“谁办案、谁答复、谁释法说理”的原则，控告申诉检察部门、刑事检察部门承办人的答复和释法说理责任。一是细化首办责任制。二是规定了释法说理工作的形式载体。审查刑事申诉案件应当制作刑事申诉审查报告。听取意见、释法说理、公开听证等活动应当制作笔录。三是完善公开答复机制，明确下级检察院协助上级检察院开展释法说理、息诉息访的职责。动员全检察系统、引入社会力量，共同做申诉人的释法说理工作，促进申诉人服判息诉。

（2）加强释法说理的针对性、有效性。申诉案件办理部门，对于决定维持原司法机关处理决定的申诉案件，应解决申诉人心结、有针对性地开展释法说理。办案人员在办案过程中应严格落实“两见面”制度，当面对刑事申诉人进行释法说理，敢于说理、善于说理，根据说理对象的不同选择合理的说理方法、说理语言，在说理的过程中充分尊重刑事申诉人，体现司法工作的人文关怀。同时，加强书面释法说理，对关键法律、司法解释进行说明，语言既要规范严谨，又要通俗易懂。办案过程具有体系性，是一个过程，每一次接待、每一次接听电话都应当成为说理工作的有机组成部分，最终形成立体说理体系，提升说理效果。

3. 坚持刑事申诉案件公开审查制度

《人民检察院刑事申诉案件公开审查程序规定》《人民检察院办理刑事申诉案件规定》《人民检察院审查案件听证工作规定》等文件确立了办理刑事申诉案件公开审查制度的框架，明确了制度的基本价值追求以及具体工作要求。

（1）公开审查制度的价值追求。一是践行检务公开，维护申诉人的合法权益。申诉案件公开审查制度是落实检务公开的重要途径，能够有效保障人民群众对检察工作的知情权、参与权、表达权、监督权。申诉人通过参与刑事申诉案件的公开审查过程，能够主动当面表达自身诉求、维护自身合法权益；同时申诉人通过表达可以打开心结，办案人员通过与申诉人的沟通交流、有效倾听，有助于提升自身办案能力、保障案件办理质效、更好地维护申诉人的合法权益。二是促进公正司法，提升司法公信力。公正是法治的生命线，刑事申诉案件公开审查制度能够以公开促公正、规范司法行为，实现让人民群众在司法案件中感受到公平正义的司法目标。人民群众通过对案件办理过程的亲历或者旁观，不但感受案件办理的结果正义，还能感受到过程的正义，司法公开、透明，有助于提升司法公信力。三是落实公开普法，强化法治宣传效果。刑事申诉案件公开审查有助于对法治的宣传，让更多的人了解、理解和支持检察工作，是普法的有力载体，运用得当能够实现审查一案教育一片的良好法治宣传效果，有助于实现办案政治效果、法律效果、社会效果的有机统一。

（2）公开审查制度的主要内容。一是选择性公开审查模式初步确立。《人民检察院刑事申诉案件公开审查程序规定》第5条、《人民检察院办理刑事申诉案件规定》第6条和《人民检察院审查案件听证工作规定》第4条初步确立了刑事申诉案件公开审查制度的选择性公开审查模式。《人民检察院办理刑事申诉案件规定》第6条规定，人民检察院办理刑事申诉案件，根据办案工作需要，可以采取公开听证、公开答复等方式，公开、公正处理案件。《人民检察院刑事申诉案件公开审查程序规定》确立了公开审查“选择性公开＋例外”模式，利用除外情形对公开审查范围进行限缩。检察机关应当根据办案需要，决定是否公开审查，并选择适合的公开方式。二是公开审查形式体系初步形成。《人民检察院刑事申诉案件公开审查程序规定》第4条规定，人民检察院公开审查刑事申诉案件包括公开听证、公开示证、公开论证和公开答复等形式。四种公开审查形式适用于不同的刑事申诉案件。三是审查程序指引初步明确。《人民检察院刑事申诉案件公开审查程序规定》第四章对公开审查的程序作出规定，对公开听证的程序进行详细规定，其他三种程序参照公开听证的程序进行。《人民检察院审查案件听证工作规定》对听证工作的参加人、主持人、听证步骤、听证的记录与载体等作了全面规定。上述规定逐渐形成申诉案件公开审查的制度体系，确保了公开审查有章可循、依法规范开展，让人民群众在每一个司法案件中感受到公平正义。

六、文书样式及范例

（一）文书样式

刑事申诉结果通知书样式

××人民检察院

刑事申诉结果通知书

××检××部刑申通〔20××〕×号

申诉人×××（写明姓名、性别、出生日期、民族、文化程度、工作单位、职务、住址及在原案中的身份）

（申诉人委托律师代理申诉的，应当写明委托代理人的基本情况）

（申诉人是被害人的，或者是法定代理人、近亲属的，应当写明原案被告人、被处理人的基本情况）

申诉人×××不服×××人民法院或者人民检察院×××（写明文号）刑事判决、裁定或者决定，提出申诉（写明申诉处理过程。对经过下级检察机关处理的，应当写明每一次审查或者复查的经过及结论）。申诉人×××仍不服，以……为由（写明申诉理由，申诉理由可概括叙述，分项表述。如果申诉理由字数较多，可以在“向本院提出申诉”后单独列明），向本院提出申诉。

本院审查或者复查查明，……（写明审查或者复查认定的事实）

关于申诉人提出的……申诉理由（针对申诉理由分别予以说明，进

行释法说理）

本院认为，……（概括写明原案当事人的行为性质，是否构成犯罪，原案处理是否适当，申诉理由是否成立等内容）

本院决定，……（根据案件类型、处理程序、结案方式等不同，表述应有不同）

（对不服法院生效判决、裁定的申诉案件复查后，如决定抗诉，表述为：本院决定向×××人民法院提出抗诉；如决定提出再审检察建议，表述为：本院决定向×××人民法院提出再审检察建议；如决定不予抗诉，表述为：本案不符合抗诉条件，本院决定不予抗诉。对于提请上级人民检察院抗诉的案件，如果上级人民检察院决定抗诉，表述为：×××人民检察院决定向×××人民法院提出抗诉。如果上级人民检察院决定不予抗诉，表述为：本案不符合抗诉条件，本院决定不予抗诉。）

（对不服检察机关诉讼终结的刑事处理决定的申诉案件复查后，应明确写明决定事项，如果决定有两项以上内容，应当分项写明。如决定维持原处理决定，表述为：本院决定：维持×××人民检察院×××［写明文号］决定。如决定撤销原处理决定，表述为：本院决定：撤销×××人民检察院×××［写明文号］决定。如撤销后需要重新进入诉讼程序，表述为：本院决定：一、撤销×××人民检察院×××［写明文号］决定。二、将案件移送×××人民检察院或者本院×××部门依法办理。如纠正了原处理决定认定的部分事实或者适用法律，变更原决定的法律适用条款但维持原决定的，例如，原来作出的是相对不起诉，复查后认为应作存疑不起诉，表述为：本院决定：变更×××人民检察院×××［写明文号］不起诉决定书对×××所作不起诉决定的法律依据，依照《中华人民共和国刑事诉讼法》第一百七十五条第四款之规定，维持对×××的不起诉决定。）

（对审查结案的，可与本院认为部分一并表述。本院认为，×××人民法院或者人民检察院×××［写明文号］刑事判决、裁定或者不批准逮捕、不起诉、撤销案件等决定，事实清楚，证据确实、充分，处理适当。申诉人×××的申诉理由不能成立，本院不予支持，现予审查结案。

或者本案不符合抗诉条件，现予审查结案。）

××××年××月××日
（院印）

（二）文书范例

黑龙江省人民检察院农垦分院孙某故意伤害案刑事申诉结果通知书

黑龙江省人民检察院农垦分院
刑事申诉结果通知书*

黑农分检刑申通〔2022〕××号

申诉人杜某，男，1985年××月××日出生，汉族，无固定职业，住黑龙江省绥滨县××社区××委××栋××号。系孙某过失致人重伤案被害人。

被不起诉人孙某，男，1972年××月××日出生，汉族，中专文化，个体工商户，户籍地黑龙江省绥滨县××社区××委××栋××号，住黑龙江省绥滨县××社区××委××。2020年11月27日因涉嫌故意伤害罪被黑龙江省垦区公安局宝泉岭分局刑事拘留，2020年12月4日因涉嫌故意伤害罪被黑龙江省垦区公安局宝泉岭分局取保候审。2021年12月4日因涉嫌过失致人重伤罪宝泉岭人民检察院决定对其取保候审。

申诉人不服黑龙江省宝泉岭人民检察院黑宝检刑不诉〔2022〕××号对孙某作出不起诉决定，向本院提出申诉。

本院复查查明，2020年10月4日15时许，被不起诉人孙某在黑龙江省绥滨××市场逛集市时与杜某（男，35岁）肩部碰撞，二人因此发生口角，杜某举起右拳贴向孙某面部称“你信不信我一拳搂死你”，

* 此文书为刑事申诉结果通知书，收入时有删改。

并朝孙某脸上吐口水，孙某见杜某在身高、体重上都优势于自己，如发生冲突自己会吃亏，便忍让离开。随后，孙某在逛集市过程中再次遇到杜某，杜某质问孙某“你还敢跟着我”，孙某回答“我跟着你干什么”，杜某便再次朝孙某脸上吐口水，孙某再次忍让离开。孙某因此决定离开集市回家。当孙某从集市走出来到绥滨××市场广场西南角水泥路段时，再次遇到杜某。杜某上前质问孙某“你跑这儿来堵我了”，并抡起手中的爆米花打向孙某，被孙某抬手挡开。随后，杜某先挥拳击打孙某的肩部，孙某也挥拳还击，打在杜某肩部。杜某双手抓住孙某肩膀，用力想将孙某摔倒。孙某见状也双手抓住杜某腋下的衣服，头顶在杜某胸前，用力想将杜某摔倒。二人从水泥路旁撕扯至西侧斜坡，并在撕扯中摔倒，一同从斜坡摔至坡下的水泥地面上，致杜某头部受伤。经法医鉴定：杜某所受损伤致颅骨骨折、左颞硬膜外血肿、右颞硬膜外血肿、右枕硬膜外血肿左颞叶脑出血、双额叶脑挫裂伤的伤情程度为重伤二级。

被不起诉人孙某于2020年10月4日主动向公安机关投案，并如实供述案件的主要事实。

承办人经调取并审查原案卷宗，召开听证会，充分听取申诉人意见，与原案承办检察官充分沟通，对本案进行了全面复查。

本院认为，被不起诉人孙某为使自己的人身权利免受正在进行的不法侵害，采取制止不法侵害的防卫行为，根据《中华人民共和国刑法》第二十条第一款之规定，属于正当防卫，依法不负刑事责任。宝泉岭人民检察院根据《中华人民共和国刑事诉讼法》第一百七十七条第一款之规定，对孙某作出不起诉决定，程序合法，理由充分，应予维持。申诉人杜某的申诉理由不能成立。具体理由如下：

一、杜某的行为属于正在进行的不法侵害。从本案双方的矛盾起因来看，杜某与孙某在逛集市时因肩部碰撞而发生口角，之后杜某向孙某挥拳挑衅并吐口水，杜某的上述行为本身带有一定的侮辱性，且向他人吐口水的行为既不文明、也不卫生，特别是在疫情期间，对公共卫生安全亦构成危害。孙某在面对上述违法行为时选择忍让离开，同时在二人再次相遇后，杜某先用手中爆米花抡向孙某，在孙某格挡后又用手击打孙某肩部，孙某气愤之下用拳予以还击，杜某再次用手抓住对方肩部试图将对方摔倒，二人继而相互撕扯在一起。在上述过程中孙某并未存在明显过错，杜某应对双方矛盾的引发及进一步激化负有主要责任，且杜某的上述一系列行为已经对孙某的人身权利造成了现实侵害，应认定为正在进行的不法侵害。关于申诉人提出的证人綦某某、邹某某与孙某系亲属关系，其所作出的证言应当依法排除的问题。经查，綦某某、邹某某作为目击本案案发经过的证人对案件的相关事实问题能够予以证实，且二人所证实内容能够相互印证，又与孙某的供述相符，綦某某虽然系孙某的姐夫，但与本案并不存在严重利害关系，申诉人杜某对此亦未提供相关证据予以证实，故申诉人的该项申诉理由不能成立。

二、孙某为制止正在进行的不法侵害进行反击的行为具有防卫的正当性。口角发生后，在杜某向孙某挥拳挑衅，并向其脸部吐口水后，孙某选择忍让离开。在二人再次相遇后杜某先用手击打孙某肩部，孙某以用手击打杜某肩部予以还击，并在被杜某用手抓住后为挣脱杜某而与其发生撕扯的行为具有防卫性质。同时，在杜某受伤后，孙某立即拨打120寻求救治并同时向公安机关报案。从孙某的上述行为表现来看，其没有非法伤害杜某的故意，亦没有与杜某斗殴的目的，其反击行为具有防卫意图，符合防卫的正当性要求。虽然杜某经鉴定为二级精神残疾，但本案多名证人证实杜某在平时没有过于异常的行为表现，且在案证据无法证实孙某明知杜某患有精神疾病，故申诉人所提出的孙某明知道杜某为限制行为能力人的情况下仍采取过当防卫行为的申诉理由不能成立。

三、孙某的防卫行为没有明显超过必要限度，不属于防卫过当。本案中，孙某在尽力避免冲突的情况下，杜某仍对其率先实施击打行为，孙某用拳击打对方肩部，并在被对方抓住肩部后与其发生撕扯的防卫手段并无不当。同时，杜某与孙某在身高上相差20余公分，体重比孙某重50余斤，二人在身高、体重上存在明显差距。综合孙某采取防卫的时机、强度以及双方的力量对比等情况来看，孙某所采取的防卫手段没有超过必要的限度。虽然最终杜某出现了重伤二级的后果，但该损害后果系杜某与孙某在撕扯过程中二人不慎从斜坡摔至坡下的水泥地面造成的，并非孙某直接击打所致，二者之间不具有直接因果关系，且双方从相互击打到相互撕扯直至共同从斜坡摔下的过程仅历时数十秒，结合案发时的具体情况，孙某对该损害结果无法预见，不存在疏忽大意或轻信能够避免的主观过失。同时，最高人民法院、最高人民检察院、公安部《关于依法适用正当防卫制度的指导意见》第十一条的规定：根据刑法第二十条第二款的规定，认定防卫过当应当同时具备“明显超过必要限度”和“造成重大损害”两个条件，缺一不可。根据上述规定，因孙某的防卫行为没有明显超过必要限度，依法不属于防卫过当，故申诉人杜某所提出的孙某防卫行为超过必要限度，对杜某造成重伤的重大损害，应属防卫过当的申诉理由不能成立。

综上，本院经复查后决定，维持宝泉岭人民检察院黑宝检刑不诉〔2022〕××号不起诉决定。

2022 年 6 月 28 日

（院印）

专题十四

如何撰写没收违法所得申请书

一、基本概念

2012 年修订后的《刑事诉讼法》增加了犯罪嫌疑人、被告人逃匿、死亡案件违法所得的没收程序。“违法所得没收程序是我国刑事立法积极应对司法实践的重大举措，它彻底改变了我国过去纯粹以人作为追究对象的诉讼制度，是我国完善刑事诉讼制度、保障利害关系人权益的重大改革。”① 没收违法所得申请，是指检察机关对于贪污贿赂犯罪、恐怖活动犯罪等重大犯罪案件，犯罪嫌疑人、被告人逃匿，在通缉 1 年后不能到案，或者犯罪嫌疑人、被告人死亡，依照刑法规定应当追缴其违法所得及其他涉案财产的，向人民法院提出没收违法所得的申请。根据最高人民法院、最高人民检察院《关于适用犯罪嫌疑人、被告人逃匿、死亡案件违法所得没收程序若干问题的规定》的规定，人民检察院向人民法院提出没收违法所得的申请，应当制作没收违法所得申请书。没收违法所得申请书应当载明以下内容：（1）犯罪嫌疑人、被告人的基本情况；（2）案由及案件来源；（3）犯罪嫌疑人、被告人涉嫌犯罪的事实及相关证据材料；（4）犯罪嫌疑人、被告人逃匿、被通缉、脱逃、下落不明、死亡的情况；（5）申请没收的财产的种类、数量、价值、所在地以及已查封、扣押、冻结财产清单和相关法律手续；（6）申请没收的财产属于违法所得及其他涉案财产的相关事实及证据材料；（7）提出没收违法所得申请的理由和法律依据；（8）有无利害关系人以及利害关系人的姓名、身份、住址、联系方式；（9）其他应当载明的内容。

“任何人不能因为犯罪得到任何收益，不能通过犯罪改善自己现实状态”，是一条古老而经典的法则。② 对逃匿、死亡的犯罪嫌疑人、被告人依法适用违法所得没收特别程序，向人民法院提出没收违法所得申请，是《刑事诉讼法》赋予检察机关的一项重要职能，也是检察机关开展追

---

① 石魏：《违法所得没收程序证明标准的适用》，载《人民司法》2022 年第 5 期。

② ［德］汉斯·海因里希·耶塞克、托马斯·魏根特：《德国刑法教科书》，徐久生译，中国法制出版社 2017 年版，第 1068 页；张明楷：《刑法格言的展开》，北京大学出版社 2013 年版，第 141 页。

逃追赃工作的一项法律利器，具有重要的意义。特别是通过依法没收外逃的犯罪嫌疑人、被告人转移到境外的巨额财产，既为国家挽回了经济损失，也切断了外逃腐败分子资金链，大大挤压其在境外的生存空间，形成强大震慑效应，是一项以法治思维、法治方式开展反腐败国际追逃追赃工作的重要举措。检察机关要进一步加大适用违法所得没收特别程序的力度，对符合条件的案件依法及时提出没收违法所得的申请，切实发挥好特别程序追逃追赃的制度价值。

二、文书制作依据

（一）法律规定

《刑事诉讼法》第298条第1款规定，对于贪污贿赂犯罪、恐怖活动犯罪等重大犯罪案件，犯罪嫌疑人、被告人逃匿，在通缉1年后不能到案，或者犯罪嫌疑人、被告人死亡，依照刑法规定应当追缴其违法所得及其他涉案财产的，人民检察院可以向人民法院提出没收违法所得的申请。

《监察法》第48条规定，监察机关在调查贪污贿赂、失职渎职等职务犯罪过程中，被调查人逃匿或者死亡，有必要继续调查的，经省级以上监察机关批准，应当继续调查并作出结论。被调查人逃匿，在通缉一年后不能到案，或者死亡的，由监察机关提请人民检察院依照法定程序，向人民法院提出没收违法所得的申请。

（二）司法解释及相关文件规定

《人民检察院刑事诉讼规则》第512条至第514条，对违法所得没收程序案件的适用范围、适用对象作了明确规定。第522条，就检察机关对侦查机关、监察机关移送的没收违法所得意见书需要审查事项予以明确。

最高人民法院、最高人民检察院《关于适用犯罪嫌疑人、被告人逃匿、死亡案件违法所得没收程序若干问题的规定》从追逃追赃实际出发，针对新问题新情况，突破传统诉讼理念，进行了一系列全新的制度设计，对违法所得没收程序制定了详尽的操作细则，并就违法所得没收程序适用的罪名范围、概念认定、证明标准进行了明确，增强了违法所得没收程序的实践可操作性。另外，最高人民法院《关于适用〈中华人民共和国刑事诉讼法〉的解释》对违法所得没收程序也同样进行了详细规定。

三、文书结构

根据《人民检察院刑事诉讼法律文书格式样本（2020版）》规定，没收违法所得申请书由首部、正文、尾部三部分组成。

1. 首部。此部分包括制作文书的人民检察院名称、文书名称和文书编号。文书名称为“××××人民检察院没收违法所得申请书”，文书编号为××检××没申〔20××〕×号。

2. 正文。正文部分在形式上包括五个方面：（1）犯罪嫌疑人（被告人）的基本情况。写明姓名、性别、出生年月日、公民身份号码、民族、文化程度、职业或者工作单位及职务、户籍地、住址、曾受到行政处罚、刑事处罚的情况。（2）案由和案件的审查过程。根据格式样本，分为侦查阶段、审查起诉阶段、法院审理阶段三种不同情形：其一，侦查阶段可表述为，犯罪嫌疑人（被告人）×××因涉嫌××罪，被×××（监察/侦查机关）立案侦查，并于××××年×月×日逃匿。×××（侦查机关）于××××年×月×日发布通缉令，至今不能到案。如果死亡的，写明于××××年×月×日死亡。×××（移送没收违法所得意见书的机关）于××××年×月×日向本院移送没收违法所得意见书。本院受理后，审查了全部案件材料……（写明要求监察/侦查机关补充证据、延长审查期限等情况）；如果是自侦案件，此处写：“犯罪嫌疑人（被告人）×××因涉嫌××罪，由本院立案侦查，并于××××年×月×日逃匿。于××××年×月×日发布通缉令，至今不能到案。（如果死亡的，写明于××××年×月×日死亡。）本院于××××年×月×日移送没收违法所得意见书。”如果案件是其他人民检察院移送的，此处应当将移送单位以及移送时间等写清楚。其二，审查起诉阶段，如果犯罪嫌疑人是在审查起诉时逃匿、死亡的，此处写：“本案由×××（监察/侦查机关）调查/侦查终结，以×××涉嫌××罪，于××××年×月×日向本院移送审查起诉。犯罪嫌疑人×××于××××年×月×日逃匿。于

××××年×月×日发布通缉令，至今不能到案。（如果死亡的，写明于××××年×月×日死亡。）本院对全部案件材料进行了审查……（写明要求监察/侦查机关补充证据的情况）”。其三，法院审理阶段，如果被告人是在审理时逃匿、死亡的，此处写：“本案由×××（监察/侦查机关）调查/侦查终结，以×××涉嫌××罪，于××××年×月×日向本院移送审查起诉。本院受理后，于××××年×月×日向×××人民法院提起公诉。被告人×××于××××年×月×日逃匿。于××××年×月×日发布通缉令，至今不能到案。（如果死亡的，写明于××××年×月×日死亡。）本院对全部案件材料进行了审查……（写明要求监察/侦查机关补充证据的情况）”。（3）犯罪事实和违法所得。写明经检察机关审查认定的犯罪事实，依照刑法规定应当追缴的违法所得及其他涉案财产的来源、种类、数量、所在地以及查封、扣押、冻结等情况。写明犯罪嫌疑人（被告人）的近亲属或者其他利害关系人的姓名、住址、联系方式及其要求。（4）认定上述事实证据。针对上述犯罪事实和违法所得，分别列举证据。（5）申请要求和根据。根据格式样本表述为“本院认为，犯罪嫌疑人（被告人）×××涉嫌××罪，逃匿一年后不能到案（或者于××××年××月××日死亡），……（概述其违法所得及其他涉案财产的来源、种类和数量等），事实清楚，证据确实、充分，应当对其违法所得及其他涉案财产予以追缴。根据《中华人民共和国刑事诉讼法》第二百九十八条的规定，提出没收违法所得申请，请依法裁定”。

3. 尾部。尾部由检察官、检察官助理署名，文书的具文日期为没收违法所得申请书签发日期，并加盖院印。附件部分根据实际情况取舍或增加。包括：（1）通缉令或者死亡证明书；（2）违法所得及其他涉案财产清单以及查封、扣押、冻结的情况；（3）证据材料、不宜移送的实物证据的清单、照片或者其他证明文件、拟出庭证人名单；（4）其他需要附注的事项。

四、文书制作要点

（一）总体原则

实践中，与起诉书等常见检察文书相比，没收违法所得申请书运用较少。制作没收违法所得申请书，格式规范、观点正确、说理透彻是最基本的要求，要把握好没收违法所得申请书叙述与说理两部分范式要求。

1. 叙述性要求

叙述在没收违法所得申请书中主要是指对文书内容的取舍、排版及表达，通常要求做到要素完备、详略得当及表达清晰。

（1）关于要素完备。在形式上，没收违法所得申请书格式样本已经明确文书包含的要素内容，包括首部、正文和尾部三大部分。各部分内容在格式样本的制作说明中均有相应的介绍和要求，检察官在撰写时应根据案件情况逐一按照文书中所列内容及顺序叙明，不能遗漏或新增文书要素。如不能遗漏犯罪嫌疑人、被告人的近亲属或者其他利害关系人的基本情况。如果申诉人是原案被告人的，不能新增其他在案的同案人基本情况等等；在内容上，不能简单应付，认为只要点到文书所有要素即达到要素完备的要求，需实质性评价。如仅列举式点到文书必备的要素内容，没有写明实质性内容或者内容过简的，本质上应视为遗漏要素。总体而言，没收违法所得申请书的关键要素包括：犯罪嫌疑人、被告人及其近亲属或者其他利害关系人等相关主体的基本身份情况以及犯罪嫌疑人、被告人现状（逃匿或死亡），诉讼过程，补充证据情况，查明的事实（包括犯罪事实与相关财产情况），证据情况及申请理由等。

（2）关于详略得当。文书格式样本及制作说明对此没有明确规定，实践中如何把握没有统一的规范要求。总体而言，没收违法所得申请书内容叙述应立足能否将问题讲清楚、说明白的维度出发，让人民法院充分理解审查查明的情况、理由及法律依据等。进而言之，详略得当落脚点在叙述的“度”，要求重点突出，语言简洁、规范，避免冗长导致篇幅失衡、核心模糊。要以目的导向根据不同情形的样本格式指引提炼案件要素信息，辩证把握要素要求，重点写明诉讼过程、查明的情况、理由及法律依据，针对申请没收理由说理。叙述从构成犯罪到符合没收违法所得条件，做到有理、有据、有节。特别是涉及其他涉案财产来源的定性问题，与其他利害关系人的切身利益息息相关，更要充分论述予以说明，确保查明的事实及每个关键细节均有相应的证据印证证明，认定的性质均有相关的事实和法律依据，达到事实清楚，证据确实、充分。同时，在文书中应使用客观、中性的规范用语，避免带有主观色彩的词语或表述口语化。

（3）关于表达清晰。表达清晰主要是指逻辑清楚、内容明了，既包括对叙写查明的事实、情节，又包括叙述与说理有机结合的分析。表达清晰是在详略得当基础上的要求。一般而言，文书详略不当，内容过分冗长或重点不突出，表达内容往往也会让人感到模糊，不明白文书究竟想要表达什么，难以让人民法院信服。我们认为，没收违法所得申请书样本格式从开头到结尾已经明确了框架及相关内容范畴，逻辑结构完整、明确。因此，从整体文书结构上看，检察官只要按照样本格式完成文书内容，要素完备，可以基本达到表达清晰的效果。一般而言，没收违法所得申请书重点要素在前述的查明事实及申请没收违法所得理由部分。其中，事实要素是基础，其他要素是以事实要素为基点展开叙写。叙写查明事实部分是一个小记叙文，要具备时间、地点、人物、起因、经过、结果等六要素，说清楚发生什么事情，再进行事实评价。叙写申请理由部分包括犯罪事实及出现可以没收违法所得的情形，要注意类型化分析，结合事实部分分析论证，根据案件具体情况“一情节或多情节一分析”，做到事与理的有机结合，最终得出结论。

2. 说理性要求

说理是没收违法所得申请书制作的难点，也是必然要求，重点体现在理由部分。人民检察院审查查明的事实是建立在证据相互印证、证据确实充分的基础上确定下来的，每个事实环节，均要有相应的证据或证据组合一一证明，这样才能让被建议对象信服。严格意义上来说，增强没收违法所得申请书的说理，只完善理由的论证是不够的，事实表述、证据分析是理由论证的基础。没收违法所得申请书的说理不仅仅是事实、证据、法律条文的简单罗列，更重要的是需找到事实与证据之间的关联点，并立足于事实和证据，准确适用法律条款，结合法律规定分析原案处理是否妥当，说明理由与依据，为最终结论提供支撑。没收违法所得申请书必须是在理由充分、法律依据准确的前提下作出的，在结论部分撰写时要更多地体现为什么要向法院申请没收违法所得的整个逻辑推理过程，增强文书的说理性以及说服力。在事实和证据的基础上，再加上现有的法律规定，环环相扣，论点明确，论证充分，论证有力，法律依据和事实与证据相互呼应，做到逻辑严密。

具体而言，增强文书说理性，应从观点鲜明、理由充分、论证有力、层次清晰、结构严谨等方面入手。一是要有明确的中心问题。没收违法所得申请书要解决的中心问题就是向人民法院陈述没收犯罪嫌疑人违法所得的理由，申请得到法院采纳。内容要明确具体，观点鲜明。切忌点到为止，问题不明。如果在论证时没有明确的态度，仅评述客观情况而没有就犯罪事实论述构成何罪、认定的依据及如何认定追缴的违法所得及其他涉案财产来源等，则全文丧失了说理性基础。二是要论证有力。检察院认定的每一事实、情节要有证据印证，且事实清楚、无疑异。没收违法所得申请书论证类似一篇小的议论文。在查明事实的基础上已有立论观点，要以证据与事实及法、理、情三者结合论证。三是要有清晰的条理性。尤其有多起犯罪事实、违法所得及其他涉案财产来源复杂的，主次如何区分，条理和层次如何展开对没收违法所得申请书的质量尤为关键。一般而言，说理顺序以提炼要素（事：归纳问题要件，包括犯罪事实、诉讼过程、死亡或逃匿情况、违法所得及其他涉案财产的来源、补充的证据情况等）、依据（理：说明相关证据、法律依据）、意见（事与理的有机结合）为佳。四是要有严密的逻辑结构。应综合运用经验法则以小前提、大前提演绎得出结论的法律逻辑思维。如说明其他涉案财产来源时，不能在财产来源、性质及与认定的法律依据之间穿插、往返叙写，财产性质还未充分说理就开始论述法律适用问题等。

（二）具体要领

文书依据《刑事诉讼法》第298条规定制作，由首部、犯罪嫌疑人（被告人）基本情况，诉讼过程，犯罪事实和违法所得，犯罪嫌疑人（被告人）近亲属、其他利害关系人的基本情况，证据，申诉要求和证据，尾部七部分组成。

1. 首部、犯罪嫌疑人（被告人）基本情况

（1）关于首部。没收违法所得申请书的首部由检察机关名称、文书名称和文书编号三部分组成。其中，检察机关名称应为全称，即要注明所在省（自治区、直辖市）名称，不能只写地区级市、县、区院名；如

果是涉外案件，要冠以“中华人民共和国”字样。文书编号写在最右端，上下各空一行，内容为××检××没申〔20××〕×号。

（2）关于犯罪嫌疑人（被告人）基本情况。根据不同诉讼阶段，冠以主体不同称谓。写明姓名、性别、出生年月日、公民身份号码、民族、文化程度、职业或者工作单位及职务、户籍地、住址、曾受到行政处罚、刑事处罚的情况等。其中，如果未受过行政处罚或者刑事处罚的，不用写该要素。

2. 诉讼过程

诉讼过程包括案由和案件的审查过程等。本部分内容为格式段落，具体要素根据案件在诉讼的不同环节以及不同情况，叙述不尽相同。其中，在不同阶段，均要求写明办案机关补充证据的情况。需要注意的是，为避免与后文证据部分重复，简要概述补充的基本情况，不需要写证明内容及证据分析。

（1）侦查阶段

关于非自侦案件的情形。写“犯罪嫌疑人×××因涉嫌××罪，被×××（监察/侦查机关）立案侦查，并于××××年×月×日逃匿。×××（侦查机关）于××××年×月×日发布通缉令，至今不能到案。（如果死亡的，写明于××××年×月×日死亡。）×××（移送没收违法所得意见书的机关）于××××年×月×日向本院移送没收违法所得意见书。本院受理后，审查了全部案件材料……（写明要求监察/侦查机关补充证据、延长审查期限等情况）”。其中，需要注意的是：一是涉案罪名以人民检察院认定的罪名为准。二是死亡时间以死亡证明书等相关书证的落款日期为准。书证、证人证言等证据之间有矛盾，或者与实际死亡时间不符的，以实际死亡时间为准。三是如果案件未经延长或退回补充侦查的，写到“审查了全部案件材料”即止。如果有的，写明具体的退查、延长时间，补充证据情况等。如写“期间，分别于××××年×月×日、×月×日退回侦查机关补充侦查（退回监察机关补充调查）。侦查机关（监察机关）分别于××××年×月×日、×月×日补充完毕。其中，侦查机关（监察机关）补充了……等证据（列明反映具体内容的证据名称，证据包括犯罪事实、违法所得及其他涉案财产相关情况的证据。如关于证人王×指认犯罪嫌疑人×××贪污50万元事实的证言等）。先后于××××年×月×日、×月×日延长审查起诉期限十五日”。

关于自侦案件的情形。写明“犯罪嫌疑人×××因涉嫌××罪，由本院立案侦查，并于××××年×月×日逃匿。于××××年×月×日发布通缉令，至今不能到案。（如果死亡的，写明于××××年×月×日死亡。）本院于××××年×月×日移送没收违法所得意见书”。如果有退查、延长情况，要按前述情形写明具体时间及补充证据的情况。

如果案件是其他人民检察院移送的，此处应当将移送单位以及移送时间等写清楚。

（2）审查起诉阶段

如果犯罪嫌疑人是在审查起诉时逃匿、死亡的，此处写：“本案由×××（监察/侦查机关）调查/侦查终结，以×××涉嫌××罪，于××××年×月×日向本院移送审查起诉。犯罪嫌疑人×××于××××年×月×日逃匿。于××××年×月×日发布通缉令，至今不能到案。（如果死亡的，写明于××××年×月×日死亡。）本院对全部案件材料进行了审查……（写明要求监察/侦查机关补充证据的情况）。”

（3）审判阶段

如果被告人是在审理时逃匿、死亡的，此处写：“本案由×××（监察/侦查机关）调查/侦查终结，以×××涉嫌××罪，于××××年×月×日向本院移送审查起诉。本院受理后，于××××年×月×日向×××人民法院提起公诉。被告人×××于××××年×月×日逃匿。于××××年×月×日发布通缉令，至今不能到案。（如果死亡的，写明于××××年×月×日死亡。）本院对全部案件材料进行了审查……（写明要求监察/侦查机关补充证据的情况）。”

3. 犯罪事实和违法所得

没收违法所得申请书关于事实查明部分的内容要素包括犯罪事实与违法所得。其中，犯罪事实是文书申请适用的前提，违法所得是文书申请的最终落脚点。

（1）关于犯罪事实部分。写明检察机关认定的犯罪事实。如果认定事实与办案机关认定的事实不一致的，不需要写明办案机关认定的事实，以检察机关认定的事实为准。叙写时，强化叙述认定不一致的关键事实。

大体而言，犯罪事实部分要围绕符合向人民法院提出没收违法所得申请条件叙述，包括犯罪构成、犯罪罪名、案件影响等。根据案件具体情况，叙写内容各有侧重。具体而言：一是关于以占有型、挪用型贪污等犯罪为主，包括贪污、挪用公款、巨额财产来源不明、隐瞒境外存款、私分国有资产、私分罚没财物等犯罪类型。叙写时，结合相关罪名保护的法益以“钱”为切入，按照事情的发展叙述事实。写明利用何种职务便利以什么样的手段对钱做了什么，以客观体现主观。其中，巨额财产来源不明罪、隐瞒境外存款罪较为特殊，需要重点围绕违反说明钱的来源或者申报义务等展开叙述。在涉嫌巨额财产来源不明罪中，还要写明犯罪嫌疑人、被告人的财产、支出明显超过合法收入的基本情况，要体现出“明显性”与财务的“不合理性”。

二是关于贿赂类犯罪，包括受贿、单位受贿、利用影响力受贿、行贿、对有影响力的人行贿、对单位行贿、介绍贿赂、单位行贿等犯罪类型。叙写时，围绕权钱交易展开。其中，受贿型犯罪，重点写明利用了什么职务便利向谁收钱，反映违反职务的廉洁性。行贿型犯罪，重点写明为了什么利益而向国家工作人员给钱，反映钱款用途。

三是关于恐怖活动犯罪，包括组织、领导、参加恐怖组织，帮助恐怖活动，准备实施恐怖活动，宣扬恐怖主义、极端主义，煽动实施恐怖活动，利用极端主义破坏法律实施，强制穿戴宣扬恐怖主义、极端主义服饰、标志，非法持有宣扬恐怖主义、极端主义物品犯罪案件类型。叙写时，重点以涉及恐怖主义、极端主义的危害行为展开，从行为手段、方式以及行为内容叙述。其中，行为内容是指利用了“恐怖主义、极端主义”去做了什么事，落脚点在叙明做了什么，如破坏法律实施、非法持有等等。需要注意的是，从效果上考虑，恐怖主义、极端主义具体内容不宜详细叙明，概括叙述为佳。

四是关于洗钱罪及其上游犯罪，包括危害国家安全、走私、洗钱、金融诈骗、黑社会性质的组织、毒品犯罪案件类型。叙写时，主要要围绕洗钱犯罪构成及洗钱对象来源于何种上游犯罪展开记述。需要注意的是，叙述上游犯罪时可以简要概述，但不能绕开具体事实而笼统表述触犯了何罪。以贩卖毒品为例，不能简单表述为“犯罪嫌疑人通过贩卖毒品获得毒资人民币20万元”，要叙明何时何地在哪儿向谁贩卖了什么品种的毒品，毒品是否被查获，净重、含量与纯度多少等。

五是关于两类新型特殊诈骗犯罪，即电信诈骗、网络诈骗案件类型。叙述时，重点围绕犯罪构成展开，从手段、方式、主观目的等由客观到主观详细论述，体现以虚构事实、隐瞒真相手段本质的欺骗性及主观占有被害人财物的目的性。

（2）关于案件影响。在论述前述犯罪的基础上，还要叙述属于“重大案件”，主要从在省、自治区、直辖市或者全国范围内具有较大影响，可能被判处无期徒刑以上刑罚的或者犯罪嫌疑人、被告人逃匿境外等因素叙述。其中，对于“较大影响”的事实可以从所在省、自治区、直辖市或者全国主流媒体报道、网络热搜排行等切入叙述。对于逃匿境外的情形，主要从“逃匿”“离境”两方面论述。即从为逃避侦查和刑事追究潜逃、隐匿，或者在刑事诉讼过程中脱逃等方面论述“逃匿”，从现在的状态上叙述已经“离境”的事实。实践中，对逃匿事实的叙述需要注意结合主客观相一致的原则论述。要着重从主观见之于客观的维度出发，避免下定义式、推定式，甚至“主观”定义主观的循环论证式写“逃匿”事实。例如，可以从出境的突发性、必要性、出境事由，或者失踪前反常的行为轨迹、状态等反映逃避侦查和刑事追究的目的或脱逃等。如有证据证明到具体区域的，具体叙明。如果证据仅能证明到逃匿出境的，则无需苛求写明具体的地址。同时，要注意避免与格式段落中已经写明犯罪嫌疑人、被告人逃匿情形的要素重复，这里着重写明逃匿的具体事实，如采用怎样的方式逃出境外或逃往何处。换言之，此处所写的事实是前述格式段落内容的具体化。

（3）关于违法所得。写明依照刑法规定应当追缴的违法所得及其他涉案财产的来源、种类、数量、所在地以及查封、扣押、冻结等情况。没收违法所得申请书中的“违法所得及其他涉案财产”有其特殊涵义，是指限定在前述犯罪事实部分中关于以占有型、挪用型贪污等犯罪为主等五种类型的犯罪案件中，实施相关犯罪行为所取得的财物及其孳息，以及犯罪嫌疑人、被告人非法持有的违禁品、供犯罪所用的本人财物等。其中，叙述实施犯罪行为所得的财物即“违法所得”时，要与前述犯罪事实部分融合一起写明情况，突出财产来源的非法性。“其他涉案财产”事后是对“违法所得”转换或转变，往往通过洗钱行为实现。叙述时，可从洗钱罪犯罪构成的角度写明犯罪嫌疑人、被告人采用具体何种方式处置财产，突出财产的去向。

进言之，叙写时要注意以下几点：一是结合案件围绕申请没收的财产属于“违法所得及其他涉案财产”叙述。主要从通过实施前述五种犯罪直接或者间接产生、获得的任何财产（财产来源）、违法所得已经部分或者全部转变、转化为其他财产（其他涉案财产，要写明转变或转换的具体情况，如写明具体以怎样的手段转变或转换违法所得）、来自违法所得转变、转化后的财产收益，或者来自已经与违法所得相混合财产中违法所得相应部分的收益展开。一般而言，财产来源在前述犯罪事实中已经作为犯罪构成的要素内容写明，在此不用重复叙述，只需紧接犯罪事实部分之后写明相关财产事后的处置情况。对于前述以占有型、挪用型贪污等犯罪为主的犯罪类型，重点是叙明犯罪所得的财物的具体来源与去向。其中，来源部分即获取的方式属于犯罪构成要件要素，已在前述犯罪事实中叙明，故本部分重点叙写财物的去向。如果犯罪嫌疑人、被告人通过投资、变卖、赠与、抵押、互易等方式非法处置财物的，要按照记述文的要素写明具体的处置过程及转变、转化后的财产收益情况。记述时，要具体、明确。以挪用公款投资股票为例，要写明何时何地购买的具体哪支股票。在巨额财产来源不明罪与隐瞒境外存款罪中，要写明巨额财产部分或境外存款的利息收益。如果巨额财产已经支出的，要写明已查明支出的内容，如购买奢侈品等；对于贿赂类犯罪类型，以贿赂的财物展开，包括贿款、动产、不动产、债券、股权及其他财产性利益等。其中，被免除的债务或虚构的“赌债”等，叙述时要实质性论述其贿赂的属性，写明系违法所得；对于恐怖活动犯罪类型，要写明查扣的恐怖主义、极端主义宣传物品情况、为实施犯罪而提供或使用的资金、仓库、专门运输、手机的犯罪工具等财物，以及由此衍生的其他财产收益情况。例如，在互联网上链接广告获取的收益情况等；对于洗钱罪及其上游犯罪类型，要从上游犯罪的财产来源及下游洗钱过程两方面展开叙述。与其他类型相比，此类型较为特殊，叙写的要素内容与犯罪事实部分高度重合。洗钱行为即钱款的来源与去向等，均为犯罪构成的要素内容，在犯罪事实部分应当叙明。故对于此情形，应综合犯罪事实与违法所得的情况一起写。在细节上，要写明上游犯罪相关的涉案财物情况及流转情况。以黑社会性质的组织犯罪为例，要根据法律规定从有证据证明其在犯罪期间获得的财产高度可能属于黑社会性质组织犯罪的违法所得及其孳息、收益，犯罪嫌疑人、被告人不能合理说明财产合法来源的角度，写明为支持或者资助有组织犯罪活动而提供给有组织犯罪组织及其成员的财产、有组织犯罪组织成员的家庭财产中实际用于支持有组织犯罪活动的部分、利用有组织犯罪组织及其成员的违法犯罪活动获得的财产及其孳息、收益等情况。其中，在主观目的上，重点从客观资助的数额、时长、内容及其生活轨迹等叙述，体现主观资助的目的，论证财物的非法性。二是围绕“违法所得及其他涉案财产”的流向全过程叙述，写明违法性质的“同一性”。没收违法所得申请书最终落脚点在于明确无论财产如何流转，外在形式如何变化，其底层逻辑是源头违法应予没收。因此，要尽可能根据查明的事实详细写明财产流向及涉及的相关财产，为下步启动没收违法所得程序确定范围。以前述黑社会性质组织犯罪为例，重点从犯罪所得、利益链条、经济基础和经商“造血”等全过程进行概述。如果与合法收入混同的，从权属、性质、用途等方面写明违法所得的比例。三是在犯罪竞合的情形下，侧重从属于没收违法所得申请的犯罪案件事实角度叙述违法所得。对于其他类型案件的犯罪事实虽有关联，但不是叙述重点。四是对于推定属于违法所得及其他涉案财产情况，要重点从“具有高度可能”的角度，写明若干线索或重大疑点指向及经验法则据以考量的关键细节要素，通过细节事实证成高度概然的推理结论。五是按照时间顺序写明违法所得及其他涉案财产的情况。一般而言，在叙述犯罪事实阶段，已经写明来源情况。为确保逻辑清晰、连贯，根据实际在犯罪事实部分叙写来源或查扣的赃物时，一并写明种类和数量。如果是不动产的，写明所在地。在事实尾部，写明依法查封、扣押、冻结等情况。

4. 犯罪嫌疑人（被告人）近亲属、其他利害关系人的基本情况

写明姓名、住址、联系方式及其要求。需要注意的是，以上内容要

按照犯罪嫌疑人（被告人）近亲属、其他利害关系人向检察院提供的信息逐一叙明。特别是“要求”部分，如果内容较多的，可以提炼其中的关键词句分项叙述，并将其要求具体内容作为其他需要附注的事项附在附件中，避免自行归纳产生遗漏或被质疑。

5. 证据

证据部分针对前述犯罪事实和违法所得，分别列举证据。需要注意的是，区别于起诉书等指控犯罪的文书，没收违法所得申请关于不同事实有不同的证据证明标准。其中，犯罪事实标准要达到事实清楚，证据确实、充分。而违法所得只要达到有证据证明、具有高度可能的优势证据标准，略低于犯罪事实的认定标准。因此，在叙写时，表述可以有所区别，就高不就低。具体而言，以小标题形式分别叙述认定犯罪事实和违法所得的证据，写“认定上述事实的证据如下：1. 认定犯罪事实的证据……2. 认定违法所得的证据……”其中，如果有多起事实的，进一步分项叙述，以“一事实一证据”为宜。如果有证据既证明犯罪事实，又证明违法所得事实的，均应叙明。列举证据是否同时要写证明内容，样本格式内容没有具体要求。我们认为，为便于法院对材料的审查，及出于对可能不开庭审理的考虑，有必要叙明证据证明内容。

（1）关于认定犯罪事实的证据。实践中，主要有两种表述方式：一是按照证据种类、由客观到主观、由定罪到量刑等一定规则的顺序列举证据，在列举完每个证据名称后，简要概述证明内容；二是以印证的形式叙明证据。在简要列举完所有证据名称后，再逐一将证据相互印证的内容串联起来论证。

（2）关于认定违法所得的证据。前文已述，违法所得的证据标准低于认定犯罪事实的标准，表述时可以有所区别，不强调要采用前述第二种印证式叙明证据。根据实际，如果有证据条件的，也可以采用。一般而言，优势证据规则的证据表述方法为前述第一种表达模式，即按照一定规则如根据认定违法所得的事实列举证据，在每项列举的证据名称之后，简要说明证据要证明的内容。

6. 申请要求和根据

本部分为格式段落，写“本院认为，犯罪嫌疑人（被告人）×××涉嫌××罪，逃匿一年后不能到案（或者于××××年××月××日死亡），……（概述其违法所得及其他涉案财产的来源、种类和数量等），事实清楚，证据确实、充分，应当对其违法所得及其他涉案财产予以追缴。根据《中华人民共和国刑事诉讼法》第二百九十八条的规定，提出没收违法所得申请，请依法裁定”。其中，其违法所得及其他涉案财产的来源、种类和数量在前述审查查明部分已经详细叙述，此处仅用一至两句话简要概述即可。

7. 尾部

尾部包括此致、落款和附件部分：关于此致部分。移送的××××人民法院要与人民检察院名称要求对应，写全称。关于落款部分。依次写明检察官×××、检察官助理×××、落款日期，盖院印。关于附件部分。此部分为格式部分，每点为一段落，写“1. 通缉令或者死亡证明书；2. 违法所得及其他涉案财产清单以及查封、扣押、冻结的情况；3. 证据材料、不宜移送的实物证据的清单、照片或者其他证明文件、拟出庭证人名单；4. 其他需要附注的事项”。其中，违法所得及其他涉案财产清单为表格式清单，内有编号、名称、数量、基本特征、来源或权属人、备注等要素组成。该表格填入的信息内容要具体、明确。表格下有批准人、承办人、日期（年、月、日）及公章，依次填入并盖公章。清单一式二份，一份附卷，一份由办案单位留存。如果多页的，清单表格右上方填写“第　页　共　页”。

五、相关重点问题

（一）没收违法所得程序的启动

1. 监察机关提请适用违法所得没收程序

根据《监察法》第 48 条的规定，监察机关在调查贪污贿赂、失职渎职等职务犯罪案件过程中，被调查人逃匿或者死亡，有必要继续调查的，经省级以上监察机关批准，应当继续调查并作出结论。被调查人逃匿，在通缉 1 年后不能到案，或者死亡的，由监察机关提请人民检察院依照法定程序，向人民法院提出没收违法所得的申请。

（1）监察机关提请适用违法所得没收程序的条件。根据《监察法》

的规定，监察机关对被调查人继续调查的结果，是司法机关适用违法所得没收程序的前提和基础。监察机关适用该程序的条件包括前提条件和法定程序要求。前提条件是，属于贪污贿赂、失职渎职等职务犯罪案件，即依法应由监察机关管辖的职务犯罪案件；被调查人逃匿或者死亡；有必要继续调查。被调查人逃匿案件或者被调查人死亡案件都可能涉及依法追缴没收违法所得，省级以上监察机关有权对这两类案件批准继续调查，若未经批准或者批准权限不属于省级以上监察机关，便不得采取继续调查措施。经过调查需要作出结论，主要包括是否符合《刑法》第 64 条规定的应当追缴没收涉案财产的条件。另外，对于被调查人逃匿的案件，监察机关有必要进一步查清犯罪嫌疑人所涉嫌的职务犯罪事实，并全面搜集证据，以备逃匿的犯罪嫌疑人归案后采取监察措施并履行后续的刑事诉讼程序。法定程序是，需要对逃匿的被调查人进行通缉，在通缉 1 年后仍不能到案。对被调查人死亡的情形，提出没收违法所得申请没有时间限制。若符合上述两条，则可由监察机关提请检察机关按照法定程序向人民法院提出没收违法所得的申请。

（2）监察机关提请适用没收违法所得程序的步骤。被调查人逃匿案件分两种情况：第一种是逃匿隐藏在国内某处，尚未追捕到案；第二种是潜逃境外或国外，只能通过区际或国际合作的方式使其归案。此类案件启动没收违法所得程序的步骤如下：第一步是对被调查人予以通缉。《监察法》第 48 条和《刑事诉讼法》第 298 条均规定“通缉一年后不能到案”的法定适用条件。所以，由公安机关发布“通缉令”或公安机关国际刑警部门发布红色通报，是监察机关对此类案件启动违法所得没收程序的基本条件。第二步是对逃匿到境外或国外的被调查人开展刑事司法协助。若发现被调查人将涉案资产转移至境外或国外的，便要通过国家监察委员会依据我国缔结的刑事司法协助条约或公约，或者根据互惠原则，向相应的地区或国家提出请求查询、冻结、扣押、没收、追缴、返还涉案资产查询、辨认、追踪、查封、扣押、冻结、没收追缴或返还等司法协助请求。依据《监察法》第 52 条的规定，监察机关可通过司法协助的途径“向赃款赃物所在国请求查询、冻结、扣押、没收、追缴、返还涉案资产”。若被调查人逃匿地在国内的则省略该步骤。第三步是提出没收违法所得意见书。监察机关认为被调查人符合《监察法》第48条和《刑事诉讼法》第298条规定的没收违法所得情形的，应当写出没收违法所得意见书，连同相关证据材料一并移送检察机关。第四步是对涉案财产采取查封、扣押、冻结等措施。若涉案财产位于境外或国外，可根据《监察法》第52条，参照相关司法协助条款，由国家监察委员会提请相关国家采取查封、扣押、冻结等措施。第五步是协助司法机关完成没收违法所得的相关法律程序。协助、配合检察机关依法提出没收申请、审判机关依法作出没收违法所得的裁定，协调有关部门向相关地区或国家提出承认与执行我国没收违法所得的裁定并开展司法协助，最终追回涉案资产。

对于被调查人死亡案件，被调查人不论是在采取调查措施之前还是在采取调查措施过程中，或者在逃匿过程中死亡，也不论是宣告死亡还是自然死亡，都要依法对其适用没收违法所得程序。在被调查人死亡后，对其违法所得及其他涉案财产的继续调查和追缴并不停止，且适用没收违法所得程序也不受诉讼时效的限制。无论何时，只要追踪、查找到任何违法所得或者涉案财物，都能够适用该程序调查，并提请检察机关向审判机关提出没收违法所得的申请。①

2. 公安机关提请适用违法所得没收程序

根据《公安机关办理刑事案件程序规定》第339条的规定，公安机关在办理刑事案件时，有下列情形之一，依照刑法规定应当追缴其违法所得及其他涉案财产的，经县级以上公安机关负责人批准，公安机关应当写出没收违法所得意见书，连同相关证据材料一并移送同级人民检察院：（1）恐怖活动犯罪等重大犯罪案件，犯罪嫌疑人逃匿，在通缉1年后不能到案的；（2）犯罪嫌疑人死亡的。犯罪嫌疑人死亡，现有证据证明其存在违法所得及其他涉案财产应当予以没收的，公安机关可以进行调查。公安机关进行调查，可以依法进行查封、扣押、查询、冻结。

公安机关认为应当启动没收违法所得程序的，应当写出没收违法所得意见书，移送人民检察院。没收违法所得意见书应当包括以下内容：

---

① 参见陈雷：《监察机关如何启动违法所得没收程序》，载《中国纪检监察》2018年第14期。

（1）犯罪嫌疑人的基本情况；（2）犯罪事实和相关的证据材料；（3）犯罪嫌疑人逃匿、被通缉或者死亡的情况；（4）犯罪嫌疑人的违法所得及其他涉案财产的种类、数量、所在地；（5）查封、扣押、冻结的情况等。另外，公安机关将没收违法所得意见书移送人民检察院后，在逃的犯罪嫌疑人自动投案或者被抓获的，公安机关应当及时通知同级人民检察院。

3. 检察机关提出适用没收违法所得程序申请

（1）因监察机关或公安机关移送而提出没收违法所得申请的情形。对于贪污贿赂犯罪、恐怖活动犯罪等重大犯罪案件，犯罪嫌疑人、被告人逃匿，在通缉1年后不能到案，或者犯罪嫌疑人、被告人死亡，依照刑法规定应当追缴其违法所得及其他涉案财产的，人民检察院可以向人民法院提出没收违法所得的申请。公安机关认为有前述规定情形的，应当写出没收违法所得意见书，移送人民检察院。

监察机关或者公安机关向检察机关移送没收违法所得意见书，应当由有管辖权的检察机关的同级监察机关或者公安机关移送。检察机关应当在接到监察机关或者公安机关移送的没收违法所得意见书后30日以内作出是否提出没收违法所得申请的决定。30日以内不能作出决定的，可以延长15日。没收违法所得的申请，应当由有管辖权的中级人民法院的同级人民检察院提出。对于监察机关或者公安机关移送的没收违法所得案件，检察机关经审查认为不符合《刑事诉讼法》第298条第1款规定条件的，应当作出不提出没收违法所得申请的决定，并向监察机关或者公安机关书面说明理由；认为需要补充证据的，应当书面要求监察机关或者公安机关补充证据，必要时也可以自行调查。监察机关或者公安机关补充证据的时间不计入检察机关的办案期限。

（2）检察机关侦查的案件中出现符合启动没收违法所得程序的情形。

人民检察院直接受理侦查的案件，犯罪嫌疑人死亡而撤销案件，符合《刑事诉讼法》第298条第1款规定条件的，负责侦查的部门应当启动违法所得没收程序进行调查。负责侦查的部门进行调查应当查明犯罪嫌疑人涉嫌的犯罪事实，犯罪嫌疑人死亡的情况，以及犯罪嫌疑人的违法所得及其他涉案财产的情况，并可以对违法所得及其他涉案财产依法进行查封、扣押、查询、冻结。负责侦查的部门认为符合没收违法所得条件的，应当写出没收违法所得意见书，连同案卷材料一并移送有管辖权的人民检察院负责侦查的部门，并由有管辖权的人民检察院负责侦查的部门移送本院负责捕诉的部门。负责捕诉的部门对没收违法所得意见书进行审查，作出是否提出没收违法所得申请的决定，具体程序按照《人民检察院刑事诉讼规则》第 522 条、第 523 条的规定办理。

（3）在审查起诉或者审判过程中出现符合启动没收违法所得程序的情形。根据《人民检察院刑事诉讼规则》第 528 条的规定和《关于适用〈中华人民共和国刑事诉讼法〉的解释》第 626 条的规定，在人民检察院审查起诉过程中，犯罪嫌疑人死亡，或者贪污贿赂犯罪、恐怖活动犯罪等重大犯罪案件的犯罪嫌疑人逃匿，在通缉 1 年后不能到案，依照刑法规定应当追缴其违法所得及其他涉案财产的，人民检察院可以直接提出没收违法所得的申请。在人民法院审理案件过程中，被告人死亡而裁定终止审理，或者被告人脱逃而裁定中止审理，人民检察院可以依法另行向人民法院提出没收违法所得的申请。符合《刑事诉讼法》第 291 条第 1 款的规定，可以适用缺席审判程序的，人民检察院可以按照缺席审判程序向人民法院提起公诉。人民检察院向原受理案件的人民法院提出没收违法所得申请的，可以由同一审判组织审理。

4. 启动没收违法所得程序时需要注意的问题

（1）关于举证责任的分配。举证责任的分配，实际是一种承担诉讼不利后果风险的分配。根据我国司法实践，没收违法所得的证明责任，可作如下分配：一是对启动没收违法所得程序的原因是否存在的事实，如犯罪嫌疑人、被告人逃匿、死亡等程序性事实，根据“谁主张，谁举证”的原则，应由检察机关承担证明责任。二是对犯罪嫌疑人、被告人的行为是否构成犯罪，拟没收财物是否属于犯罪嫌疑人、被告人所有的犯罪工具、是否属于违法所得或违禁品，犯罪工具没收是否符合比例性原则，应由检察机关承担举证责任。犯罪嫌疑人、被告人的近亲属、法定代理人可针对行为是否构成犯罪提出反证，但不是对此承担证明责任。三是利害关系人针对拟没收财物主张权利的，应根据其抗辩事由合理分配证明责任。若利害关系人就拟没收财物是否属于犯罪工具、违法所得或违禁品提出异议，其可提出反证进行反驳，但不是仅此承担证明责任，因该责任属于检察机关。若利害关系人主张拟没收财物属于善意取得，或属于其所有的合法财物时，应由其承担证明责任。若我国未来将犯罪工具没收范围扩大到犯罪行为人以外的其他人所有的财物时，检察机关对该财物属于犯罪工具承担举证责任，利害关系人必须提出不知情或虽知情但已在当时采取合理措施阻止他人使用或及时向有关机关报告等合理性抗辩事由，并承担举证责任。从英美法系国家的类似规定看，该做法是规定可没收非犯罪行为人所有的犯罪工具的国家的一般做法。①

（2）关于“逃匿”的认定。《关于适用犯罪嫌疑人、被告人逃匿、死亡案件违法所得没收程序若干问题的规定》第3条对“逃匿”的一般情形和特殊情形进行了明确。对于“逃匿”的一般认定：客观方面，犯罪嫌疑人、被告人存在潜逃、隐匿行为；主观方面，犯罪嫌疑人、被告人必须是为了逃避侦查和刑事追究。犯罪嫌疑人、被告人离开居住地、工作地，逃避侦查和刑事追究的，属于最典型的“逃匿”；犯罪嫌疑人、被告人未离开居住地、工作地，在原地隐匿起来逃避侦查和刑事追究的，亦属于“逃匿”情形；犯罪嫌疑人、被告人为了将来逃避侦查和刑事追究逃匿境外，后因各种原因不能或者不愿回国受审的，均应视为“逃匿”。关于“逃匿”的特殊认定：一是将犯罪嫌疑人、被告人“在刑事诉讼过程中脱逃的”情形明确为“逃匿”。二是将民事程序中两类宣告死亡情形明确为“逃匿”。《关于适用犯罪嫌疑人、被告人逃匿、死亡案件违法所得没收程序若干问题的规定》规定，犯罪嫌疑人、被告人因意外事故下落不明满2年，或者因意外事故下落不明，经有关机关证明该公民不可能生存的，依照“逃匿”情形处理。

（3）关于行为人死亡时适用的特殊情形。司法实践中以下两种情形都能够适用违法所得没收程序：一是申请没收的财产不足以返还被害人的情形。即在认定申请没收的财产属于违法所得及其他涉案财产后，按照优先返还被害人的原则，最终无剩余财产予以没收。至于是否有剩余财产予以没收上缴国库，不能作为是否提出没收违法所得申请的依据。二是行为人在纪检监察阶段或者在公安立案侦查前就死亡的情形。《刑事

① 参见吴光升、南漪：《违法所得没收程序证明问题研究》，载《中国刑事法杂志》2018年第2期。

诉讼法》表述的"犯罪嫌疑人"的外延包括但不限于刑事立案后的主体。对于实施《关于适用犯罪嫌疑人、被告人逃匿、死亡案件违法所得没收程序若干问题的规定》第1条所列罪名的主体，即便在刑事立案之前，也能够表述为"犯罪嫌疑人"。在没收违法所得程序案件中，被申请人是表述为犯罪嫌疑人还是被告人，是以其逃匿、死亡前案件是否起诉到法院为标准。若被申请人逃匿、死亡前，案件便已经起诉到法院，被申请人就表述为"被告人"，否则，就表述为"犯罪嫌疑人"①。

（二）违法所得的界定

1. 相关司法解释对"违法所得"的规定

根据《关于适用犯罪嫌疑人、被告人逃匿、死亡案件违法所得没收程序若干问题的规定》第6条的规定，通过实施犯罪直接或者间接产生、获得的任何财产，应当认定为《刑事诉讼法》第280条第1款规定的"违法所得"。违法所得已经部分或者全部转变、转化为其他财产的，转变、转化后的财产应当视为前款规定的"违法所得"。来自违法所得转变、转化后的财产收益，或者来自已经与违法所得相混合财产中违法所得相应部分的收益，应当视为第1款规定的"违法所得"。《人民检察院刑事诉讼规则》第515条对此有相同的规定，并在第516条另外规定，犯罪嫌疑人、被告人非法持有的违禁品、供犯罪所用的本人财物，应当认定为"其他涉案财产"。

《关于适用〈中华人民共和国刑事诉讼法〉的解释》第621条规定，对申请没收违法所得的案件，人民法院审理后，应当按照下列情形分别处理：（1）申请没收的财产属于违法所得及其他涉案财产的，除依法返还被害人的以外，应当裁定没收；（2）不符合《刑事诉讼法》第298条第1款规定的条件的，应当裁定驳回申请，解除查封、扣押、冻结措施。申请没收的财产具有高度可能属于违法所得及其他涉案财产的，应当认定为前款规定的"申请没收的财产属于违法所得及其他涉案财产"。巨额

① 参见裴显鼎、王晓东、刘晓虎：《〈关于犯罪嫌疑人、被告人逃匿、死亡案件适用违法所得没收程序若干问题的规定〉的理解与适用》，载《人民司法》2017年第16期。

财产来源不明犯罪案件中，没有利害关系人对违法所得及其他涉案财产主张权利，或者利害关系人对违法所得及其他涉案财产虽然主张权利但提供的证据没有达到相应证明标准的，应当视为“申请没收的财产属于违法所得及其他涉案财产”。

2. “违法所得”的审查认定

(1) 把握“违法所得”的基本内涵。根据上述司法解释规定可知，通过实施犯罪直接或者间接产生、获得的任何财产，应当认定为“违法所得”；违法所得已经部分或者全部转变、转化为其他财产的，转变、转化后的财产应当视为“违法所得”；来自违法所得转变、转化后的财产收益，或者来自已经与违法所得相混合财产中违法所得相应部分的收益，也应当视为“违法所得”。具体而言，“违法所得”包括两类：第一类是犯罪嫌疑人、被告人通过违法犯罪行为所获取的财物，即非法所得，这一类财物无论在来源还是取得方式上均具有明显的违法性。第二类是其他涉案财产，其范围要比非法所得更大，是指刑事案件中与犯罪有关的一切财产，包括违法所得、与犯罪有关的款物、作案工具和非法持有的违禁品等，还包括非法所得和其他涉案财产所产生的天然孳息、法定孳息以及利用这些财产经营而获得的财产性利益。其他涉案财产的确定，应该以相关财物对犯罪活动有构成要件上的帮助、辅助作用为前提，存在犯罪意义上的关联，方可认为属于“其他涉案财产”。“实践中，财物与犯罪活动的实质关联有两种情形：一是作为犯罪工具与犯罪活动的‘物理’关联。如用于实施犯罪活动的交通工具、通信设备、房屋等。二是用作掩饰、隐瞒犯罪资金、犯罪所得的‘工具’与犯罪活动的‘经济’关联。”[①]

(2) 区分违法所得与合法财产。违法所得与利害关系人财产混同部分的区分是实践中的难点。行为人将非法收益与合法财产混合，主观目的是隐瞒、掩饰其非法财产的性质或者来源，从行为人将非法收益与合法财产相混合的过程看，其合法财产充当了非法收益的“挡箭牌”。虽然我国刑法没有规定没收的范围限于本人所有的财物，但法律保护的第三

---

① 项谷、姜伟：《检察机关参与违法所得没收程序探讨》，载《上海政法管理干部学院学报》2013 年第 5 期。

人利益应限于不清楚自己财物被用于犯罪或者对财物用于犯罪没有过错的无辜第三人。因此，若恶意第三人提供自己的财物用于犯罪，从惩治和预防犯罪的角度，不应该对此类财物继续加以法律保护，而是应当考虑予以没收，彻底切断犯罪分子为逃避法律制裁而转移风险的渠道。当善意第三人财物与违法所得混同形成不易分割的财产时，司法机关应该通过拍卖、变卖、折价等方式析产，并按照善意第三人财物所占比例进行返还，剩余部分包括产生的收益则作为没收对象。同时，如果在诉讼中查明，违法所得已用于家庭共同生活开支，也应该对这部分违法所得予以追缴，并依职权追加其家属为被执行人，共同予以退赔。[①]

（3）审查隐匿在他人名下的涉案财产。着重审查犯罪嫌疑人、被告人登记在他人名下，但由本人实际控制的财物。登记在其他人名下的交通工具、房产等由违法所得转化或用于犯罪活动的财物、隐名股东所持有的股份等，要注意把握好证明财物与犯罪嫌疑人存在实际控制关系的证据。当违法所得已转化为合法共有人的共有财产时，应注意区分，避免损害合法共有人的权益。

3. “违法所得”的证明标准

根据《关于适用犯罪嫌疑人、被告人逃匿、死亡案件违法所得没收程序若干问题的规定》第17条的规定，申请没收的财产具有高度可能属于违法所得及其他涉案财产的，应当认定为“申请没收的财产属于违法所得及其他涉案财产”。可见“高度可能”成为界定申请没收的财产是否属于“违法所得及其他涉案财产”的证明标准。

（1）“高度可能”标准涉及的三层逻辑关系。一是没收违法所得与刑事定罪所适用的证明标准不同。在没收违法所得程序中，认定违法所得及其他涉案财产的证明标准是“高度可能”；但刑事定罪的证明标准要达到“案件事实清楚，证据确实、充分”。进而言之，在刑事诉讼程序中没收违法所得的证明标准明显低于刑事定罪标准。

二是“高度可能”的表述借用了民事诉讼程序中高度盖然性的标准。2012年修订后的《刑事诉讼法》通过借鉴、援引民事诉讼法的理念来破

① 参见樊旭：《违法所得没收程序审视》，载《人民检察》2021年第5期。

解刑事诉讼中的难题。

三是“高度可能”证明标准不等同于优势证据标准。二者的区别，第一，从适用范围来看，“高度可能”的表述适用于刑事诉讼程序，而优势证据的表述适用于民事诉讼程序；第二，从证据规格来看，“高度可能”的证据规格要高于优势证据；第三，从证明力来看，“高度可能”是指认定某事实存在的盖然性达到了相当大的比例，而优势证据是指认定某事实存在的证据分量与证明力比反对的证据更具有说服力或可靠性更强。

（2）如何具体把握“高度可能”标准。“高度可能”应符合三个要求：一是在逻辑上应符合正向的推导关系。认定“高度可能”在逻辑上符合正向的推导关系是指有证据证明犯罪嫌疑人、被告人有犯罪事实，有证据证明行为与涉案财物间具有因果关系。《关于适用犯罪嫌疑人、被告人逃匿、死亡案件违法所得没收程序若干问题的规定》将“有证据证明有犯罪事实”界定为“有证据证明发生了犯罪事实；有证据证明该犯罪事实是犯罪嫌疑人、被告人实施的；证明犯罪嫌疑人、被告人实施犯罪行为的证据真实、合法”。至于行为与涉案财物间的因果关系，有三种情形：通过实施犯罪直接或间接产生、获得的财产；违法所得已经部分或全部转变、转化为其他财产的，转变、转化后的财产；违法所得转变、转化后的财产收益，或者混合财产中与违法财产相应部分的收益。

二是基本排除合理怀疑。根据《关于适用〈中华人民共和国刑事诉讼法〉的解释》第 140 条的规定，依据间接证据定罪需满足“排除合理怀疑”的标准。前面已经论述，“排除合理怀疑”是刑事定罪的标准，要比认定违法所得的“高度可能”标准更加严格。根据对没收违法所得程序的相关规定可知，“高度可能”对应的是“基本排除合理怀疑”，即证据认定的事实具有高度盖然性。违法所得没收程序规范的对象是违法所得，即财产权益，不涉及对犯罪嫌疑人、被告人的人身自由、生命健康或者名誉权等人身权益的限制或剥夺。该特征也决定了其证明标准要低于刑事定罪的证明标准。因此，在缺少犯罪嫌疑人、被告人的供述及辩解的没收违法所得程序中，采用“排除合理怀疑”的证据认定标准不合理，采用与高度盖然性标准相对应的“基本排除合理怀疑”更为合理。

三是符合经验法则。经验法则是司法工作人员从已发生的事件或现象中获得的一种规律性的知识，司法实践中司法工作人员经常借助经验法则对证据体系加以补强、对证据的证明力进行审查认定。认定申请没收的财产具有“高度可能”属于违法所得及其他涉案财产，需要司法工作人员根据经验法则进行判断，即关于行为性质、财产属性与关联性的论证是否符合生活经验、常情常理和事物发展的基本逻辑。“不让犯罪分子通过犯罪获得任何收益”是违法所得没收特别程序的基本法理依据，认定“高度可能”必须参考社会一般人对事物评价标准，并将其视为重要的衡量依据之一。①

（3）对“违法所得”的证明。检察机关在适用违法所得没收程序中，应当承担证明有犯罪事实以及申请没收的财产属于违法所得及其他涉案财产的举证责任。利害关系人及其诉讼代理人参加诉讼并主张权利，但不能提供合法证据或者其主张明显与事实不符的，应当依法予以辩驳。善意第三方对申请没收财产享有合法权利的，应当依法予以保护。利害关系人对申请没收财产提出异议或主张权利的，检察人员出庭时应当作为质证重点。根据《关于适用犯罪嫌疑人、被告人逃匿、死亡案件违法所得没收程序若干问题的规定》第15条的规定，利害关系人在诉讼中对检察机关申请没收的财产属于违法所得及其他涉案财产等相关事实及证据有异议的，可以提出意见；对申请没收财产主张权利的，应当出示相关证据。对于其提供的证据不合法，或其异议明显与客观事实不符的，出庭检察人员应当围绕财产状态、财产来源、与违法犯罪的关系等内容，有针对性地予以驳斥，建议人民法院依法不予支持。

对“其他涉案财产”，司法解释规定了“具有高度可能属于”及“视为”违法所得及其他涉案财产两种情形，依法可以适用违法所得没收程序。这两种特别情形的适用，应当贯彻存疑有利于被告人的原则。即使在“具有高度可能属于”及“视为”情形下，检察机关也没有完全免除举证责任。对于检察机关无法证明“高度可能属于”或者无法对“利

① 参见尚垚弘、王旭：《违法所得没收特别程序中“高度可能”如何把握》，载《人民检察》2021年第19期。

害关系人提供的证据达到相应证明标准”提出反证时，应排除适用违法所得没收程序。

4. 强化“违法所得”的调查和保全机制

（1）监察机关对违法所得的调查和保全机制。根据《监察法》的规定，监察委员会在贪污贿赂等职务犯罪案件调查过程中，能够采取的调查措施涉及冻结、查询、调取、扣押、查封、搜查等方面。另外，对被调查人财产进行数量和性质认定时，监察委员会能够协调行政机关对财产流转情况和财产权属状态予以查询和收集。而检察机关可充分利用提前介入机制，与监察机关建立案件会商制度，建立查案与查财并重的办案理念，在对犯罪线索初核阶段，调查判断被调查人的财产是否与犯罪相关，为立案后及时查扣被调查人的财产提供及时、有效的信息。案件立案后，监察机关一方面对调查人及其近亲属所有的动产、不动产及时查询明确权属；另一方面通过搜查、询问等调查手段，查证被调查人隐匿的财产，予以及时查扣，并将调查清楚的财产状况制作文书后作为证据随案移送。

（2）公安机关对违法所得的调查和保全机制。公安机关在侦查由其管辖的恐怖活动、危害国家安全、走私、毒品等类型的犯罪时，要及时查清涉案财产的数量、种类、性质，做到抓人和查清涉案财产同步进行，查明财产的权属关系，并制作案卷后将材料随案移送。另外，财政和银行等金融管理部门，要积极配合监察机关和公安机关对犯罪嫌疑人、被告人逃匿或者死亡案件中犯罪嫌疑人、被告人的财产状况、流转情况及时作出查询、冻结等处理措施。检察机关在依法启动没收违法所得程序前，要严格依法予以审查、甄别、提出意见，彻底摧毁以上犯罪的经济基础，挽回经济损失。

5. 认定“违法所得”需要注意的问题

（1）违法所得与合法财产混同并产生孳息的处理。违法所得与合法财产混同并产生孳息的，可以按照比例计算违法所得孳息。在依法查封、扣押、冻结的犯罪嫌疑人、被告人财产中，对违法所得与合法财产混同后产生的孳息，可以按照全案中合法财产与违法所得的比例，计算违法所得的孳息数额，依法申请予以没收。对合法财产及其产生的孳息，应当及时予以返还。

如任润厚受贿、巨额财产来源不明违法所得没收案[1]。犯罪嫌疑人任润厚，男，某省人民政府原副省长，曾任A矿业（集团）有限责任公司董事长、总经理，B环保能源开发股份有限公司董事长。2001年至2013年，犯罪嫌疑人任润厚利用担任A公司董事长、总经理，B公司董事长，某省人民政府副省长等职务上的便利，为相关请托人在职务晋升、调整等事项上提供帮助，向下属单位有关人员索要人民币共计70万元用于贿选；要求具有行政管理关系的被管理单位为其支付旅游、疗养费用，共计人民币123万余元；收受他人所送人民币共计30万元，被办案机关依法扣押、冻结。2000年9月至2014年8月，犯罪嫌疑人任润厚及其亲属名下的财产和支出共计人民币3100余万元，港币43万余元，美元104万余元，欧元21万余元，加元1万元，英镑100镑；珠宝、玉石、黄金制品、字画、手表等物品155件；任润厚的合法收入以及其亲属能够说明来源的财产为人民币1835万余元，港币800元，美元1489元，欧元875元，英镑132镑；物品20件；任润厚亲属对扣押、冻结在案的人民币1265万余元，港币42万余元，美元104万余元，欧元21万余元，加元1万元及物品135件不能说明来源。2014年9月20日，任润厚因严重违纪被免职，同年9月30日因病死亡。经最高人民检察院指定管辖，江苏省人民检察院于2016年7月11日启动违法所得没收程序。同年10月19日，江苏省人民检察院将案件交由扬州市人民检察院办理。同年12月2日，扬州市人民检察院向扬州市中级人民法院提出没收违法所得申请。利害关系人任某一、任某二、袁某申请参加诉讼。2017年6月21日，扬州市中级人民法院公开开庭审理。同年7月25日，扬州市中级人民法院作出违法所得没收裁定，依法没收任润厚受贿犯罪所得人民币30万元及孳息；巨额财产来源不明犯罪所得人民币1265万余元、港币42万余元、美元104万余元、欧元21万余元、加元1万元及孳息，以及珠宝、玉石、黄金制品、字画、手表等物品135件。检察机关依法审查合法财产与违法所得混同的财产，按违法所得所占比例认定和申请没收违法所得孳息。

---

① 参见最高人民检察院第三十二批指导性案例任润厚受贿、巨额财产来源不明违法所得没收案（检例第130号）。

经审查认定，依法应当申请没收的巨额财产来源不明犯罪所得为人民币1265万余元、部分外币以及其他物品。冻结在案的任润厚及其亲属名下财产为人民币1800余万元存款、部分外币以及其他物品。其中本金1800余万元存款产生了169万余元孳息。关于如何确定应当没收的孳息，检察机关认为，可以按该笔存款总额中违法所得所占比例（约1265/1800 = 70.2%），计算出违法所得相应的孳息，依法予以申请没收，剩余部分为合法财产及孳息，返还给其近亲属。法院经审理予以采纳。

（2）应当保护善意第三人的合法财产权益。对申请没收财产因抵押而享有优先受偿权的债权人，或者享有其他合法权利的利害关系人，如果在案证据能够证明其在抵押权设定时对该财产系违法所得不知情，或者有理由相信该财产为合法财产，应当依法认定其为善意第三人，对其享有的担保物权或其他合法权利，依法应当予以保护。[①]

（三）没收违法所得的监督制约与救济

1. 检察机关对监察机关、公安机关适用违法所得没收程序的制约

（1）监察机关和公安机关具有及时通知的义务。根据《监察法实施条例》第232条第3款的规定，监察机关将没收违法所得意见书移送人民检察院后，在逃的被调查人自动投案或者被抓获的，监察机关应当及时通知人民检察院。《公安机关办理刑事案件程序规定》第341条也规定，公安机关将没收违法所得意见书移送人民检察院后，在逃的犯罪嫌疑人自动投案或者被抓获的，公安机关应当及时通知同级人民检察院。上述规定为在逃的被调查人及犯罪嫌疑人、被告人自动投案或者被抓获后，在审查起诉阶段，检察机关终止审查并将案卷退回监察机关、公安机关处理，以及在审判阶段，人民法院裁定终止审理提供了程序上的保障。

（2）对监察机关、公安机关提请适用没收违法所得程序的审查。人民检察院应当在接到监察机关或者公安机关移送的没收违法所得意见书后30日以内作出是否提出没收违法所得申请的决定。30日以内不能作出

---

① 参见最高人民检察院第三十二批指导性案例：彭旭峰受贿，贾斯语受贿、洗钱违法所得没收案（检例第128号）。

决定的，可以延长15日。对于监察机关或者公安机关移送的没收违法所得案件，经审查认为不符合《刑事诉讼法》第298条第1款规定条件的，应当作出不提出没收违法所得申请的决定，并向监察机关或者公安机关书面说明理由；认为需要补充证据的，应当书面要求监察机关或者公安机关补充证据，必要时也可以自行调查。监察机关或者公安机关补充证据的时间不计入人民检察院办案期限。人民检察院发现公安机关应当启动违法所得没收程序而不启动的，可以要求公安机关在7日以内书面说明不启动的理由。经审查，认为公安机关不启动理由不能成立的，应当通知公安机关启动程序。当人民检察院发现公安机关在违法所得没收程序的调查活动中有违法情形的，应当向公安机关提出纠正意见。

2. 检察机关对人民法院适用违法所得没收程序的监督

根据《人民检察院刑事诉讼规则》第531条、第532条的规定，人民检察院发现人民法院或者审判人员审理没收违法所得案件违反法律规定的诉讼程序，应当向人民法院提出纠正意见；认为同级人民法院按照违法所得没收程序所作的第一审裁定确有错误的，应当在5日以内向上一级人民法院提出抗诉。最高人民检察院、省级人民检察院认为下级人民法院按照违法所得没收程序所作的已经发生法律效力的裁定确有错误的，应当按照审判监督程序向同级人民法院提出抗诉。对于在审理案件过程中，在逃的犯罪嫌疑人、被告人或者被调查人自动投案或者被抓获的，人民法院按照《刑事诉讼法》第301条第1款的规定终止审理的，人民检察院应当将案卷退回公安机关或者监察机关处理。

3. 违法所得没收程序中的救济措施

（1）对利害关系人的救济。根据《人民检察院刑事诉讼规则》第517条和《关于适用〈中华人民共和国刑事诉讼法〉的解释》第616条的规定，《刑事诉讼法》第299条第3款规定的“利害关系人”包括犯罪嫌疑人、被告人的近亲属和其他对申请没收的财产主张权利的自然人和单位。《刑事诉讼法》第299条第2款、第300条第2款规定的“其他利害关系人”是指前款规定的“其他对申请没收的财产主张权利的自然人和单位”。但是上述规定将“利害关系人”限制为对申请没收的财产主张所有权的人和单位范围似乎过窄，故《关于适用犯罪嫌疑人、被告人逃匿、死亡案件违法所得没收程序若干问题的规定》将此概念扩大到对财物主张权利的人和单位，除了对财物主张所有权的人和单位外，还包括主张部分物权的人和单位，如主张留置权、担保物权等等。关于被害人是否属于利害关系人、两者是否属于种属关系，实践中存在不同看法。经研究认为，只有被害人依法可以对申请没收的财产主张权利时，才能认定为利害关系人；被害人对申请没收的财产不主张权利（即仅主张赔偿权利）时，被害人与利害关系人不属于同一主体。从这个角度分析，被害人与利害关系人不存在种属关系，两者在外延上不同，但在具体案件中可能存在交叉重合关系。[①]

对利害关系人参加没收违法所得之诉的权利保障。一是参加庭审权利的保障。根据《关于适用〈中华人民共和国刑事诉讼法〉的解释》第617条的规定，犯罪嫌疑人、被告人的近亲属和其他利害关系人申请参加诉讼的，应当在公告期间内提出。犯罪嫌疑人、被告人的近亲属应当提供其与犯罪嫌疑人、被告人关系的证明材料，其他利害关系人应当提供证明其对违法所得及其他涉案财产主张权利的证据材料。利害关系人可以委托诉讼代理人参加诉讼。委托律师担任诉讼代理人的，应当委托具有中华人民共和国律师资格并依法取得执业证书的律师；在境外委托的，应当依照该解释第486条的规定对授权委托进行公证、认证。在公告期满后，利害关系人才申请参加诉讼的，若能够合理说明理由的，人民法院应当准许。根据该解释第624条的规定，利害关系人非因故意或者重大过失在第一审期间未参加诉讼，在第二审期间申请参加诉讼的，人民法院应当准许，并撤销原裁定，发回原审人民法院重新审判。二是庭审形式方面的保障。根据《关于适用〈中华人民共和国刑事诉讼法〉的解释》第619条的规定，公告期满后，人民法院应当组成合议庭对申请没收违法所得的案件进行审理。利害关系人申请参加或者委托诉讼代理人参加诉讼的，应当开庭审理。没有利害关系人申请参加诉讼的，或者利害关系人及其诉讼代理人无正当理由拒不到庭的，可以不开庭审理。人民法院确定开庭日期后，应当将开庭的时间、地点通知人民检察院、利害关系人及其诉讼代理人、证人、鉴定

① 参见裴显鼎、王晓东、刘晓虎：《〈关于犯罪嫌疑人、被告人逃匿、死亡案件适用违法所得没收程序若干问题的规定〉的理解与适用》，载《人民司法》2017年第16期。

人、翻译人员。通知书应当依照该解释第615条第2款、第3款规定的方式，至迟在开庭审理3日以前送达；受送达人在境外的，至迟在开庭审理30日以前送达。三是上诉权的保障。根据《关于适用〈中华人民共和国刑事诉讼法〉的解释》第622条、第623条的规定，对没收违法所得或者驳回申请的裁定，犯罪嫌疑人、被告人的近亲属和其他利害关系人或者人民检察院可以在5日以内提出上诉、抗诉。对不服第一审没收违法所得或者驳回申请裁定的上诉、抗诉案件，第二审人民法院经审理，应当按照下列情形分别处理：第一审裁定认定事实清楚和适用法律正确的，应当驳回上诉或者抗诉，维持原裁定；第一审裁定认定事实清楚，但适用法律有错误的，应当改变原裁定；第一审裁定认定事实不清的，可以在查清事实后改变原裁定，也可以撤销原裁定，发回原审人民法院重新审判；第一审裁定违反法定诉讼程序，可能影响公正审判的，应当撤销原裁定，发回原审人民法院重新审判。第一审人民法院对发回重新审判的案件作出裁定后，第二审人民法院对不服第一审人民法院裁定的上诉、抗诉，应当依法作出裁定，不得再发回原审人民法院重新审判；但是，第一审人民法院在重新审判过程中违反法定诉讼程序，可能影响公正审判的除外。

（2）犯罪嫌疑人、被告人或者被调查人对自己财产的救济措施。通过委托诉讼代理人维护自己的合法权益。根据《关于适用〈中华人民共和国刑事诉讼法〉的解释》第618条的规定，犯罪嫌疑人、被告人逃匿境外，委托诉讼代理人申请参加诉讼，且违法所得或者其他涉案财产所在国、地区主管机关明确提出意见予以支持的，人民法院可以准许。人民法院准许参加诉讼的，犯罪嫌疑人、被告人的诉讼代理人应当依照《关于适用〈中华人民共和国刑事诉讼法〉的解释》中关于利害关系人的诉讼代理人的规定行使诉讼权利。

（3）在逃的犯罪嫌疑人、被告人或者被调查人到案后的救济措施。一是对审理过程中的没收违法所得案件的救济。根据《刑事诉讼法》第301条第1款、《人民检察院刑事诉讼规则》第532条和《关于适用〈中华人民共和国刑事诉讼法〉的解释》第625条的规定，在审理没收违法所得案件过程中，在逃的犯罪嫌疑人、被告人或者被调查人自动投案或者被抓获的，人民法院应当裁定终止审理，人民检察院应当将案卷退回监察机关或者公安机关处理。二是没收违法所得裁定生效后的救济措施。没收违法所得裁定生效后，犯罪嫌疑人、被告人或者被调查人到案并对没收裁定提出异议，人民检察院向原作出裁定的人民法院提起公诉的，可以由同一审判组织审理。人民法院经审理，应当按照下列情形分别处理：原裁定正确的，予以维持，不再对涉案财产作出判决；原裁定确有错误的，应当撤销原裁定，并在判决中对有关涉案财产一并作出处理。人民法院生效的没收裁定确有错误的，除《关于适用〈中华人民共和国刑事诉讼法〉的解释》第628条第1款规定的情形外，应当依照审判监督程序予以纠正。

另外，根据《刑事诉讼法》第301条第2款的规定，没收犯罪嫌疑人、被告人或者被调查人财产确有错误的，应当予以返还、赔偿。因此，对于已经没收的财产，应当及时返还；财产已经上缴国库的，由原没收机关从财政机关申请退库，予以返还；原物已经出卖、拍卖的，应当返还价款；造成犯罪嫌疑人、被告人以及利害关系人财产损失的，应当依法赔偿。

六、文书样式及范例

（一）文书样式

没收违法所得申请书样式

××××人民检察院

没收违法所得申请书

××检××没申〔20××〕×号

犯罪嫌疑人（被告人）……（写明姓名、性别、出生年月日、公民身份号码、民族、文化程度、职业或者工作单位及职务、户籍地、住址、曾受到行政处罚、刑事处罚的情况）

犯罪嫌疑人（被告人）×××因涉嫌××罪，被×××（监察/侦查机关）立案侦查，并于××××年×月×日逃匿。×××（侦查机关）于××××年×月×日发布通缉令，至今不能到案。（如果死亡的，写明于××××年×月×日死亡。）×××（移送没收违法所得意见书的机关）于××××年×月×日向本院移送没收违法所得意见书。本院受理后，审查了全部案件材料……（写明要求监察/侦查机关补充证据、延长审查期限等情况）。

[如果是自侦案件，此处写："犯罪嫌疑人（被告人）×××因涉嫌××罪，由本院立案侦查，并于××××年×月×日逃匿。于××××年×月×日发布通缉令，至今不能到案。（如果死亡的，写明于××××年×月×日死亡。）本院于××××年×月×日移送没收违法所得意见书。"

如果案件是其他人民检察院移送的，此处应当将移送单位以及移送时间等写清楚。]

[如果犯罪嫌疑人是在审查起诉时逃匿、死亡的，此处写："本案由×××（监察/侦查机关）调查/侦查终结，以×××涉嫌××罪，于××××年×月×日向本院移送审查起诉。犯罪嫌疑人×××于××××年×月×日逃匿。于××××年×月×日发布通缉令，至今不能到案。（如果死亡的，写明于××××年×月×日死亡。）本院对全部案件材料进行了审查……（写明要求监察/侦查机关补充证据的情况）"]

[如果被告人是在审理时逃匿、死亡的，此处写："本案由×××（监察/侦查机关）调查/侦查终结，以×××涉嫌××罪，于××××年×月×日向本院移送审查起诉。本院受理后，于××××年×月×日向×××人民法院提起公诉。被告人×××于××××年×月×日逃匿。于××××年×月×日发布通缉令，至今不能到案。（如果死亡的，写明于××××年×月×日死亡。）本院对全部案件材料进行了审查……（写明要求监察/侦查机关补充证据的情况）"]

经依法审查查明：……（写明经检察机关审查认定的犯罪事实，依照刑法规定应当追缴的违法所得及其他涉案财产的来源、种类、数量、所在地以及查封、扣押、冻结等情况。）

写明犯罪嫌疑人（被告人）的近亲属或者其他利害关系人的姓名、住址、联系方式及其要求。

认定上述事实的证据如下：

……（针对上述犯罪事实和违法所得，分别列举证据）

本院认为，犯罪嫌疑人（被告人）×××涉嫌××罪，逃匿一年后不能到案（或者于××××年××月××日死亡），……（概述其违法所得及其他涉案财产的来源、种类和数量等），事实清楚，证据确实、充分，应当对其违法所得及其他涉案财产予以追缴。根据《中华人民共和国刑事诉讼法》第二百九十八条的规定，提出没收违法所得申请，请依法裁定。

此致

××××人民法院

检察官×××

检察官助理×××

20××年×月×日

（院印）

附件：1. 通缉令或者死亡证明书；

2. 违法所得及其他涉案财产清单以及查封、扣押、冻结的情况；

3. 证据材料、不宜移送的实物证据的清单、照片或者其他证明文件、拟出庭证人名单；

4. 其他需要附注的事项。

（二）文书范例

内蒙古自治区呼和浩特市人民检察院白某涉嫌贪污案没收违法所得申请书

内蒙古自治区呼和浩特市人民检察院

没收违法所得申请书*

呼检刑二没申〔2019〕××号

犯罪嫌疑人白某，男，1973年××月××日出生，公民身份号码××××，汉族，博士研究生学历，原中国××银行××副处长（主持

* 此文书为没收违法所得申请书，收入时有删改。

工作）、处长。户籍所在地北京市丰台区××区××号楼××室，现居住加拿大温哥华。

犯罪嫌疑人白某因涉嫌职务侵占罪于2013年9月9日被内蒙古自治区公安厅立案侦查，2013年11月18日经内蒙古自治区人民检察院批准逮捕，同年12月19日被国际刑警组织发布红色通报。2019年2月28日，犯罪嫌疑人白某因涉嫌贪污罪被内蒙古自治区监察委员会立案调查。2019年5月20日，内蒙古自治区监察委员会向内蒙古自治区人民检察院移送没收违法所得意见书，内蒙古自治区人民检察院受理后于2019年5月24日将案件交由我院办理。本院受理后，审查了全部案件材料。

经依法审查查明：

一、犯罪嫌疑人白某涉嫌贪污罪的犯罪事实

2008年8月，犯罪嫌疑人白某被任命为中国××银行××副处长并主持工作，2010年5月，犯罪嫌疑人白某被任命为××处长。

2008年，犯罪嫌疑人白某与樊某某（另案处理）商量，用他人的身份证件开办公司，樊某某在其表姐王某1不知情的情况下向犯罪嫌疑人白某提供了王某1的身份证，牛某1（系白某妻子，另案处理）指使王某2使用王某1的身份证于2008年10月23日在北京市注册成立了北京××甲有限公司，于2009年4月5日在北京市注册成立了北京××乙有限公司，樊某某为上述两公司在某银行股份有限公司总行申请设立了经营银行间债券业务的丙类账户。

2008年至2011年期间，犯罪嫌疑人白某伙同樊某某利用各自的职务便利，以中国××银行、××证券股份有限公司为债券交易平台，先后通过操纵73支债券进行交易，侵吞中国××银行、××证券股份有限公司利益，使北京××甲有限公司和北京××乙有限公司在未投入任何资金的情况下，非法获利人民币共计（以下币种相同）218819583.30元。

犯罪嫌疑人白某使用上述违法所得中的部分款项，以其亲属名义在北京、三亚购置多处房产。

二、犯罪嫌疑人白某用违法所得购买的房产情况

2019年3月7日至3月12日，内蒙古自治区监察委员会依法查封犯罪嫌疑人白某使用违法所得购买的9套房产，具体情况如下：

（一）梅某某名下房产3套

1. 海南省三亚市××号，房屋面积298.44平方米，此房于2010年2月27日购买。

2. 北京市海淀区××号，房屋面积671.94平方米，此房于2011年2月18日购买。

3. 北京市海淀区××号，房屋面积403.39平方米，此房于2009年7月19日购买。

（二）邢某某名下房产4套

1. 海南省三亚市××号，房屋面积298.44平方米，此房于2010年2月27日购买。

2. 北京市顺义区××号，房屋面积368.66平方米，此房于2009年6月29日购买。

3. 北京市顺义区××号，房屋面积504.38平方米，此房于2009年6月29日购买。

4. 北京市朝阳区××号，房屋面积168.7平方米，此房于2009年7月12日购买。

（三）饶某某名下房产1套

北京市朝阳区××号，房屋面积109.6平方米，此房于2010年10月29日购买。

（四）牛某1名下房产1套

北京市海淀区××号，房屋面积365.46平方米。

三、犯罪嫌疑人白某亲属及其他利害关系人情况

（一）牛某1，系白某妻子，公民身份号码××××，现住加拿大温哥华。

（二）梅某某，系白某母亲，公民身份号码××××，现住河南省××市××路××小区××室，已退休，联系电话××××。

（三）白某1，系白某哥哥，公民身份号码××××，现住河南省××市××路××小区××室，工作单位河南省××市××局，联系电话××××。

（四）饶某某，系白某嫂子，公民身份号码××××，现住河南省

××市××路××小区××室，工作单位河南省××市××局，联系电话××××。

（五）牛某2，系白某岳父，公民身份号码××××，现住北京市××区××小区××号，已退休，联系电话××××。

（六）邢某某，系白某岳母，公民身份号码××××，现住北京市××区××小区××号，已退休，联系电话××××。

认定上述事实的证据如下：企业法人营业执照、犯罪嫌疑人白某任职文件、债券交易委托书及成交单、银行往来明细、证人证言、会计鉴证意见书、房屋权属证明、相关查封文书等。

本院认为，犯罪嫌疑人白某涉嫌贪污罪，通缉一年后不能到案，使用贪污的违法所得购买房产9套，应当对上述9套房产予以追缴，根据《中华人民共和国刑事诉讼法》第二百九十八条的规定，提出没收违法所得申请，请依法裁定。

此致

呼和浩特市中级人民法院

检察官　全立丹　宋丹

2019年6月6日

（院印）

附件：1. 通缉令；

2. 违法所得涉案财产清单；

3. 案卷417册。

专题十五

如何撰写强制医疗申请书

一、基本概念

近年来，精神病患者肇事肇祸案件时有发生，不少事件造成严重人身伤亡或者重大财产损失，严重影响了人民群众生命财产安全。为有效落实刑法中对精神病人强制医疗的规定，《刑事诉讼法》第五章规定了依法不负刑事责任的精神病人的强制医疗程序。强制医疗程序即指为维护公共安全和他人人身安全，司法机关对不负刑事责任且具有社会危险性的精神病人采取强制性医疗措施的特别诉讼程序。其以维护社会安全和保障精神病人权益为法理基础，具有强制性和预防性特征。强制医疗申请是指检察机关对于侦查机关移送的或者在审查起诉过程中发现的涉案精神病人符合强制医疗条件的，根据《刑事诉讼法》相关规定向人民法院提起的强制医疗申请。强制医疗申请书即指检察机关向人民法院提起强制医疗申请时制作的法律文书。根据《刑事诉讼法》规定，检察机关提出强制医疗申请的，应当将强制医疗申请书与涉案证据一并移交人民法院。

强制医疗程序具体包括强制医疗的审查启动、强制医疗的审理和决定、强制医疗的解除、强制医疗的法律监督四个方面，分别由不同主体负责实施。如强制医疗程序的启动由公安机关、人民检察院、人民法院负责；强制医疗的审理和决定由人民法院负责；强制医疗的执行通常由隶属于各地公安机关的强制医疗所、指定的医疗卫生机构或是精神病医院、安康诊所等负责接收与医治；强制医疗的解除，可以由强制医疗机构提出解除意见，也可以由被强制医疗的人及其近亲属申请解除；强制医疗程序的法律监督由人民检察院全面负责，包括对强制医疗程序的监督，对公安机关临时约束措施的监督、对法院审理程序的监督以及强制医疗执行的监督。我国《刑事诉讼法》特别规定依法不负刑事责任的精神病人强制医疗程序，是出于保护人民群众生命财产安全免受精神病人侵害和使精神病人得到妥善处置的非惩罚性刑事实体措施，兼具维护公共安全与依法保障人权的价值。[①] 一方面，能通过专门的医疗机构以国家承担的方式给予精神病患者必要的治疗，使其尽快解除痛苦，达到充分保障精神病患者健康的效果；另一方面，通过限制精神病患者人身自由，对其予以约束控制，防止其继续危害他人人身和财产安全，从而最大限度保障其他公民人身权益，维护社会公共安全。

二、文书制作依据

（一）法律规定

《刑法》第 18 条第 1 款规定，精神病人在不能辨认或者不能控制自己行为的时候造成危害结果，经法定程序鉴定确认的，不负刑事责任，但是应当责令他的家属或者监护人严加看管和医疗，在必要的时候，由政府强制医疗。

《刑事诉讼法》第 302 条规定，实施暴力行为，危害公共安全或者严重危害公民人身安全，经法定程序鉴定依法不负刑事责任的精神病人，有继续危害社会可能的，可以予以强制医疗。第 303 条第 2 款规定，公安机关发现精神病人符合强制医疗条件的，应当写出强制医疗意见书，移送人民检察院。对于公安机关移送的或者在审查起诉过程中发现的精神病人符合强制医疗条件的，人民检察院应当向人民法院提出强制医疗的申请。

《法律援助法》第 28 条规定，强制医疗案件的被申请人或者被告人没有委托诉讼代理人的，人民法院应当通知法律援助机构指派律师为其提供法律援助。

（二）司法解释及相关文件规定

《人民检察院刑事诉讼规则》就检察机关对强制医疗意见书的审查、提出强制医疗申请、强制医疗申请书的内容、出席法庭、检察监督等具

① 参见孙谦、陈国庆、万春、张建伟主编：《刑事检察业务总论》，中国检察出版社 2022 年版，第 521 页。

体内容作出进一步完善和细化规定。如第 534 条第 2 款规定，提出强制医疗的申请以及对强制医疗决定的监督，由负责捕诉的部门办理；第 535 条规定，强制医疗的申请由被申请人实施暴力行为所在地的基层人民检察院提出；由被申请人居住地的人民检察院提出更为适宜的，可以由被申请人居住地的基层人民检察院提出；第 536 条规定，人民检察院向人民法院提出强制医疗的申请，应当制作强制医疗申请书，并对强制医疗申请书内容作了详细规定。

2016 年，最高人民检察院印发《人民检察院强制医疗执行检察办法(试行)》，全面加强和规范强制医疗执行检察工作。2018 年，最高人民检察院印发《人民检察院强制医疗决定程序监督工作规定》，就检察机关对强制医疗决定程序实行监督的制度机制进行了完善。另外，最高人民法院《关于适用〈中华人民共和国刑事诉讼法〉的解释》第 633 条也规定了人民法院对检察机关提出的强制医疗申请三种不同处理情形：人民法院应当在 7 日以内审查完毕，并按照下列情形分别处理：属于强制医疗程序受案范围和本院管辖，且材料齐全的，应当受理；不属于本院管辖的，应当退回人民检察院；材料不全的，应当通知人民检察院在 3 日以内补送；3 日以内不能补送的，应当退回人民检察院。《公安机关办理刑事案件程序规定》第 343 条的规定，对经法定程序鉴定依法不负刑事责任的精神病人，有继续危害社会可能，符合强制医疗条件的，公安机关应当在 7 日以内写出强制医疗意见书，经县级以上公安机关负责人批准，连同相关证据材料和鉴定意见一并移送同级人民检察院。

三、文书结构

根据《人民检察院刑事诉讼法律文书格式样本（2020 版）》规定，强制医疗申请书分为首部、正文、尾部三个部分。

1. 首部。首部包括制作文书的人民检察院名称、文书名称和文书编号。文书名称为“××××人民检察院强制医疗申请书”，文书编号为××检××医申〔20××〕×号。

2. 正文。正文分为涉案精神病人的基本情况、涉案精神病人的法定代理人的基本情况、案由和案件的审查过程、案件事实和鉴定情况、证据、申请要求和根据六个方面。（1）涉案精神病人基本情况。写明姓名、性别、出生年月日、公民身份号码、民族、文化程度、职业或者工作单位及职务、户籍地、住址、曾受到行政处罚、刑事处罚的情况、采取临时保护性约束措施的情况等。（2）涉案精神病人法定代理人基本情况。写姓名、性别、出生日期、单位。（3）案由和案件的审查过程。可表述为"×××（涉案精神病人）因涉嫌实施××行为，危害公共安全（或者严重危害公民人身安全），经×××（公安机关）鉴定依法不负刑事责任。×××（公安机关）于××××年××月××日作出撤销案件的决定。×××（公安机关）于××××年××月××日向本院移送强制医疗意见书。本院受理后，审查了全部案件材料……（写明要求公安机关补充证据等情况）"。如果是在审查起诉时对犯罪嫌疑人做的精神病鉴定，此处写："本案由×××（公安机关）侦查终结，以×××涉嫌××罪，于××××年××月××日向本院移送审查起诉，本院对×××进行了精神病鉴定，经鉴定依法不负刑事责任。本院于××××年××月××日依法作出不起诉决定。"（4）案件事实和鉴定情况。"经依法审查查明：……（写明经检察机关审查认定的涉案精神病人实施危害公共安全或者严重危害公民人身安全的暴力行为的事实，涉案精神病人经法定程序鉴定依法不负刑事责任，有继续危害社会的可能）。"（5）证据情况。针对上述事实，分别列举证据。（6）申请要求和根据。可表述为："本院认为，×××（涉案精神病人）实施××行为，危害公共安全（或者严重危害公民人身安全），经法定程序鉴定为依法不负刑事责任的精神病人，有继续危害社会的可能，事实清楚，证据确实、充分，应当对其强制医疗。根据《中华人民共和国刑事诉讼法》第三百零三条第二款的规定，提出强制医疗申请，请依法决定。"

3. 尾部。尾部包括此致、落款和附件部分。附件部分根据实际情况取舍或增加。包括：（1）涉案精神病人现在处所，具体包括被采取临时保护性约束措施的处所；（2）鉴定意见、撤销案件决定书、不起诉决定书；（3）证据材料、不宜移送的实物证据的清单、照片或者其他证明文件、拟出庭证人名单；（4）其他需要附注的事项。

注意事项，本文书有正本、副本之分，正本送人民法院，副本存检察内卷。

四、文书制作要点

（一）总体原则

《人民检察院刑事诉讼法律文书格式样本（2020版）》规定了强制医疗申请书的格式样本，明确了强制医疗申请书的文书框架及各部分的基本要素。强制医疗申请书需要将叙述和说理有机统一，提高申请书的质量。

1. 叙述性要求

叙述在强制医疗申请书中主要是指对文书内容的取舍、排版及表达，通常要求做到要素完备、详略得当及表达清晰。

（1）关于要素完备。在形式上，强制医疗申请书格式样本已经明确文书包含的要素内容，包括首部、正文和尾部三大部分。各部分内容在格式样本的制作说明中均有相应的介绍和要求，检察官在撰写时应根据案件情况逐一按照文书中所列内容及顺序叙明，不能遗漏或新增文书要素。如不能遗漏涉案精神病人的法定代理人的基本情况，不能新增被害人基本情况等等。在内容上，不能简单应付，认为只要点到文书所有要素即达到要素完备的要求，需实质性评价。如仅列举式点到文书必备的要素内容，没有写明实质性内容或者内容过简的，本质上应视为遗漏要素。强制医疗申请书的关键要素包括：涉案精神病人的基本情况、涉案精神病人的法定代理人的基本情况，案由和案件的审查过程、案件事实和鉴定情况，证据、申请要求和根据等。

（2）关于详略得当。文书格式样本及制作说明对此没有明确规定，实践中如何把握没有统一的规范要求。总体而言，强制医疗申请书内容叙述应从能否将问题讲清楚、说明白的维度出发，让人民法院充分理解审查查明的情况、理由及法律依据等。详略得当落脚点在叙述的“度”，要求重点突出，语言简洁、规范，避免冗长导致篇幅失衡、核心模糊。要以目的导向根据样本格式指引对不同情形提炼案件要素信息，辩证把握要素要求，重点写明诉讼过程、查明的情况、理由及法律依据，针对强制医疗的申请理由进行说明。叙述从严重社会危害到符合强制医疗条件，做到有理、有据、有节。由于强制医疗与涉案精神病人本人人身自由及被害人一方的防卫救济息息相关，叙述时更要充分论述予以说明，确保查明的事实及每个关键细节均有相应的证据印证证明，认定的性质均有相关的事实和法律依据，达到事实清楚，证据确实、充分。

（3）关于表达清晰。表达清晰主要是指逻辑清楚、内容明了，既包括对叙写查明的事实、情节，又包括叙述与说理有机结合的分析。表达清晰是在详略得当基础上的要求。一般而言，文书详略不当，内容过分冗长或重点不突出，表达内容往往也会让人感到模糊，不明白文书究竟想要表达什么。强制医疗申请书样本格式从开头到结尾已经明确了框架及相关内容范畴，逻辑结构完整、明确。从整体文书结构上看，检察官只要按照样本格式完成文书内容，要素完备，可以基本达到表达清晰的效果。强制医疗申请书中关于查明事实、认定事实的证据及意见部分，往往会出现表达不清的情况，需要特别注意。一般而言，强制医疗申请书重点要素在前述的查明事实及申请强制医疗理由部分。其中，事实要素是基础，其他要素是以事实要素为基点展开叙写。叙写的查明事实部分是一个小记叙文，要具备时间、地点、人物、起因、经过、结果等六要素，说清楚发生什么事情。根据案件具体情况，其中的起因、经过和结果三要素叙写各有侧重，再进行事实评价。叙写申请理由部分包括犯罪事实及出现可以强制医疗的情形，要注意类型化分析，做到事与理的有机结合，最终得出结论。

2. 说理性要求

说理是强制医疗申请书制作的难点，也是必然要求，重点体现在理由部分。严格意义上说，增强强制医疗申请书的说理，只完善理由的论证是不够的，事实表述、证据分析是理由论证的基础。无论何种情形下的强制医疗申请书，证据分析是极其重要的一环。强制医疗申请书的说理不仅仅是事实、证据、法律条文的简单罗列，更重要的是需找到事实与证据之间的关联点，并立足于事实和证据，准确适用法律条款，结合法律规定分析原案处理是否妥当，说明理由与依据，为最终结论提供支撑。强制医疗申请书必须是在理由充分、法律依据准确的前提下作出的，在结论部分撰写时要更多地体现为什么要向法院申请强制医疗的整个逻辑推理过程，增强文书的说理性以及说服力。在事实和证据的基础上，再加上现有的法律规定，环环相扣，论点明确，论证充分，论证有力，法律依据和事实与证据相互呼应，做到逻辑严密。

具体而言，增强文书说理性，应从观点鲜明、理由充分、论证有力、层次清晰、结构严谨等方面入手。一是要有明确的中心问题。强制医疗申请书要解决的中心问题就是向人民法院陈述启动强制医疗程序的理由，申请得到法院采纳。内容要明确具体，观点鲜明。切忌点到为止，问题不明。如果在论证时没有明确的态度，仅评述客观情况而没有围绕有严重社会危害性、再犯可能性、符合强制医疗的条件及认定的依据等，则全文丧失了说理性基础，难以得到法院的采纳与支持。二是要论证有力。检察院认定的每一事实、情节要有证据印证，且事实清楚、无疑异。在查明事实的基础上已有立论观点，要以证据与事实及法、理、情三者结合论证。三是要有清晰的条理性。尤其是客观危害事实与涉案精神病事由等复杂的，主次如何区分，条理和层次如何展开对强制医疗申请书的质量来说尤为关键。四是要有严密的逻辑结构。说明社会危害时，不要在危害行为、再犯可能性及精神病鉴定认定的法律依据往返叙写，还未充分说理就开始论述法律适用问题等。

（二）具体要领

1\. 首部、涉案精神病人基本情况、法定代理人基本情况

（1）关于首部。强制医疗申请书的首部由检察机关名称、文书名称和文书编号三部分组成。其中，检察机关名称应为全称，即要注明所在省（自治区、直辖市）名称，不能只写地区级市、县、区院名。文书编号写在最右端，上下各空一行，内容为××检××医申〔20××〕×号。

（2）关于涉案精神病人基本情况。写明姓名、性别、出生年月日、公民身份号码、民族、文化程度、职业或者工作单位及职务、户籍地、住址、曾受到行政处罚、刑事处罚的情况、采取临时保护性约束措施等。其中，如果未受过行政处罚或者刑事处罚的，不用写该要素。

（3）关于法定代理人基本情况。写“法定代理人……（写明姓名、

性别、出生日期、单位)”。

2. 案由和案件的审查过程

本部分内容为格式段落，具体要素根据案件在诉讼的不同环节以及不同情况，叙述不尽相同。

(1) 侦查环节。写“×××(涉案精神病人)因涉嫌实施××行为，危害公共安全(或者严重危害公民人身安全)。经×××(公安机关)鉴定依法不负刑事责任。×××(公安机关)于××××年××月××日作出撤销案件的决定。×××(公安机关)于××××年××月××日向本院移送强制医疗意见书。本院受理后，审查了全部案件材料……(写明要求公安机关补充证据等情况)”。其中，涉案行为以人民检察院认定为准。侦查机关补充的证据情况要列明反映具体内容的证据名称，证据包括危害行为、精神病鉴定等相关证据。需要注意的是，为避免与后文证据部分重复，简要概述补充的基本情况，不需要写证明内容及证据分析。

(2) 审查起诉环节。如果是在审查起诉时对犯罪嫌疑人做的精神病鉴定，此处写:“本案由×××(公安机关)侦查终结，以×××涉嫌××罪，于××××年××月××日向本院移送审查起诉，本院对×××进行了精神病鉴定，经鉴定依法不负刑事责任。本院于××××年××月××日依法作出不起诉决定。”

3. 案件事实和鉴定情况

本部分为格式段落，包括案件事实与鉴定情况。写“经依法审查查明：……”查明的内容以符合强制医疗的适用范围为基点展开叙述，包括写明经检察机关审查认定的涉案精神病人实施危害公共安全或者严重危害公民人身安全的暴力行为的事实，涉案精神病人经法定程序鉴定依法不负刑事责任，有继续危害社会的可能。叙述时，需要注意以下几点：一是突出涉案精神病人的不法暴力行为具有严重社会危害性，已经达到犯罪的危害程度。一般而言，从实害结果或可能造成严重危害的可能性、紧迫性叙明行为的严重危害程度具体化。在此基础上，详细写明行为的暴力性、手段恶劣、残忍、无意识控制甚至“放纵”危害行为等情节。二是以叙述行为为基本点，通过叙述事情经过写明侵害的法益(限定为侵害公共安全法益与侵害公民人身权法益），明确符合实施了暴力犯罪客观的构成要件要素的适用条件。其中，针对实施危害公共安全与严重危害公民人身安全的暴力行为的两类不同事实，侧重叙述的内容各有不同，后文予以详述。三是简要概述鉴定过程，写明依法不负刑事责任的具体鉴定意见内容。四是论述“有继续危害社会的可能”要具体化，写明判断依据的具体内容，如行为前与行为后、日常生活轨迹反映出的暴力倾向等。避免只有结论性意见没有具体的内容，或者只有论点没有论据。其中，案件事实是指涉案精神病人实施暴力行为，危害公共安全或者严重危害公民人身安全的事实。除有责性事实外，要结合具体案情及强制医疗申请条件将关键性要素融入不法事实或是客观性构成要件要素之中重点叙述。暴力行为、危害公共安全或者严重危害公民人身安全作为事实的关键要素，叙述时要综合前述注意要点写明情况：

（1）关于暴力行为。实施暴力行为是对涉案精神病人实施强制医疗的前提。叙述时，要写明行为以人身、财产等权益为侵害目标，采取暴力手段，对被害人的身心健康和生命财产安全造成极大的损害，直接危及人的生命、健康及公共安全的行为。

（2）关于涉案精神病人实施危害公共安全的事实。叙述事实时，需要注意重点写明以下几点关键要素：一是行为侵害的对象有公共性。公共性是公共安全的核心要素，写经过时要强化行为已经或可能侵害不特定或者多数人的生命、健康等安全。其中，在事情的起因方面，围绕“不特定性”写明对象的不特定或者可替代性，包括实施行为可能侵犯的对象数量和可能造成的结果范围事先无法确定，在客观上行为人对结果既无法预料也难以控制，而且行为造成的危险或侵害结果可能随时扩大或增加。如涉案精神病人陷入被害妄想状态，见人都认为要杀自己等，突出起因要件和行为动机。如果是不特定对象的，在事情经过方面要写明“不特定”随时间有向“多数”发展的现实可能性，导致多数人遭到现实危险或侵害等事实要素，从细节上描述案发地点周围的人群聚集情况、行为人情绪极不稳定、行为的暴力程度随时间延续累积或在极短时间内骤然升高等。二是危害后果。在行为造成的危害后果方面，表现为现实危害与可能危害，侵害内容包括生命、健康、财产安全等。一般而言，结果要侧重叙述生命与健康安全受到危害，单纯的重大财产安全叙述时要一并写明其他可能造成生命与健康安全的危害事实。对于已经造成现实危害结果的情形，要写明造成的具体伤害情况，包括人员伤亡人数、具体财产损失以及案发时周边有可能被波及人群、财物情况等。其中，有人体伤残鉴定的，要写明具体的鉴定意见内容。对于实施行为可能造成严重危害风险的，要写明案发时周围是否是人群密集区、人群聚集度等具体环境、可能引起重大人员伤亡的紧迫危险等。三是根据案件情况，从客观的构成要件要素叙述事实，突出各不同情形相应的要素重点。实践中，对涉案精神病人申请强制医疗的危害公共安全罪类型主要有以危险方法危害公共安全的犯罪，破坏公用工具、设施危害公共安全的犯罪，实施恐怖、危险活动危害公共安全的犯罪，违反枪支、弹药管理规定危害公共安全的犯罪。叙述事实时，要写明各自类型的客观的构成要件要素记述案发经过，避免遗漏各类型中的关键要素。其中，在以危险方法危害公共安全的类型中，要注意放火、爆炸、投放危险物质、以危险方法危害公共安全等情形。对于放火、爆炸行为的情形，先要结合事情起因、行为动机等将过失行为区别开来，进而论述放火、爆炸行为造成的实际损害结果或可能的危害风险。对于投放危险物质类型，除要论述是故意而不是过失的行为外，还要写明是何种危险物质与投放地点。如果是专业性特别强、较为陌生的危险物质，还需要就其具有的毒害性、放射性或者传染病原体等基本危害情况详细叙明。同时，投放地点除写明具体的位置或对象外，还应写明特定的开放性或者公共性环境。对以危险方法危害公共安全的情形，要详细叙述使用的手段，并突出写明与放火、爆炸、投放危险物质等危害的相当性。在破坏公用工具、设施的类型中，叙述的侧重点在破坏的起因、动机及公用工具、设施被破坏后对广大群众生命、健康造成或可能导致的严重危害等。对于实施恐怖、危险活动的类型，除写明事情起因、动机外，还要写明具体内容及危害后果等。其中，活动的性质不需要论证，而是通过叙述实施了什么样行为反映出系恐怖、危险活动性质的暴力行为。对于违反枪支、弹药管理规定类型，写明枪支、弹药来源、动机、造成的危害等。此类型常见于涉案精神病人在患病前是职业犯或相当的“职业”经历，实施抢劫或抢夺枪支、弹药、爆炸物等危害公共安全。

（3）关于涉案精神病人实施严重危害公民人身安全的事实。叙述时，需要注意以下几点关键要素：一是突出行为的暴力性。一般而言，“严重危害公民人身安全”是指故意杀人、故意伤害、绑架、抢劫、强奸等严重侵害公民生命、健康安全的行为。这些行为作为众所周知的严重暴力犯罪，在叙述事实的过程中已经当然地包含了行为的暴力性要素。此外，根据不同情形还需要写明其他客观性关键要素。如在故意杀人行为中，特别是不作为的杀人行为要着重写明与作为的杀人行为的相当性，即致命性和暴力性。此外，还要重点写明杀人的原因（如外界刺激）、动机，杀人手段、方式，致命部位、死因等。如果“未遂”或“中止”的，还要写明原因及当时的外在环境。在故意伤害罪中，与故意杀人情形的写作要领相同。除起因、动机、故意伤害的手段与方式外，还要重点叙明受伤部位和伤情鉴定情况等。如果是故意伤害致死的，还需要写明死亡原因。在绑架情形中，除要写明绑架的起因、动机等关键的必备要素外，还要重点围绕足以压制他人反抗的情节写明绑架的手段与方法。对于绑架行为中的勒索行为可以简要概述。如果致人死亡的，还要详细写明致死的经过及死因鉴定意见。在抢劫情形中，与绑架情形的写作要领相似。重点围绕足以压制他人反抗的情节写明抢劫的手段与方法，对于抢劫行为中的取财行为可以简要概述。抢劫过程中如果杀人的，还需同时按照故意杀人的情形写明相关的关键要素细节。在强奸情形中，要重点围绕足以压制他人反抗的情节写明强奸的手段与方法等。二是危害后果。在严重危害公民人身安全的类型中，均是实害犯。要写明造成的人员伤亡人数、伤残情况、死亡后果以及伤情或死因鉴定意见等内容。如果被害人因涉案精神病人的伤害行为造成精神上创伤的，要叙明情况。对于未造成被害人实际伤害的，则重点突出案发当时的现实紧迫性与危险性，反映如果行为得逞，则会对被害人造成难以想象的严重伤害后果。

（4）关于鉴定情况。主要写明鉴定过程与鉴定结论性意见：一是参考前述诉讼过程的表述，按照移送鉴定的流程顺序简要概述基本情况，主要包括移送与接收时间、移送与接收单位、移送的案情材料、个人精神疾病史材料、家族史材料等具体材料名称、鉴定调查情况、精神检查情况、鉴定采用的原则与方法等。二是写明鉴定认为依法不负刑事责任的结论性意见内容。关于鉴定意见的分析部分，视情况简要概述或者省略。如果有不同结论的鉴定意见或者因违反程序等事由重新制作的，仅叙明检察机关采纳的鉴定意见。如果采纳两份以上鉴定意见的，逐一叙明。

（5）关于有继续危害社会的可能。必须以独立证明的逻辑思维论证涉案精神病人具有现实的社会危险性，切忌根据行为人已经进行的暴力行为直接推定其具有现实的危险性。如有的行为人虽然实施了暴力行为，但在实施危害行为过程中自己也受到伤害，导致丧失了继续危害社会的能力，则不再具有继续危害社会的可能，不需要再对其进行强制医疗。例如，涉案精神病人实施爆炸过程中，自己操作不当导致被炸成严重残疾等。一般而言，要叙明涉案精神病人的精神病类型、严重程度、病情发展趋势、家庭监护情况、以往行为的调查及精神病专家的意见、最后的检察院综合性结论等。实践中，较少情况涉案精神病人会到医院做精神病鉴定，家庭成员受家丑不外扬的思想影响，一般也不轻易向外人透露，导致案发后能查阅的相关资料、信息不多。如果属于此前无记录情形的，需要在案发后及时制作好以上相关证据并写明相关信息的基本内容。具体而言：在精神病类型方面，要写明诊断的依据及依据来源，简要概述具体的类型及该类型精神病人在日常生活可能会大概率出现怎样的举动或偏激行为等；在严重程度方面，除了要写明诊断或鉴定意见外，还要写明诊断或鉴定的标准、依据与方法，及在涉案精神病本人的痛苦程度、社会功能的损害程度、给他人造成的痛苦与烦恼程度以及是否有现实检验能力的损害等方面具体表现内容等；在病情发展趋势方面，落脚点在未来可能的情况。用比较分析法写明案发后与案发前的精神病状况差异，反映总体态势。如果没有案发前相关信息记录的，可以根据相关证人证言或专家鉴定等内容写明如果不及时治疗和控制，未来是否可能再次出现暴力伤害自己或他人的状况；对于家庭监护情况，重点写明在监护过程中涉案精神病人的表现，在何种情况下情绪会波动较大，案发前是否遇到过刺激性事情，以及家庭成员的监护能力与条件、与涉案精神病人的日常关系、是否一起生活、案发前是否已经承担监护责任等情况；对于以往行为的调查，主要写明案发前涉案精神病人是否有暴力行为，是否容易被刺激、易怒，或者遇到何种事情容易被刺激做出暴力举动，案发前一段时期是否有规律性或偶尔一过性的反常举动等；对于精神病专家的意见，主要叙明案发后的精神病专家意见，就精神病类型、严重程度、治疗建议、疾病发展趋势等简要概述。如果有案发前精神病专家意见的，一并叙明；关于检察院综合性结论，要写明结合前述关于精神病类型各项要素信息综合判断应对涉案精神病人强制医疗的推演结论。

4. 证据

证据部分针对前述审查查明三类的事实部分，分别列举证据。在格式上，样本已经限定，写“认定上述事实的证据如下：”。其后分别列举，建议以小标题形式分别叙述认定三类事实的证据，写“1. 认定危害事实的证据……2. 认定涉案精神病人不负刑事责任的证据……3. 认定有继续危害社会可能的证据……”其中，如果有多起事实的，进一步分项叙述，以“一事实一证据”为宜。如果有证据既证明危害事实，又证明其他事实的，均应分别叙明。列举证据是否同时要写证明内容，样本格式内容没有具体要求。我们认为，为便于法院对材料的审查，有必要叙明证据证明内容。

（1）关于认定危害事实的证据。实践中，主要有两种表述方式：一是按照证据种类、由客观到主观、由定罪到量刑等一定规则的顺序列举证据，在列举完每个证据名称后，简要概述证明内容；二是以印证的形式叙明证据。在简要列举完所有证据名称后，再逐一将证据相互印证的内容串联起来论证。根据强制医疗申请条件的要求，涉案精神病人客观上实施了达到犯罪严重程度的行为，其认定标准应与认定犯罪的标准相同，要达到事实清楚，证据确实、充分。因此，以印证的形式叙明证据为佳。

（2）关于认定涉案精神病人不负刑事责任事实的证据。本部分内容相对于危害事实证据较少，不必以印证的形式叙明证据。可以采用前述第一种“证据名称＋证明内容”的形式围绕鉴定情况写明鉴定意见、相关书证等证实事实的证据。

（3）关于认定有继续危害社会可能事实的证据。在形式上，本部分内容的证据主要是相关书证和鉴定意见，证明的内容是未来行为的某种可能，具有较大程度的主观判断，难以实现证据内容可以相互印证的效果。基于此，本类事实标准采用优势证据规则，证据标准低于认定危害事实的标准，表述时可以有所区别，不强调要采用前述第二种印证式叙明证据。但根据实际，如果有证据条件的，也可以采用。一般而言，优势证据规则的证据表述方法为前述第一种表达模式，即按照一定规则如根据认定违法所得的事实列举证据，在每项列举的证据名称之后，简要说明证据要证明的内容。

5. 申请和根据

本部分为格式段落，写“本院认为，××××（涉案精神病人）实施××行为，危害公共安全（或者严重危害公民人身安全），经法定程序鉴定为依法不负刑事责任的精神病人，有继续危害社会的可能，事实清楚，证据确实、充分，应当对其强制医疗。根据《中华人民共和国刑事诉讼法》第三百零三条第二款的规定，提出强制医疗申请，请依法决定”。其中，如果涉案精神病人实施多起行为或者有多起危害事实的，逐一叙明。

6. 尾部

尾部包括此致、落款和附件部分：

（1）关于此致部分。移送的××××人民法院要与人民检察院名称要求对应，写全称。

（2）关于落款部分。依次写明检察官×××、检察官助理×××、落款日期，盖院印。

（3）关于附件部分。为格式部分，每点为一段落，写“1. 涉案精神病人现在处所，具体包括被采取临时保护性约束措施的处所；2. 鉴定意见、撤销案件决定书、不起诉决定书；3. 证据材料、不宜移送的实物证据的清单、照片或者其他证明文件、拟出庭证人名单；4. 其他需要附注的事项”。需要注意的是，以上内容并不全是每个案件中的必备要素。要根据具体案件情况，参照以上内容叙写。如果没有其中要素的，如没有不宜移送的实物证据的清单、照片，可以不写。第 4 点内容为提示性内容，“其他需要附注的事项”是有其他未列明的证据情况适用。在附件顺序上，按照格式框架的序列依次列明。如果有多项系新增需要附注事项的，可以从重要性大小依次排列，先从最关键或最重要的证据开始叙明。

五、相关重点问题

（一）强制医疗程序的启动

1. 依检察机关申请启动强制医疗程序的情形

根据《刑事诉讼法》第 303 条的规定，公安机关发现精神病人符合强制医疗条件的，应当写出强制医疗意见书，移送人民检察院；对于公安机关移送的或者在审查起诉过程中发现的精神病人符合强制医疗条件的，人民检察院应当向人民法院提出强制医疗的申请。

（1）公安机关提出强制医疗的意见。根据《公安机关办理刑事案件程序规定》第 342 条、第 343 条的规定，在刑事诉讼程序中，公安机关发现实施暴力行为，危害公共安全或者严重危害公民人身安全的犯罪嫌疑人，可能属于依法不负刑事责任的精神病人的，应当对其进行精神病鉴定。对经法定程序鉴定依法不负刑事责任的精神病人，有继续危害社会可能，符合强制医疗条件的，公安机关应当在 7 日以内写出强制医疗意见书，经县级以上公安机关负责人批准，连同相关证据材料和鉴定意见一并移送同级人民检察院。

（2）检察机关对公安机关提出强制医疗意见的审查和处理。检察机关审查公安机关移送的强制医疗意见书，应当在 30 日内作出是否提出强制医疗申请的决定。检察机关审查公安机关移送的强制医疗意见书，应当查明：是否属于本院管辖；涉案精神病人身份状况是否清楚，包括姓名、性别、国籍、出生年月日、职业和单位等；涉案精神病人实施危害公共安全或者严重危害公民人身安全的暴力行为的事实；公安机关对涉案精神病人进行鉴定的程序是否合法，涉案精神病人是否依法不负刑事责任；涉案精神病人是否有继续危害社会的可能；证据材料是否随案移送，不宜移送的证据的清单、复制件、照片或者其他证明文件是否随案移送；证据是否确实、充分；采取的临时保护性约束措施是否适当。

检察机关办理公安机关移送的强制医疗案件，可以采取以下方式开展调查，调查情况应当记录并附卷：会见涉案精神病人，听取涉案精神病人的法定代理人、诉讼代理人意见；询问办案人员、鉴定人；向被害人及其法定代理人、近亲属了解情况；向涉案精神病人的主治医生、近亲属、邻居、其他知情人员或者基层组织等了解情况；就有关专门性技术问题委托具有法定资质的鉴定机构、鉴定人进行鉴定。对于公安机关移送的强制医疗案件，经审查认为不符合《刑事诉讼法》第 302 条规定的条件的，应当作出不提出强制医疗申请的决定，并向公安机关书面说明理由；认为需要补充证据的，应当书面要求公安机关补充证据，必要时也可以自行调查。公安机关补充证据的时间不计入检察院办案期限。检察院发现公安机关应当启动强制医疗程序而不启动的，可以要求公安机关在 7 日以内书面说明不启动的理由。经审查，认为公安机关不启动理由不能成立的，应当通知公安机关启动该程序。

（3）检察机关提出强制医疗的申请。对于公安机关移送的精神病人符合强制医疗条件的，检察机关应当向法院提出强制医疗的申请，并制作强制医疗申请书。在审查起诉过程中，人民检察院发现犯罪嫌疑人经鉴定系依法不负刑事责任的精神病人的，应当作出不起诉决定；认为符合《刑事诉讼法》第 302 条规定的条件的，应当向人民法院提出强制医疗的申请。

强制医疗的申请由被申请人实施暴力行为所在地的基层检察机关提出；由被申请人居住地的检察机关提出更为适宜的，可以由被申请人居住地的基层检察机关提出。在审查起诉过程中，犯罪嫌疑人经鉴定系依法不负刑事责任的精神病人的，检察机关应当作出不起诉决定。认为精神病人符合强制医疗条件的，应当向法院提出强制医疗的申请。

（4）人民法院的处理情况。对检察机关申请强制医疗的案件，人民法院审理后，应当按照下列情形分别处理：符合《刑事诉讼法》第 302 条规定的强制医疗条件的，应当作出对被申请人强制医疗的决定；被申请人属于依法不负刑事责任的精神病人，但不符合强制医疗条件的，应当作出驳回强制医疗申请的决定；被申请人已经造成危害结果的，应当同时责令其家属或者监护人严加看管和医疗；被申请人具有完全或者部分刑事责任能力，依法应当追究刑事责任的，应当作出驳回强制医疗申请的决定，并退回人民检察院依法处理。

2. 人民法院依职权启动强制医疗程序的情形

根据《刑事诉讼法》第303条的规定，人民法院在审理刑事案件过程中发现被告人符合强制医疗条件的，可以依职权作出强制医疗的决定。

（1）一审法院启动强制医疗程序的情形。第一审人民法院在审理刑事案件过程中，发现被告人可能符合强制医疗条件的，应当依照法定程序对被告人进行法医精神病鉴定。经鉴定，被告人属于依法不负刑事责任的精神病人的，应当适用强制医疗程序，对案件进行审理。开庭审理前述案件，应当先由合议庭组成人员宣读对被告人的法医精神病鉴定意见，说明被告人可能符合强制医疗的条件，后依次由公诉人和被告人的法定代理人、诉讼代理人发表意见。经审判长许可，公诉人和被告人的法定代理人、诉讼代理人可以进行辩论。

人民法院审理后，应当按照下列情形分别处理：被告人符合强制医疗条件的，应当判决宣告被告人不负刑事责任，同时作出对被告人强制医疗的决定；被告人属于依法不负刑事责任的精神病人，但不符合强制医疗条件的，应当判决宣告被告人无罪或者不负刑事责任；被告人已经造成危害结果的，应当同时责令其家属或者监护人严加看管和医疗；被告人具有完全或者部分刑事责任能力，依法应当追究刑事责任的，应当依照普通程序继续审理。

（2）二审法院启动强制医疗程序的情形。第二审人民法院在审理刑事案件过程中，发现被告人可能符合强制医疗条件的，可以依照强制医疗程序对案件作出处理，也可以裁定发回原审人民法院重新审判。

3. 强制医疗案件的审理程序

（1）人民法院对检察机关提出的强制医疗申请的管辖和审查。对检察机关提出的强制医疗申请，人民法院应当审查以下内容：是否属于本院管辖：人民检察院申请对依法不负刑事责任的精神病人强制医疗的案件，由被申请人实施暴力行为所在地的基层人民法院管辖；由被申请人居住地的人民法院审判更为适宜的，可以由被申请人居住地的基层人民法院管辖；是否写明被申请人的身份，实施暴力行为的时间、地点、手段、所造成的损害等情况，并附证据材料；是否附有法医精神病鉴定意见和其他证明被申请人属于依法不负刑事责任的精神病人的证据材料；是否列明被申请人的法定代理人的姓名、住址、联系方式；需要审查的其他事项。

人民法院应当在7日以内审查完毕，并按照下列情形分别处理：属于强制医疗程序受案范围和本院管辖，且材料齐全的，应当受理；不属于本院管辖的，应当退回人民检察院；材料不全的，应当通知人民检察院在3日以内补送；3日以内不能补送的，应当退回人民检察院。

（2）人民法院对被申请人的程序性保障。审理强制医疗案件，人民法院应当通知被申请人或者被告人的法定代理人到场；被申请人或者被告人的法定代理人经通知未到场的，可以通知被申请人或者被告人的其他近亲属到场。被申请人或者被告人没有委托诉讼代理人的，应当自受理强制医疗申请或者发现被告人符合强制医疗条件之日起3日以内，通知法律援助机构指派律师担任其诉讼代理人，为其提供法律帮助。人民法院审理强制医疗案件，应当组成合议庭，开庭审理。但是，被申请人、被告人的法定代理人请求不开庭审理，并经人民法院审查同意的除外。审理强制医疗案件，应当会见被申请人，听取被害人及其法定代理人的意见。

（3）临时的保护性约束措施。对实施暴力行为的精神病人，在人民法院决定强制医疗前，经县级以上公安机关负责人批准，公安机关可以采取临时的保护性约束措施。必要时，可以将其送精神病医院接受治疗。采取临时的保护性约束措施时，应当对精神病人严加看管，并注意约束的方式、方法和力度，以避免和防止危害他人和精神病人的自身安全为限度。对于精神病人已没有继续危害社会可能，解除约束后不致发生社会危险性的，公安机关应当及时解除保护性约束措施。

（4）强制医疗案件的法院审理流程。人民法院审理强制医疗案件，应当组成合议庭，开庭审理。被申请人、被告人的法定代理人请求不开庭审理，并经法院审查同意的除外；审理检察院申请强制医疗的案件，应当会见被申请人。开庭审理申请强制医疗的案件，按照下列程序进行：法院对强制医疗案件开庭审理的，检察院应当派员出席法庭；审判长宣布法庭调查开始后，先由检察员宣读申请书，后由被申请人的法定代理人、诉讼代理人发表意见；与普通案件一样，强制医疗案件的审理也要区分法庭调查和法庭辩论；法庭依次就被申请人是否实施了危害公共安全或者严重危害公民人身安全的暴力行为、是否属于依法不负刑事责任的精神病人、是否有继续危害社会的可能进行调查；调查时，先由检察员出示证据，后由被申请人的法定代理人、诉讼代理人出示证据，并进行质证；必要时，可以通知鉴定人出庭对鉴定意见作出说明；法庭辩论阶段，先由检察员发言，后由被申请人的法定代理人、诉讼代理人发言，并进行辩论。

被申请人要求出庭，人民法院经审查其身体和精神状态，认为可以出庭的，应当准许。出庭的被申请人，在法庭调查、辩论阶段，可以发表意见。检察员宣读申请书后，被申请人的法定代理人、诉讼代理人无异议的，法庭调查可以简化。人民法院经审理，对于被申请人或者被告人符合强制医疗条件的，应当在一个月以内作出强制医疗的决定。

（5）强制医疗的交付执行。人民法院决定强制医疗的，应当在作出决定后5日以内，向公安机关送达强制医疗决定书和强制医疗执行通知书，由公安机关将被决定强制医疗的人送交强制医疗。

（二）强制医疗的适用情形

1. 强制医疗的适用条件

根据《刑事诉讼法》第302条、《人民检察院刑事诉讼规则》第534条、《关于适用〈中华人民共和国刑事诉讼法〉的解释》第630条的规定，行为人如果同时满足以下三个条件，无论法定代理人或者近亲属是否能够或同意履行监护职责，都应进入专业的治疗机构接受强制治疗。

（1）实施了危害公共安全或者严重危害公民人身安全的暴力行为，且社会危害性已经达到犯罪程度。被申请人实施的暴力行为只有造成了危害公共安全或者严重危害公民人身安全的危害后果，才可以强制医疗。危害公共安全，是指对不特定多数人的公私财产或者生命健康已经造成了实际危害或者有造成实际危害的危险，在司法实践中主要比照刑法分则第二章危害公共安全罪中所描述的犯罪行为进行判断。至于严重危害公民人身安全，是指行为对公民人身安全造成严重侵害，司法实践中主要是比照刑法分则第四章侵犯公民人身权利、民主权利罪所描述的犯罪行为进行判断。

被申请人实施的危害行为所具有的社会危害性需要达到犯罪的程度，是指在客观方面认定被申请人构成犯罪的证据已经确实、充分，实施的暴力行为有充分的证据证明，且证据均经法定程序查证属实，综合全案证据，对所认定的事实已经排除了合理怀疑，得出唯一结论，被申请人的行为已经满足了犯罪的客观要件，只是因为被申请人的犯罪主观要件不具备，不能认定其构成犯罪并予以刑事处罚。被申请人是否实施了暴力行为是决定对其实施强制医疗的基础和前提条件，由于精神病人的理解与判断能力下降，不能正确表达自己的行为，不能作出有效供述，在审查案件时，应坚持证据裁判原则及排除合理怀疑的证据标准。对于情节轻微，社会危害性与犯罪程度不相当的行为，则不应当适用强制医疗程序。

如果精神病人没有实施本条规定的暴力行为，或者虽然实施了但未危害公共安全或者未严重危害公民人身安全，则不得对其适用强制医疗。另外，精神病人的暴力行为应当发生在丧失刑事责任能力之后，如果行为人在精神正常或者部分正常的情况下实施了犯罪行为，则不属于强制医疗程序的适用范围。

（2）经法定程序鉴定属依法不负刑事责任的精神病人。一是关于不负刑事责任的精神病人的认定。《刑法》第 18 条第 1 款规定，精神病人在不能辨认或者不能控制自己行为的时候造成危害结果，经法定程序鉴定确认的，不负刑事责任，但是应当责令他的家属或者监护人严加看管和医疗；在必要的时候，由政府强制医疗。根据上述规定，严格依照法定程序进行精神病鉴定，不但能够有效防止行为人为了规避法律追究而选择强制医疗，也能够对确实患有精神病、不负刑事责任的行为人予以认定。对于什么是精神病人，应当以医学判断为基础，同时还要结合精神病理，判断是否对其辨认或者控制能力构成实质影响，这需要经专业的医疗机构评估。对精神病鉴定应当委托列入省级人民政府司法行政部门编制的名册中的鉴定机构及 2 名或 2 名以上无利害关系的鉴定人共同进行鉴定并作出鉴定意见。强制医疗的被申请人必须是经过法定程序鉴定为依法不负刑事责任的精神病人。我国刑法将精神病患者区分为三种：第一，不能辨认或者控制自己行为的精神病患者，其完全没有辨认或者控制自己行为的能力；第二，尚未完全丧失辨认或者控制自己行为的精神病患者；第三，间歇性的精神病患者。根据法律规定，第一种精神病人才属于经严格法定鉴定程序确定为不具有刑事责任能力的精神病人，依法不负刑事责任，进而适用强制医疗程序。

二是关于精神病鉴定的申请主体。公安机关在侦查阶段和审查起诉阶段可以委托精神病鉴定。根据《公安机关办理刑事案件程序规定》第342条的规定，公安机关在办理刑事案件中，发现实施暴力行为，危害公共安全或者严重危害公民人身安全的犯罪嫌疑人，辨认能力丧失或有严重障碍，或者不能控制自己行为等状态，有精神病症状，可能属于依法不负刑事责任的精神病人的，应当依法提请委托对其进行精神病鉴定。人民检察院在审查起诉阶段、人民法院在审判阶段可以委托精神病鉴定。《刑事诉讼法》第146条规定，为了查明案情，需要解决案件中某些专门性问题的时候，应当指派、聘请有专门知识的人进行鉴定。因此，检察机关在审查起诉过程中发现犯罪嫌疑人可能属于精神病人，或者人民法院在审理刑事案件过程中发现被告人可能属于精神病人，可能符合强制医疗条件的，可以要求公安机关对犯罪嫌疑人进行精神病鉴定或者自行委托有资质的司法鉴定机构对犯罪嫌疑人进行精神病鉴定。人民检察院可以委托检察机关有鉴定资格的人员进行鉴定，必要时，也可以聘请其他有鉴定资格的人员进行，但是应当征得鉴定人所在单位同意。犯罪嫌疑人的辩护人或者近亲属可以申请对犯罪嫌疑人进行精神病鉴定。他们以犯罪嫌疑人有患精神病可能而申请对犯罪嫌疑人进行鉴定的，鉴定费用由请求方承担。申请鉴定的主体委托进行精神病鉴定的，应当为鉴定人提供必要条件，向鉴定人介绍与鉴定有关的情况，并明确提出鉴定要求，但是不得暗示或者强迫鉴定人作出某种鉴定意见。

三是关于对鉴定意见的异议及处理。人民检察院对于公安机关移送的强制医疗案件，发现公安机关对涉案精神病人进行鉴定违反法律规定的，应当依法提出纠正意见，可以要求公安机关补充鉴定或者重新鉴定。必要时，可以询问鉴定人并制作笔录，或者委托具有法定资质的鉴定机构进行补充鉴定或者重新鉴定。重新鉴定的，应当另行指派或者聘请鉴定人。犯罪嫌疑人、被害人或者被害人的法定代理人、近亲属、诉讼代理人提出申请，可以补充鉴定或者重新鉴定，鉴定费用由请求方承担。但如果原鉴定违反法定程序的，应当由人民检察院承担鉴定费用。在审判阶段，针对控辩双方有争议的鉴定意见进行核实时，法院可以启动重新鉴定或者补充鉴定。

四是关于精神病鉴定的期间。《刑事诉讼法》第 149 条规定，对犯罪嫌疑人作精神病鉴定的期间不计入办案期限。根据上述规定，犯罪嫌疑人、被告人在押的案件，除对犯罪嫌疑人、被告人的精神病鉴定期间不计入办案期限外，其他鉴定期间都应当计入办案期限。对于因鉴定时间较长，办案期限届满仍不能终结的案件，自期限届满之日起，应当对被羁押的犯罪嫌疑人、被告人变更强制措施，改为取保候审或者监视居住。

（3）有继续危害社会的可能。办理强制医疗案件，判断被申请人或者被告人是否“有继续危害社会可能”，应当综合被申请人或者被告人所患精神病的种类、症状，案件审理时其病情是否已经好转，以及其家属或者监护人有无严加看管和自行送医治疗的意愿和能力等情况予以判定。必要时，可以委托相关机构或者专家进行评估。具体而言，可以从以下几个方面判断涉案精神病人存在继续危害社会的可能性：一是不具备监护条件的情况。主要包括：没有监护人或者近亲属；监护人、近亲属拒绝履行监护责任；监护人或者近亲属经济困难，不能对其进行必要的治疗；监护人或者近亲属没有能力管控精神病人。二是监护人或者近亲属未进行有效监护的情况。主要包括：监护人或者近亲属虽然具有监护能力或者经济条件，但在涉案精神病人实施危害公共安全、危害他人人身安全的行为前期，未能及时发现其出现情绪激动、行为举止异常、辨认和控制能力减弱等发病症状，或者发现后未及时对其进行就医、治疗、管控，或者未按医生要求服药，未进行有效监护，造成危害后果。三是涉案精神病人以往发病的情况。主要包括：在其以往发病时，具有狂躁、行为失控，损毁财物、自伤、自残或者伤害他人的行为表现。四是其他可以证明涉案精神病人具有继续危害社会可能的情况。最后，在综合考虑上述情况的基础上，由法院对精神病人是否具有继续危害社会的可能作出判断和认定。

如果精神病人实施暴力行为后，由其监护人或者单位将其送往医院治疗，病情得到有效控制，从而不具有继续危害社会的可能的，则没有必要进行强制医疗。根据《精神卫生法》的规定，一般的精神障碍患者实行住院治疗自愿原则；诊断结论、病情评估表明，就诊者为严重精神障碍患者并有下列情形之一的，经其监护人同意，医疗机构应当对患者实施住院治疗：已经发生伤害自身的行为，或者有伤害自身的危险的；已经发生危害他人安全的行为，或者有危害他人安全的危险的。监护人不同意的，医疗机构不得对患者实施住院治疗。监护人应当对在家居住的患者做好看护管理。而对于精神病人因严重躯体疾病、伤残或者年老体弱致使生活不能自理，已不具有人身危险性的，也不需要进行强制医疗。

2. 强制医疗程序适用存在的主要问题

（1）多份精神病鉴定意见相矛盾时采信难问题。对被申请人能否适用强制医疗程序，其中最关键的证据要数精神病鉴定意见。但司法实践中，因精神病鉴定意见与鉴定人员的个人主观认识、职业经历、教育背景有较大的关联，往往导致鉴定意见的主观性很强。当因各种因素对被申请人的精神状态进行重新鉴定或者补充鉴定后，如果两份或者多份精神病鉴定意见结论不一致，因鉴定机构属于社会组织，相互之间没有层级及隶属关系，无法区分鉴定意见的效力等级，致使办案时在选择采信哪份鉴定意见时存在困扰。对此，检察机关要细致地审查，根据实践经验和法律规定，从鉴定意见的形式、鉴定人员和鉴定机构有无合法资质、鉴定人员的专业水平、作出意见的依据是否充分、分析论证过程是否合理、鉴定人员是否能够出庭接受质证等方面综合考量，进而排除不合理的鉴定意见，采信论证充分、科学合理的精神病鉴定意见。

（2）法定代理人拒不到场参与庭审问题。《刑事诉讼法》第 304 条第 2 款明确规定，人民法院审理强制医疗案件时，被申请人或者被告人的法定代理人应当到场参与庭审。但在司法实践中，部分被申请人或者被告人的法定代理人因不想承担被害人提出的赔偿请求或者不想见到被申请人等各种原因拒绝出庭，侵害了被申请人或者被告人的合法权益，影响诉讼效率。对此，司法工作人员应当向其详尽地释法说理，说明其出庭的必要性以及拒不出庭的法律后果。若经过多次传唤没有合理原因仍然拒不到庭的，必要时法庭可以进行拘传，确保庭审活动的顺利开展。同时，对于被申请人或者被告人没有法定代理人或者近亲属的，可以考虑探索合适监护人到场制度，以保护被申请人或者被告人的合法权益。

（3）被害人及其家属的救助机制不健全问题。在精神病人严重危害被害人人身安全的强制医疗案件中，被害人及其家属有时很难获得有效的赔偿。对此，司法机关应当加强与相关部门的沟通协调，探索建立由政府牵头，救助部门和社会救助组织相统一、高效率的救助机制，多方面综合保障被害人及其家属的合法权益，化解社会矛盾。

（4）治疗期间的评估准确性问题。《刑事诉讼法》第 306 条虽然明确规定了强制医疗机构要定期对被强制医疗的人进行诊断评估，但并未规定评估的明确周期和具体程序。对此，建议成立由医学专家、卫生行政人员、刑事司法人员等组成专业的医疗评估小组，定期对被强制医疗人的精神健康状况进行评估。同时，细化解除条件，制定可操作性强、可量化的医学标准，增强评估意见的准确性，以便人民法院准确作出是否解除强制医疗措施的决定。

（三）强制医疗的监督与救济

在办理精神病人强制医疗案件时，既要避免精神正常的人“被精神病”而执行强制医疗，又要防止犯罪分子“装精神病”而逃避法律制裁。对强制医疗程序进行严格监督，对侵害被申请人或者被告人合法权益的行为及时救济至关重要。

1. 检察机关对公安机关办理强制医疗案件的监督

（1）对公安机关办理强制医疗案件的监督方式。人民检察院办理公安机关移送的强制医疗案件，应当审查公安机关移送的强制医疗意见书，以及鉴定意见等证据材料，并注意发现和纠正以下违法情形：对涉案精神病人的鉴定程序违反法律规定的；对涉案精神病人采取临时保护性约束措施不当的；其他违反法律规定的情形。

人民检察院对公安机关移送的强制医疗案件进行监督时，可以进行必要的调查，具体调查方式有：会见涉案精神病人，询问办案人员、鉴定人，听取涉案精神病人法定代理人、诉讼代理人意见；向涉案精神病人的主治医生、近亲属、邻居、其他知情人员或者基层组织等了解情况，向被害人及其法定代理人、近亲属等了解情况；就有关专门性技术问题委托具有法定资质的鉴定机构、鉴定人进行鉴定，开展相关调查。相关调查情况应当记录并附卷。

人民检察院在办理强制医疗案件中发现公安机关的违法情形，对于情节较轻的，可以由检察人员以口头方式向侦查人员或者公安机关负责人提出纠正意见，并及时向本部门负责人汇报；必要的时候，由部门负责人提出。对于情节较重的违法情形，应当报请检察长批准后，向公安机关发出纠正违法通知书。构成犯罪的，移送有关部门依法追究刑事责任。

(2) 对公安机关行使职权不当的监督。人民检察院发现公安机关应当启动强制医疗程序而不启动的，可以要求公安机关在 7 日以内书面说明不启动的理由。经审查，认为公安机关不启动理由不能成立的，应当通知公安机关启动强制医疗程序。公安机关收到启动强制医疗程序通知书后，未按要求启动强制医疗程序的，人民检察院应当向公安机关提出纠正意见。

(3) 对鉴定程序的监督。人民检察院发现公安机关对涉案精神病人进行鉴定的程序有下列情形之一的，应当依法提出纠正意见：鉴定机构不具备法定资质，或者精神病鉴定超出鉴定机构业务范围、技术条件的；鉴定人不具备法定资质，精神病鉴定超出鉴定人业务范围，或者违反回避规定的；鉴定程序违反法律、有关规定，鉴定的过程和方法违反相关专业的规范要求的；鉴定文书不符合法定形式要件的；鉴定意见没有依法及时告知相关人员的；鉴定人故意作虚假鉴定的；其他违反法律规定的情形。人民检察院对精神病鉴定程序进行监督，可以要求公安机关补充鉴定或者重新鉴定，必要时，可以询问鉴定人并制作笔录，或者委托具有法定资质的鉴定机构进行补充鉴定或者重新鉴定。

(4) 对临时保护性约束措施的监督。人民检察院发现公安机关对涉案精神病人采取临时保护性约束措施，有下列情形之一的，应当依法提出纠正意见：不应当采取而采取临时保护性约束措施的；采取临时保护性约束措施的方式、方法和力度不当，超过避免和防止危害他人和精神病人自身安全的必要限度的；对已无继续危害社会可能，解除约束措施后不致发生社会危害性的涉案精神病人，未及时解除保护性约束措施的；其他违反法律规定的情形。人民检察院认为公安机关有必要采取临时保护性约束措施而公安机关尚未采取的，可以建议公安机关采取临时保护性约束措施。

2. 检察机关对法院审理强制医疗案件的监督

（1）监督的内容。人民检察院对人民法院强制医疗案件审理活动实行监督，主要发现和纠正以下违法情形：未通知被申请人或者被告人的法定代理人到场的；被申请人或者被告人没有委托诉讼代理人，未通知法律援助机构指派律师为其提供法律帮助的；未组成合议庭或者合议庭组成人员不合法的；未经被申请人、被告人的法定代理人请求直接作出不开庭审理决定的；未会见被申请人的；被申请人、被告人要求出庭且具备出庭条件，未准许其出庭的；违反法定审理期限的；收到人民检察院对强制医疗决定不当的书面纠正意见后，未另行组成合议庭审理或者未在1个月以内作出复议决定的；人民法院作出的强制医疗决定或者驳回强制医疗申请决定不当的；其他违反法律规定的情形。检察机关发现法院强制医疗案件审理活动有上述违法情形的，应当依法提出纠正意见。

人民检察院发现人民法院作出的强制医疗的决定或者驳回强制医疗申请的决定，有下列情形之一的，应当在收到决定书副本后20日以内向人民法院提出书面纠正意见：据以作出决定的事实不清或者确有错误的；据以作出决定的证据不确实、不充分的；据以作出决定的证据依法应当予以排除的；据以作出决定的主要证据之间存在矛盾的；有确实、充分的证据证明应当决定强制医疗而予以驳回的，或者不应当决定强制医疗而决定强制医疗的；审理过程中严重违反法定诉讼程序，可能影响公正审理和决定的。

（2）监督的方式。人民法院拟不开庭审理的强制医疗案件，人民检察院认为开庭审理更为适宜的，可以建议人民法院开庭审理。人民法院对强制医疗案件开庭审理的，人民检察院应当派员出席法庭，审查人民法院作出的强制医疗决定、驳回强制医疗申请的决定、宣告被告人依法不负刑事责任的判决是否符合法律规定。出席法庭的检察人员发现人民法院或者审判人员审理强制医疗案件违反法律规定的诉讼程序，应当记录在案，并在休庭后及时向检察长报告，由人民检察院在庭审后向人民法院提出纠正意见。

人民检察院认为被申请人的身体和精神状况适宜到庭，且到庭更有利于查明案件事实的，可以建议人民法院准许其到庭。人民检察院审查同级人民法院强制医疗决定书或者驳回强制医疗申请决定书，可以听取被害人及其法定代理人、近亲属的意见并记录附卷。

对于人民检察院提起公诉的案件，人民法院在审理案件过程中发现被告人可能符合强制医疗条件，决定依法适用强制医疗程序进行审理的，人民检察院应当在庭审中发表意见。对人民法院作出的宣告被告人无罪或者不负刑事责任的判决、强制医疗决定，人民检察院应当进行审查。对判决确有错误的，应当依法提出抗诉，对强制医疗决定或者未作出强制医疗的决定不当的，应当提出书面纠正意见。人民法院未适用强制医疗程序对案件进行审理，或者未判决宣告被告人不负刑事责任，直接作出强制医疗决定的，人民检察院应当提出书面纠正意见。

3. 检察机关对强制医疗执行机构的监督

（1）对强制医疗执行机构的监督方式。对强制医疗所的强制医疗执行活动，人民检察院可以实行派驻检察或者巡回检察。对受政府指定临时履行强制医疗职能的精神卫生医疗机构的强制医疗执行活动，人民检察院应当实行巡回检察。检察强制医疗执行活动时，检察人员不得少于2人，其中至少1人应当为检察官。

（2）对执行机构医疗、监管活动监督的内容。检察机关对强制医疗的执行机构开展监督，主要审查以下几个方面的内容：强制医疗机构的医疗、监管活动是否符合有关规定；强制医疗机构是否依法开展诊断评估等相关工作；被强制医疗人的合法权利是否得到保障；其他应当检察的内容。

（3）对执行机构医疗、监管活动检察方法。检察机关要采用多种途径对执行机构的医疗、监管活动开展检察：查阅被强制医疗人名册、有关法律文书、被强制医疗人的病历、诊断评估意见、会见、通信登记等材料；赴被强制医疗人的医疗、生活现场进行实地检察；与强制医疗机构工作人员谈话，了解情况，听取意见；与被强制医疗人或者其法定代理人、近亲属谈话，了解有关情况；其他方法。

（4）应当对执行机构提出纠正意见的情形。人民检察院发现强制医疗机构有下列情形之一的，应当依法及时提出纠正意见：强制医疗工作人员的配备以及医疗、监管安全设施、设备不符合有关规定的；没有依照法律法规对被强制医疗人实施必要的医疗的；没有依照规定保障被强制医疗人生活标准的；没有依照规定安排被强制医疗人与其法定代理人、近亲属会见、通信的；殴打、体罚、虐待或者变相体罚、虐待被强制医疗人，违反规定对被强制医疗人使用约束措施，或者有其他侵犯被强制医疗人合法权利行为的；没有依照规定定期对被强制医疗人进行诊断评估的；对被强制医疗人及其法定代理人、近亲属提出的解除强制医疗的申请，没有及时审查处理，或者没有及时转送作出强制医疗决定的人民法院的；其他违法情形。

此外，人民检察院在强制医疗执行监督中发现被强制医疗的人不符合强制医疗条件或者需要依法追究刑事责任，人民法院作出的强制医疗决定可能错误的，应当在 5 日以内将有关材料转交作出强制医疗决定的人民法院的同级人民检察院。收到材料的人民检察院负责捕诉的部门应当在 20 日以内进行审查，并将审查情况和处理意见反馈负责强制医疗执行监督的人民检察院。

4. 强制医疗的救济程序

（1）强制医疗复议程序。被决定强制医疗的人、被害人及其法定代理人、近亲属对强制医疗决定不服的，可以自收到决定书第二日起 5 日以内向上一级人民法院申请复议。复议期间不停止执行强制医疗的决定。

对不服强制医疗决定的复议申请，上一级人民法院应当组成合议庭审理，并在一个月以内，按照下列情形分别作出复议决定：被决定强制医疗的人符合强制医疗条件的，应当驳回复议申请，维持原决定；被决定强制医疗的人不符合强制医疗条件的，应当撤销原决定；原审违反法定诉讼程序，可能影响公正审判的，应当撤销原决定，发回原审人民法院重新审判。

人民法院收到复议申请后，未组成合议庭审理，或者未在一个月内作出复议决定，或者有其他违法行为的，由收到复议决定的人民法院的同级人民检察院向人民法院提出书面纠正意见。

人民法院经审理，判决宣告被告人不负刑事责任，同时作出对被告人强制医疗的决定后，对案件中的判决、决定，人民检察院提出抗诉，同时被决定强制医疗的人、被害人及其法定代理人、近亲属申请复议的，上一级人民法院应当依照第二审程序一并处理。

（2）强制医疗解除程序。《刑事诉讼法》第306条规定，强制医疗机构应当定期对被强制医疗的人进行诊断评估。对于已不具有人身危险性，不需要继续强制医疗的，应当及时提出解除意见，报决定强制医疗的人民法院批准。被强制医疗的人及其近亲属有权申请解除强制医疗。根据上述规定，强制医疗有两种解除模式：一是依职权解除，即强制医疗机构及法院主动解除；二是依申请解除，即被强制医疗的人及其近亲属申请解除。被强制医疗的人及其近亲属申请解除强制医疗的，应当向决定强制医疗的人民法院提出申请，若解除强制医疗的申请被人民法院驳回，可以在6个月后再次提出申请，此时人民法院应当受理。

强制医疗机构提出解除强制医疗意见，或者被强制医疗的人及其近亲属申请解除强制医疗的，人民法院应当审查是否附有对被强制医疗的人的诊断评估报告。强制医疗机构提出解除强制医疗意见，未附诊断评估报告的，人民法院应当要求其提供。被强制医疗的人及其近亲属向人民法院申请解除强制医疗，强制医疗机构未提供诊断评估报告的，申请人可以申请人民法院调取。必要时，人民法院可以委托鉴定机构对被强制医疗的人进行鉴定。

人民法院应当组成合议庭对解除强制医疗的申请进行审查，并在一个月以内，按照下列情形分别处理：被强制医疗的人已不具有人身危险性，不需要继续强制医疗的，应当作出解除强制医疗的决定，并可责令被强制医疗的人的家属严加看管和医疗；被强制医疗的人仍具有人身危险性，需要继续强制医疗的，应当作出继续强制医疗的决定。对上述案件，必要时，人民法院可以开庭审理，通知人民检察院派员出庭。人民法院应当在作出决定后5日以内，将决定书送达强制医疗机构、申请解除强制医疗的人、被决定强制医疗的人和人民检察院。决定解除强制医疗的，应当通知强制医疗机构在收到决定书的当日解除强制医疗。

六、文书样式及范例

（一）文书样式

强制医疗申请书样式

××××人民检察院

强制医疗申请书

××检××医申〔20××〕×号

涉案精神病人……（写明姓名、性别、出生年月日、公民身份号码、民族、文化程度、职业或者工作单位及职务、户籍地、住址、曾受到行政处罚、刑事处罚的情况、采取临时保护性约束措施的情况等）

法定代理人……（写姓名、性别、出生日期、单位）

×××（涉案精神病人）因涉嫌实施××行为，危害公共安全（或者严重危害公民人身安全），经×××（公安机关）鉴定依法不负刑事责任。×××（公安机关）于××××年××月××日作出撤销案件的决定。×××（公安机关）于××××年××月××日向本院移送强制医疗意见书。本院受理后，审查了全部案件材料……（写明要求公安机关补充证据等情况）。

[如果是在审查起诉时对犯罪嫌疑人做的精神病鉴定，此处写：“本案由×××（公安机关）侦查终结，以×××涉嫌××罪，于××××

年××月××日向本院移送审查起诉，本院对×××进行了精神病鉴定，经鉴定依法不负刑事责任。本院于××××年××月××日依法作出不起诉决定。"]

经依法审查查明：……（写明经检察机关审查认定的涉案精神病人实施危害公共安全或者严重危害公民人身安全的暴力行为的事实，涉案精神病人经法定程序鉴定依法不负刑事责任，有继续危害社会的可能。）

认定上述事实的证据如下：

……（针对上述事实，分别列举证据）

本院认为，×××（涉案精神病人）实施××行为，危害公共安全（或者严重危害公民人身安全），经法定程序鉴定为依法不负刑事责任的精神病人，有继续危害社会的可能，事实清楚，证据确实、充分，应当对其强制医疗。根据《中华人民共和国刑事诉讼法》第三百零三条第二款的规定，提出强制医疗申请，请依法决定。

此致

××××人民法院

检　察　官×××
检察官助理×××
20××年×月×日
（院印）

附件：1. 涉案精神病人现在处所，具体包括被采取临时保护性约束措施的处所；
2. 鉴定意见、撤销案件决定书、不起诉决定书；
3. 证据材料、不宜移送的实物证据的清单、照片或者其他证明文件、拟出庭证人名单；
4. 其他需要附注的事项。

（二）文书范例

河北省保定市竞秀区人民检察院王某涉嫌故意杀人案强制医疗申请书

河北省保定市竞秀区人民检察院

强制医疗申请书*

竞检医申〔2023〕××号

涉案精神病人王某，男，1983年××月××日出生，公民身份证号码××××，初中文化，群众，无业。户籍所在地：河北省保定市竞秀区××村××区××号，住河北省保定市竞秀区××村××区××号。2022年12月23日因涉嫌故意杀人罪被保定市公安局竞秀区分局刑事拘留，2022年12月24日因患有严重疾病、生活不能自理被保定市公安局竞秀区分局监视居住，2023年3月10日因发现不应当追究刑事责任决定解除监视居住，现在保定市××医院治疗。

法定代理人穆某某，女，1983年××月××日出生，系王某之妻。

王某因涉嫌实施故意杀人行为，经保定市公安局竞秀区分局鉴定依法不负刑事责任。保定市公安局竞秀区分局于2023年3月10日作出撤销案件的决定。保定市公安局竞秀区分局于2023年3月16日向本院移送强制医疗意见书。本院受理后，审查了全部案件材料。

经依法审查查明：2022年12月23日6时许，王某在保定市竞秀区××村家中用手将其女儿王某1掐死，后用手掐其儿子王某2时被妻子穆某某制止。

2023年1月17日，保定市公安局物证鉴定所鉴定王某1符合机械性窒息死亡。2023年3月6日，保定精神疾病司法鉴定中心机构鉴定王某案发时为妄想状态，案发时思维混乱，思维内容荒谬离奇，受其精神症状的影响，认知功能和现实检验能力严重受损，丧失了对该作案行为的实质性辨

* 此文书为强制医疗申请书，收入时有删改。

认能力和控制能力，评定为无刑事责任能力。王某在病情严重时不能控制自己，无辨认能力，有暴力倾向，具有较大人身和社会危险性。

认定上述事实的证据如下：涉案精神病人王某陈述，证人穆某某、王某2等证言，辨认笔录，保定市××物证鉴定所法医学尸体检验鉴定书、河北省保定市××司法鉴定中心司法精神医学鉴定意见书等证据。

本院认为，涉案精神病人王某实施故意杀人行为，严重危害公民人身安全，经法定程序鉴定为依法不负刑事责任的精神病人，有继续危害社会的可能，事实清楚，证据确实、充分，应当对其强制医疗。根据《中华人民共和国刑事诉讼法》第三百零三条第二款的规定，提出强制医疗申请，请依法决定。

此致

保定市竞秀区人民法院

检　察　官　王凌霄

检察官助理　王　琪

2023年4月7日

（院印）

附件：1. 涉案精神病人现在保定市××医院治疗；

2. 鉴定意见、撤销案件决定书；

3. 证据材料二册。

专题十六

如何撰写检察建议书

一、基本概念

检察建议是人民检察院依法履行法律监督职责，参与社会治理，维护司法公正，促进依法行政，预防和减少违法犯罪，保护国家利益和社会公共利益，维护个人和组织合法权益，保障法律统一正确实施的重要方式。检察建议书即检察机关在履行法律监督职责过程中向相关单位和组织提出检察建议的书面载体。对人民检察院依法送达的检察建议，有关单位应当予以配合，并及时将采纳检察建议的情况书面回复人民检察院。近年来，检察机关制发的一份份检察建议，已经成为检察机关“坚持在法治轨道上推进国家治理体系和治理能力现代化”的重要手段，成为检察机关“坚持建设中国特色社会主义法治体系”的重要构件，成为检察机关“坚持以人民为中心”的重要体现，成为检察机关“坚持依法治国、依法执政、依法行政共同推进，法治国家、法治政府、法治社会一体建设”的重要工具。[①] 特别是最高人民检察院向有关单位制发了一号至十一号检察建议书，没完没了抓检察建议贯彻落实，推动检察建议从“办理”向“办复”转变，坚持治罪治理并重，实现由治标向治本纵深推进，有力推进国家治理体系和治理能力现代化。

最高人民检察院印发的《人民检察院检察建议工作规定》将检察建议分为再审检察建议、纠正违法检察建议、公益诉讼检察建议、社会治理类检察建议以及其他检察建议五种类型。在刑事检察领域，主要适用再审检察建议、纠正违法检察建议和社会治理类检察建议。其中，人民检察院发现同级人民法院已经发生法律效力的刑事判决、裁定确有错误，符合法律规定应当再审情形的，且有重新审判必要的，可以向同级人民法院提出刑事再审检察建议。公安机关、人民法院、监狱、社区矫正机构、强制医疗执行机构等在刑事诉讼活动中或者执行人民法院生效刑事判决、裁定、决定等法律文书过程中存在普遍性、倾向性违法问题，或者有其他重大隐患，需要引起重视予以解决的，检察机关可以向有关执

① 参见张羽：《提升，检察建议这两年》，载《检察日报》2020年11月25日，第2版。

法、司法机关提出纠正违法检察建议。人民检察院在办理案件中发现社会治理工作存在制度不健全、不落实，管理不完善，存在违法犯罪隐患需要及时消除等情形，可以向有关单位和部门提出改进工作、完善治理的检察建议。

二、文书制作依据

（一）法律规定

《人民检察院组织法》第 21 条将检察建议确立为检察机关行使法律监督权的方式之一。该条规定，人民检察院行使本法第 20 条规定的法律监督职权，可以进行调查核实，并依法提出抗诉、纠正意见、检察建议。有关单位应当予以配合，并及时将采纳纠正意见、检察建议的情况书面回复人民检察院。抗诉、纠正意见、检察建议的适用范围及其程序，依照法律有关规定。

（二）司法解释及相关文件规定

《人民检察院刑事诉讼规则》第 551 条第 1 款规定，人民检察院对刑事诉讼活动实行法律监督，发现违法情形的，依法提出抗诉、纠正意见或者检察建议。

2020 年 9 月，最高人民检察院印发的《人民检察院办理刑事申诉案件规定》第 45 条第 2 款、第 46 条规定，经复查认为人民法院已经发生法律效力的刑事判决、裁定，符合前款规定情形之一，经检察长决定，可以向人民法院提出再审检察建议。再审检察建议未被人民法院采纳的，可以提请上一级人民检察院抗诉。经复查认为需要向同级人民法院提出抗诉或者提出再审检察建议的，承办检察官应当提出意见，报检察长决定。

2009 年，最高人民检察院制定的《人民检察院检察建议工作规定（试行）》，对检察机关充分发挥检察监督职能、规范开展检察建议工作发挥了积极作用。2019 年 2 月，最高人民检察院修订后的《人民检察院检察建议工作规定》，进一步明确了检察建议的性质、制发原则、类型、适用范围和制发程序。2019 年 9 月，最高人民检察院印发《关于检察建议督促落实统管工作办法》，要求各级检察院检察长亲自抓检察建议工作，成立检察建议落实工作分析督导小组，提升检察建议落实效果。2023 年 8 月，最高人民检察院印发《2023—2027 年检察改革工作规划》，要求健全社会治理类检察建议立项发送、评估考核和落实保障机制。

三、文书结构

（一）再审检察建议书

《人民检察院刑事诉讼法律文书格式样本（2020 版）》规定了再审检察建议书的文书样式，但随后最高人民检察院印发的《人民检察院办理刑事申诉案件规定》配套文书格式样本对该文书样式作出修改。该文书分为首部、正文、尾部三个部分。

1. 首部。包括制作文书的人民检察院名称、文书名称和文书编号。文书名称为"××××人民检察院再审检察建议书"，编号为×检×部刑申再建〔　〕　号。

2. 正文。包括申诉人、原审被告人基本情况，诉讼过程，申诉处理过程，生效判决、裁定情况，对生效判决、裁定的审查意见（含事实认定）、理由、结论性意见，法律根据，决定和建议事项，送达的人民法院名称等内容。

3. 尾部。包括日期、院印及随附内容。随附内容附原审被告人现服刑地或者居住处所，新的证据目录、证人名单和主要证据复印件或者照片等内容。对于未被羁押的原审被告人，应当将其居住处所写清楚，如果证人名单和证据目录与起诉书相同没有新的变化则不必再附。

（二）纠正违法和社会治理检察建议书

《人民检察院刑事诉讼法律文书格式样本（2020 版）》规定了检察建议书文书样式，纠正违法检察建议和社会治理类检察建议共用该文书样式。该文书分为首部、正文、尾部三大部分。

1. 首部。首部包括制作文书的人民检察院名称、文书名称和文书编号。文书名称为“××××人民检察院检察建议书”，文书编号为×检建〔20××〕×号。

2. 正文。正文分为八个部分。（1）主送单位，需顶格写明主送单位的全称。（2）案件或者问题的来源，写明本院在办理案件或者履行法律监督职责中发现该单位存在的问题以及需要提出检察建议的有关情况。（3）依法认定的案件事实或者经调查核实的事实及其证据，写明依法认定的案件事实或者经过调查核实后查清的事实及证据。对事实的叙述要求客观、准确、概括性强，要归纳成几条反映问题实质的事实要件，然后加以叙述。（4）存在的违法情形或者应当消除的隐患，阐明该单位存在的违法情形或者隐患，包括刑事诉讼活动或者执行活动中存在的普遍性、倾向性违法问题或者其他重大隐患；制度不健全、不落实；存在管理监督漏洞；民间纠纷问题突出；不依法及时履行职责；需要给予有关人员行政处罚、政务处分、行业惩戒或者追究司法责任等问题。（5）建议的具体内容及所依据的法律、法规和有关文件等的规定。写明建议的具体内容及依据。意见的内容应当具体明确，切实可行，要与以上列举的问题紧密联系。检察建议引用依据有两种情况，一种情况是检察机关提出建议的行为所依据的有关规定，另一种情况是该单位存在的问题不符合哪项法律规定和有关规章制度的规定。（6）被建议单位提出异议的期限。告知被建议单位可以提出异议及提出异议的期限。（7）被建议单位书面回复落实情况的期限。（8）其他需要说明的事项，根据实际情况撰写。

3. 尾部。文书具文日期，年月日，并加盖人民检察院印章。

注意事项，一是根据检察建议制发对象、地域不同，有不同要求。（1）人民检察院可以直接向本院所办理案件的涉案单位、本级有关主管机关以及其他有关单位提出检察建议；（2）需要向涉案单位以外的上级有关主管机关提出检察建议的，应当层报被建议单位的同级人民检察院决定并提出检察建议，或者由办理案件的人民检察院制作检察建议书后，报被建议单位的同级人民检察院审核并转送被建议单位；（3）需要向下级有关单位提出检察建议的，应当指令对应的下级人民检察院提出检察建议。需要向异地有关单位提出检察建议的，应当征求被建议单位所在地同级人民检察院意见。被建议单位所在地同级人民检察院提出不同意见，办理案件的人民检察院坚持认为应当提出检察建议的，层报共同的上级人民检察院决定。二是文书制作份数、送达也有相应要求，本文书一式三份，一份附卷，一份发送被建议单位，一份报送上一级人民检察院备案，并可根据抄送对象增加印制份数。

四、文书制作要点

（一）总体原则

《人民检察院刑事诉讼法律文书格式样本（2020 版）》《人民检察院办理刑事申诉案件规定》配套文书格式样本规定了检察建议书和再审检察建议书的格式样本，需要将叙述和说理有机统一，才能切实提高检察建议书质量。

1. 叙述性要求

叙述在检察建议书中主要是指对文书内容的取舍、排版及表达，通常要求做到要素完备、详略得当及表达清晰。

（1）关于要素完备。在形式上，检察建议书格式样本已经明确文书包含的要素内容，包括首部、正文和尾部三部分。各部分内容在格式样本的制作说明中均有相应的介绍和要求，检察官在撰写时应根据案件情况逐一按照文书中所列内容及顺序叙明，不能遗漏或新增文书要素。

（2）关于详略得当。文书格式样本及制作说明对此没有明确规定，实践中如何把握没有统一的规范要求。总体而言，检察建议书内容叙述应从能否将问题讲清楚、说明白的维度出发，让被建议对象充分了解到经审查查明的事实、存在的问题及如何整改等。要以目的导向根据不同样本格式指引提炼案件要素信息，辩证把握要素要求，重点写明存在的违法事实或者原审认定错误的情况、理由及法律依据，针对违法情况提出具体可行的纠正意见，对于原审错误判决提出再审建议，做到有理、有据、有节。再审检察建议书对事实及证据认定与原审判决存在分歧之处，重点详述检察机关认定的不同内容，省略或简要叙述无争议之处。同时，在文书中应使用客观、中性的规范用语，避免带有主观色彩的词语或表述口语化。

（3）关于表达清晰。表达清晰主要是指逻辑清楚、内容明了，既包括对叙写审查认定的事实、情节及证据，又包括叙述与说理有机结合的分析。检察建议书中关于事实与理由部分，实践中往往出现表达不清的情况，需要特别注意。根据检察建议书不同类型及案件具体情况，其中的要素各有侧重，后文具体详述。再审检察建议书落脚点在指出和建议纠正原审判决认定的错误事实、适用法律、审判程序及理由等，侧重证据印证与事、理分析。无论何种检察建议书类型，叙写错误理由部分要注意类型化分析，结合事实部分分析论证。

2. 说理性要求

说理是检察建议书制作的难点，也是必然要求，重点体现在理由部分。增强检察建议书的说理，只完善理由的论证是不够的，事实表述、证据分析是理由论证的基础。立足于事实和证据，准确适用法律条款，结合法律规定分析认定违法的事实、原审裁判认定事实和适用法律错误、审判程序违法等，说明理由与依据，为最终建议提供支撑。检察建议书必须是在理由充分、法律依据准确的前提下作出的，在结论部分撰写时要更多地体现检察建议的整个逻辑推理过程，增强文书的说理性以及说服力。在事实和证据的基础上，再加上现有的法律规定，环环相扣，论点明确，论证充分，论证有力，法律依据和事实与证据相互呼应，做到逻辑严密。

具体而言，增强文书说理性，应从观点鲜明、理由充分、论证有力、层次清晰、结构严谨等方面入手。一是要有明确的靶向问题。检察建议书要解决的靶向问题就是发现的违法情况，违法情形是什么，要明确具体，还要指出违法行为性质，观点鲜明。切忌点到为止，问题不明。如果在论证时没有明确的态度，仅评述客观情况而没有指出违法行为的性质或者对违法性评价似是而非，则全文丧失了说理性基础，文书缺乏刚性。在再审检察建议书中，要具体指明原审裁判确有错误的地方，对症下药。二是要论证有力。检察院认定的每一事实、情节要有证据印证，且事实清楚、无疑异。其中，社会治理类检察建议书区别于起诉书、不起诉书等其他控诉性法律文书，论证重点不是以证据印证认定的事实，而是指出存在的问题和相应的整改建议及依据内容。论证落脚点在建议的具体内容切实可行，有法律依据。再审检察建议书说理要有反驳性，重点对原审裁判错误的地方运用证据、法律、法理逐一驳论，破立结合。叙写方式根据实际可以先立后破、先破后立或者边破边立。三是要有清晰的条理性。尤其是在一个案件中有不止一处的违法情况或裁判认定错误之处，主次如何区分，条理和层次如何展开对检察建议书的质量尤为关键。以治理类检察建议书为例，说理顺序按照格式文书要点提示的顺序以提炼行为的违法要素、认定事实的依据、指出问题所在及具体建议和依据为佳。同类型多处违法的情况，可以集中阐述。在指出发现的违法情况后，指出问题，再提出相关建议。此外，要有严密的逻辑结构。

（二）具体要领

1. 再审检察建议书

（1）首部、申诉人与原审被告人基本情况、原案诉讼过程及申诉处理情况。关于首部。再审检察建议书的首部由检察机关名称、文书名称和文书编号三部分组成。其中，检察机关名称应为全称，即要注明所在省（自治区、直辖市）名称，不能只写地区级市、县、区院名；如果是涉外案件，要冠以“中华人民共和国”字样。文书编号写在最右端，上下各空一行，内容为×检×部刑申再建〔　〕　号。

关于申诉人基本情况。依次写明姓名、性别、出生年月日、民族、文化程度、工作单位及职务、住址、在原审中的身份。申诉人为原案被告人的，应当写明服刑情况；申诉人为原案当事人的法定代理人、近亲属的，应当列明其与原案当事人的关系。

关于原审被告人基本情况。此情况为申诉人不是原案被告人，而是被害人或原案当事人的法定代理人、近亲属时适用。依次写明姓名（有别名或者绰号的，依次写明），性别、出生年月日、民族、职业、单位及职务、住址、服刑情况。有数名被告人的，依犯罪事实情节由重至轻的顺序分别列出。需要注意的是，实践中，冒用他人身份导致已经生效的裁判文书认定事实及适用法律错误的，原审被告人的基本情况如何叙述没有明确标准。我们认为，应当以查明后行为人的真实身份情况叙述为宜。

关于原案诉讼过程及申诉处理情况。本部分叙述为格式性内容，写“×××人民法院……（写明文号）刑事判决书以原审被告人×××（姓名）犯……（写明罪名）判处……（写明判决情况）宣判后，……（写明上诉、抗诉情况）×××人民法院于……（写明日期）作出……（写明文号）刑事裁定，裁定……（写明裁定情况）申诉人×××（姓名）不服，提出申诉。……（写明申诉处理过程。对经过人民法院、人民检察院处理的，写明每一次的处理结论）申诉人×××仍不服，以……（写明申诉理由）为由，向本院提出申诉”。其后，写明原审裁判认定的事实。实践中，需要注意以下几点：一是原审判决、裁定的名称要叙述完整、清晰。二是案由名称要具体、明确。三是生效的判决、裁定结果要完整。四是如果原审判决、裁定结果相同，申诉人不服原审判决、裁定的，为避免重复叙写裁判结果，可以同时写明××号刑事判决书与裁定书。如果原审判决、裁定结果不同，只需写明申诉人不服的判决书或裁定书情况。关于案由，如果检法认定罪名不一致时，应分别叙述。即案由部分为检察机关认定的罪名，在判决（裁定）部分写明法院认定的罪名，被告人×××犯××罪。如果罪名在各诉讼阶段均不相同，申诉人对判决、裁定均不服的，分别表述。五是多人申诉的情况要依次列明。其中，如果原审被告人有多名的，依犯罪事实情节由重至轻的顺序分别列出。如果有多名不同原案被害人及其法定代理人的，可以按照受害程度由重至轻的顺序分别列出，程度相同的，可以按递交申请时间的先后顺序分别列出。如果原审被告人与原案被害人及其法定代理人同时提出申诉的，先写原审被告人申诉情况再写原案被害人及其法定代理人申诉情况。有多人情况的，按前述顺序规则分别列出。

（2）对生效判决、裁定的审查意见（含事实认定）、理由。本部分写经审查认定原审判决（裁定）存在的错误及理由。表述为：“本院经复查认为，……（概述原审裁判错误）理由如下：……（根据情况，理由可以从认定事实错误、适用法律不当和审判程序严重违法等几方面分别论述）。”其中，概括叙述检察机关经审查认定的事实、情节，应当根据具体案件事实、证据情况，围绕刑法规定该罪构成要件特别是争议问题，简明扼要地叙述案件事实、情节。一般应当具备时间、地点、动机、目的、关键行为情节、数额、危害结果、作案后表现等有关定罪量刑的事实、情节要素。一案有数罪、各罪有数次作案的，应当依由重至轻或者时间顺序叙述。实践中，再审检察建议的事实叙述部分需要注意以下几点：一是“案件事实”有特定内涵。再审建议依据的案件事实与原审裁判认定的案件事实并不完全相同。后者是经原审法庭调查、法庭辩论确认的事实，可能与起诉书认定的案件事实相同、交叉或矛盾，是根据检察机关出具的证据经过法庭质证认定的，也是原审被告人应当承担刑事责任的最基本依据。法院的审判职责就是查明证据所指向的犯罪行为事实。而作为再审建议依据的案件事实，是证明本案存在再审事由的事实，与原审被告人的犯罪行为事实并不完全相同。进而言之，《刑事诉讼法》第253条规定了“案件事实”内容。其中，包括实体性事实与程序性事实。实体性事实系指与犯罪行为事实相关的事实，包括“有新的证据证明原判决、裁定认定的事实确有错误”；“据以定罪量刑的证据不确实、不充分、依法应当予以排除，或者证明案件事实的主要证据之间存在矛盾的”；“原判决、裁定适用法律确有错误的”之类。程序性事实也不是犯罪行为事实，包括“原判决、裁定适用法律确有错误的；违反法律规定的诉讼程序，可能影响公正审判的；审判人员在审理该案件的时候，有贪污受贿，徇私舞弊，枉法裁判行为的”三类情形，系合议庭主持庭审活动及其组成情况等相关事实。二是新证据、新事实。若支持再审建议的证据属于“新证据”，再审建议书应写明证据来源，是引导公安机关补充侦查取证，还是检察机关自行补充侦查后所获。新证据的出现会带来对原则裁判基础的改变，对再审建议的事实认定是极大的补强或补正，若进而形成“新事实”的，应参照起诉书指控犯罪事实的要求详细展开叙述，以记述方式将新事实说清楚；若没有形成“新事实”，仅是原案证据的补强，则应围绕新证据与原案证据的印证、新证据对原案事实的支撑、新证据独特的作用等充分论证。叙写时，可参考前述在检察建议书关于证据列举部分的两种写作模式，以印证式叙明证据为佳。三是选择性叙述。事实认定部分专门记述与再审建议相关的案件事实，理由部分也会涉及案件事实问题，对相关事实认定、证据采信等问题作较详细的展开论述，这就容易出现前后重复的情况。实践中不少再审检察建议书因此重复、冗长进而导致焦点不明。我们认为，关于此种情况可以在事实认定部分只对与原审裁判认定事实不一致的内容进行简要说明，如“除××事实外，其他与××人民法院认定的事实一致”，或“××人民法院认定××事实缺乏证据证明，其他事实与××人民法院认定的事实一致”，在后续抗诉理由部分再对相关事实认定情况详细叙述、论证为宜。

在说理部分，要有针对性，引用法律、法规和司法解释时应当准确、全面、具体。需要注意的是，出具审查意见目的是明确指出原审判决、裁定的错误所在，为什么错，告知法院建议再审的重点是什么。应观点鲜明，简明扼要。切忌出现格式化倾向结论意见，不论任何再审事由均表述为“该判决认定事实、适用法律确有错误”，甚至“该判决确有错误”，有观点没理由。错误之处核心在于原审判决的错误类型，共有认定事实错误、适用法律不当和审判程序严重违法三种，应避免使用“遗漏重要事实”“定性错误”“审判中存在程序违法情况”等表述方式，更不能不指出原审判决、裁定错误类型而直接展开说明具体错误。对于认定事实错误、审判程序严重违法的情形，重点从证据印证的角度叙写应当启动再审理由，对于适用法律不当情形，重点从定性、量刑畸轻或者畸重、确有抗诉必要等实体性角度叙述。在具体叙述时，与抗诉意见写作方法相同。一是单一型错误的，有两种叙述模式：“原审裁判错误类型”和“原审裁判错误类型+错误点”，这两种方式均应和再审建议理由部分的叙述有机结合。前者在理由部分应明确指出原审裁判的具体错误，再阐明抗诉理由，后者则可以在理由部分直接论证。二是复杂错误的，需逐一叙述所有的错误类型。如不同错误类型之间没有逻辑关联，错误类型应按照审判程序严重违法、认定事实错误、适用法律不当的顺序展开，前后不应随意调整；如不同错误类型之间具有逻辑关联，则应按照逻辑关联的先后顺序展开叙述。其中，适用法律不当是写作的难点。准确适用法律在再审案件“先驳后立”中至关重要。首先，要寻找最接近案件事实的法条。适用法律须运用法律逻辑三段论，将法律规范作为大前提，将具体案件事实归属于犯罪构成要件以形成小前提，再通过三段论进行逻辑推理，历经“从具体事实到法定事实，从法定事实到法律规范，从法律规范到法律适用”的逻辑推理过程。其间特定案件事实可能与多个法条关联，为精准建议须寻找到与案件事实契合度最高的法条。当出现法条竞合时，应遵循“上位法优于下位法”“后法优于前法”“特别法优于一般法”等原则，适用内涵更丰富、涵射案件事实更广泛的法条。其次，要恰当运用法律解释方法。法律解释是法律适用中至关重要的环节，包括如文义解释、目的解释、体系解释等，基本路径是从立法原意出发进行限缩或扩张解释。再次，要准确适用定罪量刑情节。应重点把握全面评价、禁止重复评价、定罪情节优先等原则。其中，禁止重复评价，即将同一个情节既作为定罪依据，又用于量刑评价；定罪情节优先，在优先考虑定罪情节已经满足的情况下，再作为量刑情节考虑。最后，还要注意说理要以通说为标准，要达到国法、天理、人情三者有机统一的效果。

（3）结论性意见、法律根据、决定和建议事项及结尾。关于结论性意见、法律根据、决定和建议事项。这部分是建议再审决定，为格式性段落，写“综上所述，……（概括上述事由）×××人民法院……（写明文号）刑事判决（裁定）确有错误，为维护司法公正，建议对原审被告人×××（姓名）……（写明案由）一案按照审判监督程序重新审判”。如果刑事判决书、裁定均有错误的，逐一列明。

关于结尾。结尾包括此致部分、落款和附注。其中：此致对象写同级人民法院，名称要求全称；落款日期为阿拉伯数字；附注部分写“附：1. 原审被告人××现服刑于……（或者现住……）；2. 新的证据目录、证人名单和主要证据复印件或者照片”。需要注意的是，被告人住址要具体明确，证据目录和证人名单如果与起诉书相同可不另附。

2. 纠正违法和社会治理检察建议书

纠正违法和社会治理检察建议书格式样本除首部和尾部具有格式化要求外，正文部分的内容从八个方面作出提示。

（1）首部、称呼。关于首部。检察建议书的首部由检察机关名称、文书名称和文书编号三部分组成。其中，检察机关名称应为全称，即要注明所在省（自治区、直辖市）名称，不能只写地区级市、县、区院名。

文书编号写在最右端，上下各空一行，内容为××检建〔20××〕×号。

关于称呼。称呼要求与首部关于叙写检察机关的名称一样，应写明主送单位的全称，不能简写。

（2）关于案件或者问题的来源。写明本院在办理案件或履行法律监督职责中发现该单位存在的问题以及需要提出检察建议的有关情况。需指出的是，本部分重点写明案件或问题的来源，相关内容不需要过多展开论述，与下文重复。一般而言，刑事检察建议来源于案件办理，可表述为：本院在办理××涉嫌××犯罪一案中，发现……（单位存在的问题），需要……（提出检察建议）。其中，叙写单位存在的问题不是详述发现的事实，而是立足诉（溯）源治理的角度从事实中抽象出存在的问题，为下文依法认定或经调查核实的事实、存在的违法情形或应当消除的隐患做铺垫。如“发现取证程序规范不重视，提取程序不规范，日常管理监督有漏洞……”叙写提出检察建议的内容只需简要概述如何整改的要点，不需要展开论述，后文有专门部分要求叙写建议的具体内容及依据。

（3）事实及其证据。关于事实。对事实的叙述要求客观、准确、概括性强，要归纳成几条反映问题实质的事实要件，然后加以叙述。进而言之，叙写以问题为导向，提炼待叙事实中反映问题或隐患的“题眼”，以短句中心句表达，再按照记叙文六要素简要写明事实，与案件事实或调查核实事实的其他关联信息无需面面俱到，视检察建议的需要简写或不写，违法依据不用写。例如，对未按程序提取毒品导致证据被排除的情形，可以写：侦查人员××没有依法提取扣押的毒品。再写明在××（涉嫌）贩卖毒品一案中，××在于何时在何地与吸毒人员交易毒品×××过程中，被人赃俱获，现场扣押毒品×××克。何时，侦查人员××于何地以什么样的方式提取毒品。根据不同类型，检察建议书叙写事实的侧重点略有不同，但写作方法和原理相同。关于纠正普遍性倾向性违法问题的检察建议，叙述重点在实施了什么样的违法行为，只需要正向记述发生的事实，不需要反向指出行为违法的性质、理由和依据，如前例。其中，如果综合多起违法行为制发的检察建议，可分别归类叙写事实。如前例类型，先写提取毒品程序不规范，再列相关案件名称，叙写事实可以综合提炼侦查人员提取过程中均存在哪些不规范行为，不需要就每个案件个性的如提取时间、办案单位等与违反提取程序行为本身无关的事实一一写明。关于社会治理检察建议，叙写重点在于突出导致危害结果的原因，如最高人民检察院制发的四、七、八号检察建议书是为例。先以短句中心句的形式正向归纳原因事实，再展开叙述。如果是多起事实的，可参考前述类型检察建议的写作方法。需要注意的是，叙写的“原因”特指需要建议纠正的原因，不是所有事实的原因。一般而言，包括两种：一是行为导致结果的直接原因。如不按照规范操作导致的失火原因，需要突出写明不规范操作的细节，为下步治理建议提供靶向问题。二是监管或危机化解机制等存在漏洞的间接原因。叙写时，先写明直接原因，再写间接原因。如果有多个原因的，从最直接、最亟需根除的原因叙写。叙写间接原因时，在归纳中心句时可以反向写明原因，如监管不善、救援通道不畅等等，再展开正向叙述事实。

关于证据。写证据需要把握“适度”原则，写证据是为写事实服务。既要反映认定或核查的事实有相应证据证明，且确实充分，又不能大段落的就事实进行证据分析论证，喧宾夺主。进而言之，写证据时需要注意以下几点：一是忌面面俱到，只需对反映问题实质的事实要件列举证据。二是证据证明的内容简要概述，点到为止。如写证人张×指认侦查人员××对其殴打。三是证据列举的方式，可分两种模式。这里需要注意，无论采何种形式叙明证据，均要求逻辑清晰，表明证据确实、充分，印证认定事实的效果。

（4）存在的违法情形或者应当消除的隐患。本部分内容要阐明该单位存在的违法情形或者隐患，包括刑事诉讼活动或者执行活动中存在的普遍性、倾向性违法问题或者其他重大隐患；制度不健全、不落实；存在管理监督漏洞；民间纠纷问题突出；不依法及时履行职责；需要给予有关人员行政处罚、政务处分、行业惩戒或者追究司法责任等问题。叙写时，针对前一部分认定或调查核实的事实，抽象归纳进行法律评价，直叙问题，要精准、全面。顺序上，以逐一对应前述事实部分内容为宜，即对应事实部分归纳的反映问题实质的事实要件。一般而言，问题包括行为、机制等两方面：在表现形式上，写明存在的违法情形。在深层次原因上，也大多存在监管不严或工作机制本身存在漏洞等问题，叙写时应注意全链条辩证思考。

（5）建议的具体内容及所依据的法律、法规和有关文件等规定。写明建议的具体内容及依据。意见的内容应当具体明确，切实可行，要与以上列举的问题紧密联系。检察建议引用依据有两种情况，一种情况是检察机关提出建议的行为所依据的有关规定，另一种情况是该单位存在的问题不符合哪项法律规定和有关规章制度的规定。一般而言，建议内容既包括针对违法性或隐患的具体措施，又包括今后工作机制或制度层面的方向性改进措施，由微观到宏观。在列明依据时，需要注意三个问题：一是法律依据求全、求细，避免遗漏。二是所引用的法律应当引全称。三是所引用的法律要将条、款、项引全。

（6）被建议单位提出异议的期限。告知被建议单位可以提出异议及提出异议的期限。一般而言，异议期限应当根据检察建议书的内容和被建议单位实际情况予以确定，但不宜过长，一般可给予7天至15天的异议期限。

（7）被建议单位书面回复落实情况的期限。人民检察院提出检察建议，除另有规定外，应当要求被建议单位自收到检察建议书之日起两个月以内作出相应处理，并书面回复人民检察院。因情况紧急需要被建议单位尽快处理的，可以根据实际情况确定相应的回复期限。

（8）其他需要说明的事项、尾部。一般而言，其他需要说明的事项写一些更为微观需要注意的事项，属于兜底性内容。尾部写明落款日期并加盖人民检察院印章。

五、相关重点问题

（一）不同类型检察建议书的适用情形

1. 再审检察建议的适用情形

根据《人民检察院办理刑事申诉案件规定》，对于人民法院已经发生法律效力的刑事判决、裁定确有错误，具有下列情形之一的，人民检察院可以通过再审检察建议的方式或者再审抗诉的方式建议人民法院通过再审方式纠正：（1）原判决、裁定认定事实、适用法律确有错误致裁判不公或者原判决、裁定的主要事实依据被依法变更或者撤销的；（2）认定罪名错误且明显影响量刑的；（3）量刑明显不当的；（4）据以定罪量刑的证据不确实、不充分，或者主要证据之间存在矛盾，或者依法应当予以排除的；（5）有新的证据证明原判决、裁定认定的事实确有错误，可能影响定罪量刑的；（6）违反法律关于追诉时效期限的规定的；（7）违反法律规定的诉讼程序，可能影响公正审判的；（8）审判人员在审理案件的时候有贪污受贿、徇私舞弊、枉法裁判行为的。

刑事再审检察建议丰富了检察机关同级监督的手段。实践中，检察机关基于“抗诉必要性”要求，即使法院生效判决、裁判案件在审判程序上存在错误，但判决、裁判结果基本正确的，检察机关一般也不能轻易提出抗诉。刑事再审检察建议作为抗诉的必要补充，可有效弥补检察机关抗诉程序不足，有利于最大限度发挥刑事审判监督作用。相较于检察机关抗诉而言，刑事再审检察建议相对温和，侧重于协商，促使检法两家就相关案件是否存在错误、是否需要重审达成一致意见，由人民法院主动采纳建议自行启动审判监督程序，从而达到纠错之目的。相较于上级检察机关抗诉程序的繁杂，刑事再审检察建议可直接向同级审判机关提出，大幅减少办案环节、简化再审程序，及时维护报告人合法权益，促进司法公正。需要注意的是，对于具有抗诉必要性的案件，检察机关应当坚决通过刑事抗诉予以监督，而不能降格以再审检察建议的形式进行。

值得注意的是，目前再审检察建议适用于检察机关认为刑事裁判确有错误的申诉案件，对于检察机关依职权发现的刑事裁判确有错误等其他情形能否以再审检察建议进行监督纠正尚无具体规定。我们认为，根据《人民检察院组织法》《人民检察院刑事诉讼规则》等法律和司法解释规定，再审检察建议适用于不同类型的刑事案件是其应有之义，对于检察机关依职权发现的刑事裁判确有错误等其他情形，也可以制发再审检察建议，督促人民法院进行纠正。最高人民检察院正在会同最高人民法院研究制定刑事再审检察建议的司法解释，细化相关规定。对于申诉案件以外的其他案件制发再审检察建议的，再审检察建议文书样式可暂时参照《人民检察院刑事诉讼法律文书格式样本（2020 版）》规定的样式。

2. 纠正违法检察建议的适用情形

纠正相关司法机关或者行政机关的违法行为是人民检察院履行法律监督职责的直接体现。司法实践中，人民检察院一般会对侦查、审判活动中的违法行为发出比较刚性的纠正违法通知书、纠正审理违法意见书，而检察建议相较而言更为柔性，更容易使得被建议的单位所接受，也更容易开展工作，因此广泛地应用于对侦查活动、审判活动中具有倾向性的违法问题进行监督。

需要注意的是，检察机关对刑事案件办理中的具体违法情形，应当严格依法提出监督意见，不得以纠正违法检察建议代替纠正意见。对于已经就具体情形依法提出监督意见的，不得以督促相关机关落实为名再次提出纠正违法检察建议。例如，已经对公安机关违法行为制发纠正违法通知书的，不得再次制发检察建议书要求公安机关落实纠正违法通知书。只有针对刑事诉讼活动和执行活动中带有普遍性、倾向性的违法问题及其他重大隐患，才能制发纠正违法检察建议。另外，对于被建议单位存在违法问题需要予以纠正，同时需要追究有关责任人员司法责任的，可以在纠正违法检察建议中提出追究有关责任人员司法责任的建议。

3. 社会治理检察建议的适用情形

社会治理检察建议是检察机关立足法律监督职能和司法办案，“抓前端、治未病”，推动源头治理，参与社会治理的重要抓手。这也是人民检察院参与社会综合治理、将完善社会治理的意见向前端治理环节反馈、实现前端和末端协同治理、综合治理的重要渠道。根据《人民检察院检察建议工作规定》第 11 条的规定，人民检察院在办理案件中发现社会治理工作存在下列情形之一的，可以向有关单位和部门提出改进工作、完善治理的检察建议：涉案单位在预防违法犯罪方面制度不健全、不落实，管理不完善，存在违法犯罪隐患，需要及时消除的；一定时期某类违法犯罪案件多发、频发，或者已发生的案件暴露出明显的管理监督漏洞，需要督促行业主管部门加强和改进管理监督工作的；涉及一定群体的民间纠纷问题突出，可能导致发生群体性事件或者恶性案件，需要督促相关部门完善风险预警防范措施，加强调解疏导工作的；相关单位或者部门不依法及时履行职责，致使个人或者组织合法权益受到损害或者存在损害危险，需要及时整改消除的；需要给予有关涉案人员、责任人员或者组织行政处罚、政务处分、行业惩戒，或者需要追究有关责任人员的司法责任的；其他需要提出检察建议的情形。

（二）检察建议书的制发与落实

1. 检察建议的制发

（1）调查核实程序。一是调查核实的依据和必要性。根据《人民检察院组织法》的规定，人民检察院行使法律监督职权，可以进行调查核实。《人民检察院检察建议工作规定》第 13 条规定，检察官在履行职责中发现有应当依照本规定提出检察建议情形的，应当报经检察长决定，对相关事项进行调查核实，做到事实清楚、准确。第 15 条第 2 款规定，检察官调查核实完毕，应当制作调查终结报告，写明调查过程和认定的事实与证据，提出处理意见。认为需要提出检察建议的，应当起草检察建议书，一并报送检察长，由检察长或者检察委员会讨论决定是否提出检察建议。“没有调查就没有发言权”，检察机关在制发检察建议前，为确保建议事项的精准，就必须进行调查核实。尤其是制发社会治理类检察建议，与其他类型的检察建议有所不同，它并非在办理某个具体案件中制发的，有些是由个案反映出某个行业或者单位存在的系统性问题，有些是在履行其他检察职能过程中发现的问题线索，必须进行全面的调查核实才能准确了解问题的根源，从而为精准制发检察建议打下坚实的基础。

二是调查核实的方法。检察官可以采取以下措施进行调查核实：查询、调取、复制相关证据材料；向当事人、有关知情人员或者其他相关人员了解情况；听取被建议单位意见；咨询专业人员、相关部门或者行业协会等对专门问题的意见；委托鉴定、评估、审计；现场走访、查验；查明事实所需要采取的其他措施。进行调查核实，不得采取限制人身自由和查封、扣押、冻结财产等强制性措施。

通过上述规定可知，调查核实工作主要包括四个方面：一是通过办理个案过程中发现的问题或者隐患，进一步展开深入调查，总体了解被建议单位存在的问题，为有针对性地制发检察建议夯实基础；二是经过类案分析查找普遍性问题，通过对同类型案件的梳理、分析，查明相关单位、部门或者行业在履职中存在的共性问题、隐患；三是开展实地调查核实，以调取材料、实地走访、向相关人员了解、听取被建议单位意见等形式，全方位了解相关事实；四是对专业性问题借助“外脑”寻求解决之道，听取具有专业技术的兼职检察官助理或者咨询专业人士获得对专业问题的见解，也可通过专业机构进行鉴定、评估、审计，厘清重要的专业性问题。

（2）检察建议书的起草。检察建议书要做到内容完整精准、说理论证充分合理。根据《人民检察院检察建议工作规定》的规定，检察建议书要阐明相关的事实和依据，提出的建议应当符合法律、法规及其他有关规定，明确具体、说理充分、论证严谨、语言简洁、有操作性。起草检察建议书，核心内容在于：一是对被建议单位所存在问题和隐患的分析、说理。以调查核实清楚的证据和事实为依据，结合相关法律法规对被建议单位所存在的问题和隐患进行全面分析，以事实为依据才能取得被建议单位对存在问题的真实性予以认同，以法律法规为支撑才能使得被建议单位接受其工作中存在的问题和隐患原因的分析。二是提出具体、有效的对策建议。这关乎检察建议书优劣与否、被建议单位认同与否，以及检察建议被有效落实与否。提出的建议要具有可操作性，要符合被建议单位的工作实际，在其职能范围内提出现阶段可以落实或改进的、切实可行的建议。三是建议要有理有据，即提出的建议要有法律、法规及其他有关规定或者政策予以支撑，不能强人所难。

（3）检察建议书的发出和抄送。关于检察建议书的发出。检察官起草的检察建议书，报送检察长前，应当送本院负责法律政策研究的部门对检察建议的必要性、合法性、说理性等进行审核。检察建议书正式发出前，可以征求被建议单位的意见。检察建议书应当以人民检察院的名义送达有关单位。送达检察建议书，可以书面送达，也可以现场宣告送达。宣告送达检察建议书应当商被建议单位同意，可以在人民检察院、被建议单位或者其他适宜场所进行，由检察官向被建议单位负责人当面宣读检察建议书并进行示证、说理，听取被建议单位负责人意见。必要时，可以邀请人大代表、政协委员或者特约检察员、人民监督员等第三方人员参加。人民检察院提出检察建议，除另有规定外，应当要求被建议单位自收到检察建议书之日起两个月以内作出相应处理，并书面回复人民检察院。因情况紧急需要被建议单位尽快处理的，可以根据实际情况确定相应的回复期限。关于检察建议书的抄送。涉及事项社会影响大、群众关注度高、违法情形具有典型性、所涉问题应当引起有关部门重视的检察建议书，可以抄送同级党委、人大、政府、纪检监察机关或者被建议单位的上级机关、行政主管部门以及行业自律组织等。

2. 检察建议的落实

（1）督促落实的工作方式。一是支持和配合被建议单位落实检察建议。检察建议发出后，检察官可以采取询问、走访、不定期会商、召开联席会议等方式，及时了解落实情况。对于落实中出现的问题，要主动帮助被建议单位分析原因、提出对策，对被建议单位遇到的落实阻碍，检察机关应予以支持，同向发力，配合被建议单位推进检察建议的落实。二是以多种方式督促落实检察建议。被建议单位在规定期限内经督促无正当理由不予整改或者整改不到位的，经检察长决定，可以将相关情况报告上级人民检察院，通报被建议单位的上级机关、行政主管部门或者行业自律组织等，必要时可以报告同级党委、人大，通报同级政府、纪检监察机关。符合提起公益诉讼条件的，依法提起公益诉讼。

（2）检察建议的落实要取得实效。一是建议对策被采纳，被指出的问题和隐患得以整改，安全漏洞被堵塞，使得检察建议取得立竿见影的效果。二是督促建立长效工作机制，对被建议单位所存在的问题从根源上予以纠正，即检察建议不仅得到被建议单位落实，还推动被建议单位的上级部门或者其他关联部门、行业也开展了相关的整治问题，完善了管理制度，健全了工作机制。

3. 对检察建议的规范和监督

（1）被建议单位的异议。根据《人民检察院检察建议工作规定》第23条的规定，被建议单位对检察建议提出异议的，检察官应当立即进行复核。经复核，异议成立的，应当报经检察长或者检察委员会讨论决定后，及时对检察建议书作出修改或者撤回检察建议书；异议不成立的，应当报经检察长同意后，向被建议单位说明理由。

（2）检察机关的内部监督。一是案件管理部门通过检察业务应用系统开展对检察建议的流程监控和分类统计，定期组织对本院和下级院制发的检察建议进行质量评查，对检察建议工作情况进行综合分析。二是各级人民检察院检察委员会定期对本院制发的检察建议的落实效果进行评估。三是本院检察长认为发出的检察建议书确有不当的，应当决定变更或者撤回，并及时通知有关单位，说明理由。四是人民检察院应当将制发检察建议的质量和效果纳入检察官履职绩效考核。

（3）上级检察机关的监督。根据《人民检察院检察建议工作规定》第21条规定，所有类型检察建议书均应当于发出后5日内报上一级人民检察院对口业务部门和上一级人民检察院负责法律政策研究的部门备案。其中，社会治理检察建议报上一级人民检察院负责法律政策研究的部门备案，其他类型检察建议按业务条线报上一级人民检察院对口业务部门备案。

上一级人民检察院对口业务部门和负责法律政策研究的部门收到检察建议书后，应当从检察建议书的必要性、合法性、规范性、说理性等方面及时予以审查，发现下级人民检察院发出的检察建议书确有不当，需要变更或者撤回的，应当按照《人民检察院检察建议工作规定》第22条第2款的规定，指令下级人民检察院变更或者撤回，并及时通知有关单位，说明理由。发现检察建议书存在瑕疵或其他不属于需要变更或者撤回的问题的，可以向下级人民检察院提出意见，督促下级人民检察院在今后的工作中注意避免出现类似问题。

4. 检察建议的制发和落实中需要注意的问题

（1）确定社会治理检察建议制发对象及相关程序。根据《人民检察院检察建议工作规定》第3条第1款和第11条规定，人民检察院发现本院所办理案件的涉案单位存在制度不健全不落实、监督管理不到位、风险隐患突出等社会治理问题的，可以直接向其提出检察建议。涉案单位包括两种情形：一是本院所办理案件的当事人，比如单位犯罪案件被告人，刑事案件被害人为单位的，行政诉讼监督案件中案涉行政机关等；二是本院所办理案件当事人所在的单位，并且案件事实与单位存在的制度漏洞、管理疏漏等问题具有紧密联系，比如犯罪嫌疑人利用其所在单位会计制度漏洞实施犯罪，其所在单位也属于涉案单位。企事业单位、人民团体和社会组织的分支机构符合上述情形的，也属于涉案单位。

一般情况下，检察机关可以向本院所办理案件的涉案单位直接制发检察建议。涉案单位属于办理案件的检察院管辖范围内的企事业单位、人民团体和社会组织的分支机构的，办理案件的检察院应当向该分支机构制发检察建议。市、县级人民检察院办理案件的涉案单位属于全国或者本省知名的大型公司、企业总部，或者国家级和省级人民团体，或者在国务院和省级人民政府登记管理机关登记的社会组织的，办理案件的市、县级人民检察院应当层报省级人民检察院批准后制作检察建议书，并由省级人民检察院转送被建议单位。

（2）向异地制发检察建议的相关程序。异地是指制发检察建议的检察院管辖范围以外的地方，不同省（自治区、直辖市）之间、同一省（含自治区，不含直辖市）内不同市、县之间均属于异地。跨行政区划检察院所在地与其管辖范围内的其他市、县之间不属于异地。根据《人民检察院检察建议工作规定》第 3 条第 4 款规定，向异地有关单位制发检察建议，应当书面征求被建议单位所在地同级人民检察院意见。被建议单位所在地同级人民检察院一般应在 15 个工作日内书面回复制发检察建议的人民检察院，表明是否同意制发检察建议并说明理由。被建议单位所在地同级人民检察院提出不同意见，办理案件的人民检察院坚持认为应当制发检察建议的，层报共同的上级人民检察院决定。在共同的上级人民检察院决定之前，不得制发检察建议。

向本院所办理案件的异地涉案单位制发检察建议，该涉案单位属于以下情形的，应当先层报省级人民检察院审批。省级人民检察院同意制发的，再书面征求该涉案单位所在地同级人民检察院意见：全国或者省内知名的大型公司、企业总部；国家级和省级人民团体；在国务院和省级人民政府登记管理机关登记的社会组织。符合下列情形的，可以不征求被建议单位同级人民检察院意见，但制发检察建议后应抄送被建议单位所在地同级人民检察院：同一省（自治区、直辖市）内一市、区、县人民检察院经省级人民检察院批准后向另一市、区、县的涉案单位制发检察建议的；同一市（含直辖市）内一区、县人民检察院向另一区、县的被建议单位制发检察建议的；涉及指定管辖、集中管辖、异地交叉管辖的案件，办理案件的人民检察院向其所在地外的被建议单位制发检察建议的。向异地有关单位制发检察建议应当遵循“谁制发谁督促”的原则，由制发检察建议的人民检察院负责检察建议的督促落实，并可以商请被建议单位所在地人民检察院予以协助，被建议单位所在地人民检察院应当提供协助。

六、文书样式及范例

（一）文书样式

1. 再审检察建议书样式

××××人民检察院

再审检察建议书

×检×部刑申再建〔　〕　号

申诉人×××（写明姓名、性别、出生年月日、民族、文化程度、工作单位及职务、住址、在原审中的身份；申诉人为原案被告人的，应当写明服刑情况；申诉人为原案当事人的法定代理人、近亲属的，应当列明其与原案当事人的关系）

（申诉人为被害人或者原案当事人的法定代理人、近亲属的，应当写明原审被告人的基本情况）

原审被告人……（写明姓名、性别、出生年月日、民族、职业、单位及职务、住址、服刑情况。有数名被告人的，依犯罪事实情节由重至轻的顺序分别列出。）

原案诉讼过程及申诉处理情况，表述为：×××人民法院……（写明文号）刑事判决书以原审被告人×××（姓名）犯……（写明罪名）判处……（写明判决情况）宣判后，……（写明上诉、抗诉情况）×××人民法院于……（写明日期）作出……（写明文号）刑事裁定，裁定……

（写明裁定情况）申诉人×××（姓名）不服，提出申诉。……（写明申诉处理过程。对经过人民法院、人民检察院处理的，写明每一次的处理结论）申诉人×××仍不服，以……（写明申诉理由）为由，向本院提出申诉。

……（写明原审裁判认定的事实）

本院经审查认定原审判决（裁定）存在的错误及理由。表述为：本院经复查认为，……（概述原审裁判错误）理由如下：

……（根据情况，理由可以从认定事实错误、适用法律不当和审判程序严重违法等几方面分别论述）

综上所述，……（概括上述理由）×××人民法院……（写明文号）刑事判决（裁定）确有错误，为维护司法公正，建议对原审被告人×××（姓名）……（写明案由）一案按照审判监督程序重新审判。

此致

×××人民法院

年　月　日

（院印）

附件：1. 原审被告人×××现服刑于……（或者现住……）；

2. 新的证据目录、证人名单和主要证据复印件或者照片。

2. 纠正违法和社会治理检察建议书样式

×××× 人民检察院

检察建议书

×检建〔20××〕×号

一、写明主送单位的全称

二、案件或者问题的来源

写明本院在办理案件或者履行法律监督职责中发现该单位存在的问题以及需要提出检察建议的有关情况。

三、依法认定的案件事实或者经调查核实的事实及其证据

写明依法认定的案件事实或者经过调查核实后查清的事实及证据。对事实的叙述要求客观、准确、概括性强，要归纳成几条反映问题实质的事实要件，然后加以叙述。

四、存在的违法情形或者应当消除的隐患

阐明该单位存在的违法情形或者隐患，包括刑事诉讼活动或者执行活动中存在的普遍性、倾向性违法问题或者其他重大隐患；制度不健全、不落实；存在管理监督漏洞；民间纠纷问题突出；不依法及时履行职责；需要给予有关人员行政处罚、政务处分、行业惩戒或者追究司法责任等问题。

五、建议的具体内容及所依据的法律、法规和有关文件等的规定

写明建议的具体内容及依据。意见的内容应当具体明确，切实可行，要与以上列举的问题紧密联系。检察建议引用依据有两种情况，一种情况是检察机关提出建议的行为所依据的有关规定，另一种情况是该单位存在的问题不符合哪项法律规定和有关规章制度的规定。

六、被建议单位提出异议的期限

告知被建议单位可以提出异议及提出异议的期限。

七、被建议单位书面回复落实情况的期限

八、其他需要说明的事项

20××年×月×日

（院印）

（二）文书范例

范例一：宁夏回族自治区中卫市人民检察院沈某某诈骗案再审检察建议书

宁夏回族自治区中卫市人民检察院

再审检察建议书*

卫检二部刑申再建〔2021〕××号

申诉人沈某某，男，生于1964年××月××日，身份证号××××，汉族，高中文化，个体，住中卫市××区××号楼××室，2011年5月19日因涉嫌诈骗罪被××市公安局××分局刑事拘留，同年5月24日经中卫市××区人民检察院批准逮捕，于2019年12月29日刑满释放。

中卫市××区人民法院于2011年9月8日以（2011）×刑初字第××号刑事判决书以申诉人沈某某犯诈骗罪，判处有期徒刑十一年，并处罚金人民币一万元。一审宣判后，申诉人沈某某不服一审判决向××市中级人民法院提出上诉，××市中级人民法院于2011年12月7日以（2011）×刑终字第××号刑事裁定书，裁定驳回上诉，维持原判。申诉人沈某某仍不服，以上述刑事判决、裁定认定沈某某犯诈骗罪事实不清，证据不足，沈某某基于与施工单位签订的内部承包合同及施工单位负责人的口头承诺，将6号楼11套房屋出售抵顶工程款的行为属于民法调整范围，不应认定为诈骗行为为由，于2021年6月22日向本院提出申诉。

本院经复查认为，中卫市××区人民法院（2011）×刑初字第××号刑事判决书、××市中级人民法院（2011）×刑终字第××号刑事裁定书据以定罪量刑的证据不确实、不充分，判决、裁定确有错误。理由如下：

一是证实沈某某虚构事实、隐瞒真相的事实不清，证据不足。沈某

* 本文书为再审检察建议书（刑事申诉案件），收入时有删改。

某的供述证实当时××房地产有限公司（以下简称××公司）的负责人张某某答应给其顶6号楼一个单元的房子，所以其给各被害人说××公司给其一个单元的房子，让各被害人放心买，与证人薛某某证实张某某给沈某某说过沈某某干6号楼工程，给不上沈某某的工程进度款就给沈某某6号楼一个单元的房子，证人欧某某证实张某某口头上给沈某某说过顶一个单元的房子能够相互印证。证人王某某、杨某某的证言证实6号楼的地基刚起来的时候，沈某某给二人说过张某某答应将6号楼一个单元的房子顶给沈某某。被害人孙某某、童某某陈述证实其在沈某某手里购买房子之前去××公司售房部问过，售房部工作人员说××公司答应沈某某用6号楼一个单元的房子给沈某某顶工程款能够对此予以佐证。被害人何某某、孙某某等人的陈述证实沈某某向其借款时给其说的是沈某某给××公司干工程，××公司答应给沈某某顶房子，没有具体说明顶哪里的房子，后要求沈某某兑付借款承诺顶房子的时候对于房子有纠纷的状况也是明知的，被害人刘某某、范某某等人的证言证实其向沈某某购买房子时沈某某给其说的也是××公司答应给沈某某顶6号楼一个单元的房子。以上证据不能排除因××公司确实答应过给沈某某用6号楼一个单元的房子顶账的事实，不能认定沈某某向被害人称××公司答应给其或者给其用一个单元的房子顶账属于虚构事实，且部分被害人在购买房屋时，对房屋的状况是明知的，也不能认定被害人因沈某某虚构事实、隐瞒真相陷入错误认识交付了财产。

二是沈某某非法占有的主观目的事实不清，证据不足。书证工程内部承包合同载明沈某某于2007年10月25日开始承揽××小区的建设施工工程，2007年10月25日至2008年7月30日建设2号楼，2008年6月15日至2008年11月15日建设5号楼及6号楼基础部分，2008年10月15日至2009年6月30日建设6号楼工程。根据合同，2号楼工程款全部以××公司开发建设的住宅或者营业房顶付，5号楼及6号楼基础部分工程支付40%的现金，剩余部分以××公司开发建设的住宅或者营业房顶付，6号楼主体部分支付20万元现金，剩余工程款以××公司开发建设的住宅或者营业房顶付。在此过程中，沈某某的供述及证人证言能够证实沈某某因资金不足需要支付材料款，工人工资等，陆续向个人及银行借款，其中向被害人何某某、孙某某、唐某某、李某、王某1、陈某某的借款时间和收取被害人刘某某、范某某、童某某、牛某某预售房款的时间除童某某、牛某某2010年支付的部分房款外均在施工期间，借款理由都是倒贷款或者买建筑材料，法院判决亦认定沈某某借款或者收取预售房款之后将资金用于发放工人、建楼和还个人银行贷款，与沈某某借款或者其供述的预售房屋筹集资金的目的一致，据此认定沈某某以非法占有为目的收取被害人的房款证据不足。且××区人民法院（2010）×民初字第××号民事判决书、（2010）×民初字第××-1号民事裁定书及工程竣工验收备案表证实5、6号楼的决算是在2010年9月20日完成的，在此之前，沈某某一直认为××小区建设欠付其大量工程款（民事判决书也能证实××公司确实拖欠沈某某的工程款），据此，沈某某为了完成6号楼的建设而预售合同中载明及其认为××公司答应顶给其的房屋无法认定其具有非法占有的主观故意。

综上所述，中卫市××区人民法院（2011）×刑初字第××号刑事判决书、××市中级人民法院（2011）×刑终字第××号刑事裁定书认定沈某某犯诈骗罪的证据不确实、不充分，判决、裁定确有错误。为维护司法公正，根据《中华人民共和国刑事诉讼法》第八条、《人民检察院刑事诉讼规则》第五百五十一条、《人民检察院检察建议工作规定》第八条和《人民检察院办理刑事申诉案件规定》第四十五条的规定，特提出再审检察建议，建议对沈某某诈骗罪一案按照审判监督程序重新审判。

此致

××市中级人民法院

2021年6月29日

（院印）

范例二：福建省人民检察院陈某某制造毒品案再审检察建议书

福建省人民检察院

再审检察建议书*

闽检刑监〔2023〕××号

原审被告人陈某某，男，1974年××月××日出生，汉族，初中文化，农民，住福建省××县××镇××村××号，因犯制造毒品罪于2013年8月27日被刑事拘留，于2015年1月23日被送监服刑。

福建省高级人民法院于2014年12月10日以（2014）闽刑终字第××号刑事裁定维持××市中级人民法院（2014）×刑初字第××号对被告人陈某某制造毒品一案的刑事判决，认定陈某某犯制造毒品罪，判处无期徒刑，剥夺政治权利终身，并处没收个人财产人民币二十万元。同案犯吴某某案发时逃离现场并长期潜逃，于2019年5月15日被抓获归案，因共同参与陈某某所犯的同一起犯罪事实，于2022年12月23日被××市中级人民法院以（2022）闽×刑初××号刑事判决认定其犯非法买卖制毒物品罪，判处有期徒刑五年，并处罚金人民币三万元，与另犯的盗用身份证件罪数罪并罚，决定执行有期徒刑五年，并处罚金人民币三万五千元，现该判决已生效。××市人民检察院于2023年2月22日向本院报告同案犯吴某某的一审判决情况，认为参与共同犯罪的同案犯吴某某与原审被告人陈某某同案不同判，有新的证据证实原判决、裁定认定陈某某伙同他人制造毒品的事实确有错误，可能影响定罪量刑，应当依法按照审判监督程序进行监督纠正。经依法重新审查，本案的事实如下：

2013年3月至4月期间，原审被告人陈某某与“建德”（另案处理）、吴某某等人共同商定非法制造易制毒化学品麻黄碱，还由吴某某开

* 本文书为再审检察建议书（非刑事申诉案件），收入时有删改。

车接送“建德”到福建省××县等地查看、选择制造麻黄碱的场地，最终共同决定在陈某某位于××县××镇××村××号的住房边上建厂房。陈某某按要求将厂房搭建好后，多次按照“建德”的指派到指定地点接收化学品以及设备、工具，选择在××县垃圾处理场和××自然村等偏僻地点中途更换车辆盘货再转运到厂房。2013年5月25日左右，在“建德”的安排下，吴某某驾车接送工人到该厂房开始生产易制毒化学品，陈某某安排工人在其家中居住并负责日常生活饮食。同月29日，××县公安局民警接群众举报，到该厂房处当场查扣恒温水油浴锅、玻璃烧器、电动搅拌器、化学漏斗、防毒面罩等设备、工具，及446瓶液体1115千克、9桶蓝色塑料大桶装化学原料1440千克（每桶净重160千克）、40桶铁皮大桶装化学原料4200千克（每桶净重105千克）、39箱长方体纸箱装化学原料975千克（每箱净重25千克）、4桶圆柱体纸桶装化学原料80千克（每桶净重20千克）、2桶无水乙醇、10箱甲醇、25袋片碱、60千克红黄色膏状物、散装9.7千克白色粉末等化学物品。陈某某、吴某某均逃离现场。陈某某于2013年8月27日到公安机关投案。

经××市公安局物证鉴定所鉴定，60千克红黄色膏状物检出甲卡西酮成分；446瓶1115千克无色液体为盐酸，9桶蓝色塑料桶装1440千克液体为氨水，39箱长方体纸箱装的975千克和散装的9.7千克白色粉末为苯甲酸。经福建警察学院司法鉴定中心进一步鉴定，60千克甲卡西酮的含量为26.7%；40桶铁皮大桶装4200千克（每桶净重105千克）化学原料中，22桶黄绿色液体检出乙醇和盐酸成分，17桶无色液体检出甲苯、苯，1桶无色液体检出乙酸乙酯；9桶蓝色塑料大桶装1440千克（每桶净重160千克）化学原料中，5桶深绿色液体中检出2-溴-1-苯基-1-丙酮，4桶白色浑浊液中检出甲胺成分；4桶圆柱体纸桶装80千克（每桶净重20千克）化学原料中检出硼氢化钾。

本院认为，福建省高级人民法院（2014）闽刑终字第××号刑事裁定认定事实有误，适用法律错误，对陈某某定罪量刑不当，理由如下：

一、原审裁定认定陈某某制造毒品犯罪事实错误。首先，虽然陈某某到案后拒不供认其犯罪目的，但同案犯吴某某到案后供述其和陈某某、“建德”共同非法生产麻黄碱，原案证人陈某1也曾在证言中提到出事后听陈某某妻子说是在生产麻黄素，因此，有证据证实陈某某、吴某某目的是非法生产麻黄碱。其次，在案发现场查获了一定数量的甲卡西酮，且甲卡西酮属于毒品范畴，原审裁定主要基于此认定陈某某的涉案行为属于制造毒品犯罪。为了进一步查清犯罪事实，××市人民检察院在办理同案犯吴某某的案件过程中委托有专门知识的人出具专门评估意见并出庭作证。该有专门知识的人出具意见认为，本案不能排除陈某某等人用溴代苯丙酮为主要原料，以甲胺等为反应试剂，经过甲卡西酮非法合成易制毒化学品麻黄碱和伪麻黄碱的可能性；从化学反应计量关系上看，本案现场查获的化学品能够合成较大数量的麻黄碱；根据该有专门知识的人提供的化学反应原理和合成麻黄碱、伪麻黄碱的路线图，溴代苯丙酮和甲胺等一起反应即可产生甲卡西酮，无需进一步用××取、净化，这与现场查获较大数量的××不相符。该意见也与扣押的甲卡西酮性状为"红黄色膏状物"、含量仅为26.7%等中间产物特征相符。另外，本案陈某某等人组织工人生产的时间很短，来不及进行下一步生产流程从而制造出麻黄碱，也可以得到合理解释。由此可见，根据该有专门知识的人的意见，现场查扣的甲卡西酮作为生产麻黄碱的中间产物更加具有合理性。再者，本案无其他证据反映陈某某、吴某某等人将制造的甲卡西酮贩卖给他人或用于吸食。因此，综合原案证据和同案犯吴某某的供述、有专门知识的人的意见，无法排除本案系以甲卡西酮为中间产物非法合成易制毒化学品麻黄碱、伪麻黄碱，原审裁定认定陈某某、吴某某以甲卡西酮作为生产的终端产品从而判定其行为属于制造毒品犯罪行为的证据不够充分，从存疑有利于被告人出发，根据现有证据应当认定陈某某伙同吴某某等人共同实施准备用盐酸、甲苯等易制毒化学品及其他化学品合成麻黄碱、伪麻黄碱用于销售的犯罪行为。

二、原审裁定对陈某某定罪量刑错误。原审被告人陈某某的行为属于非法买卖、生产制毒物品行为，但是其行为发生在2013年，应当适用《刑法修正案（九）》修正前的1997年《中华人民共和国刑法》第三百五十条的规定，以非法买卖制毒物品罪定罪处罚，一审以制造毒品罪对其定罪量刑错误，但对其具体定罪量刑还需进一步分析。首先，因溴代苯丙酮于2014年才列入《易制毒化学品的分类和品种目录》，从本案现场查扣的化学物品来看，陈某某、吴某某等人为生产麻黄碱，在准备过程中购买的化学原料中，仅有盐酸和甲苯在行为当时属易制毒化学品，这两种原料数量均超过400千克，但未达到4000千克以上这一“数量大”的标准，可以依照1997年《中华人民共和国刑法》第三百五十条第一款以非法买卖制毒物品罪在三年以下有期徒刑、拘役或者管制处刑。其次，根据有专门知识的人出具的意见，本案生产麻黄碱的步骤尚未完成，但是基于现场物品数量结合化学反应原理和化学反应计量关系计算，现场查获物品可以产出麻黄碱盐酸盐和伪麻黄碱盐酸盐共245.2千克。根据2009年6月23日“两高一部”《关于办理制毒物品犯罪案件适用法律若干问题的意见》，为了非法买卖制毒物品犯罪而采用生产、加工、提炼等方法非法制造易制毒化学品的，根据刑法第二十二条的规定，按照其非法买卖制毒物品的预备行为论处。因此，本案陈某某、吴某某非法制造麻黄碱的行为按非法买卖制毒物品罪的预备行为处理，其预备制造的麻黄碱或伪麻黄碱盐类数量为245.2千克，超过麻黄碱、伪麻黄碱及其盐类五十千克以上认定为“数量大”的标准，依照1997年《中华人民共和国刑法》第三百五十条第一款应当在三年以上十年以下有期徒刑幅度内处刑。再者，根据上述两点分析，虽然陈某某伙同吴某某等人共同准备了盐酸等易制毒化学品，该行为已符合非法买卖制毒物品罪的犯罪构成要件，但是该行为是非法制造麻黄碱、伪麻黄碱这一后行为的历经阶段，前后存在着密切的关系，因后行为性质及定罪处罚更重而吸收前行为，应当以非法制造麻黄碱、伪麻黄碱的犯罪行为论处，按非法买卖制毒物品罪的预备行为处理。因此，陈某某伙同吴某某等人为了非法制造麻黄碱用于贩卖，准备盐酸、甲苯等易制毒化学品及其他化学品并着手进行生产，经有专门知识的人评定可以合成麻黄碱盐酸盐和伪麻黄碱盐酸盐245.2千克，其行为构成非法买卖制毒物品罪，属于犯罪预备，达到“数量大”量刑档次，依照1997年《中华人民共和国刑法》第三百五十条第一款，应当处三年以上十年以下有期徒刑，并处罚金。

综上所述，福建省高级人民法院（2014）闽刑终字第××号刑事裁定认定陈某某涉嫌制造毒品的犯罪事实错误，以制造毒品罪对其定罪处罚不当，适用法律错误，需要及时予以监督纠正，经本院研究决定，根据《中华人民共和国刑事诉讼法》第八条、《人民检察院刑事诉讼规则》第五百五十一条、《人民检察院检察建议工作规定》第八条之规定，特提出再审检察建议，请在收到后三个月内将审查结果书面回复本院。

此致

福建省高级人民法院

2023年3月24日

（院印）

附件：1. 原审被告人陈某某现服刑于××监狱；

2. 福建省高级人民法院（2014）闽刑终字第××号刑事裁定书复印件；

3. ××市中级人民法院（2014）×刑初字第××号刑事判决书复印件；

4. ××市中级人民法院（2022）闽×刑初××号刑事判决书复印件。

范例三：某省某市人民检察院纠正陈年命案侦查违法检察建议书

某省某市人民检察院

检察建议书*

×检建〔2020〕××号

某市公安局：

近年来，随着你局追逃力度的加大，陆续有在逃多年的犯罪嫌疑人被抓获归案。我院自2017年以来陆续收到你局移送办理的苏某某故意伤

* 本文书为纠正违法检察建议书，收入时有删改。

害案、吕某故意杀人案、杨某1等人抢劫案等一批命案积案。经审查发现部分命案积案存在法律文书不全，物证、书证等重要证据遗失等问题，具体情况如下：

1. 法律文书不全或者内容不实。你局移送我院审查批捕、起诉的多个命案积案均存在《立案决定书》、对犯罪嫌疑人采取刑事强制措施的文书不全或者内容不实问题。如在吕某故意杀人案中，破案经过及其他案件材料证实你局于案发后次日，即1996年8月26日才掌握吕某具有重大作案嫌疑的情况，但随案移送的《立案决定书》载明案发当天，即1996年8月25日已经对吕某立案侦查，且《立案决定书》纸质偏新，与案件中同一时期形成的其他文书存在明显差异。后查实该《立案决定书》系因原文书缺失，事后补充制作并倒签时间形成，该情况引发被告人及辩护人强烈质疑，影响了执法办案的法律效果和社会效果。又如杨某1等人抢劫案，你局未提供《立案决定书》，仅随案移送《刑事立案报告表》以证实案发时曾办理过刑事立案手续；另外随案移送的《拘留证》标注时间为2000年，但所加盖的并非时任局长印章。经我院多方督促，后相关分局找回了缺失的《拘留证》，但始终未能提供《立案决定书》。在我院督促查找该案《立案决定书》的过程中，还发现你局部分分局档案室同一时期存档的刑事案件卷宗均没有《立案决定书》，只有《刑事案件立案报告表》附案。

2. 重要物证、书证遗失。如在吕某故意杀人案中，侦查机关在案发后提取了吕某枪击被害人后遗留在现场的弹壳和吕某用于包裹被害人尸体的毛巾被，并对现场提取到的弹壳与吕某持有的枪支进行了比对，但该案移送我院办理时未提供前述物证及证据材料，后承办民警反馈相关证据已经遗失，遗失时间及原因不明。又如在苏某某故意伤害（致人死亡）一案中，苏某某使用的作案工具案发后已在现场缴获，但早在1999年我院审查批捕其同案犯杨某2时就发现该作案工具已经遗失，导致证据链缺失。

3. 对追诉期限审核把关不严。如在苏某某故意伤害（致人死亡）一案中，该案发生于1993年6月25日，你局于当日决定立案侦查并且掌握了苏某某涉案的犯罪事实，但未提供材料证实案发后是否及时对苏某某采取刑事强制措施。现有材料显示，你局直到2018年8月16日才对其执行刑事拘留。该案应当适用1979年《刑法》，按照1979年《刑法》第七十六条至第七十八条的规定，除了公安机关采取强制措施以后逃避侦查、追诉期限内再犯新罪或者经最高人民检察院核准追诉三种情形外，法定最高刑为无期徒刑、死刑的案件，经过二十年期限不再追诉，该案存在已过追诉期限的可能性。

我院认为，你局在办理命案积案过程中，存在立案、侦查手续、文书不全或不符合当时的法律规定、证据遗失以及对追诉期限审核不严等问题，违反了《公安机关涉案财物管理若干规定》。这些问题具有一定普遍性，严重影响办案质量和效率，并且可能引发错案；某些命案积案如果处理不当，还可能导致原本已经平息的社会矛盾被重新激化，需要你局给予高度重视并采取措施加以解决。为进一步提高办案质量，防范冤假错案的发生，我院根据《中华人民共和国刑事诉讼法》第八条、《人民检察院刑事诉讼规则》第五百五十二条第一款的规定，特向你局提出检察建议，具体内容如下：

1. 全面梳理排查现有命案积案法律文书及证据材料。重点核查立案手续、文书是否齐全、是否已经决定对在逃犯罪嫌疑人采取强制措施以及案发后收集的物证、书证等证据材料是否存在遗失情况，并根据具体情况采取针对性的补救措施：尚未正式立案或未对在逃犯罪嫌疑人决定采取刑事强制措施的，应及时补办相关手续，并将法律文书附案保存；相关法律文书或证据材料缺失的，应尽快核实相关文书、证据的去向，并将核实结果以书面备忘录的形式附案保存。

2. 进一步增强办案程序意识和证据意识。一是进一步规范刑事立案程序。符合刑事案件立案条件的要及时立案，加强内部监督并主动接受检察监督。二是树立办案程序全程留痕意识。做到接受报案或控告、立案、采取刑事强制措施以及追逃全程留痕。如犯罪嫌疑人在逃的，到犯罪嫌疑人户籍地、经常居住地走访追逃，向犯罪嫌疑人家属、亲友或其他关系人排查了解情况过程中，要制作笔录或者拍照、录音录像，做好记录，便于证实侦查机关开展了必要的追逃工作，认定犯罪嫌疑人具有“逃避侦查或者审判”的情节；在逃犯罪嫌疑人归案后，要查明其在潜逃期间有无犯新罪，核实其案发后的去向，有无隐藏、假冒身份甚至办理假户口逃避侦查的行为。三是建立健全证据保管制度。刑事诉讼中证据的完整性直接影响、制约案件质量和办案走向，建议进一步加强证据保管硬件设施建设，严格按照规定做好证据的登记、保管工作，明确责任制度和责任人，切实防止证据遗失。

3. 严格执行刑法关于追诉时效的规定。要加大对案件追诉时效的审核把关力度，一是严格按照犯罪嫌疑人行为时的规定确定追诉时效。1997年10月1日前后我国《刑法》关于追诉期限的限制有不同规定。从1997年10月1日起，在人民检察院、公安机关、国家安全机关立案侦查或者在人民法院受理案件以后，逃避侦查或者审判的，或者被害人在追诉期限内提出控告，人民法院、人民检察院、公安机关应当立案而不予立案的，均不受追诉期限的限制；但对于1997年10月1日之前实施终了的犯罪，按照当时的法律规定，只有在人民法院、人民检察院、公安机关采取强制措施以后，逃避侦查或者审判的，才不受追诉期限的限制。二是强化对追诉时效的审查把关。长期潜逃的犯罪嫌疑人到案后，应首先审核案件是否已过追诉期限。对可能存在追诉时效问题的犯罪嫌疑人，要注意查明其案发后的行踪及行为表现，重点核实其是否犯新罪，是否具有逃避侦查、审判的行为。三是加强沟通联系，形成打击合力。对是否超出追诉期限存在争议的，及时提请检察机关提前介入，以查明事实、正确适用法律，做到不枉不纵。

以上建议请予以研究，并自收到本建议书之日起两个月内将有关情况书面回复我院。

2020年6月19日

（院印）

范例四：最高人民检察院推动寄递安全问题社会治理检察建议书

中华人民共和国最高人民检察院

检察建议书*

高检建〔2021〕××号（总第××号）

国家××局：

“传邮万里，国脉所系。”邮政业作为现代服务业的重要组成部分，在服务国家经济社会高质量发展和改善民生方面发挥了重要作用。习近平总书记多次强调，要加强寄递渠道安全管理，加强快递队伍建设，做美好生活的创造者、守护者。近年来，贵局按照党中央、国务院的部署和要求，不断完善规章制度，改进监管机制，推进邮政业高质量发展，使我国形成世界上发展最快、最具活力的寄递市场，有力地促进了经济社会发展，便利了人民生活。尤其在新冠肺炎疫情防控期间，邮政业全力保障防疫物资和群众基本生活物资运递，赢得社会各界的高度赞誉。同时也要看到，随着邮政业的迅猛发展，寄递安全防控难度加大，利用寄递渠道实施贩运毒品、买卖（运输）枪支弹药爆炸物和野生动物及其制品等违法犯罪活动多发。本院对近年来检察机关办理的寄递违禁品犯罪情况进行了深入分析，2017年至2020年，全国各级检察机关共起诉寄递毒品案件6063件11235人，其中甲基苯丙胺（冰毒）7189.9千克，海洛因2085.4千克，大麻2034.2千克；起诉寄递枪支弹药爆炸物案件5290件8782人；起诉寄递野生动物及其制品案件537件1153人。从调研情况看，当前寄递安全监管方面存在一些不容忽视的问题。

一是寄递安全监管与行业发展形势不匹配。寄递行业关乎国家安全、社会稳定和人民群众生命财产安全，强化安全监管意义重大。全国现有快递企业2万家，末端网点26万个，快递从业人员300余万人；去年全国快递业务量超过830亿件，连续七年稳居世界第一。近年来，不法人员利用“网络+寄递”形式实施违法犯罪活动大幅攀升，检察机关起诉

* 此文书为社会治理检察建议书，收入时有删改。

寄递毒品犯罪案件由2017年的1911人上升至2020年的3097人。但寄递行业监管涉及多个管理部门，邮政管理力量薄弱，统筹协调机制不健全。寄递安全监管未跟上行业发展的脚步，安全问题成为制约行业健康发展的短板，全面强化寄递安全监管的要求十分迫切。

二是寄递新业态存在监管盲区。近年来，同城直送、众包配送和智能快递柜等新业态不断涌现，但监管部门并不明确，更未执行实名收寄、收寄验视、过机安检等制度。同时，物流寄递、跨境寄递数字化、网络化日趋复杂，一些大宗货物托运行业也从事寄递业务，安全监管职责主体不清。上述监管盲区导致涉新业态的寄递违法犯罪时有发生。2017年以来，检察机关起诉的利用新业态寄递毒品犯罪案件占15.1%。

三是寄递安全监管力度亟待加强。目前寄递安全监管预防举措不多，运用信息化手段监管能力不足，监督措施多停留在常规检查、事后监管等层面，常态化有效监管难以落实，违法寄递多发。因寄递企业未及时将寄递中发现的违法犯罪线索以及上游电商平台涉案线索移送公安、司法机关，导致案件发生后溯源、收集固定证据难度大大增加。从涉案寄递企业来看，邮政管理部门与公安、司法机关协作配合不够，以案倒查抓整改不及时、不坚决，未有效排查风险隐患，堵塞管理漏洞。

四是寄递安全制度执行不到位。部分寄递企业常常更重、只重绩效与业务量挂钩，轻制度监管执行，为压低成本不惜违规招揽客户资源，甚至恶性竞争，实名收寄、收寄验视、过机安检等制度在执行中流于形式。有的不查验身份证件，对冒用他人身份证件、使用虚假身份证件进行收寄未及时发现，甚至存在从业人员使用自己身份证件替代客户收寄的情况；有的不开封验视，不仔细查验，不核实寄件人自报内容；有的不安装安检设备，不配足专业人员，即使有安检设备因智能化程度低和专业人员不足，难以及时有效发现违禁品。2017年以来，检察机关起诉的11000余件寄递违禁品犯罪案件，均不同程度反映出寄递安全制度没有得到严格执行。

五是寄递从业人员安全防范意识和应对能力不足。寄递安检等关键岗位从业门槛较低，人员流动性大，从业人员成分较为复杂。相当一部分从业人员缺乏法治教育和专业培训，法律意识、安全意识和责任意识淡薄，防范寄递违法犯罪的意识能力有待提高。奖惩机制不健全，未根据寄递制度的实际执行情况，对相关从业人员予以奖惩。从业人员参与寄递安全监管工作的积极性不高，在收寄环节发现违禁品后，往往出于畏惧、懈怠等心理，不及时向企业举报或者向公安、司法机关报案，有的甚至利用工作便利参与寄递违禁品犯罪，社会危害严重。2017年以来，检察机关起诉寄递从业人员利用工作便利参与寄递违禁品犯罪76件109人。

为全面贯彻习近平法治思想，深入贯彻落实习近平总书记重要指示精神，进一步加强寄递安全监管，切实维护国家安全、社会稳定和公共利益，推进更高水平的平安中国、法治中国建设，根据《中华人民共和国邮政法》第四条、《中华人民共和国反恐怖主义法》第二十条、《中华人民共和国人民检察院组织法》第二十一条和《人民检察院检察建议工作规定》第十一条之规定，特向贵局提出如下建议。

一是树立安全发展理念，统筹邮政业发展与安全。邮政业应当坚持总体国家安全观，心怀“国之大者”，充分认识邮政业在维护国家安全和社会稳定方面的重要作用，积极适应新的形势任务，一手抓发展，一手抓安全，在发展中统筹解决好安全问题。建议全面深入调研寄递安全监管方面存在的问题，研究制定新时代强化寄递行业安全监管的政策措施。积极争取有关部门的支持，通过购买社会服务等方式充实监管力量。协同相关职能部门完善体制机制，努力理顺并解决寄递统筹监管困难的问题，确保寄递安全监管与行业发展相适应。

二是厘清职责范围，加强对寄递新业态的监管。新业态模式适应社会创新发展需要，便利群众生活，既要谋发展，又要强监管，以保证行业健康运行。建议对同城直送、众包配送和智能快递柜等寄递新业态，以及大宗货物托运行业从事寄递业务等问题，商有关部门出台相应管理规定，完善行业规范，消除监管盲区。对电商平台、物流平台、跨境寄递等安全监管领域出现的新情况、新问题，商有关部门研究职责清单，明确监管主体责任。

三是加大监管力度，切实强化寄递安全监管。建议完善寄递行业日常监管、行业自律、信用惩戒、行政处罚相结合的全方位监管体系，增强监管实效。加大日常巡查、专项检查工作力度，通过定期、不定期检查、抽查或明察暗访等方式，实现常态化监管。推进寄递业安全监管信息平台建设，利用大数据，研发集信息采集、监管、巡查、预警、溯源等为一体的寄递分析系统。健全行政执法与刑事司法衔接机制，加强与检察公益诉讼的衔接协作机制，及时移送寄递违禁品案件线索并对公安、司法机关反馈的寄递企业涉案情况作出行政处理，督促相关企业全面整改。

四是完善监管机制，压实寄递企业主体责任。建议完善寄递行业准入机制，提高寄递企业及相关营业网点的准入硬件、软件要求，实现企业经营场所、查验设备、管理制度的标准化、规范化。细化实名收寄、收寄验视、过机安检“三项制度”的操作规范，推广验视留痕、人脸识别、二维码扫描、寄递系统与身份信息绑定等经验做法，推进实名收寄和收寄验视制度落地落实。督促寄递企业加大物品验视和安检环节投入，逐步配备智能化程度高、便于携带的安全检查设备和专业检查人员。建立轮岗制度，对从业人员在固定区域服务的期限作出规定。健全行业诚信制度和退出机制，将寄递企业涉案情况纳入信用体系，并根据违法违规等情形依法给予停业整顿等相应处理。同时充分调动寄递企业的积极性，对于安全制度落实好的企业予以精神、物质奖励。健全行业组织，引导寄递行业公平竞争、有序发展，保障从业人员合法权益。

五是加强培训宣传，提高从业人员安全防范和应对能力。建议健全从业人员考评机制，适当提高关键岗位入职门槛。完善从业人员培训制度，制定线上线下、实训模拟等多样化方案，安排辨识违禁品、了解法律法规和提升岗位技能相结合的培训内容，定期邀请公安、司法机关工作人员开展预防和处置寄递违法犯罪专题培训。积极开展预防寄递违禁品宣传，在寄递网点等经营场所张贴、播放宣传资料，充分利用广播、电视、网络等社会媒体开展宣传教育。健全奖惩制度，鼓励从业人员及社会公众积极举报寄递违法犯罪行为，及时处置违规违法的从业人员。对多次违规导致严重后果的，研究制定从业禁止期限等相关规定。

请贵局在收到本建议书后及时研究，采取有力措施推进寄递安全问题治理，并在二个月内向本院书面反馈工作进展情况。本院将积极支持、配合贵局做好相关工作，为推动新时代邮政业高质量发展贡献力量。

2021年10月20日

（院印）

后　记

刑事检察文书是刑事检察工作的重要载体，真实记录检察活动，完整反映检察办案流程，直接关系检察机关法律监督成效和检察形象，直接影响人民群众对公平正义的感知。为满足办案需要，推进高质效办理每一个刑事案件，最高人民检察院组织长期负责刑事检察工作的检察业务专家、资深检察官编写了《刑事检察重点文书撰写技巧及范例》一书，供广大刑事检察人员学习参考。本书坚持工具书定位，紧抓“重点、技巧、范例”，突出“专业性、全面性、层次性”，集中解决刑事检察办案过程中制作检察文书常见的重点、难点问题，并依据法律、政策、学理、案例等，就写作技巧进行深入讲解，解答疑点、提示重点、提炼规则，为撰写刑事检察文书提供专业指导。本书有以下特点：

一是突出重点，针对性强。根据最高人民检察院2020年印发的《人民检察院刑事诉讼法律文书格式样本（2020版）》《人民检察院工作文书格式样本（2020年版）》，目前常见刑事检察文书多达500余种，其中填充式的格式文书占绝大多数，而需要谋篇布局、分析论证说理，考验刑事检察人员文书写作功底的重点文书约十余种。本书立足刑事检察办案需要，突出重点难点问题，围绕“如何撰写案件审查报告”“如何撰写起诉书”“如何撰写公诉意见书、出庭意见书”“如何撰写量刑建议书”“如何撰写追加起诉决定书、补充起诉决定书、变更起诉决定书”“如何撰写提前介入文书”“如何撰写纠正非法取证意见书”“如何撰写纠正违法通知书、纠正审理违法意见书”“如何撰写补充侦查提纲、补充调查提纲”

“如何撰写羁押必要性审查建议书”“如何撰写不起诉决定书”“如何撰写刑事抗诉书”“如何撰写刑事申诉结果通知书”“如何撰写没收违法所得申请书”“如何撰写强制医疗申请书”“如何撰写检察建议书”等十六个专题进行讲解。该十六个专题自制作审查报告始，以制发检察建议为末，涉及刑事检察案件审查、出庭公诉、诉讼监督、社会治理等履职全过程，涵盖除格式文书之外的叙述类刑事检察重点文书类型，具有很强的针对性。

二是内容全面，意见权威。本书每个专题细分为基本概念、文书制作依据、文书结构、文书制作要点、相关重点问题、文书样式及范例等六部分内容，根据最高人民检察院相关文件和指导意见进行撰写。其中，第一部分为文书基本概念，主要对文书基本定义和功能定位进行简要说明，让读者建立宏观认知。第二部分为文书制作依据，注重将现行法律条文、司法解释及相关文件规定等进行全面、完整收纳，让读者树立“有法可依”理念。第三部分为文书结构要求，主要就文书首部、正文、尾部等共性要素进行框架性分解解读，帮助读者搭建文书制作的四梁八柱。第四部分为文书制作要点，本部分是文书制作重点，也是每个专题重点部分，就文书制作技巧即如何对文书进行必要的“精装修”进行“手把手教学”。形式上采取先总体原则、后具体要领的总分结构，总体原则方面就文书形式结构、语体色彩、文书排版等方面提出总的规范性要求。具体要领部分则就首部、正文、尾部中不同类别写作要素的撰写技巧进行再细化、再分解，同时就实践中容易出现写作瑕疵及反面典型案例进行正反对比论述。第五部分为相关重点问题，将司法办案中重点、难点问题与文书写作技巧无缝衔接，从而更好地帮助刑事检察人员在制作相应文书时“知其然，更知其所以然”。第六部分为文书样式及范例，为方便读者对文书样式有直观感受，本书在每一专题文书样式后均配套对应的优秀文书，让读者一目了然，有例可循。

三是论述透彻，范例精彩。刑事检察文书事实认定是否客观公正准确、法律适用是否准确严密固然关键，文书内容是否妥当、说理是否透彻、语言表达是否规范清晰同样影响文书质量。为让刑事检察文书制作跳出传统“一板一眼”的怪圈，达到更好地讲述检察故事、传递检察精神、彰显法治价值、引领社会风尚的价值目标，检察文书制作要力求见良心、见匠心。本书将检察文书制作的法律依据、技巧方法以及相关重点问题进行了细致阐述，给出明确指引。同时还专门从最高人民检察院评选出的第一届全国检察机关100篇优秀刑事检察文书中择取了部分优秀、权威、有影响力的刑事检察文书，经技术处理后作为范例供大家学习参考。其中不乏浙江杭州徐某某杀妻案、湖南新晃操场埋尸案、湖南女法官被害案、白某贪污违法所得没收案等在全国具有重大影响的案件，以利于检察人员学习借鉴，实现学以致用。

本书由最高人民检察院经济犯罪检察厅副厅长张建忠担任主编，最高人民检察院重大犯罪检察厅检察官肖先华担任副主编，广东省人民检察院检察官王静、广西壮族自治区人民检察院检察官林洋、江苏省常州市人民检察院检察官何露、海南省人民检察院第二分院检察官梁小军、江苏省南通市海门区人民检察院检察官管军军参与编写。在主编统领下，副主编协助拟定全书大纲、统稿，编写人员共同研究，反复修改完善，数易其稿，力求精益求精。但由于时间仓促，本书难免存在疏漏，恳请读者批评指正。

编者

2024年9月